DAS NEUE HIPHOP LEXIKON

Von Sebastian Krekow, Jens Steiner & Mathias Taupitz

Schwarzkopf & Schwarzkopf

Das erste Buch, welches umfassend über die HipHop-Kultur informiert ist von Insidern geschrieben. HipHop – eine weltweit verbreitete Jugendkultur, die B-Boying, Graffiti, DJing und Rap in sich vereint. Wohl keine andere Jugendkultur ist so vielseitig wie die HipHop-Kultur. HipHop entwickelte sich Anfang der Siebziger in New York und eroberte von dort aus die ganze Welt. HipHop bedeutet eine eigene, neue Art zu denken, zu reden und sich auszudrücken. Seit der Entstehung des HipHop wurde viel darüber geschrieben und veröffentlicht, doch trotz alledem gibt es bis heute kaum Literatur, die wirklich umfassend über diese Kultur informiert. Die Verfasser dieser Literatur sind in der Regel Außenstehende, die oft wenig von den Zusammenhängen verstehen. Das HipHop Lexikon ist der erste Versuch die Kultur wirklich umfassend und in all ihren Einzelheiten zu erfassen. Geschrieben wurde es von Insidern, die schon viele Jahre im HipHop aktiv sind – dadurch sind Informationen aus erster Hand garantiert. Niemand, der sich wirklich ernsthaft mit dem Thema HipHop auseinandersetzen will, wird an diesem Buch vorbei kommen können. Das HipHop-Lexikon ist bereits jetzt schon ein Standardwerk.

Wer schon immer wissen wollte, was es mit den vielen Begriffen, die die HipHopper gebrauchen auf sich hat, wird mit diesem Buch seine Freude haben. Was genau ist eigentlich Breakdance, Writing, MCing und DJing? Wann ist das alles entstanden? Wer waren die ersten Leute? Welche Strukturen und Kommunikationsformen existieren? Was ist ein Flygirl, eine Bitch, ein B-Boy, ein Burner oder ein Hood? Wer sind EPMD, Public Enemy, Die Fantastischen Vier oder die Vandal Squad. Was sind Turntables, Wildstyles, Wholecars, Toys, Backjumps oder Bootcamp Click? Das alles und viel mehr steht im HipHop Lexikon.

Vor ein paar Jahren

Wohl keine andere Jugendkultur ist so vielseitig wie die HipHop-Kultur. HipHop entwickelte sich Anfang der Siebziger in New York und eroberte von dort aus die ganze Welt. HipHop bedeutet eine eigene, neue Art zu denken, zu reden und sich auszudrücken.

Seit der Entstehung des HipHop wurde viel geschrieben und veröffentlicht, doch trotz alledem gibt es bis heute kaum Literatur, die wirklich umfassend über diese Kultur informiert. Die Verfasser dieser Literatur sind in der Regel Außenstehende, die oft wenig von den Zusammenhängen verstehen. Das HipHop-Lexikon ist der erste Versuch, von innen heraus die Kultur wirklich umfassend und in all ihren Einzelheiten zu erfassen. Denn HipHop ist heute eine weltweit verbreitete Jugendkultur, die B-Boying, Graffiti, DJing und Rap in sich vereint. Der Erfolg gab uns recht – nach wenigen Monaten war die erste Auflage vergriffen. Das Echo in der Szene und den Medien war überwiegend positiv.

Überarbeitete Neuauflage

Seit dem Erscheinen des Buches sind drei Jahre vergangen. In dieser Zeit hat sich viel in Sachen HipHop geändert – besonders was deutschen HipHop angeht. Leider hat sich nicht alles zum Positiven entwickelt. Durch den Pop-Rap-Hype ist HipHop in Deutschland in eine tiefe Krise geraten. Schließlich hat sich der sogenannte »Deutsch-Rap« von der HipHop-Kultur gelöst. In den USA und Kanada konnte sich nach dem Kommerz-Hype seit Ende der Neunziger dagegen eine neue, innovative HipHop-Szene etablieren – wohl auch, weil dort die HipHop-Kultur wesentlich verwurzelter ist als in Deutschland. Um der Entwicklung Rechnung zu tragen schien es uns unumgänglich, das HipHop-Lexikon zu überarbeiten und den Inhalt auf den neuesten Stand zu bringen. Dabei wurden auch ältere Einträge erneuert.

Sebastian Krekow, Jens Steiner & Mathias Taupitz, Herbst 2003

Es war einmal ...

Ein Essay zum besseren Verständnis

»Don't Push me, 'cause I'm close the edge, I'm tryin' not to lose my head«. Als Melle Mel's Message 1982 um die Welt ging, war HipHop noch jung. Doch die Wurzeln des Rappens, Writings, B-Boying und Djings liegen wesentlich weiter zurück. In diesem ersten Absatz soll kurz darauf eingegangen werden, welche geschichtlichen Umstände und Ereignisse zur Herausbildung dieser bisher einzigartigen und komplexen Subkultur beigetragen haben. Dabei kann man sich in keinster Weise auf die Geschichte unseres Jahrhunderts beschränken, sondern muß stellenweise bis zum Beginn des schöpferischen Schaffens der Menscheit zurückblicken. Dies soll natürlich nicht bedeuten, daß alle Urformen des HipHop auch schon HipHop waren. Eine solche Darstellung wäre falsch und fatal.

Doch wagen wir einfach den Schritt zurück zu unseren Urvätern. Felszeichnungen von Menschen, die in der Bronze- und Eisenzeit lebten, sind aus nahezu allen Teilen der Erde bekannt. Die dargestellten Motive waren meist spirituelle Darstellungen und Szenen aus der Jagd. Auch enthielten viele dieser Höhlen- und Felsgesteinsmalereien Hinweise auf die damaligen Wirtschafts- und Anbauformen. Selbst in wieder ans Tageslicht getretenen Wandruinen Pompejis haben Archäologen eingekratzte Inschriften vorgefunden. Wandmalereien, sogenannte Murals findet man auch in Kirchen, Kapellen und Gruften der Neuzeit. Wanderer verspürten stets den inneren Drang, ihre Namen in Bäumen, auf Aussichtstürmen und Gipfelbüchern zu hinterlassen um allen Nachkommenden zu zeigen, daß sie auch schon dort waren. Liebespaare neigten schon immer dazu, Herzen mit den eigenen Initialien in Parkbänke zu ritzen. Widerstandsgruppen im zweiten Weltkrieg, wie die Weiße Rose in München und die O/5 in Österreich fertigten Schablonen und pinselten mit weißer Farbe Parolen gegen das nationalsozialistische

Regime an die Hausfassaden. Seit den Vierzigern trieb es einen Mann um die Welt, der an nahezu jedem Ort, den er besuchte, den Schriftzug »Killroy was here« hinterließ. In den fünfziger Jahren bildeten sich nicht nur in den Vereinigten Staaten Amerikas, sondern in den verschiedensten Großstädten der Welt Gangs, Gruppen halbstarker, meist männlicher Jugendlicher, die sich mit der Schaffung eigener Normen, Ideale und interner sozialer Strukturen von der sie umgebenden Gesellschaft abgrenzen wollten. Dieses Phänomen trat in Metropolen wie Moskau, Paris und Leningrad genauso ans Licht, wie in New York City, Philadelphia, Chicago und Los Angeles. Diese bandenartigen Gruppierungen neigten auch dazu, mit bestimmten Symbolen und Kürzeln ihr Revier abzustecken. Die Überschreitung dieser Linien durch Mitglieder anderer Cliquen wurde oftmals durch gewalttätige Auseinandersetzungen gelöst. Jene Erscheinung findet man nach wie vor verstärkt unter den jugendlichen Schwarzen und Latinos an der Westküste der USA . Es ist nahezu unvorstellbar, wie groß der Schock unter den Anhängern solcher Gruppierungen gewesen sein muß, als in den späten sechziger und frühen siebziger Jahren einzelne Teenager in New York City begannen, ihre Namenszüge, ihre Tags mit Markern, Kreide und jedem erdenklichen Schreibgerät in der ganzen Stadt zu verbreiten. Jede Stelle schien ihnen recht zu sein.

Die Bezeichnung Graffiti stammt jedoch nicht von denen, die das Tagging praktizierten, sondern wurde später von den Medien hierfür benutzt. Der Terminus Graffiti, auch gelegentlich Graffito genannt, stützt sich auf den gemeinsamen Wortstamm der italienischen Wörter »graffiato« (Schraffierung) und »graffiare« (kratzen). Die zuvor angesprochenen Gangs fanden damals jedoch schneller die Aufmerksamkeit von Presse, Funk, Fernsehen, Literatur und Musik als irgendein Teilgebiet des HipHop in späteren Jahrzehnten. So wurde jenes Thema schon in Leonard Bernsteins bereits 1957 uraufgeführten Musical »West Side Story« verarbeitet. Das dazugehörige Buch schrieb A. Laurents. In der 1961 von Jeromie Robbins und Robert Wise gedrehten Filmversion dieser auf Shakespeares »Romeo und Julia« basierenden Geschichte sieht man auch erstmals verschiedene Gangs gegeneinander tanzen. Zwar ist diese enge Verwandtschaft mit dem, was heute als B-Boying oder Breakdance bezeichnet wird, verblüffend und in keiner Form zu leugnen, doch gehören diese Filmszenen ebensowenig zum B-Boying, wie die christlichen Motive an den Innenwänden frühgotischer Kirchen und die Anti-Hitler-Sprüche der Geschwister Scholl zum Writing.

Trotz alledem kann man mit einem detaillierten Blick in die jüngere Geschichte der Menscheit durchaus Parallelen zum B-Boying ziehen, die in das von Sklaverei und Ausbeutung geprägte Brasilien des sechzehnten und siebzehnten Jahrhunderts zurückführen. Unter den afrobrasilianischen Leibeigenen bildete sich über die Jahre als eine Form der indirekten Auflehnung eine verdeckte Kampfkunst namens Capoeira heraus. Gelegentlich findet man hierfür auch die Bezeichnung Capoweora. Das Austragen von Kämpfen, gleich in welcher Form, war den Sklaven strengstens untersagt und wurde stets schwer und meist mit dem Tode bestraft, da deren Halter darin eine mögliche Initialzündung für Unruhen, Ausbrüche und Revolten sahen. Um sich in Angriffs- und Verteidigungstechniken zu üben, praktizierten die Sklaven eine Art Kampftanz, der meist mit Trommel- und Gesangsbegleitung von zwei Personen, die von einer Menschenschar umringt waren, ausgeführt wurde. Während dieses Trainings waren den sich entgegentretenden Tänzern keinerlei körperliche Kontakte erlaubt. Der größte Teil aller Bewegungsabläufe wurden in unmittelbarer Bodennähe ausgeführt. Diese Kampfform durfte sich vor den Sklavenhaltern natürlich nicht als solche hervortun und basierte deshalb in hohem Maße auf Rhythmik und Ausgewogenheit. Nachdem die Sklavenhalter jedoch dahinterkamen, verloren unzählige Sklaven ihr Leben. Und doch wurde jene Verteidigungsform über vierhundert Jahre hinweg von Generation zu Generation illegal weitergereicht. Erst im Jahre 1930 wurde Caporeira wieder offiziell zugelassen. Capoeira lebt heute in Form von Trommelmusik in Brasilien fort und stellt gleichzeitig eine frühe Urform der heutigen Rap-Musik dar. Musikwissenschaftler bezeichnen Capoeira auch als Responsorialmusik, da diese auf die Vorgaben eines Einzelnen und die Wiederholungen der Masse basiert. Andere Beispiele hierfür sind auch die improvisiert gereimten Soldaten-, Sklaven- und Gefangenenlieder. Doch auch die Ursprünge des Rap liegen mehrere hundert Jahre zurück. Manche, jedoch widersprüchliche Quellen sprechen teilweise sogar von mehr als drei Jahrtausenden. Fakt ist, daß in großen Teilen Westafrikas Dorfweise, sogenannte Griots und Djelees den Dorfbewohnern als Fenster zur Welt dienten. Allabendlich riefen diese die Dorfbevölkerung am Feuer zusammen und erzählten in gereimter und halb gesungener Form von der großen weiten Welt und spirituellen Themen. Weiterhin dienten sie mit ihrer spontanen Reimkunst den damaligen gerichtlichen Institutionen als Berater vor der Fällung von Urteilen. Doch man braucht gar nicht mal derart weit in die Geschichte zurückzugreifen, um Urgestalten des Rap ausfindig zu machen. Auch Kinderreime und Kinderlieder mit ihrem einfachen Reimschema werden oft dazu gezählt.

Doch damit nicht genug. Durch Musiker wie Louis Armstrong wurde in den vierziger Jahren eine volkommen neue Gesangstechnik entwickelt. Dabei wurde die Stimme durch das taktische, perkussive Benutzen der einzelnen Wortsilben instrumentalisiert. Vertreter des Bebop, der auch Bob-Scat genannt wird, übernahmen diese Vortragsform und entwickelten sie eigenständig weiter. Wichtige Repräsentanten auf diesem Gebiet sind Charlie Parker, Kenny Clarke und Thelonious Monk. Das Wort Bebop an sich wurde durch eine Art Wortspiel von Dizzy Gillespiel aufgebracht. Selbst im Rock'n'Roll machte man sich den Scat-Gesang zu nutze. Im Grunde kann man sagen, daß schwarze Musik, gleich welchen musikalischen Genres entstammend, jede heutzutage populäre Musikrichtung geprägt oder zumindest beeinflußt hat. Bereits in den goldenen zwanziger Jahren traten sogenannte Comedy Duos ans Tageslicht. In verrauchten Bars reimten sie mit instrumentaler Begleitung über zweideutige Themen. Dieses neue musikalische Untergenre wurde auch Hokum und Hokum Blues genannt. Wichtige Namen dieser Ära sind Louise Bogan, Memphis miniie, Big Bill Broonzy, Tampa Red, Harris & Harris und Butterbeans And Susie. Hier bildeten sich auch erstmals Titel und Gruppennamen, die in der Grundstruktur den Crewnamen späterer HipHop Formationen und Einzelakteuren ähneln. Das Publikum jener Duos bestand auch zu großen Teilen aus Weißen, die sich über die verdeckt vulgären Sprüche der schwarzen Akteure köstlichst amüsierten. Schwarze hatten es zu dieser Zeit noch sehr schwer, ein menschenwürdiges Leben in den Vereinigten Staaten zu führen. Jahrhunderte der unmenschlichen Ausbeutung und Sklaverei lassen sich nicht von einem Tag auf den anderen aus den Köpfen bannen. Dennoch gründeten sich in den frühen zwanziger Jahren die ersten von Schwarzen geleiteten Plattenfirmen. Hier zu nennen sind in jedem Falle Black Swan Recordings und Black Patti Recordings.

Rap

Die afroamerikanische Geschichte ist auch die Geschichte einer sich über Jahrhunderte hinweg haltenden und weiterentwickelnden »Schimpfkultur«. Diese war stets von maskulinem Machogehabe, Hochstapelei und heftigsten Beleidigungen des Angegriffenen und dessen Verwandtschaft geprägt. Nahezu wettkampfartig und rituell wurden diese Wortgefechte zwischen Teenagern, aber auch Twens ausgetragen. Diese sogenannten Dozens oder auch Soundings fanden sogar den Weg auf die Tonträger. So ließ der Musiker Bo Diddley ganze Songs seiner Schallplatten auf Dozens basieren. Schimpfende oder Geschichten erzählende alte Männer findet man an vielen Straßenecken schwarzer Stadtviertel New Yorks. Auch sie haben einen gewissen, wenn auch eher geringfügigen Einfluß auf Rap im heutigen Sinne gehabt. Gleiches gilt für die Pfarrer und Pastoren schwarzer amerikanischer Kirchen und Religionsgemeinschaften, Gospelchöre, Jazz-, Funk- und Soul-Musiker, wie George Clinton, James Brown, Curtis Mayfield, Marvin Gaye, Bootsy Collins, Isaac Hayes und Parliament. In den fünfziger Jahren bildete sich eine Jugendkultur heraus, die dem HipHop ebenfalls in gewisser Weise ähnlich ist – der Doo Wop. Teenager begannen in kleinen Gruppen an Straßenecken, in Gassen und Häusern zu singen. Doch wurde auch diese Kulturform Opfer des kommerziellen Ausverkaufs und verschwand so schnell wie sie erschien. Einen wesentlichen Beitrag zur Entwicklung der Rap-Musik lieferten die jamaikanischen Toaster. Das Toasting ist Bestandteil jamaikanischer Folklore. Die meist männlichen Toaster reimten aus Langeweile heraus kurze, meist anstößige, lustige und manchmal sogar regelrecht brutale Geschichten und unterhielten sich auf diese Weise gegenseitig. Das Toasting hielt Einzug in viele Bereiche schwarzer Musik, die bis vor einigen Jahrzehnten als Race Music bezeichnet wurde. Die Reggae und Ska spielenden Radio DJ's der kleinen New Yorker Stationen benutzten das Toasting als Ansagetechnik.

Doch resümierend muß auch an dieser Stelle nochmals betont werden, daß all diese Einflüsse zwar entscheidend zur Entstehung von Rap und HipHop beigetragen haben, jedoch nicht Bestandteil dessen sind. Denn HipHop als Jugendbewegung fand erst ihren Anfang, als der 1967 aus Jamaika nach New York City übergesiedelte Discjockey Kool Herc, mit bürgerlichen Namen Clive Campbell, begann, an den üblichen Soundsystem Battles in der Bronx teilzunehmen. Das war in den frühen siebziger Jahren. Gewinner dieser Wettbewerbe war zu dieser Zeit, also in den frühen Tagen der Siebziger, noch derjenige, der das größte und lauteste Soundsystem auffahren konnte. In jener Hinsicht hatte der Technikfanatiker Kool Herc leichtes Spiel und fegte seine Kontrahenten ohne Probleme von der Bildfläche. All diese Blockparty-DJ's waren derzeit nur lokal bekannt, doch Herc strebte nach mehr. Anfangs versuchte er, daß Publikum mit Reggaeklängen aus seiner Heimat zu bewegen. Es fühlte sich davon jedoch in keinster Form beeindruckt und kehrte ihm den Rücken zu. Etwas Neues, bisher noch nie Dagewesenes mußte her. Herc begann Funkplatten zu kaufen. Doch begnügte er sich nicht mit einem Exemplar, sondern erwarb stets zwei Stück einer Pressung. Dies geschah weniger aus reinem Konsumrausch heraus, sondern hatte einen triftigen Grund. Ihm kam nämlich der Gedanke, nur den beliebten Break eines Musikstückes abwechselnd auf beiden Plattenspielern zu spielen. Diese aneinandergefügten Percussion- und Drum-Parts ergaben ein vollkommen neues Klangbild. Herc konnte deren Länge beliebig variieren. Sein Publikum war schwer beeindruckt und feierte ihn nach jedem gewonnen Battle. Er trat auch gegen spätere HipHop-Größen wie Afrika Bambaata und Grandmaster Flash an. Doch die Konkurrenz entwickelte sich bald zur festen Zusammenarbeit. Bald begannen sie Hand in

Hand Parties zu organisieren. Seine neue Breakbeat-Musik löste eine regelrechte Welle in der Bronx aus und entwickelte sich dort zu einer Art Antibewegung zur flachen und leichten Discomusic, die zu jener Zeit international ihre Hochphase hatte. Wie die Disco-DJ's Grandmaster Flowers und Pete Jones begann auch er, über seine Musik zu MC-en und formte mit Clark Kent und Coke La Rock die erste HipHop-Gruppe der Welt, die Hercloids. Deren Besetzung wechselte jedoch mehrfach. Der Name basierte auf Hercs ersten, sebstgegebenen Spitznamen Hercules. Diesen wählte er, als er noch stärker als Writer aktiv war. Auch der Begriff B-Boy wurde von Kool DJ Herc geprägt. Damit bezeichnete er für gewöhnlich diejenigen, die zu seinen Breakbeats tanzten. Nahezu jeder DJ in diesem Teil des Big Apples begann nun Breakbeat-Musik aufzulegen und viele von ihnen verbesserten ihre Fähigkeiten in rapidem Tempo. Der Konkurrenzdruck war nun plötzlich nicht mehr nur rein technischer Natur. Plötzlich waren auch Talent und Ideenreichtum gefragt. Dies war einer der Gründe dafür, daß der Name Kool Herc zu Beginn der Achtziger bereits verblasst war. Zudem litt Herc nach einer recht gut überstandenen Messerattacke auf ihn im Jahre 1977 zunehmend unter starken Suchtproblemen. Aus vielerlei Quellen ist oft das Gerücht zu entnehmen, daß das Publikum damals ausschließlich aus afroamerikanischen Gangmitgliedern bestanden hätte. Dieses setzte sich aber eher aus gewöhnlichen Kids afroamerikanischer, jamaikanischer, karibischer und latainamerikanischer Herkunft zusammen. Selbst aufgeschlossene Weiße wagten sich gelegentlich in die Bronx, um an diesen ersten HipHop Events teilzunehmen.

Als die Gangs anfingen, HipHop Parties zu besuchen, schien es fast, als würde diese junge Straßenkultur genauso schnell verschwinden wie sie erschien. Daß diese Entwicklung nicht eintrat, ist in erster Linie dem Einfluß eines Mannes zu verdanken, dem ehemaligen Black Spades Mitglied Afrika Bambaataa (Lance [Kahyan] Aasim). Als 1975 einer seiner engeren Freunde erschossen wurde, beschloß er, die Gang zu verlassen und widmete sich der Musik. Bambaataa der schon in seiner frühen Jugend eine Schwäche für Schallplatten hatte, begann nun selbst Musik aufzulegen. Er formte zu dieser Zeit zusammen mit Afrika Islam eine eigene Organisation, die sich erst die »Bronx River Organisation«, einige Zeit später schlichtweg die »Organisation« nannte. Einen besonderen Status erlangte diese Gruppierung jedoch erst, als sie sich 1976 den Titel »Zulu Nation« verlieh. Der Name Zulu bezieht sich auf das Bantu-Volk im Süden Afrikas und den heldenhaften Stammesführer Shaka Zulu. Der überzeugte Moslem Bambaataa hatte eine unbeschreibliche Austrahlung und wußte, wie man mit den Jugendlichen auf der Straße umzugehen hatte. In den von ihm organisierten Battles, ganz gleich worin, waren Talent und Fähigkeiten der Teilnehmer die wichtigsten Kriterien. Die Gewinner dieser Wettbewerbe wurden zum Zulu King oder zur Zulu Queen gekührt. Dies gab ihnen die Möglichkeit, durch ihre Kreativität innerhalb kürzester Zeit einen bestimmten Bekanntheitsgrad und Respekt in ihrem Herkunftsort und vielleicht auch darüberhinaus zu erlangen. Und dieses Ziel erschien vielen der Teenager als durchaus erstrebenswert. Die ersten Crews bildeten sich. Der große Teil jener ersten Gruppen war weiblich. Doch Arroganz und Machogehabe der männlichen Konkurrenz wandelten dieses Bild bald wieder. Die Zulu Nation wuchs über die Grenzen der Bronx hinaus und hatte acht Jahre nach ihrer Gründung allein in New York 40000 Mitglieder. Jedoch war HipHop in den Siebzigern noch ein namenloses Kind. Die Hauptmotivationsgründe zu rappen, zu malen oder zu tanzen waren Anerkennung, Bekanntheit und natürlich auch Spaß. Finanzielle Gesichtspunkte spielten zu dieser Zeit noch keine Rolle.

Diese Ära, die heute als Oldschool und Trueschool bezeichnet wird hat mit dem HipHop unserer Zeit nur noch wenig gemeinsam. Gern erinnert man sich an die großen Zeiten von Flash, Melle Mel und den Furious Five MC's. Platten des Weststreet-Mobs laufen bei jedem Breakdance-Event, doch Namen wie Brother D, Autor des ersten Message-Raps »How We Gonna Make A Black Nation Rise?«, Grand Wizard Theodore, den vermeintlichen Erfinder des Scratchens, DJ Smokey and the Smokatrons, Disco King Mario, The Disco Twins, The El Brothers sind genauso in Vergessenheit geraten wie die Chuck City Crew. Einer der Gründe hierfür liegt darin, daß die frühe HipHop Geschichte so gut wie gar nicht dokumentiert ist und nur auf den Erzählungen derjenigen basiert, die sie selbst miterlebt haben. Mittlerweile gehört HipHop neben Country zu den bestverkäuflichen musikalischen Genres und hat ganze Industriezweige und Konzerne hinter sich zu stehen. Was einst so klein begann, stellt heute für viele Menschen die Lebensgrundlage dar. Nicht nur Rapper, DJ's, Writer und B-Boys haben über die Jahre herausgefunden, daß man von HipHop leben kann. Zu den Verdienern gehören beispielsweise auch Produzenten, Musik-, Werbe- und Film-Produktionsfirmen, Plattenfirmen, Hersteller, Händler und Designer von Textilien, Lackproduzenten und viele andere. Der Wandel hierzu vollzog sich 1979. »Good Times« verkündete die Gruppe Chic mit ihrem damaligen Sommerhit, der in den Radiostationen und Discos hoch und runter gespielt wurde. Bis zu diesem Zeitpunkt gab es Rap in Form von Tonträgern allenfalls auf Audiokassetten. Jene wurden meist an Leute, die große Kassettenrekorder, sogenannte Ghettoblaster, besaßen verschenkt. Auch erklärten sich kleinere Radiosender mit geringer Reichweite hin und wieder bereit, solche Tapes live on air zu spielen. Etabliertere DJ's verkauften auch gelegentlich Tapes zum Selbstkostenpreis oder gaben sie Taxifahrern in Kommission. Doch all dies diente lediglich der Verbreitung der Musik. An das große Geld wagte kaum einer der damaligen Akteure zu denken. Als erster Rap im dem Sinne, der jemals auf einer Schallplatte veröffentlicht wurde, gelten die Verse des DJ's King Tim III auf der neunundsiebziger Platte der Funkband Fatback. »King Tim III – Personality Jock« geriet jedoch schnell in Vergessenheit und wurde vom Erfolg einer Gruppe, die plötzlich wie aus dem Nichts auftauchte, hinweggefegt.

Plötzlich war sie da, die Sugarhill-Gang. Der September des Jahres 1979, der Erscheinungsmonat der Sugarhill-Gang-Single »Rappers Delight« stellte den absoluten Wendepunkt für HipHop dar. Ihre Texte klangen vertraut. Auch Ihre Musik ließ sich leicht einordnen. Schließlich basierte das Instrumental dieses Hits auf Chic's im July erschienen »Good Times«. Doch Namen wie Wondermic oder Big Bang Hank und Master Gee hatte noch niemand zwischen Brooklyn und der Bronx gehört. Erst wesentlich später stellte sich für die geschockten HipHopper heraus, daß die Herren, die dort rappten gar nicht von ihrem Schlage waren. Die Sängerin Sylvia Robinson, geborene Vanderpoll, dachte eine Marktlücke entdeckt zu haben und gründete in Englewood, New Jersey eine Plattenfirma namens Sugarhill Records. Diese Frau stellte mit der Schaffung des Labels nicht zum ersten Mal ihr wirtschaftliches Talent unter Beweis. Wahrscheinlich hatte auch sie irgendwann eine Rap-Kassette in die Hand bekommen und konnte sich und in erster Linie ihre Kinder davon begeistern. Doch woher stammten nun diese drei Erfolgs-Rapper. In David Toops Buch »Rap Attack« zitierte der Autor ein Interview mit Lil Rodney Cee von Double Trouble. »Hank war Türsteher in einem Club, wo wir aufgetreten sind. Er stand an der Tür und wer Ärger machte, den schmiß er raus, das war sein Job. [...] Er arbeitete in einer Pizzeria in Jersey. Frau Robinson kommt in die Pizzeria und er rappte geradeso vor sich hin, anderer Leute Reime. Sie fragt: ›Willst Du 'ne Platte machen?‹ Er: ›Warum nicht‹? Mike war ein Freund ihres ältesten Sohnes [...] Und sie hörte ihn rappen und fragt: ›Willst Du 'ne Platte machen?‹ Er sagt: ›Ja‹. Guy hört in Jersey auf der Straße, daß Frau Robinson eine Rap-Platte machen will und denkt, daß er rappen kann und nimmt Kontakt auf. Er rappt ihr was vor und sie sagt: ›Los wir gehen ins Studio!‹« [...]. So, und dies scheint die wahrscheinlichste Version zu sein, sah es damals Lil Rodney Cee. Fakt ist, daß der Top-40-Hit »Rappers Delight« den Begriff Rap geprägt hat und innerhalb kürzester Zeit zur bis dahin bestverkauftesten Single populärer Musik wurde. Die erste Rap-Platte einer Frau erschien nur drei Monate nach dem Shugar-Hill-Erfolg im November 1979 auf Paul Winley Records. Sweet Tee's (Tanya Winley) Platte »Vicious Rap«, lieferte den Beweis dafür, daß Frauen zu dieser Zeit keinesfalls nur eine passive Rolle im HipHop spielten. Im darauffolgenden Jahr bewegte sich vieles. 1980 öffnete jeden Donnerstag, das Negril in Manhattan, der erste Hip-Hop-Klub der Welt seine Pforten. Kurtis Blow wurde einer der ersten richtigen HipHop-Stars mit einem Major-Vertrag. Viele befürchteten, das mit der beginnenden Kommerzialisierung HipHop zum Tode verurteilt sei. Doch was sich jetzt zu vollziehen begann, war lediglich der Einzug in eine neue Ära. Viele versuchten sich als Trittbrettfahrer und sahen ihre große Chance. Genauso viele, auch die Sugarhill Gang tauchten bald wieder ab und verschwanden auf alle Ewigkeit.

Auffälligkeit war lebenserhaltend. So begannen Gruppen sich Images aufzusetzen, die sie in ihrer Musik und bei ihren Live-Shows in jeder Form umzusetzen versuchten. Die Spanne reichte vom Weltall-Krieger über Cowboys bishin zum »Zwanziger Jahre Gangster Duo«. Alle Mittel der Verkleidung schienen recht zu sein, um sich bemerkbar zu machen. Nachdem das Negril, eigentlich eine Nachtbar aus seinen Nähten zu platzen begann, wurden das Roxy, der Mudd Club und das Appolo zu den angesagtesten Adressen für Liebhaber dieser neuen Musik. Es war die Phase der Numeral-Bands. Gruppen wie »The Fantastic Four«, »The Fearless Four« und »The Funky Four + One More« schossen wie Pilze aus dem Boden und erweckten natürlich auch das Interesse der Medien. Am 14. Februar des Jahres 1981 zum Beispiel hatten die Funky Four + One More ihren ersten Auftritt im Fernsehen. Millionen Amerikaner bekamen erstmalig eine Rap-Gruppe zu sehen. Wer konnte zu dieser Zeit schon ahnen, daß irgendwann einmal auf Rap spezialisierte Programme und Zeitschriften geben würde? Die einzige Sendung, die jemals damals regelmäßig Rap spielte, war Mr. Magics »Rap Attack«, die jeden Sonnabend, von zwei bis fünf Uhr am Morgen auf WBLS ausgestrahlt wurde. Jene Sendung wurde bereits 1980 in den Sendeablauf der Station aufgenommen. »To The Beat Y'all: Breaking is hard to do« hieß es gerade einmal zweieinhalb Monate später in der Village Voice, einer renomierten unabhängigen Zeitung New Yorks. Die Autorin des Artikels Sally Banes wird sich höchstwahrscheinlich nicht einmal der Tatsache bewußt gewesen sein, daß sie die erste Print-Medien-Journalistin war, die sich mit dieser Materie auseinandersetzte. Von nun an stürmten Kamerateams und Journalisten regelrecht in die Bronx und nach Brooklyn. Am neunten Juli strahlte der Fernsehsender ABC in Sendereihe 20/20 erstmals eine Reportage über HipHop aus. Diese trug den Titel »Rappin' To The Beat« und wurde im ganzen Land gesendet. So verwunderte es wenig, daß zur selben Zeit wie Grandmaster Flash's »Adventures On The Wheels Of Steel« erschienen, Rap längst über die Grenzen der Stadt New York und New Jerseys hinausgewachsen war. Auch an der Westküste der Vereinigten Staaten fand HipHop Verbreitung. Der auf Rhino-Recordings erschienene »Gigolo-Rap« des Westküsten-Duos Disco Daddy und Captain Rapp faszinierte und inspirierte große Teile des dortigen Publikums und legte den Grundstein für eine eigene Szene. An einen Eazy E., 2Pac oder Snoop Doggy Dogg war damals noch nicht zu denken. Jedoch bildete sich auch hier eine kleine Gemeinde von Nacht-Club-Gängern heraus, die begannen bestimmte Orte regelmäßig aufzusuchen, um dort ihre Musik zu hören. Einer davon war zum Beispiel das Eve After Dark in Los Angeles. Hier spielten die ersten Live-Acts aus New York. Und hier begann auch wenige Jahre später die Karriere des heute so erfolgreichen Doctor Dre.

Das Jahr 1982 brach an. Es sollte ein sehr wichtiges Jahr für den HipHop werden. Das South-Bronx-Phänomen trat seinen Siegeszug über die ganze Welt an. Das von Kraftwerk inspirierte Stück »Planet Rock« und der Track »Looking For The Perfect Beat«, beide aus der Feder und dem Drumcomputer von Afrika Bambaaataa und der Soul Sonic Force revolutionierten die gesamte elektronische Beatmusik und erlangten bald nach ihrem Erscheinen auf Tom Silvermans jungem Label Tommy Boy im April 1982 Goldstatus. Der HipHop Sommerhit des Jahres wurden beide Stücke jedoch nicht. Diesen Platz nahm ihnen »The Message« von Grandmaster Flash mit seinen Furious Five MC's. Im Oktober 1982 konnte der Regisseur Charlie Ahearn die Dreharbeiten zum Film »Wildstyle«, den ersten HipHop authentisch dokumentierenden Spielfilm, abschließen. Dieser Film inspirierte Hunderttausende in allen Erdteilen, als Writer, DJ, Rapper oder Breaker aktiv und damit Teil jener Bewegung zu werden.

Gegen Ende des Jahres 1982 fand eine New-York-City-Rap-Welt-Tournee mit den wichtigsten HipHoppern aus allen Bereichen statt. Die frühen Achtziger waren wilde und aufregende Jahre. Der Drumcomputer war ein brandneues Instrument, bot endlos neue Produktionsmöglichkeiten und reizte die von Pop-Kultur und Videospielen beeinflußten Teenager. So verwundert es kaum, daß die vier arischen Roboter der Gruppe Kraftwerk bei jedem Auftritt in den Vereinigten Staaten das größtenteils schwarze Publikum zum Toben brachten. Man liegt nicht falsch, wenn man behauptet, HipHop sei nichts weiter, als ein Produkt seiner Zeit und reflektiere diese. HipHop brachte im aufkommenden Computerzeitalter auch ein neues musikalisches Genre auf, welches heute eigene Wege geht: Electro. Die Einflüsse hierauf waren vielfältiger Natur. Sie reichten von Comics und Cartoons, über Funk bis hin zum Jazz. Dies gefiel natürlich den Teens, die den größten Teil ihrer freien Zeit in lärmenden Spielhallen verbrachten. Diese frühe Phase der Achtziger wird heute auch oft das Electro-Zeitalter genannt. Die sich weiterentwickelnde Heimelektronik war den DJ's alles andere als ein Dorn im Auge. Wie erstaunt war man über die industriellen Wunderwerke, als die japanische Firma Technics 1983 den zukünftigen DJ-Standard-Plattenspieler SL-1200 MK II auf den Markt brachte. Viele andere Anbieter versuchten die ideal für den DJ-Betrieb geeigneten Turntables zu imitieren. Doch die Leistungsmerkmale des MK II blieben unerreicht. Und noch immer waren die Medien des Themas HipHop nicht müde geworden. Kool DJ Red Alert bekam einen Programmplatz zur Hauptsendezeit auf WKRS 98.7 FM. Hinter jener Senderkennung verbirgt sich heute der New Yorker Ableger von Kiss FM. Filme wie »Flashdance«, »Beatstreet«, »Breakin'« und »Stylewars« wurden gedreht. DJ's, die einst ihre Mixtapes für einen Dollar auf Parties verkauften, waren plötzlich in Gerichtsprozesse rein wirtschaftlicher Natur verwickelt. Ein nennenswertes Beispiel ist der fünf Millionen Dollar-Prozeß, den Grandmaster Flash gegen Sugarhill Records auslöste und verlor. Beträge in Millionenhöhe waren in der HipHop-Branche keine Seltenheit mehr. Nostalgiker begannen erstmals von den guten alten Zeiten zu schwärmen und erklärten HipHop nun aber wirklich endgültig für tot. Konnten sie doch nicht ahnen, das 1984 das Jahr von Def Jam, dem heute wohl bekanntesten HipHop-Label werden sollte.

Def Jam läutete ein weiteres Mal eine neue Epoche des HipHop ein – Die New School. Während die vom Schweizer Charles Staedler gemanagten Disco Three MC's, besser bekannt als die Fat Boys, als erste Rap-Band einen Werbevertrag mit der Schweizer Designer-Uhren-Firma Swatch abschlossen, trafen zwei Musikliebhaber namens Russel Simmons und Rick Rubin zusammen. Gemeinsam gründeten sie in einem Studentenwohnheim mit einem Startkapital von achttausend Dollar Def Jam Records und machten den erst sechzehnjährigen LL Cool J zum Star. Russel Simmons' Bruder war Rapper in einer Gruppe, die sich Run D.M.C nannte und mit dem DJ Jammaster Jay kooperierte, was die Aufstiegschancen des Dreiergespanns um ein Vielfaches erhöhte. Durch Rubin's Vorliebe für jegliche Art harter Musik bekamen auch die Beasty Boys, die bisher nur auf einem kleinen Label namens Ratcage erscheinen konnten, die Möglichkeit einen richtigen Plattenvertrag abzuschließen. Sie sollten zwei Jahre später die bis dahin größte LP-Werbekampagne bekommen, die je eine Band erfahren hatte. Gemeinsam mit Run D.M.C machten die Beasty Boys HipHop auch für eine größeres, weißes Publikum marktfähig. Als Run D.M.C erstmals mit den Fatboys, Whodini, den Newcloids und Kurtis Blow auf eine Tour mit insgesamt 27 Stationen gingen, wurden mehr als dreieinhalb Millionen Dollar umgesetzt. Von nun an war HipHop mehr ein Konsumprodukt als eine Kulturform. Auch an der Westküste tat sich einiges. Während sich irgendwo in Compton, L.A. nach und nach die ersten Mitglieder der World Class Wrecking Crew, der Wegbereiterin für die überaus kontroverse Gruppe NWA zusammenfanden, begann ebenfalls in Los Angeles KDAY, die erste auf HipHop spezialisierte Radiostation, ihr Programm aufzunehmen. Bereits im folgenden Jahr war die Firma Def Jam bedeutend genug, um ihre Entstehungsgeschichte verfilmen zu lassen. Michael Schutzes drei Millionen Dollar teurer Film »Krush Groove« erzählte die Geschichte eines Labels namens Krush Groove. Die Handung basierte stark, wenn auch nicht hundertprozentig auf der Def-Jam-Story. Alle erwähnten Charaktere und Künstler spielten sich selbst. Der Film wurde für kurze Zeit ein Kino-Hit. Zwar erschienen stets neue Namen wie Doug E. Fresh and The Get Fresh Crew, MC Ricky D, Salt'N'Pepa oder die Juice-Crew um ihren Produzenten Marley Marl im Rampenlicht des HipHop, doch irgendwie fehlten neue musikalische Innovationen und Experimente. Alles begann zu stagnieren und sich im Kreise zu drehen. HipHop hatte mittlerweile Anhänger, Feinde, Konsumenten, Nachahmer und Trittbrettfahrer auf der ganzen Welt gefunden. Doch neue Anstöße blieben vorerst aus. Kurtis Blow war so populär geworden und fand 1986 sein Antlitz auf der Titelseite des britischen Magazins »Blues and Soul«.

Die mittlerweile von Adidas gesponsorten Rapper Run und D. M. C. übertrumpften ihn noch im gleichen Jahr, als sie auf dem Cover des weltweit wichtigsten Musikmagazins Rolling Stone posierten. Zuvor hatten sie, wenn teilweise auch unbeabsichtigt enorme Aufmerksamkeit erhalten. Während eines Konzertes in Kalifornien kam es am siebzehnten August zu gewalttätigen Auseinandersetzungen zwischen Angehörigen rivalisierender Gangs. 19 Menschen wurden unter Arrest gestellt. Etliche Konzertbesucher trugen Verletzungen davon. Dieses Ereignis gilt als eines der brutalsten in der Geschichte des HipHop. 1987 wurde wieder ein Jahr der Veränderungen und Rekorde. Die Beasty Boys schafften es mit ihrem bestens promoteten Album »Liscence To Ill« problemlos die erste Chartposition einzunehmen. Die BDP-Crew, damals noch mit dem fünfundzwanzigjährigen Scott La Rock (Scott Monroe Sterling) und dem Blastmaster KRS-ONE (Lawrence [Kris] Parker) betonten auf ihrem Debüt Criminal Minded (1986) nochmals, daß HipHop in der South-Bronx geboren wurde. Ein Kopfschuß tötete jedoch Scott La Rock am frühen Morgen des siebenundzwanzigsten Augusts 1987. Doch nicht nur BDP, auch Neulinge wie EPMD, Public Enemy, The Jungle Brothers, Rakim und sein damaliger und langjähriger Partner Eric B. lieferten der Rap-Musik die nötige Frischzellenkur.

1988 wurde erstmals ein Grammy in der Kategorie »Best Rap Performance« vergeben. Der Pop-Rap-Hit »Parents Just Don't Understand« schien es wert zu sein, seine Urheber, DJ Jazzy Jeff und The Fresh Prince dafür auszuzeichnen. Kurz nachdem im Sommer das Magazin »Source« erstmalig in Produktion ging, begann der Musiksender MTV eine HipHop-Sendung namens YO! MTV Raps in das Programm einzugliedern. Die Moderation übernahm lange Zeit der ehemalige Writer, Manager, Veranstalter von Parties und Rapper Fab Five Freddy und die von Charles Staedler gemanagten HipHopper Doctor Dre und Ed Lover, die nach wie vor auch als Radiomoderatoren tätig sind. »Overcoming Self-Destruction« war das Motto des im Januar 1988 von KRS-ONE ins Leben gerufene

Stop The Violence Movement. Betrachtet man die ausgehenden Achtziger etwas detaillierter, kommt man nicht umhin festzustellen, daß sich House, dessen eigentliche Hochburg Chicago ist, und HipHop immer mehr auf einander zu bewegten. Nur wenige Künstler, wie Public Enemy schreckten davor zurück, ein bis zwei House-lastige Stücke auf ihren Langspielplatten zu veröffentlichen. Professor Griff, seines Zeichens Informationsminister bei Public Enemy geriet damals durch seine antisemitischen Bemerkungen in der Washington Times vom 22. Mai 1989 ins Licht der Öffentlichkeit. Er zog keine Konsequenzen daraus, verließ die Gruppe und gründete die Last Asiatic Disciples, die später auf Luke Records erschien.

Während HipHop durch die politischen Umbrüche auch mehr und mehr Anhänger in den osteuropäischen Ländern fand, verschärften sich in den USA die Diskussionen über die Inhalte von Rap-Musik. Nach dem ersten Wirbel um den frühen Gangster-Rap wurde der »Parental Advisory« Aufkleber entworfen und wird seither auf freiwilliger Basis auf den Covern von Platten, die Texte mit eventuell jugendgefährdender Wirkung enthalten könnten, plaziert. Am achten September 1989 verstarb zwei Tage nach der Feststellung von Lähmungserscheinungen, Cowboy (Keith Wiggens) von den Fourious Five MC's im Alter von gerade einmal achtundzwanzig Jahren. Doch das Jahr brachte für manche Gruppen Großartiges mit sich. So verhalf der Hit »Push it« der Frauen-Gruppe Salt'N'Pepa, die bis dato kommerziell erfolgreichste Rap-Band zu werden. In England und Frankreich begannen sich richtige HipHop Gruppen, Infrastrukturen und eigene Stile herauszubilden. Jamaikanische Folklore beeinflußte HipHop zu dieser Zeit beträchtlich und löste die House-Welle behutsam ab. Während HipHop die europäischen Radiosender erreichte, blickte KDAY seinem traurigen Ende entgegen. Ice Cube, Ice T und Above The Law verkörperten den Gangster Rap dieser Zeit und Public Enemy schockierte die Massen mir einem weiteren Album.

Die erstaunlichen Verkaufszahlen der Rap-Platten, die weit vor denen populärer Rockformationen lagen, weckten von neuem das erhöhte Interesse der Musikindustrie. Ice Cube und NWA verdrängten Michael Jackson, den King of Pop von der der Spitze der Charts.

Doch wieder setzte eine Art musikalischer Stagnation ein. Die Veröffentlichungen diverser Künstler häuften sich, doch die Qualität der Produkte blieb auf gleichem Level. Lediglich neue, frische Hip Hop-Bands wie Arrested Development und The Disposable Hercos Of HipHoprisy vermochten, diesem Zustand mit ihren aussagekräftigen Texten etwas entgegenzuwirken. Als Jermaine Dupri, seines Zeichens Produzent aus Atlanta 1992 die Teenager Mac Daddy und Daddy Mac, bald darauf bekannt als Kriss Kross vor einem Einkaufszentrum rappen sah, nahm er die beiden mit, um sie dem Ruffhouse-Label vorzustellen. So entstand erstmalig ein Produkt der Musik-Industrie, welches sich zwar im HipHop Style und Outfit präsentierte, doch Authentizität gänzlich vermissen ließ. An der Westküste der USA etablierte sich das Label Death Row mit seinen Millionen von Platten verkaufenden Acts Snoop Doggy Dogg, Doctor Dre und 2Pac.

Doch der HipHop der frühen Neunziger stand auch im Zeichen der Native Tongue Familie. Gute zwei Jahrzehnte nach Gründung der Zulu-Nation übernahm Mitte der neunziger Jahre der Wu-Tang Clan und seine zahllosen Gefolgsleute die Vorherrschaft in der Welt des HipHop. Seit Beginn des Jahrzehnts gelang es immer mehr Rappern, DJ's und Produzenten eigene Produktionsfirmen, Managementfirmen und Plattenlabels zu gründen, womit sie einen inzwischen nicht unerheblichen Einfluß auf das Musikgeschäft heutiger Tage ausüben.

B-Boying

Während sich New York City stets als das Zentrum der Rap-Musik, des B-Boyings und Writings hervortat, entstand in den frühen Siebzigern an der Westküste der Electric Boogie. Auslöser hierfür waren nicht nur die Roboterbewegungen des damals noch sehr jungen Michael Jackson bei den Fernsehaufführungen des Jackson-Five-Hits »Dancin' Maschine«, sondern auch die Popularität des Pantomime-Duos Shields und Yarnell, die damals verstärkt in den Straßen von San Francisco auftraten. Es dauerte nicht lange, bis das

Fernsehen auf das Duo aufmerksam wurde. Der Robot-Dance begeisterte die Jugendlichen. 1977 gründete sich die Gruppe Harlem Pop-Lockers. Die B-Boys hatten anfänglich ein gespaltenes Verhältnis zu den Poppern und Lockern. In jedem Falle muß an dieser Stelle erwähnt werden, daß die Harlem Pop Lockers nicht nur in lokalen Clubs und Discotheken, sondern sogar im deutschen Fernsehen auftraten. Der sogenannte Moonwalk, auch Backfloat und Smurf genannt, wurde durch James Brown und Shalimars' Jeffrey Daniels entwickelt. Doch seine Bekanntheit ist auf Michael Jacksons Tanzkurzfilme und Auftritte zurückzuführen. Vom Electric Boogie gingen die Floats aus. Jede Form dessen, was heute allgemein Breakdance genannt wird, sei es das Popping, Locking oder B-Boying, reflektierte schon in gewisser Art und Weise den technischen Fortschritt, den das Elektronik-Zeitalter mit sich brachte. Die Kiddies, und das muß besonders hervorgehoben werden, vollführten ihre Tanzbewegungen natürlich nicht mit irgendwelchen künstlerischen oder intellektuellen Absichten, sondern taten es nur, weil sie es cool fanden und wollten, daß andere sie als ebenso cool betrachteten.

Die Haupteinflüsse für die Kreation neuer Moves lieferte das Fernsehen. Da gab es eine Cartoonfigur namens »Rerun« in der Sendung »What's Happening« der die Grundidee für die Locks lieferte oder einen Humoristen namens Steve Martin, der die Inspiration für den King-Tut-Style lieferte. Die magischen Jahre des Breakdances waren 1983 und 1984. Plötzlich wurden selbst in den sonst so verschlossenen Ostblockstaaten Workshops in Jugend- und Kulturhäusern angeboten. Theater buchten B-Boys für Ballettstücke und Dramen. Filme und Dokumentationen zu diesem Thema häuften sich in jedem Teil der Erde.

Die Werbung bot Tänzern unzählige Möglichkeiten mit ihrer einstmals als brotlos betrachteten Kunst Geld zu verdienen. Anfang der Neunziger, als sich die Medien einigermaßen beruhigt hatten und keinerlei Ambitionen entwickelten, dieses überreizte Thema erneut aufzugreifen, glaubten viele die ambitionierten B-Boys mit ihren Turnschuhen, selbstgebastelten Mützen und Trainingsanzügen wären längst ausgestorben. Doch gegen 1997 und 1998 schwappte eine neue Tanzwelle über die Erde.

Writing

Weniger als eine Welle, eher als eine konstante Größe stellte sich über Jahre hinweg das Writing dar. Diese weitere Teilkultur des HipHop ebnete und ging stets eigene Wege, die an jeden erdenklichen Ort führten. Das Writing ist im Gegensatz zu den anderen HipHop-Strömungen durch den starken illegalen Charakter geprägt und kann deshalb auch nicht in dem Maße wie das MCing und das B-Boying kommerziell ausgeschlachtet werden. Dadurch erfuhr das Writing in den Achtzigern auch nicht einer derart große Veränderung wie die obengenannten Kulturformen. Allerdings hat sich durch die Entwicklung der Sprühtechniken in den Siebzigern die Aerosol Art als ein Ableger herausgebildet, die sich sehr wohl kommerziell verwerten läßt. Außerdem ist die Writing-Szene im Allgemeinen viel verschlossener und die Akteure bleiben zumeist anonym. Die dem Writing zugrunde liegende Idee ist Werbung für den eigenen Namen zu machen. Hierbei wird in der Öffentlichkeit mit Stift oder Sprühdose der eigene Name verbreitet. Die Writer gaben Begriffen wie Schrift, Kommunikation, Gestaltung oder auch Eigentum eine vollkommen neue Bedeutung.

Über die Anfänge zu berichten ist recht kompliziert, da diese eher dürftig dokumentiert wurden. Blackbooks und die Angewohnheit die eigenen Sachen bevor sie wieder verschwinden zu fotografieren, kam erst wesentlich später auf. Als Geburtsort des Writing gilt ebenfalls New York, obwohl zeitgleich auch in anderen Städten – wie zum Beispiel in Philadelphia – Ähnliches geschah. Schon sehr früh wurde von den Medien die Bezeichnung Graffiti eingeführt, die von der Allgemeinheit so übernommen wurde. Sie ist jedoch recht unpräzise, da Graffiti ja wie schon erwähnt für Wandmalereien im Allgemeinen steht, während es beim Writing in erster Linie um den Namen geht. Um das Jahr 1968 begannen immer mehr Jugendliche in New York ihren Namen mit Markern zu hinterlassen, bald wurde daraus eine regelrechte Bewegung, der sich immer mehr anschlossen. Die ersten wichtigen Namen zu dieser Zeit waren unter anderen Coco 144, Julio 204, Stay High 149, Taki 183. Besonders zu dieser Zeit war es typisch, hinter dem eigenen Namen noch eine Nummer zu setzen, die einen Hinweis auf die Herkunft des Writers gab. So konnte diese Zahl für eine Straßen- oder Hausnummer stehen. Bis heute ist dies durchaus noch üblich.

Für die Gangs, für die es typisch war, ihr Revier mit ihrem Namen abzugrenzen, war es etwas vollkommen Neues, daß plötzlich einige Jugendliche es wagten ihren Namen in der gesamten Stadt zu verbreiten. Zum Teil bekamen sie dafür von den Gangs großen Respekt. Als im Sommer 1971 in der New York Times das legendäre Interview mit dem Griechen Taki 183 erschien, war dies nicht nur das erste Mal, daß jenes Thema in das Interesse der Öffentlichkeit gerückt wurde, vielmehr war es vor allem eine Animation für sehr viele andere Jugendliche, es nachzuahmen. Die meisten Writer der ersten Generation kamen aus Manhattan, der Bronx und Brooklyn. Writercrews gab es zu dieser Zeit noch nicht. Nach wenigen Jahren war die New Yorker Innenstadt mit Tags bedeckt und das Writing breitete sich durch Sprüher wie Phase 2 und Lee 163d! in allen Bezirken aus. Schon bald genügte es nicht mehr, seinen Namen möglichst oft zu verbreiten, um in der Masse noch aufzufallen. Man mußte sich etwas Neues einfallen lassen. Writer wie Barbara 62, Fuzz, Hitler 2, Hulk, Joe 136, Joe 182, Kool Herk, Phase2, Stay High, Tree 127 und andere, die in den frühen Siebzigern bestimmend waren, kamen nach der »Entdeckung« der Sprühdose schnell auf die Idee, die Buchstaben größer zu machen, auszufüllen, mit Designs zu versehen, Drei-D-Effekte und Schatten an die Buchstaben anzubringen oder einen Background zu malen, durch den die Buchstaben besser zur Geltung kommen sollten. Die ersten »richtigen« Bombings und Pieces entstanden in der ersten Hälfte der Siebziger. So entwickelte sich also das Writing im wesentlichen zu dem, was es heute ist.

Sehr früh begannen die Writer die größte Aufmerksamkeit dem öffentlichen Nahverkehrssystem zu schenken und die dort eingesetzten Züge als »rollende Leinwände« zu benutzen. Praktisch jeder Writer, der zu den ersten Generationen in New York zählt, ist auf Zügen »groß geworden«. Um 1972 wurden die ersten Panels gemalt, nachdem in den Jahren zuvor überwiegend Outside- und

Insidetags gemacht wurden. Bald gehörten Panels, Top-To-Bottoms oder Wholecars in das Stadtbild.

Schon 1974 begann das New Yorker Transportunternehmen, die MTA damit, die Züge systematisch zu reinigen, womit ihnen bis in die achtziger Jahre nur wenig Erfolg beschieden war. Zu dieser Zeit erschienen bereits die ersten Bücher zum Thema Writing, die sich aber überwiegend mit den Tags beschäftigten und von Außenstehenden geschrieben wurden, die sich kaum auskannten und über Motive und Gründe oft nur spekulieren konnten. Wichtige Graffiti-Vereinigungen, wie NOGA oder die United Graffiti Artists entstanden. Bis zum Ende der siebziger Jahre blieb HipHop im allgemeinen und das Writing im speziellen auf New York und einige andere Großstädte der USA beschränkt. In den Achtzigern wurde das Writing von der New Yorker Kunstszene entdeckt und fand so den Weg in die Galerien, wo sich ein Teil davon zur Aerosol Art entwickelte. Zu dieser Zeit befand sich das Writing in New York auf seinem Höhepunkt. Die ersten Graffiti-Magazine erschienen. Als Ergebnis dieser Entwicklung breitete sich das Writing zusammen mit dem HipHop an der Westküste der USA und vor allem in Europa und Australien aus. Bereits Ende der siebziger Jahre gab es in Europa die ersten Writer, doch erst im darauffolgenden Jahrzehnt konnte man auch hier eine echte Jugendkultur vorfinden, die nicht nur aus Einzelkämpfern bestand.

Die ersten bedeutenden Zentren des Writing in Europa waren die Niederlande, Paris, London, Kopenhagen und Stockholm. In Deutschland waren es vor allem München und das Rhein/Ruhrgebiet. Writer wie Mode 2, Bando, Gor, Gawki, Loomit trugen viel zur internationalen Verknüpfung der Szene bei. Als gegen Ende der achtziger Jahre die Writer in New York immer stärker verfolgt wurden und viele Writer der ersten Generation in die Galerien gingen, wurde New York langsam wieder »sauberer«. Langsam wandelte sich das Writing mehr zu einer kleineren Untergrund-Szene. Jetzt übernahm die Szene in Europa die Führung. Viele der wichtigsten und neuen Entwicklungen geschehen seitdem hier. In den neunziger Jahren, nachdem der Ostblock den Kalten Krieg verloren hatte, verbreitete sich das Writing auch dort epidemisch. New York wurde seither immer mehr von »Writing-Touristen« aus Europa besucht. Weltweit gab es es einen Boom an Graffiti-Magazinen und -Büchern. In Europa schaffte es Berlin auch ohne seine Mauer zur internationalen Writing-Hauptstadt zu werden. Nirgendwo sonst gibt so viele verschiedene Styles und Ausrichtungen und nirgendwo sonst ist die Szene so groß und aktiv wie hier. Doch Writer werden mittlerweile überall auf der Welt zunehmend kriminalisiert.

Während Graffiti in Europa zum festen Bestandteil des Großstadtlebens wurde, gilt dies für die anderen Teilkulturen des HipHop nicht. Die bedeutendsten DJ's und MC's kommen noch immer aus den USA. HipHop kann nun auf eine fast dreißigjährige Geschichte zurückschauen. Doch der Blick richtet sich gespannt ins nächste Jahrtausend. Viele Newcomer im Writing und B-Boying, MC's wie Busta Rhymes und Crews wie Company Flow haben den Weg dorthin bereits geebnet.

A

A&R

Begriff aus der Musikindustrie. A&R ist die abkürzende Bezeichnung für »Artists and Repertoire« und stellt den redaktionellen Teil einer Plattenfirma dar. Hier gehen zum Beispiel die Demotapes sich bewerbender Bands ein. Die A&R Manager sollen neue musikalische Trends ausmachen, damit ihr Arbeitgeber sie kommerziell verwerten kann. Sie fällen auch die Entscheidungen über die Aufnahme neuer Künstler und betreuen diese (oft genug auch in kreativen Fragen). So geben die A&R's einem Plattenlabel das Profil.

ABs

→ Beginner.

ABB Records

Ein im Januar 1997 von Beni B gegründetes HipHop → Label, das sich zur Aufgabe gemacht hat, seinen unter Vertrag genommenen Künstlern ein Höchstmaß an gestalterischer Freiheit und Individualität einzuräumen, um so eine ständige qualitative Verbesserung der auf ABB erscheinenden Musik zu ermöglichen. Auf diese Art möchte sich ABB klar von anderen Labels unterscheiden. Die Songs der Gruppen sollen in ihrer Umsetzung für sich selbst sprechen können. Der Chef der Firma ist seit mehr als zehn Jahren für die kalifornische Radiostation KALX Radio 90.7 FM in Berkeley tätig und gehört zu den Begründern der → Bay Area HipHop-Coalition, die HipHop als Kulturform der breiten Öffentlichkeit näher bringen soll. Seine jeden Mittwoch ausgestrahlte Radiosendung, die Benny B-Show, gehört zu den wichtigsten HipHop-Sendungen der Vereinigten Staaten. Auf ABB-Records erschienen z.B.: Defari, Dilated People, Foreign Legion und Planet Asia.

www.abbrecords.com

Above The Law

Gangster-Rap-Gruppe aus Los Angeles. Mitglieder: Total K-OSS alias Seldom Seen (Anthony Steward), DJ; Go Mack alias Duke of Watts (Arthur Goodman), DJ; KM.G The Illustrator (Kevin Dully), MC und Cold 187 um alias Big Hutch (Gregory Hutchinson), Produzent und MC. Ende der 80er Jahre bildete sich die Gruppe um die beiden DJs Total K-OSS und Go Mack. Obwohl ATL damals gegen → N.W.A. wetterten und sie als Spießer bezeichneten, wurden sie ausgerechnet von → Eazy E. buchstäblich von der Straße aufgelesen und auf dem hauseigenen Label → Ruthless Records untergebracht. Da Geld bekanntlich nicht stinkt, waren N.W.A. und ATL fortan Freunde und → Dr. Dre produzierte für das Quartet die LP »Living Like Hustlers«. Sie erlangte innerhalb kürzester Zeit Goldstatus und wurde schnell zu den fünf besten → West Coast-Alben gezählt. Die 1990 veröffentlichte Maxi »Murder Rap« hielt sich über viele Wochen auf Platz 1 der Billboard-HipHop-Charts. Ein Jahr später (1991) erschien »Vocally Pimpin'«, die erste HipHop-EP überhaupt. Nach ihrem zweiten Album »Black Mafia Life« (1993 auf Ruthless Records) verließ Go Mack die Gruppe. Die Karriere des Trios stand fortan unter keinem guten Stern. Als sie ihr

drittes Album »Uncle Sam's Curse« (1994 auf Ruthless Records) zusammenbastelten, erkrankte der Freund und Förderer der Gruppe Eazy E. an AIDS und verstarb kurze Zeit später. Obwohl ATL bald einen neuen Vertrag bei → Tommy Boy Records unterzeichneten und 1996 das Album »Time Will Reveal« veröffentlichten, wurden sie schnell unzufrieden mit der Zusammenarbeit mit den Labelverantwortlichen. Ihr mittlerweile fünftes Album »Legends« (1998 auf Tommy Boy Records) entstand, als sich das Trio in einem Motivationstief befand. Im Jahr darauf gründeten ATL ihr eigenes → Label, das den Namen West World trägt, und veröffentlichten ihr nunmehr sechstes Album »Forever: Rich Thugs« (1999). Derweil arbeitete der Produzent und Mastermind der Gruppe Big Hutch am Soloalbum »Executive Decisions«. Als → Suge Knight nach einem Knastaufenthalt den Wiederaufbau seines Labels → Death Row initiierte, versicherte er sich der Dienste von Big Hutch, der seitdem als Haus- und Hofproduzent für seinen neuen Arbeitgeber fungierte und nebenbei »Diary Of A Drugdealer« (2000 auf Death Row) mit seinen Jungs von ATL machte.

Absolute Beginner
→ Beginner.

Acid Jazz
In England entwickelte instrumentale Club-Musik, die eine Mischung aus → Jazz und oft im → HipHop verwandter → Beats darstellt. Anfang der 90er, als HipHop-Musik massiv vom Jazz beeinflusst wurde (→ Jazzmatazz), kam es zu Überschneidungen zwischen HipHop und Acid Jazz.

Act
(engl.: Akt, Nummer) Synonym für Gruppe, Band, Interpret, → DJ usw.

ACUD
ehemaliger Berliner HipHop-Club im Künstlerhaus Acud, das dem Spekulantentum weichen soll.

Adam F

(Adam Fenton) Musikproduzent aus Liverpool, England. Eigentlich produzierte Adam F sehr vielseitigen → Drum&Bass. Als Sohn von Alvin Stardust fiel ihm der Einstieg ins Musikgeschäft sicher etwas leichter. Sein Debütalbum »Colours« (1998 auf EMI) wurde prompt zur Sensation. Die Singles »Circles« und »Brand New Funk« waren dabei nur die »Spitze des Eisberges«. Für sein Debüt erhielt Adam F mehrere Auszeichnungen, darunter den Music Of Black Origin (MOBO) Award in Großbritannien für das »Beste Album«. In der darauffolgeden Zeit ist Adam als DJ aktiv. Obwohl er sich in einer hervorragenden Position befand und mit einem schnellen Nachfolger richtig viel Geld verdienen konnte, entschied er sich gegen Fließbandproduktionen und sondierte zunächst seine Möglichkeiten. Er produzierte nach wie vor Demos, von denen eines bei → Def Jam landete. → LL Cool J und → Redman waren spontan begeistert von den Fähigkeiten und dem Musikgeschmack des noch recht jungen Produzenten. LL entschied sich ihn für ein Stück auf seiner LP »G.O.A.T. feat. James T. Smith: Greatest Of All Time« zu engagieren.

Schon bald arbeitete er mit Stars wie → Missy Elliot zusammen. Adam F nahm sich um die Jahrtausendwende 18 Monate Zeit das HipHop-Album »Kaos« (2001 auf EMI) aufzunehmen. Auf dem Weg zum fertigen Produkt lernte er Künstler wie → Guru, → M.O.P., → De La Soul, → Capone'N'Noreaga, → Pharaoh Monch und einige andere kennen.

Viele von ihnen konnte er davon überzeugen, ihn bei der Verwirklichung seines musikalischen Projektes zu unterstützen. Kritisiert wurde er, weil er für seine Projekte nur mit den bekannten US-Acts zusammenarbeitete und die englische HipHop-Szene vernachlässigte. »Kaos«, dessen Entstehung auch auf Film festgehalten wurde, darf dennoch getrost als Meilenstein der Geschichte der HipHop-Musik bezeichnet werden. Leider war der Verkaufspreis unverschämt hoch, so dass es hierzulande kaum bekannt werden konnte. 2002 gab Adam F dann dem Redman-Album »Malpractice« seine höchst eigene Note.

www.adamf.com

Add Lips

Synonym für Second Vocals und Back Ups, gemeint sind zusätzliche Stimmen im Hintergrund (auf einer zusätzlichen Spur), die in der Regel den Zweck erfüllen, das Musikstück »voller«, lebendiger und abgerundeter klingen zu lassen.

Advanced Chemistry

HipHop-Gruppe aus Heidelberg. Mitglieder: Torch (Frederik Hahn), Linguist; Toni der Koch; Gee (Gonzales Maldonado), Rapper – Mike M.D. Advanced Chemistry zählen zu den Pionieren des deutschen und deutschsprachigen HipHop. Die Gruppe stammt ursprünglich aus dem → MZEE-Umfeld, löste sich jedoch von ihrem Ursprungslabel und startete ein eigenes → Label namens 360 Grad. Torch, der auch als → Writer aktiv ist, gehört zu den Mitbegründern der → German Zulu Nation. Toni beschäftigt sich seit 1983 mit HipHop und begann 1985 zu rappen. Ihre Hochphase hatten Advanced Chemistry 1992/93 nach Erscheinen der → 12" »Fremd im eigenen Land« auf MZEE, die Qualität der Live-Shows ist der Gruppe hoch anzurechnen. Sie verstehen sich als → MCs und wissen, wie man das Publikum bewegt. Unter dem Namen Advanced Chemistry erschienen weiterhin die Maxi »Operation Artikel 3«, die 94er 12" » Dir fehlt der Funk« und das Doppelalbum »Advanced Chemistry« im Jahre 1995. Sowohl Toni der Koch als auch Torch, beide schon seit den Achtzigern dem HipHop verbunden, brachten einige Solo-Veröffentlichungen auf den Markt. Torch beispielsweise arbeitete mit Future Rock zusammen, und Toni, ein gelernter Koch, machte für seine LP »Der Pate« auch Aufnahmen mit → Kid Frost. Der Writer, Rapper und Breaker Gee trat vor der Bergfahrt aus der Gruppe aus, da er sich nach eigenen Angaben nicht als professioneller Rapper fühlte und sich verstärkt auf sein Grafikdesign-Studium konzentrieren wollte. Trotz der Solo-Aktivitäten von Torch und Toni ist die Gruppe nach wie vor existent. Als Grund für die lange Ruhephase des Linguisten ist ebenfalls sein Studium zu nennen

(Ob die je wieder aufhört, bleibt abzuwarten.). DJ Mike M.D. löste sich in den frühen Neunzigern von der → Crew und kümmerte sich um eigene Veröffentlichungen. Torch veröffentlichte 2000 seine LP: »Blauer Samt«, die gelobt von den Kritikern, auch ein kommerzieller Erfolg war.

Aerosol-Art
»Kunst aus der → Dose« – Umfassender Begriff, der sowohl das → Writing einschließt, als auch herkömmliche Kunst, sofern dafür Sprühdosen benutzt werden.

Aerosol-Magazin
Belgisches → Mural-Art-Magazin. Das 1978 von Roger Avau ins Leben gerufene Magazin zählt zu den ersten Graffiti-Magazinen überhaupt. Neben → Graffiti war auch die Bewegung der freien Radios ein wichtiges und häufig behandeltes Thema. 1986 erschien die offiziell letzte Ausgabe. Als Grund für das Einstellen des Magazines wurde unter anderem Zeitmangel genannt.

Aerosoul-Magazin
Englischsprachiges → Graffiti-Magazin aus der Schweiz. Das Aerosoul-Magazin erscheint seit 1990 in unregelmäßigen Abständen. Zum Magazin gehört auch ein Mailorder-Shop.

Aesop Rock
MC aus Manhattans Lower Eastside, New York. Aesop Rock zählt zu den innovativsten Independent-MCs der East Coast. Aesop Rock war lange Jahre auch als Writer aktiv. Mit dem Rappen begann er 1993. Seine Alben veröffentlichte er auf den Labels Mush und

Aerosol Art: Leinwand von Daim, Hamburg 1997

Def Jux: 2000 erschien »Float«, 2001 »Labor Days«, 2002 »Coma / Maintenance« und 2003 »Bazooka Touth«.

Afficial Nast

Von der HipHop-Crew → Onyx gegründete Plattenfirma.

Afrika Bambaataa

(Lance (Kahyan) Aasim) HipHopper aus der Bronx, New York. Es gibt wohl keine andere Figur in der Welt des HipHop, die so bekannt und trotzdem so sagenumwoben ist wie er, der Mr. HipHop persönlich. Geboren wurde Afrika Bambaataa am 10. April 1960 in der Bronx. Als Teenager war Bambaataa Mitglied der legendären New Yorker Straßengang Black Spades, die Ende der 60er Jahre angeblich ca. 20.000 Mitglieder hatte. Als 1975 der beste Freund Bambaataas vor seinen Augen erschossen wurde (wie und von wem blieb weitestgehend ungeklärt), entschloss er sich, die Gang zu verlassen, und begann sich der Musik zuzuwenden. Bambaataa, der auch schon zu Gangzeiten eifrig Platten aller Art und Stilrichtungen sammelte, fing nun an, inspiriert durch → Kool DJ Herc und andere, selbst Musik aufzulegen. Er formte zu dieser Zeit zusammen mit → Afrika Islam eine eigene Organisation, die sich erst die »Bronx River Organisation«, wenig später die »Organisation« nannte. Bekannt wurde diese Organisation aber unter dem Namen → Zulu Nation, der ihr 1976 gegeben wurde. In den folgenden Jahren war der überzeugte Moslem als → DJ und Organisator von → Battles und Partys tätig, wobei er viele heute namhafte Leute wie → Grandmaster Flash, Kool DJ Herc, Kool DJ Red Alert und Fab Five Freddy kennenlernte, mit denen er auch später noch zusammenarbeitete. Seine Partys wurden immer berühmter, bis er schließlich in den großen Clubs von Manhattan, wie dem Roxy oder dem Funhouse, auftrat. Erst 1982 unterschrieb er einen Plattenvertrag bei → Tommy Boy Records und fing nach einem eher mißglückten Versuch im Jahr 1980 (zusammen mit Cosmic Force entstanden »Zulu Nation Throwdown« / »Deathmix« auf Paul Winley Records) ernsthaft an Lieder aufzunehmen. Das erste weniger erfolgreiche Stück heißt »Jazzy Sensations« und wurde zusammen mit den Jazzy Five gemacht. Jedoch schon die nächste Platte von Afrika Bambaataa & The Soul Sonic Force wurde eine Sensation. Das von der Musik der Gruppe → Kraftwerk inspirierte und von ihm selbst sowie von John Robie und → Arthur Baker produzierte Stück mit dem Namen »Planet Rock« (1982) verkaufte sich über 250.000 Mal und läutete so das Zeitalter des → Elektrofunk ein. Auch Bambaataa produzierte im selben Stil weiter, so die Lieder »Looking For The Perfect Beat« und »Renegades Of Funk« (1983) sowie »Funk You«, die bis dahin alle nur als Single erschienen und heute gesuchte HipHop-Klassiker sind. Erst 1986 veröffentlichte Tommy Boy Records das Album »Planet Rock«, auf dem alle in dieser Zeit erschienenen Stücke wiederzufinden sind. Zu jener Zeit war »der fürsorgliche Führer« der Inbegriff für HipHop. Die → Zulu Nation hatte allein in New York 40.000 Mitglieder (1984), und Bambaataa tourte mal mit den Jazzy Five und mal mit Time Zone oder The Soul Sonic Force durch Amerika und Europa. Auf diese Weise gelangte HipHop in Europa zu erster Popularität. Zusammen mit → James Brown nahm Afrika Bambaataa 1984 das Lied »Unity« auf, in dem erstmalig der klassische → Jazz mit dem HipHop verbunden wurde. Noch im selben Jahr machte er mit dem Ex-Sex Pistol John Lydon die Single »World Destruction« (das erste Mal, dass HipHop mit Gitarrenmusik ernsthaft in Berührung kam). 1985 erschien die erste echte LP mit Namen »Funk You«, bevor weitere Singles und das zweite Album »Beware (The Funk Is Everywere)« auf den Markt kamen. 1986 verließ Bam Tommy Boy Records und unterzeichnete einen Vertrag mit Capitol, wo 1988 das Album »The Light« erschien. Etwa zu dieser Zeit engagierte sich Bam gegen die Apartheid in Südafrika. Er arbeitete an Projekten wie »HipHop

Against Apartheid« und organisierte 1990 zusammen mit John Baker und Greenstreet Records ein Konzert im Londoner Wembley Stadion, das den A.N.C. unterstützte und die Freilassung Nelson Mandelas feierte. 1991 brachte Bambaataa seine dritte LP »1990-2000: Decade Of Darkness« heraus. Wenig später gründete er sein eigenes Planet Rock Records Label, auf dem eine Art Retrospektive als Tonträger mit dem Namen »Timezone« erschien. Seit 1994 moderierte und gestaltete Bam eine Radioshow mit dem passenden Titel »Oldschool« auf → Hot 97 FM NYC. Heute ist die Ikone des → Old School-HipHop so aktiv wie immer und seine alljährlich stattfindenden Partys sind nach wie vor große Ereignisse. Unter anderem tourt er als DJ durch die Clubs und überrascht sein Publikum immer wieder mit seinen kreativen Sets. In den letzten Jahren erschienen von ihm: »United DJ'S of the World Vol.2« (1999), »Don'T Stop ... Planet Rock« (Warner Music 1999) und »Eastside« (Various/Afrika Bambaataa Flute Worl – ZOMBA 2003).

Afrika Islam

→ DJ und Produzent aus New York bzw. Los Angeles, Kalifornien. Nachdem Afrika Islam genau wie → Afrika Bambaataa einen guten Freund in dem Gangkrieg, der seit den 60er Jahren in fast allen amerikanischen Großstadtgettos tobte, verloren hatte, schloss er sich Afrika Bambaataa an und gründete Mitte der 70er Jahre mit ihm die → Zulu Nation. Als einer der HipHop-Pioniere war er unter anderem Mitglied der → Rock Steady Crew. Er war aktiv als DJ und auf allen Partys der Zulu Nation dabei. Irgendwann Mitte der 80er Jahre, nachdem die großen Zeiten der Zulus und Afrika Bambaataas vorbei waren, siedelte er über nach Los Angeles. Dort lernte er → Ice-T kennen und half dem noch gänzlich unerfahrenen Rapper mit der Produktion seiner ersten LP »Rhyme Pays«. Bis zum Anfang der 90er Jahre war Afrika Islam dann Produzent bzw. Co-Produzent aller Veröffentlichungen Ice-Ts und des Rhyme Syndicates (Ice-Ts erweiterte Crew). So produzierte er auch den frühen Everlast (später → House Of Pain) und → Donald D. Anfang der 90er wandte er sich jedoch ab vom → HipHop und begann als House- und Techno-DJ zu arbeiten. Er legte sogar auf großen Techno-Events in Deutschland auf und bildet heute zusammen mit Westbam (der sich nach Afrika Bambaataa benannt hat, wobei das »West« für Westfalen steht) das Duo Mr. X & Mr. Y.

Afrob

Deutschsprachiger MC aus Stuttgart, Baden-Württemberg. Afrob wurde in Italien geboren, wuchs in Braunschweig auf und ist heute in Stuttgart beheimatet. Seit 1994 verschaffte sich Afrob eine Reputation als erstklassiger MC und war u. a. auf den Tonträgern von den → Massiven Tönen, → Freundeskreis, → Specialists und → F.A.B. zu hören. Dennoch dauerte es eine Weile, bis Afrob sein Debütalbum »Rolle Mit Hip Hop« 1999 auf → Four Music präsentieren konnte. Dank seiner vielseitigen Aktivitäten im Vorfeld war Afrob schon relativ bekannt und es ist nicht verwunderlich, dass seine LP auch ein kommerzieller Erfolg wurde. Endgültig zum Star wurde Afrob, als er zusammen mit → Ferris MC die Single »Reimemonster« veröffentlichte, die bei den Musiksendern in Rotation lief. Afrob tourte zusammen mit dem Freundeskreis und den → Fantastischen Vier und verdeutlichte eindrucksvoll seine Qualitäten als Live MC. Zusammen mit → DJ Tommek und Flava Flave (→ Pu-

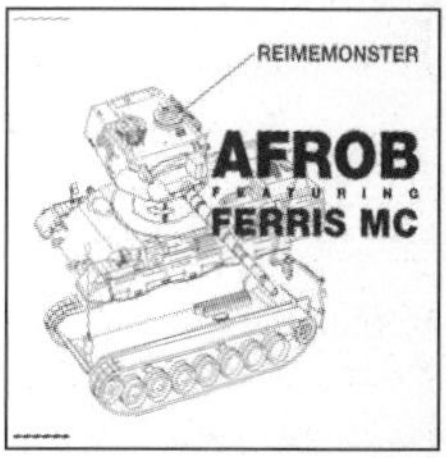

blic Enemy) enstand die Single »1-2-3 ... Rhymes Galore«, die in Deutschland ein Pop-Hit von bisher (für deutschen HipHop) kaum gekannten Ausmaßen wurde. Knapp zwei Jahre nach seinem Debüt nahm sich Afrob die Zeit, sein zweites Album »Made In Germany« (2001 auf Four Music) einzuspielen. Der überaus ambitionierte Rapper gab sich diesmal nicht nur mit den Reimen zufrieden, er produzierte auch einige Stücke selbst. Afrob, der sich in seinen Texten für Toleranz und gegen Fremdenhass ausspricht, unterstützt das Projekt → Brothers Keepers und ist zusammen mit vielen anderen deutschen HipHoppern auf der Single »Letzte Warnung« zu hören. Seit Ende 2002 macht Afrob gemeinsamme Sache mit dem Hamburger → Sammy Deluxe. Es entstand das Album »Wer hätte das gedacht?« Als ASD (Afrob & Sammy Deluxe) touren sie durch die Lande, um ihre von vielen Kritikern hoch gelobte Musik zu promoten.

www.afrob.com
www.fourmusic.com

Afrozentrismus

Der Ausdruck schwarzen Selbstbewusstseins in den USA – in einem Land, das faktisch ca.12 % seiner Bevölkerung immer noch unterdrückt. Afrozentrismus ist das Gegenstück zum Eurozentrismus; er beinhaltet auch die Ansicht, dass nicht nur die Schwarzen, sondern alle Menschen – und damit auch deren Kultur – aus Afrika kommen. Im HipHop ist der Afrozentrismus eine kulturelle Modeerscheinung, die nicht zuletzt mit dem Verkauf von traditioneller Kleidung in Katalogen einhergeht. Besonders Anfang der 90er Jahre erinnerte man sich gern an seine afrikanischen Wurzeln. Jedoch wurde und wird in HipHop-Texten, besonders von Gruppen und →

MCs wie dem → X-Clan, → KRS One, → Public Enemy etc., die Idee des Afrozentrismus propagiert. Sie gipfelt in der Erkenntnis, dass der schwarze Mann in Amerika »obdachlos« ist. Denn seine Heimat ist nicht Amerika, sondern vielmehr der afrikanische Kontinent.

Afu-Ra

(Aaron Phillip) MC aus Brooklyn, New York. Afu-Ra gab sein Debüt auf Vinyl, als er 1994 → Jeru The Damaja auf seiner Single »Mental Stamina« Rap-technisch unterstützen durfte. Seither war er Jerus Protegé und erschien auch auf seiner zweiten LP »Wrath Of The Math«. Als MC wuchs Afu-Ra im Umfeld von → Gangstarr auf und entwickelte dort seine überaus intelligente Art mit Worten zu jonglieren weiter. 1998 fasste sich der bekennende Rastafari ein Herz und brachte seine erste eigene Single »Whirlwind Thru Cities« auf Gee Street/V2 Records heraus. Zwei weitere Singles wurden veröffentlicht (»Defari« & »D&D Soundclash«, beide auf Gee Street/V2) und das Album »Body Of The Life Force« wurde mit der Hilfe des großen → DJ Premier, → DJ Muggs, den → Beatminerz und Gästen wie GZA und den Cocoa Brovaz produziert. Plötzlich jedoch bekamen die → A&Rs von Gee Street kalte Füße und Afu-Ra stand mit einem fertigen Album da, das einfach nicht verlegt wurde. Doch nach kurzer Suche stieß er auf Koch International, die seine LP Ende 2000 der Öffentlichkeit zugänglich machten. 2002 erschien das zweite Album »Life Force Radio«, produziert von DJ Premier. *http://www.afu-ra.de/*

Airbrush

Bei diesem Gerät wird per Druckluft gelöste Farbe versprüht. Viele → Writer benutzen Airbrush-Geräte, zum Beispiel für T-Shirts oder Leinwände.

Airforce Crew

→ Breaker-Gruppe aus Los Angeles. Mitglieder: Orko und Ceser. Diese Gruppierung ging aus den Shake City Rockers hervor. Ceser und Orko, der auch zur → Rocksteady Crew gehört und seit vielen Jahren als → Writer aktiv ist, fanden ihren Einstieg in die Breaker-Szene im Jahre 1981 als → Popper. Aufgrund seiner achtjährigen Verpflichtung für das amerikanische Militär unterbrach Orko 1986 seine Laufbahn als → B-Boy. Sein Partner Ceser organisierte in dieser Zeit die Wiederbelebung des Radiotrons, des wichtigsten Übungs-und Hang Out-Ortes für → Breakdance-Begeisterte an der Westküste der Vereinigten Staaten.

Airplanes
Begriff aus dem → B-Boying für → Windmills mit gespreizten und zur Seite ausgestreckten Armen.

Airtrack
Begriff aus dem → B-Boying, der Drehungen auf dem Kopf ohne Bodenkontakt der Hände bezeichnet.

Airtwist
Begriff aus dem → B-Boying, der eine volle Drehung des Körpers ohne Bodenkontakt bezeichnet. Der Airtwist wird oft aus dem → Flare gestartet.

ÄI-TIEM
HipHop-Gruppe, die 1986 in Köln von Hansolo und Lord Fader gegründet wurde. Mitglieder: Hans Solo (F. Schüttgen), → Rapper, Produzent und Weltmeister im BMX-Freestyle 1987; Obi Wahn Def Benski (B. Hartung), Rapper und Beatboxer, der auch an anderen HipHop-Projekten beteiligt ist; Lord Fader (R. Dammers), DJ und Produzent. Seit 1996: J. Quadt, Schlagzeug; F. Leben, Gitarre und O. Gelba, Percussions. Hans Solo und Lord Fader sind außerdem für das Elekto-Projekt »Phobos« verantwortlich. Neben »teilweisen sexuellen, textlichen Ausschweifungen« sind ÄI-TEAM auch für politische Texte bekannt. 1989 wird ÄI-TEAM vom neugegründeten Blitz Vinyl Label unter Vertrag genommen. Ihre erste → EP »Alles Absicht«, die 1991 im Eigenvertrieb erschien und eine illustre Mixtur aus Pornografie und Kinderprogramm- → Samples darstellte, war bereits nach wenigen Wochen ausverkauft. Danach folgten wei-

tere → Releases, wie die 93er → 12" »Kein Kommentar«, die 1995 veröffentlichte Doppel-LP »Wenn hier einer schießt, dann bin ich das« mit der dazugehörigen »Ill Styles« 12", beide auf Intercord. 1997 erscheint in Zusammenarbeit mit dem Obdachlosenmagazin »Von Unge« eine gleichnamige Maxi, deren Erlös gespendet wird (Knastarbeit und Resozialisierung). Nach einigen nicht fertig produzierten Alben erscheint 2001 »Musik für taube Ohren«. Ab 2001 traten sie auch mit Live-Band auf: E. Macherey (Bassist und Ex-Bap und Ex-Zeltinger), A. Hertel (Gitarrist und heute bei DAT ZAP), D. Nitsche (Drummer), dem 1994 Überfälle auf 10 Postbanken und 60 Tankstellen nachgewiesen wurden, und J. Walther (Produzent). Nach einem Snowboardunfall ist F. Leben querschnittsgelämt, wodurch die Gruppe zunächst auseinanderbricht.

Akinyele

(Akinyele Adams) Rapper aus New York City. Schon als Akinyele 1993 sein Debütalbum »Vagina Diner« (auf Interscope) veröffentlichte, wurde schnell klar, womit sich seine Musik beschäftigen würde. 1994 erschien die nächste LP mit dem Titel »Bomb«. Akinyele verschwendete wenig Zeit mit Subtilitäten. Sex und Partys sind eindeutig seine große Leidenschaft. Obwohl er schon zwei Alben auf den Markt geworfen hatte, kam sein großer Durchbruch erst 1995, als er zusammen mit → Sadat X die von → Funkmaster Flex produzierte Single »Loud Hangover« einspielte. Zu hören war der Song auf dem von FunkFlex produzierten »60 Minutes Of Funk Mixtape Vol. 1« und avancierte alsbald zum begehrten Sammlerobjekt. Die im darauf folgenden Jahr erschienene EP »Put It In Your Mouth« (1996 auf Zoo Records/BMG) wurde dank seiner neuen Populari-

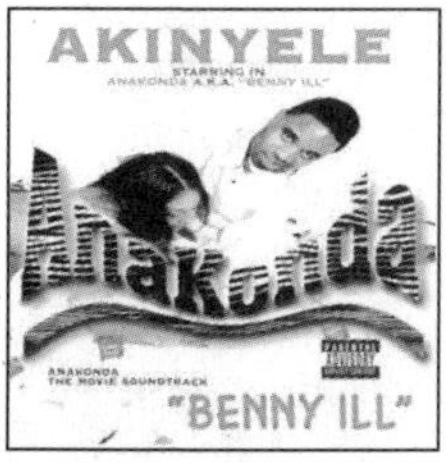

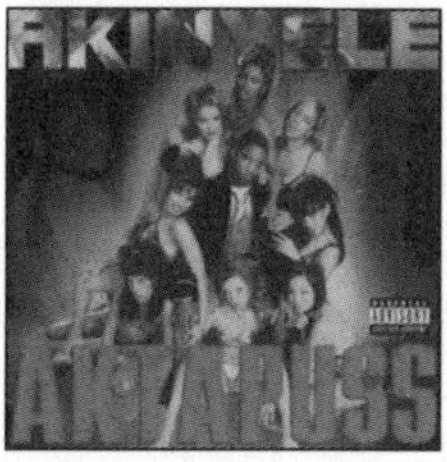

tät ein Hit. 1999 erschien »Aktapuss: The Soundtrack« und 2003: »Anakonda – The Movie Soundtrack (aka Benny Ill)«.

Aleksey

Rapper aus Braunschweig. → Rap Nation.

Alkaholiks, Tha

HipHop-Gruppe aus Los Angeles, Kalifornien. Mitglieder: E-Swift (Eric Brooks); J-Ro (James Robinson); Tash (Rico Smith). Ursprünglich aus Cincinnati, arbeiteten E-Swift und J-Ro schon früh unter dem Namen Distributers Of The Peace (D.O.P.) zusammen. Als sie nach L.A. umzogen, lernten sie dort bald Tash kennen, der unter anderem mit King Tee gearbeitet hatte. Die drei schlossen sich zusammen und nannten sich fortan Tha Alkaholics. Nachdem sie schon mit → KRS One, → Ice Cube und → Too Short auf Tour gegangen waren und mit King Tee auf seiner Single » I Got It Bad Y'All« zusammengearbeitet hatten, waren sie die erste Band, die einen Vertrag mit Loud/RCA Records unterzeichnete. Das Debütalbum »21 And Over«, erschienen 1993, war für amerikanische Verhältnisse aber nur mäßig erfolgreich. Trotzdem erlangten sie auch in Europa einen beachtlichen Bekanntheitsgrad. Etwas besser verkaufte sich dank der Hitsingle »Damn« ihr zweites Album »Coast II Coast« (1995), das auch mit der Hilfe von keinem geringeren als Q-Tip entstand. 1997 kam die dritte LP »Likwidation« heraus, die sehr abwechslungsreich und anders, vor allem aber auch erfolgreicher im Vergleich zu ihren Vorgängern war. Hört man ein wenig auf die Texte, so stellt man schnell fest, dass der Name Programm ist. Die Alkaholiks machen keinen Hehl aus ihrer Liebe zu Bier und

Spirituosen. Aber auch Battle-Texte, wie bei »Damn«, gehören zu ihrem Repertoire. Dennoch: Seit ihrer vierten LP »X.O. Experience« im Jahre 2001 nennen sie sich nur noch Tha Liks. Dies hat einen einfachen Grund: Als »Alkoholiker« ist man nicht so oft auf Radio- und Fernsehstationen zu hören und zu sehen. Aber sie sind sich treu geblieben und rappen auf unter anderem von den Neptunes produzierten Beats über Party, Saufen und Sex.

Alliance Ethnik

HipPop-Musikgruppe aus Paris/Frankreich. Mit dabei sind K-Mel (Kamel Houairi), Front MC und Aushängeschild der Gruppe; Médard, Sänger; Faster Jay, DJ; Crazy B., DJ und Gutsy, Produzent. Alles begann 1990, als K-Mel sich als Tchatcheur (die Franzosen haben sogar ein eigenes Wort für → Freestyle MC) einen Namen machte. Motiviert durch den, wenn auch lokal sehr begrenzten, Erfolg, begann K-Mel eine Gruppe zu formen. Erst holte er Médard und Gutsy mit ins Boot, um später die überaus talentierten DJs Faster J und Crazy B einzusammeln. Gemeinsam nannten sie sich die »Ethnische Allianz«, denn schließlich waren sie alle Kinder von Einwanderern aus verschiedenen Teilen der Welt. Sie produzierten ein Demo und verschickten es in alle Himmelsrichtungen. Die Booking Agentur IZB wurde 1992 auf die Gruppe aufmerksam und buchte sie als Support für die überaus populären Marseiller → IAM. Auf diesem geradezu schicksalhaften Konzert wurden Alliance Ethnik entdeckt und vom Fleck weg rekrutiert. Delabel war bereit, die noch unreife Gruppe unter Vertrag zu nehmen, auch wenn es drei Jahre dauern sollte, bis das Debütalbum »Simple Et Funky« 1995 erschien. In der Zwischenzeit arbeiteten sie oft mit → Sens Unik und tourten durch die Lande. Als die Platte endlich veröffentlicht wurde, zeigte sich, dass sich das lange Warten gelohnt hatte. Die Single »Respect« (ganze

700.000 verkaufte Einheiten) verhalf dem etwas Poporientierten Album zu ungeahnten Charterfolgen. Im Februar 1996 gewannen sie den »Victoire de la musique« als beste neue Gruppe. Kritisiert wegen der Leichtigkeit und Irrelevanz ihrer Musik, drohte die Gruppe schon bald auseinanderzufallen. Alle Mitglieder vertieften sich in verschiedene Projekte und es dauerte vier Jahre, bis die zweite LP »Fat Comeback« (1999 auf Delabel) entstand. Auch wenn für das Album eigens amerikanische Produzenten sowie → De La Soul, → Common (Sense), → Biz Markie etc. engagiert wurden, so konnte es doch nicht an die Erfolge von »Simple Et Funky« heranreichen.

All City

1. Begriff aus dem → Writing. Eine Bezeichnung für → Writer, die es geschafft haben, in der ganzen Stadt sichtbar zu sein. In → Berlin hat dies zum Beispiel die Gruppe → RCB geschafft. 2. MC-Duo aus Brooklyn. 1998 erschien auf MCA das Album »Metropolis Gold«.

All Natural

8köpfige HipHop-Gruppe und Label aus Chicago. Mitglieder sind: The Mighty Allstar, Tone B. Nimble, Mr.Greenweedz, Spotlie, Iomos Marad, Rita J, Capital D, G(Riot). Mit der LP »No Additives No Preservatives« wurden sie 1998 kurzzeitig sehr bekannt. 2000 erschien »Second Nature«. Die einzelnen Mitglieder von All Natural sind auch als Solo-MCs aktiv. So veröffentlichte Capital D zusammen mit dem Underground-Act *Molemen* das Album »Writer's Block« oder *Iomos Marad* im Jahr 2003 »Deep Rooted«... Als Family Tree wurden veröffentlichten sie ebenfalls mehrere Alben.

www.allnaturalhiphop.com

AL Magazin

Italienisches HipHop-Magazin.

Al Rakhun

→ Germ.

Alte Schule
1. Deutsches Synonym für → Old School. 2. Titel eines deutschen → HipHop-Samplers von → MZEE, der 1995 veröffentlicht wurde.

Amok
Er ist einer der wichtigsten und bekanntesten → Old School-Writer aus Berlin und seit 1985 aktiv. 1992 hörte er vorerst auf zu malen, sprühte jedoch 1996 wieder einige Bilder. Seine Religion verbietet es ihm, menschliche Abbilder zu malen. Er war Mitglied der Gruppen GSG, TMH, → SOS und der internationalen Writer Crew → 156. Amok schaffte es in Berlin für lange Zeit, → King zu sein. Nach 1992 sprühten → SHEK und später auch andere vereinzelt Amok-Bilder. Informationen und Bilder von Amok sind unter *www.amokone.de* zu sehen.

Analog Brothers
Projekt von → Kool Keith und → Ice T. 2000 erschien die LP »Pimp To Eat«.

Amok-Piece in Berlin, 1989

Anarchist Academy

Deutsche HipHop-Gruppe, die besonders durch ihr politisches Engagement auf sich aufmerksam machte. 1992 von Bomber und Hannes Loh gegründet. Weiterhin gehören Baback, Deadly T und Bütti dazu. AA versteht Musik, insbesondere den HipHop, als ein Medium, welches die Möglichkeit bietet, Fehler und Probleme des Gesellschaftssystems aufzuzeigen und Möglichkeiten darzustellen, um diese zu lösen. In ihrer Vergangenheit arbeiteten sie gelegentlich mit Gruppen aus dem Punk- und Hardcore-Bereich zusammen, betrachten sich jedoch in erster Linie als HipHop-Gruppe. Ihr Debüt hatte die Gruppe 1993 mit dem Album »Am Rande des Abgrunds«. Damals erschienen sie noch auf dem kleinen → Label Wolverine. 1994 erscheint die Maxi »Solingen«, deren Erlös den Opfern rassistischer Angriffe zugute kommt. Im selben Jahr stößt DJ Zonic dazu. 1996 verlässt Bütti die Band. Auf Virgin erschienen 1998 die LPs »Anarchophobia« und »Rappelkistenkids«. 1999 nach Neuformation ohne Hannes Loh und Umbenennung in Doppel-A erscheint das Album »Featuring«. Doppel-A verzichtet weitestgehend auf politische Statements. Hannes Loh ist mittlerweile ebenfalls unter die HipHop-Buchautoren gegangen. »HipHop. Sprechgesang: Raplyriker und Reimkrieger«, zusammen mit Sascha Verlan, erschien im Jahr 2000.

Anticon

(anti-conventional, anti-conformity) Independent-Label und MC-Zusammenschluss aus der → Bay Area. Mitglieder: Alias, Doese One, Odd Nosdam, Passage, Sole, Pedestrian, Why?. Anticon zählt zu den innovativsten und progressivsten HipHop-Labels. Die MCs

Sole, Dose One, Alias, Pedestrian, Jel und DJ Majonnaise stammen ursprünglich aus verschiedenen Orten in den USA. Über das Internet lernten sie sich über ihre gemeinsame Vorliebe für eine ganz bestimmte Form von HipHop kennen. Im Jahre 1998 trafen sie sich das erste Mal in der realen Welt. Dabei hatte sich so viel Material angesammelt, dass binnen zwei Tagen das erste Album fertig war. Dabei nannten sie sich Deep Puddle Dynamics. Für dieses Album gründeten sie das Label Anticon. Zugleich wurde die Label-Compilation »Hip Hop For The Advanced Listener« veröffentlicht. Dose One veröffentlichte derweil sein Solo-Album »Hemispheres«. Sole, Jel, Alias und DJ Majonnaise zogen dann nach East Oakland in die Bay Area, wo bereits eine sehr innovative und experimentelle HipHop-Szene existiert. Zahlreiche Alben, EPs und Singles sind in den letzten Jahren erschienen. Höhepunkte waren unter anderem das Album von cLOUDDEAD und dieverse Veröffentlichungen von Boom Bip, Sage Francis und Sole. Für Anticon ist das Internet bis heute ein sehr wichtiger Ort geblieben.

Auf ihrer Website *www.anticon.com* können kostenlos zahlreiche MP3-Files heruntergeladen werden.

Anti-Pop Consortium

HipHop-Gruppe aus New York, unter dem Motto »disturb the equilibrium« 1997 gegründet. Mitglieder: Priest, Beans, M.Sayyid und E.Blaize. Wie viele HipHop-Acts veröffentlichten sie anfangs zahlreiche Tapes. Mit fast fanatisch zu nennendem Eifer machten sie auf sich aufmerksam, als sie ganz New York mit Aufklebern beklebten. Priest landete deswegen sogar unter New Yorks »Zero Tolerance«-Bürgermeister Giuliani wegen »Vandalismus« im Gefängnis.

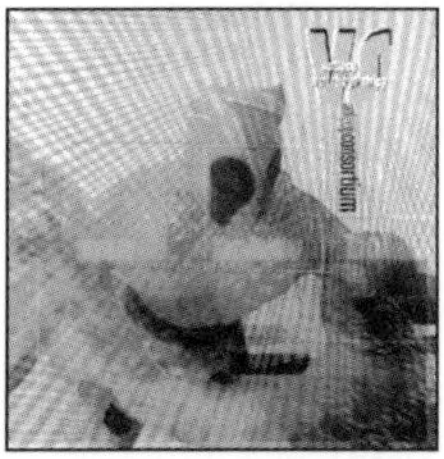

Da die Polizei die Aufkleber-Aktion für eine rein kommerzielle Aktion hielt, konnte er aber bald wieder gehen (sic!). Ihr erstes Album veröffentlichten sie 2000 auf 75 Ark: »Tragic Epilogues«. 2001 folgte »Shopping Cards Crashing« und die EP »The Ends Against The Middle«. 2002 erschien »Arrythmia« und ein Jahr später »Anti-Pop Vs.Matthiew Shipp«. Einen Namen machte sich die Gruppe auch durch ihre unglaublichen Auftritte, bei denen sie zum Beispiel die Beats life zusammenbastelte.

www.warprecords.com/antipop

A-One

Einer der ersten → Writer aus New York. Er begann in den späten Sechzigern zusammen mit → Taki 183 und Junior 161 zu taggen.

Apollo Bistro

Veranstaltungsort im englischen Manchester, welcher sich durch die dortigen Breakdance-Events zum Mekka für → B-Boys aus England und der ganzen Welt entwickelt hat.

Applejacks

Begriff aus dem → B-Boying für einen wesentlichen → Move zur Herausforderung eines anderen → Breakers zum → Battle. Dabei steht der → Breaker auf beiden Beinen, lässt sich nach hinten auf die Handflächen fallen und streckt ein Bein in die Luft und springt zurück auf ein Bein und wiederholt diesen Bewegungsablauf.

Arabian Prince

(Mik Lezan) Produzent und DJ aus Los Angeles, Kalifornien. Schon Anfang der 80er Jahre begann der Prince, damals noch Schüler, Mixtapes aufzunehmen. Die Gelegenheit fand er bei KACE, einem Radiosender, bei dem sein Vater arbeitete. Schließlich wurde er Mitglied einer lokalen DJ-Truppe namens Uncle Jam's Army. Bald fing er an eigene Stücke wie »DJ Innovator« für sich und andere zu produzieren. Er machte Musik für und mit → Bobby Jimmy & The Critters (er war einer der Critters), Egyptien Lover, → World Class Wreckin' Cru u.s.w. Ende der 80er Jahre arbeitete er intensiv mit

→ Dr. Dre und dem Rest von → N.W.A. zusammen und produzierte im Auftrag von → Ruthless Records Stücke für J.J. Fad und andere. Doch diese Verbindung währte nicht lange und schon 1989 veröffentlichte Arabian Prince seine Hitsingle »She's Got A Big Posse« – dicht gefolgt von seiner ersten eigenen LP »Brother Arab«. 1992 erschien das zweite Album »Tha Underworld« und »Where Is My Bitches« folgte 1995. Auch wenn Arabian Prince nie wirklich viele Platten verkaufte, hatte er doch großen Einfluss auf den Westcoast HipHop der 80er und 90er Jahre.

Arrested Development

Alternative HipHop-Band aus Atlanta, Georgia. Mitglieder: Speech (Todd Thomas), Gründer/ Produzent/ MC; Headliner (Tim Barnwell), DJ; Montsho Eshe (Temelca Gaither), Tänzer; Dionne Farris, Sängerin; Rasa Don (Donald Jones), Schlagzeuger/MC; Baba Oj, spiritueller Ratgeber und Aerle Taree (Taree Jones), Cousin von Speech, Tänzer/MC/Poet/Stylist. Ein besonderes Verdienst von Arrested Development ist es wohl, dass sie den bis zur Veröffentlichung ihres ersten Albums »3 Years, 5 Months, and 2 Days in the

Arrested Development

Life Of ...« 1992 real existierenden HipHop revolutioniert und bereichert haben. Dadurch wurde er erstmals seit → Run DMC einer breiten Öffentlichkeit zugänglich. In ihren Texten geht es nicht darum, wer am schnellsten die Knarre zieht, die meisten »Bitches« flachlegt oder das teuerste Auto fährt. Vielmehr stellen sie in Liedern wie »Mr. Wendal« und »Tennessee« das System in Frage oder betonen, dass auch sie ganz normale Menschen sind: »People Everyday«. (Die Idee für dieses Lied basiert auf dem Song »Everyday People« von Sly And The Family Stone.) Und sie erzählen wirkliche Geschichten über reale Dinge.

Ihre Musik ist so vielfältig beeinflusst wie die Gruppe selbst, deren Mitglieder aus verschiedenen Teilen der USA stammen. Am besten lässt sie sich vielleicht so beschreiben: eine große Portion → Blues mit einer Prise → Funk kommt zusammen mit etwas Soul und Südstaaten-Gospel. Auch lässt sich ein leichter Reggae-Einschlag nicht leugnen. Das Ganze wird mit ein paar schönen Instrumenten, wie zum Beispiel einer Mundharmonika und der so typischen Orgel, abgerundet. Alles zusammen ergab bei Arrested Development einen sehr sauberen, klaren und auch radiotauglichen Sound. Produziert wurde dieser von Speech, der auch einen Großteil der Texte verfasste. Mit ihrer Musik, ihren Texten und ihren Ansichten lagen Arrested Development trotz aller Neuartigkeit durchaus im Trend, der sich zu dieser Zeit → Afrozentrismus nannte. Wenn dieser auch lange nicht so agressiv vorgetragen wurde wie von z.B. → X-Clan oder → Brand Nubian.

1992 erhielten Arrested Development gleich zwei → Grammys (Best Newcomer + Best Rap Band). Sie waren auf den Covern sämtlicher Musikmagazine. Ihr Album wurde von den Kritikern und Le-

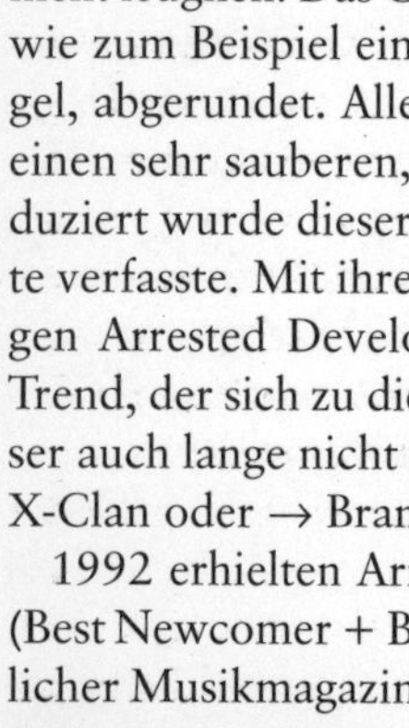

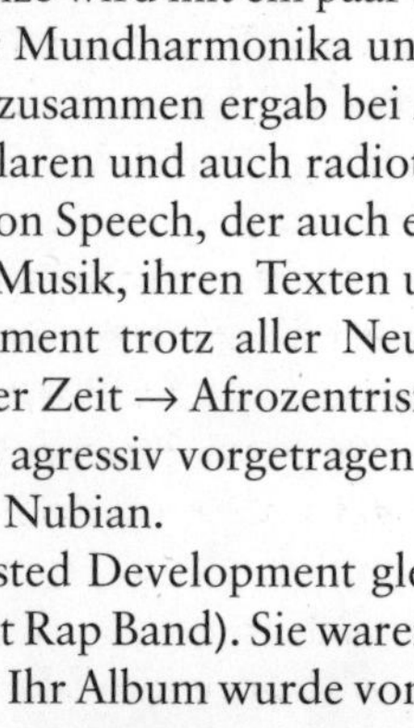
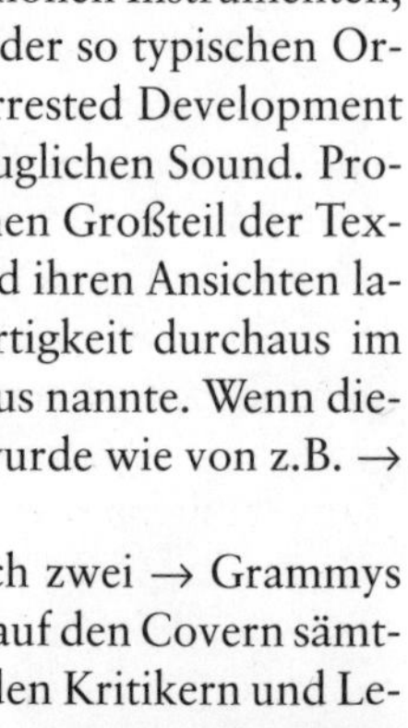

sern des wohl bekanntesten und einflussreichsten Musikblattes »Rolling Stone« zum besten des Jahres 1992 gekürt. In der fast legendär gewordenen »Unplugged«-Session auf MTV (1993), die wenig später als Tonträger erschien, stellten Arrested Development unter Beweis, dass sie im Gegensatz zu den meisten anderen Hip-Hop-Musikgruppen auf → Sampler, Computer etc. verzichten können und durchaus auch mit traditionellen Instrumenten etwas anzufangen wissen.

1993 steuerten sie das Lied »Revolution« zu dem Soundtrack des Filmes »Malcom X« von → Spike Lee bei. Auch mit dieser Single landeten sie einen Welterfolg. 1994 folgte ihr zweites Album »Zingalamaduni«, und obwohl auch dieses Album über weite Strecken von hoher Quallität ist, konnte die Band in keiner Weise an die Erfolge des ersten anknüpfen. Die Gruppe löste sich wenig später auf und auch Speech musste schmerzhaft feststellen, dass sein Solo-Debüt-Album »Speech« (1996 auf Capitol) auf keine große Resonanz beim Publikum stieß. 2003 erschien dann überraschenderweise das Album »Extended Revolution«, welches aber keinerlei Beachtung fand. Abschließend lässt sich sagen, dass trotz des erstaunlichen Erfolges, der 1992 über die Gruppe hereinbrach, Arrested Development doch eher als, wenn auch nicht unbedeutende, Modeerscheinung zu werten sind.

Arrows

Begriff aus dem → Writing; englische Bezeichnung für → Pfeile.

Arsenio

Oder Arsenio Hall Show: → Hall, Arsenio.

Arsonists

Independent-HipHop-Gruppe aus Brooklyn, New York, die sich 1993 zunächst unter dem Namen Bushwick Bomb Squad gründete. Mitglieder: D-Stroy, Q-Unique, Swel Boogie, Jise One und Freestyle. Q-Unique ist außerdem seit den Achtzigern Mitglied in der legendären → Rock Steady Crew und hat früher bereits Singles veröffentlicht.

Freestyle arbeitete früher mit Shabazz The Disciple, der Mitglied bei den → Gravediggaz ist, zusammen. Über den Namen sagen sie: »An arsonist is someone who just burns things, and we decided that we'd take that name 'cause we burn MCs, we burn down shows, we burn mics«.

Entdeckt bzw. gefördert wurden die Arsonists von Bobbito the Barber, der die erste Arsonists-Single »The Session« 1996 auf seinem Independent-Label Fondle Em Records herrausbrachte. 1997 war das Jahr, in dem der Independent-HipHop boomte. In diesem Jahr schlug die Arsonists-Single »Venom« wie eine Bombe ein. Diese Platte wurde in Clubs aller Welt gespielt, um die Gruppe begann sich ein wahrer Hype zu entwickeln, der 1999, als die erste LP »As The World Burns« (Matador Records) einen weiteren Höhepunkt erreichte. In Deutschland wurden die Arsonists bekannt, nachdem sie zusammen mit den → Massiven Tönen ein Stück aufgenommen hatten. Die Arsonists blieben sich jedoch treu und waren weiterhin independent, was ihnen von Matador Records auch zugesichert wurde. Für ihre unglaublich guten Bühnenshows wurden sie rasch bekannt.

2001 erschien ihre zweite LP »Date Of Birth«, an der nur noch Q-Unique, Jise One und Swel Boogie beteiligt waren. Musikalisch fällt sie hinter das erste Album zurück. Zusammen mit Non Phixion formten sie das Projekt W.H.T. Und W.H.T. formte wiederum zusammen mit → Brooklyn Academy das Projekt Skeme Team.

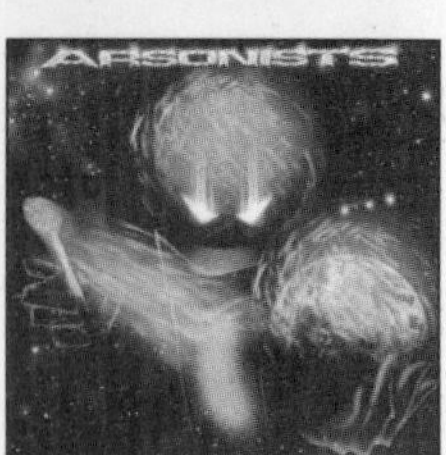

Arthur Baker
→ Baker, Arthur.

Artifacts
HipHop-Gruppe aus Newark, New Jersey, die sich zusammensetzt aus Tame One (R. Brown), El Da Sensai (W. Williams) und DJ Kaos (S. Jones), der nicht von Beginn an dabei war. Als die Artifacts 1994 ihr Debütalbum »Between a Rock and a Hard Place« veröffentlichten, schlugen sie in HipHop-Kreisen ein wie eine Bombe, vor allem mit den Singles »C'mon Wit Da Git Down« und »Wrong Side Of Da Tracks«.

Letztere ist eine Anspielung auf die Vergangenheit der beiden Rapper, die als Mitglieder der → Writercrew Boom Skwad mit → Graffitis die urbanen Landschaften der Ostküste der USA verschönerten. 1996 erschien die Single »Art of Facts«. Dieses Lied findet man auch auf der zweiten LP »That's Them« (1997). That's Them war auch der Name der Gruppe, bevor sie einen Vertrag mit ihrem Plattenlabel → Big Beat/Atlantic Records unterzeichneten. Auf ihren beiden Alben arbeiteten Tame One und El Da Sensai mit namhaften Produzenten und → Rappern wie → Busta Rhymes, Mr. Walt, Baby Paul (→ Da Beatminerz), Show (→ Show & AG), → Lord Finesse, → Redman (Cousin von Tame) sowie Lord Jamar (→ Brand Nubian) zusammen. Letzterer unterstützte die Gruppe auch schon mit seiner Erfahrung und Technik, bevor sie einen Plattenvertrag hatten. Tame One und besonders El Da Sensei sind mittlerweile als Solokünstler erfolgreich. Die Gruppe hat sich getrennt.

ASCAP
Abkürzung für American Society Of Composers, Authors And Publishers, der ersten amerikanischen Urheberrechtsgesellschaft zum Schutze der Künstler und deren Wer-

ken (in Deutschland: GEMA). Die Gesellschaft wurde bereits am 13. Februar 1914 ins Leben gerufen. Ihr gehören auch eine Vielzahl von HipHop-Gruppen an.

Asylum Records

1971 von Plattenfirmenmogul David → Geffen in Los Angeles ins Leben gerufenes Label, welches sich in den Gründerjahren sehr auf Rockmusiker aus dem Westen der Vereinigten Staaten spezialisierte, aber heutzutage auch offen für → HipHop ist und diverse Akteure aus diesem Bereich unter Vertrag nahm. Bereits zwei Jahre nach der Gründung wurde die Firma vom Medienkonzern Warner Bros. übernommen und verschmolz mit → Elektra.

ASD

Kurz für → Afrob und → Sammy Deluxe.

Atlantic Records

Eine von Ahmet Ertegun, dem Sohn eines türkischen Botschafters in den USA, 1948 als Label für Jazz, → Funk und Soul gegründete Plattenfirma. 1967 wurde sie für einen Betrag von 17.000.000 Dollar an den mächtigen Medienkonzern Warner Bros. abgetreten, wobei die Geschäftsführung und die Mitarbeiter ihre Anstellung nicht beenden mussten. Die Firma, die oft als ein Wegbereiter schwarzer Kultur und Unterhaltung bezeichnet wird, nahm auch eine Vielzahl von HipHop-Gruppen unter Vertrag.

A Tribe Called Quest

HipHop-Musikformation, ursprünglich aus Queens, New York. Zu ATCQ gehören: Ali Shahed Muhamed, Phife Dowg (Malik Taylor) und Q-Tip (Jonathan Davis). Schon 1984 fanden sich Q-Tip und Ali in einer Formation namens Crush Connection, doch A Tribe Called Quest formierte sich im Jahre 1988, als die drei Freunde noch zur High School gingen. Auf der Uni trafen sie die schon damals bekannten → Jungle Brothers, welche sie zur → Zulu Nation und zur → Native Tongue Family brachten. Musikalisch wurden A Tribe Called Quest von den Jungle Brothers besonders stark beeinflusst. 1989 debütierten sie mit der auf → Jive erschienenen Maxi »Description Of A Fool«. Hier schon, wie auch auf den darauffolgenden Alben »People's Instinctive Travels On The Paths Of Rhythm« (1990), »The Low and Theory« (1991) sowie »Midnight Marauders« (1993), setzten ATCQ neue Maßstäbe im HipHop. Sie bezeichnen ihre Musik und sich selbst als abstrakt. Sie sprechen über Einheit und Gemeinsamkeit, statt rassistisch zu sein, über Liebe und Respekt auch oder vor allem dem anderen Geschlecht gegenüber, statt sexistische Verse zu verfassen. Auch steht bei ihnen, zumindest augenscheinlich, nicht das Geld im Vordergrund ihres Handelns. Das rührt sicher auch daher, dass sie nicht in den Großstadtgettos von New York oder Los Angeles aufwuchsen, sondern in der vom Mittelstand bewohnten Vorstadt. Eine Tatsache, aus der sie nie einen Hehl gemacht haben. Ihre → Samples sind innovativ, brillant und sehr abwechslungsreich. Sie reichen vom Jazz der siebziger Jahre über Rock bis hin zu wahrhaft abstrakten Klängen, wie beispielsweise verzerrten Stimmen. Ihre Musik ist unverkennbar und vor allem auch

A Tribe Called Quest

einer breiteren Hörerschaft zugänglich, was für die Gruppe der Schlüssel zum Erfolg war. All ihre Alben erreichten mindestens → Goldstatus. 1997 warteten ATCQ allerdings mit einer Entäuschung auf. Ihr viertes Album »Beats, Rhymes and Life« klang leider wenig innovativ und sehr angepasst an einen nicht klar zu definierenden Massengeschmack. Zu viel R&B und zu wenig guter Hip Hop stürzten die Gruppe in eine Identitätskrise, die schließlich zum Auseinanderbrechen der Gruppe führte. Dazu muss allerdings gesagt werden, dass es im Laufe der Jahre immer schwieriger wurde, ungestraft zu → samplen. Alle Künstler und Plattenfirmen, die die Rechte an den gesampleten Stücken (zumeist Liedgut aus der Motown-Ära – Jazz, Funk und Soul der 70er Jahre) besaßen, wollten daran unverschämt viel Geld verdienen oder verboten den teilweisen Gebrauch ihrer Musik ganz. Der Sound von ATCQ lebte von diesen Samples und als es unmöglich wurde sie zu benutzen, geriet das Trio ins Hintertreffen. Zwischen ihren gemeinsamen Veröffentlichungen waren besonders Ali und Q-Tip als Produzenten für andere Gruppen und Solisten im Einsatz. Gemeinsam produzierten sie den HipHop-Klassiker »Brooklyn« für den Soundtrack zum gleichnamigen → Spike Lee Film. Des weiteren produzierte Ali zum Beispiel den Hit »We Run Things (It's Like Dat)« für die → Bush Babees. Q-Tip machte unter anderem → Remixe des Cypress Hill-Stückes »Illusions« und des Liedes »Get Down« von → Craig Mack. Außerdem hatte er dutzende Gastauftritte auf Alben von Leuten wie → Queen Latifah, → De La Soul, den Jungle Brothers, → Mos Def etc. Phife ist inzwischen ein angesehener Sportjournalist, der in Atlanta sein Zuhause gefunden hat. Nach Veröffentlichung ihrer '98er LP »The Love Movement« (ein wirklich gutes Album und ein würdiger Abschied) und der Tour mit den → Beastie Boys haben A Tribe Called Quest ihre gemeinsame HipHop-Karriere beendet. 1999 erschien nachträglich »Anthology«.

ATTF

A4 Magazin aus dem Umfeld von → Anarchist Academy, welches sich neben HipHop auch mit politischen Themen auseinandersetzt. Einige Ausgaben erschienen Mitte der 90er Jahre.

Attitude

(engl.: Standpunkt, Einstellung) → Message.

Auflegen

Bezeichnet das professionelle Plattenabspielen der → DJs in Clubs, auf Partys oder im Radio.

Auftragssprüher

→ legale Graffiti.

AV8

Independent HipHop- → Label aus Manhattan, New York. Gegründet Mitte der 90er Jahre, war AV8 zuerst bekannt für seine Instrumental-Singles, auf denen bekannte → Samples (darunter auch Stimmen, bzw. markante Textfragmente aus anderen Stücken) neu arrangiert und auf neue → Beats gelegt wurden (ähnlich einem → Remix). Die wohl bekannteste Produzentencrew auf diesem Sektor war der Crooklyn Clan, der dem kleinen Label mit seinen Veröffentlichungen einen enormen Schub gab. 1997 erschien die Dreifach-LP von → Armand van Helden »Sampleslaya-Enter The Meatmarket« auf AV8. Das Label verlegt nun vor allem Untergrund HipHop-Crews und -Solisten im Singleformat. Bis Ende '98 erschienen knapp 60 Singles.

AZ

(Anthony Cruz) MC aus Brooklyn, New York. Als AZ 1994 erstmalig auf dem → Nas-Album »Illmatic« für eine größere Öffentlichkeit zu hören war, fragten sich alle erstaunt: Wer ist dieser Typ und wieso ist sein → Flow besser als der von Nas und fast allen anderen bis dahin gehörten Rappern? AZ schien aus dem Nichts zu kommen und als er 1995 seinen ersten Plattenvertrag unterschrieb, musste er sich vorher nicht einmal die Mühe machen und ein Demo aufnehmen. Mit der Hilfe von Produzentenlegende → Pete Rock entstand das erste Album »Do Or Die«, welches bewies, das AZ nicht nur ein paar gute Zeilen rappen konnte. Auch wenn seine Stimme etwas jungenhaft daherkommt, lässt sich doch feststellen, dass AZ zu dieser Zeit einer der besten MC im Business war. Flow, Ausdruck und Inhalt seiner Rhymes waren hervorstechend. Das Album war ein moderater Erfolg. Nach vielen absolvierten Gastauftritten auch bei → R&B-Größen wie D'Angelo oder Monica schlossen sich AZ, Nas, → Foxy Brown und Nature (Cormega) zusammen und bildeten ein Album lang The Firm. Das von → Dr. Dre und den Trackmasters produzierte Album war trotz großer Namen und dem unfassbaren Hype im Vorfeld (vielleicht auch gerade deswegen) ein Flop. Als 1998 das zweite AZ Album »Pieces Of A Man« (auf EMI) erschien, sah es fast so aus, als sollte die Karriere dieses herausragenden MCs schon wieder beendet sein. Auch diese Platte floppte und der Vertrag mit EMI löste sich in Wohlgefallen auf. Danach musste AZ mehr oder weniger wieder bei Null anfangen. 2000 veröffentlichte er in Eigenregie die EP »S.O.S.A.«. Auch wenn diese Platte wenig Beachtung fand, war sie doch der Startschuss zu einem zweiten Anlauf in der Branche. 2001 konnte sich AZ mit Motown Records zusammenraufen und es erschien die LP »9 Livez«, der nur ein Jahr später das Album »Asiatic« folgen sollte.

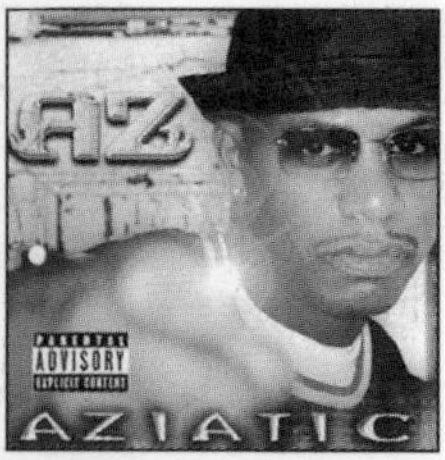

Azad

Deutschsprachiger MC aus dem Nordwesten von Frankfurt am Main/Hessen. Als Sohn kurdischer Flüchtlinge führte Azad in

Deutschland ein Außenseiterdasein. Wohl auch deshalb interessierte er sich schon früh für die damls noch junge HipHop-Kultur. Mitte der 80er Jahre begann er zu tanzen und wenig später mit dem Sprühen. Er übte sich als Beatboxer und zusammen mit A-Bomb, Combad und → D-Flame bildete er die Gruppe Cold-N-Locco, später bekannt als Asiatic Warriors. Unter dem Namen Azazin griff Azad Anfang der 90er Jahre zum Mikrophon um seine ersten Raps zu präsentieren.

1994 veröffentlichten die Asiatic Warriors die kontroverse Single »Told Ya« auf Ruff'n'Raw und wie der Titel schon andeutet, wurde damals noch nicht auf Deutsch getextet. Die Gruppe trennte sich und Azad verschwand in der Versenkung. Er arbeitete an seinen Fähigkeiten als MC und begann, sich als DJ und Produzent (sehr erfolgreich, wohlgemerkt) zu versuchen. Nach Jahren der Übung traf Azad einen alten Bekannten namens Moses Pelham und nach kurzen Verhandlungen unterschrieb er einen Vertrag bei 3p. Auf den Platten von Bruda Sven und Illmatic stellte Azad seine Fähigkeiten am Mikrofon zur Schau und nach Kollaborationen mit Leuten wie den → Stieber Twins oder → Kool Savas kam Ende 2000 endlich die erste Single »Napalm/Heartcore« heraus. Das prämierte Video zu »Napalm« lief auf den einschlägigen Musiksendern hoch und runter und verhalf dem Debütalbum »Leben« (2001 auf 3p) zu kommerziellen Erfolgen.

Azad, dem die HipHop-Kultur sehr am Herzen liegt, gibt sich hart und seine Musik ist schwer bis düster. Er spricht offen über Dinge, die ihn stören. Auf seiner zweiten LP »Faust des Nordwestens« sorgt ein französischer Sound Engineer für den guten Ton. Denn Azad, der seine Beats zumeist selbst produziert, legt großen Wert auf den richtgen Klang. Für Ende 2003 ist ein gemeinsames Album mit seinem guten Freund Savas geplant.

www.azad.de / www.3-p.de

B

Baby Gangster
Gangbanger, der im Gegensatz zu einem Original Gangster noch »niemanden auf dem Gewissen« hat.

Baby Scratch
Begriff aus dem DJing; einfaches, rhythmisches hin und herbewegen der Platte ohne Zuhilfenahme des Faders, erfunden 1976 von Grandwizard Theodore im heimischen Kinderzimmer. Dies ist die einfachste Art des → Scratchens und deshalb heißt sie Baby Scratch.

Background
→ Writing-Bezeichnung für den Hintergrund eines → Graffiti. Gemeint ist hier das, was in einem → Piece neben dem → Schriftzug erscheint.

Background Clouds
Beim → Writing werden im → Background der → Styles oft → Designs angebracht, die an Blasen oder Wolken erinnern. Sie werden mit Clouds bezeichnet. Einer der ersten → Writer, die Background Clouds sprühten, war → Phase 2. Die Techniken, die hierfür angewendet werden, sind verschieden.

Backgrounding
Wenn ein → Graffiti zum → Background für ein anderes wird, spricht man von Backgrounding.

Backjumps

1. Begriff aus der Sprache der → Writer für das Besprühen eines Zuges, der im Bahnhof hält, von der Rückseite bzw. für einen bemalt werdenden Zug, der plötzlich losfährt.

2. → Graffiti-Magazin aus Berlin, welches zu den bedeutendsten in Deutschland zählt. Die erste Ausgabe erschien 1994.

Herausgeber ist der jetzt in Heidelberg lebende Berliner Adrian Nabi, der schon seit den frühen 80ern in der Szene aktiv ist. Schwerpunkt von Backjumps sind → Styles aus Berlin und New York. Bisher gab es verschiedene Sonderausgaben (→ Sketches und → Trains) und verschiedene Videos.

Das Magazin ist in Deutsch und Englisch verfasst und auch über die Grenzen Europas hinaus erhältlich.

Backpiece

Besonders unter → Writern verbreitetes Graffiti auf Leinwandstoff, das hinten auf Jacken oder Rucksäcke aufgenäht wird. Backpieces werden oft mit Airbrush oder → Copics angefertigt und enthalten meist die Gruppen-Initialien.

Backspin

1. → DJ-Technik, bei der die Platte mit hoher Geschwindigkeit zurückgedreht wird.

Diese oft auch als Rewind bezeichnete Technik wird vor allem bei Liedübergängen verwendet, so dass der DJ die Platte nicht einfach ausblendet, sondern an einer passenden Stelle im nächsten Stück den lauten, oft unprofessionell klingenden Backspin einsetzen lässt.

2. Professionelles HipHop-Magazin aus Hamburg, das seit vielen Jahren alle zwei Monate deutschlandweit erscheint.

www.backspin.de

Backstage

(engl.: hinter der Bühne) Begriff aus der Musikszene. Gemeint sind hiermit die Aufenthaltsräume für die Künstler, die nur bestimmten Personen zugänglich sind.

Bad

(engl.: schlecht) Ein Charakteristikum am → Slang ist, dass viele Worte die entgegengesetzte Bedeutung erhalten und doppelte Negationen verwendet werden. So bedeutet »bad« etwa soviel wie gut oder → dope.

BAD

Black Arts & Dance. Sehr bedeutsames Independent-Magazin für Black Music, das zu Beginn der neunziger Jahre in Deutschland erschien. Zu diesem Zeitpunkt gab es noch kaum Möglichkeiten, an die amerikanischen → HipHop-Magazine heranzukommen, und da es in Deutschland überregional so gut wie keine Mags gab, war BAD besonders nach dem Ende von → Network Press eine der wenigen Quellen, anhand derer man sich über HipHop informieren konnte. Das Magazin hatte Büros in London, Paris und New York. BAD enthielt sehr viele Informationen und ausführliche Interviews, wie danach kaum ein anderes Magazin. BAD änderte später seinen Namen in Jazzthing.

Bad Boy Entertainment

Record Label, gegründet 1993 von Sean Combs (Puff Daddy). Bad Boy Entertainment ist eines der erfolgreichsten Plattenlabel der 90er Jahre. Nachdem der überaus ehrgeizige Combs 1993 die Chefetage der Firma Uptown Records verlassen musste (er war dort → A&R Manager), gründete er kurzerhand sein eigenes → Label, das er anfänglich mit nur wenigen Angestellten von seiner Wohnung aus leitete. 1994 konnte Puffy (so sein Spitzname) seine ersten zwei Künstler unter Vertrag nehmen. Es waren → Craig Mack und → Notorious B.I.G., die teilweise vom Chef persönlich produziert wurden und die ersten großen Erfolge einfuhren. Eine Allianz mit Arista/BMG sorgte für einen reibungslosen Vertrieb und eine gute PR. Craig Macks »Flavor In Ya Ear Remix« (1994) und die LP »Ready To Die« (Biggie Smalls, 1994) waren die ersten mit → Platin ausgezeichneten Platten des noch sehr jungen Labels. Nach den ersten großen Erfolgen stellte Combs dann zusätzlich einige → R'n'B-Sänger wie Faith Evans, 112, Total, Mase und L.O.X. ein, die fast alle enorme Verkaufszahlen erzielten (mehr als 12 Millionen Alben in drei Jahren). Nach dem Tod von Notorious B.I.G. wurden allein vom zweiten Album »Life After Death« (1997) mehr als sechs Millionen Exemplare verkauft. Schließlich machte sich Sean Combs unter dem Namen Puff Daddy selbstständig, zuerst mit der Single »I'll Be Missing You« (zusammen mit der Witwe des verstorbenen Notorious B.I.G.) und wenig später mit dem Album »No Way Out«, das genau wie »I'll Be Missing You« mehrfach Platin erlangte. Im Jahre 1997 verkaufte Bad Boy Entertainment Tonträger im Wert von sage und schreibe 130 Millionen $US. Doch in den folgenden Jahren liefen die Geschäfte des Labels nur noch mäßig, denn der Firmengründer, selbst ein Popstar, leistete sich einige Ausfälle und Entgleisungen. Sein übergroßes Ego vertrieb einige der Künstler. Craig Mack musste schon 1995 gehen, weil er nicht so wollte wie Puffy, Notorious B.I.G wurde 1997 erschossen und L.O.X. verließen das Label, weil sie unzufrieden waren. Als schließlich der Chef 1999/2000 mehr Zeit vor Gericht als in seiner Firma zubrachte, spekulierten einige schon über das Ende des Labels. Inzwischen laufen die Geschäfte aber wieder und das Geld fließt in Strömen.

Bag up

Slangausdruck, der mehrere Bedeutungen hat. Zum einen steht er für »von der Polizei geschnappt werden«, zum anderen für »Geschlechtsverkehr«.

Bahamadia

(Antonia Reed) → MC und Produzentin aus Philadelphia, Pennsylvania. Schon im Alter von 14 Jahren war Bahamadia als → DJ auf Partys tätig und machte sich dann Anfang der 90er Jahre in und um Philadelphia einen Namen als MC. 1993 hatte sie regionalen Erfolg mit dem Stück »Funk Vibe«, das mit Hilfe des Produzenten und Radiomachers DJ Ran entstand. → Guru, der darauf aufmerksam wurde, brachte Bahamadia voran.

Erst hatte sie ein Lied auf dem von Guru präsentierten »Ill Kid« Sampler (1994), wenig später folgte ein Gastauftritt auf Gurus → »Jazzmatazz Vol. 2« (1995). Als ein neues Talent unterzeichnete sie

einen Plattenvertrag mit → Chrysalis Records (dank Gurus Einfluss) und veröffentlichte 1995 ihre Maxi »Uknowhowwedu«, die gleich ein Hit wurde. Mit ihrer sehr sanften, geschmeidigen Stimme und ihrem großen Können als MC – kombiniert mit den hauptsächlich von → DJ Premier, Guru und → The Roots produzierten → Beats – verzauberte Bahamadia ihre Hörer auf ihrem Debütalbum »Kollage« (1996). Als 1997 Chrysalis Records pleite gingen, entschlossen sich Bahamadia abzuwarten, bevor sie sich einen neuen Verleger suchte. Dennoch ist sie in dieser Zeit nicht untätig gewesen. Sie absolvierte Gastauftritte bei den Roots (auf dem Album »Illadeph Halflife«), Rah Digga, Reflection Eternal, Slum Village etc.

Die Mutter von zwei Kindern war mit dabei, als die Army Of The Pharaohs Singles wie »The Five Perfect Exertions« (1998) veröffentlichte und Rawcus das »Soundbombing Vol. 2« steigen ließ. Von 1997 bis 1999 moderierte Bahamadia eine Hip Hop Radioshow in Philadelphia.

Dank ihres ausgeprägten Stils und ihrer wirklich bemerkenswerten Stimme bemühten sich auch Größen des → Drum'n'Bass (Roni Size, Towa Tei) und → Acid Jazz (Brand New Heavies, The Herbalizer, Morcheeba) um Bahamadias Mitarbeit. Als im Jahr 2000 die sieben Stücke umfassende EP »BB Queen« erschien, war Bahamadia zu Goodvibe (ein Indie-Label aus L.A.) gewechselt. Gelobt von Kritikern, zeichnet sie sich durch eine sehr ruhige Atmosphäre aus.

Baker, Arthur

Pionier unter den HipHop-Produzenten aus New York City. Anfang der 70er Jahre begann Baker seine Laufbahn als DJ. Damals noch in Boston, spielte er den so angesagten Philly-Sound, wurde der Sache aber schnell überdrüssig, weil das Publikum nicht immer so reagierte, wie er es sich vorgestellt hatte. Also fing er an Musik zu produzieren. Als einer der Pioniere des damals noch recht neuen → Samplings beeinflusste Baker die elektronische Tanzmusik entscheidend. Sein erster Club-Hit hieß »Happy Day« und entstand unter dem Namen North End. Inzwischen in New York tätig, tat er sich mit anderen DJs (u. a. Shep Pettibone) zusammen. Sie produzierten und mixten mit ihm den in New York angesagten Club Sound und die Einführung der 12" Maxi Single kam ihren Veröffentlichungen sehr entgegen.

HipHop war zu dieser Zeit (Ende der 70er/Anfang der 80er Jahre) ein Genre, das ausschließlich in diesen Clubs entstand (HipHop-Schallplatten gab es da noch nicht) und dort zu Hause war. In Zusammenarbeit mit Joe Battan entstand ein Stück namens »Rap-O Clap-O« (das jedoch nicht als Platte erschien), noch vor der legendären Single »Rappers Delight«. Nur kurze Zeit später lernte Baker → Afrika Bambaataa und die Jazzy Five (die Single »Jazzy Sensation« erschien 1981 als erste Frucht dieser Zusammenarbeit) kennen. Beeinflusst von der Gruppe → Kraftwerk und auf der Grundlage des Stückes »Trans-Europa Express« entstand der Hit »Planet Rock« (1982) und der → Electro-Funk war geboren. In dieser Zeit produzierte Baker unter anderem das One Hit Wonder Dr. Jeckyl & Mr. Hyde, die mit dem Stück »Genius Rap« einen kurzen, aber großen Erfolg feierten.

Dem sensationellen »Planet Rock« folgten weitere Kracher wie »Looking for the Perfect Beat« und »Renegades of Funk« (alles Singles von Afrika Bambaataa and the Soul Sonic Force) sowie das ausschließlich von Baker für den Film → Beat Street produzierte Stück »Breakers Revenge«. 1983 gründete Baker das → Label Streetwise und versicherte sich der Dienste des Studenten → Rick Rubin (auch ein Produzent), der seinen Kumpel → Russel Simmons gleich mitbrachte. So kam es, dass die erste → Def Jam Platte (»T La Rock« mit »It's Yours«) auf Streetwise erschien. Doch nur kurze Zeit später gingen Rubin und Simmons ihren eigenen Weg. Obwohl Baker mit Adam Yauch von den → Beastie Boys (damals Assistent in Bakers Studio) schon eine Single veröffentlicht hatte, gingen die Beasties zu Def Jam. Nicht lange danach ging das Label zu Grunde und

Baker machte in den folgenden Jahren vornehmlich Remixe für Popgrößen wie Mick Jagger, Cyndi Lauper, Bruce Springsteen, Bob Dylan etc. Im Laufe der Zeit arbeitete Arthur Baker an ungezählten Projekten, die mit elektronischer Tanzmusik, aber nicht mehr unbedingt mit HipHop zu tun hatten.

Bambaataa, Afrika
→ Afrika Bambaataa.

Bananamills
Begriff aus dem → B-Boying, gemeint sind → Bellymills mit geschlossenen Beinen.

Bananas
1. Bezeichnung für bestimmte Tonabnehmersysteme (hergestellt von Tonar und Stanton), die aufgrund ihrer Form und Farbe Bananas genannt werden. 2. Bezeichnung der → Writer für die in den Niederlanden verkehrenden gelben Regionalzüge der Staatsbahn.

Banane
Begriff aus dem → B-Boying. Die Banane ist ein Wurf mit geschlossenen Beinen.

Bando
→ Writer aus London, der seit 1982 in Paris lebt. Seine ersten → Graffitis machte er 1979 in New York. In Paris sprühte er viel mit → Mode 2, der mit ihm bei TCA (The Chrome Angles) ist. Außerdem ist er bei CTK (Crime Time Kids). Sein → Style ist eher einfach, doch ziemlich innovativ. Bando hat hauptsächlich in den späten Achtzigern einen großen Einfluss auf andere gehabt, besonders in Amsterdam, wo es eine regelrechte »Bando-Periode« gab.

Banger
(bang: engl. für »knallen, schlagen«) 1. Kurzform von → Gangbanger. 2. Bezeichnung für einen Rocker. Der Ausdruck kommt hier von → Headbanging.

Barrels

Begriff aus dem → B-Boying für → Windmills, bei denen man die Arme vor seinem Rumpf hat.

Basis

Newcomer-Rap-Gruppe aus Deutschland, die schnell im Musikgeschäft Fuß fassen konnte und Airplay auf den großen Musiksendern MTV und Viva bekam.

Bass(drum)

Die Bassdrum (dt.: Basstrommel) ist eines der wichtigsten Elemente in einem HipHop-Stück, denn sie macht den tieftönenenden, dumpfen Schlag des → Beats aus, den HipHop-Fans so mögen. Sie ist quasi das Pendant zur → Snare.

Bassline

Die Basslinie bzw. der Basslauf ist wichtiger Bestandteil des HipHop-Stückes. Sie ist eine immer wiederkehrende Folge von tiefen Tönen (gleich dem Einsatz der Bassgitarre bei Rockbands), die sich wie ein roter Faden durch das Stück zieht und ihm mehr Volumen (Druck) verleiht. Die Bassline verbindet den → Beat mit den → Samples/Instrumenten, also der Melodie im Lied.

Bates

→ Writer aus Kopenhagen, der seit 1984 aktiv ist. Schon davor tanzte er → Electric Boogie und kam dann durch ein → Breakdance-Video, in dem → Graffiti zu sehen waren, zum → Writing. Er malt überwiegend auf Wänden, die sich oft an abgelegenen Orten befinden.

Battle

(Schlacht) Trotz des rüden Ausdrucks ist ein Battle im HipHop nichts anderes, als ein friedlicher Wettstreit zwischen gleichgesinnten HipHoppern, um zu zeigen, dass man etwas kann, was andere nicht können (→ Skills zeigen) und seinen Gegner dabei auszustechen oder der Kreativste zu sein. Das Battle hat eine wichtige, nahezu tragende Funktion im HipHop, denn es ermöglicht den Leuten auf gewaltfreie Weise ihre Agressionen und überschüssigen Energien abzubauen und dabei noch von ihresgleichen Anerkennung zu erfahren. In allen Teilkulturen des HipHop gibt es Battles, zum einen die Urform des Battles, das DJ-Battle. Früher traten dabei zwei → DJs gegeneinander an, um zu zeigen, wessen Soundsystem am lautesten ist. Heute jedoch werden derartige Battles zumeist in drei Kategorien unterteilt.

In der ersten geht es um das → Scratchen, in der zweiten um → Beatjuggling, und die dritte ist der Gruppenwettstreit. Allgemein betrachtet geht es darum, wer am besten mit Plattenspielern und Mixern umgehen kann und dabei das beste Rhythmusgefühl hat. Die wohl bekannteste Form des Battles ist das Breakdance-Battle. Hierbei treffen entweder zwei Tänzer oder zwei Tänzergruppen aufeinander, um gegeneinander zu tanzen, ohne Körperkontakt zu haben. Sieger ist, wer die einfallsreichsten, ausgefeiltesten und professionellsten Choreographien, die athletischsten oder phantasievollsten Bewegungen vorgeführt hat.

Schon die aus Afrika verschleppten Sklaven im Süden Amerikas praktizierten eine Vorform des Battles. Sie vollführten Tänze mit zwei Personen, um die sich ein Kreis bildete. Jede Form von tätlichem Körperkontakt war ihnen untersagt. Der Tanz bot sich als eine perfekt getarnte Möglichkeit des Kampftrainings an, welches beispielsweise bei einem Ausbruch oder Aufstand von Nutzen hätte sein können. Beim → Writing gibt es illegale Battles, bei denen es meist um Quantität geht, und legale, bei denen die Qualität im Vordergrund steht. Zuletzt sei noch das MC-Battle (auch Freestyle-Battle) zu nennen. Der → MC, der das Publikum und/oder eine Jury flüssig mit den einfallsreichsten, in Echtzeit erdachten, über einen → Beat oder auch a cappella gerappten Reimen (→ Rap, → Freestyle und → Flow) bestmöglich unterhält, geht aus dem Wettstreit als Sieger hervor.

Battle Of The Year

Alljährlich stattfindender internationaler → Breakdance-Wettbewerb in Deutschland. Das nun von der From Here To Fame GmbH organisierte Non-Profit-HipHop-Festival hat seine Wurzeln in der niedersächsischen Landeshauptstadt Hannover. Entstanden ist das Ganze, als im Jahre 1989 die Jay Force Posse versuchte eine → Jam auf die Beine zu stellen. Die Veranstaltung verlief erfolgreich, und man trat mit anderen HipHop-Aktivisten in Kontakt. Dazu zählten zum Beispiel auch die Leute von Battle Squad und JBK. Für das darauffolgende Jahr plante man nun einen Breakdance-Wettbewerb. Zu dieser Zeit ahnte jedoch noch niemand, dass der »International Breakdance Cup« der Vorläufer des Battle Of the Year werden würde. Eine Jury hatte die Aufgabe die Qualität der jeweils zehnminütigen Shows der partizipierenden → Crews nach bestimmten Kriterien zu beurteilen und die drei besten Teams zu küren. Damals betrug das Preisgeld noch 1000 Deutsche Mark und wurde von Jugendfördermitteln des lokalen Jugendamtes finanziert. In den folgenden Jahren wuchsen Arbeitsaufwand, Größe und Besucherzahlen der HipHop-Großveranstaltung stark an. 1991 hieß die Veranstaltung noch »HipHop-Festival '91«. Dies war es im wahrsten Sinne des Wortes. Das Publikum wurde zusätzlich mit → Live Acts wie den Berliner Partners Of Crime, den Hype-A-Delics und den Heidelberger Old School-Rappern → Advanced Chemistry unterhalten. Nun füllte der → Event schon ein ganzes Wochenende. Von nun an entwickelte sich das, was einst als Jam mittlerer Größe begann, zu einer alljählichen massenwirksamen HipHop-Großveranstaltung. Mittlerweile gibt es schon Vormeisterschaften wie das Battle of the South oder das Battle Of The East, bei denen regionale Meister gekürt werden.

Die Organisation der Veranstaltungen erfordert Jahr für Jahr ein Höchstmaß an aufopferungsvoller Arbeit aller hauptamtlichen und freiwilligen Helfer. Die gesamte inhaltliche Konzeption des Battles haben der ehemalige Zulu-Boy → Spaiche und Thomas Hergenröther übernommen. Andere Aufgabengebiete sind überregional an Mitwirkende im ganzen Land verteilt. Allerdings muss auch erwähnt werden, dass das Battle of the Year unter HipHoppern nicht nur positiven Zuspruch und Unterstützung findet. Vielen passt die Größe und Gesamtkonzeption des → Events nicht. Des öfteren wurde den Machern der Veranstaltung von HipHoppern, die nicht immer unbedingt Einblick in die organisatorischen Strukturen und Probleme hatten, direkt und indirekt → Sellout vorgeworfen.

Battle Rock
(auch Brooklyn Rock und → Up Rock) Begriff aus dem → B-Boying.

Battle Squad
Mitglieder: Swift, → Storm, Emilio, Speedy. Die Battle Squad gehört zu Deutschlands bekanntesten und wichtigsten Breaker-Gruppen. Die Gruppe besteht hauptsächlich aus Swift und Storm, die sich im Jahre 1987 in einer Disco in Eckernförde begegneten.

Battle Tools
→ DJ Tools.

Battlemixer
(Wettkampfmischpult) Der Battlemixer ist eine sehr kompakte und auf das Wesentliche beschränkte Form des Mischpults. Er hat oft nur zwei bis drei Kanäle, aber immer einen → Crossfader. Diese Kompaktversion wurde von der Industrie ersonnen, um den Ansprüchen des modernen HipHop- → DJs gerecht zu werden. Dieser braucht im Grunde genommen auch nur zwei Kanäle, aber dafür größtmögliche Bewegungsfreiheit, um seine Tricks z.B. bei einem → Battle vorführen zu können. Ein weiterer wesentlicher Vorteil des Battlemixers ist, dass man auf Grund seiner geringen Abmaße die Plattenspieler näher zusammenstellen kann.

Battle Rap
→ Battle.

Bawla
Bezeichnung für jemanden aus dem → Hood, der es geschafft hat, ganz nach oben zu kommen. Ein anderes Wort dafür ist »Highroller«, das besonders an der Westküste Amerikas gebräuchlich ist.

Bay Area
→ West Coast.

Bay Area HipHop Coalition
Vom Chef des → ABB Labels, dem Radio → DJ Benny B. ins Leben gerufene Organisation zur Verbreitung der Grundlagen von HipHop sowie zur Aufklärung der breiten Öffentlichkeit über diese Kulturform.

BBC
(Bad Boys Crew) → Writercrew aus Paris. Dazu gehören: Ash aus Madrid, Jay One aus Guadeloupe und Skki. Gegründet wurde die Gruppe 1983. Seit den frühen Neunzigern ist sie auch in → Berlin aktiv, wo besonders Jay One einigen Einfluss auf die Writerszene ausgeübt hat. Mittlerweile wird auch auf Leinwänden und nicht mehr ausschließlich mit Dosen gearbeitet. So kommt es, dass BBC nicht nur in der Writerszene ein Begriff sind. Ihre Arbeit bezeichnen sie selbst als »Graphotism«. 1992 veröffentlichte der spätere Herausgeber des → »Backjumps«-Magazins Adrian Nabi einen Katalog, der eine Vielzahl der Arbeiten der Gruppe enthielt.

BBBC
Blood Brothers Broadcasting ist eine → HipHop-Sendung auf Radio MDR-Sputnik, dem Jugendkanal des Mitteldeutschen Rundfunks, die allsonntäglich aus London europaweit via Satellit übertragen und in die Kabelnetze einiger deutscher Städte gespeist wird. Macher der Sendung sind die Mitglieder von Pressure Drop.

B-Boy
Die Bezeichnung soll → Kool DJ Herc als Synonym für einen → Breakdancer aufgebracht haben, jedoch wurde sie dann auch für jeden → HipHop-Aktivisten verwandt, wogegen sich die Breaker immens wehren. Es war ursprünglich die generelle Bezeichnung für einen HipHopper, heute jedoch ist damit nur der Aktive im Breakdance, also im B-Boying gemeint.

B-Boy-Character von Can 2, 1994

B-Boy-Character
Begriff aus dem → Writing. Hier werden häufig → B-Boys als Motive für → Characters genutzt. Dies gilt besonders in der → Oldschool. In Europa zählt → Mode 2 zu den besten B-Boy-Character-Malern.

B-Boying
Das eigentliche → Breakdance, die → Breaker (→ B-Boys) unterscheiden beim B-Boying zwischen → Footwork und → Powermoves.

BCC
→ Boot Camp Clik.

BDP
→ Boogie Down Productions.

Beastie Boys
HipHop-Crossover-Band aus Brooklyn, New York. Mit dabei sind: King Adrock (Adam Horrowitz), Mike D (Mike Diamond), MCA

(Adam Yauch), DJ Double R (Rick Rubin) 1983-1984, DJ Hurricane (Wendell Fite) seit 1984 und Money Mark (Keyboarder). Nach Mike Ds Definition steht der Name Beastie Boys für »Boys Enter Anarchistic States Towards Inner Excellence«. Die musikalische Karriere der Beastie Boys begann weit vor ihrem 86er Debüt-Album »Licenced To Ill«.

Mike D und MCA fingen schon zu Highschool-Zeiten an, finsteren Hardcore-Punk zu spielen. Zu diesen Zeiten nannten sie sich noch »The Ugly & The Useless« und wurden von dem Gitarristen John Berry und der Drummerin Kate Schellenbach, die später zu der Band Lucious Jackson wechselte, unterstützt. Nach zwei Auftritten lösten sie sich auf. 1981 gründeten Mike D und MCA die Beastie Boys. Der Gitarrist stieß zur Gruppe hinzu. Auf dem kleinen Label Ratcage brachten die Beastie Boys 1982 eine 7"« EP mit dem Titel »Polly Wog Stew« heraus, die 1988 erneut mit einigen neueren Stücken verlegt wurde. → DJ Double R (Rick Rubin), ein Liebhaber jeglicher harter Musik, wurde 1983 → DJ der Beastie Boys und begeisterte sie für HipHop-Musik. Damit nahm er entscheidenden Einfluss auf den weiteren Werdegang der Gruppe. Als Mitbegründer der Firma → Def Jam, einem → Label, das sich auf Black Music spezialisiert hatte, verschaffte er der Gruppe dort ei-

Beastie Boys

nen Plattenvertrag. DJ Double R hatte jedoch nicht mehr genügend Zeit, sich sowohl um die Belange der Band als auch um die geschäftlichen Angelegenheiten seiner Firma zu kümmern. Aus diesem Grunde wurde er 1984 gegen DJ Hurricane, dem späteren DJ der Afros, ausgetauscht. Noch im gleichen Jahr erschien die Maxi »Rock Hard/The Party's Getting Rough/Beatye Groove«. 1985 begleitete die Gruppe, von Def Jam-Chef Russel Simmons gebucht, Madonna auf ihrer »Like A Virgin«-Tour. Sie hatten auch einen Gastauftritt im Film → Krush-Groove, einer Verfilmung der Geschichte des Def Jam-Labels.

Als erste größere weiße Band, die → Rap-Musik spielte, ernteten sie sowohl positive als auch negative Kritik, doch sprach der Verkaufserfolg ihrer 86er Debüt-LP, die auch ihren oft gecoverten Hit »Fight For Your Right To Party« beinhaltete, in jeder Hinsicht für sie und machte Rap auch für weißes Publikum marktfähig. Zusätzlich muss jedoch erwähnt werden, dass bis zu diesem Zeitpunkt keine andere Band der Welt eine derartig groß angelegte Werbekampagne für ihre LP bekam. Nicht nur aufgrund ihrer vulgär erscheinenden Texte, auch durch ihre provokativen Live-Auftritte, bei denen zum Teil Gogo-Tänzerinnen mit überdimensionalen Penisattrappen die Bühne einnahmen, erregten sie totale Ablehnung und Verteufelung durch die Öffentlichkeit, aber auch manch positiven Zuspruch Einzelner. Man verklagte sie, untersagte ihnen Konzerte und warf ihnen die Verherrlichung von Sex, Gewalt und minderen Werten vor.

Trotz alledem gehörte das erste Album der Gruppe mit über 5.000.000 Exemplaren zu den bestverkauften des Jahres 1986. CBS England und CBS Frankreich erwarben die Lizenzrechte und koppelten nahezu jeden Song der LP als Single aus. 1987 gingen sie gemeinsam mit der ebenfalls bei Def Jam unter Vertrag stehenden HipHop-Gruppe → RUN DMC auf Tour. Sowohl rechtliche als auch finanzielle Schwierigkeiten bewegten die Beastie Boys dazu, nach Los Angeles zu ziehen und erstmal für ein Jahr zu pausieren. Das Vertragsverhältnis mit Def Jam wurde gelöst. Der Rechtsstreit mit der Firma endete zu ihren Gunsten. King Adrock, Sohn des Dramaturgen Israel Horrowitz, spielte inzwischen im Film »Lost Angels« mit. Die Gruppe fand sich wieder zusammen, nahm in den New Yorker → Delicious Vinyl-Studios das neue, wesentlich professioneller aufgezogene, Funk-beeinflusste Album »Paul's Boutique« auf und unterzeichnete bei → Capitol Records einen neuen Plattenvertrag. Sie gründeten bald ihr eigenes Label Grand Royal und errichteten das »G Son Studio«. Auf Grand Royal erschien nicht nur Kate Schellenbachs Band Lucious Jackson. Auch Gruppen und Akteure wie Bis, Atari Teenage Riot, Sean Lennon und Ben Lee fanden hier ein Zuhause. Dem 92er Album »Check Your Head«, welches erst »The Best Songs Of Twelve Wack Albums« heißen sollte, folgte eine längere Tour. Seit dieser Zeit befasste sich MCA, Sohn einer Jüdin und eines katholisch erzogenen Vaters, verstärkt mit dem Unabhängigkeitskampf der Tibeter, die seit Jahrzehnten unter den Repressalien der Volksrepublik China leben müssen. Fasziniert vom Freiheitsstreben und der harmonischen Lebensweise dieser Menschen, begann er noch im gleichen Jahr sein Studium des tibetischen Buddhismus und wohnte Lehrstunden des Dalai Lama bei. Im Jahre 1996 konvertierte er zum tibetischen Buddhismus. Durch seinen Einfluss kam es dazu, dass sich die Beastie Boys auf der 94er Lollapalooza-Tour nicht mehr wie einst Go-Go-Girls, sondern tibetische Mönche auf die Bühne holten und zu den Veranstaltern der jährlich in den USA stattfindenden Freedom For Tibet-Konzerten wurden. Auch die 94er LP »Ill Communication« mit dem von Spike Jonze realisierten Video-Hit »Sabotage« war ein rekordbrechender Meilenstein für die Gruppe. Die Erlöse der Gewinnausschüttungen zweier Songs, die auf der »Ill Communication«-LP enthalten waren, wurden auf das Konto des von MCA und seiner Bekannten Erin Potts gegründeten Milrepa Fonds überwiesen. Dieser

Fonds soll dazu beitragen, daß die Menschenrechtsverletzungen in Tibet mehr ins Licht der Öffentlichkeit rücken. Ebenfalls 1994 erschien eine Zusammenstellung diverser älterer Stücke der Beastie Boys unter dem Titel »Some Old Bullshit«. Zwei Jahre darauf folgte die acht Songs umfassende, gitarrenlastige EP »Aglio E Oglio« mit einer realen Spielzeit von nicht mehr als elf Minuten. Bis Anfang 1997 gönnte sich die Gruppe wieder eine zeitweilige Pause, in der die einzelnen Bandmitglieder ihren persönlichen und geschäftlichen Aktivitäten nachgingen. So kümmerte sich der mittlerweile mit der Schauspielerin Ione Skye verheiratete King Adrock wieder um Anstellungen in diversen Spielfilmen, während Mike D, Mitbegründer der Bekleidungsfirma X-Large, entscheidenden Einfluss auf die Geschäftsführung des Grand Royal Labels nahm. MCA verstärkte sein Engagement gegen die Bürgerrechtsverletzungen in Tibet und unternahm einige Reisen in diese Region.

In gewohnter, lockerer Herangehensweise begannen sie Anfang 1997 wieder mit den Aufnahmen für eine neue LP. Diese erschien nach vielfachen Verschiebungen im Juli 1998, hieß »Hello Nasty« und wurde in erster Linie am Computer produziert. Man verzichtete nun weitestgehend auf das technische Verzerren der Stimmen und öffnete sich stärker neuen musikalischen Inspirationsquellen. Das Video des aus der LP ausgekoppelten Songs »Intergalactic« lief schon vor deren Erscheinen auf den wichtigen Musiksendern auf Rotation. Vielleicht ist es durchaus nennenswert, daß die Beastie Boys schon seit langer Zeit als → Writer aktiv sind. 1999 fassten die Beasties ihre bisherige Karriere auf der LP »Anthology: The Sounds Of Sience« zusammen. Ein echtes Best Of-Album, das eigentlich nur einen neuem Song enthält. Seither ist es still geworden um die Beastie Boys. Doch offensichtlich sind sie nach wie vor engagiert, was sich in dem im Internet veröffentlichten Stück »In A World Gone Mad« (ein Lied gegen den verlogenen Krieg am Golf) manifestiert.

www.beastieboys.com

Beasty Boys Magazin
Schwarz/Weiß-kopiertes → Graffiti-Magazin aus Hamburg.

Beat
(sich regelmäßig wiederholender) Schlag. Der Beat ist das tragende Element eines HipHop-Stückes. Er besteht aus der → Bassdrum, der → Snare, die den Takt (im HipHop 4/4) angibt, und meistens noch einer → Hi Hat.

Beat box
1. Auch Human Beatbox, ist das Erzeugen von → Beats einzig und allein mit Lippen, Zunge, Stimme und Rachen unter Zuhilfename der ein- bzw. ausgeatmeten Luft. Zu erwähnen sind hier → Biz Markie (»Make The Musik With Your Mouth Biz«), die → Fatboys und → Doug E. Fresh. 2. Eine oft gebrauchte Bezeichnung für einen Drumcomputer, der analoge → Beatelemente erzeugt, die man durch Programmieren bzw. Regeln zu einem → Beat zusammenfügt. Einer der bekanntesten Drumcomputer ist der Roland TR 808.

Beatcuts
Begriff aus dem DJing. Wie der Name schon sagt, werden hierbei zwei → Beats (das können auch schon mal zwei gleiche sein) durch harte Schnitte aneinandergereiht, so dass der → Break nicht endet und, wenn irgendwie möglich, natürlich im Takt. Der Beatcut ist, wenn man so will, das Gegenteil vom gewohnten Ein- und Ausblenden.

Beatjuggling
Eine von → DJs angewandte Technik zur künstlichen Erzeugung eines → Beats. Mit einer → Bassdrum und einer → Snare wird von einem oder zwei DJs durch rhythmisches Abspielen und wieder Zurückdrehen einer Schallplatte ein Beat erzeugt. Um das Geräusch des Zurückdrehens unhörbar zu machen, wird ein → Crossfader benutzt.

Beat Junkies
DJ Crew aus Los Angeles, Kalifornien. Gegründet wurde die Gruppe Anfang der 90er Jahre von J-Rocc (Jason Jackson), einem bekannten Club DJ in L.A., und Curse, die als Team bei verschiede-

nen → Battles auftraten. Dazu kamen bald DJ Rhettmatic (Nazreth Nizra), Melo-D (David Mendoza), D-Styles und Shortkut (beide inzwischen bei den → Invisible Scratch Piklz), Babu (Chris Oroc), Symphonie, IcyIce DJ What?, Tommy Gun und noch ein paar andere. Alle Kernmitglieder (die mit den bürgerlichen Namen dahinter) haben erfolgreich an großen nationalen wie internationalen Battles teilgenommen, wurden aber hauptsächlich durch kreative → Mix Tapes wie »Worldwide Mix Tape«, »You Call This A Mix Tape ?!«, »Comprehension«, das DJ Video »Turntable Wizardry« sowie Sampler wie »Turntablelizm« und »Scratch Monopoly Part 2« bekannt. Seit 1995 hat die Crew eine eigene Radioshow in Santa Ana, einem Vorort von L.A. Nachdem sie, mangels Herausforderungen, nicht mehr an Wettbewerben teilnahmen, entstand 1997 das Album »The World Famous Beatjunkies, Vol. 1« (kein Mixtape), auf dem sie ihre Plattenspieler und Mixer wie Instrumente erklingen lassen. Es folgten Vol. 2 und 3 (1998/99 auf Blackberry Records). J-Rocc und Babu produzierten einen Track für den Rawcus-Sampler »Soundbombing, Vol. 2« und eröffneten zusammen den Plattenladen Fat Beats in L.A. Babu ist inzwischen Mitglied bei den Dialated People und Rhettmatic tut seine Dienste bei den Visionaries. J-Rocc gründete 2001 das Label Beat Junkie Sound und veröffentlichte die Compilation »Classic Material«.

Beatminerz, Da

HipHop-Produzententeam aus Brooklyn, New York. Dazu gehören → DJ Evil Dee (Eward Dewgarde), Mr. Walt (Walter Dewgarde), Baby Paul (Paul Hendricks), E-Swift (E. Brooks) und Buckshot Da BDI MC (Kanyata Blake). Bis zum heutigen Tag haben die

Beatminerz einen Großteil aller Stücke der → Boot Camp Clik produziert. Dazu gehören die Alben von → Black Moon, → Smith-N-Wessun, → Heltah Skeltah und den → Originoo Gunn Clappaz. Aber auch die → Roots, → Mic Geronimo, Royal Flush und andere profitierten von dem großen Können und der Erfahrung dieser Produzenten.

Beatnuts

HipHop-Produzententeam und Rapper aus Corona/ Queens, New York. Die Mitglieder sind: Psycho Les (Lester Frenandez), Produzent und → MC; (Junkyard) Juju (Jerry Tineo), Produzent und → MC; (Kool Ass) Fashion (Berntony Smalls), MC, seit 1995 Solo unter dem Namen Al Tariq. Aufgewachsen in Queens, lernten sich Les und JuJu schon zu Highschool-Zeiten kennen und JuJu war es, der Les davon überzeugte, dass die → Beats das eigentlich Interessante an der HipHop-Musik sind. Les machte schon sehr früh mit seinem Kumpel Rob Swift (→ X-ecutioners) Musik, damals noch als DJ, und es entstanden erste Tapes und wenig später sogar eine Platte. Die → Jungle Brothers entdeckten so ca. 1988 die Beatnuts (damals noch ohne Fashion), und man mag es kaum glauben, es geht das Gerücht um, dass die Beatnuts den Hit »Straight Outta Jungle« für die JBs produziert haben, ohne dass sie dafür je erwähnt wurden. Wie dem auch sei, 1989 fingen sie dann an für Monie Love, 1991 für Chi Ali und in den folgenden Jahren für viele andere wie z.B. Kurious, → Common (Sense), Da Youngstas, Fat Joe, → MC Lyte, , → Big Punisher etc. zu produzieren.

1993 veröffentlichten die Beatnuts ihre erste eigene Platte, eine EP mit dem Titel »Intoxicated Demons«, auf Relativity Records. Ihr

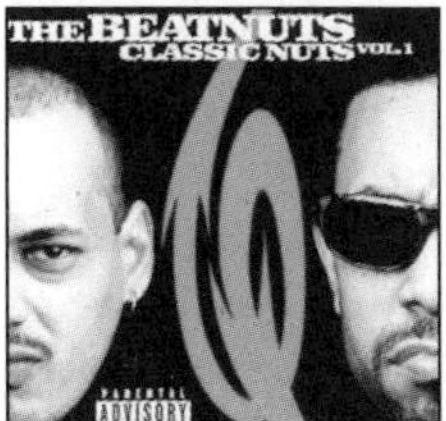

erstes Album heißt »Beatnuts« und erschien 1994 ebenfalls auf Relativity Records. In all ihren Produktionen bildet sich nach und nach ein ganz eigener Stil heraus. Charakteristisch für Beatnuts-Produktionen sind Loops und → Samples, die aus dem Jazz und dem → Funk kommen, unterlegt mit kräftigen, stampfenden → Beats und ergänzt durch satte → Basslines. Allerdings stellen sie auch auf ihrer zweiten LP »Stone Crazy« (1997) unter Beweis, dass ihre teilweise sexistischen und Gewalt verherrlichenden Texte der Qualität ihrer Musik um einiges nachstehen. Aber sie geben auch offen zu, dass sie weder Mentor noch Lehrer für irgend jemanden sein wollen und sieht man die Sache von ihrer unterhaltenden Seite, erscheinen die Texte auch eher unwichtig. Ein Jahr später wurde mit »The Spot« eine Remix EP veröffentlicht.

Die Beatnuts-Saga setzte sich 1999 fort, als das dritte Album »A Musical Massacre« erschien, unterstützt von alten Legenden wie Greg Nice (Nice & Smooth) und → Biz Markie, dicht gefolgt von neueren Helden wie → Dead Prez und Commen. Ihre Omnipräsenz fand ihren Ausdruck auch in Produktionen und Remixes für → Cypress Hill, → Naughty by Nature, → Ice-T, Da Lenchmob u.s.w. Selbst das Album »God Connection« (1996) ihres, zum Moslem gewordenen, einstigen Mitstreiters Al Tariq wurde zur Hälfte von den Beatnuts produziert. Inzwischen hat Les natürlich ein eigenes Plattenlabel, auf dem er neue Acts erscheinen lässt. 2001 erschien die LP »Take It Or Squeeze It«, auf der Fashion alias Al Tariq erstmals wieder zu hören war. Eigentlich blieb hier alles beim Alten, doch die zwei Familienväter äußerten sich neuerdings auch schon mal ein wenig politisch.

Schon ein Jahr darauf erschien »The Originators« (LP 2002 auf Landspeed) wieder mit Fashion, der nun wohl endgültig in den Schoß der Familie zurückgekehrt ist. Bleibt noch zu erwähnen, dass es inzwischen sogar ein Best Of Album mit dem Namen »Classic Nuts Vol. 1« gibt.

Beats and Lyrics
1. Gelegentlich verwendete Bezeichnung für HipHop-Musik 2. Name einer → Samplerreihe.

Beatschmidt
→ Breaker aus Dessau, gehörte neben dem Dresdener → Tommy B zu den ersten aktiven Breakern in der DDR.

Beat Street
International einflussreicher, wenn auch nicht hundertprozentig authentischer Spielfilm aus den frühen achtziger Jahren über HipHopper in New York. → Graffiti-Filme.

Be-Bop
In den Mittvierzigern durch Künstler wie Charlie Parker, Kenny Clarke und Thelonious Monk geprägte, nervöse und hektische Form des Jazz. Das Wort Bebop an sich ist eine Kreation von Dizzy Gillespie.

Beef
1. Slangausdruck für eine Auseinandersetzung oder ein Problem mit anderen. 2. Umgangssprachliche Bezeichnung für das Wort Penis.

Beginner
(alias Die Beginners, alias Die Absoluten Beginner ...) HipHop-Gruppe aus Hamburg. Mitglieder: Eißfeldt alias Jan Delay, Rapper und Produzent; Mardie, Rapper und Produzent; Dennis alias Denyo 77, Rapper; Mad, DJ.

Die Gruppe zählt zu den konstanten Größen der deutschen HipHop-Bewegung und ist mittlerweile jedem, der sich hierzulande mit HipHop-Musik in deutscher Sprache beschäftigt, ein Begriff. Die Texte schrieben sie anfangs in Englisch, entschieden sich aber bald

für ihre Muttersprache. Ihr Debüt hatten Absolute Beginner 1993 auf dem von → Buback-Tonträger veröffentlichten → Sampler »Kill The Nation With A Groove« mit dem Stück »Keine«. Dieser Song wurde schnell zu einem kleinen Underground-Hit. Noch im selben Jahr nutzten sie die Möglichkeit, einen Song auf dem → Yo-Mama-Sampler »The Cook Monster« unterzubringen. Ein Jahr darauf folgte die → EP »Gotting« und im Jahre 1996 die LP »Flashnism«. Von Matthias Arfmann aufgenommen und von vielen gelobt, konnte das vielschichtige Debütalbum der Gruppe keine kommerziellen Erfolge feiern.

Die Absoluten Beginners bewiesen sich unzählige Male als angesehener Live-Act auf HipHop- Jams. Sie tourten mit einer Live-Band durch den deutschsprachigen Raum, stellten aber nach vielen Auftritten fest, dass sie nun wieder klassischen HipHop produzieren wollten. Mardi verließ die Gruppe, die sich von nun an nur noch Beginner nannte, und Ale Dumbsky, der Chef von Buback unterzeichnete mit Universal einen Künstlerübernahmevertrag für die zukünftigen Veröffentlichungen.

1998 entstand die zweite LP »Bambule« und plötzlich, wie aus dem Nichts, quasi über Nacht, waren die Beginner Popstars. Die Singles »Liebeslied« und »Hammerhart« liefen auf allen Radiostationen hoch und runter. Es folgten Tourneen mit → Main Concept und Dynamite Deluxe und den → Beastie Boys. Eißfeldt veröffentlichte unter dem Namen Jan Delay die Single »Irgendwie, Irgendwo, Irgendwann«, auf der er eine Reggae-Version von Nenas gleichnamigem Hit zum Besten gibt. Auch wenn Eißfeldt eigentlich kein Geld damit verdient hat, konnte er sich nun eine Platinauszeichnung an die Wand nageln. 2000 erschien noch das Remix-Album »Boombule«, bevor sich Eißfeldt und Dennis in ihre Soloprojekte vertieften.

Jan Delay machte ein deutschsprachiges Reggae-Album mit dem Namen »Searching For The Jan Soul Rebels«. Denyo 77 produzierte ein ruhiges HipHop-Album, das er »Minidisco« taufte. 2003 erschien dann wieder ein gemeinsam produziertes Album: »Blast Action Heroes«.

www.beginner.de

Bellymills

Begriff aus dem → B-Boying, der einer → Windmill gleichkommt, sich jedoch darin von jener unterscheidet, dass man sich auf dem Bauch und nicht im Kopf- oder Handstand dreht.

Belmont Park

Parkanlage in New York, wichtiger Austragungsort für → Breakdance-Battles in den frühen Siebzigern und späten Achtzigern.

Belton

Farbspraymarke der Firma Peter Kwasny AG, die außerdem noch Auto-K, Multona etc. herstellt. Diese Produkte sind besonders bei → (Train) Bombern beliebt. Grund hierfür sind hohe Deckkraft, leises Sprühgeräusch und ein recht hoher Sprühdruck, aus dem ein breiterer Strahl resultiert. → Chromsilber von Belton ist die wohl am häufigsten genutzte Sorte, da diese auch auf ungrundierten Wänden hervorragend deckt. Einige → Bomber arbeiten fast ausschließlich mit Chromsilber.

Bench

Begriff aus dem → Writing, → Writercorner.

Berlin

Die deutsche Hauptstadt spielte, was HipHop-Musik angeht, bis Ende der Neunziger keine besondere Rolle in Deutschland. Beim → Writing jedoch sah das ganz anders aus. Die Writing-Szene in Berlin entwickelte sich erst relativ spät, doch seit Beginn der Neunziger ist sie die führende in Europa. In keiner Stadt gibt es so viele Writer und verschiedene → Styles. Jedoch wird in kaum einer anderen Stadt so extrem von staatlicher Seite das Writing bekämpft. Für detaillierte Informationen über Writing in Berlin sind die Bücher »Graffiti Art #6 – Berlin und neue Länder« und »Spray City« aus dem Schwarzkopf & Schwarzkopf Verlag zu empfehlen. Vor der Öffnung der → Berliner Mauer entwickelten sich in den beiden Teilen unabhängige Szenen. Man wusste nichts voneinander. Im Westteil agierten schon seit den frühen Achtzigern Leute wie

Adrian Nabi → Rebel und seine Denots-Crew oder Roscoe. Die meisten von ihnen waren als Writer aktiv, doch spezialisierten sich später einige, wie Rebel, auf das Musikmachen. In den späten Achtzigern gewannen Gruppen wie das Empire, Rock Da Most und → Islamic Force an Bedeutung. Im Ostteil waren es im Wesentlichen nur die → Downtown-Lyrics, X10ded Spirit, Three-Man-Nation und → No-Solo, die einen aktiven Part darstellten. Die Wende brachte viele Veränderungen mit sich. Es fanden mehr und mehr HipHop-Partys statt. → Clubs schossen – besonders in den damals noch nicht von Yuppies okkupierten Bezirken Prenzlauer Berg und Mitte – wie Pilze aus dem Boden und verschwanden schnell wieder. Plötzlich gab es Radiosendungen zum Thema HipHop. Magazine und → HipHop-Läden gründeten sich. Die → S.W.A.T.-Posse entstand und trug mit zum Zusammenschluss der beiden Szenen bei. Breakercrews wie → Kai Eikermann, → Spaiche, Tod Durch Breakdance (TDB), Wedding B-Boys, Flying Steps und Funky Grossangriff wurden weit über die Stadtgrenzen hinaus bekannt. Schon Mitte der Neunziger gab es in Berlin etliche Rap-Gruppen, DJs und Solo-Rapper. Doch nur wenige waren regelmäßig auf → Jams vertreten oder erhielten die Möglichkeit, einen Plattenvertrag abzuschließen. Ende der Neunziger entwickelte sich auch nach außen hin sichtbar eine der vielfältigsten Rap-Szenen Deutschlands. Ähnlich wie in anderen Städten auch stammen jedoch nicht alle Rapper aus der HipHop-Szene und haben sich – auch aufgrund schnellen Erfolgs – nie wirklich mit der Kultur auseinandergesetzt. Dadurch, durch die Kommerzialisierung und durch das falsche Bild, das von den Unterhaltungsmedien gezeichnet wird, ist es auch in Berlin für Newcomer immer schwerer zu verstehen, was HipHop ist. Und so dominieren heute auf vielen Partys reiche Mittelklasse-Kiddies in Baggies das Bild der Szene. Interessanterweise sind die Rapper, die aus der Szene stammen und früher als Writer aktiv waren, die innovativsten und ehrlichsten MCs. Zu den derzeit aktivsten Vertretern der Berliner Rap-Musik gehören neben vielen anderen Aktivisten der Muckemob mit Bass-T, DJ → MK One (Mikrokosmos), S-Rock (CNF) etc., → Kool Savas mit seinen Projekten MOR und Berlin Maskulin, MachOne, Fuat, der neben MOR auch der Rap-Kosmetik angehört, → NBT mit dem Oldschooler Rebel, Harlekinz, The Spezializtz, MC Gauner, Analphabeten, Schattenmann a.k.a. Daniel Santiago mit seinem Krisenstab, Lunte, MC Steiner, Pilskills, Metafa Mafia, Department. Bis Berlin in musikalischer Hinsicht das Niveau durchschnittlicher US-HipHop-Gruppen erreicht hat, wird sicher noch einige Zeit vergehen. Interessanterweise ist Berlin auch Magnet für Rapper und Labels aus ganz Deutschland. Neben Kommerzlabels zogen MCs wie → G.E.R.M., → MC Rene, Roey Marquis oder kurzzeitig auch → Pyranja nach Berlin.

Berliner Mauer

Am 13. August 1961 von der DDR um Westberlin als »Antifaschistischer Schutzwall« errichtet, um unter anderem die Massenflucht in den Westteil und das Arbeiten von DDR-Bürgern dort zu unterbinden. Recht schnell wurde die Westseite als überdimensionale Malfläche für Künstler und Sprücheschreiber genutzt. Seit den frühen achtziger Jahren wurde sie natürlich auch von Graffiti-Sprühern aus aller Welt frequentiert. Ende der Achtziger war nahezu die gesamte Westseite der Berliner Mauer bemalt und zu einer beliebten Touristen-Attraktion geworden. Nach dem »Fall« der Mauer am 9. November 1989 wurden auch große Teile der Ostseite und eine Vielzahl von Wachtürmen bemalt. Als dann in den folgenden Jahren die Mauer nach und nach abgetragen wurde, wobei besprühte Teile in alle Welt verkauft wurden und die Mauerstücke als beliebte Touristenattraktionen galten, mussten sich die → Writer nach neuen Orten umsehen und setzten nun zusammen mit der noch jungen Ost-Szene zum Sturm auf die freien Flächen in der Stadt an. Die Reste der Berliner Mauer, die zum Teil heute noch existent sind, entwickelten sich zu stark frequentierten → Halls of Fame, die aber im Zuge der radikalen und subkulturfeindlichen Innenpolitik der CDUSPD ausnahmslos illegalisiert und teilweise abgrissen wurden. Zu sehen sind diese Reste zum Beipiel an der Eastside Gallery, Nähe Oberbaumbrücke im Stadtbezirk Friedrichshain, und im Mauerpark im Stadtbezirk Prenzlauer Berg, wo trotz Verbots nach wie vor gemalt wird.

Bertelsmann Music Group
(BMG) Teil des Bertelsmann-Konzerns, der weltweit einer der größten und einflussreichsten Medienkonzerne überhaupt ist und im wahrsten Sinne des Wortes bestimmt, was irgendwo auf der Welt von den Massen gedacht wird. Als weltweit agierender Hersteller und Vertreiber von Tonträgern hält die Bertelsmann Musikgruppe Anteile an vielen großen → Labels wie RCA, Loud Records, Arista, → Bad Boy Entertainment, Jive/Zomba Records, MCA Records, La Face Records etc.

BFM
→ Writergruppe aus dem Ostteil Berlins. Mitglieder sind Fist, Gel, Hopsa, Kadeh, Kamel, Karoy, Wise.

B-Girl
Das weibliche Äquivalent zu den → B-Boys. B-Girls stellen in der männlich dominierten → HipHop-Szene immer noch eine Besonderheit dar, besonders in Europa.

BGS
→ Bundesgrenzschutz.

Bhudda
1. Begriff aus dem → B-Boying, ähneln den → UFO, jedoch befinden sich die Knie zwischen den Armen und die Beine haben keinen Bodenkontakt. 2. Synonym für Hanf oder chemische Drogen.

Big Apple
Allgemeiner Spitzname für New York City.

Big Beat/Atlantic Records
→ HipHop und Swingbeat/New Jack Swing Sublabel von Atlantic Records. Darauf erschienen sind unter anderem die Alben der → Artifacts, → Mad Skillz etc.

Big Dada

Independent Hip Hop Label – Standort: London/England. Gegründet 1997 als Resultat einer Initiative des Musikjournalisten und heutigen Firmenchefs Will Ashon, ist Big Dada ein Unterlabel der Ninja Tune Gruppe. In einer Zeit, als britischer HipHop gerade nicht so angesagt war, wurden hier Künstler wie z. B. Ty, → Roots Manuva, Abstract Rude, Cloud Dead und Saul Williams verlegt. Heute kann man Big Dada wohl das führende HipHop Label Englands nennen.

Big Daddy Kane

(Antonio M. Hardy) → MC aus Brooklyn, New York, geb. am 10. Sept. 1968. Schon zu Beginn der 80er Jahre interessierte sich Kane (kurz für »King Asiatic Nobody's Equal«) für HipHop. 1984 traf er dann (inzwischen ist diese Anekdote geradezu legendär) → Biz Markie vor dem Kaufhaus Mc Coy's in Brooklyn. Die beiden wurden schnell Freunde und der selbstlose Biz stellte BDK seinem Produzenten und Mentor → Marley Marl vor. Es dauerte also nicht lange und Kane fand Anschluss an die → Juice Crew. Zusammen mit seinem Highschool Freund und DJ Mister Cee versuchte er sich in der Gruppe Magnum Force, die aber schnell wieder zerbrach. Unterdessen textete BDK für den damaligen Star der Juice Crew → Roxane Shanté und seinen Kumpel Biz Markie. Es dauerte einige Zeit, bis der Plattenvertrag unterschrieben und das erste Album produziert war.

Doch als 1988 »Long Live The Kane« (auf Colld Chillin') erschien, wurde schnell klar, dass sich das Warten gelohnt hatte. Die erste Single »Raw« wurde schnell zum Hit und die LP erlangte Gold-

status. Musik und Texte sind eine gelungene Mixtur aus schnellem Hardcore und entspannten Frauenversteher- R&B-Elementen. Wie zu dieser Zeit üblich, widmete sich Kane auch seinen afrikanischen Wurzeln und war bekennender Anhänger der → 5 % Nation. Bereits ein Jahr nach seinem Debüt konnte sich die Hip Hop Welt über die zweite LP »It's A Big Daddy Thing« (1989 auf Cold Chillin') des mitunter etwas selbstverliebt und eitel wirkenden Prince of Darkness freuen. Stücke wie »I Get The Job Done«, »Smooth Operator« und »The House That Cee Build« vergoldeten auch dieses Album, worüber sich nicht zuletzt auch Marley Marl in seiner Funktion als Produzent freuen konnte. In schnellem Rhythmus folgten nun die Alben »Taste Of Chocolate« (1990), »Prince Of Darkness« (1991) und »Looks Like A Job For« (1993), die alle auf Cold Chillin' erschienen. Deutlich abgeflacht und zu sehr mit dem damals noch nicht ganz so populären R&B durchsetzt, konnten diese LPs nicht an die Erfolge ihrer Vorgänger anknüpfen. Auf seinen Platten waren die Stimmen von so ungewöhnlichen Gästen wie Barry White, Gamilla Shabazz und Rudy Ray Moore alias Dolemite zu hören. Aber auch die üblichen HipHop-Verdächtigen wie Q-Tip von → A Tribe Called Quest, → Busta Rhymes oder Nice & Smooth sollen nicht unerwähnt bleiben.

Im Laufe der Jahre nahm BDK natürlich auch seine Pflichten als Juice Crew Mitglied war und arbeitete mit an Werken wie »The Symphonie«. 1994 wechselte BDK zu MCA und veröffentlichte sein nunmehr sechstes und vorerst letztes Album »Daddy's Home«, fand aber auch damit nicht den erhofften Zuspruch. Vielleicht wäre weniger da auch schon mal mehr gewesen. Dennoch, der schöne Kane ließ sich nicht unterkriegen. Es entstanden Fotos für »Playgirl« sowie Madonnas Erotikbuch »Sex« und auch als Schauspieler versuchte er sich in Filmen wie »Posse«, »Gunmen« und »Meteor Man«. 1997 startete Big Daddy ein Comeback, als er zusammen mit seinen alten Juice Crew Kollegen unter Regie von Frankie Cutless das Stück »The Cypher Part III« aufnahm. Schon ein Jahr später erschien die bis heute letzte LP »Veterans Day« (1998 auf Blackheart Records), die natürlich ein Flop war. Aber Kane wäre wohl nicht Kane, wenn er es nicht weiter versuchen würde.

Big L

(Lamont Coleman) geb. 30. Mai 1974, gest. 15. Feb. 1999. → MC aus Harlem, New York. In den frühen 90ern begann er seine Karriere als Teil der legendären → D.I.T.C. (Diggin' In The Crates). Erstmals auf Vinyl war er 1992 auf dem Album »Stunts, Blunts & Hip Hop« (→ Diamond D) und »Runaway Slave« (→ Showbiz & AG) zu hören. Schon 1995 veröffentlichte Big L sein erstes Album »Livestylez Ov Da Poor & Dangerous«, das im Untergrund schon damals gefeiert wurde. 1998 gründete L sein eigenes Label Flamboyant Entertainment, welches er nach seinem Manifest »flamboyant for life« benannte. Er veröffentlichte die Single »Ebonics« und leistete den späteren HipHop-Starts → Cam'ron und Ma$e Starthilfe. Big L arbeitete mit Leuten wie → Lord Finesse und Diamond D zusammen an seiner D.I.T.C.-Debütsingle »Dignified Soldiers«. Die Karriere von Big L fing vielversprechend an, endete aber abrupt, als er am Abend des 15. Februar 1999 von einer Kugel getroffen wurde und seinen Verletzungen erlag. Erst ein Jahr danach kamen das unter der Mitarbeit von Big L entstandene D.I.T.C.-Album »Worldwide« und seine zweite Solo LP »The Big Picture« (2000 auf Rawcus) heraus.

Big Punisher

(Christopher Lee Rios) geb. 9. Nov. 1971, gest. 7. Feb. 2000. → MC aus der Bronx, New York. Nach einer schweren Kindheit und einem verkorksten Start (mit 15 ging Pun von zu Hause weg und brach die Schule ab) schlug sich Big Pun mit gelegentlichen Jobs und krummen Geschäften durchs Leben. In schlankeren Tagen war er sogar semiprofessioneller Boxer. Das in Puerto Rico geborene Schwergewicht begann seine MC-Karriere unter dem Namen Big Moon Dog in der Gruppe Full Of Clips. In der Bronx traf er 1995 auf → Fat Joe, der erst sehr skeptisch, dann aber doch beeindruckt von Big Puns Stimme und seinem herausragenden → Flow war. Fat

Joe lud ihn zu einem Gastauftritt auf seinem zweiten Album »Jealous One's Envy« ein und es entstand das Stück »Watch Out«. Fortan von Fat Joe gemanagt, hatte er 1996 weitere Gastauftritte unter anderem auf den Platten von Flesh-N-Bone (→ Bone Thugs-N-Harmonie), → Funkmaster Flex (Mixtape Vol. 1) und den → Beatnuts. Der verheiratete Vater von drei Kindern konnte hernach die Aufmerksamkeit des Labels → Loud Records erregen. 1997 landete der »Große Bestrafer« mit den Singles »You Ain't A Killer« und »I'm Not A Player« zwei große Hits, und das folgende Debütalbum »Capital Punishment« (1998 auf Loud/RCA Records) wurde mit der Unterstützung von Wyclef Jean und Noreaga (→ Capone 'N' Noreaga) auch ein großer kommerzieller Erfolg (Nr. 5 der Billboard Pop Charts, Nr. 1 der R&B Charts). Auf die Platin-Veredelung seines Debütalbums war Big Pun besonders stolz. Schließlich war er der erste Latino-Rapper, der dies geschafft hat. So wie fast jeder erfolgreiche Rapper hatte auch Pun einen alten Freundeskreis, den er nach Kräften unterstützte. Terror Squad, seine Crew, war Ende der 90er Jahre jedem HipHop-Fan ein Begriff. Seine Popularität besonders bei den aus Lateinamerika stammenden jungen Leuten nahm durchaus Popstarformat an (er arbeitete mit J. Lopez, bestritt die Showeinlage beim WM-Kampf Oscar De La Hoya vs. Felix Trinidad). Doch ob seines gewaltigen Körpergewichts hatte Big Pun schon bald massive gesundheitliche Probleme. Der Stress und die Anstrengungen, die mit seinem Popstar-Dasein einher gingen, wurden schon bald zu viel für sein Herz-Kreislauf-System. Von seiner Familie und seinen Freunden gedrängt, machte er unter ärztlicher Aufsicht noch eine durchaus erfolgreiche Abmagerungskur, die er aber vorzeitig abbrach. Schon nach wenigen Wochen war Pun noch

schwerer als zuvor. So kam, was kommen musste. Kurz vor Veröffentlichung seines zweiten Albums »Yeeeah Baby« (2000 auf Loud/RCA) brach der 28-jährige Christopher Rios in einem Hotel zusammen und verstarb wenig später an akutem Herzversagen. Er wog 698 Pfund. Ein Jahr nach seinem tragischen Tod erschien »Endangered Species« (2001 auf Loud), ein Compilation-Album, bestehend aus unveröffentlichtem Material und jeder Menge Gastauftritten, welches sich noch einmal sehr gut verkaufte. 2002 entstand schließlich noch ein Dokumentarfilm mit dem Titel »Still Not A Player«, der das Leben von Big Pun noch einmal beleuchtete.

Big Willie (-Style)
Bezeichnung für das Zuhälter- und → Hustler-Image, welches sich manche Rapper aufsetzen. → Willie.

Biggie Smalls
→ Notorious B.I.G.

Bild
Begriff aus dem → Writing. Bezeichnung für ein ausgearbeitetes Graffiti, Synonym für ein → Piece.

Bill
Oft gebrauchter Slangausdruck für einen US-amerikanischen 100-Dollar-Schein.

Billboard
Eines der international wichtigsten Musikmagazine. Das 1985 erstmals erschienene Magazin wurde durch die HOT 100, die wöchentliche Auflistung der bestverkauften Tonträger, zum bedeutendsten Forum der Musikbranche. Die Besprechungen und Reportagen haben einen hohen Stellenwert in Bezug auf den Bekanntheitsgrad eines Künstlers oder einer Gruppe und wirken sich in vielen Fällen auch auf deren Ruf aus. Neben der Produktion des Magazins führen dessen Macher auch Informationsveranstaltungen und Lehrgänge für Akteure der Musikindustrie durch.

Billboard Charts
HOT 100, allwöchentliche Auflistung von Bestsellern im Billboard-Magazin.

Bio
1. → Writer aus New York, der seit 1980 aktiv ist. Seinen ersten → Zug besprühte er 1982, seinen letzten 1987. 2. Abkürzung für Biografie.

Bisaz
→ Writer aus → Berlin, der seit den Achtzigern aktiv ist. Besonders wegen seiner → Züge machte er sich in ganz Deutschland einen Namen als → Train-King. Auf Zügen malt er überwiegend einfache → Buchstaben, die aber sehr wirkungsvoll sind. Bisaz war erst bei → SOS und dann bei → GHS.

Bitch
In der amerikanischen Umgangssprache ist dies ein Schimpfwort und kann sinngemäß mit dem Wort Schlampe übersetzt werden. Zusätzlich oft gebraucht als abwertende Bezeichnung für Frauen, die für Ruhm oder Geld alles machen. Im HipHop wird dieses Wort jedoch auch häufig ganz allgemein auf jene angewandt, die → Sellout betreiben und ihre Ideale und sich selbst verkaufen bzw. jegliche Selbstachtung verlieren, nur um etwas in der Szene oder finanziell zu erreichen.

Biten
Begriff aus dem → Writing, heißt soviel wie einen Stil zu kopieren. Dieser Begriff findet teilweise schon in der Alltagssprache Verwendung. Besonders für Anfänger ist es oft notwendig zu biten, um erst einmal ein Gefühl für den → Style zu bekommen. Für den → Writer, von dem gebitet wird, kann dies auch bedeuten, dass er → Respect erhält. Bei den → Rappern versteht man hierunter das Übernehmen von Texten und Textpassagen, aber auch von Rap-Styles. Weit verbreitet ist es auch Musikstile zu kopieren, die sehr erfolgversprechend sind. Auch bei den → B-Boys wird der Term verwandt.

In diesem Falle bezeichnet das Wort das Kopieren der → Moves, die von anderen → Breakern kreiert wurden.

Biz Markie

(Marcel Hall) → MC aus Harlem, New York; geb. 8. April 1964. Es geht das Gerücht um, daß Biz Markie seinen Namen schon in der Schule bekam, weil er dort ständig damit beschäftigt (busy – buzy) war, anderen irgendeinen Streich zu spielen. Angefangen hat Biz Markie Anfang der 80er Jahre, als er in Clubs wie dem Roxy und dem Funhouse als → DJ, → Beatboxer und MC auftrat. Bis heute ist es so geblieben, dass Biz ein glänzender HipHop-Entertainer, soll heißen ein echter MC, ist. Schon 1984 traf er auf → Big Daddy Kane und ließ sich später hin und wieder einige Reime von ihm schreiben. Entdeckt wurde er dann von → Marley Marl (1985), der ihn zum Mitglied seiner → Juice Crew machte und mit Biz seine ersten Demos aufnahm. Bald schloss er einen Vertrag mit dem Label Prism Records, das später → Cold Chillin' Records hieß. Biz Markie gab sein → Vinyl-Debüt 1985 in dem → Roxanne Shanté Song »Def Fresh Crew«. 1986 erschien (noch auf Prism) seine erste EP »Make the Musik With Your Mouth Biz«, die, wie fast alle späteren Sachen Biz Markies auch, von Marley Marl produziert wurde. Das erste Album, erschienen 1988, heißt »Goin' Off« und enthielt die Hit-Singles »Nobody Beats the Biz«, »Pickin' Boogers« und »Vapors«. Letzteres wurde später von → Snoop Doggy Dog gecovert. Bereits 1989 kam die zweite LP »The Biz Never Sleeps« heraus. Daraus erscheint die Single »Just A Friend«, die genau wie das Album sehr bald Platin erhält. Als 1991 das dritte Album » I Need A Haircut« erscheint, befand sich darauf ein Lied namens »Alone

Again«. Das tragende → Sample dieses Stückes ist aus einem Lied von Gilbert O'Sullivan mit dem Titel »Alone Again (Naturally)« (1972). Gilbert O'Sullivan verklagte Biz Markie daraufhin und Biz wurde schuldig gesprochen, Urheberrechte missachtet zu haben. Dieses Urteil gilt als Präzedenzfall und füllt seither die Taschen zumeist längst aus dem Rampenlicht verschwundener Künstler. → Warner Bros. wurde vom Richter (Kevin Thomas) angehalten, alle Kopien des Albums vom Markt zu nehmen. Trotz seiner vorherigen Erfolge wurde Biz durch das Urteil finanziell fast völlig ruiniert. Etwas später wurde die LP noch einmal, diesmal jedoch ohne »Alone Again«, veröffentlicht. Das bisher letzte Album von Biz Markie heißt »All Samples Cleared« und erschien 1993. Darauf macht er seinem Frust über die Justiz gehörig Luft. Als Teil des → Flip Squad blieb Biz durch die 90er Jahre hindurch überaus aktiv. Auch wenn er keine Platten mehr machte, konnte man ihn auf den Platten von → De La Soul, → Frankie Cutless (»The Cypher Part III«), → Funkmaster Flex, → Gravediggaz, → Beatnuts etc. durchaus noch hören. Gehypt durch den Supererfolg der → Beastie Boys, auf desssen Album »Ill Comunication« er gleich mehrfach mitwirkte, erlebte Biz Mitte der 90er Jahre sogar noch so etwas wie einen zweiten Frühling. Er fing an ein wenig zu schauspielern, machte das eine oder andere Stück für diverse Soundtracks und trat hier und dort als Comedian auf. 1997 hörte man Biz noch einmal auf der Hit-Single »Let Me Clear My Throat« von DJ Kool, auf der er zusammen mit → Doug E. Fresh den Old School Reunion Mix rockte. Diverse BestOf-Alben folgten.

www.bizmarkie.com

Black Book

Begriff aus dem → Writing. Für die meisten → Writer ist das Blackbook gleichbedeutend mit einem Tagebuch. Hier werden Sketche und Fotos eingeklebt oder auch Entwürfe von anderen → Writern. (→ Sketchbook oder → Guestbook.) Mit Hilfe von Black Books lässt sich die Entwicklung und Karriere eines Writers nachvollziehen. Für die Polizei spielt das Black Book eine herausragende Rolle als Beweismaterial.

Black Eyed Peas
Alternative HipHop-Gruppe aus L.A./Kalifornien. Mit dabei sind Will.I.Am, Apl.De.Ap, Taboo und gelegentlich die Sängerin Kim Hill. Will.I.Am und Apl.De.Ap haben schon zu Highschool-Zeiten HipHop gelebt. Damals, Mitte der 80er Jahre, gründeten sie die Breaker-Crew Tribal Nation und wurden Ende der 80er auch als Musiker aktiv. Im Gangster-Eldorado L.A. versuchten sie es mal mit Kreativität statt platter Attitüden und obwohl ihr Sound doch sehr ungewohnt war, konnten sie Anfang der 90er erste Erfolge feiern. Ihr Musik-Projekt hieß damals Atban Klann (eine etwas seltsam anmutende Abkürzung für A Tribe Beyond A Nation) und es ist kaum zu glauben, aber wahr, dass Mr. GangsterRap → Eazy E. 1992 das Duo unter Vertrag nahm. Es wurde ein Album produziert, welches jedoch noch heute in den Archiven von → Ruthless Records verstaubt. Nachdem die Sache mit Eazy E. gescheitert war, gesellte sich Taboo zu den zwei Freidenkern und fortan nannten sie sich die Black Eyed Peas. Beinflusst duch die → Native Tongues präsentierten sie auf ihrem Debütalbum »Behind The Front« (1998 auf In-

Blackbook-Zeichnung von Dare aus Basel, 1994

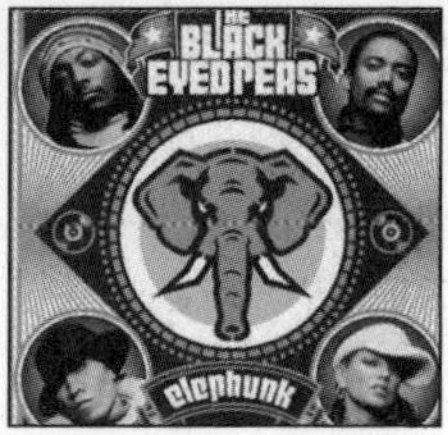

terscope Records) einen Sound, der dem von → A Tribe Called Quest oder dem der → Jungle Brothers doch etwas ähnelte. Von Kritikern und Publikum wurden sie vor allem wegen ihrer guten Liveshows gelobt. Sie treten mit einer Band sowie einer bemerkenswerten Backup-Sängerin auf und präsentieren ganz nebenbei ihren höchst eigenen Tanzstil. BEP arbeiteten mit HipHoppern aus dem ganzen Land zusammen, unter ihnen → Common (Sense), Jurassic Five, → De La Soul und Macy Gray. Im Jahr 2000 veröffentlichten die nimmermüden Black Eyed Peas ihr zweites Album »Bridging The Gap«, mit dem sie sich von ihrem Debüt emanzipierten und einen neueren, frischeren Sound darboten, mit dem sie sich als Band neu definierten. 2003 erschien »Elephunk«.

ww.blackeyedpeas.com

Black Moon

HipHop-Gruppe aus Brooklyn, New York. Dazu gehörten Buckshot Shorty (Kenyatta Blake), → DJ Evil Dee (Eward Dewgarde) und The 5 Ft Accelerator. Black Moon war die erste Gruppe aus der → Boot Camp Clik (eine der wichtigsten HipHop-Dynastien der 90er Jahre), die einen Plattenvertrag bekam und ein Album veröffentlichte. Nachdem Black Moon bei Nervous Records unterschrieben hatte, brachten sie ihre Debütsingle »Who Got Da Props« heraus, die sofort ein Untergrundhit wurde. Darauf folgte die LP »Enta Da Stage« (1993). Zu einer Zeit, da der → East-Coast-HipHop geradezu am Boden lag, kam ein innovatives Album wie dieses gerade recht. Eine Zeit lang waren Black Moon dann auch die Könige des New Yorker HipHop. Auf ihrer LP stellten sie auch → Smith-N-Wessun vor, die zwei Jahre später ihr gefeiertes Debüt ga-

ben. Schon 1994 löste sich Black Moon wieder auf, nachdem der 5 Ft Accelerator die Gruppe verlassen hatte und die Single »Buck' em Down« nicht den erwarteten Erfolg brachte. 1995 kam noch einmal eine Black Moon-Single heraus, die allerdings mehr dem Zweck diente, den Rest der Boot Camp Clik vorzustellen. »Headz Ain't Redee« wurde ein gefeierter Untergrundhit. 1996 wurde ein zweites Black Moon-Album herausgebracht, das jedoch nur noch aus bis dato nicht veröffentlichten Stücken und so genannten B-Sides (das sind die → Remixe von einigen schon veröffentlichten Singles) bestand. Nach sechs ganzen Jahren voller Streitereien (innerhalb wie außerhalb der Gruppe) erschien 1999 die zweite richtige LP »Warzone« auf Duckdown/Priority Records. Geprägt vom klassischen Beatminerz-Sound, zeigten Black Moon noch einmal, was in ihnen steckt. 2003 veröffentlichten Black Moon ihr Album »Total Eclipse«.

Black Patty Recordings

Das 1927 von J. Mayo Williams gegründete Jazz- und Blues Label war neben → Black Swan Recordings eine der ersten Plattenfirmen, die von Schwarzen verwaltet wurde.

Black Sheep

HipHop-Duo aus New York City. Die Mitglieder sind: Mista Lawnge (William McLean) → MC, Produzent und → DJ sowie Dres (Andres Titus) MC und Produzent. Geboren in New York, aufgewachsen in North Carolina, entschloss sich Mr. Lawnge Ende der 80er Jahre nach New York zu gehen. Dort traf er → DJ Red Alert bei einem gemeinsamen Auftritt. Red Alert stellte ihn Mike Gee von den → Jungle Brothers vor. Zu dieser Zeit war Mr. Lawnge Club-DJ in New York. Seine neuen Freunde bei der → Native Tongue Family gaben ihm wohl das Gefühl, dass nun alles möglich ist. Und tatsächlich konnte er schon bald Dres dazu überreden das Duo Black Sheep zu formen. Ein Plattenvertrag ließ nicht lange auf sich warten und das erste Album »A Wolf In Sheeps Clothing« (1991 auf Mercury/Polygram) schlug ein wie eine Bombe. Die Platte wurde bald zum begehrten Sammlerobjekt und das, obwohl fast eine Million Kopien davon verkauft wurden. Gleich im Intro der LP stellten sie sich als schwarzes Schaf der Native Tongue Family vor. Alle Stücke der Gruppe wurden von den beiden Mitgliedern eigenständig produziert. Sie ließen sich auf der LP auch nur wenig von Chi Ali, Kool DJ Red Alert und Q-Tip (→ A Tribe Called Quest) lyrisch unterstützen. Schon auf dem Höhepunkt ihres Erfolges konnte man Black Sheep auf der »Heavy Rhyme Experience Vol. 1« der Brand New Heavies hören, zusammen mit HipHop-Größen wie → Gang Starr, → The Pharcyde, → Kool G Rap etc. 1994 erschien ebenfalls auf Mercury/Polygram Records das zweite Album »Non Fiction«, das allerdings nicht an den Erfolg des ersten anknüpfen konnte, obwohl die Hit-Single »Without A Doubt« Großes versprach. Die Kariere von Black Sheep ist mehr oder weniger beendet. Nach dem Flop von 1994 trennte sich das Duo. Dres veröf-

Black Sheep

fentlichte 1999 ein wenig beachtetes Soloalbum mit dem Titel »Shure Shot Redemtion«. Zusammen mit → Das EFX gingen Blacksheep 2000 noch einmal auf Tour und kündigten ein neues Album an.

Black Star

HipHop-Projekt der beiden MCs → Mos Def und → Talib Kweli aus New York City. Erstmalig wurden die beiden MCs auf dem Sampler »Lyricist Lounge, Vol. 1« einer breiten Öffentlichkeit vorgestellt. Obwohl sie individuelle Verträge bei Rawkus unterschrieben hatten, bildeten sie für kurze Zeit das Duo Black Star. Angekündigt durch die Single »Definition/Twice Inna Lifetime« erschien 1998 das Album »Black Star«. Die Intention etwas für die schwarze Gemeinschaft zu tun, drückt sich nicht zuletzt im Namen aus. Die Black Star Line, gegründet vom Schwarzenführer Marcus Garvey, sollte die Afroamerikaner zurück in ihre Heimat (Afrika) bringen.

Black Swan Recordings

War die erste von Schwarzen gegründete und verwaltete Plattenfirma in den Vereinigten Staaten. Sie wurde 1921 von Dr. Harry Pace ins Leben gerufen, spezialisierte sich auf Publikationen im Jazz und Blues und existierte bis 1924.

Black Watch

Überwachungsprogramm der Black Panther, die so der Polizeibrutalität gegenüber Afroamerikanern entgegenwirken wollten. Sie beobachteten einfach die Polizei bei der Ausübung ihrer Arbeit. Diese ursprüngliche Idee führte zur Gründung der Black Panther Party.

Blackalicious

Independent HipHop-Gruppe von der West Coast. Die Geschichte von Blackalicious geht ins Jahr 1987 zurück, als Xaviar Mosley (Chief Xcel, auch DJ IceSki) in Sacramento in der John F. Kennedy Highschool auf Tim Parker (Gift of Gab) traf. Beide beschlossen eine Musikgruppe zu gründen. Nach ihrem Abschluss gründe-

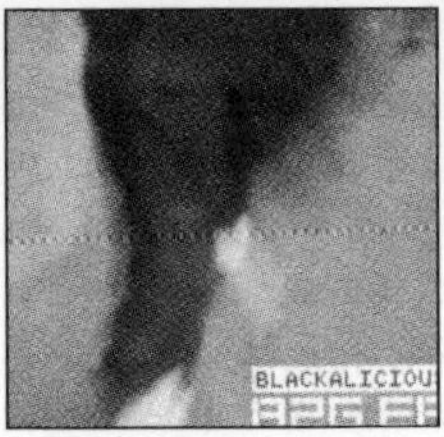

ten sie 1991 Blackalicious. Einige Freunde von Xcel, die mit ihm an der Universität von Kalifornien studierten, gründeten die Gruppe SoleSides, der auch DJ Shadow angehörte. An der ersten Single des Labels von SoleSides im Jahr 1992 waren Xcel und Gab beteiligt. Erst 1995 erschien die erste Blackalicious-EP »Melodica« auf demselben Label. Weitere Singles folgten. 1996 nahmen sie dann ihre erste LP »Nia« auf, die jedoch erst 1999 fertiggestellt wurde. In diesen drei Jahren war besonders Gab mit zahlreichen persönlichen Problemen beschäftigt. Das Billboard-Magazin bezeichnete Blackalicious als wichtigste neue HipHop-Crew der Bay Area. Ende 1997 wurde aus SoleSides schließlich Quannum. 1999 erschien außerdem die EP »A2G«. Von »Nia« und »A2G«, die beide auf dem Quannum-Label erschienen, wurden mehrere hunderttausend Exemplare verkauft. 2000 erschien die LP »Blazing Arrow« auf dem Major-Label MCA.

Blade

1. Rapper aus London, der armenischer Herkunft ist und sich Anfang der 90er Jahre dem britischen Hardcore HipHop verschrieben hatte. 2. Wichtiger → Writer aus New York, der seit Mitte der 70er Jahre Züge besprüht und damit zur ersten → Writergeneration zu zählen ist. Sein → Bubble-Style hat Writer in der ganzen Welt beeinflusst. Er war außerdem der erste, der → Buchstaben im Western-Style sprühte.

Blahzay Blahzay

HipHop-Musik-Duo aus Brooklyn, New York. Mit von der Partie sind PF Cuttin' als DJ und Produzent sowie Outloud als MC. Schon seit 1985 arbeiten die beiden zusammen. Trotz ihrer Ambitionen blieben sie zehn Jahre unsichtbar für die meisten HipHop-Fans, die nicht zufällig in New York lebten. Sie produzierten Tracks für Rapper wie Craig G und → Master Ace und feilten an ihren Fertigkeiten. PF Cuttin' war schon seit Jahren ein geschätzter → Mixtape-DJ (er veröffentlichte schon einige Tapes auf dem → Tape Kingz Label), lange bevor das Duo einen Vertrag mit Fader/Mercury Records unterschrieb.

Schließlich, 1995, war es dann soweit. Als die Single »Danger« erschien, schlug sie ein wie eine Granate. Zu dieser Zeit kannte eigentlich jeder HipHop-Fan die Zeile »When the east is in the house; Oh my god; Danger!«. Das folgende Album »Blah, Blah, Blah« (1996) war auch dank der Folgemaxi »Pain I Feel« ein großer Erfolg. Die ausgefeilten Arrangements des Duos hatten es nicht zuletzt den Kritikern angetan. Dennoch – Blahzay Blahzay verschwanden fast genauso schnell, wie sie gekommen waren und hinterließen eine Menge Fragen und 1999 die Single »Federal Reserve Notez«.

Blaze

Hochglanz-HipHop-Magazin, das in den USA erscheint. Blaze ist ein Ableger des R&B-Magazins → Vibe.

www.blaze.com

Blige, Mary J.

Soul/New Jack Swing-Sängerin aus Yonkers, New York City. Die Karriere von Mary J. Blige begann wie so oft eher zufällig. Nachdem sie vorzeitig die Schule abgebrochen hatte, sah es nicht wirklich danach aus, als würde sie eines nicht allzu fernen Tages reich und berühmt sein. Aufgewachsen in den Schlobam Housing Projects von Yonkers, schlug sie ihre Zeit mit ihren Freundinnen zu Hause oder in Einkaufspassagen tot. In einer dieser Malls nahm sie sich selbst auf, als sie Karaoke zu »Caught Up In The Rapture« von Anita Baker sang. Marys Stiefvater brachte das Tape zu Andre Harrel, damals Chef von Uptown Records, und der war von ihrer Stimme begeistert. Der damals noch junge Sean Combs alias → Puff

Daddy fing an mit ihr zu arbeiten und es entstanden bemerkenswerte Songs. Als Mary J. Blige 1992 mit ihrem Debütalbum »What's The 411?« (erschienen auf Uptown/MCA Records) das erste Mal einer breiten Öffentlichkeit vorgestellt wurde, war die damals 22-jährige für den mit zwei Millionen verkauften Kopien einhergehenden Ruhm noch nicht bereit. Sie ließ wichtige Fototermine einfach ausfallen, trank ein wenig zuviel und verhielt sich vor allem Journalisten gegenüber sehr abweisend. Trotzdem war alle Welt erstaunt von der schönen Stimme der Queen Of HipHop-Soul, wie sie überall genannt wurde. Ihre Musik war bis dahin einzigartig. Niemand sonst sang wie sie über harten HipHop- → Beats. Produziert wurde ihre Musik von Puffy (alias → Puff Daddy) und anderen HipHop-Kreativen. Auf dem Titelstück übernahm → Grand Puba einen Rap-Part. Die Single »Real Love« schaffte es auf Platz sieben der amerikanischen Pop Charts. Den Machern bei Uptown war es gelungen, zwei aktuelle Hauptströmungen in der nicht nur von Schwarzen konsumierten Musik zu verbinden: HipHop und Soul bzw. R & B. Damit setzten sie einen Trend, der vor allem den kommerziellen HipHop der nun folgenden Jahre stark beeinflussen sollte. Fast jeder, der es auf großen Erfolg anlegte, engagierte sich eine mehr oder weniger talentierte Sängerin, um sich mindestens den Refrain seines Liedes singen zu lassen.

1993 wurde die LP »What's The 411? Remix« produziert. Wie der Titel schon verrät, handelte es sich hierbei um die Remixversionen sämtlicher Stücke des Debütalbums, bei denen besonders Puffy und Teddy Riley (er gilt gemeinhin als der Vater des New Jack Swing) Hand anlegten. Notorious B.I.G. übernahm diesmal (erstmalig auf einer Platte zu hören) das Rappen im Titelstück. Nur ein

Jahr später hatte Mary Jane, wie sie auch oft genannt wird, ihre Starallüren überwunden und konnte sich nun voll und ganz ihrem neuen Album »My Life« (1994 auf Uptown/MCA Records) widmen. Große Teile ihrer Texte schrieb sie nun selbst und erzählte so dem geneigten Hörer von ihrem Leben. Die Hitsingles »Be Happy«, »I Love You« und »You Bring Me Joy« sorgten dafür, dass die LP ganze fünf Mal → Platin erhielt. Das im folgenden Jahr aufgenommene Duett mit → Method Man »I'll Be There For You/You're All I Need To Get By« steigerte ihre Popularität noch einmal. Ein Jahr später sang sie für Jay Zs Hitsingle »Can't Knock The Hustle« und veröffentlichte 1997 ihr drittes Album »Share My World«. Ihren andauernden Erfolg verdankt Mary J. Blige vor allem ihrer Fähigkeit sich und ihre Musik immer weiter zu entwickeln. Sie kennt keine Berührungsängste und wenn sie von, sagen wir mal, George Michael gefragt wird, ob sie nicht ein Duett mit ihm aufnehmen will, sagt sie selbstredend ja. Das entstandene Lied (ein Pop-Lied zweifelsohne) ist qualitativ hochwertig und die Kraft in Marys Stimme ließ es zu etwas ganz Besonderem werden. Auch das Duett mit → Wyclef Jean darf man getrost als Perle der zeitgenössischen Popmusik bezeichnen. Als 1999 das inzwischen vierte Album »Mary« erschien, wurde allen klar, dass Mary älter und erwachsener geworden war. Der Sound war einfacher, aber kräftiger und die Texte ließen einen tiefen Blick in die Seele (engl. Soul) der Künstlerin zu. LP Nummer fünf »No More Drama« erschien 2001 und landete dank der Hitsingle »Family Affair« hoch oben in den Charts. Weitere Alben erschienen 2002 (»Dance for Me«) und 2003 (»Love And Life »).

Blockbuster

Bezeichnung aus dem → Writing für großformatige, sehr einfache → (Block-) Buchstaben. Blockbuster stellen eine spezielle Form des → Bombing dar. In erster Linie geht es hier um Größe und Proportionen des Schriftzuges.

Blow, Kurtis

→ Kurtis Blow.

Blues

Auf 12 Takten beruhende, extrem rhythmische Musikform, die die Grundlage von Jazz, Country, → Funk, Soul, Bluegrass und Rock bildet. Wenn Blues auch nicht als direkte Wurzel des → Rap zu verstehen ist, so muss zumindest erwähnt werden, dass der Blues der Rap-Musik den Weg ebnete. Sein Entstehungsort ist das nordamerikanische Mississippi-Delta. Im späten 19. Jahrhundert wurde der Bluesgesang, der teilweilse auch auf afrikanischer Volksmusik basiert, von den dort ansässigen, stark unterdrückten Schwarzen geprägt. Zu den vokalen Variationen kamen bald auch Instrumentalformen. Blues entwickelte sich ständig weiter. Als in den Zwanzigern unseres Jahrhunderts die technischen Möglichkeiten existierten, wurde natürlich auch die damals noch junge Unterhaltungsindustrie auf dieses zu jener Zeit noch als → Race-Music kategorisierte Genre aufmerksam. In den zwanziger Jahren bildeten sich nicht nur die ersten von Schwarzen verwalteten → Labels wie → Black Swan, sondern auch so genannte Comedy Duos, die zu einer musikalischen Begleitung über sehr zweideutige Themen reimten. Diese Richtung nannte man auch Hokum Blues und Dirty Blues. Gelegentlich wird dies mit dem → Freestylen beim → Rappen verglichen.

Blumentopf

Rap-Gruppe aus München/Bayern. Blumentopf sind die vier MCs Roger, Holunder Heinemann und Kung Schu sowie der DJ und Produzent Sepalot. Schon Anfang der 90er Jahre lernten sich die Mitglieder beim Skateboarden kennen. Schnell ging man dazu über sich am Mikrophon auszuprobieren. Wie so viele HipHop-MCs mussten und wollten sich auch Blumentopf erstmal in vielen Freestyle-Battles beweisen. Als → MC Solaar auf einem Konzert in München einige seiner Zuhörer zum Rappen auf die Bühne bat, nutzten sie die Gelegenheit und machten sich einen Namen. Dennoch verging einige Zeit, bis sich Blumentopf entschlossen, die EP »Abhängen« aufzunehmen und als Demo an diverse Musikverlage verschickten. Eines davon schickten sie zum Hamburger Label Yo Mama und es landete in den Händen von → Fettes Brot, die sich entschlossen

Blumentopf mit auf Tour zu nehmen. Als eine der ersten Gruppen, die mit → Four Music einen Vertrag machten, veröffentlichten sie ihr erstes Album »Kein Zufall«, aus dem die Hitsingle »6Meter90« (beide 1997) ausgekoppelt wurde. In den Medien gelobt, erlangten Blumentopf trotz ihres bodenständigen Auftretens schnell Bekanntheit. Ihre zweite LP »Großes Kino« (1999 auf Yo Mama) schien vielen HipHop Fans wie eine kleine Offenbarung, erkannten sie doch in den erzählten Anekdoten sich selbst, ihren Alltag und ihre Geschichte wieder. Nach ausgedehnten Tourneen entstand 2001 das dritte Album »Eins A«, das jedoch nur mittelmäßige Kritiken erhielt. Im Herbst 2003 erschien »Gern Geschehen«, welches deutschrap-typisch auch von eher mittelmässiger Qualität ist.

www.blumentopf.com / www.four-music.com

Blunt

1. Synonym für einen Joint, eine mit Haschisch bzw. Marihuana gefüllte Zigarette. Der Name rührt ursprünglich von der Tabakmarke Phillies Blunt her. 2. Synonym für ein → HipHop-Stück, das auch oft mit dem Wort Joint bezeichnet wird. 3. HipHop-Label aus New York, das Mic Geronimo, Mood, → Bounty Killer und andere unter Vertrag hat.

BMG

→ Bertelsmann Music Group.

BMI

Abkürzung für BroadcastMusic Inc., die zweite amerikanische Urheberrechtsgesellschaft, die sich als Konkurrenz zur monopolhaltenden → ASCAP bildete. Mit ihrer Mitgliedschaft bei der BMI schützen sich unter anderem auch viele → Rapper, → DJs und Produzenten vor Missbrauch ihrer Namen und Werke.

Bobby Jimmy & The Critters

Comedy-Rap Gruppe aus Los Angeles, Kalifornien. Bobby Jimmy (Russ Parr), eigentlich Radio DJ und früher Standup-Comedian, machte sich seit Mitte der 80er Jahre über die angesagten HipHopper und ihre Hits lustig. Einer der Critters war der → Arabian Prince, der die Beats für die überaus witzigen Tracks produzierte. Singles wie »Big Butt« (angelehnt an → Whodinis »Big Mouth«) oder »Roaches« machten Bobby Jimmy bekannt. Die Stücke »New York Rappers« und »NY/L.A. Rappers« waren kleine Geniestreiche, auf denen er fast alle angesagten MCs seiner Zeit parodierte. Bobby Jimmy arbeitet inzwischen wieder als Radio DJ.

Bodé, Vaughn

Comic-Zeichner, dessen Figuren häufig von → Writern übernommen wurden, besonders in den frühen 80ern in New York. Neben → B-Boy-Characters sind Bodé- → Characters typisch für die → Oldschool.

Bodytricks

Begriff aus dem → DJing, der akrobatische Einlagen der Ende der 80er/Anfang der 90er Jahre etwas gelangweilten DJs bezeichnet. Bei diversen DJ-Contests führte man damals so seltsame Dinge wie einen einarmigen Handstand auf einem drehenden Plattenteller vor. Doch als später Innovatoren wie DJ Flare, → DJ Q-Bert und DJ Craze eine Unzahl neuer → Scratches und klanglicher Effekte erfanden, kamen die Bodytricks wieder aus der Mode. (Richtig so, für Tanz und Akrobatik sind die B-Boys da.)

Bomben

(Bombing). Begriff aus dem Writing. Spezielle, aggressivere Form des → Writing, in der es mehr um die Quantität, als um die Qualität der → Graffiti geht. Auch ist der Ort, wo sich ein Bombing befindet, von großer Wichtigkeit: Je außergewöhnlicher oder gefährlicher, desto besser. Trotz der Zweitrangigkeit der Qualität, welche aus der kurzen Zeit, in der die Bombings angefertigt werden, resultiert, wird von vielen → Bombern doch auch sehr auf den → Style der Bombings geachtet. Besonders in → Berlin. Als Bombings werden → Tags, → Throw ups, → Ouicks etc. bezeichnet. Häufig wird zwischen → Street-, → Train- oder → Linebombing unterschieden. In keinem Bereich des Writing ist so klar zu sehen, dass es hierbei um die Verbreitung des Namens, also um Werbung für sich selbst geht, denn Bombings sind dazu geeignet, mit minimalem Aufwand das Maximale zu erreichen. Hinzu kommt, dass Bombing-Aktionen meist auch aufregender oder action-reicher sind. Die meisten Writer sind im Bombing-Bereich aktiv.

Bomber

1. Begriff aus dem → Writing; Bezeichnung für in der Regel sehr aktive → Writer, die sich auf schnellere und gefährlichere Aktionen spezialisiert haben. Bomber sind durch ihre extreme Art, mit der sie für die Verbreitung ihres Namens sorgen, häufig bekannter als andere Writer. Bomber tragen meistens mehrere Namen, um somit besser vor Verfolgung geschützt zu sein. Viele Bomber sind jedoch nur wenige Jahre aktiv. 2. Einer der wichtigsten Writer aus Frankfurt/Main, der seit 1988 aktiv ist. Bekannt ist Bomber für seine → Characters und Stilexperimente. Er ist Mitglied in FBI (Fabulous Bomb Inability), GBF (Gummibärchenfront), SAA, GHS, TRD und NYC. Neben → Loomit und → Daim zählt er zu den erfolgreichsten Auftragssprühern in Deutschland. Mittlerweile hat er auch eine → Graffiti-Agentur. 3. Englischsprachiges → Graffiti-Magazin aus Nijmegen, Holland, welches europaweit zu den wohl wichtigsten Graffiti-Magazinen gehört. Es erscheint seit 1988. Erhältlich ist es heute auch über die Grenzen Europas hinaus.

Bombing-Style

Begriff aus dem → Writing. Bezeichnung für einen einfachen, gut lesbaren → Simple-Style, der in sehr kurzer Zeit gesprüht werden kann. → Blockbuster, → Bombing, → Bubble-Style.

Bomb-Squad

Einflussreiches Produzenten-Team aus New York City. Dazu gehören die Brüder Hank und Keith Shocklee, die unter anderem die Leaders of The New School gecastet haben, Eric »Vietnam« Saddler und Chuck D (Carlton Ridenauer) von → Public Enemy. Bekannt und berühmt geworden ist ihr lauter und überaus harter, chaotischer Sound durch die Veröffentlichungen von → Public Enemy, → Ice Cube, → Son Of Bazerk, → 7A3 und später auch den → Leaders Of The New School.

Bone Thugs-N-Harmonie

HipPop-Gruppe aus Cleveland, Ohio. Dazu gehören: Lazie (Steve Howse), Krazyie (Anthony Henderson), Flesh (Stanly Howse), Wish (Charles Scruggs) und Bizzy (Byron Mc Cane). Alle Künstlernamen sind noch mit einem Bone am Ende zu versehen. Angefangen haben die fünf Kumpel aus Cleveland unter dem Namen Band Aid Boys in den späten 80er/frühen 90er Jahren. Flesh-N-Bone, der in Kalifornien aufs College ging, konnte sich kaum zurückhalten und nahm an vielen MC-Battles teil. Als er merkte, dass er besser war als die hiesige Rap-Elite (L.A. war zu dieser Zeit neben New York das HipHop-Eldorado), sah er für sich und seine Kumpel in Cleveland die Chance, aus ihrer Leidenschaft einen Beruf zu machen. Er beorderte den Rest der Gruppe nach L.A. und arrangierte irgendwie ein Treffen mit dem damaligen Chef von→ Ruthless Records → Eazy E. (Um diese Zusammenkunft und die näheren Begleitumstände ranken sich so viele, auch von Ruthless selbst verbreitete, Legenden, dass die schnöde Wahrheit wohl nie ganz ans Licht der Öffentlichkeit geraten wird.) Eazy E. war so sehr überzeugt von dem neuen Stil, den die Gruppe kreiert hatte, dass er sofort einen Vertrag mit ihnen machte. Wenig später kamen die ersten Aufnahmen für ihre 1994 auf Ruthless Records erschienene Debüt-EP »Creepin' On Ah Come Up« zustande. Mit ihrem neuen, fast gesungenen Rap-Stil und dem von DJ U-Neek produzierten Sound stürmten sie die Charts und verkauften durch den Erfolg ihrer Single »Thuggish Ruggish Bone« ihre EP gleich zwei Millionen Mal. Bereits 1995 erschien dann bei der gleichen Firma ihr erstes

Album »E. 1999 Eternal«, das es sofort auf Platz 1 der Pop Charts schaffte und innerhalb kürzester Zeit 5.000.000 Mal über die Ladentische in aller Welt ging. Ihre Single »Tha Crossroads« ging als die am schnellsten steigende Veröffentlichung seit Bestehen der Pop-Charts in die Musikgeschichte ein und brach somit den vor nunmehr dreißig Jahren aufgestellten Rekord der Beatles. Ihr unglaublicher Erfolg brachte Bone Thugs-N-Harmony 1997 den Grammy Award für die beste Rap Gruppe und den Soul Train Music Award für das beste Video (»Tha Crossroads«). Doch wo Licht ist, da ist auch Schatten. 1997 entstand ihr vorerst letztes gemeinsames Album »The Art Of War« auf Ruthless Records. Nachdem Eazy E. 1995 verstorben war, verschlechterten sich die Beziehungen zu Ruthless Records (jetzt geführt von Eazys Witwe) rapide. Künstler und Label arbeiteten immmer öfter gegeneinander statt miteinander. Natürlich hatten die fünf Anfänger 1994 einen Vertrag unterzeichnet, der wie so oft zur Folge hatte, dass die Gruppe trotz des unglaublichen Erfolgs nur verhältnismäßig wenig Geld verdiente. Zudem bindet der Vertrag Bone Thugs-N-Harmony an die besagte Plattenfirma. Schließlich haben einige Mitglieder der Gruppe den schnellen Ruhm gar nicht verkraftet. Fast alle hatten mit jeder Menge Alkohol und Drogen zu kämpfen und Flesh-N-Bone, der auch schon sein erstes Soloalbum »5th Dog Let Loose« 2000 veröffentlicht hatte, sitzt seit geraumer Zeit hinter Gittern, weil ihn seine Anwälte nach mehreren Straftaten (unerlaubter Waffenbesitz in zwei Fällen etc.) nicht vor einer 11-jährigen Haftstrafe bewahren konnten. Bizzy Bone, der jüngste im Quintett, veröffentlichte schon bald mit »Heavenz Movie« (1998) sein erstes Soloalbum und kapselte sich auch sonst sehr von den anderen ab. Der Vater von fünf

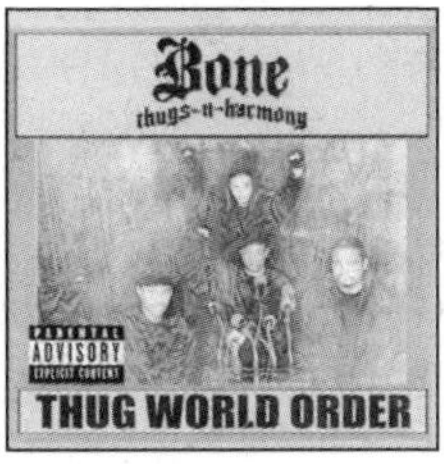

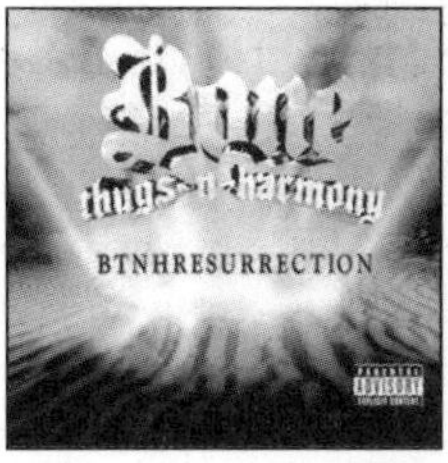

Kindern (sein erstes wurde geboren, da war er gerade 14 und wuchs noch in einer der vielen Pflegefamilien auf) hatte eine Menge privater Probleme. Krazy Bone (der wohl aktivste von den Fünfen) veröffentlichte nicht nur schon zwei Soloalben (»Thug Mentality« 1999 und »Thug On Da Line« 2001), er gründete auch ein eigenes Klamottenlabel mit Namen Thug Line und ein Plattenlabel, genannt Mo' Thugs Records. Layzie und Wish machten sich 2000 für eine gut gemeinte, aber dennoch gescheiterte Wiedervereinigung stark. Gemeinsam nahm das Quartett (Flesh sitzt nach wie vor seine Strafe ab) das Album »BTNHResurection« auf (2000 auf Ruthless Records). Doch als es um die Präsentation der Platte ging, fehlte Bizzy bereits wieder. 2002 erschien das nur mittelmäßig erfolgreiche vierte Album »Thug World Order«.

Boo, Betty

(Alison Moira Clarkson) wurde in → London geboren und war zuerst Mitglied bei den Sherockers und Hit'N'Run. Seit 1989 arbeitete sie mit dem Beatmasters-Produzententeam (Richard Walmsley, Paul Carter, und Manda Glanfield) zusammen. 1990 begab sie sich auf Solo-Pfade, setzte sich das Image der Cartoon-Figur Betty Boo auf und schaffte mit »Doin' The Do« den Sprung in die Top 10. Mit der britischen HipHop-Szene hatte sie jedoch keinen engeren Kontakt. Seither ist es um Betty Boo sehr ruhig geworden. Ihr Name ist im Laufe der Jahre verblasst und bedeutungslos geworden.

Boogie Down

Slang-Bezeichnung für die Bronx, den Stadtteil New Yorks, in dem → HipHop seine wichtigsten Wurzeln hat.

Boogie Down Productions

Fortwährend die Besetzung ändernde HipHop-Crew aus New York City. Die Mitglieder (1986/87) waren: → KRS One (Lawrence »Kriss« Parker), MC, Produzent und DJ; Scott La Rock (Scott Monroe Sterling), → DJ, Produzent. Der obdachlose Sprüher KRS One und der Sozialarbeiter Scott La Rock lernten sich 1984 im Franklyn Armory Obdachlosenwohnheim in der Bronx kennen. Scott, der schon zu dieser Zeit als HipHop-Aktivist lokale Bekanntheit erreichte, nahm KRS mit auf Partys in der Bronx. Der Startschuss zu einer gemeinsamen Karriere fiel, als KRS One einen der MCs in Scotts damaliger Gruppe Celebrity 3 ersetzte. Als 12.41 veröffentlichen die beiden ihre erste Single »Success in The World« auf einem Label namens Fresh/Sleeping Bag Records. Die erste Single von BDP erschien 1986 und hieß »Crack Attack«. Noch im selben Jahr folgte das Album »Criminal Minded« (auf B-Boy Records) BDP machten kritische Texte und nahm dabei kein Blatt vor den Mund. Sie provozierten und attackierten nicht nur die Regierung, sondern vor allem die Schwarzen und appellierten an das Selbstwertgefühl und die Ehre ihrer Kollegen im HipHop-Business. Außerdem wiesen sie in Liedern wie »South Bronx« darauf hin, dass HipHop ursprünglich aus der Bronx, also dem Stadtteil, in dem BDP zu Hause sind, kommt. Aus diesem Grund wurden sie von den meisten schwarzen Radiostationen zensiert. Trotzdem BDP so gut wie nicht im Radio gespielt wurden, was sicher auch nicht zuletzt an ihrer minimalistischen Musik lag, verkaufte sich ihr Album 200.000 Mal. Scott La Rock, Förderer und Mentor von KRS One, starb am 26. April 1987 im Misericordia Krankenhaus in der Bronx an den Folgen einer Schussverletzung. Wie es dazu kam, blieb ungeklärt. Fakt ist, dass KRS One trotz allem weitermachte und einen Vertrag bei Zomba/Jive Records unterschrieb, wo alle folgenden Platten von BDP und KRS erschienen. Auf allen diesen Platten steht dann auch der Satz »Overseen by Scott La Rock« und meistens noch daneben, »despite what others might think«. 1988 erschien das Album »By All Means Necessary«, das KRS One so gut wie allein gemacht hat. Lediglich der Name → D-Nice (ein Jugendfreund von KRS) er-

scheint noch auf dem Cover. Wieder weiß KRS One zu provozieren, was auch seine Absicht ist. Er nennt sich Lehrer, Professor oder auch Metaphysiker und beginnt alle und jeden zu belehren. Seine Einstellung ist radikal und er versucht, durch seine Musik den Afroamerikanern zu neuem Selbstbewusstsein zu verhelfen. KRS One fordert die Schwarzen auf, sich gegen Rassismus und Unterdrückung zur Wehr zu setzen und zwar »mit allen nötigen Mitteln«. So ähnlich geht es auch auf der dritten LP »Getto Musik: The Blueprint of HipHop« aus dem Jahre 1989 zu. KRS One nannte dieses Album so, aufgrund der Überzeugung, dass die Musik ausschließlich aus dem Getto stammt. Außerdem wollte er eine Platte herausbringen, »die frei von Platinambitionen ist«, also nicht darauf abzielt, einem Millionenpublikum zu gefallen. Unterdessen hatte sich BDP stark verändert. Aus der Ein-Mann-Crew war nunmehr eine große Gemeinschaft geworden, was sicher auch mit der im selben Jahr von KRS One initiierten Stop The Violence-Bewegung zusammenhing. Zu BDP gehörten 1989/90: Blastmaster KRS One (Knowledge Reigns Supreme Over Nearly Everyone), Ms. Melodie (Ramona Parker), Ehefrau von KRS One, D- Nice (Derrick Jones), Scottie Morris, D-Square (Dwayne Sumal), Harmony (Pamela Scott), DJ Jazzy Jay (Jason Byas), Kool DJ Red Alert, Sidney Mills und DJ Kenny Parker (Bruder von KRS One), der erst etwas später dazu kam. In manchen seiner Lieder erzählt KRS One kleine Geschichten, die ähnlich einer Fabel eine Weisheit enthalten. Er zeigt direkt mit dem Finger auf Missstände, er lehrt und zitiert dabei, wenn es sein muss, Geschichtsbücher oder die Bibel und erzählt viel über sich und seine Überzeugungen. 1990 erschien Album Nr. 4 »Edutainment« – eine Zusammensetzung aus den Worten Education (Bildung) und Entertainment (Unterhaltung) – mit seiner geradezu legendären Single »Love Is Gonna Get Ya«. Der geneigte Zuhörer vernimmt Ausschnit-

te aus den Reden bzw. Referaten, die KRS One an amerikanischen Universitäten hielt, die die gespielten Lieder inhaltlich miteinander verbinden. Nach dem Album zerfiel die Gruppe, als Scottie Morris zusammen mit D-Nice versuchte, von KRS One die Hälfte der Rechte von BDP einzuklagen. Der Konflikt wurde außergerichtlich gelöst, aber sei es wie es sei, KRS One ließ sich hinterher auch von seiner Frau Ms. Melodie scheiden. So muss man sich auch nicht wundern, dass auf dem Cover der 1992 erschienenen LP »Sex And Violence« die Zeile »BDP in 1992 is KRS One, Willie D (William Broady) and Kenny Parker! BDP in 1992 is not D-Nice, Jamal Ski, Harmony, Ms. Melodie and Scottie Morris. They are not down with BDP so stop frontin'. We roll tight and hard this year because too many people want something for nothing.« (BDP 1992 sind ... ! BDP 1992 sind nicht ... Sie haben mit BDP nichts zu tun, also hört auf Ärger zu machen. Wir sind dieses Jahr nur so wenige und geben uns hart, denn zu viele Leute wollen etwas für nichts.) Auf dem vom Meister persönlich, Kenny Parker, Pal Joey und Prince Paul produzierten Album geht es tatsächlich sehr hart zu. Musik und Text sind perfekt aufeinander abgestimmt (beide sehr laut und aggressiv). Nach diesem Album erschienen nur noch LPs, auf denen der Name KRS One zu lesen ist. Dies bedeutet, dass BDP nur noch eine lose Gruppe von MCs und Produzenten ist (bestimmt von KRS One), die gelegentlich zusammen arbeiten, um sich gegenseitig weiterzubringen.

1995 sagte KRS One in einem Interview: »Heute sind BDP Channel Live und Mad Lion.«

Boogie-Woogie

Ursprünglich als reiner Pianostil entstanden, entwickelte sich der Boogie-Woogie in den Zwanzigern schnell zu einem schnellen Offbeat-Bluesstil, der in späteren Jahren sogar mit Bigbands umgesetzt und stark kommerzialisiert wurde. Selbst in Schlager- und Volksmusik werden Elemente des Boogie-Woogie verwandt. Mit dem → Electric Boogie besteht jedoch kaum eine nennenswerte Verwandtschaft. Dieser entstand nämlich erst gegen 1972 in Fresno, Kalifornien.

Boomerang

Begriff aus dem → B-Boying. Hierbei sitzt der → B-Boy mit gespreizten und ausgestreckten Beinen auf dem Boden und bewegt seine Arme zwischen diesen. Er hebt seinen Körper an, berührt nur noch mit den Händen den Boden und beginnt sich um die eigene Achse zu drehen.

Boomy

Name eines HipHop-Magazines, das als eine Gemeinschaftsproduktion der PLU-Posse aus Dresden, der → Do Ya-Posse aus Chemnitz und M.a.D. aus Pirna entstand und seit 1993 erschien. Das Heft, im A5-Format, deckt alle Bereiche der HipHop-Kultur ab. Boomy ist reich an Informationen und bietet einen guten Einblick in die ostdeutsche HipHop-Szene. In den letzen Jahren des Boomy kam es auch zur verstärkten Zusammenarbeit mit anderen derartigen Projekten und Magazinen. Der Name ist eine Anlehnung an das DDR-Kindermagazin »Bummi«.

Boot Camp Clik

(BCC) HipHop-Verbindung von Gruppen wie → Black Moon, → Smith-N-Wessun (heute Cocoa Brovaz), → Heltah Skeltah, → Originoo Gunn Clappaz (O.G.C.), Representativz und Da → Beatminerz. Als 1993 die Gruppe Black Moon ihr erstes Album »Enta Da Stage« veröffentlichte, waren alle im → Death Row Fieber und der so genannte → G-Funk beherrschte die HipHop-Welt. Zu dieser Zeit war es nicht einfach für die Gruppen der East Coast. Doch »Enta Da Stage« sollte nicht einfach nur das gelungene Debüt von Black Moon werden – nein, eine ganze → Crew versuchte von nun an auf den HipHop-Markt zu drängen. Produziert von den Beatminerz (auch sie gehören dazu) und vorerst verlegt von Nervous Records, stellten Black Moon auf ihrem ersten Album Tek und Steele von Smif-N-Wessum vor. In ihren Videos waren fast alle Boot Camp-Mitglieder zu sehen. 1994 gründeten Buckshot (von Black Moon) und Big Dru Ha (trotzdem er immer im Hintergrund bleibt, ist er einer der Schlüsselfiguren bei BCC) die Firma Duck Down Management, die fortan die Geschäfte aller Boot Camp-Mitglieder führte. Als Smith-N-Wessun 1995 ihr Hitalbum »Dah Shinin'« veröffentlichten, gastierten schon die nächsten Boot Camp-Talente bei einigen Stücken. Diesmal handelte es sich um O.G.C. und Heltah Skeltah. Aufsehen erregte die gesamte Boot CampClik mit der Single »Headz Ain't Redee«, die ein großer Untergrund-Hit wurde. Als sich wenig später Buckshot und Big Dru Ha überlegten, ein eigenes Label zu gründen, gab es Krach mit Nervous Records und einen Gerichtsstreit um die Rechte an den bisherigen BCC Veröffentlichungen. Fortan erschienen alle Boot Camp Platten auf Duck Down/Priority Records. Die erste Veröffentlichung auf diesem Label war die der → Fab 5 mit ihrer Hitsingle »Let The Madness Beginn...«, gefolgt von den überaus erfolgreichen Debütalben von Heltah Skeltah (»Nocturnal« 1996) und O.G.C. (»Da Storm« 1996). Bald darauf entschlossen sich alle Boot Camp-Mitglieder eine gemeinsame LP aufzunehmen. Resultat war das Album »For The People«, erschienen 1997 auf Duck Down/Priority. Neben vielen Alben der einzelnen BCC-Gruppen erschien 1999 »Ducktown Presents«, ein Sampler, auf dem wieder alle Boot Camp-Mitglieder versammelt waren. Ein Jahr später erschien der BCC-Sampler »Basic Training: Boot Camp Clik's Greatest Hits«. Seither erschienen viele Singles und zahlreiche weitere Alben der Mitglieder.

www.duckdown.com

Bootleg

Äußerlich unverkennbare Raubpressung. Bei der Pressung von Bootlegs durch Dritte werden weder der Künstler, noch die Plattenfirma an den Erlösen beteiligt. Bootlegs bieten, auch wenn sie ilegal sind, die Möglichkeit, rar gewordene oder gar unveröffentlichte Alben, Songs oder auch → Gigs eines Interpreten wieder neu zu verlegen. Der Kunde kann diese meist zum regulären Einkaufspreis eines Tonträgers erwerben. Bootlegs werden oft mit so genannten Counterfeits verwechselt, sind jedoch keine dem Original täuschend ähnlichen Pressungen. Sie sind meist in einer unbedruckten, gelegentlich mit einem Aufkleber versehenen Schutzhülle verpackt. Ärgerlich sind Bootlegs für die Künstler und Labelbesitzer vor allem dann, wenn es sich um schlechte Kopien (das können Tapes, CDs oder Schallplatten sein) eines mitunter noch garnicht oder eben erst erschienenen Albums handelt. So sinken die offiziellen Verkaufszahlen mitunter stark ab.

Boo-yaa

Slangausdruck, der mehrere Bedeutungen hat: 1. Total → Dope, unglaublich gut. 2. Kurzform von Boo Yaaka, dem Sound einer Shotgun. Siehe auch → Buyaka. 3. Synonym für Marihuana. Wahrscheinlich handelt es sich hier um eine Ableitung von Buddha. 4. Bezeichnung für die Droge Crack.

Boo-Yaa T.R.I.B.E.

HipHop-Funk-Crossover Band aus Los Angeles, Kalifornien. Mit dabei sind Ganxsta Ridd, Ganxsta OMB, EKA, Rosco, Don-L und Godfather. Boo-Yaa T.R.I.B.E. (eine Abkürzung für: Too Rough International Boo-yaa Empire) sind vermutlich die ersten HipHopper, die dem Genre diese frische instrumentale Note verliehen. Die sechs aus Samoa stammenden Brüder lebten als echte Gangster in den Straßen von L.A., bis eines Tages ihr siebenter Bruder Robert Devoux erschossen wurde. Sie zogen für ein knappes Jahr nach Japan um einen Ausstieg zu schaffen und Abstand zu gewinnen. Als sie wieder nach L.A. zurückkehrten, machten sie sich einen Namen als HipHop-Band. 1990 brachten sie ihr Debütalbum »New Funky Nation« auf den Markt und schnell wurde klar, dass sie, trotz schlechter Erfahrungen mit ihrem, diesmal leider echten, Gangsterimage kokettierten. Nichtsdestotrotz war ihr Sound frisch und eingängig. Boo Yaa standen mit richtigen Instrumenten auf der Bühne und lieferten eine für damalige HipHop-Verhältinisse herausragen-

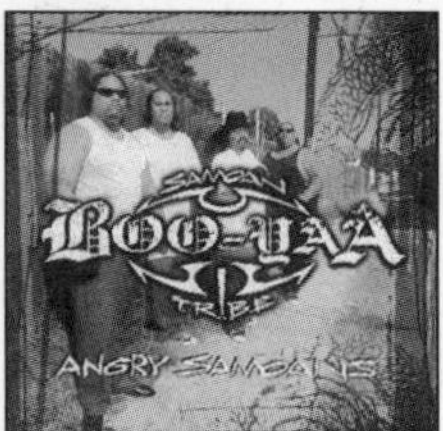

de Live-Show. Oft wurden sie mit Funklegenden wie dem → Parliament verglichen und ihr Sound schien damals richtungweisend zu sein. Doch leider setzte sich einzig und allein der Gangsterrap/G-Funk durch und auch der T.R.I.B.E. wurde zum Opfer dieser alles vertilgenden Modewelle. Erst 1994 erschien ihre zweite LP »Doomsday« und 1995 kam das Album »Occupation Hazardous« auf dem Hauseigenen Label Samoan Mafia Records heraus. Beide Platten fanden, genau wie ihr letztes Werk »Angry Samoans« (1997), nur noch wenig Beachtung, was sehr schade ist, denn etwas mehr von T.R.I.B.E. hätte dem mitunter sehr festgefahrenen HipHop an der Westküste sehr gut getan.

Boston Crab

Bezeichnung aus dem → B-Boying für einen → Crab, bei dem die Beine weit gespreizt sind, der Körper ist derweil aufgerichtet.

Bounce

Hochglanz-HipHop/R&B-Magazin aus den USA. Das Magazin und der dazugehörige Verlag gehören Jeffrey L. King. Seit 2001 gibt es auch eine deutsche Ausgabe.

www.bouncemag.de

Bounty Killer

(Rodney Basil Pryce) Dancehall → DJ aus Jamaika. Bevor Bounty Killer 1996 das im HipHop viel beachtete zweiteilige Album »My Experience« auf TVT Records veröffentlichte, hatte er sich vor allem in seiner Heimat als der führende Dancehall-DJ einen Namen gemacht. Seine DJ-Karriere begann schon 1980 in Riverton City, als er aus vielen → DJ → Battles fast immer als Sieger hervorging (bemerkenswert, schließlich wurde er erst 1972 geboren). Damals nannte er sich Bounty Hunter, aber durch seine Gun Talk Lyrics und die Fähigkeit alle anderen DJs zur Schnecke zu machen, wurde er bald the Mighty Bounty Killer genannt. 1986 ging er dann nach Seaview Garden, um dort auf verschiedenen lokalen Veranstaltungen unter anderem mit → Shabba Ranks, den er als eine Inspirationsquelle ansieht, aufzutreten. 1991 fing Bounty Killer an,

Tonaufnahmen zu machen. Die drei Alben »Roots, Reality & Culture« (1992), »Down In The Ghetto« (1994), »Face To Face« (1994) folgten auf einem Label namens Jammy Records. 1995 erschien noch eine unautorisierte LP namens »No Argument«. In seiner Heimat war er bald eine Legende und den Dancehallfans aus aller Welt ein Begriff. Schließlich fing Bounty Killer an, über bekannte und teilweise neu arrangierte HipHop-Instrumentals mit seinem markanten Stil und → Flow zu → rappen und zu toasten (oft genug wurden seine Lyrics auch einfach neu gemixt). Seinen ersten großen Hit im HipHop landete er 1995 mit der Single »Cellular Phone«. Auf seiner 96er LP kooperierte er dann auch mit HipHop-Größen wie den → Fugees (auf der Hitsingle »HipHopera«), → Busta Rhymes, Reakwon vom → Wu Tang Clan und → Jeru The Damaja. Produziert wurde das Album unter anderem von Eric Sermon, Wyclef Jean, Bobby Konders und RZA. Das verdiente Geld investierte er in sein eigenes Platten-Label Pricele$$ Records und veröffentlichte 1997 die LPs »Ghetto Gramma« und »Dancehall Queen«, sowie 1998 »Next Millennium«.

Mit seinem schärfsten Konkurrenten Beenie Man (der Sound der beiden weist mitunter frappierende Ähnlichkeit auf) veranstaltete Bounty, früher selbst als Rude Boy unterwegs, ein Konzert in den Slums von Trenchtown (Kingston), um rivalisierende Gangs davon abzuhalten sich gegenseitig zu zerfleischen (eine gute alte Tradition in Kingston). 1999 entstand das Album »The 5th Element«. Weitere Alben folgten: »Roots, Reality & Culture« (2000), »Ghetto Dictionary: The Mystery« (2002), »Ghetto Dictionary: The Art Of War« (2002).

www.bountykiller.com

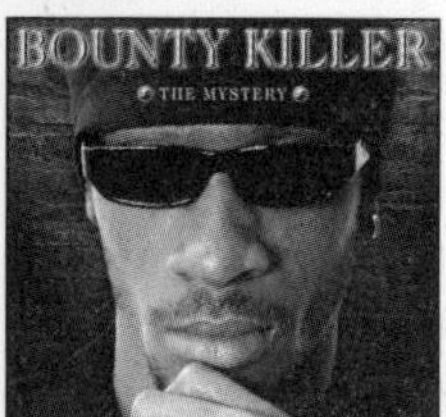

Box, The
Einer der größten amerikanischen Musiksender, bei dem man das Programm per Anruf einer 0190-Nummer beeinflussen kann.

bpm
Abkürzung für »beats per minute«, gemeint ist hiermit die Geschwindigkeit eines Musikstückes.

Brand Nubian
HipHop-Gruppe aus New York City. Dazu gehören: → Grand Puba (Maxwell Dixon, der die Gruppe nach dem ersten Album 1991 verließ), Lord Jammar (Lorenzo DeChalus), → Sadat X (Derrick Murphy), DJ Alamo (der Cousin von Sadat X), der zusammen mit Grand Puba ging, und DJ Sincere (Terrence Perry), der alsdann kam. Begonnen hat die Geschichte der Gruppe in den späten 80ern.

Brand Nubian

Nachdem Grand Puba seine erste Band Masters Of Ceremonie aufgelöst hatte, traf er mit dem damals 17-jährigen Lord Jammar zusammen und half ihm seine Fähigkeiten weiterzuentwickeln. Wenig später machte Jammar Grand Puba und Derek X (so nannte sich Sadat X damals) miteinander bekannt. Gemeinsam arbeiteten sie an einem Demotape, das sie alsbald einem → A&R bei → Tommy Boy Records vorlegten. Als Dante Ross zu Elektra wechselte, gab es dann den lange erhofften Vertrag. Nach dem erst die Single »Feel So Good« testweise veröffentlicht wurde, erschien 1990 das Debütalbum »One For All« auf Elektra. Sie zeigten auf dieser → LP grandiose Fähigkeiten beim Rappen. Ihre von Soul-Samples geprägte und auf Elektra erschienene Platte ist ein HipHop-Klassiker, der schon zum zweiten Mal verlegt wurde, dennoch wurde sie »nur« ca. 500000 mal verkauft. Was wohl vor allem daran lag, das von ihrem Album wohl mehr → Bootlegs in Umlauf waren, als es der Plattenfirma und den Künstlern recht sein konnte. Doch auch die dazugehörige Hit-Single »Slow Down« erschien inzwischen in der zweiten Auflage. Die Mitglieder der Gruppe sind in der 5 % Nation engagiert und bringen dies auch in ihren Texten zum Ausdruck. Ausgehend von einer agressiven → afrozentristischen Geisteshaltung und extremer Religiösität, verbreiten sie in manchen Liedern eine Botschaft von Bildung, Frieden, Selbsterhalt und -bewusstsein für den schwarzen Mann. In anderen Songs gleiten sie jedoch ab in stumpfen Rassismus und religiösen Fanatismus. Mit solchen Themen eckten sie natürlich an (selbst bei den Mitarbeitern ihrer Plattenfirma), was für den Verkauf der Platte nicht unbedingt förderlich war. Nichtsdestotrotz haben Brand Nubian Erfolg, denn ihre Musik, bestehend aus Jazz, Soul und Funk Samples auf groovigen

→ Beats in Verbindung mit dem herausragenden Flow der → MCs, ist unter HipHoppern sehr beliebt. Nachdem der Gründer der Gruppe Grand Puba sich 1991 im Guten von ihr getrennt hatte, um seinen eigenen Weg zu gehen, erschien 1992 wiederum auf → Elektra das zweite Album »In God We Trust« mit den zwei äußerst erfolgreichen → Singles »Love Me Or Leave Me Alone« und »Punks Jump Up To Get Beat Down«. 1994 klang die Musik von Brand Nubian entscheidend ruhiger und ausgereifter. Dennoch blieben sie ihrem Stil und sich selbst auf der ebenso auf Elektra verlegten LP »Everything is Everything« treu. Die Gruppe viel dann auseinander und Sadat X startete selbst auch eine Solokarriere. Dennoch verloren sich die Mitglieder nie wirklich aus den Augen. So kam es, dass zuerst Sadat und Grand Puba gelegentlich wieder zusammenarbeiteten (erst ein Duett auf Pubas Album »2000«, dann eines auf Sadats Album »Wild Cowboys«). Alle drei MCs kamen zusammen, als sie zwei Songs für die Soundtracks zu »Soul In The Hole« und »Money Talks« machten. Logische Konsequenz war die 1998 verwirklichte Wiedervereinigung des ursprünglichen Quartetts, die sich in dem Ende 98 erschienenen Album »The Foundation« (inzwischen auf Arista) manifestierte. Der Sound wurde etwas poppiger, denn Brand Nubian fanden, dass es nun an der Zeit wäre das große Geld zu verdienen. Schließlich waren zwei der Bandmitglieder inzwischen Vater geworden. Nichtsdestotrotz trennten sich ihre Wege bald wieder. Eine obligatorische BestOf-Platte erschien 2001.

Break

1. Pause in Musikstücken über mehrere Takte, in der nur der → Beat weiterläuft und alle anderen Instrumente ausgeblendet werden. Oft ist dieser Teil eines Stückes sehr energiegeladen, da hier zusätzliche Percussions dem ganzen etwas mehr Pep verleihen. In den siebziger Jahren kamen findige → DJs wie → Kool Herc oder → Grandmaster Flash auf die Idee, diese bei den Partygängern und Tänzern so beliebte Passage mit Hilfe einer zweiten Kopie der Platte zu verlängern. So entstand im wesentlichen die HipHop-Musik.
2. Begriff aus der Musikindustrie für den kommerziellen Durchbruch einer Veröffentlichung oder eines → Acts (Breakthrough).

Breakdance

Wird von den → Breakern in → Popping, → Locking und → B-Boying unterteilt. Die ersten offiziellen Fotos von Breakdancern erschienen 1980 in der amerikanischen Tageszeitung New York Post, nachdem Mitglieder der High Times → Crew wegen »illegalen Tanzens« auf dem Washingtoner U-Bahngelände verhaftet wurden.

Breaker

Synonym für einen → B-Boy, einen → Breakdancer.

Broken Glass

Bedeutende britische → Breaker- → Crew aus Manchester.

Bronco

Begriff aus dem → B-Boying. Hierbei beginnt der → Breaker auf den Füßen, lässt sich auf die Hände fallen. Die Füße werden hoch-

Breakdance-Show bei einer HipHop-Jam

gerissen. Dieser Bewegungsablauf wird in kurzen Zeitabständen regelmäßig wiederholt. Dieser Move erinnert sehr an das Aufbäumen eines Pferdes, daher kommt auch der Name.

Bronx

Einer der 5 Stadtteile von → NewYork. Um die Bronx entstanden im Laufe der Zeit viele Mythen. Die South Bronx gilt als Geburtsstätte des → HipHop, wobei die ersten → Writer jedoch aus Manhattan stammen. DJ → Afrika Bambaataa gilt als Vater des HipHop. Als Teenager war Bambaataa Mitglied der legendären New Yorker Straßengang Black Spades, die Ende der 60er Jahre angeblich ca. 20.000 Mitglieder hatte.

Als 1975 der beste Freund Bambaataas vor seinen Augen erschossen wurde entschloss er sich, die Gang zu verlassen, und sich der Musik zuzuwenden. Bambaataa, der auch schon zu Gangzeiten eifrig Platten aller Art und Stilrichtungen sammelte, begann nun durch → Kool DJ Herc und andere inspiriert, selbst Musik aufzulegen. Er formte zu dieser Zeit zusammen mit → Afrika Islam eine eigene Organisation, die sich erst die »Bronx River Organisation«, wenig später die »Organisation« nannte. Bekannt wurde diese Organisation aber unter dem Namen → Zulu Nation, welcher ihr 1976 gegeben wurde.

Brooklyn Rock

(auch Battle Rock und Up-Rock) Begriff aus dem → B-Boying, → Up-Rock.

Brother

(engl.: Bruder) Eine im HipHop bzw. unter der afroamerikanischen Bevölkerung verbreitete Bezeichnung für jeden, der entweder die gleiche Hautfarbe besitzt oder aber gleicher Gesinnung ist. Oft sind die Mitglieder einer → Crew alle Brüder, aber auch gute Freunde bezeichnen sich nicht selten als Brüder. Oft wird Brother zu »Bro« verkürzt, die weibliche Form von Brother ist natürlich die Sister (engl.: Schwester).

Brothers Keepers

Zusammenschluss afrodeutscher Hip-Hop-/Soul- und Reggaekünstler. Die Arbeit der Gruppe und des gleichnamigen Vereins beschäftigt sich mit dem Thema Gewalt gegen Ausländer, speziell »people of color« und der staatlichen und öffentlichen Blindheit auf dem rechten Auge. Beteiligt sind mehr als 70 Rapper, wie z.B. Afrob, Samy Deluxe, Denyo77, D-Flame, DJ Desue, Germ, KC Da Rookee, Roots Manuva, Ziggy Marley, Xavier Naidoo, Ono, Ebony Prince, Tyron Ricketts, Sékou, Tone, Torch u.v.a. Im Jahr 2000 erschien die Single »Adriano (Letzte Warnung)« – gemeint ist Alberto Adriano, welcher von Nazis ermordert wurde. Im selben Jahr erschien das Album »Lightkultur«. *www.brothers-keepers.de*

Brown, James

(alias Mr. Dynamite alias Soul Brother #1) Entertainer, Musiker und Symbolfigur aus Georgia, USA. 1928 in ärmlichen Verhältnissen geboren, sang er schon in frühester Jugend im Kirchenchor. Noch sehr jung, arbeitete er schon als Tellerwäscher, Schuhputzer und Baumwollpflücker, bevor er beim Autodiebstahl erwischt und in eine Besserungsanstalt gesteckt wurde. Seine musikalische Karriere begann, als er sich Anfang der 50er Jahre einer Gospelgruppe anschloss und wenig später Leiter der Famous Flames (einer schwarzen Musik- und Tanz-Truppe) wurde. Als begnadeter Tänzer und Sänger, der ganz nebenher auch noch zwei Instrumente be-

herrschte, dominierte er bald den Rest der Gruppe und landete 1956 mit der Single »Please, Please, Please« einen der ersten → R&B-Hits überhaupt. Die Show der Famous Flames hieß fortan »James Brown Revue«, mit der er und seine Kollegen durch die Lande tourten und immer mehr Fans in ihren Bann zogen. James Brown wurde einer der ersten schwarzen Popstars überhaupt, der auch von Weißen gehört wurde. 1963 erschien sein erstes Album »Live At The Apollo«, das gleichzeitig auch das erste R&B-Album überhaupt wurde. Dieser LP sollten dutzende weitere folgen. In seiner Karriere erhielt der spätere Besitzer von Radio- und Fernsehstationen, einer Restaurantkette, eines eigenen Plattenlabels, eines Privatjets etc. über 40 → Goldene Schallplatten und verkaufte insgesamt mehr als 100 Millionen Tonträger. Niemand sonst hat die schwarze Musik der folgenden Generationen derart beeinflusst wie James Brown. Durch Lieder wie »Say It Loud, I'm Black and I'm Proud« wurde er besonders für die unterprivilegierten Afroamerikaner zum Idol. Doch seinen Liedern ließ er auch Taten folgen. Er engagierte sich für die Ideen Martin Luther Kings und stellte Teile seiner enormen Einnahmen schwarzen Hilfsorganisationen zur Verfügung. Für viele HipHop-Künstler ist der heute 70-jährige eine Inspiration, fast alle erfolgreichen HipHop-Produzenten haben mehr oder weniger vom »Godfather Of Soul« → gesamplet.

B-Side The Norm
Leipziger → HipHop-Gruppe um Niko Schirmer, bei der auch → Cora E mitwirkte. Die Band war auch auf dem Sampler »Pioniermanöver« vertreten.

B. Tommy
Ostdeutscher → Breakdance-Veteran aus Dresden. Er gehört neben dem Dessauer → Beatschmidt zu den wichtigsten → B-Boys der DDR und wurde in den frühen 80er Jahren aktiv.

Buback Tonträger
Independent-Label in Hamburg. Gegründet 1987 von Firmenchef Ale Dumbsky, veröffentlicht (selbst Drummer bei den Goldenen Zi-

tronen) Buback in vielen Sparten Tonträger. Als Anfang der 90er Jahre der HipHop in Deutschland erwachte, veröffentlichte Ale den Sampler »Kill The Nation With A Groove« (1993), auf dem deutsche HipHop-Musiker den Stand der Entwicklung präsentierten. In den folgenden Jahren wurden auf dem Label u. a. Die Platten von → Absolute Beginners, No Remorze, L.S.D. Proton und → Cora E. & Marius No. 1 veröffentlicht.

Bubba Sparxx

(Warren Anderson Mathis), geb. 6. März 1977, MC aus Georgia. Als Bubba 2001 seine von Timbaland produzierte Single »Ugly« auf den Markt warf, schlug sie ein wie eine Bombe. Dieses 24-jährige Landei schien aus dem nichts zu kommen und arbeitete plötzlich mit einem der erfolgreichsten Produzenten im Musikbusiness. Dennoch, ganz so einfach war das natürlich nicht. Aufgewachsen auf einer Farm unweit von LaGrange, GA (der nächste Nachbar wohnte ca. 1 km entfernt), interessierte sich Sparxx schon sehr früh für HipHop. Mit 15 Jahren begann er selbst Reime zu verfassen und rappte mit oder auch gegen seine Schulkameraden. Als er sich nach der Schule nicht so recht dazu durchringen konnte aufs College zu gehen, entschloss er sich hauptberuflich Musik zu machen. Sparxx hatte Glück und traf schon bald auf einen der Hauptverantwortlichen von → Jermain Dupris So So Def Records. Er wurde in ein Duo namens One Card Shi gesteckt, welches aber nie eine Platte zusammen machte. Also abeitete Bubba schon bald an seiner ersten Solo-LP. Das 12 Songs starke Album »Dark Days, Bright Nights« veröffentlichte er 1999 auf dem eigens zu diesem Zweck gegründeten Indie-Label Nocent Records. Sparxx verkaufte überraschend

viele Kopien und wurde sogar hier und da im Radio gespielt, als das Album den → A&Rs bei Interscope in die Hände fiel. Bubba erhielt einen Plattenvertrag und arbeitete plötzlich sehr intensiv mit Timbaland an einer neuen Version von »Dark Days, Bright Nights«, die 2001 die geneigten Hörer im Sturm eroberte. In seinem Video zu »Ugly« kokettiert Sparxx mit seiner Herkunft und seinem Dasein als etwas dicklicher, weißer Südstaatler. Um so erstaunlicher ist es, dass er so unverhofft zum HipPop-Star wurde.

Bubble(-style)
Begriff aus dem → Writing, spezielle Form des → Simple-Style, bei dem die Buchstaben blasenähnlich geformt sind und stark an Comicschrift erinnern. Der New Yorker → Writer → Phase 2 zählt zu den Erfindern dieses → Styles. Bubbles kommen sowohl als → Throw up, wie auch als → Quick vor. Sie sind besonders schnell, meist in wenigen Sekunden, vorgezogen.

Bubble Sratching
Begriff aus dem DJing; Bubble Scratches entstehen, wenn man schnelle → Tips oder → Baby Scratches vollführt und dabei am Mixer im Takt die EQ-Regler malträtiert. Es entsteht ein waberndes Geräusch, das durchaus seinen Reiz hat. Erfunden wurde der Effekt von DJ Noize.

Buchstaben
Begriff aus dem → Writing, Kernelement des → Writing ist der Name des → Writers, den es zu verbreiten gilt. Dafür versucht der Writer den Buchstaben seines Namens einen bestimmten → Style zu geben. Gerade Newcomer → biten den Style von älteren, bekannten Writern. Hierbei spielen Magazine eine wichtige Rolle.

Buddah Monk
MC aus Brooklyn, New York. Anhänger und zweiter Mann im »Brooklyn Zoo«. Aufgewachsen in den Straßen von Crown Heights in Brooklyn zusammen mit seinem besten Kumpel → ODB, versuchte er sich anfangs als → DJ, später dann als → MC in lokalen

Clubs wie dem White House. Seinen Namen bekam Buddah Monk, wie könnte es anders sein, von ODB. Buddah Monk ist ein klassisches One Hit Wonder. 1997 landete er einen Hit mit »Gots Like Commin' Thru« (erschienen auf dem Indie-Label Shur Shot Records), und veröffentlichte ein Jahr später sein Album »The Prophecy« (1998 auf Edel Records) das aber nicht wirklich als großer Erfolg gewertet werden kann.

Buff

Begriff aus dem → Writing; (engl.: »Polierscheibe«) Bezeichnung für die Anlagen der Verkehrsunternehmen, dessen Aufgabe es ist, → Graffitis zu beseitigen. Dabei kommen oft schädliche Chemikalien zum Einsatz, so dass einige Buffs geschlossen wurden, bis bestimmte Auflagen erfüllt wurden, so zum Beispiel geschehen in Amsterdam oder in Frankfurt am Main.

Aus diesem Grund werden immer häufiger umweltfreundliche Reinigungsmittel angeboten oder die Graffitis auf den Zügen überstrichen, wie in den USA und in einigen europäischen Städten. Auch werden immer häufiger Züge mit Speziallack beschichtet, so dass die Reinigung verhältnismäßig schnell und billig – oft mit nur Wasser – zu bewerkstelligen ist.

In der Vergangeheit kam es vor, das die Bahn bei Prozessen gegen Sprüher in vermutlich betrügerischer Absicht die Reinigungskosten mit mehreren zehntausend Mark für einen → Wholecar veranschlagt hat. Die Berliner BVG ist da mit 500,- DM bis 1000,- DM realistischer.

Buffen

Das Entfernen von → Graffiti (nicht nur auf Zügen) wird buffen genannt. In New York wurde 1974 mit dem systematischen Reinigen von besprühten → Zügen begonnen.

Bullen

Umgangssprachliche Bezeichnung für Polizisten und Bundesgrenzschutzbeamte, die natürlich nicht nur von → Writern benutzt wird, aber im Leben dieser aufgrund der extremen Verfolgung eine zentrale Rolle spielt. Die Polizei wurde übrigens im 19. Jahrhundert eingeführt, um das Volk davon abzuhalten, gegen die Herrscher zu rebellieren.

Bumrush

1. Bezeichnung für das gewalttätige Eindringen in eine Veranstaltung zusammen mit einer Gruppe von Leuten, die das Ziel haben, sich das Eintrittsgeld zu sparen. 2. Wenn jemand von einer großen aufgebrachten Menge verprügelt wird, wird dies auch »to bumrush« genannt.

Bundesgrenzschutz

Deutsche Bundespolizei. Neben der Sicherung der Staatsgrenze übernimmt der Bundesgrenzschutz auch bahnpolizeiliche Aufgaben.

In Sonderkommissionen wird seit 1986 vergeblich versucht, → Graffiti als → Subkultur konsequent und mit allen Mitteln zu bekämpfen.

Seit einigen Jahren werden die jeweiligen → SOKOs gemeinsam mit der Kriminalpolizei organisiert. Seitdem ist besonders oft von Übergriffen und Gesetzesbrüchen seitens der »Ordnungshüter« zu hören.

Verstärkt hat sich dieser Trend noch, seit im Zuge des verstärkten Abbaus demokratischer Grundrechte und der Gewaltenteilung der BGS mehr und mehr Polizeiaufgaben übernimmt.

Bunkern

Begriff aus dem → Writing. Hierunter verstehen die Writer das Verstecken von z.B.→ Dosen nach riskanten Aktionen. Mittlerweile wird der Begriff auch außerhalb der Writerszene als Synonym für »verstecken« benutzt.

Bunny Rock

Begriff aus dem → B-Boying, gehört zu den → Flares, hierbei bleiben die beiden Beine des Tänzers gespreizt und gestreckt. Der B-Boy bewegt sich hüpfend im Kreis.

Burner
Begriff aus dem → Writing. Ein besonders gutes Bild, ein besonders guter → Style ist ein Burner, ist → phat oder → dope. Ursprünglich war es die Bezeichnung für ein (nach → »SubwayArt«) »well-done → wildstyle-window-down wholecar« benutzt worden.

Burning Moves
Breaker Crew aus Niedersachsen, die zur Jay Force Posse gehört.

Bush Babees
→ MC-Trio aus Flatbush, Brooklyn, New York. Benannt haben sich Kahliyl (alias Mr. Man), Lee Major (früher auch Babyface Kaos) und Jamal (auch Light, vorher als Y-Tee bekannt) nach ihrem Stadtviertel Flatbush.

Als sie 1994 das erste Mal in einer breiten Öffentlichkeit von sich reden machten, waren gerade die Singles »Remember We« (neu arrangiert von → Salaam Remi) und »We Run Things (It's Like Dat)« (produziert von Ali Shaheed Muhammed von → A Tribe Called Quest) erschienen.

Trotz des großen Erfolges dieser beiden Glanzstücke wurde die gesamte Debüt-LP »Ambushed« (1994 auf Reprise/Warner Bros. Records) nicht sonderlich beachtet. Dank ihrer Gesinnung und den Verbindungen zu Gruppen wie → A Tribe Called Quest und → De La Soul gehören sie zu den → Native Tongues und arbeiten oft auch mit weiteren Mitgliedern zusammen.

1996 stellte das Trio seine zweite LP »Gravity« (auf Warner Bros. Records) fertig. Das Titelstück wurde produziert von Ali und Q-Tip. Aber auch Posdnus und der Rest von De La Soul sowie → Mos Def arbeiteten mit den Bush Babees zusammen für die Hit-Single »Love Song«, die das Album insgesamt (diesmal sehr solide) weit nach vorn brachte. Mittlerweile haben die einzelnen MCs, besonders zu erwähnen Mr. Man, auch Solo-Veröffentlichungen vorgelegt.

Business
wörtlich übersetzt Geschäft, → Musikindustrie.

Busta Rhymes

(Tahiem Smith) Rapper aus Long Island, geb. 1972 in Brooklyn, New York. Busta Rhymes begann seine Karriere bereits im zarten Alter von 17 Jahren, als er 1991 als Mitglied der Gruppe → Leaders Of The New School seinen ersten Plattenvertrag unterschrieb. Gefördert durch das damals Richtung-weisende Produzententeam → Bomb-Squad starteten L.O.N.S. richtig durch. Seinen Namen bekam Busta nach einem College-Footballspieler, und zwar von keinem geringeren als dem Frontmann von → Public Enemy → Chuck D. Nachdem die Gruppe im Jahre 1993 auseinanderbrach, startete Busta Rhymes seine erfolgreiche Sololaufbahn, deren Ende noch nicht abzusehen ist. Alles fing damit an, dass er mit seiner krächzenden Stimme und seiner besonderen, grimmigen Art zu rappen, die ein wenig an den etwas abgehackt klingenden → Flow der Ragga MCs erinnert, viele Gastauftritte auf verschiedenen Alben von HipHop- und → R'n'B-Größen wie → Brand Nubian, → A Tribe Called Quest, → Mary J. Blige, → Craig Mack, → Big Daddy Kane, TLC, Boyz II Men, → Heavy D, → Funkmaster Flex etc. hatte. 1993 geschah das Unvermeidliche: Busta versuchte sich als Schauspieler mit einer kurzen Gastrolle in »Who's The Man« und schon ein Jahr später spielte er an der Seite von Ice Cube in dem John Singelton Film »Higher Learning«. 1996 kam dann endlich das erste Soloalbum von Busta Rhymes »The Coming« (auf Elektra Records) heraus und schlug ein wie eine Bombe. Besonders die Single »Woo Ha! (Got You All In Check)« war ein Hit und sorgte dafür, dass das Album über

Busta Rhymes

1.000.000 Mal verkauft wurde. Die Musik ist recht minimalistisch und nach aufwändigen Samples sucht man vergeblich. Vielleicht ist sie gerade deshalb sehr eingängig. Was dem geneigten Hörer jedoch in Erinnerung bleibt, ist seine kreischende Stimme und seine extraordinäre Art, diese einzusetzen. Busta gibt am Mikrophon alles. Man könnte meinen, dass er beim Rappen völlig durchdreht. Sein Rapstil ist seitdem oft kopiert, doch nie erreicht worden. Schon 1997 stand die zweite, ebenso auf Elektra Records erschienene LP »When Disaster Strikes« in den Regalen der Plattenläden. Dank der Single »Put Your Hand Where My Eyes Could See«, auf der der Rapper wieder einen völlig neuen Stil zum Besten gibt, wurde dieses Album ähnlich erfolgreich wie dessen Vorgänger. → Erykah Badu und natürlich die → Crew von Busta Rhymes, der → Flipmode Squad sowie → Puff Daddy, Mase und Rampage traten auf diesem Album als Gäste auf. Am Ende des darauffolgenden Jahres, rechtzeitig zum Weihnachtsgeschäft, versteht sich, wurde die nächste LP »Extinction Level Event«, kurz »E.L.E« (1998 auf Electra), veröffentlicht. Und wieder sprüht das Album vor Innovationen. Mit von der Partie waren diesmal Janet Jackson, Ozzy Osbourne und → Mystical, neben den üblichen Flipmode-Verdächtigen natürlich. Zu dem Duett mit Janet Jackson (»What's It Gonna Be«) wurde das wohl teuerste Musikvideo in der Geschichte gedreht und der Medienhype um Busta erreichte seinen vorläufigen Höhepunkt. Obwohl Mr. Smith diese Art von Image nicht pflegt, ist er auch schon mal mit dem Gesetz in Konflikt geraten. 1999 wurde er, mit einer automatischen Schusswaffe (die sind selbst in den USA illegal) im Auto bei einer Verkehrskontrolle erwischt. Da sein Anwalt aber glaubhaft darlegen konnte, dass sein Mandant von begründeter

Angst getrieben (einige Zeit zuvor wurde er selbst überfallen und seiner teuren Klunker beraubt), diese Schusswaffe bei sich trug, kam er mit fünf Jahren auf Bewährung davon. Busta, ein bekennender → 5 %er und Vater von drei Kindern, ist ein echtes Arbeitstier und lebt vermutlich nach dem Motto: Wer viele Platten veröffentlicht, verkauft auch viele. Die nächsten Alben folgten Schlag auf Schlag. 2000 kam die LP »Anarchy« (mit → Swizz Beatz, die hier und da an den Reglern schraubten), 2001 »Genesis« (mit Unterstützung von → Dr. Dre, → Mary J. Blige, Kelis und Flipmode) und 2002 »It Ain't Save« (mit Mariah Carey, Carl Thomas, Flipmode) heraus. Das trotz dieser enormen Quantität noch kein Flop zu verzeichnen war, grenzt fast an ein Wunder. Im Gegenteil, folgt man dem Urteil der Kritiker, wird Busta Rhymes immer besser. Merkwürdig ist nur, dass er bei diesem immanenten Veröffentlichungstempo immer noch Zeit findet, hier und da eine Rolle in großen Filmproduktionen zu übernehmen. 2000 sah man ihn zum Beispiel in »Finding Forrester« sowie im Remake von »Shaft« an der Seite von S.L. Jackson. Schließlich bleibt noch zu erwähnen, dass der zumeist recht kreativ (manche würden sagen schräg) gekleidete Busta Rhymes sogar ein eigenes Mode-Label namens Bushi besitzt, welches er zusammen mit dem Modedesigner Rasheed Booth betreibt.

www.bustarhymes.com

Bust(en)

Jemanden busten heißt ihn hinter Schloß und Riegel zu bringen. Für einen → Writer heißt es, dass er bei einer illegalen Aktion erwischt wird.

Busy Bee

(David Parker) MC der ersten Stunde aus New York City. Schon Ende der 70er Jahre stand Busy als herausragender Entertainer auf der Bühne. Er machte den → MC bei DJ Battles und lernte dabei Old School Größen wie → Afrika Islam, Grand Wizard Theodore und → Afrika Bambaataa kennen. Beeindruckt von seinen MC-Qualitäten, engagierte Bambaataa den umtriebigen Busy um seine Zulu Nation Partys zu moderieren. Selbstbewusst gab er sich das

Image des Geld verprassenden Schwerenöters, was im Film → Wild Style (hier spielt Bee sich selbst) nicht zu übersehen ist. Stark beeinflusst von Melle Mel, kopierte Parker dessen Art zu rappen und ließ sich später sogar Texte von ihm schreiben. Busy lieferte sich ein jahrelanges Wortgefecht mit → Kool Moe Dee und machte sich als → Battle MC Mitte der 80er Jahre einen Namen. 1986 gewann er sogar den New Music Seminar's MC World Supremacy Belt. Zu dieser Zeit entstanden auch einige Singles wie z. B. »Busy Bee's Groove« (auf Sugarhill Records), »Express« und »Suicide« (beide 1987 auf Strong City Records). 1988 veröffentlichte Busy Bee dann tatsächlich sein Debütalbum (man bedenke, der Mann ist seit 1977! dabei) »Runnin' Thangs«. Zu dieser Zeit war er auch noch Mitglied des Rhyme Syndicate. Es folgte 1992 »Thank God For Busy Bee«, doch da war seine Zeit schon abgelaufen. 1998 durfte Busy noch mal rann, als → Funkmaster Flex ihn einlud auf seinem »Mixtape Vol. 3« einige Verse aufzusagen.

Buyaka
Jamaikanischer Slangausdruck, der das Geräusch von Pistolen- bzw. Gewehrschüssen imitiert.

C

CAF

→ Writergruppe aus Ostberlin, die 1991 von Duke und Steak gegründet wurde. Später kamen Kadeh, Roscoe, Razzia, Space, Birne, Quest und weitere hinzu. Kadeh ging 1995 zu THC und dann zu → BFM. Was → Style und → Bombing angeht, setzte CAF in Ostdeutschland Maßstäbe und hatte großen Einfluss auf andere Writer, besonders auf die der jüngeren Generation. Ähnlich wie → RCB wurde CAF in aller Welt aktiv – besonders beim → Trainbombing. Die CAF-Writer sind auch als → Auftragssprüher erfolgreich.

Cali Agents

Gemeinsames Projekt der bekannten → West Coast-Rapper Planet Asia und Rasco. Sowohl Planet Asia als auch Rasco häuften Music Awards und viel Lob an. Als Cali Agents veröffentlichten sie im Jahr 2000 ihr Album »How the West Was Won«.

Camp Lo

HipHop-Duo aus der Bronx, New York. Mit dabei sind Emerald Geechie Suede und Sonny Cheba. Kennengelernt haben sich die beiden Moslems Anfang der 90er Jahre im Norden der Bronx. Als vielversprechende Talente wurden sie von Profile Records unter Vertrag genommen und mit → De La Soul auf Tour geschickt. Ihren ersten Hit landeten sie mit der Single »Coolie High« (1995), erschienen auf dem Soundtrack zu »The Great White Hype«. Die vorab erschienene 12" Maxi »Luchini« und das Debütalbum »Uptown Saturday Night« (1997 auf Profile Records) etablierten ihren jazzigen, zuweilen etwas poppigen, aber immer relaxten Sound in der Welt des HipHop. Wie so oft kam es danach zu Querelen mit der Plattenfirma und es dauerte über fünf Jahre, bis sich Camp Lo von Profile records lösten und in Eigenregie das zweite Album »Let's Do It Again« (2002 auf Dymond Crook) herausbrachten.

Cam'ron

(Camerom Giles) Rapper aus Harlem, New York. Als Cam noch zur Highschool ging, spielte er zusammen mit → Mase im selben Team Basketball. Er war so gut, dass er die Chance hatte Profi zu werden. Doch seine akademischen Leistungen reichten nicht aus um ihm einen Platz an einer der großen Universitäten zu sichern. Statt dessen besuchte er ein kleines College in Texas. Doch als er sich verletzte und nicht mehr Ball spielen konnte, schmiss er die Schule und kehrte zurück nach Harlem. Dort war er gezwungen sich mit dem Verkauf von Drogen über Wasser zu halten. Sein Freund Mase brachte ihn 1996 mit dem damaligen Superstar am HipHop-Himmel → Notorious B.I.G. zusammen. Als er den jungen Cam hörte, entschloss er sich ihn auf seinem erst kürzlich gegründeten Label Untertainment zu veröffentlichen. Lance »Un« Rivera, Businesspartner von B.I.G., nahm dann alles Weitere in die Hand. Im Frühjahr 1998 brachte Cam seine erste Single »Pull It« auf den Markt, doch seinen ersten wirklichen Hit landete er mit »3-5-7«, ein Stück, das er für den Film »Woo« gemacht hatte. Noch im selben Jahr erschien das Debütalbum »Confessions Of Fire« (1998 auf Untertainment/Epic Records) und dank einer weiteren Hitsingle »Horse And Carriage«, die er zusammen mit Mase aufgenommen hatte, erlang-

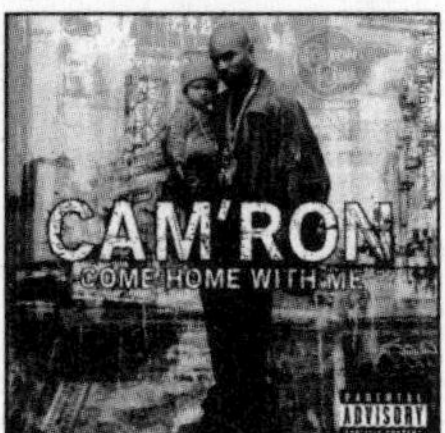

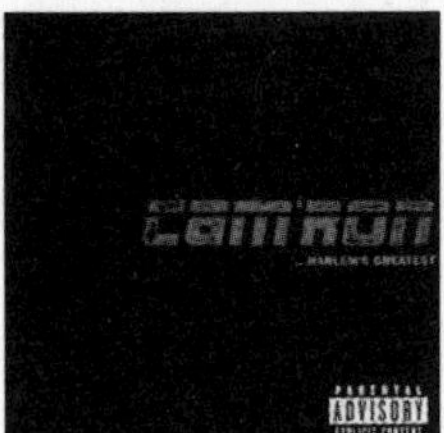

te es bald Goldstatus. Dennoch – irgendwie waren alle Beteiligten ein wenig unzufrieden. Denn der von Cam dargebotene Pop-Rap im Stile eines → Puff Daddy, verbunden mit den sehr charttauglichen Beats, war auf optimale Gewinnmaximierung ausgerichtet. Noch im Sommer 1999 erschien die letzte Single »Let Me Know« vom Debütalbum (ständige Präsenz ist eine wichtige Verkaufsstrategie). Schon im darauffolgenden Jahr kündigte die Single »What Means The World To You« die zweite auf Untertainment veröffentlichte LP »S.D.E.« (kurz für Sports, Drugs & Entertainment) an, ein Werk mit autobiographischen Zügen. Als Gäste hatter er unter anderen → Ol' Dirty Bastard, Prodigy (→ Mobb Deep) und Destiny's Child eingeladen. Schließlich verließ Cam Untertainment und unterschrieb bei Roc-A-Fella Records. Sein viel gespielter Hit »Oh Boy« kurbelte die Verkäufe seiner dritten LP »Come Home With Me« (2002 auf Roc-A-Fella Records) an.

www.universalurban.com/camron.html,
www.rocafella.com/company.htm

Can

Begriff aus dem → Writing. Synonym für Sprühdose.

Canibus

→ MC aus New York. Canibus (Germaine Williams) wurde 1974 in Jamaica geboren und wanderte in jungen Jahren mit seiner Mutter in die USA ein. Seinen rhetorischen Fähigkeiten hat er es zu verdanken, dass HipHop schnell eine führende Rolle in seinem Leben übernahm. Mitte der 90er wurde er Mitglied der Gruppe T.H.E.M. (The Heralds of Extreme Metaphors), der auch sein damaliger Part-

ner Webb angehörte. Später begann Canibus seine Solokarriere, indem er viele Tapes veröffentlichte und damit Bekanntheit erlangte. 1997 begann er auf dem Major-Label Rap Game zu veröffentlichen, zunächst als Gast-Rapper auf diversen Alben. 1998 erschien seine bemerkenswerte Debüt-LP »Can-I-Bus«. 2000 erschien sein zweites Album »2000 B.C.«, welches aber ein Flop wurde. Kurz darauf war Canibus wieder im Underground. Seither veröffentlichte er weitere Singles und Tapes, sowie weitere Alben: »›C‹ True Hollywood Stories« (2001), »Mic Club: The Curriculum« (2002). 2003 veröffentlichte er gleich 2 Alben und eine EP: »My Name is Nobody« , »The Brainstream EP«, »Rip the Jacker«.

www.canibus.com

Can 2

→ Writer und → Breaker aus Budenheim bei Mainz, der seit 1984 aktiv ist. Zwischendurch studierte er in Hamburg. Er ist besonders für seine → Characters bekannt, bei denen er eine besondere Schattierungstechnik nutzt und ganz auf → Fadings verzichtet. Trotzdem wirken sie sehr plastisch. Damit und mit seinem → Style hatte er einigen Einflus auf andere Writer. Er ist unter anderem Mitglied in den Writercrews TDS (The Def Stars) und VOB (Vision Of Brotherhood), der auch Writer aus L.A. angehören.

Cannonball

Begriff aus dem → B-Boying, hierbei legt der Tänzer seine Arme um die angewinkelten Beine.

Cap

1. Sprühaufsätze für → Dosen werden als → Cap bezeichnet. Verschiedene Sorten Caps sorgen für verschiedene Sprühstrichstärken. Die wichtigsten Sorten sind → Skinny-, → Soft-, → Fatcaps, die es in verschiedenen Variationen gibt.

Ursprünglich wurden die verschiedenen Caps von diversen anderen Sprühdosen aus dem Kosmetik- oder Haushaltsbereich genommen, heute jedoch sind die meisten Caps für die → Writer direkt käuflich zu erwerben. → Superkool war der erste Writer, der zu Beginn der Siebziger auf die Idee kam, verschiedene Sprühaufsätze zu benutzen, um bestimmte Effekte zu erzielen. 2. Writer aus New York, der zu den → Bombern gehört. Für ihn waren → Throw-ups und → Quicks die »Wahren Graffiti« und nicht die aufwändigen → Burner und → Masterpieces. Cap verschaffte sich einen recht zweifelhaften Ruf, indem er die → Trains anderer Writer → crosste. Von 1981 bis 1987 war er, was Throw-ups betraf, der → Line-King auf mehreren Lines. 3. Basecaps gehören zum → Outfit der → HipHop-Kultur.

Capitol Records
1942 gegründete Plattenfirma, die seit 1956 zu → EMI gehört. Zu den größten Erfolgen der Firma gehören → Acts wie der bereits verstorbene Frank Sinatra, die Beach Boys, die Beatles und Grace Jones. Auch die → Beastie Boys haben bei Capitol Records ein Zuhause gefunden.

Capoeira
Eine der vielen Wurzeln des HipHop. Bei Capoeira handelt es sich um eine ursprünglich verbotene Kampftanzform afrobrasilianischer Sklaven zum versteckten Trainieren von Verteidigungs- und Angriffstechniken in Begleitung von Trommeln und Gesang. Capoeira wurde entwickelt, da den Sklaven das Erlernen jeglicher Selbstverteidungstechnik verboten war. Capoeira selbst wurde dann auch verboten und ist erst seit 1930 legal. In Europa ist diese Tanzform in den letzten Jahren in bestimmten Kreisen ziemlich hip geworden.

Capone'N'Noreaga
→ MC Duo aus Queens, New York City, bestehend aus Capone (Kiam Holley) und Noreaga (Victor Santiago). Aufgewachsen in den → Projects von Queensbridge und LeFrak City, lernten sich die beiden 1992 kennen, als sie einige Zeit in der Collins Correctional Facility in Greenhaven, New York zubringen mussten. Beide waren schon als Teenager mit dem Gesetz in Konflikt geraten. Sie wurden Freunde und fingen an zusammen Musik zu machen. Nachdem sie

1996 einen Plattenvertrag mit Penalty Records unterschrieben hatten, traten sie erstmals mit den Singles »Half A Mill« und »Illegal Live« in Erscheinung. Die Single »L.A., L.A.«, aufgenommen zusammen mit Mobb Deep, wurde ein gefeierter Undergroundhit. Noch vor Veröffentlichung ihres ersten Albums »The War Report« (1997 auf 25 To Life/Penalty Records) lief ihr erster großer Hit »T.O.N.Y. (Top Of New York)« in den Schleifen der Radiosender. Die LP selbst war dank der tatkräftigen Mithilfe von Top-Produzenten wie → Marley Marl, Tragedy, Buckwild, Sean Combs, → Lord Finesse u.a. ein großer Erfolg. Und dass, obwohl Capone (illegaler Waffenbesitz, gleichbedeutend mit einem Verstoß gegen seine Bewährungsauflagen) schon vor der Fertigstellung mal wieder ins Gefängnis musste.

In der Folgezeit musste sich Noreaga allein beweisen. Trotz seiner Loyalität seinem Freund gegenüber, veröffentlichte er zwei mehr und/oder weniger gefeierte Soloalben (»N.O.R.E.« 1998 und »Melvin Flynt – Da Hustla« 1999). Als Capone 1999 schließlich wieder aus dem Knast entlassen wurde, begannen die beiden sofort an ihrem zweiten Album »The Reunion« (erschienen 2000 auf Tommy Boy Records) zu arbeiten. Auf der Hitsingle »Invincible« (produziert von → DJ Premier) entschuldigt sich Noreaga für sein zweites Soloalbum mit den Worten »I can't believe I fucked up and half ass album«. Inzwischen sind CNN bei Def Jam ansässig und weil Capone immer noch mehr Zeit vor Gericht verbringt als im Studio, hat Noreaga schon mal sein drittes Soloalbum »God's Favorite« (erschienen 2002) veröffentlicht.

Cappadonna

(Darryl Hill) Rapper und Mitglied des → Wu Tang Clan aus Staten Island, New York. Als der Clan 1994 sein Debütalbum auf die völlig verzückte HipHop-Gemeinde losließ, saß Cappa gerade im Knast. Doch nach sei-

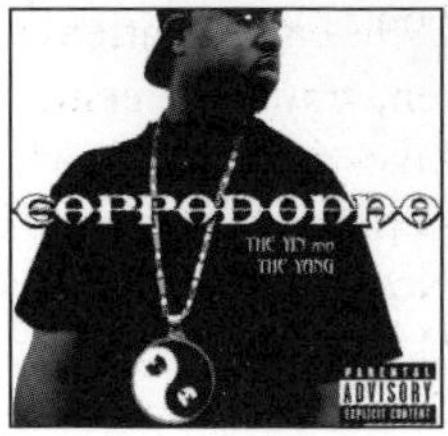

ner Entlassung 1995 legte er los. Zuerst spielte er eine nicht unbedeutende Rolle auf dem ersten Album von Reakwon »Only Build 4 Cuban Linx«, um dann wenig später auf Ghostface Killahs »Ironman« mitzuwirken. Als 1997 die zweite LP »Wu Tang Forever« des Wu Tang Clan erschien, wurde Cappadonna vollständig in den Clan integriert.

1998 ließ er es sich schließlich nicht nehmen sein Solodebut »The Pillage« (auf Columbia Records) zu veröffentlichen. Cappadonna, der weder besonders durchgedreht noch düster oder agressiv klingt, versucht seiner Musik einen positiveren Charakter zu verleihen. Produziert wird sein Sound von → RZA, aber auch 4th Disciple, Tru Master und Goldfinghaz legten Hand an die Beats. Lyrisch unterstützt wird Cappadonna natürlich von den üblichen Wu-Verdächtigen. Kurz nach der Veröffentlichung des dritten Clan-Albums »The W« warf auch Cappadonna seine zweite Solo-LP »The Yin And The Yang« auf den Markt (Frühjahr 2001). 2002 erschien schliesslich noch ein »Cappadonna Hits«-Album.

Cappuchino

→ Rap Nation.

Car tagging

Begriff aus dem → Writing. Nachdem es sich für die New Yorker → Writer immer weniger lohnte, Züge als fahrende Leinwände zu benutzen, stiegen die Writer teilweise auf LKW und die Wagen der Müllabfuhr um. Heute sind gebombte LKW in New York ein Teil des Stadtbildes. Auch in Europa wurde dies übernommen. Der Vorteil von LKWs und Müllautos besteht darin, dass sie unter Umständen von noch mehr Leuten gesehen werden können, als dies bei Zügen der Fall ist. Private PKWs sind für die Writer aber tabu. Ausnahme war eine »Mode« in Basel, die sich Mitte der Neunziger etablierte, bei der auch Taxis nicht verschont blieben.

Cartel

Zusammenschluss deutsch-türkischer HipHop-Gruppen. Das Cartel besteht aus den Gruppen Da Crime Posse aus Kiel, Karakan aus Nürnberg und Erci E aus Berlin. Ihre → 12" LP »Cartel 95« erhielt vielfaches Airplay auf diversen deutschen und türkischen Sendern. In der Türkei ist ihr Erfolg sagenhaft groß. Dort waren sie problemlos dazu in der Lage, Stadien für ihre Live-Shows zu füllen. Das Feedback in den Medien war anfangs überwältigend. Nicht nur Reportagen und Features wurden über die Musik des Kartells produziert. Auch in der Mini Playback Show stellten Kinder ihre großen Rap-Idole nach.

Cash Crew

Britische → HipHop-Crew aus Manchester.

CAT 22

→ Writer aus Amsterdam, der seit Anfang der 80er Jahre malt und ursprünglich aus der → Punkszene stammt.

CBS

→ Columbia.

Cella Dwellas

→ MC-Duo aus Brooklyn, New York, Mitglieder: Ug und Phantasm. Die Cella Dwellas machten 1996 von sich reden, als sie, aus dem New Yorker Untergrund kommend, ihr von den Kritikern hochgelobtes Debütalbum »Realms & Reality« auf → Loud Records veröffentlichten. Das Duo, das ein wenig im Stile von → Smith'N'Wessun und → Nice and Smooth arbeitet (zumindest, was das Rappen angeht), bevorzugt, wie deutlich zu hören ist, die Jazzmusik als Sample-Quelle.

Cemnoz

→ Writer aus München, der seit 1987 aktiv ist. Er ist Mitglied in den Writercrews → FBI und TFP. Seit 1989 malt er auch unter dem Namen Scum. Sein dreidimensional wirkender → Style ist für ihn besonders charakteristisch.

CES

→ Writer aus Rotterdam, der überwiegend → Simple-Style sprüht und großen Einfluss auf andere Writer hat.

Chalfant, Henry

Autor der → Graffiti-Bücher → »SubwayArt« (1982 mit Martha Cooper), → »SpraycanArt« (1984 mit James Prigoff), sowie des Films → »Style Wars«. Diese Werke hatten wesentlichen Einfluss auf die Writerkultur und können neben Filmen wie → »Wild Style« und → »Beat Street« als Auslöser für die Entwicklung der europäischen Graffitikultur gesehen werden.

Characters

Begriff aus dem → Writing. Bezeichnung für die figürlichen Elemente des → Graffiti. Es kann hier zwischen verschiedenen Arten

Character von Toast aus Basel in New York 1997

von Characters unterschieden werden, zum Beispiel: → Comic-Characters, B-Boy-Characters, abstrakten Characters oder fotorealistischen Characters. In Deutschland sind besonders → Loomit, Bomber und → Daim für ihre fotorealistischen Characters bekannt. Europaweit zählt → Mode 2 zu den bekanntesten → B-Boy-Character-Malern. Gerade bei Characters werden die verschiedensten Sprühtechniken angewandt und auch neu ausprobiert. Hier ist es besonders wichtig, mit den Techniken besondere Effekte zu erzielen. In Deutschland zählt zum Beispiel München zu den Hochburgen der Character-Maler.

Checker

Begriff aus dem → Writing. Ursprünglich ist dies eine Bezeichnung für Wachleute, die zum Beispiel → Züge oder → Wände vor → Writern bewachen. Dieser Begriff wird aber heute auch auf Writer angewandt, die für ihre Kollegen aufpassen.

Cheeba Garden

HipHop-Gruppe aus Westberlin, die besonders in der ersten Hälfte der Neunziger von sich Reden machte. Mitglieder: Da Solist (Lyrics), → DJ Hype (DJ), DJ Domain (DJ) und anfangs auch One Soul, der aber zu First Langue ging. 1994 erschien die in Berlin zum Hit werdende EP »Houpa Doupa Crapola« und 1996 die LP »Alea Lacta est?«. Aus dem Cheeba Garden-Umfeld sind übrigens auch → Fuat und Jux, der sich heute → Kool Savas nennt.

Cheese

→ Slangausdruck für Geld, beziehungsweise materiellen Reichtum, oft auch als Cheddar bezeichnet.

Chemnoz

→ Writer aus München, der seit Mitte der Achtziger aktiv ist. Den Namen Chemnoz malt er seit 1987. Bekannt ist er vor allem für seinen → 3-D-Letterstyle. Sein Zweitname ist Scum. Er ist Mitglied in den Gruppen → FBI (Fabulous Bomb Inability) und TFP (The Fantastic Partners).

Chill(en)

(von to chill »kühlen«) Im → Slang bedeutet to chill soviel wie »cool abhängen«. Mittlerweile wird dieser Begriff auch außerhalb des → HipHop gebraucht.

Chintz

→ Writer aus Dortmund, der seit 1984 aktiv ist. Chintz ist den → Bombern zuzurechnen und hat in Deutschland die wohl meisten Züge gemalt. Seine → Graffitis bestehen in der Regel aus sehr einfachen, gut lesbaren → Buchstaben (»Industrial- → Style«). Sein Style ist für Dortmund charakteristisch. Viele Writer aus Dortmund versuchen seinen Style zu kopieren, ohne jedoch dessen Lebhaftigkeit zu erreichen.

Chirp

(engl. to chirp: zwitschern) Begiff aus dem DJing, der einen schnellen Vogelgezwitscher ähnlich klingenden → Scratch bezeichnet. Man nehme einen harten, abrupt laut werdenden Sound und schiebe die Platte vor und zurück. Beim Vorschub wird der → Cross- bzw. Linefader geöffnet, beim Zurückziehen ist der Fader geschlossen. Wiederholt man dies in möglichst schneller Abfolge, entsteht ein Chirp-Sound.

Choclair

(Kareem Blake) MC aus Toronto, Kanada. Choclair ist inzwischen der wohl bekannteste Rapper Kanadas. Den großen Durchbruch hatte Choclair 1995 mit seiner Hitsingle »Twenty One Years«, die ihm einen Plattenvertrag mit EMI und einen Juno (kanadischer Musikpreis) einbrachte. Seine Debüt-LP »Ice Cold« erschien 1999 und brach in Kanada alle Rekorde. Choclair ist auch deshalb so beliebt, weil er tat-

sächlich aus der kanadischen HipHop-Szene kommt und dort schon mit Leuten wie Akrobatik, Saukrates und den Rascalz zusammenarbeitete. Die zweite LP »Memoirs of Blake Savage« folgte 2000.

Chromsilber

Begriff aus dem → Writing. Die wohl beliebteste Sorte unter Bombern ist → Belton-Chromsilber, da sie auf ungrundierten Wänden eine besonders hohe Deckkraft besitzt und sehr leise sprüht. Der Sprühstrahl mit → Fatcap ist besonders breit, also ideal für schnelles und leises Arbeiten. Fast alle → Silberbilder und Silberbombings, sind mit dieser Sorte gesprüht. Als Anfang der 90er → Hitzerot aufkam, das ähnliche Eigenschaften hatte, brach eine wahre Chromsilber-Hitzerot-Welle los, wovon besonders → Berlin betroffen war. Hier ist besonders der Einfluss von Gruppen wie → RCB, → GHS, → ESK und DMB zu nennen. Mittlerweile ist Hitzerot wegen giftiger Inhaltsstoffe vom Markt genommen worden.

Chrysalis Records

Eine im Oktober 1968 von Chris Wright und dem Kunsthochschüler Terry Ellis in London gegründete Plattenfirma, die seit den späten 80er Jahren zunehmend auch HipHop- → Acts in ihr Repertoire aufnahm. 1997 ging das Label jedoch pleite.

Chubb Rock

(Richard Simpson) → MC aus Brooklyn, New York. Der in Jamaika geborene Chubb Rock begann seine Karriere schon Ende der Achtziger als sechzehnjähriger Produzent. Ermutigt durch seinen englischen Cousin und späteren Produzenten Howie Tee, der zwar

in England geboren wurde, aber in Jamaika aufwuchs und jetzt in Brooklyn lebt, wurde der große Mann mit der markanten, kratzig-tiefen Stimme bald selbst als Rapper aktiv. Er lernte Akteure wie → Kool Moe Dee und → Big Daddy Kane kennen und nahm mit seinem zeitweiligen Partner Domino 1987 »Rock'n'Roll Dude« und etwas später seine erste LP »And The Winner Is« (auf Select Records) auf. 1990 erschien die EP »Treat'em Right«, gefolgt vom zweiten Album »The One«. »I Gotta Get Mine Yo« war die dritte LP des inzwischen zu einem der besten MCs gewordenen Schwergewichts. Dies stellte er erneut auf der von DJ Premier (→ Gang Starr) produzierten Hitsingle »Return Of The Crooklyn Dogers« unter Beweis. Auf seinem vierten Album »The Mind« (1997 auf Select Records) kam Chubb Rocks Vorliebe für melodiösen Soul in Verbindung mit kräftigen HipHop- → Beats voll zum Tragen.

Chuck D

(Carlton Ridenhour) MC und Frontmann von → Public Enemy sowie mittlerweile auch Buchautor aus Long Island, New York. Bevor Chuck D 1996 mit dem Album »Autobiography Of Mista Chuck« auf Mercury Records sein Solodebüt gab, hatte er seit 1986 in seiner Funktion als Texter und MC von Public Enemy mit Fla-

Chuk D & Ice Cube

vor Flav und Terminator X zusammen sechs Alben veröffentlicht. Als einer der bekanntesten Rapper überhaupt hatte er Gelegenheit, auf verschiedenen Alben von Stars wie Isaac Hayes, Janet Jackson und → Ice Cube zu gastieren. Die Weiterentwicklung der Afroamerikaner und der Ansporn zur Stärkung deren Selbstbewusstseins sowie das Anprangern politischer und sozialer Missstände in einem rassistischen Land sind die Botschaften, die seine Texte oft streitbar machen (da sie häufig auch als rassistisch interpretiert werden). Chuck D hat sich in seiner langen Karriere als Künstler mit politischem Bewusstsein zielgerichtet sozial engagiert. So hielt er zum Beispiel an vielen namhaften amerikanischen Universitäten Vorträge und half Geld für einen Fonds zu beschaffen, der für erschwingliches Wohnen in den ärmeren Stadtbezirken von New York City eingerichtet wurde. Die Musik von Chuck D ist laut und explizit. Auch die Musikvideos, in denen er und Public Enemy agieren, sind voller Symbolik. Zudem brachte Chuck D 1998 ein Buch namens »Rap, Race & Reality – Fight The Power« auf den Markt, welches sich ebenfalls mit politischen und musikalischen Themen befasst. Chuck D steht für das ein, was er als richtig und gut befindet, wenn es sein muss, mit allen Konsequenzen. Als MP3 die Musikindustrie Millionen Dollar kostete (und immer noch kostet), setzte er sich für dieses neue Medium ein. Hat es doch das Potenzial, mehr Menschen zu erreichen. Vor allem auch solche, die es sich eigentlich nicht leisten können oder wollen Musik käuflich zu erwerben. Als → Def Jam der Verbreitung des neuen PE-Albums durch kostenlose Downloads aus dem Internet nicht zustimmen wollte, löste Chuck D den Vertrag und veröffentlichte es auf dem www-Label Atomic Pop. Es war das erste Mal, dass eine derart bekannte und einflussreiche Gruppe eines ihrer Werke kostenlos im Netz vertrieb. Heute doziert Chuck D immer noch an Universitäten, ist involviert in die Produktion einer Internetradio-Show und tritt regelmäßig als Kommentator auf dem Nachrichtensender Fox News in Erscheinung.

www.publicenemy.com/soldiers

City Rockers

→ Berliner → B-Boy Crew, die beim → International Breakdance Cup in Hannover im Jahre 1990 den dritten Platz belegte.

Click

Auch Clique, Synonym für → Posse.

Clinton, George

→ Funk-Vokalist aus North Carolina, USA. Schon Ende der 60er Jahre ging Clinton mit seiner Truppe, dem Parliament, auf Tournee, um in den folgenden Jahren zusammen mit seinen Bands Parliament und Funkadelic eine eigene, von Bässen und Gitarren diktierte, polyrhythmische Musik mit dem Namen P-Funk zu kreieren. Clinton, der für seine vokalen Arrangements berühmt und bekannt ist, wurde von → Rappern besonders oft kopiert und doch nie erreicht. Von vielen HipHoppern wird Clinton bewundert – bis hin zur Verehrung.

Die Loops des P-Funk sind heute besonders bei HipHop-Produzenten von der Westküste beliebtes → Samplematerial. Als sich Ende der 70er Jahre Parliament und Funkadelic langsam auflösten, entstanden daraus mehrere Bands, zu denen auch die von → Bootsy Collins geleitete Bootsy's Rubber Band gehörte. Heute treten sie gelegentlich alle zusammen unter dem Namen P-Funk Allstars auf. Clinton, der heute getrost als Rapper bezeichnet werden darf, arbeitet seit Anfang der 80er Jahre solo und erfreute sich in den 90er Jahren einer größeren Popularität als zu den Zeiten, in denen er noch jung war und zusammen mit dem Parliament Musikgeschichte schrieb.

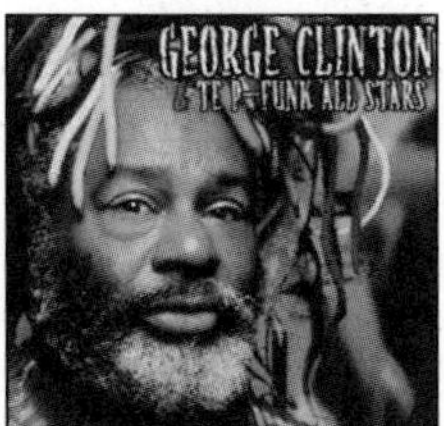

Clouds

(engl.: Wolken) Beim → Writing werden oft sogenannte Clouds als → Background oder als → Designs genutzt. Die ersten Writer, die dies taten, waren → Phase 2 und → Flint 707.

Club

HipHop spielt auch als Club-Kultur eine wichtige Rolle. Die in Europa gängige Club-Musik (»elektronische Tanzmusik«) wurde maßgeblich vom HipHop beeinflusst (bis hin zur Kleidung des Publikums).

Der erste HipHop-Club in New York war das Negril in Manhattan, weitere wichtige HipHop-Veranstaltungsorte waren das Roxy, der Mudd Club und das Apollo.

Club of Rome

→ Writercrew aus München, die es, nicht zuletzt wegen ihrer strikten Verhaltensregeln, bis heute geschafft hat, unbekannt zu bleiben und deren Mitglieder vor allem noch nie gefasst wurden. Bekannt wurden sie durch ihre → Wholecars. Ende der 80er, als viele Writer in München mit dem Sprühen aufhörten, brachten sie das → Writing wieder in Gang.

CMD

(»Criminal Minded« – dies ist auch der Titel der legendären ersten → BDP-LP) Zusammenschluss von → Writern in Berlin, dem besonders anfangs ein großer Teil der Writer beitrat, die in der ersten Hälfte der Neunziger für die Berliner Szene von Bedeutung waren. Später wurde CMD immer größer und auch viele Nicht-Berliner traten bei.

CMP

Dänischer → Writer aus Naevestaedt, der seit 1986 aktiv ist. CMP ist der Herausgeber des ersten dänischen → Graffiti-Magazins »Fantazie«.

CNF
Berliner HipHop-Gruppe, gegründet 1995. S-Rock (MC) und Lucky (der auch Writer ist) sind seit dem Beginn dabei. 1997 kamen Basz T und und DJ Rob D. Dazu. Das Tape »La Ghost Mike« war überraschend erfolgreich. Weitere Tapes und Gastauftritte folgten.

Cocoa Brovaz (auch Cocoa Brothaz)
→ Smith-N-Wessun.

Coco 144
→ Old School-Writer der ersten Generation in New York. Coco 144 begann sich gegen Ende der sechziger Jahre mit → Tags einen Namen zu machen.

Coconut
Ein → Hispanic, der nicht zu seiner Hautfarbe steht, wird als Coconut bezeichnet. → Oreo.

COD X
HipHop-Gruppe aus Frankfurt/M., die es seit 1989 gibt. Im Jahre 1992 veröffentlichten sie eine erste → 12"-Maxi namens »Let The Rhythm Move You« auf S.Y.A. Records. Zu der Zeit rappten sie noch in englischer Sprache. Als sie dann zu Ruff'n'Raw wechselten, fingen sie auch an, deutsche Texte zu schreiben. Dort wurden zwischen 1993 und 1994 ihre 12"-Maxis »Komplex« und »Getto« sowie eine eher peinliche EP mit dem Titel »Wissen ist Macht« verlegt.

Cold Chillin' Records
Bedeutendes → HipHop-Label aus den USA.

Cold Crush Brothers
Gruppe von HipHoppern der ersten Stunde aus der Bronx, New York. Mit dabei waren: Grandmaster Caz (Curtis Fisher), The Almighty KG, Tony Tone, Easy AD und Charlie Chase. Schon in den späten 70er Jahren machten sich die CCB einen Namen als Enter-

tainer und Rapper. Als die 80er Jahre anbrachen, kursierten jede Menge Tapes von ihnen in New York. Natürlich nahmen sie auch an vielen → Battles teil, von denen eines 1981 aufgenommen und 1991 unter dem Titel »Afrika Bambaataa Presents HipHop Funk Dance Classics, Vol. 1« veröffentlicht wurde.

1982 sah man sie in dem legendären HipHop-Film → »Wild Style« und dennoch – die Cold Crush Brothers sind nie wirklich berühmt geworden. Das hängt sicher damit zusammen, dass sie nie mehr als einige Singles wie »The Weekend« oder »Fresh Wild Fly And Bold« (auf Tuff City Records) veröffentlicht haben.

Schließlich verlor sich die Spur der CCB Mitte der 80er Jahre. Erst Terminator X featurete sie auf seinem zweiten Album »Super Bad« und brachte sie so zurück ins Bewusstsein der HipHop-Gemeinschaft.

Collins, Bootsy

P-Funk-Bassist aus den USA. Angefangen hat Bootsy als kleiner Bassist in → James Brown-Shows, wo er hinter dem Star weit zurückstand und seine persönlichen Vorlieben und Ambitionen nicht verwirklichen konnte. Doch als er in den 70er Jahren in → George Clintons Parliament einstieg, fand der eher durchgeknallt wirkende Bootsy die Freiheit, sich zu entfalten.

Zusammen mit George Clinton und dem Rest des Parliaments und Funkadelic beeinflusste er den modernen Funk entscheidend. Aus Parliament und Funkadelic wurde die Abkürzung P-Funk und heute heißt ein ganzes Musikgenre so. Bootsys Entfaltung ging soweit, dass er Ende der 70er Jahre Bootsy's Rubberband gründete. Doch nicht nur den Funk beeinflusste der P-Funk stark, vielmehr

färbte diese Musik auch auf folgende Generationen ab. Unter ihnen sind sehr viele HipHop-Produzenten, die oftmals ganze → Loops frech → sampleten und immer noch samplen. Sein Einfluss auf den HipHop ist besonders auf dem Album »Fresh Outta ›P‹ University« (1997 auf WEA), sichtbar, wozu er Rapper wie → MC Lyte, Ono (→ Walkin' Large) sowie Thomas D und Smudo (→ Fantastische Vier) einlud. Das letzte Album, »Play With Bootsy« erschien 2002 auf Warner Music.

Colors

1988 entstandener Spielfilm von Dennis Hopper über → Gang-Konflikte in den USA. Den Soundtrack lieferten neben → Ice-T und → Afrika Islam, die den Song »Colors« produzierten, Akteure wie → 7A3, M.C. Shan, → Roxanne Shaté, → Marley Marl, → Kool G. Rap und → Big Daddy Kane. → Eric B. & Rakims »Seven Minutes of Funk« gewann durch diesen Film deutlich an Bekanntheit.

Durch die starke HipHop-Besetzung des Soundtracks entstand hierzulande bei vielen Jugendlichen, die den Film sahen, ein verschobenes Bild von HipHop als Kultur, da sie damit in erster Linie Gewalt unter Gangs in Verbindung brachten. Der Film kann durchaus zu den auslösenden Faktoren von → Gangbanging innerhalb der HipHop-Szenen anderer großer Städte außerhalb der USA gezählt werden.

Columbia

(Sony-Music) war bis zum Jahre 1987 das Schallplattendepartement des Medienkonzerns CBS. Die Firma arbeitet nun in hohem Maße mit EMI zusammen und nimmt von Jahr zu Jahr zwischen 15 und 50 Prozent der Kapazität des internationalen Tonträgermarktes ein. Columbia gehört deshalb zu den mächtigsten Marken der gesamten Entertainment-Industrie. In den siebziger Jahren geriet Columbia durch Korruptions-Skandalmeldungen in negatives Licht. Im Jahre 1987 verkaufte der Firmenvorsitzende Laurence Tisch das Unternehmen an den japanischen Konzern Sony. → Ruffhouse Records.

Combinations
Begriff aus dem → B-Boying, bezeichnet die Verbindung verschiedener → Powermoves.

Combs, Sean »Puffy«
→ Puff Daddy.

Comedy Duos
Sind die Urgroßeltern des → Rap. In den Vereinigten Staaten hatten sie ihren Höhepunkt zwischen 1920 und 1930. Sie reimten ergriffen über Blues-Kompositionen und Improvisationen. Man nannte diese neue, schnell an Popularität gewinnende Form des → Blues auch Dirty Blues und Hokum Blues. Zu den bekanntesten Duos zählten Harris & Harris und die Butterbeans. Die populärsten Stücke von Hokum-Blues-Solisten waren damals Louise Bogans zensiertes Stück »Shave 'Em Dry«, Big Bill Bronzys »Pussy Cat Blues« und »Hot Nuts and Lollipops« von Raunchy Business. Das Label Columbia/Legacy verstand schnell, dass man mit dieser neuen Art von Musik Geld verdienen kann und nahm eine Vielzahl der Vertreter der Hokum Blues-Generation unter Vertrag.

Comics
Comics hatten und haben einen nicht zu unterschätzenden Einfluss auf die → Graffiti-Kultur. Zum einen wurden viele Comic-Figuren von → Writern kopiert oder als Grundlage für eigene Figuren genommen, andererseits hatte die Ästhetik des Comics Auswirkungen auf die Entwicklung der verschiedenen Stilrichtungen des Graffiti (z.B. → Bubble-Style).

Später versuchten sich dann viele Writer selbst als Comic-Zeichner und übten so wieder Einfluss auf die Comic-Szene aus. Am häufigsten wurden wohl die Figuren von → Bodé und Walt Disney kopiert.

Comic-Style
Begriff aus dem → Writing. In den Siebzigern, als in New York die verschiedenen → Styles entstanden, wurden auch die ersten →

Buchstaben im Comic-Style gesprüht. Besonders sind hier Worm und → Riff 170 zu nennen.

Common (Sense)

(Lonnie Rashied Lynn), MC und Musiker aus South Side Chicago, Illinois, inzwischen ansässig in Brooklyn, New York. Als Common Sense 1992 seine erste LP »Can I Borrow A Dollar« auf Relativity Records veröffentlichte, wurde er von den Kritikern für sein lyrisches Genie und für seine positiven Texte gelobt. Er rappt über die Realität, das heißt über Dinge, die ihn beschäftigen, und dazu gehören neben seiner Familie und dem Alltäglichen wohl auch Möchtegern-Gangster und Menschen, die auf das schnelle Geld aus sind, sei es im Musikgeschäft oder anderswo. Jene werden von ihm stets mit zielsicheren Reimen attackiert. Nachdem der Sohn des ehemaligen Basketballprofis Lonnie Lynn und Balljunge der Chicago Bulls 1994 sein zweites Album »Resurrection« auf Relativity Records herausgab, ging er auf eine erfolgreiche Tour, bei der er viele Fans gewann. Die LP mit ihrer sehr erfolgreichen Single »I Used To Love H.E.R.« landete schließlich auf Platz 27 der → R&B Album Charts. Nach einem Rechtsstreit mit einer gleichnamigen Ska-Band musste Common Sense schließlich das Sense aus seinem Namen streichen. Common sieht seine Musik ganz klar als Beruf. Nach eigenen Angaben versucht der Familienvater ständig der beste → MC zu sein. Jetzt erlernt er sogar noch zwei Instrumente zu spielen, was seine musikalischen Absichten nur noch unterstreicht. An den Aufnahmen zu seinem dritten Album »One Day It'll All Make Sense«, welches 1997 ebenfalls auf Relativity Records erschien, beteiligten sich viele namhafte Künstler wie → Lauryn Hill, → Q-Tip, Cee-Lo

Green vom → Goodie Mob, → De La Soul. Produziert wurde die LP im wesentlichen von No I.D. und Y Not, Doug Infinite und dem Musiker Spike Rebel. Die Musik von Common ist sehr von Live-Instrumenten geprägt. Seine qualitativ hochwertigen Konzerte gibt er grundsätzlich nur zusammen mit einer Live-Band und einem → DJ Mista Sinasta (früher bei den → X-ecutioners), was im → HipHop nicht gerade oft vorkommt. Seit »Resurection« ist Commons Vater auf jedem seiner Alben mit einem Gastauftritt vertreten. Auch seine Lebensgefährtin und Mutter seiner Kinder Erikah Badu arbeitet inzwischen mit Lonnie Jr. oft zusammen. Als Relativity Records von → Loud Records geschluckt und wenig später platt gemacht wurde, gelang es MCA Common aus dem immer noch gültigen Vertrag herauszukaufen. Er entschloss sich nach New York zu ziehen und dort mehr oder weniger von vorn anzufangen. Erklärtes Ziel war Platin für sein nächstes Album. Denn trotz enorm hoher Qualität der drei ersten LPs kam keine über die Marke von 30.000 Kopien hinaus. In der Zwischenzeit konnte man Common auf den Alben von vielen HipHop-Acts wie den → Roots (»Things Fall Apart«), → Alliance Ethnik (»Fat Comeback«), Blackstar oder zusammen mit → Sadat X auf dem auf Rawcus erschienenen Sampler »Soundbombing, Vol. 2« hören. 2000 erschien schließlich das vierte Album »Like Water For Choclate«, und auch wenn Common sich von LP zu LP immer weiter entwickelt hat, war der Schritt diesmal besonders groß. Common verabschiedete sich mehr und mehr vom klassischen → Sample als Element seiner Musik und spielte seine Lieder nun mit echten Instrumentalisten ein. Kommerziell gesehen war diese LP der große Durchbruch und die Hitsingle »The 6th Sense« trug zum Erfolg der Platte bei. 2003 brachte Common das fünfte Album »Electric Circus« heraus. Der Name ist Programm: Die abstrakten, psychedelischen und bisweilen schrägen Klänge aus dem Synthesizer entwerfen eine mögliche vielschichtige Zukunft dessen, was Common unter HipHop versteht.

Company Flow

(auch Co Flow) Independent-HipHop-Gruppe aus New York, welche mit ihrem teils sehr experimentellen Stil Maßstäbe gesetzt hat.

Company Flow wurde bereits 1992 in Queens vom → MC und Produzenten → EL-P (El-Producto – Jaime Meline) zusammen mit DJ Mr. Len gegründet. Der hochintelligente EL-P wurde aufgrund seiner Probleme mit Autoritäten von mehreren Schulen geworfen und begann mit 16 Tontechnik zu studieren. Company Flow gründete er kurz nach seinem 18. Geburtstag. 1993 veröffentlichten EL-P und DJ Mr. Len auf dem kleinen Libra Label die Single »Juvenile Techniques«. Bigg Jus, zu dem Zeitpunkt Angestellter des Labels, wurde kurz darauf Teil der Gruppe. Company Flow gründete schließlich ein eigenes Label: Official Recordings. Bald erschien auf dem Label die erste Single »8 Steps to Perfection«, welche ein Undergrund-Erfolg wurde. Um die erste EP zu finanzieren, mussten sie viel arbeiten. 1995 erschien schließlich die Doppel-EP »Funcrusher«, welche 30.000 mal verkauft wurde. Company Flow suchten nach einem Label, bei dem sie die Rechte an ihrer Musik behalten konnten. Außerdem wollten sie 50 % des Nettogewinns bekommen. Das damals noch unbekannte Label Rawkus war schließlich jenes, welches sich bereit erklärte, die Konditionen zu akzeptieren. Durch Company Flow bekam das Label große → Street Credibility und der Weg für weitere HipHop-Künstler war gebahnt: Mos Def, Talib Kweli, Pharoahe Monch und andere. Durch Company Flow wurde Rawkus zum bekanntesten Independent-HipHop-Label. Company Flow veröffentlichte 1997 schließlich das Album »Funcrusher Plus«, welches als Meilenstein in der HipHop-Geschichte gilt. Eine erfolgreiche Single war zum Beispiel »End To End Burners«. 2000 erschien die düstere Instrumental-LP »Little Johnny From the Hospital: Breaks and Instrumentals, Vol. 1«. Während einige Fans enttäuscht waren, waren andere hellauf begeistert. 2000

wurde Rawkus mehr und mehr zum Mainstream-Label, so dass das Verhältnis zu Company Flow zerbrach. EL-P gründete sein eigenes Label Definitive Jux, bei dem besonders viele jüngere innovative HipHop-Acts unter Vertrag sind. Auf diesem Label veröffentlichte er 2002 seine erste Solo-LP »Fantastic Damage«.

Connections
Kontakte, die man zu einer Person oder Gruppe hat und pflegt.

Conscious Lyrics
Bezeichnung für Raps, die inhaltlich anspruchsvoll und mit einer Botschaft versehen sind. Conscious Lyrics sind fast immer gesellschaftskritisch bis subversiv. Bei einigen → MCs haben Conscious Lyrics bisweilen auch eine religiöse Ausrichtung. Bekannte Conscious Rapper sind: → KRS One, → Dead Prez, → Public Enemy oder → Michael Franty (beteiligt an mehreren HipHop-Projekten). Im Gegensatz dazu steht reine Party- oder kommerzielle Rapmusik. Im → Battlerap können hin und wieder auch Passagen mit Message enthalten sein.

Contest
(engl.: (Wett)Kampf) Bezeichnung für Wettbewerb unter → MCs, → DJs, → Writern oder → B-Boys.

Coolio
(Artis Leon Ivey, Jr.) Rapper aus Compton, Los Angeles. Als der am 1. August 1963 geborene Artis gerade zwei Jahre war, verließ sein Vater die Familie, und seine Mutter (eine Fabrikarbeiterin) musste seine Schwester und ihn allein versorgen und erziehen. Nichtsdestotrotz war Klein-Artis der Begabteste in der Schule. Er übersprang ganz einfach die sechste Klasse. Doch damit begannen für ihn auch eine Menge Probleme, die darin mündeten, dass er, wie er selbst sagt, mit »gang-banging« anfing. Mit 17 ging Bob (wie er damals genannt wurde) in den Knast, für eine Tat, die er wahrscheinlich nicht begangen hatte. Obwohl er ein intelligenter junger Mann war, fing er an Crack zu rauchen, kam aber 18 Monate später wieder

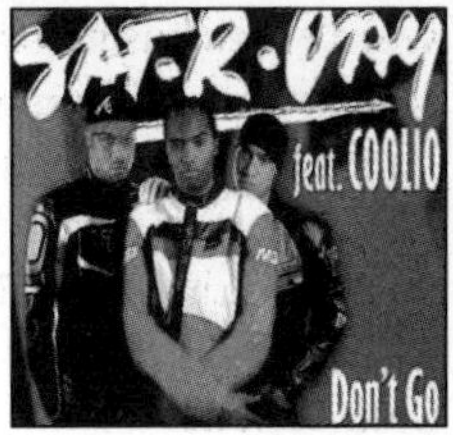

davon los. Gerappt hat Coolio schon mit 15 und war seither ein aktiver Untergrund-MC, der wie fast jeder Musiker heutzutage nach einem Plattendeal suchte. Der Vater von fünf Kindern (mit vier verschiedenen Müttern) bekam seinen Plattenvertrag erst 1993. Nachdem er bei Tommy Boy recordsunterschrieben hatte, kam 1994 seine erfolgversprechende Debüt-Single »Fantastic Voyage« heraus, gefolgt von seinem ersten Album »It Takes A Thief«, das genau wie die Maxi Platinstatus erlangte. Seine typische → West Coast-Musik ist reich an → Funk und → R&B-Elementen, aber auch klassische Samples gehören zu seinem Repertoire. Die Refrains seiner Stücke sind fast alle gesungen, was ihn von vielen anderen Rappern maßgeblich unterscheidet. Die Erfolgsstory des inzwischen zum Popstar avancierten Coolio setzte sich fort mit dem Stück »Gangsta's Paradise«, das auf dem Soundtrack zum Film »Dangerous Minds« erschienen war. Die Single (fast wäre das Stück von seinem Label abgelehnt worden) verkaufte sich zwei Millionen Mal (meistverkaufter Song des Jahres 1995). Das zweite, gleichnamige Album Coolios wurde weitaus erfolgreicher (vier Millionen verkaufte Platten) als sein Debüt. Gemeinsam mit seiner Frau und Managerin Josepha Salinas (DJ bei → Power 106 FM in LA) gründete er eine eigene Managementfirma namens Crowbar, sowie ein auch für Kids nutzbares Studio. Schließlich gründeten die beiden eine Organisation, die den Unterricht in schwarzer und hispanischer Geschichte und Kultur fördert. Mit Liedern wie »C U When U Get There« und dem Anti-AIDS-Stück »Too Hot« stürmte Coolio auch weiterhin die Hitparaden in Amerika und Europa. 1997 erschien das dritte Album Coolios »My Soul«. Nach 5 jahren erschien dann 2002 »El Cool Magnifico«. Der begeisterte Fan von Anne McCaffrey und ihren Romanen macht nicht nur Musik. Er ist ein talentierter Schriftsteller und wird vermutlich in Zukunft Fantasy-Romane veröffentlichen. Zudem übernahm Coolio eine Rolle in der Warner Bros. TV-Network-Scrie »Parenthood«. *www.coolio.com*

Cooper, Martha

Sie veröffentlichte zusammen mit → Henry Chalfant das Buch → »Subway Art« (1982). Sie ist Ethnologin, Bildjournalistin und → Graffiti-Forscherin.

Cope II

→ Writer aus New York, zur → Oldschool gehörend, der auch heute noch aktiv ist, besonders im Bombing. Angefangen hat er 1978. Seinen ersten → Zug hat er 1981 besprüht. Cope hat besonders auf Berliner → Writer großen Einfluss. Anfang der achtziger Jahre war er auf mehreren → Lines der Writer mit den meisten Bombings auf den Zügen. Weitere Namen von ihm sind Kd und God.

Copics

Bestimmte Sorte Grafikerstifte, die auch von → Writern wegen ihrer hohen Qualität für Entwürfe benutzt werden, besonders von → Auftragssprühern.

Cora E.

(Sylvia Macco) Deutsprachige MC aus Kiel, jetzt jedoch ansässig in Heidelberg, Baden-Württemberg. Die ausgebildete Krankenschwester gehört zu den wichtigsten weiblichen Größen im deutschen HipHop und ist schon seit den achtziger Jahren als → Rapperin aktiv. Sie war die erste Rapperin, die nach der Wende mit HipHoppern aus der ehemaligen DDR Kontakt aufnahm und zusammenarbeitete. So entstanden in den frühen Neunzigern auch gemeinsame Songs mit dem Leipziger Niko Schirmer und seiner Gruppe »B-Side The Norm« (auch bekannt als »Beside The Norm«). Seit 1992

war sie verstärkt auf Bühnen diverser deutscher Städte zu sehen. In Kooperation mit → IQs (Eric Grey) Partner Mathias Arfmann und dem Hamburger → DJ Marius No. 1 wurden in den Hamburger Knochenhausstudios ihre ersten Untergrund-Hits »Ich geh' ins Ziel« und »Könnt Ihr mich hören« aufgenommen und bald darauf auch als → 12"-Maxi bei → Buback-Tonträger veröffentlicht. Auf dem → Sampler »Kill The Nation With A Groove« war sie ebenfalls vertreten. Ihre Texte verfasst sie in deutscher Sprache, doch schrieb sie ihre Lieder in der Vergangenheit auch in Englisch. Sie gehört zur La Familia und arbeitet Hand in Hand mit den Heidelberger → Stieber Twins. Diese übernahmen auch einen Teil der Produktion ihrer ersten LP »Corage« auf EMI. Titel wie »Schlüsselkind« oder »Der MC ist weiblich« erhielten Airplay auf diversen Radio- und Fernsehsendern. Außerdem war sie auf der LP »Geheimrezept« der Jazzkantine vertreten. Bei ihren Live-Shows integrierte Cora E. auch → Breaker in ihr Programm. Über die Jahre wurde Cora E. zur festen Größe im deutschen HipHop. 2000 machte Cora noch einmal von sich reden, als sie zusammen mit Moses P das Stück »Bonnie & Clyde 2000« aufnahm. Scheinbar hat sie sich inzwischen etwas zurückgezogen und dennoch – sie bleibt eine Wegbereiterin besonders für alle weiblichen MCs, die nach ihr kamen und die großen Erfolge einfuhren (Sabrina Setlur, Pyranja, Brixx, etc...).

Cormega

MC aus Queensbridge, NYC. Cormegas Karriere begann 1996, als er von einem MC namens Nasir Jones (→ Nas) auf dessen Album »It Was Written« gefeatured wurde. Obwohl die beiden seit den frühen 90ern zusammen Musik gemacht hatten, musste er tatenlos zusehen, wie sein Freund 1994 eine große Karriere als MC begann. Hätte Cormega zu dieser Zeit nicht in einem Gefängnis eingesessen, er wäre heute sicher ähnlich bekannt wie sein Kompagnon. Nas

widmete ihm das Stück »One Love« auf seinem Debütalbum. Cormega wurde in The Firm aufgenommen, der neben Nas auch → Foxy Brown und → AZ angehörten. Doch Nas' Manager Steve Stout riet ihm Cormega durch Nature zu ersetzen. Cormegas erstes Album »The Testament« wurde nie wirklich veröffentlicht und erschien 1997 lediglich als Bootleg, welches aber in großen Stückzahlen verkauft wurde. Nachdem Cormega mehrmals erfoglos bei Major-Labels anfragte, eröffnete er sein eigenes Label Legal Hustle und nutzte den Vertrieb Landspeed Records. Zwischenzeitlich wurde er von Mobb Deep, Funkmaster Flex und vielen Underground-Acts gefeatured. »The Realness« (2001) war dann seine erste kommerziell erfolgreiche LP, die sich in den ersten Monaten mehr als 100.000 mal verkaufte. Für ein Album, welches auf seinem kleinen Label veröffentlicht wurde und ohne Erwähnung in Radio und TV blieb, war dies ein außerordentlicher Erfolg. Seine LP »The True Meaning«, an dem unter anderem → Large Professor mitwirkte, erschien 2002.

Corner

Begriff aus dem → Writing, → Writercorner.

Covern

Begriff aus dem Musikbusiness, der das selbstinterpretierte Nachspielen und Neuproduzieren von Songs anderer Musiker bezeichnet.

Cowboy 69

→ Writer aus München, der seit 1983 aktiv ist. Er ist Mitglied der ABC-Crew, der auch → Show und → Dare aus Basel angehören. Besonders ist er für seine aufwändigen → Bilder und → fotorealistischen → Character bekannt.

Crab

(engl. crab: Krabbe) 1. Begriff aus dem → B-Boying, artverwandt mit dem → Turtle, jedoch bleiben hier die Beine in Froschstellung. 2. Begriff aus dem DJing für einen sehr schwierigen → Scratch, der ein hohes Maß an Fingerfertigkeit voraussetzt. Der Crab ist eine Weiterentwicklung des → Transformers. Der → Crossfader wird hierbei nacheinader mit dem kleinen, Ring-, Mittel- und Zeigefinger angeschlagen, während der Daumen auf der anderen Seite wie eine Feder funktioniert und den Fader wieder in seine Ausgangsstellung zurückbringt. Die Handbewegungen sehen aus wie der Gang einer Krabbe, daher der Name Crab.

Crabwalk

Begriff aus dem → B-Boying, hier läuft der Tänzer in → Crab-Haltung herum.

Craig Mack

MC aus New York City. Er war schon zu Highschool-Zeiten mit Eric Sermon (→ EPMD) befreundet und hatte reichlich Zeit, auf ausgedehnten Tourneen mit EPMD viele Erfahrungen zu sammeln. Eigentlich war er der Nächste aus dem Hitsquad, der ein Album veröffentlichen sollte. Doch als sich EPMD trennten und somit das Hitsquad auch, ging Craig Mack seiner Wege, um als einer der ersten → Acts auf dem 1993 von → Puffy geformten → Bad Boy Entertainment Label zu erscheinen. Nach seiner Hitsingle »Flava In Ya Ear«, produziert von → Easy Mo Bee, erschien das Debütalbum »Project: Funk Da World« (1994). Nachdem die Single »Get Down« mit einem Hitremix von Q-Tip erschien, war der Erfolg des Albums perfekt. Doch wenig später stand Craig Mack vor der Entscheidung, ob er ein Original bleiben oder auf Puffys Wunsch das Image eines → Players annehmen sollte. Er entschied sich für das Original und stand ganz plötzlich wieder ohne Plattenvertrag da. Es dau-

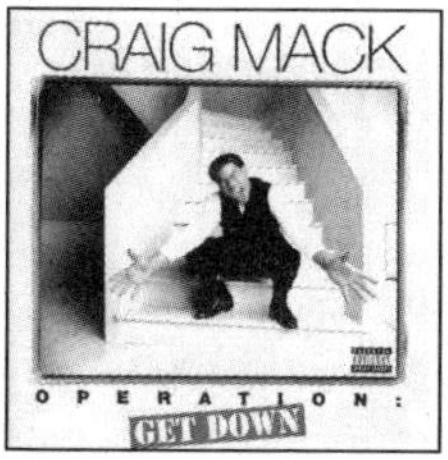

erte schließlich drei Jahre, bis er auf → Eric B. traf, der ihm die Chance gab, wieder eine LP zu veröffentlichen. Das Ergebnis erschien 1997 und heißt »Operation Get Down« (auf Street Life Musik), ein Album, das von seinen Fans nicht so gut angenommen wurde, da es trotz allem ziemlich angepasst klingt.

Crazy Kings
→ Graffiti-Magazin aus New Jersey, das auch in Europa erhältlich ist. Das Magazin ist durchgehend vierfarbig und befasst sich hauptsächlich mit → Writing in New York und Umland.

Crazy Legs
1. Begriff aus dem → B-Boying für Airswipes, das sind mehrere, hintereinander ausgeführte → Swipes. 2. Einer der wichtigsten B-Boys, der durch → Rockwell zum B-Boying kam und fester Bestandteil der → Rocksteady-Crew und → der Zulu-Nation ist.

Crew
Synonym für »Gruppe«.

Crib
Dieses Wort wurde schon von Shakespeare für einen kleinen schmuddeligen Raum benutzt und wurde im 18. Jahrhundert zu einem Slangausdruck, der etwa soviel wie »Räuberhöhle« bedeutete. Heute wird dieses Wort von den Schwarzen in New York für das eigene Heim, beziehungsweise das eigene Zuhause benutzt. »Cribbing« bedeutet dann soviel wie »zu Hause herumhängen«.

Crickets
Begriff aus dem → B-Boying. Crickets bezeichnen Drehungen, die in ihrer Art und Ausführung den → Handglides sehr ähnlich sind. Im Unterschied zu diesen → Moves wird jedoch das Körpergewicht des Tänzers temporär auf die eine Hand am Boden verlagert, während die andere Hand den Boden in keiner Form berührt. Bei guter Ausführung erwecken Crickets den Eindruck einer kontinuierlichen Drehbewegung.

Crossen

(von: to cross) Begriff aus dem → Writing, der für das Zerstören eines anderen → Graffiti steht. Wenn dies ungefragt geschieht, bedeutet das eine grobe Missachtung des gecrossten → Writers. Die Gründe dafür sind verschieden: Neid, Respektlosigkeit, persönliche Differenzen und ähnliche Dinge. In manchen Städten soll die → SOKO versucht haben, die Motivation der → Writer durch das Auscrossen von → Bildern zu senken. Siehe auch → Going Over.

Crossfader

Begriff aus dem → DJing. Von → Grandmaster Flash entwickeltes Bauteil an einem Mixer, der das manuelle Ein- und Ausblenden der verschieden Signale sowie den schnellen Wechsel der Kanäle ermöglicht.

Crossover

Generelle Bezeichnung für Musik, die stilistische Elemente verschiedener Genres enthält. In Bezug auf HipHop sind hier Übergänge zu Reggae, Dancehall und → Jungle (Rebel MC), zu House (→ Jungle Brothers), zu Hardcore und Punk (Goldene Zitronen, Such A Surge) und zu normaler Pop-Musik (Rödelheim Hartreim Projekt) unbedingt zu erwähnen. Ursprünglich war Crossover in den fünfziger Jahren eine Handelsbezeichnung für die Mischung aus Pop und Country-Musik.

Crowd

(engl.: Masse, Menge) Oft gebrauchte Bezeichnung für Publikum.

CRU

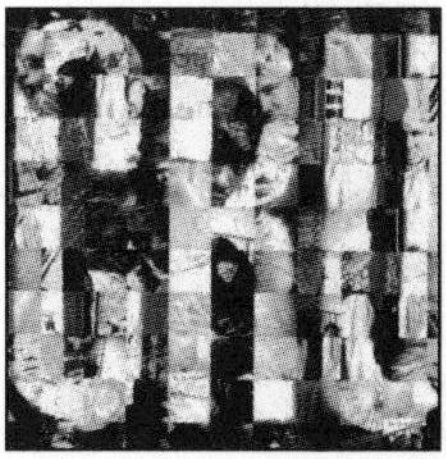

→ HipHop- → Crew aus der Bronx, New York. Cru sind Chadeeo, Yogi und The Mighty Ha. In der Bronx wurden die drei zuerst unter dem Namen The Rhythm-Blunt Crew bekannt. Mit ihrem Debütalbum »Da Dirty Thirty« (1997 auf → Def Jam/Violator Records) sorgte das bis dahin eher unbekannte Trio auch international für Furore. Yogi, der für die Musik von Cru verantwortlich zeichnet, kombinierte sanfte Grooves mit eingängigen Melodien. Cru erzählte, auch mit der Unterstützung von MC-Legende → Slick Rick, lehrreiche Geschichten, die sie mit viel Klasse und vor allem sehr deutlich vortragen. Zuweilen ist ihr Stil dem von Gruppen wie → A Tribe Called Quest und → De La Soul recht ähnlich.

Curse

(Michael Kurth) deutschsprachiger Rapper aus Minden, Hessen. Noch bevor Curse sein Debütalbum »Feuerwasser« (erschienen Anfang 2000 auf Premium Blend/Jive) auf den umkämpften Deutsch-Rap-Markt warf, wurde er von den Fachleuten über den grünen Klee gelobt. Dass er dennoch eine so erstaunliche Entwicklung vollzog und den Kontakt zur Erde nicht verloren hat, grenzt an ein kleines Wunder. Die etwas raue Stimme, sein überaus markanter Flow in Verbindung mit den zuweilen schweren, nie belanglosen Texten gaben der deutschsprachigen HipHop-Musik etwas, das sie bis dahin nicht hatte. Selbst an die Beats bzw. die Musik stellt Curse hohe Ansprüche. Kurzum – die erste LP wurde ein voller Erfolg. Schon im Herbst 2001 erschien das Nachfolgewerk »Von Innen nach Außen«, mit dem Curse trotz der Kürze der vergangenen Zeit einen Schritt vorwärts gemacht hatte. Die Qualität ist noch einmal gestiegen und der zuweilen etwas nachdenklich wirkende Rapper brachte seinen ganzen facettenreichen Charakter in dieses Werk ein. Schließlich waren ihm selbst die Musikjournalisten so erlegen, dass er in Deutschlands größtem HipHop-Magazin → Juice (Ausg. April 2003) sein drittes Album selbst anpreisen durfte. Entschuldigung,

einen Artikel darüber schreiben durfte. Wieder hat Curse sich neu definiert und eine bzw. mehrere neue Elemente in seine Musik mit eingebracht. Die Single »Hand hoch« mit ihrem pathetischen Gospelgesang à la R. Kelly kündigte es bereits an: Curse will sich nicht mehr nur auf das klassische → Sample verlassen und geht musikalisch neue, mit Instrumenten angereicherte Wege. »Innere Sicherheit« (erschienen 2003 auf Premium Blend/Jive) kündet von einem anderen Curse, der sich jetzt auch um Politik kümmert.

www.curse.de
www.premiumblend.de
www.jive.de

Cut
Magazin aus Hamburg.

Cutten
(engl.: schneiden) → DJ-Technik, eine Form des Übergangs von einem Stück bzw. → Beat zum nächsten, wobei hier im wahrsten Sinne des Wortes der alte Beat abgeschnitten und im Takt durch einen Neuen ersetzt wird. Oft wird dies auch nur mit markanten Liedfragmenten gemacht, wobei sich der DJ darauf konzentriert, diese Fragmente möglichst kurz zu halten und sie trotzdem zu einem Rhythmus zusammenzufügen. → Beatcut.

Cypress Hill
HipHop-Gruppe aus Los Angeles, Kalifornien. Mitglieder: → DJ Muggs (Lawrence Muggerud), Produzent, DJ; B Real (Louis Freese), MC; Sen Dog (Senen Reyes), MC und Bobo. Cypress Hill grün-

deten sich bereits 1986 unter dem Namen DVX, als sich die beiden Brüder kubanischer Herkunft → Mellow Man Ace und Sen Dog mit DJ Muggs und B Real (beide aus L.A. stammend) zusammentaten. Nachdem → Mellow Man Ace die Gruppe schon recht früh verlassen hatte, gaben sich die übrigen drei einen neuen Namen. Unter dem Namen Cypress Hill (nach einer Straße in ihrer Nähe) traten sie weiter in und um L.A. auf, bis sie 1991 einen Plattenvertrag mit Ruffhouse/Columbia Records unterschrieben. Die noch im selben Jahr erschienene Debüt-LP »Cypress Hill« wurde dank der beiden Singles »How Could I Just Kill A Man« und »The Phuncky Feel One« ein Riesenerfolg. Die rollenden → Beats und satten → Basslines, kombiniert mit schönen → Funk-Samples und der nasalen hohen Stimme von BReal ergeben den sehr typischen Cypress Hill-Sound, für den hauptsächlich DJ Muggs verantwortlich ist. Ihre Pro-Marihuana-Einstellung brachte ihnen eine Menge Fans ein, die mit HipHop sonst nichts zu tun hatten. Spätestens seit sie 1992 erstmals auf dem legendären Lollapalooza-Festival zu sehen waren, haben Cypress Hill den Ruf hervorragende Entertainer zu sein. Ihre Bühnenshows reißen das Publikum mit und sind Teil ihres Erfolgsrezeptes. Das zweite Album »Black Sunday« (1993 auf Ruffhouse/Columbia Records) klang eigentlich genau so wie das erste und schaffte es trotzdem oder vielleicht gerade deshalb auf Platz 1 der Album-Charts. Ihr Erfolg gründete sich darauf, dass hauptsächlich weiße Vorstadtkids und Studenten ihre Musik konsumierten. Das Video und die Single »Insane In The Brain« wurden im Radio und auf MTV besonders häufig gespielt. Inzwischen hatte das Trio Zuwachs bekommen. Bobo, Nachfahre des Salsa-Musikers Willie Bobo, verstärkte fortan die Gruppe. Die dritte, etwas

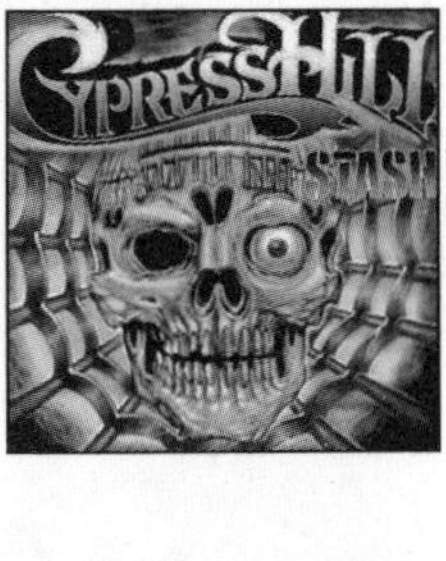

düster klingende LP »III Temples Of Boom« (1995 auf Ruffhouse/Columbia Records) verkaufte sich nicht schlecht, reichte jedoch an den Erfolg seiner Vorgänger nicht heran. 1996 verließ Sen Dog die Gruppe, um mit der Band SX 10 Metal-Musik zu machen. DJ Muggs präsentierte 1997 die von ihm produzierten »Soul Assassins«, mit denen er einen großen Soloerfolg feierte. B-Real stieg 1997 bei der Gruppe Psycho Realm ein und veröffentlichte im selben Jahr die LP »Psycho Realm«. (Sie klingt immer noch sehr nach Cypress Hill, was aber sicher auch damit zusammenhängt, dass BReal der Gruppe in einigen Stücken seine charakteristische Stimme leiht.) Trotzdem die Gruppe anscheinend auseinandergefallen war, brachten alle Vier (auch Sen Dog war wieder da) 1998 plötzlich ihr neues Album »IV« heraus, das sie mit der »Smokin' Grooves Tour« promoteten. Überhaupt waren und sind Cypress Hill ständig unterwegs. Zwischen 1992 und 2000 haben sie mehr als 500 Konzerte und Auftritte absolviert (zieht man die fast dreijährige Pause ab, macht das hundert Auftritte pro Jahr). 2000 beschritt das Quartett neue Wege. Schon die Hitsingle »Rap Superstar/Rock Superstar« deutete auf das ungewöhnliche Doppelalbum »Skull & Bones« hin. Eine Hälfte ist angefüllt mit dem klassischen Cypress Hill HipHop-Sound, die andere Seite jedoch enthält schweren Gitarrenrock à la Rage Against The Machine. Auch die nachfolgende LP »Stoned Raiders« (2001) ist mehr dem Rock bzw. Crossover zuzuordnen. Das Solo-Album von DJ Muggs, »Dust« (2003), geht musikalisch in die TripHop-Richtung.

www.cypresshill.com

Cypher

1. Begriff, hauptsächlich beim → Rap. Als Cypher bezeichnet man eine Runde von HipHoppern. 2. Begriff aus dem → Writing, Synonym für → Writer.

D

Da Brat

(Shawntae Harris) Rapperin aus Chicago, Illinois. Die musikalische Karriere von Da Brat (Dit Jöhr', Berliner Übersetzung des Verfassers) begann schon zu der Zeit, als sie noch sehr jung war und für den Gospel-Chor ihrer Kirche die Drums spielte. 1992 nahm sie an einem → MC-Contest teil, der von → Ed Lover moderiert wurde. Dieser versprach dem Gewinner, ein Treffen mit den damaligen Rap-Superstars → Kriss Kross zu arrangieren. Da Brat ging als Siegerin hervor und flog nach Atlanta, um dort → Jermaine Dupri eine Kostprobe ihres Könnens zu präsentieren. Er war zufrieden und nahm alles Weitere (Produktion etc.) in die Hand. Daraus resultierte erst ein Gastauftritt auf dem zweiten Kriss Kross-Album »Da Bomb« und 1994 das Debütalbum »Funkdafied« (auf So So Def/Columbia Records), das dank der gleichnamigen Single mit Leichtigkeit Platinehren erlangte. Da Brat war plötzlich die erfolgreichste Solo-Rapperin überhaupt. 1996 erschien ihr ebenfalls sehr erfolgreiches zweites Album »Anuthatantrum«. 2000 erschien das Album

»Unrestricted« und 2003 »Limelite,Luv & Niteclubz«. Da Brat hat inzwischen eine eigene Management- Firma namens Thowin' Tantrums in Chicago gegründet und spielt in einer Fernsehserie namens »Full Court Press« mit.

Da Germ

(René Swain) Rapper und → DJ. Der früher als Al Rakhun bekannte → HipHopper ist einer der ältesten Aktivisten Deutschlands. Er begann sich 1984 mit HipHop zu beschäftigen. Mittlerweile kann er auf eine lange Liste von Veröffentlichungen zurückblicken. Er war jedoch nicht immer nur im HipHop-Bereich tätig, sondern arbeitete auch mit Sven Väth und Snap zusammen. 1992, kurz nach dem Erscheinen eines seiner Stücke auf dem → »Krauts With Attitude« → Sampler, wechselte er seinen Namen. Von nun an nannte er sich Zyon und brachte zugleich auch eine → LP mit diesem Titel auf den Markt. Für einige Zeit ging er in die Vereinigten Staaten. Als er im Frühjahr 1993 wieder in sein Heimatland zurückkehrte, setzte er seine musikalische Laufbahn als Da Germ fort. Die → LPs »Day Of Resurection« von 1994 und »Lost It« aus dem Jahre 1995, sowie diverse Singles folgten auf amerikanischen Labels. Zwei Jahre nach seinem ersten längeren Aufenthalt in den USA zog es ihn wieder dorthin. Seit 1995 ist Da Germ in New York musikalisch aktiv. 1999 zog er nach Berlin, nennt sich jetzt G.E.R.M. und rappt jetzt auf Deutsch. 2001 erschien eine LP. Das Video zur Single »Die Jagd beginnt«, welches in Brandenburg gedreht wurde, lief auf diversen Musik-Kanälen. Mit deutschen MCs wie Chima, Denyo77, D-Flame, DJ Desue beteiligte er sich am eher kommerziellen Projekt Brothers Keepers.

Daddy-O

→ Stetsasonic

Daim

→ Writer aus Hamburg, der seit 1989 sprüht und zusammen mit Hesh europaweit für seine aufwändigen, großformatigen Pieces bekannt ist, bei denen größter Wert auf Sauberkeit und Sprühtechniken gelegt wird. Bis 1992 nannte er sich Caza. Er ist Mitglied der → Writercrew TCD (Trash Can Design), der auch Duke und Kewen angehören. Seine Schriftzüge sind eine Weiterentwicklung des sehr plastisch wirkenden → Styles von → Delta. Er gilt in Deutschland als Meister des Fotorealismus und zählt zu den erfolgreichsten Auftragssprühern. Daim fertigt inzwischen auch → Style-Skulpturen aus Beton an.

Dane

→ Berliner → Oldschool-Writer, der seit 1988 sprüht. Dane sprühte viel mit → Shek zusammen und ist auch als → Auftragssprüher erfolgreich.

Dare

→ Writer aus Basel, der seit 1986 sprüht. Bekannt wurde er vor allem durch seine vielen → Streckenbilder, die er zum Teil mit → Shore zusammen malte. Er hat mittlerweile überall in Europa und in den USA gesprüht und ist Mitglied in den → Crews TWS, RPM und ABC.

DAS Efx

→ MC-Duo aus → Brooklyn, New York. DAS Efx sind: Skoob (Willie Hines) und Dray(z) (Andre Weston). Nach eigenen Angaben begann die Karriere der beiden ehemaligen Englisch-Studenten des Virginia State College 1989 mit einem → Rap Contest, dem → EPMD als Juroren beiwohnten. Obwohl sie nicht zu den Gewinnern gehörten, war → PMD sehr interessiert an den Aktivitäten der beiden. Innerhalb kürzester Zeit konnten DAS Efx einen Platten-

vertrag mit EastWest Records abschließen. Nachdem die Vorabsingle »They Want EFX« schon ein Hit war, verkauften sie von ihrem Debütalbum »Dead Serious« (1992), welches auf diesem Label erschien, mehr als eine Million Kopien. Ihre Zugehörigkeit zum → Hit-Squad erleichterte ihnen den Einstieg ins Musikgeschäft bedeutend. Der Erfolg der Gruppe basierte auf ihrem neuen Rapstil und dem dazugehörigen → Flow, bei dem sie die Worte mit hinzugefügten Suffixen wie »iggidy« verlängerten. Dazu kam die von EPMD produzierte Musik, die ein Übriges tat.

Die 1993 ebenfalls auf EastWest Records erschienene zweite LP »Straight Up Sewaside« war der ersten klanglich sehr nahe, verkaufte sich aber eher bei echten HipHop-Fans, als bei der breiten Masse. Der eingeschränkte Erfolg ihres zweiten Albums und die Trennung von EPMD bewirkten, dass es eine ganze Weile ruhig um DAS Efx wurde. Erst 1995 brachte das Duo die LP »Hold It Down« mit der Single »No Digidi« heraus. Aber auch diese Platte verkaufte sich lange nicht so gut wie ihr Debütalbum. Das Album »Generation Efx« fand nur noch wenig Beachtung. 2001 erschien noch ein verspätetes BestOf-Album.

DAT

(Digital Audio Tape) Das DAT rückt in der Musik-Industrie seit den späten Achtzigern mehr und mehr an die Stelle des Masterbandes. Es ist ein Magnetband-Speichermedium, welches bei der Aufnahme Audio-Klänge in digitale Impulsreihen ummoduliert und beim Abspielen wieder in ein rumpel- und rauschfreies analoges Tonsignal in CD-Qualität umformt. Die großen Plattenfirmen fürchteten nach der Erfindung des DAT um ihre satten Gewinne und versuchten mit allen rechtlichen Mitteln gegen die Markteinführung des DAT vorzugehen.

Letztendlich gingen sowohl Musikindustrie als auch DAT-Hersteller einen Kompromiss ein. Von nun an wurde das DAT technisch so gestaltet, dass vom Benutzer nur eine digitale Kopie von einem Tonträger gezogen werden kann. Jede weitere Kopie kann nur im analogen Format mit den herkömmlichen Qualitätsverlusten vorgenommen werden. Die gleiche Regelung wurde für die später eingeführte Mini Disc getroffen. DAT und die Mini Disc werden oft von → Rappern und → B-Boys zum Abspielen ihrer → Instrumentals während ihrer → Gigs genutzt.

Daze

→ Writer aus New York, der seit 1978 aktiv ist. Wie die meisten Writer seiner Generation begann er auf Zügen zu malen und schaffte es in den Achtzigern in die Galerien.

D.D.R.

→ Die Deutsche Reimachse.

Dead Presidents

Synonym für Geld. Grund für diese Bezeichnung ist, dass auf der Vorderseite aller US-Dollar-Noten die Köpfe ehemaliger Präsidenten abgebildet sind.

Dead Prez

Sehr politisches HipHop-Duo aus New York. Dead Prez besteht aus M-1 (Lavon Alfred, 1973 in Jamaika geboren) und Stic.man (Clayton Gavin 1975 in Shadeville, Florida geboren). Beide lernten sich 1990 während des Studiums an der A&M University kennen. Beide waren schon früh politisch aktiv und gingen Mitte der 90er nach New York. Dort wurden sie 1995 von Lord Jamar (→ Brand Nubian) entdeckt. Bis zum ersten Solo-Album vergingen einige Jahre. 2000 erschien schließlich »Let's Get Free«. Das Album schlug ein wie eine Bombe. Neben der eindringlichen politischen Botschaft fällt besonders ihr musikalisches Können auf. So schafften es viele

Titel (besonders »Hip Hop«) weltweit Club-Hits zu werden. 2002 erschien ein weiteres Album: »Turn Off The Radio«.

www.deadprez.com

Death Row Records

Plattenlabel aus Los Angeles, Kalifornien. Gegründet 1992 von → Suge Knight und → Dr. Dre, wurde Death Row Records Mitte der 90er Jahre zum vielleicht einflussreichsten → HipHop-Label überhaupt. Schon die erste Veröffentlichung, Dr. Dres LP »The Chronic«, verkaufte sich drei Millionen Mal und war der Startschuss zu einer Reihe von Veröffentlichungen, die mindestens zwei Mal → Platin erreichten. Suge Knight (ein großer, kräftiger Ex-Footballspieler) managte alle auf Death Row erschienenen → Acts. Gerüchten zufolge ging er dabei nicht immer sauber und legal vor. So heißt es zum Beispiel, dass er Dr. Dre und → D.O.C. unter Androhung von Waffengewalt aus ihrem Vertrag mit → Ruthless Records gelöst haben soll. Ähnliches soll auch geschehen sein, als er den Management-Vertrag von → Mary J. Blige und Jodicie umstrukturieren ließ. Suge Knight tat alles für den Erfolg seiner Schützlinge. Er zahlte Kautionen für → Tupac und → Snoop Doggy Dogg, als es darum ging, sie vor längeren Haftstrafen zu bewahren. Er stellte außerdem einen Anwalt für die diversen Prozesse der beiden. An der Westküste war Death Row die mächtigste von Schwarzen geführte Firma. Doch besonders die dubiosen Erfolgspraktiken von Suge Knight, gepaart mit dem Gangster-Image seiner Acts, gab Kritikern des Rap im allgemeinen (besonders hervor taten sich konservative Politiker wie Bob Dole, C. DeLores Tucker und William Bennet) großen Auftrieb. Tupac und Knight lieferten sich einen erbitterten Streit mit ihren Ostküsten-Pendants → Puff Daddy und → Notorious B.I.G. Besonders nachdem ein guter Freund Knights erschossen und Tupac in New York angeschossen wurde, brach eine Art kalter Krieg zwischen der → East Coast und der → West Coast aus. Dieser gipfelte in der Ermordung von Tupac 1996 und Notorious B.I.G. 1997.

Nachdem Tupac tot und Dr. Dre eine sechsmonatige Haftstrafe abgesessen hatte, begann der Fall des Labels, das der überaus machthungrige Knight zum → Motown der 90er Jahre machen wollte. Dr. Dre verließ das Label und gründete → Aftermath Entertainment, während Snoop Doggy Dogg noch einmal eine LP auf Death Row Records veröffentlichte. Doch auch er verließ das Label 1997, so dass heute bei Death Row keine der großen HipHop-Stars mehr unter Vertrag stehen.

Decks

Begriff aus dem → DJing, Synonym für → Turntables, also Plattenspieler.

Dedication

(engl.: Widmung) Dedications kommen beim → Writing und beim → Rap vor. Zu finden sind sie entweder unter oder neben einem Bild, als gesprochenes Wort vor oder in einem Song oder auch auf dem Cover des jeweiligen Tonträgers.

Def

Slang-Bezeichnung für sehr gut oder geil, abgeleitet von »death« (Tod).

Def American Records

1986 von → Rick Rubin nach seinem Ausscheiden bei → Def Jam gegründetes, in Los Angeles ansässiges, Rock-orientiertes → Label, welches Rapper wie → Sir Mix-A-Lot und Bands wie Slayer und die → Geto Boys aus Houston unter Vertrag hat. Rubin wollte mit dem Label durch Verträge mit Gruppen mit provokativen Texten und Images der großen Zensurwelle in Amerika entgegentreten und seine Vorliebe für harte Musik durchsetzen. Als 1990 der Vertrieb von Def American Records→ Geffen Records, sich weigerte, das neue Album der Geto Boys auszuliefern, brach Rick Rubin sofort jegliche Geschäftsbeziehungen zu Geffen ab und ging mit seinem Label zur Time Warner Company. Das → Signing von Mix-A-Lot, der bereits einen Vertrag bei Nastymix Records unterschrieben hatte, verwickelte den Geschäftsführer R. Rubin 1991 in einen Gerichtsprozess. 1993 wurde Def American records, auf dem auch die

Red Hot Chili Peppers ihren Durchbruch schafften, in American Records umbenannt.

Def Jam (SONY/CBS)

Eines der wichtigsten und einflussreichsten Label für → HipHop-Musik in den späten Achtzigern und frühen Neunzigern. Als 1984 der damals siebenundzwanzigjährige große Bruder von → Run, Russel Simmons, der mit seiner Firma Rush Management ein gefragter Manager, Promoter, Organisator und Veranstalter war, erstmals auf den zu jener Zeit 20 Jahre alten Studenten und Produzenten → Rick Rubin traf, waren beide voneinander begeistert und wurden schnell Freunde. Mit einem Startkapital von je zweitausend Dollar, also mit insgesamt viertausend Dollar, gründeten sie kurz vor Jahresende Def Jam Records. Schon ihre erste Single »I Need A Beat« von → LL Cool J, deren Produktionskosten sehr niedrig waren, verkaufte über 50.000 Einheiten. Ähnlich erging es ihrer zweiten Veröffentlichung »Rock Hard« von den → Beastie Boys. Schon bald war Def Jam gezwungen, einen großen Verteiler zu verpflichten. Schließlich entschieden sich die beiden Gründer für CBS. Der Aufstieg von Def Jam war von nun an unaufhaltsam; mit Gruppen und → Rappern wie → Public Enemy, → Run DMC, Beastie Boys, → 3rd Bass, LL Cool J, → Slick Rick, Original Concept und vielen anderen setzten sie neue Maßstäbe im → Rap-Business. Nach heftigen Meinungsverschiedenheiten zwischen den beiden Gründern schied Rick Rubin 1988 bei Def Jam aus, um an der Westküste sein neues Label → Def American Records zu aufzubauen. Obwohl die großen Zeiten der meisten auf Def Jam erschienenen Interpreten vorbei sind, ist das Label noch immer zusammen mit der Firma Rush Management eines der

Def Jam-Logo

wichtigsten Labels auf dem HipHop-Markt. Def Soul heißt eine Untergruppe der Firma, die sich auf Publikationen im → R&B-Bereich spezialisiert hat. 1992 startete Russel Simmons die eigene Def Jam-Fernsehsendung »Def Comedy Jams«. Als House-DJ und Moderator engagierte er → Kid Capri. Der Film → »Krush Groove« beschreibt in Form eines Spielfilms die frühen Tage der Firma. Die Begründer und Musiker spielen sich darin selbst. Heute sind Stars wie → Method Man oder → Mary J. Blige unter Vertrag. 2000 zog Def Jam Germany nach Berlin-Kreuzberg, um auch etwas vom Kuchen abzubekommen, den die boomende Hauptstadt-Szene versprach. Hier nahmen sie zum Beispiel Pyranja und Spezializtz unter Vertrag.

Def Jef

(Jeffrey Fortson) Geboren in Harlem, Bruder von SPECIAL K von den → Treacherous Three MCs, verbrachte seine Teenager-Jahre in Washington DC, arbeitete Anfang der Neunziger an den Soundtracks der Filme »Downtown« und »Superfly 2« mit. Zusammen mit → Ice-T und → Tone Loc entstand das Stück »Freedom Rings«, mit dem er beim »Souled Out Mandela« Benefiz-Konzert im L.A. Colosseum mitwirkte.

Def Squad

Lose Verbindung dreier → Rapper. Mitglieder sind: Eric Sermon (von EPMD), → Keith Murray und → Redman. Nach der Trennung von → EPMD 1992 wurde der vor dieser Zeit bestehende → Hit Squad auseinandergerissen. Redman schlug sich auf die Seite von → Eric Sermon und bildete mit ihm zusammen das Def Squad, während sich → DAS Efx an Parrish MD orientierten und weiter unter dem Namen Hit Squad zusammenarbeiteten. Keith Murray wurde erst

1994 von Eric Sermon entdeckt und in die Def Squad Crew gebracht. In den folgenden Jahren arbeiteten die drei zusammen und gastierten gegenseitig auf ihren Veröffentlichungen, um gemeinsam bessere Ergebnisse erzielen zu können. 1998 erschien dann eine gemeinsame Crew-LP mit dem Namen »El Nino« auf → Def Jam. 2000 folgte »...presents Erick Onasis«.

Definitive Jux

New Yorker Independent-Label von → EL-P. EL-P gründete das Label, als das Verhältnis seiner Gruppe → Company Flow zum Label Rawkus auseinanderbrach. Neben eigenen Sachen veröffentlichen Independent-Künstler wie Cannibal Ox, Aesop Rock, Mr. Lif, RJD2 und andere auf dem Label. 2002 erschien dort die erste Solo-LP von EL-P »Fantastic Damage«.

www.definitivejux.net

Dekontaminol

Bezeichnung für ein Reinigungsmittel gegen »Farbschmierereien«, welches von einer Berliner Firma verkauft wird.

DEL Tha Funkee Homosapien

(Teren Delvon Jones), Cousin von → Ice Cube, der Mitglied bei den → Hieroglyphics ist, zu denen auch → Souls Of Mischief und Kasual gehören. Er veröffentlichte selbst mehrere → LPs. Bekannt wurde er vor allem durch die 12" »Misdoblina« (1991), die in den Charts landete. Dieses Stück war auf der LP »I Wish My Brother George Was Here« (1991 auf Elektra), welche durch eben dieses Stück recht erfolgreich wurde. 1994 erschien die etwas ernstere LP »No Need For Alarm«.

Er beteiligte sich weiterhin am 98er Hieroglyphics-Album und an den → »Beats and Lyrics«-Samplern. Sein Album »Both Sides

Of The Brain« erschien 2000 auf dem Hieroglyphics-eigenem Label Hiero Imperium Records. Ebenfalls 2000 veröffentlichte er zusammen mit Dan The Automater als Produzent dic wirklich düstere Deltron 3030-LP, mit gleichnamigem Titel. Deltron ist übrigens ein Computerspiel. Features gibt es von → Prince Paul, Mr.Lif, Peanut Butter Wolf, Paul Barman und Sean Lennon.

www.hieroglyphics.com/artists/del

De La Soul

→ HipHop-Musikgruppe aus Amityville, New York. Mit dabei sind: Posdnous (Kelvin Mercer), Trugoy the Dove (David Jude Joliceur) und Mase (Vincent L. Mason Jr.). Wann und wie De La Soul zusammenkamen, lässt sich hier nicht genau klären. Fakt ist aber, das sich die drei Mittelklassesprösslinge Ende der 80er Jahre am College trafen, um dort mehr oder weniger als Hobby zusammen Mu-

De La Soul

sik zu machen. Schließlich sahen sich De La Soul nach einem geeigneten Produzenten und einem Plattenlabel um. Mit der Hilfe von → Prince Paul konnten sie 1988 einen Vertrag mit dem Label → Tommy Boy Records unterzeichnen. 1989 veröffentlichten sie dann ihr von Prince Paul produziertes Debütalbum »3 Feet High And Rising«, welches sie für immer zu einer festen Größe im HipHop werden ließ. Als Mitglied der → Native Tongue Family arbeiteten sie auch mit den schon zu Ruhm und Ehre gekommenen → Jungle Brothers, → Queen Latifah und → A Tribe Called Quest zusammen. Später halfen sie unter anderem, den noch sehr jungen → Bush Babees (denn auch sie sind Native Tongues) bei ihrer Hitsingle »Love Song«. Aufgrund des durchschlagenden Erfolges der Singles »Me Myself And I«, »Jenifa Has Taught Me« und »Magic Number« kam die LP auf Platz eins der → R&B Billboard Charts. Das Geheimnis ihres Erfolges lag darin, dass sie nach den lauten Tönen der Mittachtziger einen aufwändig produzierten, melodiösen, im HipHop noch nie dagewesenen Sound kreierten und sich überall in der Musik mit → Samples bedienten. Kein Sample schien für De La Soul zu abwegig. Ihre erste LP wurde auch als die Zukunft des HipHop bezeichnet. Mit dem Album »De La Soul Is Dead« legten sie 1991 eine der ersten konzeptionellen LPs im HipHop vor. Zwischen den Stücken wird zusammen mit einem De La Soul-Comic eine Geschichte erzählt. Trotz der erfolgreichen Single »Ring Ring Ring/Ha Ha Hey« konnte es, zumindest in Bezug auf die Verkaufszahlen, mit dem ersten Album nicht mithalten. Ähnlich erging es dem dritten Album »Buhloone Mindstate« aus dem Jahre 1993, welches von Kritikern ebensoviel Lob wie vernichtende Kritik erntete. Auch die 1996 auf den Markt gebrachte vierte LP »Stakes Is

High« konnte trotz Zuspruchs der Musikmedien kein breites Publikum erreichen. 2000 erschien »Art Offical Intelligence-Mosai«, welches überwiegend außerhalb der HipHop-Szene Gefallen fand. 2003 erschien »SFS: Spit Flows & Safety«.

Delinquent Habits

→ HipHop-Gruppe aus Los Angeles, Kalifornien. Dazu gehören O.G. Style, Ives und Kemo. Schon seit den frühen 90er Jahren in den Clubs von L.A. unterwegs, schafften Delinquent Habits ihren Durchbruch mit ihrer innovativen Hit-Single »Tres Delinquentes« (1996 auf Loud/RCA Records), der ein erfolgreiches Debütalbum (»Delinquent Habits« 1996) folgte. Auf ihrer zweiten LP »Here Come The Horns« (1997) erhielten sie Unterstützung von den Latino-MC-Legenden → Mellow Man Ace und Sen Dog (→ Cypress Hill). 2001 erschien »Marry Go Round« auf Universal und 2003 »Freedom Band«. Delinquent Habits sind Teil einer neuen Generation des Latino-HipHop, der sich besonders durch die innovativen Samples (lateinamerikanische Blasinstrumente) und andere neue Einflüsse auszeichnet.

Delta

Einer der bedeutendsten → Writer aus Amsterdam. Delta ist seit 1983 aktiv, als Zweitnamen sprüht er Mess. Sein besonders innovativer → Style hat viele Writer in Deutschland beeinflusst, wie zum Beispiel → Daim und Hesh. Bekannt ist er seiner lebendigen dreidimensionalen → Styles wegen, die er auch schon als Plastiken anfertigte. 1992 besprühte er als erster Writer einen Zug in Tokio. Delta fertigt auch → Style-Skulpturen an.

Demo
→ Demotape

Demotape
Bezeichnet eine Audiokassette, mit der sich eine Band für Bühnen- und Medien-Auftritte, aber vor allem bei Plattenfirmen bewirbt. Sie soll einen ersten Eindruck vom musikalischen Niveau der Gruppe geben und das Interesse der Kontaktpersonen wecken. Demotapes werden meist in kleinen, selbst eingerichteten Studios, zu Hause oder auch in billigen Tonstudios aufgenommen und in darauf spezialisierten Kopierläden in kleiner Stückzahl vervielfältigt.

Depot
Begriff aus dem → Writing für ein Zugdepot, eine Abstellanlage von Zügen; → Yard.

Derek B.
→ Old School-Rapper aus Großbritannien. 1989 erschien seine für den europäischen HipHop überaus wichtige LP »Bullets From A Gun«.

***Delta** Mess-Schriftzug von Delta in Berlin, 1994*

Derezon

Einer der bekanntesten und talentiertesten → DJs aus Berlin, Mitbegründer der Funky Drummer Productions. Derezon arbeitete neben anderen Projekten mit den Hypadelics und → Islamic Force zusammen. In frühen Tagen war er auch als → Writer aktiv. Kaum jemand hatte damals größeren Einfluss auf die Entwicklung des → HipHop in West-Berlin nehmen können.

Dero

→ Writer aus New York, der seit 1981 sprüht. Er ist Mitglied in den Writercrews TFA, TC5, FC, NYC und IBM. Er wurde stark von → Dez und → Poem beeinflusst. Dero schaffte es für einige Zeit → Line-King zu sein. Besonders auf → Berliner Writer hat er großen Einfluss. Heute malt er vorwiegend auf Leinwänden.

Designs

Begriff aus dem → Writing; Bezeichnung für die Schmuckelemente beim → Graffiti. Beispielsweise werden → Highlines, → Second Outlines, Sternchen, Blasen, abstrakte Farbspielereien und anderes genutzt, um den → Style des → Writers zu unterstützen oder ihm eine besondere Note zu verleihen. Oft stehen auch bestimmte Designs für einen bestimmten → Style.

Destroyen

Begriff aus dem → Writing, Synonym für aggressives → Bombing.

Deutsch-Rap

Zu Beginn der 80er Jahre erreichte die HipHop-Kultur auch Deutschland. → Writing, → Breakdance und → DJing wuchsen rasch zu einer eigenständigen Kultur heran. 10 Jahre später zählten besonders die Writer aus Deutschland zu den besten der Welt. Rap-Musik dagegen war von Beginn an eine Kopie dessen, was die Kids von MTV und Co. kannten oder zu kennen glaubten. Bis zu Beginn der Neunziger wurde auf Englisch gerappt, meist sogar hemmungslos von den US-Vorbildern kopiert. Erst Mitte der neunziger Jahre gab es ernsthafte Versuche auch in deutscher Sprache zu rappen, während in anderen europäischen Ländern längst eine respektable Rapmusik-Szene entwickelt war. Mit dem Erscheinen der → Fantasischen Vier setzte eine erste kommerzielle Deutsch-Rap-Welle ein. → Advanced Chemistry und Umfeld versuchten derweil mit → Conscious Lyrics die Werte der HipHop-Kultur hochzuhalten. Eine zweite Welle begann mit dem Erfolg von → Fettes Brot und Co. Seit Ende der Neunziger entwickelt sich Deutsch-Rap zum Teil abgekoppelt von der HipHop-Szene.

Die verschiedenen Acts stammen oft aus gehobenen Mittelklasse-Schichten. Die Fans wissen selten etwas über HipHop als weltumspannende (Sub)Kultur. Natürlich gibt es auch Ausnahmen. Besonders in den letzten Jahren entwickelte sich – ähnlich wie in den USA – im Schatten der kommerziellen Rap-Welle eine Rap-Szene, welche sich als Teil der HipHop-Kultur versteht. Mit dem Ende des Pop-Rap-Booms könnte eine neue Chance für den HipHop in Deutschland kommen.

DEZ

→ Writer aus New York, der seit den 70ern aktiv ist.

Diamond (D)

(Joe Kirkland), → HipHop-Produzent und → Rapper aus der Bronx, NYC. Als Mitglied der → D.I.T.C. (Diggin In The Crates)-Crew begann Diamond seine Karriere Ende der achtziger Jahre. Erst 1993 veröffentlichte der eher als Produzent, denn als → MC bekannte Diamond seine erste LP »Stunts, Blunts and HipHop«. Sein zweites, weniger bekanntes Werk erschien 1997 unter dem Namen »Hatred, Passion And Infidelity« Als einer der gefragtesten Produzenten im → HipHop war es ihm in der Zwischenzeit möglich, bekannte HipHop-Größen wie → Tha Alkoholiks, → Pharcyde, → Rakim, → Brand Nubian, die → Fugees und einige andere zu produzieren.

Die Deutsche Reimachse

Name eines deutschen HipHop-Projektes aus dem Jahre 1993 zur Unterstützung der Deutschen Aids-Hilfe unter der Federführung von → Rap Nation Records. Hier wirkten Gruppen wie Die Reimbanditen, → Die Fantastischen Vier und Fresh Familee mit.

Digable Planets

HipHop-Trio aus Washington D.C. Dazu gehören: Butterfly (Ishmael Butler), Ladybug (Mary Ann Vierra) und Doodlebug (Craig Irving). Nachdem sich Butterfly und Ladybug schon auf der Uni in Masachussetts kennengelernt hatten, trafen sie Anfang der 90er Jahre auf Doodlebug und begannen wenig später, die ersten Aufnahmen zu machen. Auf Pendulum Records erschien 1993 ihre erste Single »Rebirth Of Slick (Cool Like That)«, der bald der Sprung in die Top Ten der → R&B Charts gelang, und noch im selben Jahr ihr überaus erfolgreiches Debütalbum »Reachin' (A New Refutation Of Time And Space)«. Die Musik, die eine außerordentliche Verschmelzung von relaxten Jazzklängen und ruhigen → HipHop-Beats darstellt, erreichte auf diesem Album, das ebenfalls durch den Einsatz von Live-Instrumenten bereichert wird, eine nie dagewesene Qualität. Selbst ihre Konzerte erinnerten zu dieser Zeit eher an eine coole Jazz-Session als an einen lauten HipHop-Gig. Etwas mehr nach HipHop, bedingt durch die minimalistische Produktion, klang die im Jahre 1994 erschienene zweite LP des Trios namens »Blowout Comb«. Sie hatte keinen Hit in Form einer Single aufzuweisen und erreichte deshalb nur vergleichsweise spärliche Verkaufszahlen.

Diggin' In The Crates

Projekt von → Diamond, → Fat Joe, Show & AG und → O.C.

Digital Underground

HipHop-Gruppe aus Oakland, Kalifornien. Dazu gehören Shock G (Gregory E. Jacobs); Chopmaster (J), (Jimi Dight); Humpty Hump (Gregory E. Jacobs); DJ Fuze (David Elliot); Money B (Ron Brooks); Schmoovy

Schmoov (Earl Cook); Dirty-Red (Michael Boston) und Tupac (Tupac Amaru Shakur). Greg Jacobs, der Urvater und Gründer von Digital Underground, lebte das Leben eines Kriminellen, nachdem er Ende der 70er Jahre die Highschool abgebrochen hatte. Doch besann er sich und machte einen Schulabschluss, um hinterher Musik zu studieren. Er gründete zusammen mit Chopmaster J 1987 Digital Underground und zu zweit nahmen sie die Single »Underwater Rhymes« auf, die ein großer Untergrundhit wurde. Noch bevor die Gruppe 1989 bei Tommy Boy Records einen Plattenvertrag unterschrieb, kamen die restlichen Mitglieder hinzu. Dank der legendären Single »Humpty Dance« (Platz 11 der Popcharts) verkaufte sich ihr Debütalbum »Sex Packets« sehr gut und erreichte bald → Goldstatus.

Shock G, der den größten Teil der Musik kreierte, ist ein großer P-Funk Fan, und fast alle seiner tragenden → Samples stammten von den Alben von → George Clinton und seinem Parliament. So leitete er indirekt die Ära des G-Funk ein, wobei sich Produzenten wie → Dr. Dre und → Warren G der selben Melodien bedienten. 1991 erschien »This Is An EP Release«, gefolgt von der zweiten LP »Sons Of The P«, die alles in allem dem ersten Album musikalisch

Digital Underground

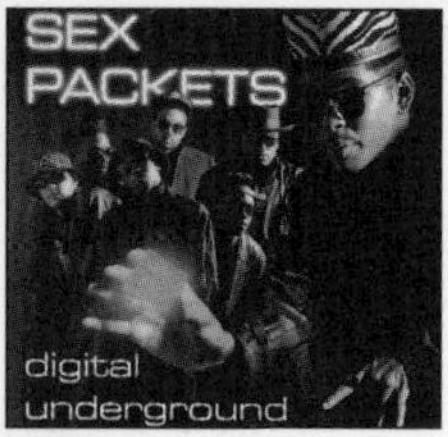

wie inhaltlich (Party Rap vom Feinsten) sehr nahe war. Trotz ihrer Klasse ging die dritte LP »Body-Hat Syndrome« 1993 in dem unglaublichen Hype der G-Funk Jahre unter. Ähnlich erging es den Alben »Future Rhythm« (1996) und »Who Got The Gravy?« (1998). Beide erschienen auf Critique/Radical Records. Ein obligatorisches BestOf-Album erschien 2003: »Playwutchyalike«.

Ding Dong

Begriff aus dem → Writing; Bezeichnung für eine Baureihe der New Yorker → Subway, die wegen ihrer Klingel so genannt wird. Diese → Züge sind leicht zu → buffen und werden daher in der Regel nur mit → Tags und → Throw-ups besprüht.

Disco Three

→ Fatboys.

Disposable Heroes Of HipHoprisy

→ HipHop-Gruppe aus San Francisco, Kalifornien. → Michael Franti.

Dissen

(Abgeleitet von disrespect) Slang-Ausdruck für das Nicht-Respektieren, Angreifen oder Schlechtmachen eines anderen Menschen.

DJ

Abkürzung für Discjockey, der englischen Bezeichnung für einen Plattenaufleger, welche im → HipHop eine wichtige Rolle spielen. Das DJing entwickelte sich zur eigenständigen HipHop-Teilkultur mit eigenen Meisterschaften. Diese DJ-Kultur wurde von anderen Club-Kulturen, wie House und Techno, übernommen.

DJAX/ DJAX UP Records

Von der Niederländerin Saskia Slegers ins Leben gerufene Plattenfirma, die sich im allgemeinen auf Club-Musik spezialisiert hat. Die Firma basiert hauptsächlich auf der Arbeit von Saskia Slegers. Mit der LP »No Enemies« von → 24K brachte sie die erste → Rap-Veröffentlichung der Niederlande auf den Markt. Es folgte das Album »Mind Over Matter« der Dope Posse, einer elfköpfigen, in englischer Sprache rappenden Gruppe aus Hollands Süden.

DTF, einer der Mitglieder der Dope Posse, brachte auf DJAX auch eine Solo-LP heraus, die von Dope Posse DJ Oh Jay produziert wurde und diverse Mitglieder der Stammgruppe featurte. Die LP »Hard To Handle« des Rappers KAY-LC wurde der nächste Erfolg des Labels. Seine Songs, insbesondere der Hit »Leaving«, wurden sogar in diversen Radio- und Fernsehsendern des Landes gespielt. Im April des Jahres 1992 organisierte Saskia Slegers die Veröffentlichung einer weiteren LP der Gruppe 24K, mit der sie einst den Einstieg in die Musikindustrie wagte. Zudem gelang es ihr, einen weiteren wichtigen Namen der niederländischen → HipHop-Bewegung, die Osdorp-Posse mit dem in seiner Muttersprache textenden Rapper Def P und dem DJ und Produzenten Seda unter Vertrag zu nehmen. Die beiden LPs jener Gruppe erlangten schnell vergleichsweise hohe Verkaufszahlen und waren nicht nur unter niederländischen HipHoppern sehr begehrt.

Seit Mitte der Neunziger vollzog sich ein großer Wandel bei DJAX. Saskia Slegers richtete von nun an größeres Augenmerk auf Acts im House- und Techno-Bereich. Sie hat sich in jener Szene europaweit einen Namen machen können und legt selbst auf großen Veranstaltungen wie der alljährlichen LoveParade in Berlin Platten auf.

DJ-Bags

(Oder Record-Bags) Spezielle Taschen für den Transport von Schallplatten.

DJ Evil Dee

(Eward Dewgarde) HipHop- → DJ und Produzent aus Brooklyn, New York. Früher Mitglied der Gruppe → Black Moon, für die er immer noch produziert, ist Evil Dee heute ein gefragter Produzent aus dem Team der → Beatminerz. Zur → Boot Camp Clik gehörig, produzierte er für die → Originoo Gunn Clappaz, → Smith-N-Wessun etc.

DJ Double R

(→ Rick Rubin) Double R ist das Pseudonym, unter dem Rick Rubin als → DJ in den frühen 80er Jahren mit den → Beastie Boys zusammenarbeitete.

DJ Honda

Produzent und → DJ aus Hokaido, Japan. Ende der 80er Jahre wurde Honda in Japan als Radio- und Club-DJ sowie als Remixer bekannt. 1990 und 1992 bereiste er die USA, um sich dort mit den weltbesten DJs zu messen. Er knüpfte viele Kontakte und wurde Zweiter bei dem DJ-Battle for the World Supremecy 1992. 1996 veröffentlichte er sein Debütalbum »DJ Honda« (→ Relativity Records), auf dem HipHop-Stars wie → Gang Starr, → Beatnuts, → Common, → Grand Puba, → Biz Markie und viele andere mitwirkten. Die Platte wurde ein Untergrundhit und machte DJ Honda zu einem der bekanntesten ausländischen HipHopper in Amerika. Seither lebt Honda in New York und ist auf vielen Partys und HipHop-Veranstaltungen (zum Beispiel auf → ITF DJ Battles als Juror) präsent. 1998 entstand die zweite LP »H II«, auf der diesmal MCs wie → Keith Murray, Rawcotiks, → Beatnuts, Fat Lip (→ Pharcy-

de), → Mos Def und viele andere dabei waren. Allerdings war dieses Album weniger erfolgreich als das erste. 2001 erschien »HIII« und 2002 »Underground Connection«. Zu jedem Album gab es ein spezielles Japan-Release- und ein ein Remix-Album. Ein BestOf-Album erschien 2003.

www.djhonda.com

DJing
→ DJ.

DJ Jazzy Jeff & The Fresh Prince
(Jeff Towens & Will Smith) Poprap-Duo aus Philadelphia, Pennsylvania. Towens und Smith lernten sich Mitte der 80er Jahre (beide waren noch Teenager) kennen. Sie taten sich zusammen und fingen an Musik zu machen. Jazzy Jeff produzierte poplastige Instrumentals, während der Fresh Prince seinem Namen alle Ehre machte und freche, aber überaus saubere Reime dazu schrieb. 1986 machten sie mit der Single »Girls in The World Are Nothing But Trouble« (das tragende → Sample entstammt der Titelmelodie aus der Sitcom »Bezaubernde Jeanie«) eine breite Öffentlichkeit auf sich aufmerksam. Sie hielten sich weit entfernt von jeglichen Kontroversen, Schimpfwörtern etc. und wurden so eine der erfolgreichsten Rapgruppen überhaupt. Es folgten die Alben »Rock The House« (1987) und »He's The DJ – I'm The Rapper (1988)«, das den Top 20 Hit »Parents Just Don't Understand« enthielt. Diesem Pophit ist es zu verdanken, dass die → NARAS 1988 erstmalig einen → Grammy Award in der Kategorie »Best Rap Performance« verlieh. Während der Verleihung stellte DJ Jazzy Jeff der Welt die neue Scratchtechnik des

→ Transformens vor. Des weiteren veröffentlichte das Duo die überaus erfolgreichen LPs »And In This Corner...« (1989), »Homebase« (1990) und »Code Red« (1993). Für ihre Superhitsingle »Summertime« erhielten Jeff Towens und → Will Smith 1991 erneut einen Grammy in der Kategorie »Best Rap Performance By A Duo Or Group«. 1990 begann die Schauspielkarriere von Will Smith mit der Hauptrolle in der Sitcom »Fresh Prince Of Bel Air«. Dieser Rolle folgten weitere, was unweigerlich zur Trennung des Duos führte. Will Smith spielte in Filmen wie »Men In Black« und »Staatsfeind Nr. 1« die Hauptrolle und begann Ende der Neunziger als Popstar eine Solokarriere.

DJ Krush

HipHop-DJ und Produzent aus Tokio. Die Leidenschaft für die HipHop-Musik weckte bei DJ Krush der Film → »Wild Style«, der Mitte der 80er Jahre auch in die japanischen Kinos kam. Er wurde als → DJ aktiv und gründete 1987 die Krush Posse. Krush machte von sich reden als der erste DJ in Japan, der zusammen mit Live-Musikern auftrat. Auch sonst war er in Japan ein Star-DJ, der die Clubs füllte. Noch bevor Krush 1994 sein Debütalbum (auf Sony Music/Japan) veröffentlichte, löste sich die Krush Posse auf und Krush lernte → Guru und DJ Premier von → Gang Starr kennen und schloß mit ihnen Freundschaft. Guru reimte auch auf einigen Stücken dieser hauptsächlich aus instrumentalem HipHop bestehenden LP. Da diese Platte nicht die von Krush gewollte weltweite Verbreitung und Anerkennung fand, wechselte er 1994 zu → Mo Wax, wo er noch im selben Jahr seine abstrakt klingende zweite LP »Strictly Turntabelized« veröffentlichte. Krush startete eine Tour

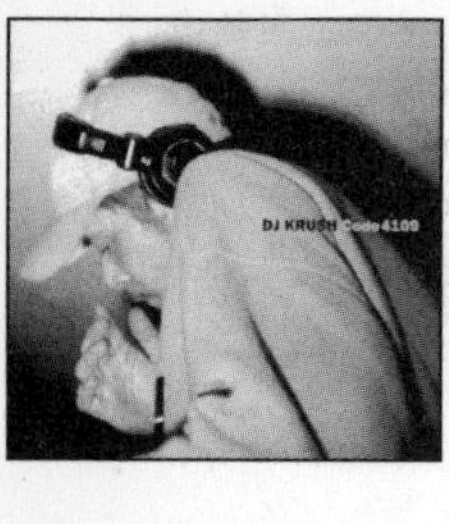

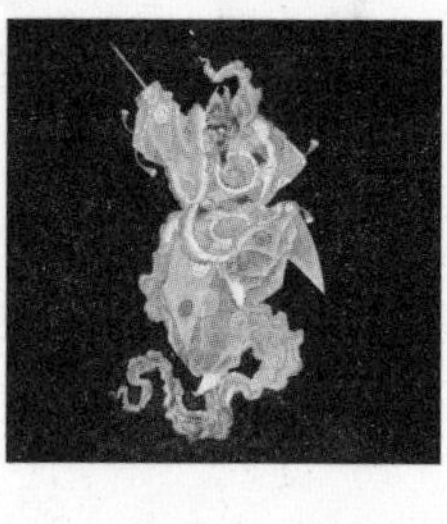

durch Europas Clubs und seine Platten fanden schnell Verbreitung. Zwei Jahre später erschien die inzwischen dritte LP »Meiso« (1996 auf Mo Wax), die ihn in der Welt des HipHop bekannter werden ließ. Durch die Unterstützung seines Labelkollegen → DJ Shadow und durch bekannte MCs wie C.L. Smooth (→ Pete Rock & C.L. Smooth), Guru, Big Shug, sowie Black Thought (→ Roots) gelang es dem kreativen Produzenten seine in den europäischen Clubs schon beliebte Musik auch auf dem amerikanischen HipHop-Markt erfolgreich zu verkaufen.

1997 kam die vierte LP »Milight« heraus, die dem neuen Genre des → Trip Hop wieder einen Schub gab. Weitere Alben: »Kakusei« (1999), »Code 4109« (2000), »Zen« (2001), »Krush« (2002), »The Message At The Depth« (2002).

www.mmjp.or.jp/sus/krush

DJ-Kultur

→ DJ.

DJ Mark The 45 King

(Mark James) → DJ und Produzent aus New York City. Bekannt wurde der König der 45er (Singles, die man in dieser Geschwindigkeit abspielt), Mitte der 80er Jahre, als er verschiedene Hits für Chill Rob G und einige andere, namenlos gebliebene MCs produzierte. Um ihn sammelte sich die → Flavor Unit, und er war es auch, der → Queen Latifah dazu brachte, professionell Musik zu machen. DJ Mark The 45 King war natürlich der Chef-Produzent der Flavor Unit, doch verwirklichte er seit 1990 auch eigene LP-Projekte. So erschien seine erste LP »45 Kingdom« (auf Tuff City Records), die wie alle folgenden hauptsächlich aus einfachen und doch innovativen Instrumentals besteht. 1991 veröffentlichte er mit »900-Number« eines der wohl bekanntesten HipHop-Stücke überhaupt. Das »schreiende« Tenorsaxophon über dem recht harten → Beat wurde sein größter Hit, auch wenn kaum jemand weiß, das es von ihm produziert wurde. In den folgenden Jahren veröffentlichte Mark ungezählte → LPs, die alle unter dem Namen »The Lost Breakbeats« erschienen und ein kleines Stück DJ-Geschichte darstellen.

DJ Mirko

Derzeit wichtigster → DJ Deutschlands, tritt meist mit → Spax in Aktion.

DJ Muggs

(Lawrence Muggerud), → DJ und Produzent aus Los Angeles, Kalifornien. Bekannt wurde DJ Muggs, der ein ehemaliges Mitglied der Gruppe → 7A3 (damals noch unter dem Namen Grandmixer Muggs) war, als der Erschaffer und Produzent des so typischen → Cypress Hill-Sounds. Neben seinem überaus erfolgreichen Engagement für seine Partner Sen Dog und B-Real war er als Produzent für verschiedene andere Gruppen wie z.B. → Funkdoobiest und → House Of Pain tätig. 1997 veröffentlichte er das Album »DJ Muggs Presents: The Soul Assasins« (Ruffhouse/Columbia Records), auf dem nicht weniger wichtige MCs und Gruppen vertreten waren als → KRS One, Wyclef Jean (→ Fugees), → Goodie Mob, → Mobb Deep, → Dr. Dre und viele andere Akteure der → HipHop-Branche. Der zweite Teil erschien 2000. Er konnte die Erwartungen nicht erfüllen und war daher weitaus weniger erfolgreich als der erste. Ein weiteres Solo-Album von DJ Muggs, »Dust« (2003), geht musikalisch in die TripHop-Richtung.

www.cypresshill.com

DJ Renegade

(Winston Small) → DJ und Produzent aus Tottenham, London. Im Alter von 16 Jahren bekam der spätere Produzent seiner Gruppe Urban Species die nötigen Utensilien zum → DJing geschenkt. Seither ist er ein besonders in Europa bekannter DJ, dessen Repertoire sich nicht nur auf die angesagten HipHop-Hits beschränkt. In seinem Homestudio produzierte er Anfang/Mitte der 90er Jahre neben den Urban Species auch andere Londoner → Acts. Außerdem hat er Remixe für verschiedene → R&B-Künstler geschaffen.

DJ Shadow

(Josh Davis) → DJ und Produzent aus Hayward, Kalifornien. Aufgewachsen in einer Vorstadt von San Francisco, begann der Hip-

Hop-Fan schon zu Highschool-Zeiten, erste → Beats zu produzieren. Als er Anfang der 90er Jahre aufs College ging und dort als DJ für die Campus-Radiostation arbeitete, lernte er schnell Gleichgesinnte kennen. Wie jeder DJ brachte auch Shadow Mixtapes heraus. Doch seine Mixes waren »Reconstructed From The Ground Up« (so der Name seiner etwas anderen Tapes). Shadow gilt als einer der Pioniere des experimentellen und instrumentellen HipHop (das später zum eigenen Genre, dem → Trip Hop gekürt wurde), der in seinen Soundkreationen Elemente aus Soul, → Funk, Jazz, aber auch Rock mit experimentellen HipHop-Beats stilvoll zu kombinieren weiß. 1993 veröffentlichte er sein erstes eigenes Stück »Entropy«, mit dem er auch die Aufmerksamkeit von James Lavelle, dem Gründer des Mo Wax Labels, auf sich zog. Es folgten Singles wie »In/Flux« sowie »Lost And Found (S.F.L.)« und 1995 die EP »What Does Your Soul Look Like« (1995), alles erschienen auf Mo Wax. Shadow produzierte inzwischen auch für → DJ Krush und → Dr. Octagon, so dass seine eigene Debüt-LP »Endtroducing« erst 1996 erschien. 1998 folgte mit »Preemptive Strike« eine Zusammenfassung seiner frühen Singles. 2002 erschien »The Private Press«.

DJ Tomekk

Radio und → Mixtape-DJ aus Berlin. Der ursprünglich aus Polen stammende → DJ Tommek war Anfang der neunziger Jahre auch als → Rapper und → Writer aktiv und arbeitete damals mit dem ehemaligen → No-Solo → DJ Ricky zusammen. Auch gewann er in jungen Jahren einen DJ-Contest in Polen. 1991 veröffentlichte er als MC Mis One eine durch Senatsmittel der Stadt Berlin geför-

derte 7", mit der er auch einmal Airplay auf den Frequenzen des Jugendsenders DT64 hatte. Seit Mitte der Neunziger konzentrierte er sich unter seinem jetzigen Namen jedoch in erster Linie auf das → DJing und begann sich als Radio-DJ und Moderator des Berliner Club- und Dance Musiksenders → Kiss 99 FM zu profilieren. Er reiste mehrmals in die Vereinigten Staaten, knüpfte Kontakte dank seiner »Geschmeidigkeit« zu einer Vielzahl von HipHop-und → R&B-Acts und begleitete diverse Black-Music-Künstler auf ihren Touren. 1999 schaffte er es mit »1, 2 ,3 ... Rhymes Galore« (feat. Grandmaster Flash, Afrob, Flavor Flav, MC Rene) in die deutschen Charts. 2000 knüpfte er an seinen Erfolg mit »Ich lebe für Hip Hop« (feat. GZA, Curse, Prodigal Sunn, Stieber Twins) an. 2001 erschien auf Fila-Records sein Album »Pioneers Project – The Return Of HipHop«, auf dem er für die verschiedensten New Yorker und deutschen Acts produziert. »Beat of Life » erschien 2002. 2003 widmete der Berliner Oldshool-MC → Rebel 1 auf seinem Album ein Stück Tomekk (»Du lebst nur von HipHop... Du klebst nur an HipHop...«)

DJ-Tools

(DJ-Werkzeuge) sind auf Platte gepresste Soundeffekte, Samples, Instrumentals und so weiter, die es dem → DJ ermöglichen, zu → scratchen, zu → mixen, zu → cutten, Effekte zu erzeugen und vieles andere mehr.

DMX

Earl Simmons, MC aus New York, geboren in Maryland, aufgewachsen in New Yorks YonkersDistrict. Den Namen DMX nahm

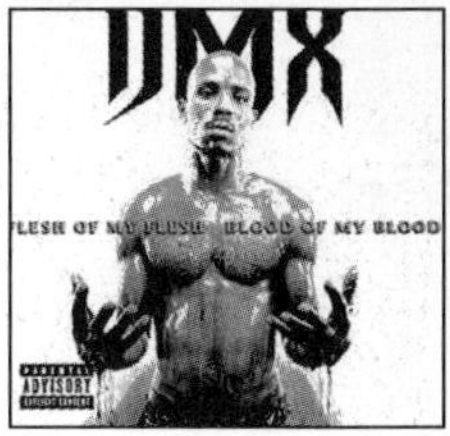

er von der gleichnahmigen Sound Maschine. 1999 gewann er den Hype Award der Zeitschrift → The Source. 1992 veröffentlichte er die Promo-Single »Born Loser« beim Major-Label Columbia Records. Er versuchte dem Knebel-Vertrag des Plattenkonzerns zu entkommen, was ihm auch gelang. Allerdings kam seine zweite Single erst 1994 auf den Markt: »Make A Move«. Zahlreiche Gastauftritte folgten. Seine Single »Get At Me Dog« (Ruff Ryders/Def Jam) schaffte es in die Top 40. 1998 erschien schließlich sein erstes Album: »It's Dark And Hell Is Hot«, welches in den US Billboard-Charts auf Platz 1 kam. Sein zweites Album »Flesh Of My Flesh, Blood Of My Blood« (1999) war sogar für 3 Wochen in den US-Charts auf Platz 1. Als Gäste versammelte er Größen des Mainstram wie Jay-Z, Mary J. Blige und Marilyn Manson. 2000 erschien sein Album »And Then There Was X ...«, welches sich ebenfalls in den Top 10 platzieren konnte. 2001 folgte »The Great Depression« und 2003 erschienen »The Grand Champ« und »Cradle 2 the Grave« (auf seinem eigenen Label Bloodline Records). Obwohl DMX sehr kommerz-orientiert ist, klingt seine Musik teilweise sehr rau und hart.

D-Nice

(Derrick Jones) → MC aus der Bronx, New York. Der Jugendfreund von → KRS One und Scott La Rock begann seine Karriere noch recht jung, Ende der achtziger Jahre, als frühes Mitglied der → BDP Crew. Dort wirkte er an den Alben »Ghetto Musik: The Blueprint Of HipHop«, »By All Means Necessary« und »Edutainment« mit. 1991 verließ er dann die Gruppe und versuchte zusammen mit Scottie Morris die Hälfte der Rechte der BDP-Veröffentlichungen von

KRS One zu erlangen und war sogar bereit, gerichtliche Schritte einzuleiten. Die Angelegenheit wurde jedoch außergerichtlich geklärt. 1992 veröffentlichte D-Nice sein erstes und bisher einziges Soloalbum »To Da Rescue«, welches aufgrund seiner Hit-Singles »Time To Flow« und »To Da Rescue« auch ein kommerzieller Erfolg wurde.

D.O.C., The

(Trey Curry) Rapper aus Houston, Texas. Als 1989 auf → Ruthless Records das Album »No One Can Do It Better« erschien, wurde The D.O.C. schlagartig bekannt. Denn die von → Dr. Dre produzierte LP (Platin) ist heute ein HipHop-Klassiker. Entdeckt wurde er von → Eazy E., als er in Dallas mit seiner damaligen Gruppe, der Fila Fresh Crew, als Vorband auftrat. Danach hatte D.O.C. Pech, denn bei einem Autounfall kam er beinahe ums Leben. Dabei wurde auch seine Stimme beeinträchtigt, und so musste er sich in den folgenden Jahren auf das Texten beschränken. Gerüchte sagen, dass er für das Debütalbum Dr. Dres einige der Texte schrieb. Dr. Dre und → Snoop Doggy Dogg ermöglichten ihm Gastauftritte auf ihren Platten und er selbst brachte nach langer Zeit 1996 sein zweites Album »Helter Skelter« (auf Giant Rec.) heraus. Jedoch war diese LP nicht von Erfolg gekrönt, und so ist es ruhig geworden um The D.O.C.

Dolby

Ein in A, B, C und Surround untergliederter Markenname für ein spezielles System zur Geräuschunterdrückung bei der Aufnahme und Wiedergabe akustischer Signale von Ton- und Bildträgern. Dieses System wurde nach dem Erfinder, dem Physiker Ray Dolby, benannt.

Dondi

→ Writer aus New York. Dondi begann 1973 zu sprühen und hat seitdem mehr als 300 Züge coloriert, die Hälfte davon → Wholecars. Seit 1980 waren Werke von ihm weltweit in Ausstellungen zu sehen. Dondi starb im Oktober 1998.

Doo Wop
Hierunter ist ein bestimmter, harmonischer Gesangsstil zu verstehen, der auf drei bis fünf Sängern mit geringfügiger instrumentaler Begleitung basiert. Dieser entstand Mitte der fünfziger Jahre und ist genauso ein Straßenphänomen wie → HipHop. Die Jungs sangen nicht nur an Straßenecken, sondern auch in Treppenhäusern und engen Gassen.

Die erste Gangster-Doo-Wop-Gruppe The Prisonaires landeten mit »This Chic Is Too Young To Fry« einen Hit. Eines der ersten Labels, die sich dieser Musik öffneten, war die 1956 von Paul Winley gegründete Firma Winley Recordings.

Dope
(engl.: Rauschgift) Neben der Bedeutung für Droge hat das Wort Dope im → Slang in der Regel die Bedeutung von geil oder → phat.

Dope Beats
Black Music Radiosendung auf MDR Sputnik, moderiert von Norbert Rudnitzky und Oliver Kehnen, existiert seit 1992.

Doppel-Wholecar
→ Married Couple.

Dose
Begriff aus dem → Writing für eine Sprühdose.

Dose One
→ Anticon.

Dosenspuk
→ Graffiti-Magazin aus Hamburg, das in der ersten Hälfte der Neunziger erschien.

Do The Right Thing
Spielfilm von Spike → Lee über Rassismus und Polizeigewalt. Titelmusik: »Fight The Power« von → Public Enemy.

Doug E. Fresh (and the Get Fresh Crew)
(Douglas Davis) → MC aus New York City. Schon im Alter von 12 Jahren rappte Doug und begann seine Freunde mit verschiedenen, mit dem Mund erzeugten Geräuschen zu unterhalten. Bald tat er dies auch vor Publikum, um die → DJs bei ihrer Arbeit zu unterstützen. Schließlich begann er eigene Shows zu veranstalten, um dabei Geld für eine selbst produzierte Single zu verdienen. 1984 entstanden die Stücke »The Original Human Beatbox« (erschienen auf Vintertainment Records) und »Just Having Fun« (veröffentlicht auf Enjoy Records). Ein Jahr darauf landete »The World's Greatest Entertainer«, wie er sich selbst gern nannte, einen Vertrag mit Reality Records, wo er die schon über ein Jahr früher entstandene Single »The Show/La-Di-Da-Di« 1985 veröffentlichte. Ein MC Ricky D (später bekannt als → Slick Rick) aus der Bronx stellte sich auf dieser Aufnahme der Öffentlichkeit vor. Die Platte wurde mit Gold ausgezeichnet und ist heute ein schwer erhältliches Sammlerstück und ein HipHop-Klassiker. Mit der Hilfe seiner Get Fresh Crew, wozu die DJs Chill Will und Barry Bee gehörten, nahm er sein Debütalbum »Oh My God« (1986 auf Reality Records) auf und schob 1988 »The World's Greatest Entertainer« hinterher. Nach einigen Schwierigkeiten mit der Plattenfirma entschloss sich Doug E. Fresh 1989, das Label zu verlassen. Er produzierte → Demotapes, um andere Labels für sich und seine Musik zu begeistern, damit sie ihn aus seinem immer noch gültigen Vertrag freikauften. Leider schlugen bis 1992 alle dahingehenden Versuche fehl, so dass sich Doug etwas umorientieren musste. Er beteiligte sich an der von → KRS One initiierten → Stop The Violence-Bewegung und half bei der Organisation der Stop The Racism Demonstration in Harlem. Nach

einem kurzen und erfolglosen Intermezzo auf Bust-It Records (sie konnten ihn aus seinem Vertrag herauslösen), kam Doug 1993 zu → Gee Street Records. In diesem Jahr landete Doug E. Fresh dann auch seinen vorerst letzten großen Hit mit der Single »I-Ight«. Als D&D-Allstar rappte er 1995 noch einmal zusammen mit KRS One, → Jeru The

Damaja, → Smith-N-Wessun und anderen für das Titelstück zum D&D Projekt-Sampler.

»Down« sein mit jemandem
Bedeutet, mit ihm abzuhängen oder mit ihm zusammen etwas zu machen.

»Down by law«
In einer Sache sehr begabt sein, schon lange dabei sein.

Down Rocks
Begriff aus dem → B-Boying, Bezeichnung für bestimmte → Moves. In diesem Fall sind Schritte am Boden gemeint. Normalerweise werden Downrocks mit → Freezes und Hesitations kombiniert und bilden die Grundlage für weitere Moves.

Down Town Lyrics
HipHop-Gruppe aus Berlin-Ost. Mitglieder: MC Sluck, (MCT, CRAZY T, Poise, Waffel) Rapper; G.I. Tronic, Rapper; Phite B, → Rapper; Rebel X, → DJ. Die Gruppe gehört zu den Pionieren der HipHop-Bewegung in der Deutschen Demokratischen Republik und war der Vorgänger von → A Real Dope Thing. Anfangs wollten sie sich East Side Voice nennen, doch wurde ihnen jene Titulierung von staatlicher Seite her nicht genehmigt. Sie hatten in den späten Achtzigern einige Auftritte in großen Veranstaltungsorten. So spielten sie auch in der Werner-Seelenbinder-Halle und im Palast der Republik.

Do Ya-Posse
Aufgrund verschiedener rassistischer Übergriffe in Chemnitz gründeten 1992 einige Leute aus dem HipHop-Umfeld eine anti-rassistische Gruppe, deren erste Aktion der Boykottaufruf gegen eine bestimmte Diskothek war. Aufgrund der Herkunft der Gründer und deren Unterstützer aus der HipHop-Kultur, wurde bald eine HipHop-Posse daraus. Es wurden Partys, → Jams und Workshops veranstaltet, die die Do Ya-Posse bald auch überregional bekannt mach-

ten. Die Posse wurde Ende 1992 aufgelöst, da immer mehr Leute Mitglieder wurden, die nur das Ziel hatten, sich mit dem Namen Do Ya-Posse zu schmücken.

DPC

Da Problem Children. Leipziger → Oldschool → Writercrew um Cooky und Niko Schirmer, die schon in den Achtzigern aktiv war.

Dr. DRE

1. (Andre Young) HipHop-Produzent und Rapper aus Compton, Kalifornien. Schon Anfang der Achtziger war der damals achtzehnjährige Dr. DRE ein in Compton und South Central-L.A. bekannter und geschätzter → DJ, der für große Clubs und im Radio auflegte. Alles begann in einem Nachtclub namens Eve After Dark, in dem er arbeitete und als Entschädigung für die schlechte Bezahlung das kleine hauseigene Studio uneingeschränkt nutzen konnte. Hier entstanden Hits wie »Surgery« und der »World Class Wrecking Cru Megamix«. 1984-85 war er Mitglied der World Class Wrecking Cru, die mit finsteren Elektro-Funk-Klängen in und um L.A. große Beliebtheit erlangte. 1986 wurde Dr. DRE Mitglied der → Gangster Rap-Gruppe N.W.A., welche noch im selben Jahr als Vorband für Salt'n'Peppa auftrat. In den folgenden Jahren produzierte er nicht nur für N.W.A., sondern auch Soloalben für → Eazy E., Michel Le und J.J. Fad. Irgendwie scheint es, dass Dr. DRE der König Midas der HipHop-Produzenten ist, denn alles, was er anfing, verkaufte sich 1-2 Millionen Mal und mehr. 1990 produzierte er den Titelsong zum »We Are All In The Same Gang«-Sampler, dem fast alle damals aktuellen Rapstars der Westküste beiwohnten. Nach-

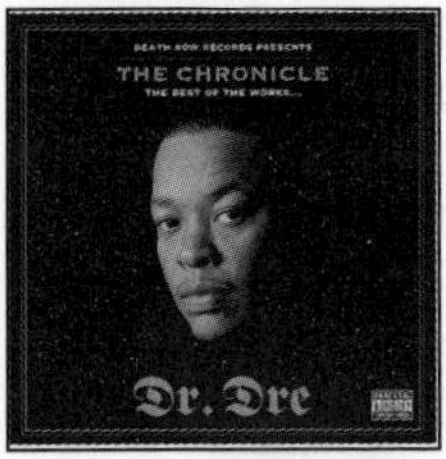

dem DRE das 1991 auf Ruthless Records erschienene letzte → N.W.A.-Album »Niggaz4life« produziert hatte, welches auf Platz 1 der Billboard Album Charts landete, verließ er N.W.A. und Ruthless Records im Streit mit Eazy E., von dem er sich unterbezahlt fühlte. Nach der Gründung eines neuen Labels → Death Row Records, woran DRE einen nicht unerheblichen Anteil hatte, veröffentlichte er 1992 sein erstes Soloalbum »The Chronic«, auf dem er alles selbst gestaltete und von dem im Laufe der Zeit mehr als 3 Millionen Exemplare verkauft wurden. Für die Single »Let Me Ride« erhielt er 1993 einen Grammy und seinen neuen Sound nannte er selbst G-Funk, welcher schnell an Popularität gewann. Noch im selben Jahr (1992) komponierte er das Lied zum Kinofilm »Deep Cover«, wobei er auch den Neuling → Snoop Doggy Dogg vorstellte, für den er in den folgenden Jahren mehrere überaus erfolgreiche Alben produzierte. Als DRE 1995 die Musik und einige der Raps für die → 2Pac-Hitsingle »California Love« verfasste, verhalf er dessen Album zu gigantischen Verkaufszahlen. DRE selbst erstellte 1995 die Grammy-nominierte Single »Keep Their Heads Ringin'« für den Soundtrack zum Film »Friday«. Danach verbrachte er einige Monate im Gefängnis in Pasadena, rechtskräftig verurteilt wegen sexueller Belästigung. Ein Jahr später (1996) krempelte der Superstar sein Leben um. Er heiratete und verließ sein altes Label Death Row Records, um seine eigene Firma Aftermath Entertainment, auf dem er neue Künstler aus dem HipHop- und R&B-Sektor unter Vertrag nahm, zu gründen. Die erste Veröffentlichung auf dem neuen Label hieß »Dr. DRE Presents... The Aftermath« (1996), eine Compilation, die zu großen Teilen DRE produziert hat. 1997 erschien auf seinem Label das Album der Firm-Clique »The Firm«,

das er zu großen Teilen mitgestaltete. Doch schon 1998 wurde die Auflösung des Labels bekanntgegeben. Im Jahr 2000 erschien dann sein bisher größter Erfolg: »2001« (Interscope-Records/Aftermath Entertainment), der ihn weltweit auch außerhalb der HipHop-Gemeinschaft bekannt machte. Dieses Album, an dem unter anderem Snoop Doggy Dogg, Eminem, Xzibit, Hittman, Korupt und Mary J. Blige mitwirkten, enthält mehr als nur ein paar Hits. In seiner langen Produzentenkarriere hat Dr. DRE eine Vielzahl von Künstlern, wie zum Beispiel Snoop Doggy Dogg, Michelle Le, den → D.O.C., → Above The Law und viele andere Akteure entdeckt und aufgebaut oder ihnen zu Ruhm verholfen, und vermutlich wird das weiterhin so bleiben. Eine der wichtigsten Entdeckungen Dr. Dres der letzten Jahre ist ohne Zweifel → Eminem. 2. (Andre Brown) HipHop-DJ und -VJ bei Yo! MTV Raps aus New York. Dr. Dre begann seine Karriere Anfang der 80er Jahre als MC und schloss sich Mitte der 80er mit drei anderen Rappern zu der eher erfolglos gebliebenen Gruppe Original Concept zusammen. Mit Original Concept hatte Dr. Dre eine erfolgreiche Single »Bite'n My Stelee/Pump That Bass« (1986 auf Def Jam) doch schon ihr Album »Straight From The Basement Of Kooley High« war eine Niete. Danach löste sich die Gruppe auf und Dr. Dre arbeitete als DJ unter anderem für die → Beastie Boys (Tournee 1988). Auf MTV moderierte er zusammen mit Ed Lover (James Roberts) die Sendung Yo! MTV Raps. 1995 wagte er noch einmal den Sprung ins große Musikgeschäft, doch die zusammen mit Ed Lover aufgenommene LP war erneut kein Kassenschlager. Die wöchentliche Radioshow der beiden auf Hot 97 FM erfreut sich jedoch in New York City großer Beliebtheit.

Dream Warriors

HipHop-Gruppe aus Toronto. Mitglieder: King Lou, Rapper, Produzent; Capital Q, Rapper, Produzent, Writer; Luv, inoffizielles Mitglied; Spek, Rapper, der die Gruppe inzwischen wieder verlassen hat. King Lou und Capital Q fanden sich aufgrund ähnlicher Ansichten und ihres großen Interesses an → B-Boying und → Writing schon Mitte der achtziger Jahre zusammen und begannen ge-

legentlich gemeinsam zu → rappen. Zu jener Zeit konnte noch niemand ahnen, dass sie einmal zur besten HipHop-Band Kanadas gekürt, als Coverbild auf Magazinen abgelichtet und in der wohl wichtigsten Musikzeitschrift, dem Rolling Stone, hochgelobt werden würden. Ihre erste Veröffentlichung »Face In The Basin«, die in den späten Achtzigern auf einem US-amerikanischen Label erschien, fand beim Publikum keine besondere Beachtung. Der Wechsel zu Island Records brachte viele positive Veränderungen mit sich. So konnten sie 1991 das sehr stark Jazz- und Funk-beeinflusste Album »And Now The Legacy Begins« auf den Markt bringen und auch international äußerst gute Verkaufszahlen aufweisen. Sie gingen mit Sinéad O'Connor auf Tour und waren somit die ersten kanadischen HipHopper, die die Möglichkeit hatten, auf eine Welttournee zu gehen. Ihre Videos liefen auf dem internationalen Musiksender MTV, und Songs wie »Ludi« und »My Definition« sind auch nach nahezu acht Jahren gelegentlich auf diversen Radiostationen zu hören. Die Alben »Subliminal Simulation« und »The Master Plan«, die 1994 und 1996 auf EMI, RCA Canada veröffentlicht wurden, reichten trotz ihrer musikalischen Qualität nicht an den Erfolg des Debüts heran. 2001 wagten sie mit »The Legacy Continues« ein Comeback. Die Dream Warriors sind Mitbegründer der Beat Factory, einer Fördergemeinschaft für HipHop in Kanada.

Drei-Ds

Begriff aus dem → Writing; → 3-Ds.

Drei D-Blocks

→ 3-D-Letterstyle.

Drill
Synonym für → scribble.

Drive By
(Drive By Shooting) Dies ist eine spezielle Form des Mordes unter → Gangs, bei der aus einem vorbeifahrenden Auto auf das Opfer geschossen wird.

Drips
(engl.: Tropfen) Begriff aus dem → Writing. Bezeichnung für heruntergelaufene Farbe. Drips entstehen, wenn man mit der → Sprühdose zu langsam arbeitet und somit zu viel Farbe auf denselben Punkt gelangt. Drips können auch durch Regen, ungeeignete Oberflächen oder zu dünne Farbe entstehen. Für viele Anfänger ist es ziemlich schwer, Drip-frei zu sprühen. Andere Writer benutzen Drips aber auch als → Designs. Der erste Writer, der dies tat, war der New Yorker → Writing-Pionier → Phase 2.

Dr. Octagon
HipHop-Musik-Projekt aus den USA. Mitglieder: → Kool Keith (Keith Thornton) Rapper; Dan The Automator (Dan Nakamura) DJ, Produzent; Q-Bert, DJ, Produzent; DJ Shadow (J. Davis) DJ, Produzent. Als 1995 die Single »Earth People« veröffentlicht wurde, war sie sofort ein Club-Hit. Viele waren begeistert von den abstrakten, minimalistischen Klängen der Musik von Automator und DJ Shadow, die eigentlich nicht direkt zur HipHop-Szene gehören, und dem neuen Off-Beat Rapstil vom Ex-Ultramagnetic MC Kool Keith. Die Scratches von → Invisible Scratch Pickl DJ Q-Bert taten

ihr Übriges. 1996 erschien dann das dazugehörige Album »Dr. Octagon« (andere Ausgabe auch »Dr. Octagonecologyst«), vorerst nur auf Bulk Recordings, einem unbekannten Label aus San Francisco. Besonders in Europa war der Erfolg von Dr. Octagon überwältigend, vor allem, weil nicht nur HipHop-Fans, sondern auch Hörer von →

Trip Hop, House und gänzlich anderer Musik die Platte kauften. Noch im selben Jahr wurde die Scheibe auf dem englischen Label Mo' Wax für den europäischen Markt nochmals aufgelegt. Auf demselben Label erschienen auch »Instrumentalist (Octagon Beats)« sowie alle weiteren Singles mit ihren zahlreichen Remixes, von denen der von Prince Paul produzierte Mix von »Blue Flowers« ein nochmaliger Hit wurde. Nach Aussagen von Automator wird es in Zukunft keine Veröffentlichungen unter dem Projektnamen Dr. Octagon mehr geben. Grund dafür ist der Erwerb der alleinigen Rechte am Namen hinter dem Rücken Kool Keiths im Spätsommer des Jahres 1997. Als Folge dessen erschien Kool Keith nicht mehr zu den Proben und konzentrierte sich auf seine anderen Projekte. So erschien 2000 seine Dr. Dooom-LP, auf der unter anderem mitgeteilt wird, dass Dr. Octagon tot sei. Im Innencover dieses Album präsentiert er sich übrigens als Robbie Analog – eine Anspielung auf Bobby Digital vom → RZA.

Drum'n'Bass

Musikalisches Genre. Drum'n'Bass entstand als Produkt der englischen Rave-Szene der ausgehenden Achtziger. Die Haupteinflüsse nimmt die Musik jedoch aus dem HipHop und Reggae. Hauptstadt und Hauptentstehungsort von Drum'n'Bass ist London. Als konkrete Geburtsorte werden oft der Londoner Club Rage und das Clubcafé Blue Note genannt, die für viele → DJs und Produzenten jeglicher → Club-Musik bedeutende Anlaufpunkte und Veranstaltungsorte waren und auch heute noch sind. Ursprünglich hieß diese Musikrichtung Jungle und war zum Teil besonders stark Reggaebeeinflusst. Doch bald wurde Jungle in Drum'n' Bass umbenannt. (Bei elektronischer Tanz-Musik ist es üblich, dass jedes Label und jede Crew behauptet, eine vollkommen eigene Musikrichtung zu machen. Daher kommt die Vielfalt der Bezeichnungen.) Innerhalb kürzester Zeit expandierte diese neue Gattung in ganz Europa und fand in England, den Niederlanden und Deutschland die stärksten Absatzmärkte. Die wichtigsten → Label dieses Genres sind Metalheadz (Goldi), Gyration, Smokin Drums, Don-Q, Typhoon Tunes und Case Invaders. In jeder europäischen Metropole ist eine Szene mit eigenen, ausgeprägten Stilmerkmalen, Veranstaltungsorten, Akteuren und Medien entstanden. Nennenswerte → Acts sind Prodigy (Crossover zu Punk), DJ Hype, DJ SS, DJ Kabuli, → Rebel MC (Congo Natty), FM Science, → Goldie und die Precision Crew. Auch hier hat sich eine Form von → MCing herausgebildet.

Dub

Von King Tubby ins Leben gerufene Musikrichtung. King Tubby bearbeitete Reggae-Klänge mit Echo-Effekten und fand viele Nachahmer. Trotz seiner Popularität unter Jugendlichen gehört Dub zu den Musikrichtungen, die noch keine eigene Lobby haben. Kaum ein Radiosender stellt dieser Musik einen Sendeplatz zur Verfügung oder lässt Dub-Interpreten in die Rotationsschienen eindringen.

Duck Squad

→ Posse aus Österreich, die regelmäßig Jams und diverse andere → HipHop-Projekte organisiert.

Dudge

→ Trainbomber aus Stockholm, der seit 1986 aktiv ist und der → Writercrew VIM angehört. Er ist derjenige von VIM, der die meisten → Züge besprüht hat. Dudge gehört zu den aktivsten Writern in Europa.

Dunkey Rope

(engl.: Eselskette) Scherzhafte Bezeichnung für eine → Rapperkette.

Dupli Color

Farbsprühdosenmarke, von der seit einigen Jahren auch extra Produkte für → Graffiti-Sprüher auf dem Markt sind. Bei diesen Dosen werden gleich spezielle → Caps beim Kauf mitgeliefert.

Dupri, Jermaine

(Jermaine Dupri Maulden) Produzent aus Atlanta. Der Sohn eines Managers im Musikgeschäft (Michael Maulden ist heute Vize Pre-

sident von → Columbia Rec.), kam schon sehr früh mit dem Musikbusiness in Kontakt. 1984, als er etwa 11 Jahre alt war, tanzte er schon auf einem großen Rap-Festival (Fresh Fest). Sein Vater vermittelte ihm Auftritte, und damit die Verwandtschaft nicht so offen zu Tage trat, ließen die beiden einfach den Nachnamen weg. Als Jermaine zarte 14 war, produzierte er zusammen mit Joe »The Butcher« Nicolo (später Mitbegründer von → Ruffhouse/Columbia Records) das eher unbedeutende Mädchentrio Silk Tymes Leather. In der Schule verkaufte Jermaine selbstproduzierte → Mixtapes, die den Namen So So Def trugen. Seinen ersten großen kommerziellen Erfolg hatte Dupri, als er im Alter von 18 Jahren (1992) Mack Daddy und Daddy Mack (besser bekannt als → Kriss Kross) vor einem Einkaufszentrum aufgabelte und zu Joe Nicolo brachte. Dupri machte sie zu Stars, und das vollständig von ihm produzierte Album »Totally Crossed Out« verkaufte sich mehr als sieben Millionen Mal. Sein Vater, mit dem er immer noch eng zusammenarbeitet, wurde Manager fast aller Künstler, die Jermaine produzierte. Heute sind darunter Rap Superstars wie → Da Brat (die er genau wie Kriss Kross selbst aufgebaut hat), → MC Lyte und die R&B-Gruppe Xscape, die auch die erste Band auf seinem 1993 gegründeten Label So So Def Records ist. Er produzierte unter anderem für Künstler wie TLC, → Notorious B.I.G., → Lost Boys und Mariah Carey.

E

East Side Galerie

Ein 1, 3 km langer Teil der → Berliner Mauer zwischen Kreuzberg und Friedrichshain, der 1990 von Künstlern gestaltet wurde, bekam den Namen East Side Galerie. Die East Side Galerie wurde unter Denkmalschutz gestellt und ist somit eines der letzten noch existierenden Mauerteile. Auf der Rückseite siedelte sich eine Wagenburg an, die aber von der Berliner Saubermann-Politik gewaltsam vertrieben wurde. Außerdem entstand hier 1991 eine der größten → Halls Of Fame in → Berlin. Hierher kamen → Writer aus aller Welt, → Amok malte hier seine letzten → Bilder. Im Zuge der Null-Toleranz-Politik, in deren Visier die Subkuturen stehen, wurde die Hall Of Fame einige Jahre später illegalisiert.

East Side Voice

→ Down Town Lyrics und → A Real Dope Thing.

Eastwood Rockers

Bedeutende britische → Breaker-Crew aus Liverpool.

Easy Business

→ Rap-Gruppe aus Hamburg, die seit 1988 besteht und damit zu den ältesten deutschen Gruppen zählt. Mitglieder sind Eric A., King Zombee, Doug ED und DJ Vau Bee. Gerappt wird in englischer Sprache. Deutschsprachige Stücke, wie zum Beispiel »80 Millionen Hooligans« mit den Goldenen Zitronen, waren eher als Ausnahmen zu verstehen. 1992 erschien von Easy Business die EP »A Safari So Called ...« und 1994 ihre erste LP »Enzyclopedia«, beide auf Container Records.

Easy Mo Bee

Produzent aus New York City, der besonders viele → Remixe großer HipHop-Stars vorzuweisen hat. Er zeichnete unter anderem für Remixe von → Craig Macs »Flava In Ya Ear« und großen Teilen von Notorious Bigs erstem Album, sowie → Heavy Ds »Black Coffee Remix« verantwortlich. Jedoch beschränkt sich Easy Mo Bee nicht nur auf HipHop. So unterstützte er zum Beispiel legendäre Jazz-Musiker wie Miles Davis bei der Produktion ihrer Tonträger.

Eazy E.

(Eric Wright) → Rapper und Labelbesitzer aus Compton, Kalifornien (gestorben 1995). Geboren 1963 in Compton, wuchs Eric in einer normalen Mittelklasse-Familie auf. Doch als Teenager wurde er Mitglied einer → Gang und machte keinen Schulabschluss. Er verdiente sich seinen Lebensunterhalt als Crack-Dealer und begann Mitte der 80er Jahre zu rappen. Zu dieser Zeit traf er auf die → DJ-Legenden → Dr. Dre und Yella von der → World Class Wreckin' Cru, sowie den → Rapper und Texter → Ice Cube. Er beauftragte Ice Cube damit, einen Text für eine Single zu schreiben, die Dr. Dre und der → Arabian Prince produzieren sollten. Es entstand das Stück »Boyz-N-The Hood«, das Eazy E. 1987 auf eigene Kosten auf Platte (zuerst 5000 Exemplare) pressen ließ und selbst verteilte. Er verkaufte letztendlich eine halbe Million Singles und gründete mit dem verdienten Geld das Label → Ruthless Records. Parallel dazu form-

te er zusammen mit Dr. Dre und Ice Cube die Gruppe → N.W.A. Als Besitzer und Chef von Ruthless Records verdiente Eazy E. Millionen von Dollars mit den Veröffentlichungen von N.W.A., → D.O.C., → Above The Law, J.J. Fad, Michelle und seinem eigenen Debütalbum »Eazy Duz It« (1998). Jedoch zahlte er seinen Mitstreitern offenbar zu wenig von diesem Geld aus. Aus diesem Grunde verließ Ice Cube 1989 N.W.A., bevor sie sich 1991 gänzlich auflösten, da auch der Produzent Dr. Dre sich extrem unterbezahlt fühlte. In Eigenregie produzierte Eazy 1993 sein zweites Album »5150 Home 4 Tha Sick«, das sich mehr als eine Million Mal verkaufte. Ein Jahr später begann er auf dem Sender KKBT-FM/L.A. eine populäre, wöchentliche HipHop-Radiosendung zu moderieren. Bevor Eric Wright am 26. März 1995 an AIDS verstarb, schrieb er Musikgeschichte, indem er 1994 der Pop-Rap-Gruppe → Bone Thugs-N-Harmony einen Vertrag mit Ruthless Records anbot.

E.B.C.

→ Electric Beat Crew.

Edding

Name einer bestimmten Sorte wasserfester → Marker, die bei deutschen → Writern besonders bekannt und beliebt sind.

Ed O.G. & Da Bulldoggs

→ HipHop-Gruppe aus New York City. Mitglieder sind: ED O.G. (Edward Anderson), Big Money, Sluggz-B und Shay-D. Auch wenn der Titel des Debütalbums »Life Of A Kid In The Ghetto« (1991 auf Mercury Records) sehr klischeehaft klingt, ist es nichtsdestotrotz intelligent und gut produziert. Hits wie »Be A Father To Your Child« unterstreichen, dass sie sich seiner sozialen Verantwortung den Kids gegenüber durchaus bewusst sind. Drei Jahre später meldeten sie sich zurück mit der Hitsingle »Love Comes And Goes« und dem dazugehörigen, bisher letzten Album »Roxbury 20119« (1994 auf Mercury

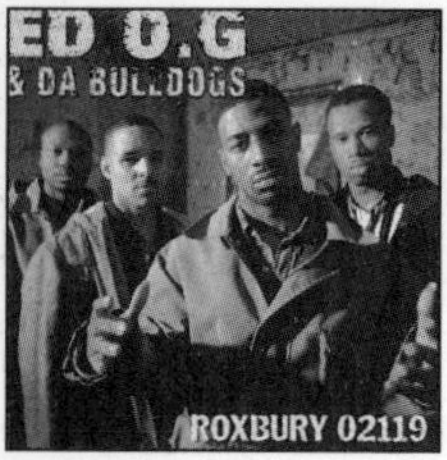

Records). Mittlerweile heißen sie nur noch Da Bulldogs und veröffentlichten einige Maxis, darunter 1999 »Run For Ya Life« auf Checkmate Records.

Eggbeaters

Bezeichnung aus dem → B-Boying für → Windmills mit den Händen am Geschlechtsteil.

EGU

Abkürzung für → European Graffiti Union.

Eikerman, Kai

Berliner → B-Boy, einer der ältesten Breakdance-Aktivisten Berlins, seit Anfang der achtziger Jahre aktiv, hatte stets großen Einfluss auf die Berliner B-Boy-Bewegung. Er unterstützte Gruppen wie Tod Durch Breakdance (TDB) und wirkte auch bei Theater- und Varieté-Aufführungen mit.

EL-P

(El-Producto – Jaime Meline) → MC und Produzent aus New York. 1992 gründete er zusammen mit Bigg Jus und DJ Mr. Len die Gruppe → Company Flow. Der hochintelligente EL-P wurde aufgrund seiner Probleme mit Autoritäten von mehreren Schulen geworfen. Er studierte mit 16 Tontechnik und gründete Company Flow, nachdem er bei der Party zu seinem 18. Geburtstag Mr. Len kennenlernte. Zusammen veröffentlichten sie 1993 auf dem kleinen Libra Label die Single »Juvenile Techniques«. Bigg Jus, zu dem Zeitpunkt Angestellter des Labels, wurde kurz darauf Mitglied der Gruppe. 1993 erschien auf dem Company-Flow-Label Official Recordings die erste Single »8 Steps to Perfection«.

1995 erschien schließlich die Doppel-EP »Funcrusher«, welche 30.000 Mal verkauft wurde. 1997 erschien das Album »Funcrusher Plus«, welches als Meilenstein in der HipHop-Geschichte gilt. Nachdem 2000 das Verhältnis von Company Flow und Rawkus zerbrach, gründete EL-P sein Label Definitive Jux, bei dem besonders viele jüngere innovative HipHop-Acts unter Vertrag sind: Cannibal Ox, Aesop Rock, Mr. Lif, RJD2 und andere. Neben seinen 2002 erschienen Solo-Alben »Fantastic Damage« und »Fandamplus« veröffentlichte er sehr viele Singles auf diversen Labels. Zwischenzeitlich war ein recht strikter Plattenvetrag dafür verantwortlich, dass EL-P über Jahre nicht veröffentlichen konnte.

Elbowglide

Begriff aus dem → B-Boying. Der Tänzer vollführt hier im Grunde dieselben Bewegungen wie beim → Handspin, jedoch wird die Drehung auf dem Ellenbogen vollführt, die Hand ruht dabei auf dem Bauch.

Elbowspin

Begriff aus dem → B-Boying, bezeichnet eine Drehung auf dem Ellenbogen.

Electric Beat Crew

→ HipHop-Gruppe aus Berlin, Haupstadt der DDR. Die Mitglieder waren: Marco Birkner, Produzent, und Olaf Kretschmann, Rapper. Die Gruppe war nie direkter Bestandteil der ostdeutschen → HipHop-Bewegung, doch ihre etwas von I.M.S. beeinflusste Musik war eindeutig → Rap-Musik. Sie gründeten sich bereits im November des Jahres 1987, hatten neben vielen Shows in Jugendklubs in und um Berlin auch einige Fernsehauftritte und einen → Gig im Friedrichstadtpalast Berlin. Sie waren die ersten, die im Jugendprogramm Elf99 des Fernsehens der DDR in deutscher Sprache rappten, und die einzigen → HipHopper, die 1989 auf der staatlichen Plat-

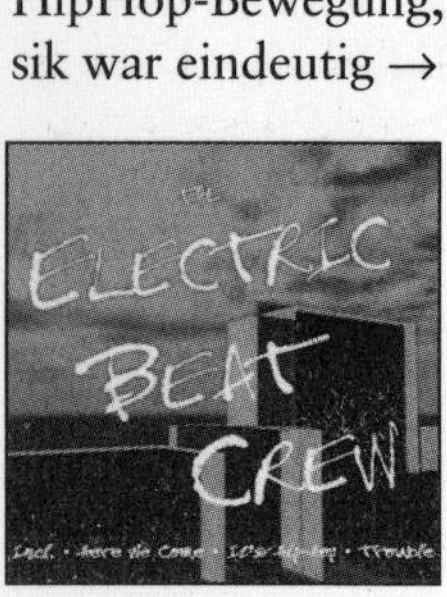

tenfirma Amiga eine Single veröffentlichen konnten. Ihre LP »The Electric Beat Crew« wurde 1996 bei der wiedergegründeten Amiga neu verlegt. Mit der politischen Wende im Ostteil Deutschlands rückte auch das Ende der Electric Beat Crew heran. In den späten Neunzigern erlebte die Gruppe jedoch ein kleines Revival. So waren sie zum Beispiel neben MC Gauner, K-Reim, KHS und einigen anderen Gruppen aus dem Osten Deutschlands auf dem → Sampler »Beastside« vertreten.

Electric Boogie

Um 1972 in Fresno, Kalifornien entstandene Tanzrichtung, die sich unabhängig vom → B-Boying in New York City entwickelte. Auch das → Locking entstand in Kalifornien. → Popping, → Locking, → Breakdance.

Electro

Bestimmte »Spielart« des HipHop, die typisch für seinen speziellen, »futuristischen« Sound ist. Beim Electro wird viel mit Computersounds und Klangverzerrungen gearbeitet. → Afrika Bambaataa war mit dem Stück »Planet Rock« (1982) einer der Begründer des Electro-Sounds. Den wohl wichtigsten Einfluss hatten Gruppen wie → Kraftwerk. Weitere Einflüsse lagen in der → Funk-, Jazz-, Soul- und Pop-Musik. Electro wurde später der typische HipHop-Sound der → West Coast. Der → Arabian Prince, der Egyptian Lover, → Dr. Dre und die World Class Wrecking Crew zählten zu den bedeutendsten Repräsentanten.

Electro ist eine bevorzugte Musikrichtung der → B-Boys. Dieser Musikstil, der eigentlich ein Sub-Genre des → HipHop ist, wurde in den Neunzigern von den Machern »elektronischer Tanz-Musik« »entdeckt« und als Instrumental-Musik mit verschiedensten Einflüssen wieder in die Clubs gebracht.

Elektra

Ist seit 1970 eine Tochtergesellschaft der → WEA, die wiederum eine Tochter des → Warner-Konzerns ist. Elektra gibt es schon seit 1950. Gründer der New Yorker Firma war Jac Holzman. Drei Jahre nach der Eingliederung bei Warner wurde Elektra mit → Asylum zusammengelegt.

Eminem

(Marshall Mathers) MC aus Detroit, Michigan. Mit dem Film »8 Mile« setzte Eminem nicht nur dem Medienhype um seine Person die Krone auf, offensichtlich gab er auch vage wieder, wie es in seiner Heimatstadt (wenn man das so nennen will) zuging. Geboren in St. Joseh (nahe Kansas City), verbrachte Eminem als Kind viel Zeit mit den häufig anstehenden Umzügen. Zu seiner Mutter hat Eminem nach einer verkorksten Jugend ein sehr schlechtes Verhältnis. Mit vierzehn begann er zu rappen, um von seinem tristen Leben Abstand zu gewinnen und seinen Kumpels (viele von ihnen waren Schwarze) zu imponieren. Sein erster Weggefährte nannte sich selbst Manix. Marshall selbst nannte sich M&M. Als aber die gleichnamigen Schokolinsen in Mode kamen, wurde daraus schnell Eminem. Da er es als Weißer in diesem schwarzen Metier nicht einfach hatte, versuchte sich Em als Freestyle- und Battle-MC und wurde schon bald zu einer lokalen Berühmtheit. Schließlich battelten die Leute gegen ihn, um sich selbst einen Namen zu machen. Trotz allem war Em mit seinem Leben unzufrieden. Er war inzwischen Vater geworden und musste nun arbeiten gehen, um die Familie zu versorgen. Als schließlich die Beziehung scheiterte und er sein Kind nur noch gelegentlich sehen durfte, glitt Eminem ab. Er trank zu viel, nahm Drogen und versuchte sogar seinem Leben ein Ende zu setzen. Doch er besann sich auf das, was er wirklich gut konnte und begann jetzt auch bzw. vor allem sehr emotionale Texte zu schreiben. So verarbeitete er seinen Frust und es entstand 1997 die »Slim

Shady EP« die den Untergrund aufhorchen ließ, aber doch weitgehend unbeachtet blieb. Im selben Jahr errang Slim den zweiten Platz im Freestyle Rap, bei den Rap Olympics MC Battle in Los Angeles. Der Chef von Interscope wurde dort auf ihn aufmerksam und erzählte Dr. Dre von diesem ungewöhnlichen Typen. Es verging einige Zeit, bis Dre sich ein Tape von Em anhörte. Als es dann aber passierte, war er begeistert. Schon beim ersten Treffen der beiden entstand das Stück »Hi My Name Is ...« und nur wenig später gab es das erste Album »The Slim Sady LP« (erschienen 1999 auf Aftermath/Interscope Records) zu kaufen. Eminem polarisierte so stark, das seine PR auf geradezu Besorgnis erregende Art an Eigendynamik gewann. Ergebnis dieser typisch amerikanischen Hysterie waren aus dem Stand verkaufte drei Millionen Exemplare seines Erstlingswerks. Em verewigte sich auf dem zum Klassiker avancierten zweiten Album von Dr. Dre »The Chronik 2001«, und als im Sommer 2000 die zweite Eminem-LP »The Marshall Mathers LP« auf den Markt kam, wurden allein in Woche eins nach Erscheinen fast zwei Millionen Kopien verkauft. Trotzdem Eminem nun ein Popstar war – und ist–, muss man seine vermutlich schwer erarbeiteten Fähigkeiten als MC anerkennen. Auch wenn die Stimme ein bisschen schräg (eine Schwäche, mit der Em gerne spielt, da sie ihn unverwechselbar macht) klingt, so ist sein Flow doch herausragend, besonders und eigen. Als der Hype ein wenig abgeklungen war, belebte Eminem seine alte Gruppe D-12 wieder, mit der er 2001 ein Album aufnahm, auf Tour ging und ihr zu Weltruhm verhalf. Wenig später trat er vor die Kamera um die Hauptrolle im Film »8 Mile« (Eminem spielt sich selbst) zu übernehmen. Der Film und der dazugehörige Soundtrack wurde nicht nur vom Publikum überra-

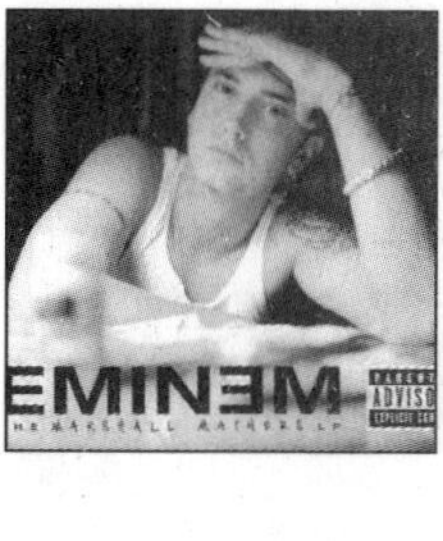

schend gut aufgenommen. 2002 erschien das bereits dritte Album »The Eminem Show«, auf dem er nicht zuletzt seine Mutter disst. Inzwischen hat Marshall Mathers mit Slim Shady Records sein eigenes Plattenlabel und vermarktet erfolgreich Künstler wie 50 Cent oder D-12.

End To End

Begriff aus dem → Writing; Bezeichnung für einen Zugwaggon, der über die gesamte Länge (unter den Fenstern) besprüht ist. Eine andere Bezeichnung für einen End-to-End ist Window-Down-Wholecar.

End 2

→ Writerin und Rapperin aus Paris, die in den Achtzigern nach München zog, seit 1985 aktiv ist und so zur ersten HipHop-Generation in Deutschland zählt. Sie war auf dem »Krauts With Attitude«-Sampler mit einem Song vertreten.

Enemy Squad

wichtigste → Breaker-Crew aus Ungarn, die sich besonders auf den einzelnen → Battles Of The Year einen guten Namen gemacht hat.

Doppel-End-To-End, Berlin 1996

Enterprise-Magazin
Name des ersten, wenn auch kurzlebigen Graffiti-Magazins aus Berlin.

Entwurf
→ Sketch.

EP
Extended Play. Bezeichnung aus der Musikindustrie für eine → 12", die normalerweise drei bis sechs Stücke enthält, also noch nicht den Status einer → LP genießt. Zu den ersten HipHoppern, die eine EP veröffentlichten, gehörten zum Beispiel das → NWA-Mitglied → Eazy E. und → Chubb Rock.

EPMD
HipHop-Gruppe aus Long Island, New York. Mitglieder sind: E (Double E) (Erick Sermon), Produzent und → MC; P(arrish) M(aking) D(ollars) (Parrish Smith), MC und Produzent. Bevor die beiden 1987 zusammentrafen, hatten sie schon mit HipHop zu tun gehabt. Parrish hatte als → DJ für das Rock Squad gearbeitet, das auf Tommy Boy Rec. schon eine Single veröffentlicht hatte. Sieb-

EPMD

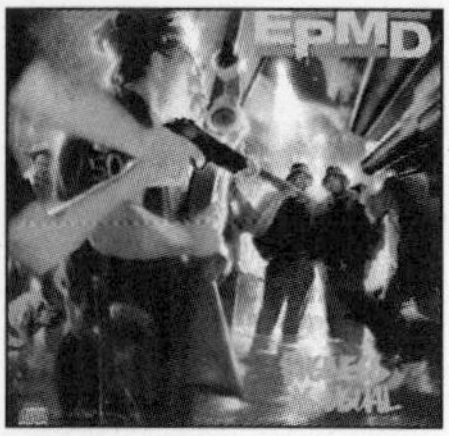

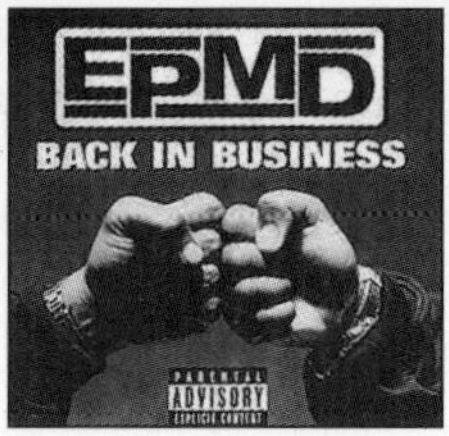

zehnjährig produzierten sie ein Demo, mussten jedoch bis 1989 warten, um ihre erste Single »It's My Thing« (auf Chrysalis Records) und dann ihr Debütalbum »Strictly Business« auf Fresh/Sleeping Bag Records zu veröffentlichen. Durch die überaus beeindruckenden Singles »You Gots To Chill« und »Get Off The Bandwagon« wurde die LP ein durchschlagender Erfolg, erlangte schnell Goldstatus und war einige Wochen lang auf Platz 1 der Black Billboard Charts. Obwohl die Raps der beiden aufgrund der flachen Intonation eher monoton daherkommen, sind EPMD äußerst beliebt, denn ihre Musik ist außergewöhnlich gut und ihr Gespür für den Groove und die richtigen Samples ließ viele ihrer Stücke zu Klassikern werden. Dank der Hitsingle »So What You Sayin'« verkaufte sich das zweite Album »Unfinished Business« (1990 auf Fresh/Sleeping Bag Records verlegt) ähnlich gut wie das erste. Nach einem Streit mit ihrem Plattenlabel wechselten EPMD zu → Def Jam und Rush Mangement, wo sie ihre dritte LP »Business As Usual« (1991) und 1992 das vierte Album »Business Never Personal« herausbrachten und mit Singles wie »Crossover« und »Headbanger« brillierten. Als sich EPMD nach diesem Album und bösen Streit trennten, waren viele Fans der Gruppe sehr enttäuscht. Unter ihnen auch → A Tribe Called Quest, die auf dem Cover ihrer dritten LP die Forderung »Bring Back EPMD« stellten. Zudem teilte sich das → Hit Squad, die erweiterte Crew (→ Redman, → Das EFX, → K-Solo) um EPMD, in zwei verfeindete Lager. Heraus kamen das Hit Squad (Das EFX) um PMD und das → Def Squad (Redman, Keith Murrey) um Erick Sermon. Wenig später, schon im Jahr 1993, veröffentlichte Erick Sermon sein erstes Soloalbum »No Pressure« und Parrish zog ein Jahr später mit seinem Solodebüt »Shade Business« (1994) nach. Noch auf dem 96er Album von PMD wurde Erick Sermon beschimpft, so wie es dieser umgekehrt auch schon häufig getan hatte. Doch im Sommer des Jahres 1997 passierte das Unglaubliche. EPMD überwanden ihre Differenzen vorübergehend und veröffentlichten im September desselben Jahres das in der ganzen HipHop-Welt schon mit Spannung erwartete fünfte Album »Back In Business«. Natürlich spielten auch finanzielle Interessen eine Rolle für die »Neugründung«. Nicht zuletzt wegen der Megahitsingle »Da Joint« wurde diese LP ein monumentaler Erfolg. EPMD hatten wieder einmal bewiesen, dass sie gemeinsam einfach unschlagbar sind. Die 1999 erschienene LP »Out of Business« war die bislang letzte. Nach diesem Album wurde es wieder still um EPMD.

Eric B. & Rakim

HipHop-Duo aus NYC. Eric B. (Eric Barrier) ist → DJ und Produzent; Rakim (William Griffin) ist der → MC. Bevor sich die beiden kennenlernten und Musik machten, war Eric B. schon länger als DJ tätig. Unter anderem arbeitete er für den Radiosender WBLS in Queens, wo er → Marley Marl traf und von ihm lernte. Nachdem die beiden ihre erste Maxisingle »Eric B. Is President/My Melodie« auf Zakia Records veröffentlichten, war der Erfolg so groß, dass sie von vielen Firmen umworben wurden. Schließlich entschieden sich Eric B. & Rakim für Rush Management und 4th & Broadway Records. 1987 erschien die Single »Paid in Full«. Das Lied mit seinen zahlreichen Remixes war ein absoluter Hit und wurde der Titel des überaus erfolgreichen Debütalbums. Heute zählen diese Platten zu den HipHop-Klassikern und wurden schon mehrfach neu veröffentlicht, da die Nachfrage der jüngeren HipHop-Fans weiterhin

extrem groß war. Nachdem das Duo 1988 zu MCA Records gewechselt hatte, kam ihre zweite, kaum weniger beliebte LP »Follow The Leader« heraus. Die Musik von Eric B. & Rakim beeinflusste den HipHop der späten Achtziger maßgeblich. Die Soulsamples, darunter viele von James Brown, kombiniert mit den eingehenden Beats und den Scratches von Eric B., wiesen vielen anderen Akteuren den Weg. Schließlich waren es die angenehm fließenden Raps, mit der markant tiefen Stimme von Rakim vorgetragen, die ein Übriges taten und eine Vorbildrolle für viele → MCs hatten, die nach ihnen kamnen. 1990 erschien ihre dritte LP »Let The Rhythm Hit 'em«, und 1992 das von vielen stark kritisierte, letzte gemeinsame Album »Don't Sweat The Technique«.

Die drei ersten Alben erreichten alle Goldstatus. Vom letzten erschien der Song »Know The Ledge« auf dem Soundtrack zum Film »Juice«. Danach trennten sich die beiden im Streit und es wurde recht ruhig um sie. 1995 veröffentlichte Eric B. ein Soloalbum auf dem hauseigenen 95th Street Label und tourte einige Zeit durch die Welt. Nach fünfjähriger Pause kehrte auch Rakim wieder ins Geschäft zurück und brachte im November 1997 sein Solodebütalbum »The 18th Letter« auf Universal Records auf den Markt. Es sollte ein furioses, an alte Zeiten erinnerndes Comeback mit anschließender Welttournee werden. Viele Fans waren jedoch von den mangelnden Live-Qualitäten auf dieser Tour enttäuscht. Bei der Produktion der Platte wurde er von Big Noyd, → Mobb Deep, Clark Kent und dem griechischen, in New Jersey lebenden Produzenten Nick Wiz unterstützt. Zwei Jahre später erschien dann die sehr kommerzielle LP »The Master«, die von vielen einfach nur noch ignoriert wurde. Das BestOf-Album »Universal Masters Collection« erschien 2002.

Esher

→ Berliner → Writer, der seit 1989 aktiv ist. Esher zählt zu den → Styleleadern der → New School, der nicht nur auf Berliner Writer Einfluss hat. Was → Style und Quantität angeht, setzte er Maßstäbe. Er ist unter anderem in der Writergruppe → RCB Mitglied. Heute malt er für eine Agentur Aufträge.

ESK

(East Side Kings, später auch ESC-East Side Crew) → Writercrew aus dem Ostteil → Berlins, die 1990 gegründet wurde und damit dort zur ersten Writergeneration gehört. Mitglieder sind: Look, Corint, Bome, Kaon, Disne. ESK machten sich besonders durch → Bombings einen Namen.

E To E

Begriff aus dem → Writing. → End To End.

European Graffiti Union

→ Graffiti-Organisation, die 1986 von → Peter Kreutzer und Konrad Kitl gegründet wurde. Ähnlich der → UGA, war dies eine Organisation, die Workshops und Aufträge für → Writer organisierte. In den späten Achtzigern hatte die EGU mehrere hundert Mitglieder. Heute hat die EGU keine Bedeutung mehr.

Event

Synonym für eine Veranstaltung.

Exponential Enjoyment

HipHop-Gruppe aus Deutschland. Mitglieder: Goldlover D., → Rapper; General G.G., Rapper; Double A, Rapper; Duke T, Rapper; B.T.L., DJ. Die Gruppe war schon 1991 auf dem ersten deutschen HipHop- → Sampler »Krauts With Attitude« vertreten. Ihr Stück »Style Introduction« erschien bereits 1990 als Maxi. 1993 veröffentlichten sie ihr Album »Chop Or Quench«. Exponential Enjoyment-Texte sind in englischer Sprache verfasst. Ein Ableger der Gruppe in den Mittneunzigern war Weep Not Child. Ein ehemaliges Mitglied der Gruppe wurde Moderator beim Kölner Musiksender VIVA TV.

F

F. A .B

HipHop-Gruppe aus Bremen. Mitglieder: → Immo, Rapper; → Ferris, Rapper; Pee, DJ. F. A. B. steht für Freaks Association Bremen. Die laut und abgedreht wirkende Gruppe bahnte sich mit Songs wie »Freiheit« und »Disstraktion« ihren Weg in die Ohren der deutschen HipHop-Hörerschaft. Die »Freaks« LP erschien 1995 auf MZEE Records. Auf ihr hatten auch → MC Rene und → Spax Gastauftritte. Die Band wechselte dann jedoch zu Epic und Community. Neben der Beteiligung an einigen Compilations wie dem »Breitseite«-Sampler hatten sie bei einer Vielzahl von Live-Performances die Möglichkeit, reichlich Bühnenerfahrungen zu sammeln. Seit 1997 begannen die Mitglieder von F. A. B. jedoch, getrennte Wege zu gehen. Ferris ist mittlerweile solo einer der bekanntesten Rapper Deutschlands und auch Immo hat bereits Solo-Vinyl auf den Markt geworfen. Das Stück »Reimemonster« von Ferris und → Afrob wurde ein Chart-Hit.

Fab Five

(Fabulous Five) Kurzzeitiger Zusammenschluss der Gruppen → Heltah Skeltah und → Originoo Gunn Clappaz, die der → Boot Camp Click angehören. Beide Gruppen debütierten 1995 mit der Untergrund-Hitsingle »Let The Madness Beginn ...« (erschienen auf Duck Down/Priority Records), um gleich danach getrennte Karrieren zu starten.

Fabulous Five

Eine der bedeutendsten → Writer-Gruppen aus New York, die bereits in den siebziger Jahren aktiv war und großen Einfluss auf die Writerszene hatte. Mitglieder sind Doc, Lee, Mono, Slave und Slug.

Fading

(Faden) Ein Begriff aus dem → Writing, der einen sanften Farbverlauf bezeichnet. Fadings sind besonders für Anfänger eine recht schwere Technik. Wenn der Begriff beim DJing benutzt wird, geht es um den Übergang von einem Musikstück in das nächste.

Fake

(engl.: unecht) Bezeichnung für Dinge im HipHop, die nicht echt, nicht real, sondern aufgesetzt sind. Ein Fake-MC beispielsweise ist ein → Rapper, der nicht zu den Idealen des HipHop steht.

Falco

Aus Österreich stammender Pop-Musiker, 1998 verstorben. Er ist einer der ersten Musiker, der in deutscher Sprache rappte, obwohl er nicht zur HipHop-Szene gehörte.

Fame

(engl.: Ruhm) Eines der Hauptziele der HipHop-Aktivisten ist es, Fame zu erlangen, der Anonymität und scheinbaren Belanglosigkeit des alltäglichen Lebens in einer Gesellschaft, in der Menschen nur noch zu funktionieren haben, zu entrinnen. Die → Writer arbeiten hier am sichtbarsten an diesem Ziel, indem sie ihren Namen überall in der Stadt und darüber hinaus verbreiten. Wenn erst einmal genügend Fame erreicht wurde, kann man sich des → Respects der anderen sicher sein und so auch als »anerkanntes Mitglied der Gesellschaft« schneller neue Verbindungen zu anderen aufbauen. Ein weiterer Grund, sich aktiv im HipHop zu engagieren, sind auch politische oder persönliche Gründe, weil es darum geht, etwas ausdrücken zu wollen, weil man eine → Message hat und man HipHop als geeignetes Medium betrachtet.

Fame-Bitch

Abfällige Bezeichnung für Frauen, die sich gern mit Bekanntheiten aus der HipHop-Szene schmücken (→ Bitch). Wird aber auch für ebensolche Typen genutzt.

Fanta 4

Kurzform für → Fantastischen Vier, Die.

Fantastischen Vier, Die

HipHop-Gruppe aus Stuttgart. Dazu gehören: → Thomas D. (Thomas Dürr); → Smudo (Michael B. Schmidt); Andy Y. (Andreas Riecke) und → DJ Hausmarke (Michael Beck). Kaum eine deutsche HipHop-Gruppe hat jemals mehr von sich Reden gemacht als die Fantastischen Vier. Von Puristen gehasst und verteufelt und von weiblichen Teenagern vergöttert, haben die vier Stuttgarter Musiker nun mittlerweile über eine Dekade lang äußerste Standhaftigkeit bewiesen. Sie blicken, lässt man ihre Solo-Veröffentlichungen außer Acht, auf über zwanzig medientaugliche Releases zurück, wie die nachstehende Discografie beweist: Erster Track auf der Einundneunziger »Krauts With Attidude«, dann die Maxi »Hausmeister Thomas D« (1991), die LP »Jetzt Gehts Ab!« (1991), die Maxis: »Mikrofonprofessor« (1991), »Frohes Fest« (1991), »Hausmeister Thomas D« (1992), »Die Da!?!« (1992), »Saft« (1992), »Vier gewinnt« (1992), »Laß die Sonne rein« (1992), »Zu geil für diese Welt« (1993), die LP »Die vierte Dimension« (1993), »Tag am Meer« (12"-1994), »Megavier« (LP-1994), ein Track auf der Compilation »Hand In Hand« (1995), »Sie ist Weg« (12"-1995), »Lauschgift« (LP-1995), »Populär« (12"-1996), »Nur In Deinem Kopf« (12"-1996), »Live &

Direkt« (Doppel-LP 1996), »Sie Muß Raus« (12"-1996), »Picknicker« (12"-1997), »Fantastischen Vier versus Sens Unik-Original« (12"-1997). »4:99« (LP-1999), »Le Smou« (12"-1999), »Michi Beck In Hell« (12"-1999), »MFG« (12"-1999), »Unplugged« (LP und DVD-2000), incl. einiger Single-Auskopplungen. Ihr Einfallsreichtum und ihre Aktivität ist für HipHop-Gruppen aus Deutschland äußerst ungewöhnlich. Sie waren diejenigen, die HipHop in deutscher Sprache marktfähig machten. Sie stammen alle aus bürgerlichen Verhältnissen und können mittlerweile problemlos von ihrer Musik leben. Andy Y. begann zwar ein Studium der Informatik, gab es jedoch für die musikalische Karriere nach eineinhalb Jahren auf. Er ist das technische Herzstück der Gruppe. Thomas D. beendete vor dem Beginn seiner musikalischen Laufbahn seine Lehre als Friseur. Dee Jot Hausmarke sammelte schon in früher Jugend Platten aus dem Black Music-Bereich. Er ist nicht nur als DJ, sondern auch als Rapper aktiv. Smudo gilt als Computerfreak und programmierte Adventure-Spiele für den C64. Er kümmert sich auch um die Erstellung der Websiten der Band und des hauseigenen Labels Four Music. Während die einzelnen Fanta 4-Mitglieder auch Solo-Veröffentlichungen hinter sich haben, erschien 2000 das Buch »Die letzte Besatzermusik« im KiWi-Verlag (»aufgeschrieben« von Ralf Niemczyk), in dem die Geschichte der Fanta 4 erzählt wird. Das Label → FourMusic, auf dem mittlerweile auch hochkarätige US-Stars erschienen sind, hat 2001 auch in Berlin ein Büro eroffnet.

Fanzine

Bezeichnung für ein kleines, unabhängiges, meist mit einfachen Mitteln erstelltes Magazin. Zu den nennenswerten deutschen HipHop-

Fanzines und -Magazinen zählten und zählen → Rap Nation, → MZEE, das → S.W.A.T. Inzine, MK ZWO (ehemals Mik's News/ Mik's X-Side News), → Tribes Of Da Undaground, → Boomy, Elements, Munich Production, In Full Effect, → Bounce, → On The Run, Tuff Stuff, → Storm, → Backjumps, → Overkill, 40below, Fame wie Sau, Outline und ATTF. Zu den größeren, über HipHop berichtenden Medien gehören die deutsche Version der HipHop Connection, → BAD, jetzt Jazzthing, das Magazin → Juice, → Backspin, Spex und das Standardwerk populärer Independent-Musik, Visions.

Fatback

Disco-/Funk-Band, welche in den 70ern und 80ern einige sehr erfolgreiche Singles veröffentlichte. 1979 veröffentlichten sie zusammen mit dem Rapper King Tim III die Single »Personality Jock«, welche zu den ersten Rap-Platten überhaupt zählt. Das ebenfalls kommerzielle »Rapper's Delight« von Sugarhill Gang, welches heute fälschlicherweise oft als »erstes HipHop-Stück« bezeichnet wird, erschien kurz darauf. Die HipHop-Szene selbst hielt von den Plattenveröffentlichungen zunächst ziemlich wenig.

Fatboys

Comedy-Rap-Gruppe aus New York. Die Mitglieder sind: Buffy – The Human Beatbox (Darren Robbinson), Rapper und Produzent (1995 verstorben); Kool Rock Ski (Damon Wimbley) Rapper und Produzent, sowie Prince Marky D (Mark Morales). »The Disco Three« legten nach Erscheinen ihrer Single »The Fatboys« ihren alten Titel ab und benannten sich passenderweise nach dem Namen der Single. Sie waren Gewinner des Tin-Pan-Apple-Production-Rap-Contests. 1983 erschien ihre Debüt-LP »Reality«. Für die 87er LP »Crushin'« kam es zur Zusammenarbeit mit den Beach Boys. Durch Beteiligung an einem Werbespot der Schweizer Uhrenfirma Swatch, in dem sie ihren Song »Stick' em« in »Swatch' em« umwandelten, gelang ihnen Mitte der achtziger Jahre als erste schwarze Rap-Formation der Sprung auf die Sendefrequenz des damals noch jungen, nicht unbedingt für alles offenen Musiksenders MTV. Ihre frühen Erfolge trugen Titel wie »All You Can Eat« oder »Jailhouse Rap«, doch erreichten diese kaum den Bekanntheitsgrad des Chartbreakers »The Twist«, der in Zusammenarbeit mit Chubby Checker (Ernest Evans) entstand. Mit ihm hatten sie 1988 anlässlich des siebzigsten Geburtstages Nelson Mandelas ihren größten Auftritt im überfüllten Londoner Wembley Stadion. Die Fatboys waren die ersten, die während ihrer Live-Show ihre → Instrumentals von → Tape und → DAT abspielten. Seit Anfang der Neunziger wurde es sehr ruhig um die Gruppe. Prince Markie Dee veröffentlichte ein Solo-Album auf Columbia und besitzt nun auch seine eigene Produktionsfirma The Soul Convention. Er produziert auch für R&B-Ak-

Fatboys

teure. Buffy und Kool Rock Ski begaben sich ebenso in den Produktionssektor und errichteten sich eigene Homestudios. 1995 verstarb Buffy während einer Session in seinem Haus. Als Todesursache wurde das plötzliche Aussetzen der Vitalfunktionen angegeben.

Fatcap

1. Sprühaufsatz, mit dem besonders breite Sprühstärken möglich sind. Oft werden Fatcaps so präpariert, dass der Strahl noch breiter wird. Dabei kommt es jedoch oft zum → Overkill. Der New Yorker → Writer → Super Cool soll der erste gewesen sein, der in den 70ern ein Fatcap benutzte. 2.→ Graffiti-Magazin aus Norwegen, das 1989 als kleines achtseitiges Heft zum ersten Mal erschien und den Anspruch hatte, alle Bereiche des HipHop abzudecken. Heute hat das Heft eine recht große Auflage von 3000 Stück und ist weltweit käuflich. Hauptschwerpunkt ist → Graffiti.

Fat Joe

Alias Joe Crack (Joseph Anthony Cartagena), → MC und Manager aus der Bronx, New York. Als harter Bursche unterwegs in der Bronx, hatte Fat Joe sich schon früh vorgenommen, jemand im HipHop-Business zu sein. Dafür übte er wie wild und bat einen Kumpel aus der Nachbarschaft, → Diamond D, für ihn → Beats zu produzieren. Schließlich nahm er an der allwöchentlich stattfindenden Amateur Night im Apollo Theatre teil. Weil er so gut war, wollte Cool DJ Red Alert ein Demo von ihm haben, das er auch bekam und in seiner Radio-Sendung spielte. So wurde das Label Violator/Relativity Records auf ihn aufmerksam und 1993 sein Debütalbum »Represent« produziert. Nach seiner ersten Single »Joe

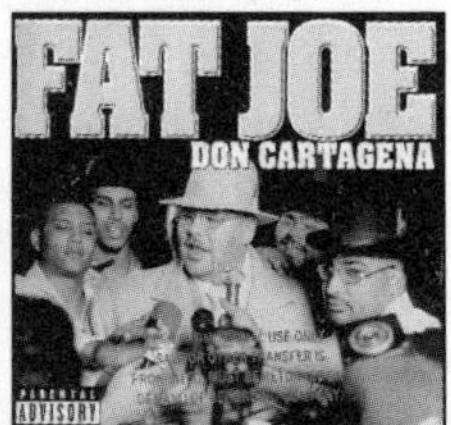

Flow« (1993 Rap-Single des Jahres) war das Album ein großer Erfolg. Das zweite Album des halb puertoricanisch, halb kubanischen Schwergewichts erschien 1995. In dem Lied »Watch Out« auf der LP »Jelous One's Envy« stellte der verheiratete Vater zweier Kinder → Big Punisher vor, den er nur einige Tage vorher getroffen hatte. Fat Joe, der sich selbst und seinen Kompagnon Big Pun managt, hatte danach einen Disput mit seiner Plattenfirma. Also trennte sich der Besitzer eines Klamottenladens in der Bronx kurzerhand von Violator/Relativity Records und gründete sein eigenes Label Mystic Entertainment/Atlantic Records. 1998 veröffentlichte er seine dritte LP »Don Cartagena«. 2002 zog er mit den Alben »Loyal« und »Jealous Ones Still Envy« als angepasster Pop-Rapper in den Kampf um die Spitze der Bilboard-Charts.

Fatlaces
Modeartikel, breite Schnürsenkel, die in Sportschuhen getragen werden.

FBA
(Fast Breakin' Art) → Writer-Gruppe aus New York, die 1978 gegründet wurde. FBA schaffte es, in ganz New York in und auf den → Subways präsent zu sein. Ihren Höhepunkt hatte die Gruppe in den späten Achtzigern. Mitglieder sind unter anderen Rask, Airborn, Spade 127, Tack und Kaze.

FBI
(Fabulous Bomb Inability) Deutsch-Französische → Writer Crew, die 1985 von den in Paris lebenden deutschen Writern → Gawki und → Gor gegründet wurde. Weitere Mitglieder sind → Loomit, → Bomber, → Chintz, Shark, Cemnoz und Don-M-Zaza aus Deutschland, sowie aus Paris Skale und Croy 2. Mit ihren großformatigen und aufwändigen → Bildern hatte FBI besonderen Einfluss auf die süddeutsche Writerszene.

FBP
(Fettes Brot Partei) → Fettes Brot.

Fearless Four

siehe → The Fearless Four

Fett

Titel einer deutschsprachigen HipHop-Fernsehsendung auf MTV Europe, die von Dieter Schmidt von den Verschaoten moderiert wird.

Fettes Brot

HipHop-Gruppe aus Hamburg. Mitglieder: Schiffmeister, Rapper, Produzent; Doc Renz, Rapper, Produzent; König Boris (B. Lauterbach, M. Schrader, B. Warns) Rabauke, Gast-DJ und Produzent; »Super« Mario von Hacht, Produzent. Die innovative, in deutscher Sprache rappende Gruppe gründete sich 1992. Ihre Musik ist abwechslungsreich, ihre Texte oftmals amüsant bis mystisch. Schiffmeister war ursprünglich nur als → Writer aktiv, spezialisierte sich dann jedoch auf die Musik. Zu den Mitbegründern der Formation zählte auch Tobi (Gubb), der schon mit Doc Renz bei den Poets of Peeze (ehemals Brotherhood) rappte und jetzt bei → Fünf Sterne Deluxe mitwirkt.

Mit den Poets of Peeze hatten Doc Renz und Tobi bereits einige Songs auf den Samplern »The Cook Monster« und »Soul Of The City« sowie eine Mini-LP namens »Eloquent Poetry«. Ebenfalls mit einer Mini-LP, die sich »Mitschnaker« nannte, begannen Fettes Brot ihre musikalische Karriere. Das erste richtige Album von Fettes Brot »Auf einem Auge blöd« verkaufte sich bis zum Ende des Veröffentlichungsjahres 1995 über 30.000 Mal. Erster großer Medienerfolg war der Song »Nordisch by Nature«, der unter Mitwirkung von →

Fischmob, → Tobi & BO und Eißfeldt von → Absolute Beginner entstand. Am 1. April 1996 erschien die Single »Jein« und bald darauf das Doppelalbum »Außen Top Hits, innen Geschmack«. 1997 offerierte ihnen der Radiosender Fritz (das Jugendprogramm des Ostdeutschen Rundfunks Brandenburg) die Möglichkeit, eine eigene wöchentliche, einstündige Radiosendung zu gestalten. Diese nannte sich »Forellentee« und wurde jeden Sonntag um 19.00 Uhr ausgestrahlt. Der Name der Sendung soll als Wortspiel mit Cyberspace-Café entstanden sein. Dem Video zu ihrem Song »Lieblingslied« gelang 1998 der Sprung in die Rotationsschleifen der großen Musiksender MTV und VIVA.

Fettes Brot sind Begründer der FBP (Fettes Brot Partei) und Sponsor des SUS Waldenau. Rabauke rief gemeinsam mit dem Hamburger Dendemann die Gruppe Eins Zwo ins Leben, die durch ein einfaches Untergrund-Tape die gesamte deutsche HipHop-Bewegung zu beeindrucken wusste. Die Stücke wurden neu aufgenommen, in den New Yorker D&D Studios abgemischt und von Yo Mama Records als EP »Sport« veröffentlicht. Zudem beteiligte sich Dendemann an dem Song auf der B-Seite der Single »Viele Wege führen nach Rom«.

Für die Erarbeitung ihrer achtundneunziger Langspielplatte »Fettes Brot läßt grüßen«, die im Oktober 1998 erschien, zogen sie sich in ein Einfamilienhaus in dörflicher Umgebung zurück. 2000 erschien das Album »Fettes Brot für die Welt«, 2001 »Demotape« und 2002 »Amnesie – 16 Singles gegen das Vergessen«. Letzteres Album, für welches sich die 3 vorrübergehend in Björn Beton, Speedy Konsalik und Kay Bee Baby umbenannten, enthält eine DVD mit mehreren Stunden Filmmaterial.

Fill In

Bezeichnung aus dem → Writing für die Füllung der → Buchstaben. Gemeint sein kann damit sowohl die ausgefüllte Fläche des Buchstabens, die → Designs oder auch beides.

Filme

→ Graffiti-Filme.

Final Call
Sprachrohr der → Nation Of Islam.

Firm Click
Projekt von AZ, → Foxy Brown, → Nas und Nature. 1997 erschien eine LP »The Firm«.

First Lines
Bezeichnung beim → Writing für die ersten Linien, die als Skizze zur Orientierung vorgesprüht werden. Wenn die First Lines oder auch First → Outlines fertig sind, wird mit den → Fill Ins oder dem Background begonnen. Das Sprühen der First Lines wird hierzulande oft einfach als »Vorspühen« bezeichnet.

Fischmob
HipHop-Gruppe aus Hamburg. Mitglieder: Cosmic DJ, DJ (D. Sommer); Der Schreckliche Sven, Rapper (Sven Mikolajewicz); DJ Koze, DJ (S. Kozalla); Stachy, Drummer. Die Gruppe gründete sich im Juli 1993 als Parallelprojekt zu Cosmic DJs und Svens Band TBC-Attack, einem sogenannten »englisch/deutschem HipHop-Projekt für langhaarige Zivis«. Unter diesem Namen veröffentlichten sie ein paar Kassetten und hatten hier und da mal die Möglichkeit, live zu spielen. Der Schreckliche Sven, der sich ursprünglich Timebomb nannte, und Cosmic DJ stammen aus Flensburg, zogen aber nach Hamburg. Auch DJ Koze war schon vor der Gründung der Gruppe musikalisch aktiv. 1991 wurde er zum Vize-Meister der Meisterschaften des DMC (DJ Mix Club) und wirkte bei den Daily Opressors und Space Funk mit. Ein knappes Jahr nach der Fisch-

mob-Gründung erschien bei Plattenmeister die erste Maxi »Ey Aller«, der 1995 das Debüt-Album »Männer können seine Gefühle nicht zeigen« folgte. Die Platte ging innerhalb des ersten Verkaufsjahres mehr als 10.000 Mal über die Ladentische und bis 1998 weitere 40.000 Mal. Ende 1995 ging der Fischmob auf Tour quer durch Deutschland. Ihre nicht immer unpolitische Musik, die man als durchaus innovativ bezeichnen kann und die weder vor Acid House noch vor → Trip Hop oder Alternative zurückschreckt, fand nicht nur beim HipHop-Publikum schnell Gefallen. Mit den Songs »Tut mir Leid« und »Bonanzarad« gelang ihnen sogar der Sprung auf die Rotationsschienen einiger Radiosender. Zusammen mit der Punk-Band No Not Now veröffentlichten sie eine Split-Single, die gegenseitige Coverversionen enthielt. Mitgewirkt haben sie außerdem am → Fettes Brot-Hit »Nordisch by Nature«. DJ Koze veröffentlichte 1996 als Adolf Noise eine eher experimentelle, aber lustige EP. Auch Der Schreckliche Sven ging zwischenzeitlich seinen eigenen Weg und brachte eine Trip Hop-LP mit dem Titel »Gleiche Höhe ist kein Abseits« heraus. Diese blieb jedoch etwas auf der Strecke. Gelegentlich war Fischmob als Vorprogramm der Ärzte zu sehen. Dann wurde es eine Zeit lang recht ruhig um die vier Hamburger. Doch 1998 traten sie nach Abschluss eines Joint Ventures mit Alternation/Intercord, wobei Plattenmeister das für sie zuständige Label blieb, aus der Dunkelheit hervor. Eine Vielzahl von Maxis und die LP »Power« wurden auf den Markt gebracht. Der erfolgreichste Song dieses Longplayers war »Susanne zur Freiheit«, der unter Mitwirkung der → Stieber Twins, Smudo und Hausmarke von den → Fantastischen Vier, Dendemann von Eins Zwo und einigen anderen entstand.

Fistglide

Begriff aus dem → B-Boying: Der Fistglide ist eng mit dem → Handspin verwandt. Der Bewegungsablauf ist derselbe wie beim Handspin. Allerdings dreht sich der Tänzer hierbei auf der Faust.

Five Percent, Nation Of The

Die Five Percent Nation ist eine islamistische Glaubensgemeinschaft, die von Clarence Jowars 13X Smith (einem Abtrünnigen aus dem Temple Nr. 7 in Harlem, der 1969 ermordet wurde), 1964 in New York gegründet wurde und mit der Nation of Islam verwandt ist. Mystische Symbole und Zahlen gehören ebenso zu dieser Religion wie der Glaube daran, dass der Schwarze Mann die Wiedergeburt Gottes (Allahs) durch die Sonne ist (die Zahl 7 in einem Kreis Sonne, zusammen mit dem Halbmond und dem Stern, versinnbildlicht dies). Die Mitglieder der Five Percent Nation – unter ihnen viele bekannte Rapper wie z.B. Lord Jamar (→ Brand Nubian), Rakim (→ Eric B. & Rakim), → Big Daddy Kane u.v.a. – sind der Meinung, dass es drei Kategorien von Menschen gibt. Zum einen die, die sich ihrer Identität und ihres Wertes nicht bewusst und also unwissend sind (85 %). Dann die, die diese Menschen ausbeuten und über sie verfügen (10 %), und dann gibt es die 5 %, die Bescheid wissen über sich und ihre Umwelt und festgestellt haben, dass sie (d.h. jeder einzelne von ihnen) Gott sind.

Flare

1. Begriff aus dem → B-Boying. Bezeichnet Kreisbewegungen um die Arme, ursprünglich auf Pferden ausgeübt. Der Begriff wurde vom Nachnamen des Turners Thomas Flare abgeleitet. 2. Begriff aus dem → DJing. Erfinder dieser komplizierten Technik ist DJ-Flare von der → Bay Area. Dieser → Scratch hat das DJ-Battling weit nach vorne gebracht.

FlashbacksMagazin

New Yorker → Graffiti-Magazin, das seit 1990 erscheint und auch in Deutschland erhältlich ist. Die erste Ausgabe war ein schwarzweißes Faltblatt. Herausgeber ist der → Writer → Poem. Schwerpunkt ist → Writing in New York.

Flashdance

1983 von Adrian Lyne gedrehter Breakdance-Film, bei dem bedeutende Tänzer wie → Crazy Legs von der → Rocksteady Crew mitwirkten.

Flats

Begriff aus dem → Writing, Bezeichnung für alte New Yorker Subway-Waggons, die sich wegen ihrer Oberflächenbeschaffenheit besonders gut zum Besprühen eignen.

Flavo Flav

→ Public Enemy.

Flavor

(Geschmack) Lebensgefühl oder auch Stil.

Flavor Unit

Vereinigung von HipHoppern, die sich Ende der 80er Jahre um den → DJ und Produzenten → DJ Mark The 45 King bildete. Dazu gehörten unter anderem Apache, Chill Rob G, Lakim Shabaz und → Queen Latifah, die dank ihres durchschlagenden Erfolges das bekannteste, aber auch engagierteste Flavor Unit-Mitglied wurde. 1991 brachte die Familie gemeinsam die LP »The Flavor Unit LP« (auf Tuff City Records) heraus, die jedoch das erste und letzte Projekt dieser Art sein sollte.

Queen Latifah übernahm schließlich die führende Rolle in der Flavor Unit und gründete eine Firma mit dem Namen Flavor Unit Management. Die geschäftstüchtige junge Frau verhalf dank ihrer inzwischen guten Beziehungen neuen Gruppen wie → Naughty By Nature zu Ruhm und Erfolg. Es folgte die Gründung eines gleichnamigen Plattenlabels, doch langsam wurde aus einer HipHop-Institution ein geldorientiertes Musikunternehmen, das immer mehr → R&B-Künstler unter Vertrag nahm und sie so gewinnbringend wie möglich vermarktete.

Flight Cases

(Flugkoffer) Stabile Koffer, in denen meist technisches Gerät, aber auch Platten transportiert werden, um sie vor Beschädigung zu schützen.

Flint 707

→ Writer aus New York, der in den frühen Siebzigern als erster → Clouds als → Designs benutzte.

Flipmode Squad

Lose Gruppe von MCs aus Brooklyn, New York. Flipmode Squad besteht aus → Busta Rhymes, Rampage (The Last Boyscout), Lord Have Mercy, Serious, Spliff Star, Baby Cham und Rah-Digga. Flipmode Squad ist eine von Busta Rhymes geformte → Crew. So fördert er durch seinen Einfluss im Musikgeschäft neue Talente. Rampage veröffentlichte 1997 sein vielbeachtetes Debütalbum, und Lord Have Mercy macht mit einem Stück auf dem Lyricist Lounge-Sampler von sich Reden. Das Heimatlabel der MCs ist Elektra. Sie kooperieren alle miteinander. Immer öfter kommt es vor, dass auf den Soloalben auch andere Flipmode-Mitglieder in Erscheinung treten. So enthält zum Beispiel das Album »When Disaster Strikes« von Busta Rhymes den Crewtrack »We Could Take It Outside«, auf dem jeder einzelne »Flipmodian« zu hören ist. Besonders oft arbeiten Busta Rhymes und Rampage zusammen. Schließlich versucht das ehemalige → Leaders Of The Newschool-Mitglied Busta Rhymes aus Flipmode ein kleines Geschäftsimperium aufzubauen, um einen Status finanzieller Unabhängigkeit zu erreichen. Die Flipmode-Firma ist nicht nur auf dem Sektor der Musik und Produktion, sondern auch in den Bereichen Management und Fashion tätig. 1998 entstand das erste gemeinsame Album des Flipmode Squad »The Imperial Album« (auf Elektra). Ein Jahr später erschien Rah Diggas Debüt-LP »Dirty Harriet«.

Flips

Begriff aus dem → B-Boying. Die Flips gehören zu den → Powermoves und beinhalten alle Formen von Überschlägen. Hier sind in erster Linie Salto und Flic Flac zu nennen.

Floats

Begriff aus dem → B-Boying. Die Floats gehören zu den → Powermoves. Hierbei schwebt der Körper des Tänzers waagerecht über dem Boden und wird von den laufenden Händen gestützt. Floats können nur in Drehbewegungen umgesetzt werden. Sind die Arme während der Drehbewegung ausgestreckt und die Beine angewinkelt, spricht man von Highturtles. Sind die Gliedmaßen während der Drehbewegung angezogen, so spricht man von → Turtles. Wird die Drehbewegung mit gestreckten Armen vollführt, bezeichnet man dies als Wulf.

Flow

Beim → Rappen: Bezeichnung für den harmonischen Fluss der Stimme. Flow ist ein wichtiges Qualitätsmerkmal eines → Rappers, welches bei → Battles auch oft in die Bewertung mit einfließt. Ein Rapper mit Flow gerät nicht ins Stottern, behilft sich keiner Füllwörter, spricht flüssig und dennoch im Takt.

Fly-Boy

Dehnbarer Begriff für einen → Breaker, → HipHopper, B-Boy, HipHop-Aktivisten und Konsumenten.

Flyer

Allgemeine Bezeichnung für Veranstaltungswerbung in Form von Flugblättern oder Kärtchen, die nicht nur im HipHop Verwendung findet.

Flygirl

Bezeichnung für ein Mädchen, das sich mit HipHop, sei es als Aktivistin oder nur als Konsumentin, befasst.

Flying Steps

Wichtige → Breaker-Gruppe aus Berlin, die auch überregional von Bedeutung ist.

Foot Letters

Synonym für → Hump Letters.

Foot Work
Begriff aus dem → B-Boying, Synonym für → Downrocks.

Forbidden Art
Name eines Video- → Graffiti-Magazines aus New York, welches seit 1991 unregelmäßig erscheint und deren Ausgaben jeweils eine Stunde Spielzeit haben.

Force M.D.s
siehe → The Force M.D.s

Forté
Rapper, Produzent aus New York. Der in Brownsville geborene John Forté entdeckte bereits in seiner frühen Jugend sein Interesse an HipHop und begann nach Abschluss der Highschool in New York und der Rückkehr aus New Hampshire, wo er die renommierte Exeter Privatakademie besuchte, ein Music Business-Studium an der New York University. Aufgrund der enormen Theorielastigkeit brach er dieses jedoch bald ab. Parallel zu seinen eigenen musikalischen Aktivitäten arbeitete er im → A&R-Bereich des bekannten Independent-Rap-Label Rawkus. Dadurch gelang es ihm recht schnell, gute und feste Kontakte zu Künstlern aus dem HipHop-Bereich zu knüpfen. So auch zu Lauryn Hill und Wyclef Jean von den → Fugees. Schnell fand man einen gemeinsamen Nenner und begann zusammenzuarbeiten. Aus dem gelegentlichen gemeinsamen Produzieren von → Beats wurde ein ernsthaftes Mitwirken am zweiten Fugees-Album »The Score«.

In dieser Zeit sammelte der junge Musiker eine Vielzahl von Erfahrungen und wurde zum Mitglied des Refugee Camps. Auch kam es zur Kooperation mit → DJs wie → Funkmaster Flex, mit dem er zwei Singles aufnahm. Im Juli 1998 veröffentlichte er sein erstes inhaltsschweres Solo-Album »PolySci«, welches unter Mitwirkung von Wyclef Jean, → Fat Joe, Pras, dem Remixer → Salaam Remi, der deutschen Sängerin Nena und vielen anderen entstand. Elf Stücke der Langspielplatte wurden von John Forté persönlich produziert und arrangiert. Neben der Verbreitung seines Gemeinschaftsgefühls und seiner Lebensansichten durch seine Songs strebt der → Rapper stets nach der Entwicklung eines eigenen Klanges seiner Musik.

Forward scratch

Begriff aus dem DJing: Hierbei wiederholt man einzelne Stellen oder Effekte rhythmisch durch Einblenden, Laufenlassen, Ausblenden, Zurückziehen und dann wieder alles von vorne. Diese Technik entstand aus dem → punch phasing.

Foto Trade

Graffiti-Begriff. Der Foto Trade ist eine weltweite Kommunikationsform der → Writer und→ Graffiti-Interessierten. Man tauscht per Post und mittlerweile auch per e-mail Fotos von bemalten Wänden, → Leinwänden und → Zügen aus. In einigen Magazinen werden regelmäßig Foto-Trade-Adressenlisten veröffentlicht. Der Foto Trade bietet vielen Graffiti-Magazinen die Möglichkeit, an → Bilder aus aller Welt zu gelangen und diese zu veröffentlichen. Auch viele Graffiti-Interessierte und → Graffiti-Forscher sammeln, archivieren, tauschen und verkaufen Fotos, dabei gibt es durchaus Ähnlichkeiten zu Briefmarkensammlern.

Four Music

(Sony) Plattenfirma aus Stuttgart. Four Music ist ein sehr junges, von den → Fantastischen Vier ins Leben gerufenes → Label, welches sich auf Black Music spezialisieren will, jedoch nicht nur → HipHop in sein Repertoire aufnehmen möchte. Die Mitglieder der Fantastischen Vier übernehmen aufgrund ihrer langjährigen Erfahrungen im Musik-Geschäft innerhalb des Unternehmens hauptsächlich → A&R-Tätigkeiten. Der Geschäftsführer der Firma, Fritz Braum, war ursprünglich für Sony tätig. Der Produktmanager Marcus Meyn ist Mitglied der Band Camouflage. Zu den bei Four Music unter Vertrag stehenden Künstlern gehören unter anderem der → Freundeskreis, die Lemonbabies, → Sens Unik und neben vielen deutschen Newcomern mittlerweile auch einige US-Acts, wie etwa → Pharcyde. Four Music hat seit 2001 auch ein Büro in Berlin.

Foxy Brown

(Inga Marchend) Rapperin aus Brooklyn, New York. Noch bevor Foxy Brown eine eigene Platte aufgenommen und veröffentlicht hatte, war sie bereits eine Berühmtheit und von den großen Plattenlabels (Majorlabel) umworben. Gerade mal 15 Jahre alt, hatte sie 1994 an einem Talent-Wettbewerb in Brooklyn teilgenommen und gewonnen. Genau dort wurde sie auch entdeckt. Das Produzententeam der → Trackmasters holte sie ins Studio zu den Aufnahmen von → LL Cool J's Album »Mr. Smith« (1995) und sie bekam die Chance auf der Single »I Shot Ya«, die heute ein HipHop-Klassiker ist, zu rappen.

Von ihrer charakteristisch rauchigen Stimme und ihrem Können waren viele begeistert, und so kam es, dass sie auf millionenfach verkauften Platten wie Cases »Touch Me Tease Me« und → Jay Z's »Ain't No...« LP und Toni Braxtons »You're Makin' Me High«-Remix zum Einsatz kam. 1996 konnte sie sich dann ihr → Label aussuchen, denn Angebote gab es genug. Sie entschied sich für → Def Jam Records. Nachdem sich die erste, von den → Trackmasters produzierte Maxi »Get Me Home«, bei dem der Refrain von Blackstreet gesungen wurde, als Smashhit etablierte, landete das 96er Debütalbum »Ill Na Na« auf Platz 7 der Popcharts. Foxy Brown ist Teil der → Firm Clique (Crew mit → Nas, → AZ und Nature), die der frühreife Teenager selbst als ihre »Familie« bezeichnete. 1997 erschien auf → Aftermath, dem neuen Label → Dr. Dres, das Album »The Firm«, womit sie einen weiteren Millionenerfolg in ihrer noch kurzen Karriere verbuchen konnte. Das zweite Album von Foxy Brown »China Doll« erschien 2000. 2001 folgte »Broken Silence« und 2003 »Ill Na Na Part II«.

Franti, Michael

Rapper, Produzent und Musiker aus San Francisco. Der früherere Basketballspieler schloss sich in den achtziger Jahren mit den Musikern Rono Tse, Andre Flores, Henry Flood und einem Produzenten namens Kevin zusammen und gründete mit diesen die Avantgarde-Band The Beatnigs. Sie schlossen damals auch schon einen Plattenvertrag ab, jedoch → signeten sie nicht wie viele andere Gruppen auf einem → Majorlabel, sondern entschieden sich für die in London ansässige Firma Alternative Tentacles. Zu Beginn der Neunziger löste sich Franti gemeinsam mit dem in Hong Kong geborenen Tischler Rono Tse von der Band und gründete die Disposable Heroes Of Hiphoprisy. Das Wort Hiphoprisy entstand durch ein Wortspiel mit HipHop und dem englischen Wort für Heuchelei, Hipocracy. Auf der ersten Langspielplatte dieser neu entstandenen Formation »Hipocracy Is The Greatest Luxury« befand sich auch ein neu aufgelegtes Stück aus alten Beatnig-Zeiten namens »Television – Drug of the Nation«. Die Disposable Heroes waren eine aussagekräftige HipHop-Band mit gelegentlich extremen Industrial-Einflüssen, aber auch einer weichen, emotionalen, jedoch in keiner Form verkitschten Seite. Franti, Autor aller Texte, zielte in seinen → Lyrics auf alles, was ihn in seinem weiteren Umfeld störte. Der Lebensstil eines typischen Amerikaners sowie Rassismus, Politik, Korruption und der Missbrauch von Sprache in den Medien waren für ihn ebenso wichtige Themen wie der Umgang mit seinen Mitmenschen. Bei ihren Liveshows fungierten Kettensägen und Trennschleifer als Instrumente. Auch wenn sich Michael Franti mehr von der Musik Bob Marleys als von den Platten Grandmaster Flashs angezogen fühlt, versteht er sich dennoch als → MC und

weiß, wie er sein Publikum bewegt. Franti ist ein ehrgeiziger Mann, der stets Neues probieren möchte. Das Angebot von Michael Jackson zur Zusammenarbeit lehnte er ab, da ihm dessen Musik zu kommerziell und ohne Aussage ist. Mitte der Neunziger wurde ihm bewusst, dass seine Musik zwar direkt und aussagekräftig ist, doch gemessen an der Masse der Menschen, die er erreichen will, kaum ein Publikum findet. Also beschloss er, seine → Message dem Hörer anders näher zu bringen. Seine neue Band Spearhead mit Raz I Zulu, Oneida James, Oliver Charles und Trinna Simmons verkörperte mehr oder minder seine nun ebenso neue musikalische Strategie. Die Musik sollte den Hörer treffen wie die Spitze eines Speers. Die Texte bewegten sich in erster Linie auf persönlicher Ebene. Franti vertrat von nun an die Ansicht, dass man die Welt nur verändern könne, indem man auch sich selbst verändert, seiner Position in der Gesellschaft bewusst wird und seine Mitmenschen auch wie solche behandelt. Die Songs, deren Bandbreite nun von kleinen Alltagsepisoden bis zu dramatischen Kurzgeschichten reichte, schienen ihm eine gute Möglichkeit zu sein, dies in den Köpfen der Menschen auch umzusetzen. Beide → LPs, »Home (1995) und »Chocolate Supa Highway« (1997), verkauften sich erfolgreich. Das Album »Live at the Baobab« erschien 2000, »Stay Human« 2001 und »Everyone Deserves Music« 2003. Daneben erschien 2001 eine 4fach-CD: »Sometimes«. Neben seiner musikalischen Arbeit ist Franti unter anderem in Gemeindezentren in San Francisco aktiv, wo er an einem sozial- und kulturpolitisches Internet-Netzwerk arbeitet. *www.spearheadvibrations.com*

Freedom Train

Begriff aus dem → Writing; einer der ersten → Wholetrains überhaupt, der 1976 in New York von Cane, FlameOne und Mad 103 zur 200-Jahr-Feier der USA gesprüht wurde und der in die Geschichte des → Writing einging. Der Zug wurde am gleichen Tag aus dem Verkehr gezogen, nachdem die Writer bereits verhaftet waren.

Freestyle
Bezeichnet beim → Rappen das improvisierte Reimen, also das Kreieren von Versen in Echtzeit. Vorrangig in den Vereinigten Staaten trifft man bei Rappern oft auf die Ansicht, daß Freestyle für das bloße Zeigen von → Skills, sei es in Form von fertigen Texten, MCing-Ideen oder spontanen Reimen steht. Beim → Writing steht es für das Sprühen eines → Styles ohne Skizze.

Freezes
Begriff aus dem → B-Boying. Freezes gehören zu den → Powermoves und bezeichnen ein abschließendes, wie angefroren erscheinendes Verweilen in einer Position. Freezes leben von Eigenkreationen. Zu den wichtigsten und bekanntesten Freezes zählen der Baby Freeze, der Atomic Freeze und der Share Freeze. Oft wird ein Freeze als Abschluss-Move benutzt.

Freight Train
Begriff aus dem → Writing; englische Bezeichnung für Güterzüge. Da diese seltener → gebufft werden und oft auch nicht so scharf bewacht sind wie Personenzüge, werden Güterzüge gerade in den USA immer häufiger besprüht. Beispiel hierfür ist besonders L.A. Da es sehr viele Güterzüge gibt und diese nicht regelmäßig und auch auf verschiedenen Strecken verkehren, ist es stets ungewiss, wo und wann ein auf ihnen gesprühtes Bild wieder auftauchen wird.

Fresh Familee
HipHop-Gruppe aus Ratingen.

Fresh Fest, The
HipHop-Festival-Tournee mit den größten HipHop-Acts der Achtziger.

Fresh'n'Attack
Berliner → Breakercrew.

Fresh Stuff
Seit 1990 jährlich erscheinende Schweizer HipHop-Sampler-Reihe, die von PD Slice zusammengestellt wurde.

Freundeskreis/Maximilian & Sein Freundeskreis
HipHop-Gruppe aus Stuttgart. Mitglieder: Maximilian, Rapper; Sékou, Rapper; Phillipe Kayser (Fender Rhodes), → DJ und Produzent; Friction (Johnny Calzone), DJ und Produzent; Livemusiker: Tommy W., Drums; Donato, Gitarre; Cassandra Stehen, Gesang; Christopher The Philosopher, Bass. Der seit 1996 existierende Freundeskreis gehört zu den bisher erfolgreichsten deutschen HipHop-Formationen. Trotz der unzähligen Pannen bei der ersten Veröffentlichung der Gruppe auf → Groove Attack, gelang dem Freundeskreis mit Titeln wie »Anna – Immer wenn es regnet«, »Wenn der Vorhang fällt« und »Leg' Dein Ohr auf die Schiene der Geschichte« der Durchbruch. Sie erhielten die Möglichkeit, einen Vertrag mit Four Music zu schließen. Ihre Songs liefen bald auf den Musiksendern → MTV und → Viva und einer Vielzahl von deutschen Radiostationen. Der Westdeutsche Rundfunk übertrug sogar einen ihrer Live-Auftritte. Die Texte sind meist politischer bis melancholischer Natur. Die → Instrumentals sind komplex und aufwändig produziert. Die Gruppe arbeitete bereits mit Bands wie den Massiven Tönen, zur Stuttgarter → Kolchose bzw. zu → 0711 gehörend, und Sens Unik zusammen. Sekou, der erst später zur Gruppe stieß, stammt aus Boston und war früher Mitglied bei The Phlow, wo er an der auf → Intercord veröffentlichten Langspielplatte »Phlowtation« mitwirkte. Phillipe Kayser arbeitete bereits zusammen mit dem französischen → Rapper Menelík am Projekt No Sé.

Friction beschränkte sich in seinem bisherigen Schaffen nicht nur auf reinen HipHop, sondern arbeitete auch an diversen → Drum'n'Bass- und Trip Hop-Stücken und remixte Songs der → Fantastischen Vier. 1997 erschien die LP »Die Quadratur des Kreises«, 1999 »Esperanto« und 2000 die Live-LP »En Directo«.

From here to ...

→ Graffiti-Magazin aus Norwegen in englischer Sprache. Wie die meisten Magazine mit etwas größerer Auflage kann man es in fast allen europäischen Staaten, in denen eine Writer-Szene existiert, bekommen.

Frontflip

Begriff aus den → B-Boying, bezeichnet einen Überschlag vorwärts, bei dem sich der → Breaker am Ende wieder in seiner Ausgangsposition befindet.

Frost

So nannte sich hin und wieder → Kid Frost.

FTP

(Fuck the Police) Name einer → Writercrew mit Mitgliedern in Basel und München. Unter anderen sind Cole, Crown, Dare und Oil Mitglied in FTP.

Fugees [Tranzlater Crew]

Refugee Camp, HipHop-Gruppe aus New Jersey, repräsentiert durch Pras (Prakazrel Michel), MC, Produzent; Clef (Wyclef Jean),

MC, Gitarrist, Produzent; Lauryn »L« Hill, Sängerin, MC, Produzentin. Bevor die Tranzlator Crew in ihrer heutigen Form zusammenkam, waren Lauryn und Pras schon gemeinsam zur Highschool gegangen. Erst Anfang der neunziger Jahre kam der Cousin von Pras, Clef, dazu.

Die Drei machten sich in ihrer Umgebung einen Namen. Lauryn Hill arbeitete hier und da als Schauspielerin (einige Soaps und eine beachtliche Rolle im Spielfilm »Sister Act II« an der Seite von Whoopi Goldberg). Alle brachten Geld zusammen und richteten im Keller von Clefs Haus ein Studio ein, wo selbst heute noch der inzwischen so berühmte Fugees-Sound ensteht. 1993 erhielt die Tranzlator Crew von Columbia/Ruffhouse Records ein Vertragsangebot, das sie annahm. Von diesem Zeitpunkt an nannten sie sich Fugees. Der Name ist eine Verkürzung des Wortes Refugees und bezeichnet in der Umgangssprache aus Haiti geflohene Asylanten in den USA. Pras und Clef sind geborene Haitianer, und so gab sich die Gruppe diesen Namen, der ihre Identität bezeichnet. 1993 kam das Debütalbum »Bluntet On Reality« der Fugees heraus. Fast alle Kritiker sagten nach dem Album, dass sie mit dieser → LP nur den Wünschen ihrer

Fugees

Plattenfirma, die ihnen ein toughes Image geben wollte, gerecht zu werden versuchten. Da sie aber nun einmal nicht so waren, wie sie sich gaben, wurde ihr erstes Album ein musikalischer und vermutlich auch finanzieller Misserfolg. Trotzdem fand es in HipHop-Kreisen aufgrund einiger guter Ansätze starke Beachtung. Doch mit der Veröffentlichung der Maxi »Nappy Heads« mit dem Salaam Remi-Remix und der Wiederauflage der Single »Vocab« verschafften sich die Fugees endgültig den Ruf guter, alternativer HipHopper. Nachdem sie Ende 1995 ihren Megahit »FugeeLa« veröffentlicht hatten, wurde ihre zweite LP »The Score«, die 1996 ebenso auf Columbia/Ruffhouse erschien, ein Renner und landete auf Platz 1 der Popcharts.

Mit Ohrwürmern wie »Ready Or Not« und dem von Lauryn Hill gesungenen »Killing Me Softly«, einer Coverversion eines Liedes von Roberta Flack aus den Siebzigern, verkaufte sich das Album mehr als 13 Millionen Mal. Die gelungene Mischung aus in Eigenproduktion entstandenen, rollenden Beats, Live-Instrumenten, Rap und dem Gesang der überaus talentierten Lauryn Hill gefiel eben nicht nur den HipHop-Fans. Seither ist die Stimme von Lauryn besonders bei HipHop-Produzenten sehr gefragt und kam auch schon mehrfach anderswo zum Einsatz (Gastauftritte bei Nas, Common etc.). Danach arbeiteten Pras (1998 »Getto Superstar«) und Wyclef solo (1997 Wyclef Jean And The Refugee Allstars »The Carnival« und 2000: »Ecleftic: 2 Sides II a Book«), während Lauryn 1997 ein Kind zur Welt brachte. Jedoch schon 1998 war ihre bezaubernde Stimme auf ihrem Soloalbum »The Miseducation Of Lauryn Hill« (auf Ruffhouse/Columbia Records) wieder zu hören. Auch wenn sich mittlerweile die einzelnen Mitglieder auf ihre Solo-Projekte konzentrieren, existieren die Fugees als Gruppe und Teil der → Refugee Allstars weiter. So gaben sie im April 2000 ein Konzert in Port-au-Prince, zu dem mehr als 80 000 Zuschauer kamen. 2003 erschien ein BestOf-Album.

Full Effect

Name eines australischen → Graffiti-Magazines, welches auch in Europa und Amerika erhältlich ist.

Fume

→ Writer aus Düsseldorf, der seit Mitte der Achtziger sprüht. Typisch für ihn sind seine abstrakten → Buchstaben.

Fünf Sterne Deluxe

HipHop-Gruppe aus Hamburg. Mitglieder: Tobi (T. Schmidt), Rapper; BO, Rapper; Marcnesium (M. Clausen), DJ; Coolman (Mario Kullmann), DJ. Die 1997 in Hamburg ins Leben gerufene Spaß-HipHop-Gruppe Fünf Sterne Deluxe gehört zu den innerhalb kürzester Zeit sehr erfolgreich gewordenen HipHop-Formationen Deutschlands. Die Maxi-Auskopplung der ersten LP »Silium« (1998), namens »Willst Du mit mir geh'n«, die unter Mitwirkung von → Biz Markie entstand, wurde zum Chartbreaker. Der Rapper Ferris, ehemals Mitglied der Bremer Gruppe FAB, hatte auf der LP einen Solo-Part erhalten. Auch holte man sich die → Beatminerz und DJs wie Thomilla für Remixes einiger Songs zu Hilfe. Fünf Sterne Deluxe gehörte bald zu den wichtigsten Produkten des Hamburger → Labels → Yo Mama. Der → Rapper Tobi war früher Mitglied der Poets Of Peeze und Mitbegründer von → Fettes Brot. Zusammen mit Bo bildete er die Gruppe Der → Tobi & Das Bo. Marcnesium, aus dem engeren → Fischmob-Umfeld stammend, übernahm die Cover-Gestaltung für DJ Kozes Solo-Platte und die Fischmob-LP. Fünf Sterne Deluxe partizipierten 1998 auch am Film »Kurz und Schmerzlos«, dem Debütstreifen des Regisseurs Fatih Akins, und wirkten ebenso am Soundtrack des Films mit. 2000 erschien die LP »Neo Now« und die CD »Alles muss raus«, auf der ältere Stücke veröffentlicht sind.

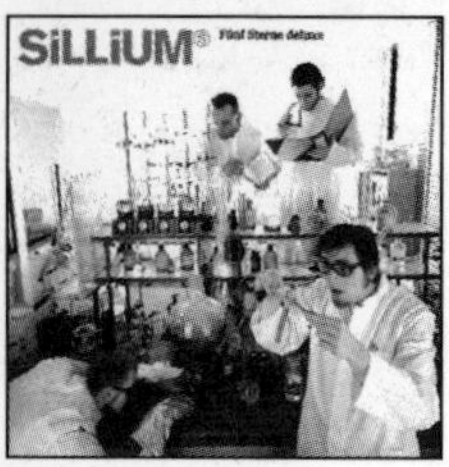

Funk

(eigentlich engl.: Angst oder Schiss) Schwarzer Musikstil, der sich in den sechziger Jahren aus dem Soul entwickelte. Im Gegensatz zum reinen Soul stand hier mehr der Rhythmus im Vordergrund. Funk war Ausdruck des sich entwickelnden neuen Selbstbewusstseins der Schwarzen und zugleich Provokation in einer Zeit, als sich das politische Klima in den USA veränderte, wie z. B. durch Offenheit der eigenen Sexualität gegenüber bis hin zum Sexismus (P-Funk). Zu unterscheiden ist unter anderem zwischen P(sycho)-Funk, S(oul)-funk, J(azz)-Funk oder G(angster)-Funk. Der Name geht eigentlich auf → George Clinton zurück, der die Namen der Gruppen *Funk*adelic und *P*arliament zu P-Funk abkürzte. Anfang der siebziger Jahre tauchten hier teilweise längere Sprecheinlagen auf, z.B. bei Isaac Hayes.

Für die Entwicklung des HipHop war Funk weniger von Bedeutung, allerdings wird sehr häufig Funk-Musik von HipHop-Produzenten zum → Samplen genutzt.

Funkadelic

→ Clinton, George.

Funkdoobiest

HipHop-Gruppe aus Los Angeles. Zu Funkdoobiest gehören Ralph M. (Ralph Medano), Son Doobie (Jason Vasquez) und Tomahawk Funk (Tyrone Pachenco). Gegründet Anfang der 90er Jahre, wurden die Latinos bald bekannt für ihre »Doubie Speech«, eine eigene Sprache, die sich aus Englisch und Spanisch zusammensetzt. Ihr erstes Album »Which Doobie U B?« (1993 auf Epic/Sony Records) wurde von → DJ Muggs, dem Mann, der den so typischen → Cypress Hill-Sound kreierte, produziert und verkaufte sich fast eine halbe Million Mal. Als Funkdoobiest 1995 ihre Hitsingle »Rock

On« noch vor Erscheinen der neuen LP »Brothers Doobie« veröffentlichte, war klar, daß auch ihre zweite LP ein voller Erfolg sein würde, den sie nicht zuletzt dem erneut produzierenden DJ Muggs verdankten. Auf dem dritten Album »Troubleshooters« (1998 auf Epic/Sony Records) nahmen sie die Hilfe von → DJ Legende → Tony Touch, Huricane G, Krumbsnatcher und anderen in Anspruch. Auf dieser LP stellten Funkdoobiest einen neuen Sound vor, der lateinamerikanische Rumba-Elemente enthält.

Funkmaster Flex

(Aston Taylor) → DJ und Produzent aus der Bronx, New York, USA. Flex, dessen Vater schon DJ in Jamaika war, legt seit seinem sechzehnten Lebensjahr Platten auf. Als Fan der DJ-Legenden Chuck Chillout und Kool DJ Red Alert durfte er die Platten von Chillout und anderen, damals populären Discjockeys tragen. Anfang der 90er Jahre begann die Radio-Karriere eher zufällig, als er auf Kiss FM in New York für Chuck Chillout einsprang und seine Sendung schließlich übernahm.

1993 produzierte er zusammen mit → Salaam Remi seine ersten Singles für Wreck/Nervous Records. Darunter war das Stück »Six Million Ways To Die«, auf dem er Nine vorstellte. Er wechselte zu WBLS und nicht viel später zu → Hot 97 FM, dem zu jener Zeit noch sehr Dance-orientierten New Yorker Radiosender, wo er eine Sendung von 0-2 Uhr machte. Im November '93 wurde aus Hot 97 »The station where HipHop lives«, und der überaus talentierte Flex erhielt mehr und bessere Sendezeiten (heute ist er 14 Stunden pro Woche auf Sendung). Geachtet für sein Können und bekannt durch seine Arbeit beim Radio, wurde er von nun an für die gro-

ßen New Yorker Clubs und für diverse Musik- und Film-Events gebucht. 1995 veröffentlichte er die Single »Nuttin' But Flavor« (auf Wreck/Nervous Records), an der sich → MCs wie → Ol' Dirty Bastard, → Craig Mack, → Notorious B.I.G., → Biz Markie und andere beteiligten. Noch im selben Jahr veröffentlichte er »60 Minutes Of Funk Mixtape Vol. 1« (auf → Loud/RCA Records), eine gelungene Mischung aus alten HipHop-Klassikern und neuen Stücken sowie → Freestyles von Stars wie den → Fugees, → Busta Rhymes, → Fat Joe, → Redman, → Method Man, Q-Tip (→ A Tribe Called Quest) und einigen anderen. Zudem produzierte er selbst das R&B-Stück »Everyday & Everynight« für Yvette Michelle, die wenig später selbst eine erfolgreiche Karriere begann. Nach dem Erfolg von über einer halben Million verkauften Exemplaren folgten weitere Versionen der »60 Minutes Of Funk«: Mixtape Vol. 2 (1996), Mixtape Vol. 3 (1998) und Mixtape Vol. 4 (2000), die allerdings ziemlich marktorientiert und sehr R'n'B-lastig sind. 1999 veröffentlichte er zusammen mit Big Kap die Platte »The Tunnel«, der nach dem gleichnamigen Club benannt ist. Mit dabei: → Dr. Dre, → Eminem, Ruff Ryders, → Mary J. Blige, → Snoop Doggy Dogg, → Jay-Z, die beiden Toten Biggie und → Tupac, → Method Man, → Redman und Eric Sermon. 1997 gründete er sein eigenes Label Flipsquad/Geffen Records.

Funky Grossangriff

Eine der wichtigsten und besten → B-Boy-Formationen aus Berlin.

Futura 2000

→ Graffiti-Künstler aus New York, der seit 1971 aktiv ist und somit zu den → Writern der ersten Generation zu zählen ist. Die Idee für seinen Namen kam ihm durch den Film »2001 – A Space Odyssey«. Typisch für ihn sind seine abstrakten Farbspielereien. Seit 1980 waren seine Werke weltweit zu sehen, und somit ist er mittlerweile nicht mehr nur als Writer, sondern eher als Aerosol Artist, der seine Wurzeln im → Writing hat, zu verstehen. Er machte auch kurze Zeit Musik und veröffentlichte eine Maxisingle, die heute Kult-Status besitzt.

G

G

Überwiegend an der → West Coast gebräuchlich. G steht für vieles, was mit einem G beginnt, wie zum Beispiel → Gangster, God, Girl oder Guy. Gelegentlich hat G auch die Bedeutung von Money oder Geschlechtsverkehr.

Game Over

Name eines Graffiti-Magazines aus Barcelona, welches in Spanisch und Englisch geschrieben ist. Das Magazin ist vollfarbig und europaweit erhältlich. Schwerpunkt bildet das → Writing in Barcelona und anderen spanischen Städten.

Gang

Internationales gesellschaftliches Phänomen, welches seit den Fünfzigern in allen Großstädten der Welt zu beobachten ist. Ähnliche Erscheinungen gab es auch schon in den ersten Jahrzehnten unseres Jahrhunderts, als Straßenjungs, meist Zeitungsverkäufer, durch die Großstädte streunten.

Die Gangs bilden eine eigene Lebensform mit eigenen sozialen Strukturen. Von Anfang an kennzeichneten sie ihre Reviere mit den Vorformen von → Tags. Eine Motivation, in eine Gang einzutreten, ist der Wunsch, der umgebenden Gesellschaft zu entfliehen. Da HipHop als eine Kultur der Straße entstand, gibt es hier zahlreiche Überschneidungen.

gangbang, to

1. Das Begehen von Verbrechen mit seiner → Gang. 2. Synonym für Gruppensex.

Gangbanger

Bezeichnung für ein → Gang-Mitglied.

Gangsta

1. Slang-Bezeichnung für ein Mitglied einer → Gang. Um in eine Gang hineinzukommen, müssen oft Rituale und Mutproben bestanden werden. 2. Eine bestimmte Stilrichtung der → Rapmusik, → Gangster-Rap.

Gang Starr

HipHop-Musik-Duo aus Brooklyn, N.Y.C. Es besteht aus Guru (Gifted Unlimeted Rhymes Universa / Keith Elam), → MC; DJ Premier auch Primo/Premo (Chris Martin), → DJ und Produzent. Ihre Karriere begannen der aus Boston stammende Guru (früher nannte er sich Keith E.) und der aus Brooklyn kommende Premier bei Wild Pitch Records, wo sie 1989 ihr erstes Album »No More Mister Nice Guy« veröffentlichten. Bekannt wurde von dieser Platte das Stück »Jazz Musik« und das auf dem Soundtrack des Spike-Lee-

Gang Starr Foundation

Filmes »Mo Better Blues« erschienene Stück »Jazz Thing«. Beide Stücke waren eher ruhiger Natur. Gang Starr galten als Jazz-Rapper. Nachdem sie 1990 zu Chrysalis/EMI Records übergetreten waren, kam die → LP »Step In The Arena« heraus. Damit hatten Guru und Premier eins der besten HipHop-Alben aller Zeiten auf den Markt gebracht. Die Platte ist inzwischen eines der meistgesuchten Sammlerobjekte für HipHop-Fans, denn niemand will auf zeitlose Hits wie »Just To Get A Rep«, »Step In The Arena« und »You Can't Handle The Hard Way« verzichten. Die ausgefeilten und oft aufwändigen Produktionen und Scratches von DJ Premier sind genau auf den → MC mit der kühlen Stimme abgestimmt. Seit jenen Tagen ist er einer der begehrtesten Produzenten im HipHop-Geschäft, und im Laufe der Jahre schuf Premier die → Tracks für alle MCs der Gang Starr Foundation. Dazu zählen → Jeru The Damaja, Big Shug, → Group Home und viele andere Rapper. Auch für → Heavy D & The Boyz, → KRS One, → Nas, → Mobb Deep, → Notorious B.I.G., → Big Daddy Kane, → Jay Z, Nice & Smooth, → Rakim, → OC, → Bahamadia, → DJ Honda, Janet Jackson und diverse Soundtracks produzierte Premier die → Beats. 1992 kam das von den Fans ersehnte dritte Album »Daily Operation« heraus. Zwei Jahre später erschien die vierte LP »Hard To Earn« (1994 auf Chrysalis/EMI). Beide brachten zu Klassikern gewordene Lieder wie »Mass Appeal«, »Dwyck« (mit Nice & Smooth) und »Code Of The Streets« hervor und festigten den Ruf des Duos als Dreamteam im HipHop. In der Zwischenzeit ging Guru seiner persönlichen Schwäche für Jazz nach und machte mit Jazz-Berühmtheiten wie Donald Bird, N' Dea Davenport und dem französischen Rapper → MC Solaar eine, wie er selbst formulierte »... experimental fusion of Hip-

Hop and Live Jazz ...« mit dem Titel »Jazzmatazz« (1994 auf Chrysalis/EMI). Der Erfolg war so groß, dass das Projekt weitergeführt wurde. 1995 kam »Jazzmatazz Vol. 2« und 2000 der dritte Teil in die Läden. Zudem gastierte Guru als einer der populärsten MCs überhaupt bei Künstlern wie → De La Soul, → Digable Planets, Jeru The Damaja, Ronnie Jordan und Bahamadia. Er produzierte Lieder für die Soundtracks zu verschiedenen Filmen wie »Trespass«, »Menace II Society«, »Adams Family Values«, »Rhyme And Reason« und beteiligte sich an → Samplern wie »New Groove: The Blue Note Remix Pro« und »Best Of Acid Jazz«. 1998 haben Guru und Premier zu Noo Trybe/Virgin Records gewechselt, um ihr fünftes, 21 Titel starkes Album »Moment Of Truth« zu veröffentlichen. Nach dem Erfolg der Single »You Know My Steez« am Ende des Jahres 1997, erschien die → LP vielen Kritikern als zu umfangreich und eher durchschnittlich. Aber dennoch haben es Gang Starr mit diesem Album geschafft, nach ca. zehn Jahren immer noch eine der beliebtesten HipHop-Acts überhaupt zu sein. 1999 veröffentlichten sie »Full Clip: Historie of Ten Years« und 2003 »The Ownerz«. Sie gründeten die Gang Starr Foundation, mit der sie nach wie vor neue Talente im HipHop fördern, und brachten so z.B. → Jeru The Damaja, → Group Home, Big Shug und → Bahamadia nach oben. Zudem präsentierte Guru einen Sampler, auf dem einigen unbekannten Künstlern die Gelegenheit gegeben wurde, sich einem breiten Publikum vorzustellen.

Gangster-Rap

Zum Genre erklärte Strömung innerhalb der HipHop-Musik. Als Ende der 80er Jahre → Acts wie → Schooly D, → Ice-T und →

N.W.A. oder Geto Boys populär wurden, brachten sie eine nie dagewesene Verklärung und Romantisierung des → Gangsterlebens in den Ghettos mit sich. In ihren Texten sprachen sie über → Bitches und → Hos, Pimps und Hustlers, Sex und die Freuden des Alkohol- und Drogenkonsums. Sie gaben sich als Supermachos, abgebrüht und geübt im Umgang mit Waffen, brutal und skrupellos, ähnlich wie in den Blaxploitation-Filmen der 70er Jahre. Heute wird die Musik fast aller → West Coast Rapper als Gangster-Rap bezeichnet. Bestens verkörpert wird diese Lebenseinstellung von → Snoop Doggy Dogg, der 1995 einer lebenslangen Haftstrafe nur knapp entrann, da das Gericht auf Notwehr im Falle der Ermordung eines früheren Gangrivalen entschied. Die Musik von N.W.A., Snoop Doggy Dogg und anderen rief natürlich die Jugendschützer und Rap-Kritiker herbei, die nach einer einheitlichen Kennzeichnung für Jugend-gefährdende Musik verlangten. Diese bekamen sie dann auch in Form eines einheitlichen Aufklebers: → Parental Advisory – Explicit Lyrics. Dieser Aufkleber wurde 1990 erstmals von 2 Live Crew-Mitglied Luke Skyywalker verwandt.

Gawki

Deutschsprachiger → Writer aus Paris, der zusammen mit → Gor die Gruppe → FBI gegründet hat. Gawki ist außerdem zusammen mit → Mode 2 und Zeds Mitglied bei → TDS (The Def Stars).

Geltendorfer Zug

Begriff aus dem → Writing. Der erste → End-To-End, der in Deutschland jemals gemalt wurde, war der Geltendorfer Zug, 1985 von den Münchner → Writern Don M. Zaza, Cheech, Blash, → Loomit, Roy, Roscoe und Cryptic. Der Zug ging durch die Medien und sorgte so für ein Aufblühen der noch jungen Writerszene. Ein Jahr später konnte einigen Writern die Aktion vor Gericht nachgewiesen werden.

Genies

Begriff aus dem → B-Boying, gehören zu den Windmills, bei den Genies bleiben die Arme jedoch vor der Brust gekreuzt.

Genius
→ Wu-Tang Clan.

German Zulu Nation
→ Zulu-Nation.

Get Busy
Bedeutendes französisches → HipHop-Magazin.

Get Fresh Crew
→ Doug E. Fresh and the Get Fresh Crew.

Geto Boys
HipHop-Musik-Trio aus Houston, Texas, USA. Bestehend aus Scarface (Brad Jordan); Willie D (William Dennis) und Bushwick Bill (Richard Shaw).Wie so viele afroamerikanische Kids in den Großstädten der USA, rappten die drei Geto Boys schon in früher Jugend. Doch erst auf Initiative von James Smith, dem Chef von Rap-A-Lot Records, kamen die Drei zusammen und fingen an, Platten aufzunehmen. 1988 erschien das Debütalbum »Making Trouble« gefolgt von »Grip It! On That Other Level!« (1989 auf Rap-A-Lot Records). Ein Jahr später wechselten die Geto Boys zu → Rick Rubins Label → Def American Records und veröffentlichten dort das Album »Geto Boys«. Obwohl die Geto Boys schon auf ihren ersten beiden Alben neue Horizonte des Gangster-Rap erschlossen hatten, wurde diese → LP zu einem handfesten Skandal. Der damalige Vertrieb von Def American Records, → Geffen Records, weigerte sich, das Album an die Einzelhändler auszuliefern, da die Texte der Ge-

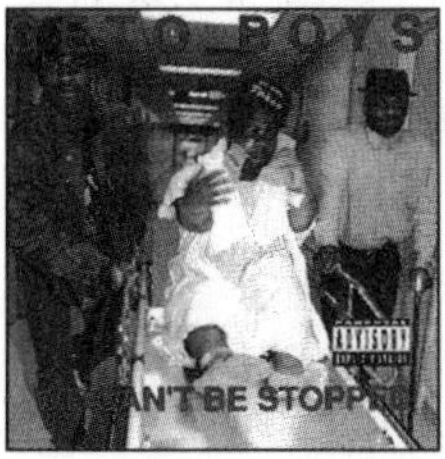

to Boys detaillierte Beschreibungen von Nekrophilie und Mord enthielten. Rick Rubin fand einen neuen Vertrieb und das Album erlangte Platinstatus. Für ihre nächste LP gingen die Geto Boys wieder zurück zu ihrem Heimatlabel und brachten 1991 »We Can't Be Stopped« heraus. Auch dieses Album verkaufte sich dank der Single »My Minds Playing Tricks On Me« mehr als eine Million Mal. Doch ungeachtet der großen Erfolge, die das Trio gemeinsam feierte, trennten sich die Geto Boys noch im selben Jahr. Freunde waren die drei Rapper nie, doch 1991 kam es zu starken Rivalitäten der Nachbarschaften von Scarface (South Acres) und Willie D (Fifth Ward). Willie D schied aus der Gruppe aus und wenig später kam dafür Big Mike (Mike Barnett) hinzu. Zu dieser Zeit verlor der auf Jamaika geborene Bushwick Bill ein Auge. Der offenbar depressive Rapper wollte seine damals 17-jährige Freundin zwingen, ihn zu töten, doch sie schoss ihm nur ins Auge. In neuer Besetzung entstanden die LPs »Best Uncut Dope« 1992 und »Till Death Do Us Part« 1993, die beide große kommerzielle Erfolge wurden. Willie D veröffentlichte nach seinem Solodebüt, das schon 1990 auf Rap-A-Lot Records erschienen war, zwei weitere Alben auf Wize Up/Wrap Records. Allerdings blieben diese Arbeiten weitestgehend unbeachtet. Scarface hingegen startete eine sehr erfolgreiche Solo-Karriere. Auch der nur ca. 1, 40 m große Bushwick Bill machte unter dem Namen »Dr. Wolfgang von Bushwickin the Barbarian Mother Funky Stay High Dollar Billstir« eine Solo-LP mit dem Titel »Phantom Of The Rapra«. 1996 kam es zur großen Wiedervereinigung der ursprünglichen Geto Boys und sie produzierten zusammen ihr Album »Resurrection«. Wie auch auf den vorangegangenen Veröffentlichungen, zeigten die drei ihr großes Können, das gepaart mit den expliziten Texten und oft sehr eingängiger Musik den großen Erfolg der Geto Boys ausmachte. »Da Good, Da Bad, Da Ugly« erschien 1998 und 2002 gab es schliesslich ein BestOf-Album.

Getting up

1. Begriff aus dem → Writing für das Abgehen und das Bekanntwerden. 2. Titel eines Graffiti-Buches des New Yorker Kunstanthro-

pologen Craig Castleman in englischer Sprache, dessen Schwerpunkt → Subway-Graffiti bildet. Das Buch ist sehr theoretisch gehalten.

GFA

(Glorious Five Artists) → Writercrew aus → Berlin, die in den Achtzigern gegründet wurde. Mitglieder sind → Poet, Saet, Kane, Kaos, Eso und Soko. Neben → SOS gehörte GFA besonders um das Jahr 1990 zu den bedeutendsten Writercrews in Berlin.

G-Funk

(Gangster Funk) Bezeichnung für die von Produzenten wie → Warren G und → Dr. Dre »geschaffene« Stilrichtung innerhalb der Hip-Hop-Musik. In den Jahren 1993 bis 1995 erlebte der G-Funk besonders auf dem Label → Death Row seine Blütezeit. Typisch für diese Art Musik sind die melodiösen, tragenden Samples und pfeifenden Geräusche, mit denen nicht selten eine simple Melodie gespielt wird.

Ghettoblaster

Bezeichnung für einen tragbaren, batteriebetriebenen Kassettenrecorder mit leistungsstarkem Verstärker, ideal zur Beschallung von Straßen, so etwa beim → B-Boying etc.

Ghostface-Killah

→ Wu-Tang Clan.

Ghosttrain

Begriff aus dem Writing. Wenn auf einem Zug nach dem → Buffen noch Reste der → Styles erkennbar sind, spricht man von einem Ghosttrain.

Ghostyard

Begriff aus dem → Writing; Bezeichnung der New Yorker Writer für ein → Yard in der 207. Straße in Manhattan, welches wegen seiner Unübersichtlichkeit eigentlich gut zum Sprühen geeignet ist. Es wird dennoch selten besucht, da, nachdem dort ein Writer von Bahnarbeitern ermordet wurde, die verschiedensten Gerüchte über das → Yard in Umlauf sind. Die Bahnarbeiter wurden nie bestraft.

GHS

(Ghettostars) → Writergruppe aus → Berlin, die sich etwa 1991 gründete und besonders durch → Trains und → Bombings auf sich aufmerksam machte. Mitglieder sind Khan, Maxim, → Bisaz, Skume und Wesp. In jüngerer Zeit kam Level dazu, ein Extrem-Bomber, der es schaffte, die Gruppe wiederzubeleben. Zwischendurch machte GHS einen Laden auf. GHS war für viele Bomber ein wichtiges Vorbild: zahlreiche Newcomer wurden animiert, überwiegend mit → Chromsilber zu malen.

GIB

(Graffiti in Berlin) → SOKO, → Bundesgrenzschutz.

Gig

Bezeichnet einen Auftritt, eine → Show, eine Performance.

Gleisi

So bezeichnen Sprüher (→ Writer) einen Gleisbauarbeiter, Rangierarbeiter oder Streckenläufer der Deutschen Bahn AG und untergeordneter sowie beauftragter Unternehmen. Sie sind an den orange Warnwesten und den meist blauen Arbeitsanzügen zu erkennen. Mittlerweile sind viele zu miesen Konditionen bei Subunternehmen angestellt.

Going Over

Begriff aus dem → Writing. Going over steht für das Übermalen eines Graffiti mit einem anderen Graffiti. Oft geschieht dies, wenn wenige freie Flächen zur Verfügung stehen. → Crossen.

Gold/Goldene Schallplatte/Goldstatus

Auszeichnung für besonders erfolgreiche Singles bzw. Alben. Vergeben werden Goldene Schallplatten von der Recording Association of America (RIAA) bzw. von äquivalenten nationalen Organisationen an die Künstler und Produzenten. In den USA wird eine Goldene Schallplatte für 500.000 verkaufte Alben oder Singles verliehen. In Deutschland hingegen reicht es, wenn 250.000 Exemplare eines Tonträgers verkauft wurden. Wer in den USA eine Million Platten oder CDs an den Mann zu bringen weiß, wird dafür mit einer Platin-Schallplatte geehrt. In Deutschland wird schon für das halbe Ergebnis (500.000 Einheiten) die gleiche Ehrung zugesprochen.

Goldie

→ Writer und → Breaker aus Wolverhampton bei Birmingham (England), der Anfang der Achtziger aktiv wurde. Goldie gründete 1991/1992 das → Drum'n'Bass-Label Metalheads, das als richtungweisend gilt.

Goodie Mob

HipHop-Musik-Quartett aus South West Atlanta, Georgia. Mitglieder: Kuhjo (Willie Knighton), T-Mo (Robert Barnett), Big Gipp (Cameron Gipp), Cee-Lo (Thomas Burton). Aufgewachsen sind sie al-

Goodie Mob

le in einem suburbanen Gebiet, welches als S.W.A.T.S. (South West Atlanta Too Strong) bekannt ist. Cee-Lo, die markante Stimme des Goodie Mobs, war aufgrund seiner nur sehr geringen Körpergröße ein Außenseiter. Trotzdem sang er von klein auf im Kirchenchor. Getroffen haben sich die Vier im Heimstudio von Rico Wade, der zusammen mit Ray Murray und Patrick Brown als → Organized Noize für die Musik von Goodie Mob verantwortlich ist. Schließlich trafen Goodie Mob auf den Vizepräsidenten von → La Face Records und traten zum ersten Mal auf dem Debütalbum von → Outkast »Southernplayalisticadillacmuzik« in Erscheinung. Ein Jahr später sorgten sie für Furore mit der Single »Cell Therapy«, die schon kurze Zeit nach Erscheinen als HipHop-Klassiker bezeichnet wurde. Dank der Single verkaufte die Debüt-LP »Soul Food« (1995 auf → La Face Records) mehr als 500.000 Einheiten. Leider gab es von diesem Album Vinyl nur als Limited Edition. Zusammen mit → DJ Muggs erarbeiteten sie 1997 ein Stück für das Soul Assasins-Album und veröffentlichten noch im selben Jahr ihre zweite LP »Still Standing«. 1999 erschien die dritte LP »World Party«. Von den beiden letzten LPs, die weitaus weniger Beachtung fanden, gibt es je eine »Explicit Lyrics« und eine »Clean Version«.

Gor

→ Writer, der ursprünglich aus Bielefeld stammt, seit den frühen 80ern aber in Paris lebt und seit 1984 aktiv ist. Zusammen mit Gawki gründete er die Gruppe → FBI. In Frankreich zählt er zu den bedeutendsten Writern. Für den → Graffiti-Film »IP5« doubelte er Sprühaktionen. Neben FBI ist er außerdem Mitglied in → Writercrews, die nicht nur aus Frankreich sind, wie zum Beispiel → UA

(United Artists), IA (Incredible Artists), NYC (Nasty Young Criminals), GBF (Gummibärchenfront), NE (North Earth) und VOP.

Graffiti

(Pluralform von »Graffito«, das vom Italienischen »graffiare« stammt, das etwa »einritzen« oder »einkratzen« heißt.) Das → Writing, ein Teil des HipHop, wurde von den Medien als Graffiti bezeichnet, obwohl dieser Begriff nicht sehr exakt ist. Mit Graffiti sind allgemein Zeichnungen und Schriften auf Wänden gemeint, während das Writing (engl.: »Schreiben«), als Teilkultur des HipHop nur das Schreiben des eigenen Namens verkörpert. Obwohl auch die Sprüher gelegentlich das Wort Graffiti benutzen, sahen sie sich schon immer als Writer. Als sich nach der Entwicklung der verschiedenen Sprühtechniken in den siebziger Jahren aus dem Writing die → Aerosol-Art herausbildete, wurde der Begriff Graffiti von der breiten Öffentlichkeit auch auf besprühte Leinwände in Galerien ausgeweitet. Unter dem Einfluß der Aerosol-Art versuchten auch sofort selbsternannte Künstler mit Strichmännchen u.ä. sowie gleich mitgelieferten, schlau klingenden Interpretationen auf sich aufmerksam zu machen.

Graffiti-Agentur

Seitdem → Graffiti kommerziell erfolgreich wurden, wurden Graffiti-Agenturen gegründet, die Auftragssprüher an Ladenbesitzer, Privatmenschen oder Firmen vermitteln. Mittlerweile gibt es in Deutschland zu viele, um auf die einzelnen Agenturen gesondert einzugehen. Die meisten Graffiti-Agenturen wurden von Writern oder Unterstützern der Szene gegründet, doch gibt es auch immer mehr Werbeagenturen, die bemüht sind, Writer für sich arbeiten zu lassen. Inzwischen ist der Markt deshalb zum größten Teil gesättigt.

Graffiti Art

Eine bisher weltweit einmalige Buchreihe über → Writing, die seit 1994 im Schwarzkopf & Schwarzkopf Verlag erscheint. Schwerpunkt ist das → Writing in Deutschland. → Graffiti-Bücher.

Graffiti-Bücher

Von den vielen Graffiti-Büchern, die erschienen sind, befassen sich nur wenige ausschließlich mit dem → Writing. Im Gegensatz zu den → Graffiti-Magazinen werden die meisten Bücher von Außenstehenden geschrieben, dadurch wird in ihnen die Kultur der Writer zum Teil nur sehr ungenau dargestellt. Obwohl viele dieser Autoren versuchen wissenschaftlich an die Sache heranzugehen, fehlt ihnen einfach der Einblick. Oft wird nicht mal zwischen den Begriffen Writing, Aerosol Art und Graffiti unterschieden. Viele der neueren Bücher entstehen aber in Zusammenarbeit mit der Szene. Die wichtigsten Graffiti-Bücher werden im folgenden Abschnitt nach Titel geordnet aufgeführt. Mehr ist im → »Graffiti-Lexikon« von Dr. Bernhard van Treeck zu erfahren, welches ebenfalls im Schwarzkopf & Schwarzkopf Verlag erschienen ist. 1. → »Backjumps-Berlin, Train Special« und »Backjumps-Sketchbook«. Beides sind Sonderausgaben des gleichnamigen Graffiti-Magazins, das von → Adrian Nabi herausgegeben wird. Beide Bücher enthalten so gut wie keinen Text, sondern dokumentieren in Bildern und → Sketchen die Arbeiten der Writerszene. Für denjenigen, der sich besonders mit → Styles auseinandersetzen will, sind diese Bücher empfehlenswert. 2. → »Getting Up« (1982) von Graig Castleman. Dieses Buch ist eine rein theoretische Abhandlung über Writing und enthält sehr wenig Bildmaterial. Aufgrund der hohen Informationsdichte zählt dieses Buch aber immer noch zu den Standardwerken. 3. »Graffiti-Amsterdam« (1998) von Mark Tod im Verlag Edition Aragon erschienen. 4. → Graffiti-Art-Reihe im Schwarzkopf & Schwarzkopf Verlag (von 1994 bis 1998). Dies ist eine weltweit einmalige Reihe über das Writing. Angefangen hat alles mit einer Ausstellung, die den Titel X-94 trug. Zu dieser Ausstellung erschien ein Bildband über Writing in Berlin, der → »Spraycity – Graffiti in Berlin« hieß. Der erste Folgeband hieß a) »Graffiti Art – Deutschland«. Dieses Buch beschäftigt sich mit der Entstehung und Entwicklung des Writing speziell in Westdeutschland. Obwohl Berlin und die neuen Länder fast gänzlich ausgeklammert wurden, ist dieses Buch wohl eines der wichtigsten der Reihe und gilt als Standardwerk. b) »Graffiti Art #2 – Süddeutschland und die Schweiz«. Dieses Buch enthält weniger Informationen, aber reichlich Bildmaterial. c) »Graffiti Art #3 – Writing in München«. Dies ist das wohl beste Buch der Reihe. Hier werden sehr viele Informationen und hervorragendes Bildmaterial geboten. Dadurch wird es auch für Außenstehende leicht, die Entwicklung des Writing in München nachzuvollziehen. d) »Graffiti Art #4 – Ruhrgebiet und Rheinland«. e) »Graffiti Art #5 – Frankfurt/Main und Rhein-Main-Gebiet«. f) »Graffiti Art #6 – Berlin und Neue Länder« von S. Krekow und O. Röske. In diesem Band sind die Dinge enthalten, die in → »Graffiti Art – Deutschland« fehlen. Somit kann dieses Buch als Ergänzung dazu angesehen werden. Im Gegensatz zu »Spray City – Graffiti in Berlin« ist Graffiti Art #6 von Writern geschrieben worden. Es ist zudem das erste Buch, das einen Überblick über das Writing in den Neuen Ländern gibt. g) »Graffiti Art #7 – Norddeutschland«. In diesem Band wird mehr auf die Writerszene im Norden eingegangen. h) »Graffiti Art #8 – Figuren und Charakter« von B. van Treeck. Bietet einen Überblick über die figürlichen Elemente des Writing und dürfte mehr für Außenstehende geeignet sein. i) »Graffiti Art #9 – Graffiti auf Mauern und Wänden« von B. van Treeck. In diesem Band haben neben Writing auch andere Arten der Wandmalerei ihren Platz. Neben zahlreichen Fotos enthält Graffiti Art #9 Interviews mit Writern und Graffiti-Künstlern. j) »Graffiti Art #10 – Styles«. Der nicht sehr gelungene Band der Reihe befasst sich eingehender mit dem Thema → Style. k) »Graffiti-Art #11 – Graffiti in Paris« ist eines der besten Bücher aus dieser Reihe. l) »Graffiti-Art #12 – Sachsen« wurde von Writern geschrieben. 5. »Graffiti-Dortmund« (1996) von Markus Wiese. Erschienen bei Edition Aragon. Taschenbuch, das sich mit der Entwicklung des Writing in Dortmund befasst. Schwerpunkt ist das → Trainbombing. 6. »graffiti-edition« Reihe, die sich auf kunstwissenschaftlicher Ebene mit Graffiti und Writing auseinander setzt. Titel sind zum Beispiel: »20 Jahre Graffiti-Forschung. Aktivitätsbelege« (1999) oder »Der Graffiti-Reader. Mit Essays internationaler Experten zum Kulturphänomen Graffiti und einem ausgewählten Bildteil aus der »Graffiti Dokumentation Europa« (2000). Inwiefern hier überhaupt eine Unterscheidung zwischen Graffiti und Writing gemacht wird, ist nicht bekannt. 7. → »Graffiti-Lexikon« (1998) von Bernhard van Treeck. Als überarbeitete und wesentlich umfangreichere Fassung des → Writer-Lexikons bietet dieses Buch besonders für Einsteiger einen Überblick über das Writing im Speziellen und Graffiti-Kunst im Allgemeinen. Schwerpunkt bildet der deutschsprachige Raum. 8. »Graffiti-Live – die Züge gehören uns«. Erschienen ist dieses Taschenbuch im Heyne-Verlag. Dieses Buch, das in Zusammenarbeit mit der Writerszene entstanden ist, beschreibt die Entwicklung des Writing in München. 9. »Hall Of Fame« (1995) von Markus Todt und Bernhard van Treeck, erschienen bei Edition Aragon. Dieser Bildband enthält Fotos von Graffiti in Deutschland und einige Interviews mit Writern. 10. → »New York – Graffiti 1975-1995« von Markus Wiese, erschienen bei Edition Aragon. Enthält einige interessante Fotos aus New York, aber wenig Informationen. 11. → »Odem – On The Run« (1997), von J. Deppe aufgeschrieben und bei Schwarzkopf & Schwarzkopf erschienen. In diesem Buch ist die Writerkarriere von Odem, einem der bekanntesten deutschen Writer nacherzählt. Dieses Buch gibt einen recht guten Überblick über die Westberliner Oldschool-Szene. Teilweise werden die Dinge jedoch etwas zu dramatisch geschildert. 12. → »Paris Tonkar« (1991). Französischer Bildband, der die Entwicklung des → Writing in Paris in der Zeit von 1987 bis 1991 dokumentiert. Dieses Buch wurde von Writern herausgegeben. 13. → »Sabotage« (1996). Französicher Bildband mit zum Teil englischen Texten, der dem Trainbombing in Europa gewidmet ist. Für die Writerszene hat dieses Buch mittlerweile Kultstatus erlangt. 14. »Spraycan Art« (1987) von Henry Chalfant und James Prigoff, bei Thames and Hudson, London veröffentlicht. Dieses enorm wichtige Buch ist die Fortsetzung von → »Subway Art«. Beide Bücher gelten als die »Bibel« der Writer. »Spraycan Art« behandelt die Entwicklung des Writing in Amerika und in einigen Städten Europas in der ersten Hälfte der Achtziger. Schwerpunkt bildet natürlich Writing in New York. 15. »Spray City« (1994) von O. Henkel, T.Domentat und R. Westhoff, anläßlich der X-94-Kulturtage bei Schwarzkopf & Schwarzkopf herausgegebener Bildband über Writing in Berlin. Enthalten sind neben vielen Interviews mit Writern auch einige Artikel von Gastautoren zum

Thema. Mit diesem Buch wurde der Grundstein für die → Graffiti Art-Reihe gelegt. 16. »Style – Writing From The Underground« (1996), von Phase 2 und italienischen HipHoppern herausgegeben. Dieses Buch sollte eigentlich ein Standardwerk werden, da hier erstmals die Entwicklung des Writing in New York so genau wie möglich dokumentiert wird. Dabei kommen auch viele Writer, die zur ersten Generation zählen, zu Wort. Zusätzlich wird zum Teil bis dahin unveröffentlichtes Bildmaterial aus den frühen Siebzigern gezeigt. Für Nicht-Writer dürfte dieses Buch jedoch ungeeignet sein. 17. »Subway Art« (1984) von → Martha Cooper und → Henry Chalfant, bei Thames and Hudson, London veröffentlicht. Dieser Bildband hat neben Chalfants Film → »Style Wars« wesentlichen Beitrag zur Entstehung der Europäischen Writer-Szene geleistet. In diesem Buch versuchen die Autoren der Entwicklung des Writing auf den Grund zu gehen. Viele Writer → biten auch heute noch → Styles und Namen aus dem Buch. Leider haben die Autoren es nicht geschafft, einen »historisch« korrekten Überblick zu liefern, doch trotzdem bleibt es ein bedeutendes Buch seiner Art. 18. »Subway Graffiti« von Thomas Christ, im Verlag Edition Aragon erschienen. Dies ist ein Bildband über Trainbombing in New York in der Zeit von 1982 bis 1983. 19. »Surf The City. Graffiti On Subways In Germany And Europe« (2000) von Sebastian Keim, Markus Christl und Joern Stiller berichtet über Trainbombing. 20. »Swiss Graffiti. Graffiti aus der Schweiz« (1998) von Beat Suter und Sigi von Koeding. Ziemlich authentisches Buch aus dem Verlag Edition Aragon. 21. »Theorie des Style« von Astrid Weindl aus München. In diesem Schwarz/Weiß-Buch wird die Entwicklung der Buchstaben und das Wesentliche des Styles auch für Anfänger und Außenstehende erklärt. 22. »Urban Graffiti. New York 82/83« (1997) von Thomas Christ. Erschienen im Verlag Edition Aragon. 23. »Wholecars« (1997) von B. van Treeck und M. Wiese, erschienen bei Edition Aragon. Bildband, der neben zahlreichen Wholecar-Fotos auch einige Interviews enthält. 24. »Writer-Lexikon« (1996) von B. van Treeck, erschienen bei Edition Aragon. Das Writer-Lexikon ist der Vorgänger des → Graffiti-Lexikons, das bei Schwarzkopf & Schwarzkopf erschienen ist. Es ist das erste Nachschlagewerk, welches sich dem Thema → Writing widmet. Außerdem gibt es mittlerweile zahlreiche Graffiti-Kalender, Jugendromane und so weiter.

Graffiti-Filme

Seit den Achtzigern gibt es mehrere Spielfilme und Dokumentationen zum Thema → Writing. Diese Filme haben zum Teil Kultstatus erreicht, nicht zuletzt deshalb, weil sie besonders in Europa die Kids zum Sprühen animierten. Die wichtigsten drei Filme seien hier kurz erwähnt: 1. »Beat Street« (1984) von Harry Belafonte und David V. Picker. »Beat Street« war der erste kommerzielle Film, der sich mit der HipHop-Kultur und speziell mit dem Writing beschäftigt hat. Erzählt wird eine ziemlich phantasielose Lovestory. Ort des Geschehens ist New York und der Held, der am Ende stirbt, ist ein Writer. Doch erstmals wurde mit diesem Film ein größeres Publikum mit HipHop bekannt gemacht. Viele Kids, selbst in den Staaten des Ostblocks, wo »Beat Street« auch gezeigt wurde, fingen mit dem Sprühen an, nachdem sie den Film gesehen hatten. 2. »Style Wars« (1982), Dokumentarfilm von Henry → Chalfant und Tony Silver. Dieser Film entstand im Zusammenhang mit dem Buch → »Subway Art« und dokumentiert in hervorragender Weise die New Yorker Graffiti-Szene und ihre einzelnen Aktivisten. Dieser Film ist für jeden, der sich mit dem Writing beschäftigt, ein Muss. In Deutschland wurde er 1985 zuerst im Fernsehen unter dem Titel: »U-Bahnbilder und verrückte Beine« ausgestrahlt. Auch dieser Film animierte viele zum Sprühen. 3. »Wild Style« (1982), dokumentarischer Spielfilm von Charlie Ahearn. In diesem Film spielen, im Gegensatz zu »Beat Sstreet«, → Writer, → Breaker und → MCs die Hauptrolle. Die Hauptcharaktere werden von Crash, → Daze, → Fab 5 Freddy, → Lady Pink, → Lee, → Rammelzee, Zephyer und der → Rocksteady Crew dargestellt. Die Handlung ist hier, ähnlich wie bei »Beat Street«, eher Nebensache und – natürlich – eine Liebesgeschichte. Dieser Film hat ebenso wie die beiden anderen Filme entscheidend zur Verbreitung des → Writing in der ganzen Welt beigetragen. In Deutschland lief er 1983 im ZDF als deutsche Premiere und wurde später auch im Kino gezeigt. Da diese Filme Kultstatus erreicht haben, gibt es sie als Video natürlich in allen besser sortierten HipHop-Läden. Darüber hinaus gibt es → Soundtracks und Merchandise-Produkte.

Es gibt zusätzlich viele Krimis, bei denen das Thema Writing oder HipHop auftaucht. Abgesehen von den wirklich unsagbar schlechten Filmen, spielen in einigen der besseren auch Szene-Aktivisten oder Rap-Stars mit. Außerdem gibt es natürlich hunderte von Graffiti-Videos und Video-Magazinen, die in einschlägigen Geschäften oder per Mailorder zu erwerben sind.

Graffiti-Forschung

Immer mehr Soziologen, Anthropologen, Historiker, Kunstwissenschaftler, Psychologen, Lehramts-Studenten etc. versuchen das »Problem« bzw. Phänomen des Graffiti und speziell des Writings, welches von ihnen oft »American Graffiti« genannt wird – sofern sie in der Lage sind, Unterscheidungen zu treffen – zu ergründen, zu analysieren, zu interpretieren und zu erörtern. Dabei wird viel geschrieben und viel veröffentlicht, was aber meist nicht klärt, was es nun mit dem Phänomen Graffiti auf sich hat. Viele »Forscher« haben mittlerweile riesige Archive mit Fotos, Magazinen, Videos, Büchern, Aufsätzen und Studien angesammelt und veröffentlichen zum Teil regelmäßig. Von den Writern selbst werden diese »Forscher« nicht besonders ernst genommen. Hier zeigt sich, dass eine wissenschaftliche Sprache oder Herangehensweise allein nicht genügt. Was den meisten »Forschern« fehlt, ist wirkliches Verstehen, so wird fast nie zwischen den Begriffen Writing, Aerosol Art oder Graffiti unterschieden – und wenn doch, dann auf ziemlich willkürliche Art und Weise.

Graffiti-Fotos

In der Regel fotografieren Writer ihre »Werke« und sammeln dann die Fotos, da Graffitis oft schnell entfernt oder gecrosst werden. Außerdem werden Fotos an Magazine geschickt, um in einem größeren Kreis bekannt zu werden. In den frühen Siebzigern wurde von den Writern kaum fotografiert, zu diesem Zeitpunkt kam einfach keiner auf die Idee, Fotos der eigenen Graffiti zu sammeln. Dadurch ist diese Zeit kaum dokumentiert und vieles, was man aus dieser Zeit kennt, basiert nur auf dem Hörensagen. Unter einigen Writern und Writing-Interessierten hat sich mittlerweile eine Fotosammel-Szene heausgebildet. → Foto Trade.

Graffiti in Berlin
→ SOKO GIB.

Graffiti-Magazine
Jede Kultur hat ihre eigenen Medien, so auch die → HipHop-Kultur. Seit der zweiten Hälfte der Achtziger erscheinen auch reine Graffiti-Magazine, die in der Regel von → Writern selbst herausgegeben werden. Das erste große Magazin war das → Bomber-Magazin aus Holland, das seit 1987 erscheint. Die ersten deutschen Magazine waren → Enterprise aus Berlin und etwas später → On The Run. Die Magazine haben wesentlich zur Verbreitung des Graffiti-Fiebers beitragen und eine überregionale Vernetzung der Szene gefördert. Die Magazine bieten auch die Möglichkeit, als Writer mehr → Fame zu erlangen, wenn die eigenen Arbeiten dort veröffentlicht werden. Auf diese Weise bekamen auch jene Writer mehr Bekanntheit, die sonst im Stadtbild nicht besonders auffallen, da sie zum Beispiel überwiegend Züge besprühen, die schnell wieder gereinigt werden. Auch Erscheinungen wie das → Foto Trade gelangten durch die »Magazinkultur« zu wahrer Blüte. Mittlerweile hat eine regelrechte Flut von Graffiti- und HipHop-Magazinen eingesetzt. Daraus resultiert, dass es eine Vielzahl von eher schlechten Magazinen auf dem Markt gibt. Neben den vielen positiven Dingen, die die Magazine ausgelöst haben, kommen natürlich auch einige negative hinzu. So wird zum Beispiel das → Biting gefördert, manche Writer sind nur noch für die Magazine aktiv und kommen so zu Fame, der ihnen nicht zusteht. Viele versuchen mit Hilfe der Magazine aus der Kultur Profit zu schlagen. Doch diese Dinge treffen wahrscheinlich viel mehr auf die Bücher zu, die von Außenstehenden gemacht werden. Aufgrund der großen Menge an Magazinen werden sie hier nicht noch einmal besprochen, sondern in gesonderten Stichpunkten genannt. Seit Ende der Neunziger gibt es

auch im Internet unzählige Graffiti- und HipHop-Magazine. Mittlerweile gibt es eine regelrechte Internet-HipHop-Kultur, die mit der ursprünglichen Street-Kultur nicht mehr viel gemein hat. 2000 veröffentlichte der MC Akrobatic eine Maxi mit dem Titel »Internet MC's«, die sich diesem Thema widmet. Wichtige Graffiti-Magazine aus Deutschland sind zum Beispiel: → Backjumps, → On The Run, → Wildstylz, einige Websites sind: *www.candalism.de*, *www.trendiez.de*, *www.planb.com/wildstylz/*, *www.allcity.de*, *www.thehangout.de*, *www.graffiti.org*, *www.dresden-graffiti.de*, *www.sokomag.de*, *www.backjumps.de*, *www.walls.de*, *www.stylefile.de*. Außerdem gibt es verschiedene HipHop-Seiten, die sich auch mit Writing beschäftigen.

Graffiti-Squad
→ Vandal-Squad.

Grammy Awards
Die Grammys werden alljährlich von der → NARAS vergeben und sollen besondere Leistungen in der Musikindustrie würdigen. Im Allgemeinen werden die Preise an die erfolgreichsten (soll heißen am meisten Platten verkaufenden) Künstler verliehen. Zu den über 70 Kategorien gehört seit 1988 auch die der »Best Rap Performance«, die das Duo → DJ Jazzy Jeff & The Fresh Prince mit ihrem Hit »Parents Just Don't Understand« erstmalig gewann.

Grandmaster Flash (& The Fourious Five MC's)
HipHop-Gruppe aus New York City, USA, repräsentiert durch Grandmaster Flash (Joseph Saddler); Mel(l)e Mel (Melvin Glover); Kidd Creole (Nathanial Danny Glover); (Keith Keith) Cowboy (Keith Wiggins); Raheim (Guy Todd Williams); Scorpio/Mr. Ness (Eddie Morris). Noch bevor es die Fourious Five überhaupt gab, war der auf Barbados geborene Grandmaster Flash in New York City schon eine DJ-Legende. Auf ungezählten Block- und Schulpartys und in so manchen DJ-Battles hatte er sein großes Können seit Anfang/Mitte der 70er Jahre unter Beweis gestellt. Er leistete Pionierarbeit als HipHop-DJ, und als gelernter Elektroniker baute er

seinen Mixer so um, dass er die von ihm perfektionierten Techniken wie Cutting, Phasing, → Scratching etc. ohne Schwierigkeiten ausführen konnte. Zudem gilt er als der Erfinder des → Crossfaders, wofür er nach eigenen Angaben einfach zu Radio Shak (Elektronikfachhandel in den USA, vergleichbar mit A bis Z bzw. Conrad Elektronik hier) ging, sich die nötigen Einzelteile kaufte, um ihn schließlich selbst zu bauen. Für seine Shows und Partys holte sich Grandmaster Flash erst die drei MCs: Cowboy und die Brüder Melle Mel und Kidd Creole. Sie nannten sich Grandmaster Flash & The 3 MC's und traten zusammen auf. Die von Grandmaster Flash veranstalteten, enorm populären Partys hatten in den späten 70ern bis zu 3000 Besucher. Als Scorpio 1977 sich zu den MCs gesellte, hieß die Gruppe Grandmaster Flash & The Fourious Four. Flash trennte sich kurz von seinen MCs, um für den bekannteren → Kurtis Blow aufzulegen, jedoch schon 1978 hatte diese Zusammenarbeit ein Ende. 1979 kam Raheim zu den Fourious

Grandmaster Flash The Fourious Five MC's

Four und von da an hießen sie Grandmaster Flash & The Fourious Five. Inspiriert vom durchschlagenden Erfolg der Sugar Hill Gang fingen sie an Platten aufzunehmen, und so entstanden die Singles »We Rap More Mellow« (1979 auf Brass Records) und »Superrappin'« (1979 auf Enjoy Records). Nach ihrem Wechsel zu Sugar Hill Records kamen die recht erfolgreichen Maxis »Freedom« (1980) und »Birthday Party« (1981) heraus. Grandmaster Flash veröffentlichte 1981 seine Lektion in Sachen DJing »The Adventures Of Grandmaster Flash On The Wheels Of Steel«. Der endgültige Durchbruch gelang 1982 mit dem Stück »The Message«, das sich gut verkaufte, beste Kritiken erhielt und Grandmaster Flash auf das Cover des Rolling Stone-Magazins brachte. »The Message« war das erste Stück im HipHop überhaupt, das sich nicht nur mit Partys und Unterhaltung beschäftigte, sondern auf Missstände in der urbanen Gesellschaft aufmerksam machte. Mit »The Message« erreichte HipHop eine neue Ebene, die das Überleben dieser Musik (die noch nicht einmal als eigenes Genre anerkannt war) sicherte. Noch im selben Jahr erschien das gleichnamige Album, auf dem alle bis dahin auf Sugar Hill Records veröffentlichten Singles zusammengefasst waren. Auf dem vorerst letzten gemeinsamen Album »The Greatest Messages« (1983 auf Sugar Hill Records) gab es wieder eine kleine Premiere für den HipHop, denn in dem Lied »Flash To The Beat« war das erste Mal auf einer Platte eine Human Beatbox zu hören. Zur gleichen Zeit erschien die Single »White Lines (Don't Don't Do It)«, ein Lied gegen Kokain, die erneut ein Hit war. Danach kam es zu einem handfesten Rechtsstreit zwischen Grandmaster Flash und Sugar Hill Records, es folgte die Trennung des Sextetts. Melle Mel blieb bei Sugar Hill Records und machte dort un-

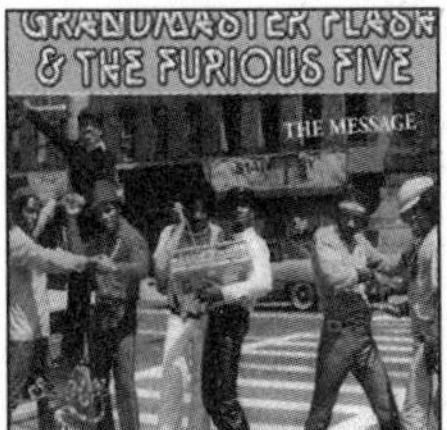

ter dem Namen Melle Mel & The Fourious Five zwei LPs (1984/85). Grandmaster Flash wechselte zusammen mit den meisten der Fourious Five zu Elektra, und auch sie veröffentlichten zwei Alben (»They Said It Couldn't Be Done« 1985 und »The Source« 1986). Schließlich kam es 1988 zu einer Versöhnung zwischen Flash und Melle Mel und so entstand wieder eine neue LP (»On The Strength«) der Gruppe in Originalbesetzung. Jedoch mussten sie einsehen, dass ihre Zeit abgelaufen war, denn der Erfolg blieb aus. Flash konzentrierte sich ab sofort auf das Produzieren – sein erneuter Versuch, sich 1997 mit dem Album »Right Now« zurückzumelden, scheiterte kläglich. So erschien 2001 lediglich noch das obligatorische Best-Of-Album.

Grandmixer Muggs
→ DJ Muggs und → Cypress Hill.

Grand Puba (Maxwell)
(Maxwell Dixon) Rapper und Produzent aus New York City, USA. Noch bevor Grand Puba → Brand Nubian gegründet hatte, war der Cousin von C.L. Smooth (→ Pete Rock & C.L. Smooth) Mitglied der Masters Of Ceremony. Nach dem Debütalbum »Brand Nubians« 1990 verließ der selbstbewußte → MC die Gruppe und startete mit seinem DJ Alamo eine Solokarriere. Seine erste eigene LP hieß »Reel To Reel« (1992 auf Elektra Records). Als gefragter MC gastierte er unter anderem auf der Debüt-LP von → Mary J. Blige in dem Stück »What's The 411?«. 1995 erschien die Single »I Like It«, die sofort ein Hit wurde und sein zweites, recht weich und kommerziell klingendes Album »2000« in die Charts katapultierte. 1998 gesellte er sich wieder zu seiner alten Gruppe Brand Nubian, um mit ihnen die LP »Foundation« aufzunehmen.

Graphotism
Graffiti-Magazin aus England, das europaweit erhältlich ist.

Grashoppers
→ B-Boying.

Gravediggaz

HipHop-Gruppe aus New York City, USA. Die Mitglieder sind: → Prince Paul alias Dr. Strange (Paul Huston), RZA alias The Rzarector (Robert Diggs), Poetic Da Grym Reaper (Anthony Berkeley) und Frukwan Da Gatekeaper aka The Undertaker (A. Hamilton). Alle Mitglieder der Gruppe waren schon vor der Existenz der Gravediggaz eine Institution in der Welt des HipHop. Schließlich waren Prince Paul, bekannter Produzent von → De La Soul und einigen anderen Bands, sowie Frukwan schon bei Steatsasonic. Poetic sammelte erste Erfahrungen bei Too Poetic. RZA ist der Mann, der für den typischen → Wu-Tang-Sound verantwortlich ist. Als 1994 das Debütalbum der Gruppe »Six Feet Deep« (auf CD war der Titel: »Niggamortis«) erschien, war ihr dunkler sarkastischer Stil relativ neu und trotz der großen Beachtung in → HipHop-Kreisen nicht unbedingt jedermanns Sache. Erst drei Jahre später konnten sich die Vier dazu entschließen, die Arbeit für ein weiteres Album aufzunehmen. Schließlich wirken einige der Musiker noch in anderen Projekten mit. Ihre 97er LP »The Pick, The Sickle And The Shovel«, die auf Gee Street Records verlegt wurde, konnte dank der Maxi »The Night The Earth Cried«, einem gefühlvollen Stück mit melodischen Klaviersamples, enorme Erfolge verbuchen. Unterstützt wurden die Gravediggaz von einer Menge Wu-Tang-Verwandter wie Shabazz The Disciple, Sunz Of Man und Killah Priest. Die Gravediggaz selbst beschreiben ihr Album und ihre Musik als »eine Reportage über die dunklen Seiten ihrer eigenen Nachbarschaft«. 2002 erschien schliesslich das letzte Album der Gravediggaz: »Nightmare In A-Minor«. Die Gravediggaz bestanden zur Jahrtausendwende nur noch aus Poetic und Frukwan. Während der Pro-

duktion des Albums starb Poetic an Krebs, so daß am ende nur Frukwan zurückblieb.

Grill

1. Im Slang sind damit zum Beispiel die Zähne gemeint. Wenn jemand sagt: »Guard your grill«, dann meint er damit, dass man auf sich achtgeben sollte. 2. Oft steht das Wort Grill auch für die Front eines Autos.

Grip

(engl.: Griff, Halt) 1. Synonym für die → Skills eines → MCs am Mikrofon. 2. Synonym für eine Waffe. 3. Synonym für Geld.

Griots

Bezeichnung für einen westafrikanischen Geschichtenerzähler: In den Dörfern im Westen Afrikas waren und sind Griots teilweise noch immer der Ersatz für fehlende Medien und für die Dorfbewohner das Fenster zur Welt. Diese Dorfweisen gaben schon vor vielen hundert Jahren abendliche, bewegende Vorträge vor den Stammesangehörigen, die sie meist in Form von Reimen vortrugen. Diese improvisierte Art der gereimten Berichterstattung wird oft als eine Urform des → Freestyles und des → Rappens überhaupt bezeichnet.

Group Home

HipHop-Musik-Duo aus Brooklyn, New York. Mitglieder: Lil' Dap (James Heath), Rapper; Melachi The Nutcracker (J. Felder), Rapper. Group Home hatte einen recht einfachen Start, denn als Mitglied der → Gang Starr Foundation wurden sie von ihren Vorbildern Guru und DJ Premier weitestgehend unterstützt und gefördert. Ihren allerersten Vinylauftritt hatten sie auf Gang Starrs → LP »Daily Operation« in dem Lied »I'm The Man« aus dem Jahre 1992. Bis zur Veröffentlichung ihrer ersten eigenen Single verging jedoch noch etwas

Zeit. Erst 1994 erschien die von Premier produzierte Single »Superstar« auf Payday Records, die in HipHop-Kreisen einschlug wie eine Bombe. Doch auf das Album mussten die gespannten HipHop-Fans noch ein weiteres Jahr warten, denn erst 1995 kam ihr Debütalbum »Livin' Proof« auf den Markt. Das von DJ Premier produzierte Werk erreichte trotz oder gerade wegen seiner minimalistischen Musik recht schnell sechsstellige Verkaufszahlen. Erst 1997 erschien auf einem anderen Label namens Tape Kingz die Maxi »Express/Run For Your Live«, die erneut ein großer Underground-Hit wurde. Nach einiger Zeit erschien 2000 eine LP in zwei Teilen: »A Tear for the Ghetto« Vol. 1 und Vol. 2. Dieses doppelte Album konnte aber bei weitem nicht an die Erfolge des Debüts heranreichen, obwohl sie auf keinen Fall schlechter ist.

Groupies
Nicht HipHop-spezifische Bezeichnung für Frauen (oft aber auch für Typen), die engeren Kontakt mit von ihnen verehrten Stars suchen und diesen blindlings hinterherlaufen.

Grundieren
Oft werden von → Writern Wände, deren Oberfläche von schlechter Qualität ist, mit Farbe grundiert, damit die Sprühfarben ausreichend zur Geltung kommen und nicht in die Wand einziehen.

Guestbook
Spezielle Form eines → Sketchbooks, in dem vor allem andere → Writer → Styles und mehr hineinmalen. Besonders wenn Writer in anderen Städten unterwegs sind, haben sie ihr Guestbook bei sich. Das Guestbook ist das »Poesie-Album« der Writer.

Gunshot
Hardcore-HipHop-(→ Britcore-)Gruppe aus England. Mitglieder: Mercury (Rapper); Alkaline (Rapper); Barry Blue, (Rapper); Whitechild Rix (Produzent und → DJ).

Die Formation kam bereits zwischen 1988 und 1989 zusammen. Zu dieser Zeit hießen sie jedoch noch nicht Gunshot, sondern Sudden Impact. Doch das musikalische und inhaltliche Konzept blieb stets dasselbe. Finstere, schauderhafte → Samples, schnelle und laute → Beats, überlagert von den hohen, schnellen und aggressiven Zungen der drei Rapper. Hauptangriffspunkt sind das britische Bürgertum, die gesamte Staatsform, → Sellout, Drogen und jegliche Form von Gewalt. Ihre ersten Veröffentlichungen folgten 1991. Die → Singles »Clear From Present Danger« und »Battle Creek Brawl« boten einen guten Einstieg in die unabhängige Musikindustrie. Diese wurden auf Vinyl Solution verlegt. Zu dieser Zeit engagierten sich in England → Labels wie → Kold Sweat und Music Of Life beim Aufbau britischer HipHop-Acts. Sicher hätte die Gruppe auch die Möglichkeit gehabt, bei diesen Firmen einen Vertrag abzuschließen, doch befürchteten sie, dass jenem Schritt eine enorme Limitierung ihrer Unabhängigkeit folgen würde. Also entschied man sich, das Label nicht zu wechseln und brachte bei Vinyl Solution weiterhin → Maxis wie »Crimestory/ No Sellout« auf den Markt. Als die Band 1992 mit Hijack durch Europa tourte, erweckten sie bei einem Auftritt in Deutschland die Aufmerksamkeit der Mitarbeiter des neugegründeten süddeutschen Move/Rapture Labels. Diese kontaktierten die Gruppe sehr bald, und es kam zu einer engen Zusammenarbeit. Move/Rapture übernahm von nun an den Vertrieb und die gesamte Promotion aller nachfolgenden Gunshot-Produkte, wie der LP »Killing Season«, den dazu erschienenen Instrumental Cuts und der Maxi »Killing Season«. Diese sollte ursprünglich »To Those Who Deserve It« heißen. Viele weitere → Releases, wie zum Beispiel eine Solo-Platte von Barry Blue, folgten. Auch kam es zeitweilig zur Zusammenarbeit mit dem Briten Hunt Kill Barry Finn von Katch 22 und NTM aus Frankreich.

Guru

→ Gang Starr.

GZA

The Genius: → Wu-Tang Clan.

H

Hall, Arsenio

(1956 in Cleveland geboren) Hall war der erste schwarze Entertainer einer Late-Night-Show im amerikanischen Fernsehen und war nicht unumstritten. Er begann seine Karriere als Komödiant und Schauspieler (zum Beispiel »Coming to America« mit Eddie Murphy). Mit seiner »Arsenio Hall Show«, die im Januar 1989 zum ersten Mal lief, veränderte er das Gesicht der Late-Night-Talk-Shows in Amerika. Gäste seiner Show waren Hardcore-Rapper, Athleten und Persönlichkeiten der Schwarzenbewegung in Amerika. So etwas war bis dato undenkbar. 1994 weigerte er sich, dem radikalen Führer der Black Muslim Bewegung Louis Farrakhan abzusagen. Ein paar Monate später wurde seine Show abgesetzt. Nach einigen heftigen Turbulenzen hinter den Kulissen wurde seine Comedy »Arsenio« im März 1997 auf ABC uraufgeführt, um noch innerhalb dieses Monats wieder abgesetzt zu werden.

Hall of Fame

1. Begriff aus dem → Writing für Flächen, auf denen die → Writer in aller Ruhe ihre Pieces sprühen und so besonders auf Qualität achten können. Viele dieser Flächen ziehen ab einem bestimmten Bekanntheitsgrad auch Writer aus anderen Städten an. In Halls of Fame kann ein Writer besonders aufgrund von Qualität Ruhm erlangen. Normalerweise halten → Bilder in Halls of Fame nicht sehr lange, werden aber in kurzer Zeit von vielen gesehen. 2. Titel ei-

Hall Of Fame im Mauerpark in Berlin, Prenzlauer Berg 1998. Selbst an legalen Halls of Fame sind die Writer vor Kriminalisierung nicht sicher.

nes 1995 erschienen Graffiti-Bildbandes von Bernhard van Treeck, welcher in enger Zusammenarbeit mit Writern aus ganz Deutschland entstand.

Hamburger Hochbahn AG
Bestandteil der Verkehrsbetriebe der Stadt Hamburg. Diese ist verantwortlich für den gesamten U-Bahn-Bereich. Der S-Bahn-Verkehr der Stadt Hamburg wird von der → Deutschen Bahn AG übernommen.

Handglide
Begriff aus dem → B-Boying. Hierunter versteht man das waagerechte Drehen des Körpers um seine Achse, während die Ellenbogen im Rumpf stützen und die Hände den Boden berühren.

Haring, Keith
Nachdem es in New York immer schwerer wurde, Züge zu besprühen und parallel dazu einige → Writer erste kommerzielle Erfolge

in Galerien hatten, kam es zu ersten Kontakten der → Writerszene mit der Kunstszene. Künstler wie Haring begannen dann, die Idee illegaler → Bilder im öffentlichen Raum aufzugreifen. Um mit dem Gesetz nicht in Konflikt zu kommen, wurden diese aber meist mit Kreide gemalt.

Haring und andere Künstler veranstalteten mit den Writern auch gemeinsame Projekte. Die bekanntesten Werke von Haring waren einfache Strichmännchen, die ihn bald weltberühmt machten. Die Idee, die Haring und die anderen New Yorker Künstler hatten, indem sie illegale Kunst im öffentlichen Raum anbrachten, wird mittlerweile in Europa gerade von Möchtegern-Künstlern gern kopiert. Haring starb 1990 an AIDS.

Harrel, Andre

Geschäftsmann und Labelgründer aus New York. Begonnen hatte Harrel seine Karriere Anfang der 80er Jahre als Rapper in dem Duo Dr. Jekyll and Mr. Hyde (er war Dr. Jekyll). Doch nach seinem Kommunikations- und Management-Studium entschloss er sich Geschäftsmann zu werden. Er begann diese Laufbahn bei der von → Russel Simmons gegründeten Firma Rush Management, wo er sich um die Belange → Whodinis, → LL Cool Js und Run DMCs kümmerte. Als er es schließlich zum Vizepräsidenten von → Def Jam gebracht hatte, schied Harrel 1986 aus der Firma aus, um wenig später sein eigenes Label → Uptown Records zu gründen. Nachdem er einen Joint Venture-Vertrag mit MCA unterzeichnet hatte, schrieb Harrel mit Künstlern wie → Heavy D, → Mary J. Blige, Jodeci, Father MC etc. Musikgeschichte. Er wurde bekannt durch sein Gespür für neue Trends auf dem Musikmarkt. Schließlich war er es, der Soul- und R&B-Sänger auf trockenen HipHop- → Beats singen ließ und so den → New Jack Swing Anfang der 90er Jahre populär machte. 1995 ließ er alles stehen und liegen, um die Präsidentschaft des renommierten Black Musik Labels Motown Records zu übernehmen. Doch wie es scheint, hat er sich damit tatsächlich übernommen, denn schon im zweiten Jahr nach Aufnahme seiner Tätigkeit hatte PolyGram, dessen Tochter Motown ist, einen Verlust von $ 70 Millionen zu beklagen.

Hausmarke

(Michael »Michi« Beck) DJ der → Fantastischen Vier. Genau wie → Thomas D, hat auch DeeJot Hausmarke ein Solo-Album veröffentlicht. 1998 erschien in Zusammenarbeit mit Thomalla »Weltweit«, auf dem auch → Wyclef Jean gastierte. Besonders »Mädchen No.1« wurde zum Hit.

Headspin

Bezeichnung für einen → Move beim → Breakdance, der das Drehen auf dem Kopf um die eigene Achse bezeichnet.

Heavy D And The Boys

HipHop-Gruppe aus Mont Vernon, New York. Dazu zählen: Heavy D (Dwight Myers), G. Whiz (Glen Parrish), Trouble T, auch T-Roy (Troy Dixon, verstorben am 15.07.1991) und DJ Eddie F (Edward Ferrel). Heavy D rappt nach eigenen Angaben, seit er acht Jahre alt ist, und schon im zarten Alter von 17 Jahren hatten der Cousin von Pete Rock (→ Pete Rock & C.L. Smooth) und seine Kumpel einen Plattenvertrag mit → Uptown Records. 1986 entstand das erste Album »Livin' Large«, das dank der Singles »Mr. Big Stuff« und »The Overweight Lover's In The House« auf Anhieb eine → Goldene Schallplatte einbrachte. Die Soul- und R&B-lastige, stimmungsvolle Musik, kombiniert mit den »sauberen« partyorientierten Reimen, begeisterte nicht nur HipHop-Fans. Die zweite LP »Big Time« (1989) landete, ausgelöst durch den Erfolg der Hitsingle »We Got Our Own Thing«, auf Platz 1 der Billboard R&B-Charts und ver-

kaufte sich über eine Million Mal. Die Alben »Peacefull Journey« (1990), »Blues Funk« (1992), »Nuttin' But Love« (1994) und »Waterbed Hav« (1996) folgten dem Erfolg der beiden ersten LPs. Heavy D, der seinen besten Freund T-Roy bei einem Bühnenunfall und seinen Bruder als Opfer einer Überdosis Drogen verlor, fing Anfang der 90er Jahre an zu schauspielern, woran er großen Gefallen fand. So wirkte er in dem Film »Who's The Man« sowie in den Sitcoms »Roc« und »Living Single« mit, bevor er 1995 in einem Bühnenstück von Laurence Fishburne eine Hauptrolle übernahm und dafür sogar einen Preis erhielt. Als → Andre Harrel 1995 Uptown Records verließ, übernahm der vielbeschäftigte Heavy D die Präsidentschaft des → Labels.

Helicopter

Begriff aus dem → B-Boying, gehört zu den → Mills, Synonym für Windmills. Bezeichnung für Drehungen um die Körperlängsachse, wobei die Beine gestreckt bleiben.

Heltah Skeltah

HipHop-Gruppe aus Brooklyn, New York. Dazu gehören: Rock alias The Rockness Monsta alias Big Rock alias Mr Flipsta (J. Bush) und Ruck the Irrational alias Tawl SeanSparksky alias The Inflictsta (S. Price).

Heltah Skeltah sind seit Jahr und Tag Teil des → Boot Camp Clik und so ist es kein Wunder, dass sie, lange bevor sie eine eigene Platte herausbringen konnten, in den Videos von Black Moon und auf den → LPs von → Smith-N-Wessun zu sehen und zu hören waren. 1995 taten sich die beiden mit ihren Boot Camp-Kollegen Originoo Gunn Clappaz zu den → Fab 5 zusammen, um mit ihnen die Hitsingle »Let The Madness Begin« aufzunehmen (erschienen 1995 auf Duck Down/Priority Records). Produziert

Heltah Skeltah

von den → Beatminerz, erschien 1996 die Debütsingle »Operation Lockdown«, die das folgende Debütalbum »Nocturnal« in die Charts katapultierte (40.000 verkaufte Exemplare schon in der ersten Woche). Neben den obligatorischen Boot Camp-Gastauftritten wirkten Rock und Ruck mit Rampage auf der Frankie Cutless LP »Politics & Bullshit« mit. 1998 erschien die zweite LP »Magnum Force« an der unter anderem → Method Man und GrandDaddy IU mitwirkten.

Hex

→ Writer aus Los Angeles, der besonders in Europa für seine aufwändigen Pieces sehr bekannt ist. Er zählt in Los Angeles, wo sich das Writing, wie man es aus New York kennt, erst ziemlich spät entwickelte, zur ersten Generation. Seine ersten Graffiti machte er 1982. Er ist Mitglied der Gruppe TGO (The Gifted Ones, später: Time Goes On).

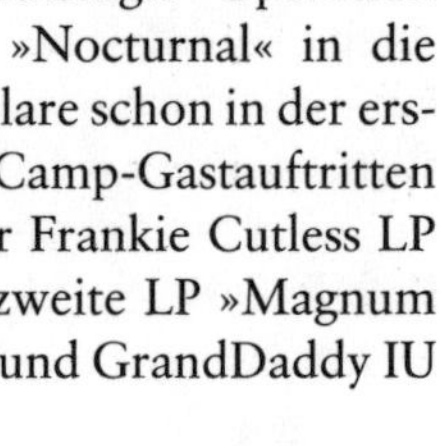

Hieroglyphics

→ HipHop-Crew aus Oakland, Kalifornien, USA. Dazu gehören die Gründer → DEL

Tha Funky Homosapien und die → Souls Of Mischief sowie Casual, Domino und das Duo Prose (Pep Love und Jaybiz). Nachdem die Gründungsmitglieder sich anfänglich bei ihren überaus erfolgreichen Soloprojekten gegenseitig unterstützten, mussten sie alle auch die Schattenseiten des Musikbusiness kennenlernen, als ihre Labels ihnen das Vertrauen entzogen.

So traten die schon recht erfahrenen Hieroglyphics 1998 zusammen, gründeten ein eigenes Label und produzierten und veröffentlichten die gemeinschaftliche LP »Third Eye Vision«.

So hoffen die Gruppen und Solisten bei den Hieroglyphics (wahrscheinlich zu Recht), dass dieses Album ihren Karrieren wieder neuen Schwung verleiht, was besonders im Falle → DELs funktionierte. Auch die Hieroglyphics-Maxi »The Last One« wurde ein Club-Hit.

Highlights

Auch Highlines. Begriff aus dem → Writing für Schmuckelemente bei → Pieces, die Lichtreflexe darstellen sollen. Oft wirken Schriftzüge, in denen die Highlights fehlen, unfertig.

High-Roller

→ Bawla.

High Turtles

Begriff aus dem → B-Boying. Die High Turtles gehören zu den → Floats. Hierbei schwebt der waagerechte Körper des Tänzers drehend mit gestreckten Armen und angewinkelten Beinen über den Boden.

Hi Hat

Wichtiger Bestandteil des → Beats, der die hohen, oft zischenden Laute ausmacht. Grundsätzlich unterscheidet man zwischen einer 1/8 und einer 1/16 Hi Hat, womit die Schlaggeschwindigkeit des »kleinen Beckens« gemeint ist. Die Hi Hat verleiht dem Beat zusätzliches Volumen im oberen Frequenzbereich, ist jedoch nicht unbedingt erforderlich.

HipHop
In der South Bronx in den Siebzigern entstandene Jugendkultur, zu der das → MCing, → Writing, → DJing und das → B-Boying zählen. Siehe Essay zu Beginn des Buches!

HipHop-Magazine
Hier gilt ähnliches wie bei den → Graffiti-Magazinen. Unterschiedlich ist nur der Umfang der Werbung, schließlich geht es bei Rap-Musik um viel Geld. So gibt es nicht wenige HipHop-Magazine, in denen die Werbung den größten Teil einnimmt und selbst Texte der Redaktion auf Bestellung geschrieben werden. Wichtig ist in Deutschland zum Beispiel → Backspin, Wicked oder Juice. Im Internet zum Beispiel: hiphop.de, rap.de, deflok.de und mzee.com.

HipHop-Aktivist
Bezeichnung für jene, die im → HipHop selbst aktiv werden, zum Beispiel als → Breaker, → MC, → DJ, → Writer oder als Unterstützer. In New York legen sich HipHop-Aktivisten meist auch einen Tag zu. In Europa ist dies weniger üblich.

HipHop Mobil
In Berlin ansässiges Projekt des Vereins für Medienpädagogik, welches sich Mitte der Neunziger gründete: Vorbild für das HipHop Mobil war das Rockmobil. Das HipHop Mobil kann von Schulen, Jugendklubs und sonstigen Einrichtungen gebucht werden. Den Kindern und Jugendlichen werden von HipHop-Aktivisten die Grundziele dieser Jugendkultur vermittelt. Es besteht die Möglichkeit, eigene Songs zu produzieren und das Tanzen oder Sprühen zu lernen, das HipHop Mobil unterlag bisher der Obhut des DDR-B-Boying Pioniers Spaiche und wird nun unter der Federführung von MC Gauner, einem der engagiertesten Rapper Berlins, weitergeführt.

HipHop-Szene
Umfassende Bezeichnung für alle Aktivitäten und Aktivisten in den Bereichen → B-Boying, → Writing, → DJing, → Rappen.

Hip House

Ende der 80er Jahre entwickelte Stilrichtung der House Musik, bei der House mit dem Sprechgesang aus dem HipHop kombiniert wurde. Eines der ersten Stücke dieser Art war der von Todd Terry produzierte Remix des Liedes »I'll House You« von den Jungle Brothers.

Hit

Alte Bezeichnung für → Tags. Dieser Begriff wird von den → Writern auch als Synonym für → Rocken verwendet (to hit the train).

Hi Tech

(P. Henderson) MC aus New York City. Trotzdem der noch sehr junge Hi Tech keine LP vorzuweisen hat, sorgte er bei den Kennern in HipHop- und → DJ-Kreisen schon mehrfach für Furore. Titel wie »Book Of Life PG. 1« und »Book Of Life PG. 2« (1996 auf Mass Vinyl), sowie »The Tech's Technique« (1997) erbrachten den unleugbaren Beweis für das unglaubliche Talent und das große Können des Jungen. Mit einer ganz neuen Art von → Flow, einem reichen Wortschatz sowie Reimen und Metaphern bereicherte er die Welt des HipHop. DJ Shok (Michael Gomez), der das Talent produziert, sorgte bisher für die gelungene klangliche Untermalung. Hi Tech möchte in seinem Leben besonders eines erreichen, und zwar, wie er selbst sagt, »a lyrical legend« werden.

Hit Squad

Lose → Crew von MCs und Produzenten. Dazu gehören bzw. gehörten → EPMD, → Das EFX, → K-Solo, → Redman, → Craig Mack, DJ Scratch und einige andere. Das Hit Squad bildete sich Ende der 80er Jahre rings um das HipHop-Duo EPMD heraus. K-Solo und DJ Scratch waren mehr oder weniger von Anfang an dabei und fielen besonders bei EPMD-Liveauftritten auf. Später brachten Erick Sermon und Parrish Smith neue Talente wie Das EFX und Redman in ihren Dunstkreis, um sie musikalisch zu beeinflussen und dank ihrer Beziehungen zu erfolgreichen HipHop-Stars zu machen. Doch als sich EPMD im Streit trennten, war es für alle Hit Squad Mitglieder an der Zeit, sich für einen der beiden zu entschei-

Hit Squard

den. Redman hielt sich an seinen Förderer und Entdecker Sermon und gemeinsam gründeten sie das → Def Squad. Das EFX hingegen waren »Kinder« von PMD, und sie alle blieben unter dem Namen Hit Squad eine Institution im New Yorker → HipHop.

Hitzerot

Bezeichnung aus dem → Writing. → Chromsilber.

Ho'

1. Kurzform von Hooker (engl.: Nutte). Dieses Slangwort entstand in Anlehnung an die Aussprache von Whore (engl.: Hure) im Süden der USA. 2. Synonym für → Sellout (→ Bitch).

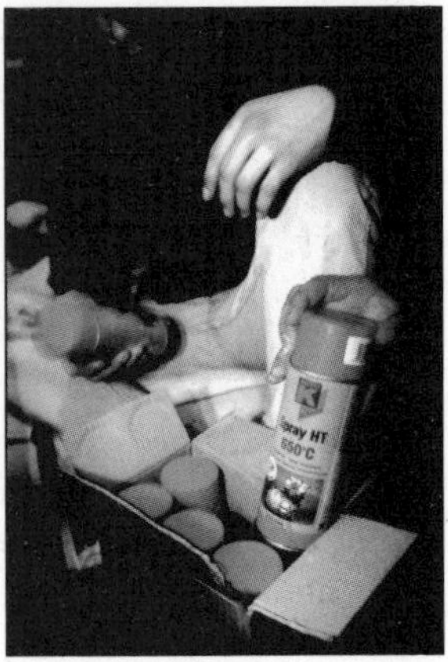

Das legendäre Hitzerot.
Foto: Kai Wiechmann

Holland
→ Niederlande.

Hollow Back
Begriff aus dem → B-Boying, bezeichnet einen Handstand, bei dem die Beine zum Rücken hin gebeugt sind.

Homeboy
Bezeichnung für einen → HipHop-Aktivisten und -Konsumenten.

Homegirl
Bezeichnung für eine → HipHop-Aktivistin und -Konsumentin.

Homie
→ Homeboy.

Hood
1. Bezeichnung für die Gegend, in der man lebt, die Nachbarschaft etc. Der Begriff ist abgeleitet von dem engl. »neighbourhood« oder dem Slangausdruck. 2. Der Ausdruck Hood hat aber auch die Bedeutung von Kapuze oder Motorhaube.

Hoodlum
Bezeichnung für eine kriminelle Person, die zum Beispiel mit Drogen dealt, Autos stiehlt oder Kinder überfällt.

Hooptie Ride
Synonym für → Drive By, ein Hooptie ist eigentlich ein altes Auto in schlechtem Zustand.

Hot 97 FM
Private Radiostation in → New York City, die sich hauptsächlich auf → HipHop und → R&B spezialisiert hat. → Dr. Dre und → Ed Lover, die ehemaligen Moderatoren von → YO! MTV Raps und bekannte → DJs wie Kid Capri, → Funkmaster Flex und Red Alert haben dort eigene Sendeplätze. Allerdings wurde der Sender mit

der Zeit immer kommerzieller. 1997 war der Slogan: »Hot 97 – the station where hiphop lives«, wovon im Tagesprogramm aber nicht viel zu merken war. Dennoch gibt es – im Gegensatz zu Kiss FM – auch heute noch mehrere HipHop-Sendungen.

Housenigger

Dieser Begriff wurde zuerst von Malcom X gebraucht. Er bezeichnet damit Personen, die blindlings anderen folgen. Mitunter werden so auch Schwarze bezeichnet, die nicht zu ihrer Hautfarbe stehen.

House Of Pain

HipHop-Crew irischer Abstammung aus Los Angeles, Kalifornien, USA. Mitglieder: → Everlast (Eric Schrody), DJ Lethal (Leor Dimant), Danny Boy (Daniel O'Connor). Die Karriere von House Of Pain begann 1992 mit dem gewaltigen Crossover-Hit »Jump Around« (Platz 3 der Popcharts, erschienen auf Tommy Boy Records), kurz nachdem → Kriss Kross mit »Jump« die Charts ge-

House of Pain

stürmt hatten. Schließlich wurde ihr Debütalbum »House Of Pain« (1992 auf Tommy Boy Records) ein großer Erfolg. Doch House Of Pain kamen nicht aus dem Nichts. Everlast hatte 1990 als Mitglied des → Rhyme Syndicate, der Crew von → Ice T, schon eine Solo-LP namens »Forever Everlast« auf Warner Bros. Records veröffentlicht, und ihr Co-Produzent → DJ Muggs verhalf seiner eigenen Gruppe → Cypress Hill zu Weltruhm und Platinehrungen. DJ Muggs produzierte die zweite LP »Same As It Ever Was« (1994 auf Tommy Boy Records), die zwar über 250.000 Mal verkauft wurde, aber an ihre Debütplatte bei weitem nicht heranreichte. Sie lebte vom guten Namen, den House Of Pain hatte. Als House Of Pain 1996 ihre dritte LP »Truth Crushed On Earth Shall Rise Again« herausbrachte, waren die Zeiten der Popcharts lange vorbei. Doch bei den HipHop-Heads waren sie dank des Underground-Hits »Fed Up« wieder populärer. 1999 brachte Everlast seine Solo-LP »Whitey Ford Sings The Blues« auf Tommy Boy Records heraus, dessen Song »Ends« ein erfolgreicher Hit wurde. Das Video lief bei MTV in der Rotationsschleife rauf und runter.

Howie Tee

→ DJ und Produzent aus → New York, der auch mit → Chubb Rock zusammenarbeitete und schon seit den Achtzigern aktiv ist.

Hughes Brothers

(Albert und Allen Hughes, beide 1972 geboren) Zu einer Zeit, in der eine wahre Welle von »black urban dramas« die Medienlandschaft überrollte, kam 1993 von den Hughes Brothers »Menace To Society« in die Kinos, der wohl zu den mutigsten dieser Filme zählte. In diesem Film geht es um Gewalt und das → Gangbangin' in den amerikanischen Großstädten. Zu diesem Film erschien natürlich ein → HipHop-Soundtrack. 1995 drehten die Hughes Brothers den Film »Dead Presidents«.

Human Beat Box, Buffy the

(Darren Robbinson) Mitglied der → Fatboys, 1995 verstorben.

Hump Letters

(engl.: etwa bucklige Buchstaben) Bezeichnung beim → Writing für Buchstaben, die an den Enden oder hinten Auswüchse haben. In Deutschland wird dieser Ausdruck wenig verwendet.

Hustler

Von → N.W.A.- und → Above The Law-Umfeld in den späten Achtzigern aufgebrachter Begriff, der einen Einzelkämpfer, einen nur für sich und seine Belange arbeitenden Kriminellen, bezeichnet, also einen Gangster ohne Gang.

Hype

1. Umgangssprachliche Bezeichnung für etwas, was durch die Medien oder die Industrie künstlich aufgebauscht wird. Dieser Begriff wird zumeist abwertend gebraucht. 2. → Graffiti-Magazin aus Australien, das weltweit vertrieben wird. Neben → Writing werden aber auch andere Bereiche des HipHop abgedeckt. 3. DJ aus Berlin, der 1998 den → ITF-Wettbewerb in Deutschland gewonnen hat. Er gehört zu den Phader Headz und legte gemeinsam mit Domain regelmäßig im Berliner → Acud und einigen anderen Veranstaltungsorten auf. Beide gehörten einst zu → Cheeba Garden. Hype steht in einem Vertragsverhältnis zum Frankfurter → Label Ruff'n'Raw. Dort erschienen auch seine Solo-Cut-Platten. Gemeinsam mit dem aus Arizona stammenden → Z-Trip nahm er ein Mixtape mit dem Titel »Roastbeef« auf. Weitere Veröffentlichungen folgten.

I

I AM

(Imperial Asiatic Man sowie Invasion Arrivant de Marseille) 6-köpfige Gruppe aus Marseille, welche 1989 geründet wurde. Die Mitglieder haben ihre Wurzeln in Italien, Spanien, Schwarz- und Nordafrika. 1990 schafften sie es als Vorgruppe bei einem Madonna-Konzert vor 17.000 Zuschauern zu spielen. Die erste CD »De la planète Mars« erschien 1991 und zählt zu den ersten landesweit erfolgreichen französischen HipHop-Alben. 1994 erschien das Album »Victoire de la musique«.

IBWC

Intelligent Black Women's Coalition. IBWC wurde von → Yo-Yo gegründet.

Ice Cube

(O'Shea Jackson) Rapper, Produzent, Schauspieler und Regisseur aus South Central, Los Angeles, USA. Ice Cube, der Sohn von zwei UCLA-Angestellten ist, kam erst recht spät zum HipHop und begann in der High School Texte zu schreiben. Seine Karriere startete er Mitte der 80er Jahre mit Sir Jinx. Gemeinsam traten sie unter dem Namen CIA auf, bis er auf → Dr. Dre und schließlich auf → Eazy E. traf. Zusammen gründeten sie über Umwege 1987/88 die legendäre, aber umstrittene Gangster-Rap-Gruppe → N.W.A. Nach zwei erfolgreichen Alben verließ Ice Cube die Gruppe (aufgrund starker Differenzen mit dem Management von N.W.A.) und

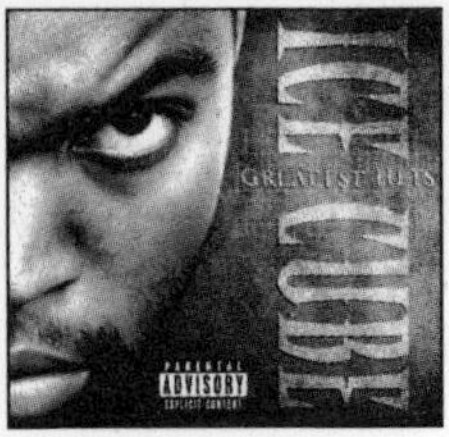

startete 1990 seine Sololaufbahn. Zusammen mit dem Lench Mob und produziert vom Bomb Squad, nahm er sein Solodebüt »AmeriKKKa's Most Wanted« (1990 auf Priority Records) auf. Trotz der Kritiken an seinen gewalttätigen und sexistischen Texten wurde diese LP ein HipHop-Klassiker, der sich mehrere Millionen Mal verkaufte. Noch im selben Jahr gründete Ice Cube seine eigene Firma und veröffentlichte die EP »Kill At Will«. 1991 begann seine Karriere als Schauspieler in dem John-Singelton-Film »Boyz 'N The Hood«. Seine Leistungen als Schauspieler wurden von der Presse sehr gelobt. Im Laufe der Jahre übernahm er Rollen in Filmen wie »Tresspass« (zusammen mit → Ice T), »Higher Learning«, »Dangerous Grounds«, »Friday« und »Anaconda«. Das wohl umstrittenste Album, das Ice Cube je veröffentlicht hat, war »Death Certificate« (1991 auf Priority Records). Hier bekannte er sich offen zur Nation Of Islam, und insbesondere zwei Stücke (»No Vaseline«, ein übler Angriff auf N.W.A.-Manager Jerry Heller, gespickt mit antisemitischen Bemerkungen, und »Black Korea«, der als rassistische Aufforderung zum Brandschatzen und Plündern koreanischer Geschäfte angesehen wurde) erregten Aufsehen und Ärger. Trotz der Verbannung der LP von den Listen des Billboard Magazines (was übrigens das bisher einzige Mal überhaupt stattfand) erreichte es Platz 2 der Charts und erlangte mit Leichtigkeit den Platinstatus. Die dritte LP »The Predator« (1992 auf Priority Records) war das erfolgreichste Ice Cube-Album und dank der Hitsingles »It Was A Good Day« und »Check Yourself« (in Zusammenarbeit mit Das EFX) eines der erfolgreichsten HipHop-Alben überhaupt. Es war gleichzeitig Nr.1 der Pop und R&B Charts. Zu jener Zeit begann der Stern des Dr. Dre am West Coast-Himmel aufzusteigen. Mit dem von ihm kreierten → G-Funk fegte er alles weg, und selbst ein Star wie Ice Cube musste trotz über einer Million verkaufter Platten seines Albums »Lethal Injection« (das vorher »Kill Uncle Sam« hieß, aber eingezogen und unter neuem Namen veröffentlicht wurde), das 1993 erschienen war, feststellen, dass er nicht mehr so recht im Trend lag. Denn eine neue Generation weißer Vorstadtkinder hörte nun lieber → Snoop Doggy Dogg, Dr. Dre und → Warren G. Ice Cube zog sich mehr und mehr aus dem HipHop-Business zurück, und so kam es 1994 lediglich noch zur Veröffentlichung der Platte »Bootlegs & B-Sides« (bestehend aus raren oder noch nicht offiziell veröffentlichten Stücken und Remixes). Er produzierte für Da Lench Mob und ist heute Bestandteil der Westside Connection, deren 1996er Album »Bow Down« ein Erfolg wurde, die gleichnamige Single schaffte es in den Charts weit nach oben. 1998 versuchte es Ice Cube noch einmal: »War & Peace« hieß seine ziemlich gelungene zweiteilige LP (deren zweiter Teil erst 2000 erschien), die aber fast gar nicht wahrgenommen wurde. Dafür ging es mit seiner Schauspielkarriere weiter aufwärts. Für seine Rolle in dem pseudokritischen Spielfilm »Three Kings« gewann er 2000 den »Blockbuster Entertainment Award«. 1998 hatte er mit dem Film »The Players Club«, in dem er auch mitspielte, sein Regiedebüt. 2000 spielte er eine Hauptrolle in John Carpenters »Ghosts of Mars«. Sein BestOf-Album erschien 2001.

Ice T

(Tracy Marrow) Rapper, Produzent, Schauspieler aus Los Angeles, Kalifornien, USA. Der am 16. 2. 1958 in Newark, New Jersey geborene Tracy wuchs bei einer Tante in South Central L.A. auf. Nachdem Ice T die Highschool beendet hatte, ging er zur Armee. Er war Mitglied einer Gang und lebte nach eigenen Angaben nicht schlecht damit. Anfang der 80er Jahre fing er dann an zu → rappen und wurde 1984 für einen Auftritt im Film »Breakin'« engagiert. In den folgenden Jahren machte Ice T einige Singles auf Independent Labels, doch erst 1987 interessierte sich das → Label Sire/Warner Bros. Records für seine Musik und nahm ihn unter Vertrag. Noch im selben Jahr veröffentlichte Ice T seine erste LP »Rhyme Pays«. Das nicht nur musikalisch harte Album wurde von → Afrika Islam produziert, der auch auf dem Cover zu sehen ist. Als einer der ersten Gangster-Rapper spricht Ice T über Gewalt, Sex, Geld, teure Autos und Gangs. Er bezeichnet sich auf diesem wie auch auf allen anderen Alben als Gangster und → Hustler und spricht über deren Leben. Aber er appelliert auch an die Kids, die Waffen niederzulegen und sich zu vertragen. »Rhyme Pays« wurde ein großer Erfolg und verkaufte sich über eine Million Mal. Ice T brachte im darauffolgenden Jahr seine alten Kumpel zusammen und nannte sie → Rhyme Syndicate. Mit dabei waren unter anderen Donald D und → Everlast, der später die Gruppe → House Of Pain formen sollte. Alle zusammen nahmen unter der Leitung von Afrika Islam und Ice T das Sammelalbum »Rhyme Syndicate« (1988 auf Sire/Warner Bros. Records) auf. Ice T machte die Single »Colors« zum → Soundtrack des gleichnamigen Films und brachte 1988 sein qualitativ hochwertiges zweites Album »Power« heraus. Auch das dritte Album »Iceberg/Freedom Of Speech« (1989 auf Sire/Warner Bros) erlangte bald Platinehren. Auf diesem Album setzt sich Ice T für Redefreiheit und gegen Zensur ein. Iceberg ist eine Anspielung auf Iceberg Slim (Robert Beck), einen der bekanntesten afroamerikanischen Krimiautoren. Er war Vorbild und Inspiration für Ice T. Als HipHop-Superstar begann er 1991 eine Schauspielkarriere in dem Film »New Jack City«. Hier spielte er einen Undercover Cop. Wei-

Ice T

tere Rollen in Filmen wie »Tresspass«, wo er zusammen mit → Ice Cube spielte, »Tank Girl« und dem schwarzen Western »Posse« folgten. Im gleichen Jahr wie sein erster Film erschien auch sein inzwischen viertes Album »O. G.: Original Gangster« – als klangliche Untermalung dazu. Auf dem Album befindet sich neben dem üblichen Rap auch das Hardcore-Stück »Body Count«, aufgenommen mit einer Gitarrenband gleichen Namens. Ice T ging mit Body Count auf Tour und zusammen veröffentlichten sie 1992 das Debütalbum der Gruppe »Body Count«. Damit wurde eine regelrechte Hardcore-Welle losgetreten. Das auf jenem Album enthaltene Lied »Cop Killer« erklärte der damalige Vizepräsident Dan Quayle zu einer Gefahr für amerikanische Polizeibeamte, so dass Ice T selbst das Stück von der Platte nehmen musste und eine Version des Albums ohne das Stück veröffentlicht wurde. Das von nun an gespannte Verhältnis Ice Ts zu Time Warner erholte sich nie wieder. Er wechselte 1993 zu Priority Records, um sein fünftes Album »Home Invasion« zu veröffentlichen. Doch Ice T hatte sich nicht weiterentwickelt, so dass die Käufer der nächsten Generation sich kaum noch für ihn interessierten. Ähnlich verhielt es sich mit seinem Album »Ice T VI: Return Of The Real« (1996 auf Virgin Records). Lediglich die zwei, dem ersten Body Count-Album folgenden LPs »Born Dead« und »Violent Demise: Last Days« verkauften sich gut, auch wenn diese Musik mit HipHop nichts zu tun hat. Seine Erfahrungen und Erlebnisse im Kampf gegen die Zensur hielt der seit 1985 verheiratete Vater eines Sohnes (er nennt ihn Little Ice) in seinem Buch »The Ice Opinion« (1994) fest. 1999 erschien die LP »7th Deadly Sin« auf dem Roadrunner-Label. Obwohl er sich musikalisch wesentlich weiter entwickelt hat und von unzähligen anderen Rappern gefea-

tured wird, ging es ihm genau wie den meisten reanimierten Old Schoolern; er fand kaum Beachtung mit seiner Platte. Das letzte Stück der LP trägt den Titel »Ice's Exodus«. 2000 erschien eine Best-Of-Platte: »Best Of Ice-T«. Im selben Jahr schaffte er es wieder wahrgenommen zu werden: Zusammen mit Kool Keith veröffentlichte er die Doppel-LP »Pimp To Eat« unter dem Projekt-Namen Analog Brothers, was eine Anspielung (besonders seitens K. Keiths) auf Bobbie Digital von → RZA ist.

Idiots-Magazine
→ Graffiti-Magazin aus den Niederlanden. Das Heft ist in Schwarz/Weiß und hat nur wenig Text.

IGTimes
→ TIGHT Magazine.

In Full Effekt
Eines der ersten bedeutenderen Fanzines in Deutschland. Das von Chris Maruhn erstellte A4-Heft gehörte zu den Vorläufern des → MZEE Magazins und sollte eigentlich in dieses übergehen. Doch die Zusammenarbeit mit MZEE funktionierte nicht, wie man es sich ursprünglich gedacht hatte. Maruhn schreibt jetzt für diverse andere Magazine.

Innovative Music Corporation (I.M.C.)
Zusammenschluss diverser → HipHop-Aktivisten. Die bereits 1989 in Mönchengladbach von Leuten wie Ralf Nußbaum ins Leben gerufene I.M.C. soll eine Art Basis für Discjockeys und → Rapper bilden.

Durch die I.M.C. sollen diese die Chance haben, → Demotapes aufzunehmen und unter die Leute zu bringen. Zudem kümmert man sich bei der I.M.C. um die Organisation verschiedener HipHop-Veranstaltungen. Hier entstand seit 1990 auch die »Underground Tape« Reihe. Gruppen wie Hörzu, die sich damals noch Die Flowmatics nannten, kamen durch die Kassettenserie zu einem Plattenvertrag.

Inside-Bombing
Begriff aus dem → Writing für → Graffiti, zumeist → Tags, die innerhalb von Zügen angebracht werden.

International Breakdance Cup
1990 in Hannover ausgetragene → Breakdance-Weltmeisterschaft, die von der Jay Force Posse veranstaltet wurde und den Vorläufer des → Battle Of The Year darstellte.

Invisible Skratch Piklz (ISP)
HipHop-DJ Crew aus Oakland, Kalifornien, USA. Dazu gehören: Q-Bert (Rich Quitevis), Mixmaster Mike (Mike Schwarz), Shortcut (J. Cruz) und DJ Disk (Lou Quintanilla), der 1996 aufhörte und durch D-Styles und Yoga Frog ersetzt wurde. Obwohl sich die Gründungsmitglieder schon lange kannten und seit Anfang der 90er Jahre unter verschiedenen Namen wie FM20, Turntable Dragons oder Dirt Style Productions zusammenarbeiteten, kam es erst 1995 zur Gründung der Invisible Skratch Picklz. Zu dieser Zeit deklassierten sie all ihre Gegner in nationalen wie internationalen Battles. Sie waren so gut, dass der größte Ausrichter der bedeutendsten DJ-Weltmeisterschaften → DMC sie bat, vom Wettbewerb fernzubleiben, da sie alle anderen teilnehmenden DJs demotivieren würden.

Inside-Bombing von Hopsa, Berlin 1996

Die ISP entwickelten DJ-Techniken wie → Cutting, → Scratching (→ Transforming und → Beatjuggling) entscheidend weiter und vergrößerten so den musikalischen Horizont der DJ-Kultur im allgemeinen. Nachdem sie also nicht mehr an Wettbewerben teilnahmen, konzentrierten sie sich auf neue Projekte, beginnend mit der → Mixtape-Reihe »Shiggerfragger Show«, die sie für einen lokalen Piratensender aufnahmen. Plötzlich waren aus Menschen, die zwei Plattenspieler und einen → Mixer bedienten, richtige Musiker geworden. Mit bis zu fünf Plattenspielern manipulierten sie das → Vinyl so, dass dabei neue → Beats, Basslines und andere Elememte entstehen, die sie sozusagen live zusammenfügen. Diese Kreationen wurden erstmalig auf den DJ → Samplern »Invasion Of The Octopus People«, »Return Of The DJ« und »Altert Beats« (1996) veröffentlicht.

1997 unterschrieben sie einen Plattenvertrag mit dem Label Asphodel Records (das auch die → X-ecutioners unter Vertrag nahm) und veröffentlichten ihre erste Single »The Invisible Scratch Picklz Vs. Calms Of Death« (ein Untergrundhit à la bonne heure). Die ISP arbeiteten mit Firmen wie Vestax zusammen, um neues Equipment, das genau auf die Bedürfnisse der DJs abgestimmt ist, zu entwickeln. Die Mitglieder der ISP veröffentlichten verschiedene Break Beat-Platten und arbeiteten mit Gruppen, Solisten und Projekten wie etwa → Dr. Octagon (Q-Bert), → Ras Kas, Saafir etc. zusammen.

IQ

(Eric Grey) Rapper aus Hamburg. Das ehemalige Mitglied der → Poor Righteous Teachers zog in den frühen neunziger Jahren nach Hamburg und begann dort seine Solo-Laufbahn. Gemeinsam mit dem Philosophen Mathias Arfmann begann er die Arbeit an seiner ersten eigenen → LP. Vor dieser Platte erschien jedoch auf dem Münchner → Label Sub Up eine → 12" namens »Keep The Frequency Clear«, diese sollte indirekt auch einen Beitrag zum Erhalt des Jugendsenders DT64 leisten, der der Regierung reichlich unbequem war. Ende 1992 kam auch seine LP »The Vinyl Call« in die Läden. Der Titel war ein Wortspiel mit dem Namen des Sprachrohrs der → Nation Of Islam, der Zeitschrift »The Final Call«, und spielte auf die fortwährende Verdrängung von Schallplatten aus dem Tonträgermarkt an. Auch bei Mathias Arfmanns Album »Inner Ear« aus dem Jahre 1992 wirkte er mit. Kurz nach der ersten Langspielplatte wurde auf Sub Up die Maxi »Snakes« veröffentlicht. Zwar bekam der Song »Funk This Mother Out«, eine Auskopplung des zweiten Albums »Heartcore«, reichlich mehr Airplay als irgendein Stück seines ersten Werkes, doch musste IQ aufgrund der vielseitigeren musikalischen Einflüsse auf die Musik der neuen Platte einen starken Verlust an Credibility innerhalb der deutschen HipHop-Szene hinnehmen. Seither wurde es zunehmend ruhiger um den Rapper.

Islamic Force

HipHop-Gruppe aus Berlin, Mitglieder: Boe B, Rapper, Cut' em T, → DJ. Islamic Force gehört zu den wichtigsten und bekanntesten → Acts aus Berlin. Sie sind seit den Achtzigern im HipHop aktiv und rappen in türkischer und englischer Sprache. Mit dem Funky Drummer Production DJ Derezon waren sie 1992, in dem Jahr, in welchem ihre 12" »Istambul/My Melody« erschien, die heute ein Klassiker ist, auch in der Videodokumentation »HipHop Berlin« zu sehen. Nachdem ihr Label Juiceful Records 1993 einen Vertriebsvertrag mit der Firma EFA über eine Laufzeit von drei Jahren abgeschlossen hatte, erschienen weitere Islamic Force-Produkte, z.B. die Maxi »The Whole World Is Your Home«. Weitere Veröffentlichungen folgten. In ihrem Umfeld in Berlin-Kreuzberg genießen sie Anerkennung und Respekt. Als Boe B. 2000 starb, war dies für den Berliner HipHop ein schwerer Schlag.

Issue

Englische Bezeichnung für Ausgabe einer Zeitung bzw. eines Magazins.

ITF-World Championship

Bezeichnung für die Weltmeisterschaft der International Turntablist Federation.

J

Jackson, Michael

Einer der berühmtesten Pop-Musiker der Welt. Der schon als Kind zum Star avancierte Michael Jackson wurde besonders zu Beginn seiner Solo-Karriere als Jugendlicher stark vom HipHop geprägt, beeinflusste aber auch indirekt die Entwicklung von → Rap-Musik und → B-Boying.

Der durch ihn bekanntgewordene → Moonwalk wurde von → B-Boys entwickelt. Seine vielen Tanzvideos waren stets Inspiration für → Breaker in der ganzen Welt. Außerdem nutzten viele Produzenten seine Songs als → Sample-Quellen.

Jam

Bezeichnung für → HipHop-Großveranstaltungen, auf der zumeist Gruppen und Einzelakteure aus allen Teilbereichen des HipHop in Aktion treten.

Jay-Z a.k.a. Jhigga

(Shawn Carter) Rapper und Unternehmer aus Brooklyn, New York. Erstmals auf einer Platte war Jay-Z schon 1990 zu hören (mit The Jaz »The Originators«) und wenig später auf dem Original Flavour Stück »Can I Get A Open?«. In der Zeit danach begab sich Jay-Z auf die Suche nach einem Plattenlabel und musste dabei die Erfahrung machen, dass die Firmen, wie er sich selbst ausdrückte, »nicht verstehen konnten, wo ich herkam«. Trotzdem hatte er das dringende Bedürfnis, sich weiterhin mit Reimen und Musik zu artikulieren. Schließlich gründete er zusammen mit seinen Partnern Damon Dash und Kareem »Biggs« Burke ein Plattenlabel mit dem Namen Roc-A-Fella Records, das ein Joint Venture mit Priority Records einging. Die erste Veröffentlichung auf dem neuen Label war dann auch von Jay-Z, der mit seinem Debütalbum »Reasonable Doubt« (1996) für reichlich Furore sorgte. »Schuld« daran waren in erster Linie die Hitsingles »Can't Knock The Hustle« (zusammen mit → Mary J. Blige) und »Dead Presidents/Ain't No Nigga« (zusammen mit → Foxy Brown), die genau wie die → LP Goldstatus erlangten. Produziert wurde das Album von so bekannten HipHop-Größen wie DJ Clark Kent und DJ Premier. Jay-Z zeichnet sich durch eine charakteristische, eindringliche Stimme, einen besonderen → Flow und treffende Reime, Metaphern und Vergleiche aus. Er sagt über sich: »I want to be perceived as a thinker. Someone who was very observent.« (Ich möchte als Denker wahrgenommen werden. Jemand, der alles beobachtet hat.) Besonders bei R&B-Künstlern war Jay-Z sehr gefragt, und so absolvierte er Gastauftritte für Blackstreet, Changing Faces, The Braxtons und Foxy Brown. Das zweite Album »In My Lifetime Vol. 1«, benannt nach einer Sin-

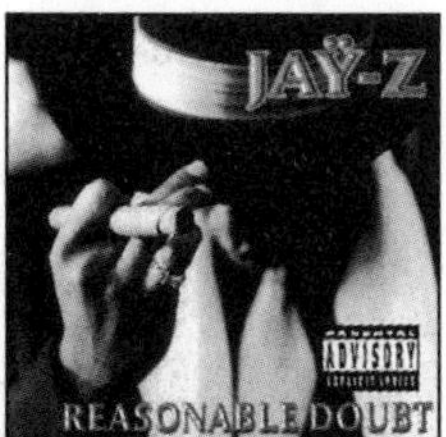

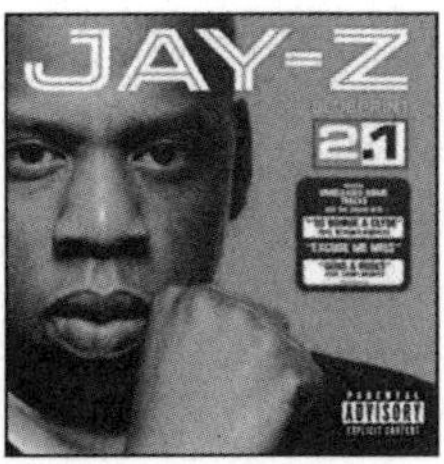

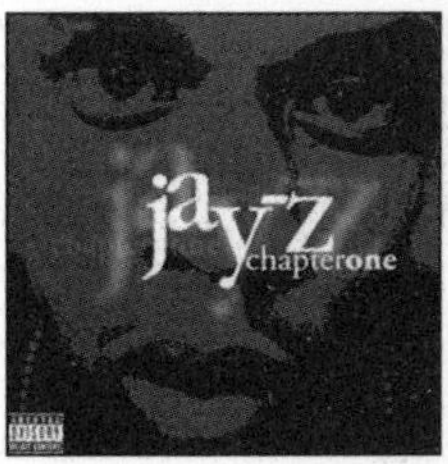

gle Jay-Zs aus dem Jahr 1995, entstand 1997 unter der tatkräftigen Mithilfe von Leuten wie Foxy Brown, Babyface, → Puff Daddy, → Lil' Kim und DJ Premier. Die Single »Sunshine« etablierte sich schnell und schaffte es in die Charts. Seine Musik war recht kommerziell geworden, was zur Folge hatte, dass seine zweite → LP in HipHop-Kreisen eher unbeachtet blieb. 1998 erschien die LP »Vol. 2: Hard Knock Life«, deren Titelstück in die Top Ten gelangte. Ein Jahr später erschien »Vol. 3 ... The Life And Times Of S. Carter«. Jay-Z wird 1999 nach einer Messerstecherei im New Yorker Kit Kat Club, bei dem Labelchef Lance Rivera schwer verletzt, verhaftet und angeklagt wird.

2000 erscheint das Album »The Dynasty Roc La Familia«, nachdem Jay-Z zunächst gegen 50 000 Dollar Kaution freigelassen wird. Weitere Alben: »The Blueprint« (2001), »Best Of Both Worlds« (2002), »The Blueprint, Vol. 2: The Gift and the Curse« (2002) und »Blueprint 2.1« (2003).

Jazzkantine

Name des bisher größten und erfolgreichsten deutschen → HipHop- → Jazz-Projektes. Die Idee für die Jazzkantine wurde von → Matthias Lanzer von → Rap Nation im Jahre 1993 ins Leben gerufen und umgesetzt. Eine derart feste und konstruktive Zusammenarbeit von Jazzmusikern mit Rappern und → DJs war bis dahin schlicht undenkbar. Mittlerweile basiert die Jazzkantine, die schon vor Veröffentlichung eines Tonträgers Hallen füllte, auf einem zwölf Personen umfassenden Stammteam, welches stets durch Gastmusiker verschiedenster Genres ergänzt wird. Die Skala reicht von → Wu-Tang Clan über den Wolf bis hin zu Westbam und von

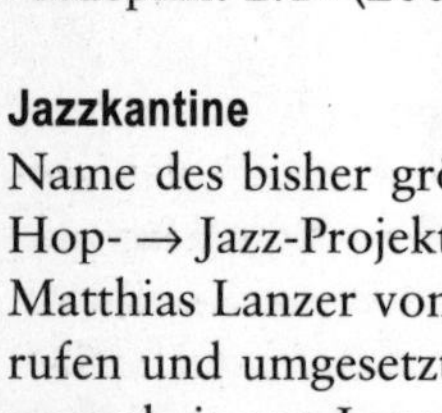

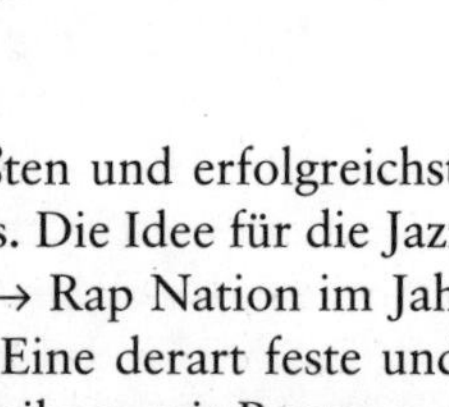

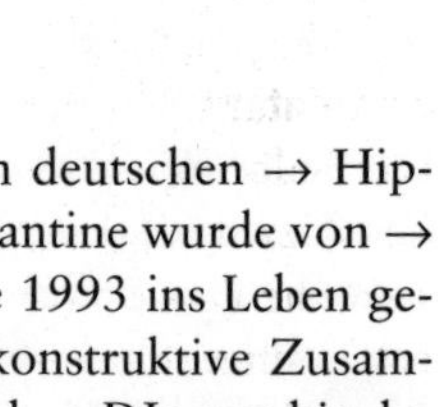

→ Capuccino über → Coolio bis zu → Cora E. und den → Stieber Twins. Im Oktober 1994 erschien neben der → Maxi »Respekt« auch das erste »Jazzkantine«-Album. Aufwändige Videos wurden gedreht und eine großangelegte → Promotion-Aktion gestartet. Nachdem 1995 das zweite Jazzkantine-Album erschien, begann es Preise zu hageln. Jazz Awards, Goldenes Ohr und Chartposition 38 bestätigten den Erfolg des Konzeptes. Im September 1996 folgte das erste Live-Album »Frisch gepresst & Live«. Allein in jenem Jahr standen die Musiker auf mehr als 100 Bühnen. 1998 erschien »Das Geheimrezept«. Außerdem begleiteten sie unkritisch den damaligen Bundespräsidenten Roman Herzog über zwei Wochen durch Südafrika. 2000 erschien die LP »In Formation« mit der Single »Ich kann die Welt nicht verändern ...«. 2002 erschien das Album »Futter Für Die Seele«. siehe auch: → Rap Nation, → Matthias Lanzer, → Aleksey, → Cappucino, → Fresh Familee.

www.jazzkantine.de

Jazzmatazz

Das Soloprojekt von → Guru, bei dem er zusammen mit den großen Jazzmusikern, Vokalisten und → MCs unserer Tage seine persönliche Passion für Jazz und HipHop auslebt. Auf den überaus erfolgreichen Alben »Jazzmatazz Volume 1« (1993 auf Chrysalis/EMI Records) und »Jazzmatazz Volume 2« (1995) versuchte er sich an einer »experimentellen Fusion von HipHop und Life Jazz«. Am Projekt beteiligten sich Künstler wie Donald Byrd, Roy Ayers, Ronny Jordan, Courtney Pine, N'Dea Davenport, DC Lee, Chaka Khan, → MC Solaar, → Kool Keith, Big Shug und Jamiroquai. 2000 erschien mit »Guru's Jazzmatazz« das dritte Album des Projekts, das

weg vom Jazz hin zum Soul und R&B ging. Hier waren unter anderem Erykah Badu, Isaac Hayes und die Roots beteiligt.

Jazzy

Ein → B-Boy aus den → Niederlanden, der gute Kontakte zu anderen B-Boys in Frankreich pflegt und dort auch mit → Storm das Storm & Jazzy Project ins Leben rief.

JB's/JBeez

→ Jungle Brothers.

Jeru the Damaja

(Kendrick Jeru Davis) → MC aus Brooklyn, New York. Jeru selbst hat in einem Interview mit → Tribes Of Da Underground einmal gesagt: »Ich bin HipHop, seit ich mit sechs Jahren bei meiner Oma im Garten einfach so vor mich hin gebrabbelt habe.« Mit zehn schrieb er seine ersten Reime, und in der Highschool traf er Guru und DJ Premier. Bevor Jeru ein gefeierter Rapstar wurde, wechselte er die Reifen an Greyhound-Bussen. Als Mitglied der → Gang Starr Foundation rappte er eine Strophe des Liedes »I'm the Man«, das auf dem 1992er Gang Starr Album »Daily Operation« zu finden ist. 1993 ging er mit Gang Starr erstmalig auf Tour und noch im selben Jahr entstand seine von DJ Premier produzierte Debüt-Maxi »Come Clean«. Als Klassiker und Evergreen ging dieser Underground Smash Hit in die Annalen des HipHop ein und verschaffte Jeru einen Vertrag mit Payday Records. Ein Jahr später kam das vollständig von Premier produzierte erste Album »The Sun Rises In The East«. Mit seiner kräftigen, rauen Stimme und der unnachahm-

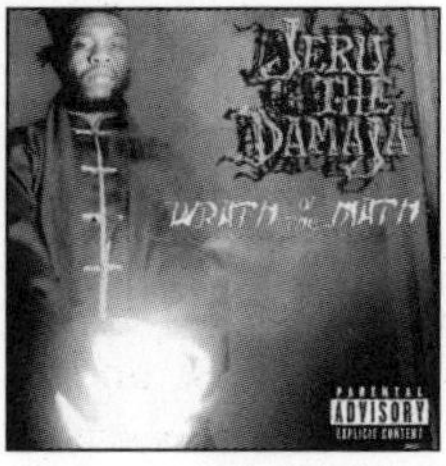

lichen Intonation seiner unglaublich tiefgehenden Texte fegt er alle anderen MCs hinweg. Seine Musik beschreibt er selbst mit den Worten: »Nur der raue → Loop, trockene → Scratches, fette → Beats und der Reim. Das ist alles!« Die → Message balanciert das Ganze aus. Alle Singles, die in diesem Jahr erschienen – »You Can't Stop Da Prophet« (mit einem Remix von → Pete Rock), »Dirty Rotten Scoundrel« und »Come Clean« –, waren Untergrund-Hits. Das Album verkaufte sich über 300.000 Mal. Bevor 1996 die zweite LP »Wrath Of The Math« entstand, gastierte Jeru auf den Platten von den → Digable Planets, »Return Of The Crooklyn Dogers« (zusammen mit → OC und → Chubb Rock), dem Titelstück auf dem D&D Projekt-Sampler und bei Walkin' Large aus Wuppertal. Die Single-Auskopplungen »Ya Playin' Yourself« und »Me Or The Papes« machten auch dieses Album zu einem Erfolg des wahren HipHop. Das 2000er Album »Heroz 4 Hire« erschien zunächst nur auf CD. 2003 feierte er mit »Divine Design« ein Comeback.

Jiggy jiggy

Begriff aus dem → DJing. Gemeint ist das einfache → Scratchen ohne Benutzung des → Crossfaders. 1976 wurde er von Grandwizard Theodore von den Fantastic 5 »erfunden«.

Jigsaw

→ Joined Individuals Gaining Strenght Around The World.

Jive

1. Bezeichnung für afroamerikanische Slang-Sprache. 2. Name eines großen auf Black Music spezialisierten, amerikanischen → Labels, → Jive Records. 3. Bezeichnung einer durch Afroamerikaner geprägten Tanzform der zweiten Hälfte des zwanzigsten Jahrhunderts.

Jive Records

(erst Teldec, dann → BMG) Wurde in den frühen Achtzigern von Barry Weiss und Clive Calder, einem aus Südafrika stammenden Musiker, der schon die Labels CCP und Zomba ins Leben gerufen hatte, gegründet. Der erste große Jive-Erfolg war die Jive-Debüt-LP von Billy Ocean. Bald richteten Calder und Weiss ihr Augenmerk auf die sich stets weiterentwickelnde HipHop-Szene. Die Gruppe Whodini wurde unter Vertrag genommen. Damit war der Grundstein für die weitere Entwicklung des Labels gelegt. Weitere HipHop-Acts wie → A Tribe Called Quest, → Too Short, → KRS One und → Kool Moe Dee wurden in den nächsten zwei Jahrzehnten unter Vertrag genommen. Jive gehört nun zu den wichtigsten, HipHop veröffentlichenden Labels weltweit. Den kommerziell bisher größten Erfolg erzielte Jive mit dem R&B-Sänger R. Kelly und der Pop-Gruppe The Backstreet Boys.

Joined Individuals Gaining Strength Around The World
Internationaler Zusammenschluss diverser Rapper, → Breaker, → DJs und Writer, die es sich zum Ziel gesetzt haben, HipHop-Aktivisten der ganzen Welt zusammenzubringen und innerhalb der HipHop-Szene eine Art Infrastruktur zu bilden.

Joint
→ Blunt.

Jugendarbeit
→ SWAT-Posse, → HipHop Mobil.

Juice Crew
Lose Ansammlung von → MCs und Produzenten aus Queens, New York. Die Juice Crew, vergleichbar mit dem → Wu-Tang Clan der heutigen Tage, war die bestimmende HipHop-Dynastie im New York der Mitt- bis End-80er Jahre. Um den übermächtigen HipHop-Produzenten und → DJ → Marley Marl scharten sich so bekannte MCs wie → Biz Markie, → Big Daddy Kane, → M.C. Shan, → Roxanne Shanté, → Kool G Rap & DJ Polo, → Masta Ace und viele andere. Fast alle ihre Platten wurden auf Cold Chillin' veröffentlicht, und neben den zahlreichen Soloalben der → Crewmitglieder erschienen mehrere Juice Crew → Sampler wie auch gemeinschaftliche Singles, die fast alle große Hits wurden. Verbrei-

tung fand die Musik der Juice Crew nicht zuletzt dank der von Marley Marl moderierten Radiosendung → »Mr. Magic's Rap Attack«, die im New York dieser Tage Kult war.

Julio 204

Writer aus New York, der in den 60ern (neben Taki 183 und anderen) als erster durch Signaturen-Graffiti bekannt wurde. Die 204 bezeichnet die Straße, in der er wohnte. Er brachte seine Tags, im Gegensatz zu heutigen Writern, eher an abgelegenen Stellen an. 1970 wurde er gefasst und in eine psychiatrische Klinik eingewiesen.

Jungle Brothers

HipHop-Musik-Trio aus Brooklyn und Harlem, New York, bestehend aus Afrika Baby Bam (Nathaniel Hall), Mike G (Micheal Small) und DJ Sammy B (Sammy Burwell). Die Jungle Brothers formten sich Mitte der 80er, als die beiden Freunde Baby Bam und Mike G bei einer Talentshow ihrer Highschool ihr Können unter Beweis stellten und dazu einen DJ (Sammy) benötigten. Ohne einen Plattenvertrag machten sich die JBs im New Yorker Untergrund einen Namen. 1988 produzierten sie, noch immer ohne einen richtigen Plattenvertrag mit einem der großen Labels, ihre erste LP »Straight Out The Jungle« auf dem kleinen Dance Label Idler's/ Warlock Re-

Jungle Brothers

cords. Heute sind das Album und die daraus entnommenen Singles »Jimbrowski«, »Because I Got It Like That« und »Straight Out The Jungle« allesamt HipHop-Klassiker, die schon eine Neuauflage erlebt haben. Eine der ungewöhnlichsten Platten im Repertoire der Jungle Brothers ist die Maxi »I'll House You«. Mit dem Remix des Brooklyner DJs Todd Terry wurde 1989 in New York eine Ära des → Hip House eingeläutet. Schließlich gingen sie auf Tour in Europa, um dort neue Eindrücke zu sammeln, aus denen dann ihr nächstes Album »Done By The Forces Of Nature« (1989) resultierte. Nach dem großen Erfolg des ersten Albums unterschrieben sie 1989 einen Vertrag mit Warner Bros. Records. Die Jungle Brothers samplen in ihrer Musik die Stücke von → James Brown, den Jazz im Allgemeinen und afrikanische Klänge in sehr abwechslungsreicher Form. Ihre Reime sind positiver Natur. Sie sprechen über afrikanische Könige und die Schönheit der schwarzen Frau, ganz im Gegensatz zu nihilistischen, mit Gewalt und Schimpfwörtern durchsetzten Texten ihrer rappenden Kollegen. So ist es kein Wunder, dass das Album, an dem schon heutige HipHop-Größen wie → De La Soul und → A Tribe Called Quest mitwirkten, von der Presse sehr gelobt wurde, auch wenn die breite Öffentlichkeit der Platte wenig Beachtung schenkte. Es dauerte schließlich vier Jahre, bis 1993 das dritte Album »Jbeez Wit Da Remedy« auf den Markt kam. Doch abgesehen von den Liedern »40 Below Trooper« und »All I Think About Is You« konnte es nur wenig begeistern. Selbst eine großangelegte Werbekampagne brachte der Platte nicht die erhofften Verkaufszahlen. 1995 entließ Warner die Schützlinge aus ihrem Vertrag und das Trio unterschrieb bei Gee Street/V2 Records und veröffentlichte 1997 die Hitsingle »How Ya Want It We Got It« (zu-

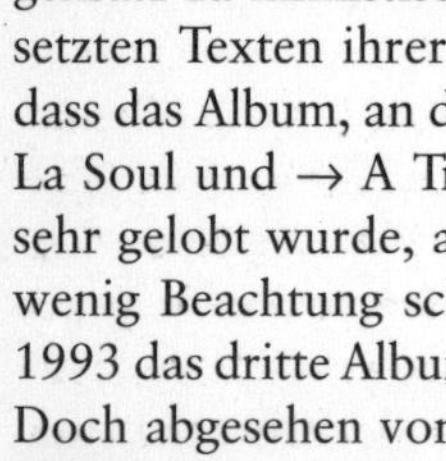

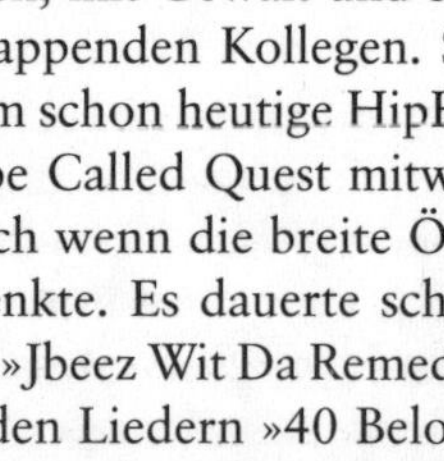

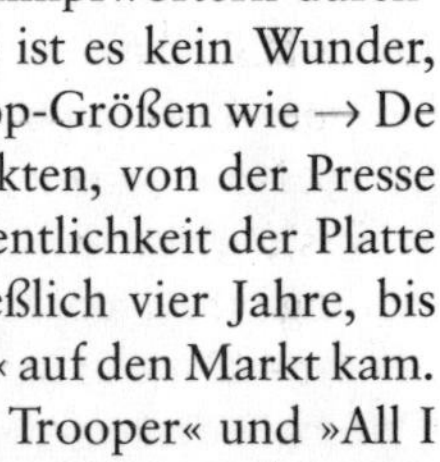

sammen mit De La Soul und A Tribe Called Quest von den → Native Tounges). Schon hier war eindeutig zu hören, dass die Jungle Brothers sich musikalisch weiterentwickelt und ihr schöpferisches Tief überwunden hatten. Nachdem die Single in den Clubs und Radiosendern rund um den Globus gelaufen war, wurde das wenig später erschienene, vierte Album ein voller Erfolg. Die eher langweilige 1999er LP »V.I.P.« kam wiederum bei der HipHop-Gemeinde überhaupt nicht an. In ihrer inzwischen mehr als ein Jahrzehnt andauernden Karriere gab es für die JBs Höhen und Tiefen. Nichtsdestotrotz haben sie eine Menge HipHop-Größen, unter ihnen A Tribe Called Quest und De La Soul, unterstützt und beeinflusst. Sie formten die Native Tongue Familie neu und machten die → Zulu-Nation wieder populär. Ende der 80er Jahre waren sie mit ihrer Kleidung und Philosophie Vorreiter einer starken Welle des → Afrozentrismus, die in New York einsetzte.

Junior M.A.F.I.A.

Gruppe von Rappern aus Brooklyn, New York mit Little Caesar, Chico, Nino Brown (zusammen The Sixes); Trife und Larceny (The Snakes); → Lil' Kim; Klepto. Die Junior M.A.F.I.A. (Masters At Finding Intelligent Attitudes) verdanken ihren Erfolg dem Rap-Superstar → Notorious B.I.G., der seinen Freunden versprochen hatte, dass er sie auf die Straße des Erfolges mitnehmen würde, was ihm dank seiner enormen Popularität auch gelang. 1995 landeten sie einen Plattenvertrag mit Big Beat/Atlantic Records und veröffentlichten ihre Debütsingle »Players Anthem«, die von DJ Clark Kent produziert und mit Biggie Smalls als Unterstützung eine Sensation im HipHop-Untergrund war. Es folgte das Debütalbum »Conspiracy« (1995) mit den Hitsingles »Get Money« und »Gettin' Money Remix«. Produziert wurde es von Clark Kent, Daddy-O (früher → Stetsasonic) Akshun und Special Ed. So ist es kein Wunder, dass die Junior M.A.F.I.A. durch die tatkräftige Unterstützung von Biggie Smalls (nicht nur beim Rappen) sehr erfolgreich wurden.

K

Kalligraphie

(Schreibkunst) Viele Writer sehen das, was sie mit den Buchstaben machen, als eine Art moderne Schriftkunst.

Kane

→ Writer aus Heidelberg, der seit den Achtzigern aktiv ist. Sein → Style ist New York-orientiert und findet besonders in → Berlin und Frankfurt/M. große Anerkennung. Er ist Mitglied in der Gruppe → TPM.

Kanne

Begriff aus dem → Writing, welcher eine Sprühdose bezeichnet, → Can.

Kanne, Die

Ein Anfang 1997 erstmals erschienenes, vollfarbiges A5-Graffiti-Magazin aus Gera, welches in erster Linie → Bilder von → Writern aus Thüringen und Sachsen enthielt. Nach Veröffentlichung der zweiten Ausgabe stellten die Redakteure Sven Kornmann und Michael Randel die Produktion des Heftes auf unbestimmte Zeit ein.

Kaos

→ Writer aus Berlin, der seit den Achtzigern sprüht und Mitglied bei → GFA ist. Er zählte zu den Style-Leadern in → Berlin. Heute macht er Musik.

KDAY
Name der ersten 100 %-HipHop-Radiostation der Welt, die nach einigen Jahren ihren Sendebetrieb auf Grund finanzieller Engpässe einstellen musste.

Keep it real
Sich und seinen Idealen in Bezug auf HipHop treu bleiben.

Keith Murray
→ MC aus New York City. Keith Murray, der von Erick Sermon entdeckt und zum → Def Squad gebracht wurde, ist eines der begabtesten MC-Talente der 90er Jahre. Mit einem enormen Wortschatz, außergewöhnlichem Vokabular, einer Stimme, die wie mit Sandpapier aufgeraut klingt, und mit großem Selbstbewusstsein rappte er sich in die Ohren der HipHop-Hörer.

Schon mit seiner Debütsingle »The Most Beautyfullest Thing In This World«, dem gleichnamigen Debütalbum und der zweiten Maxi »Get Lifted« (alle 1994 auf → Jive Records) schuf er sich einen festen Platz in der Welt des HipHop. Produziert hat die mit Goldehren bedachte LP Erick Sermon. Das dritte Def Squad Mitglied → Redman unterstützte Keith mit einem Gastauftritt. Auch das zweite Album »Enigma« (1996) produzierte Keith Murray zusammen mit Erick. Diesmal wurde er jedoch nicht nur von Redman, sondern zusätzlich von E Double E, Jamal und → Busta Rhymes unterstützt.

2000 erschien die LP »The Most Beautifullest Hits« und 2003 »He's Keith Murray«. Neben der charakteristischen Stimme fällt der aggressive → Flow Keith Murrays ins Ohr. Leider orientiert

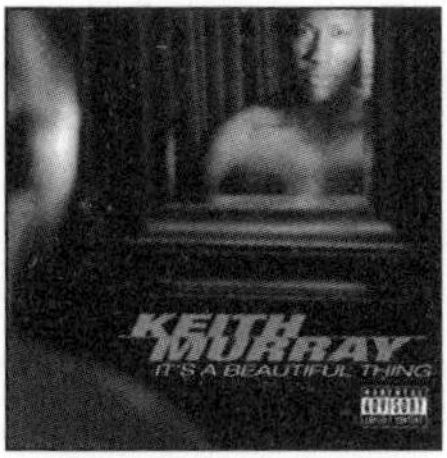

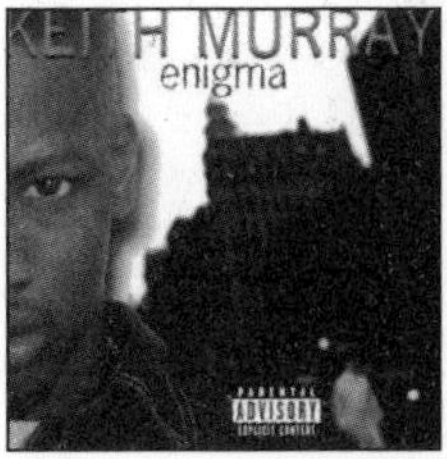

sich K. Murray zu sehr am Markt, so dass seine Stimme kaum zur Geltung kommt. Seit der Veröffentlichung seines ersten Albums ist er ein gefragter Gast-MC. Schließlich wurde seine Stimme sogar schon für eine große Coca-Cola-Werbekampagne benutzt.

Kid Capri (Derek Love)

→ DJ und → MC aus New York City. Der in der Bronx, New York geborene und aufgewachsene Capri konnte sich seit seiner frühen Jugend für Technik und → DJing begeistern. Auf den ersten Partys, die er besuchte, nutzte er jede Gelegenheit, dem dortigen DJ auf die Finger zu schauen. Lange fieberte er auf den Tag, an dem er sich endlich eine eigene Anlage zulegen konnte.

Als dies geschah, war er nahezu unaufhaltbar. Er begann, hart an seinen → Skills zu arbeiten, legte erst auf kleinen, dann auf größeren Veranstaltungen in New York auf, verkaufte in regelmäßigen Abständen neue → Mixtapes und entwickelte sich innerhalb kürzester Zeit zu einem der bedeutendsten Discjockeys der Stadt. Von Montag bis Freitag gestaltet er seit vielen Jahren eine dreißigminütige Radiosendung auf dem lokalen New Yorker Sender WBLS. 1992 erhielt er von → Russel Simmons von → Def Jam Records das Angebot, eine Fernsehsendung namens »Def Comedy Jam« auf HBO zu leiten, welches er wohlwollend annahm. Im Jahr zuvor hatte er erstmals eine Platte auf den Markt gebracht.

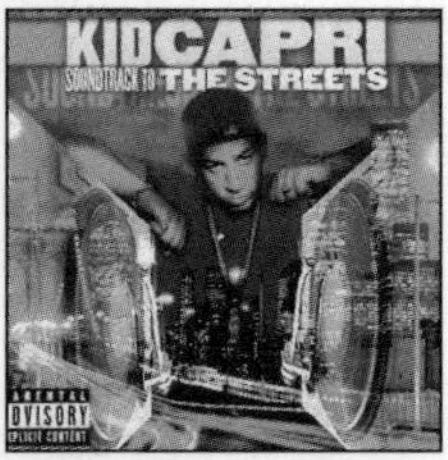

Er wirkte neben diversen anderen Produktionen bei den Videos von → KRS ONEs Projekt H.E.A.L. Human Education Against Lies und → A Tribe Called Quests »Scenario« mit. Den Namen Capri gab ihm eine gute Freundin, die, kurz nachdem sie ihn so getauft hatte, bei einem tragischen Unglück ums Leben kam. Seine erste LP, »Tape«, erschien erst 1996. 1998 erschien die zweite LP, »Soundtrack From The Streets«, und fand kaum Beachtung.

Kid Frost

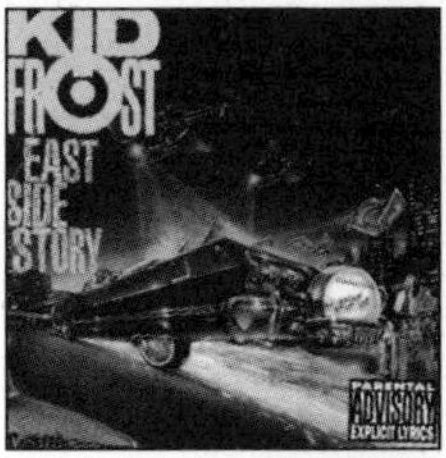

Artura Molina Jr., Rapper und Produzent aus Los Angeles, Mitglied der Latin Alliance. Kid Frost ist seit Anfang der achtziger Jahre aktiv und hatte auch schon zu dieser Zeit einige gute, Elektro-beeinflusste, wenn auch bedeutungslose → Maxi-Veröffentlichungen. Den Namen Kid Frost gab ihm → Ice-T. Einen ersten großen Erfolg stellte die 1990 erschienene Maxi »Ya Estuvo« dar. Besonders in Europa fand seine Debüt-LP »Hispanic Causing Panic« großen Anklang. Mit ALT, einem damals neuen → Gig auf East West Records, und → Mellowman Ace, der damals mit dem Song »Mentirosa« Einzug in die Pop-Charts hielt, gründete er die Latin Alliance, deren LP 1991 erschien. Besonders »Lowrider« und der Remix von »Know What I'Am Sayin'?« wurden Hits. Nach Veröffentlichung seiner zweiten LP »East Side Story« (1995) nennt sich der Rapper mexikanischer Abstammung, der mittlerweile schon Vater ist, hin und wieder nur noch Frost. Seine Lieder erzählen oft kleine, kompakte Geschichten. Die → Instumentals sind zumeist stark von den Klängen latein-amerikanischer Musik durchsetzt.

Hin und wieder erscheinen Stücke von Kid Frost auf Samplern, wie zum Beispiel auf »Latin Hip Hop – Barrio Beatz Con« (2000) oder »Lowrider Madness« (2001).

Kid-N-Play

(Christopher Reid & Christopher Martin) Pop-Rap-Duo aus New York City. Die beiden Mittelklassekinder trafen sich Mitte der 80er Jahre, nachdem sie schon beide die Uni absolviert hatten. Zuerst nannten sie sich Fresh Force, doch ihr Produzent Hurby Azor gab den »Teenage-Rappern« später ihren endgültigen Namen. Die erste → LP »Two Hype« (1988 auf Select Records), konzipiert und produziert von Azor (einem Vollprofi), erlangte schnell → Platinehren. 1990 kamen Kid-N-Play mit dem Hit »Funhouse« und ihrer zweiten LP zurück. Auch diese Platte wurde ein kommerzieller Erfolg, der mit HipHop allerdings wenig gemein hatte.

Richtig bekannt wurden die beiden Teenager Anfang der 90er Jahre durch die eher peinlichen Filme »House Party«, »House Party 2« und »House Party 3«, in denen sie die Hauptrollen übernahmen. Danach haben sie ihre musikalische und schauspielerische Laufbahn beendet.

Kid Up

Begriff aus dem → B-Boying. Hierbei liegt der Breaker erst auf dem Rücken, versucht dann aber eine stehende Haltung einzunehmen, indem er sich rückwärts rollt und die Füße in die Luft wirft, wobei der gesamte Körper nachfolgt. Am Ende steht der Tänzer wieder auf seinen Beinen.

Killarmy

→ Wu-Tang Clan.

King

Besonders in der → Writerszene wird der Begriff King für einen besonders erfolgreichen → Writer gebraucht, der es in der Hierarchie der Szene bis ganz nach oben geschafft hat und von den anderen größten Respekt erhält. Viele Writer, die King sind oder gerne King wären, malen über ihren → Tag hin und wieder eine Krone. Der Begriff wurde besonders in den Printmedien arg missbraucht.

King Of The Line

Begriff aus dem → Writing, Bezeichnung für einen → Writer, der es geschafft hat, auf einer Line, einer Bahnstrecke besonders stark präsent zu sein. Diese Bezeichnung galt ursprünglich für → Graffiti auf Zügen. Heute gilt er auch für Graffiti entlang der Bahnstrecke.

King Of Style
Begriff aus dem → Writing, → Style-King.

King Pin
Einer der ersten → Sprüher aus Deutschland, der 1982 in Brühl seine ersten → Graffiti sprühte. Er arbeitete auch mit Schablonen und wurde damals als einziger Deutscher in dem Buch → »Spraycan-Art« erwähnt. Zwischenzeitlich arbeitete er viel im Atelier. Auch wenn er oft im öffentlichen Raum arbeitet, ist er wohl eher als Künstler denn als → Writer zu sehen.

Kip Up
Begriff aus dem → B-Boying, hierbei liegt der → Breaker erst auf dem Rücken, versucht dann aber eine stehende Haltung einzunehmen, indem er sich rückwärts rollt und die Füße in die Luft wirft. Sein Oberkörper folgt diesen notgedrungen. Letztendlich steht der Tänzer wieder auf seinen Beinen.

Kiss FM
Auf Black Music und Dance spezialisierte, internationale Radiokette. Das Profil ist in verschiedenen Ländern unterschiedlich. In Deutschland laufen tags überwiegend R&B-Schnulzen, was als »Sound des neuen Jahrtausends« angepriesen wird.

Die Stücke werden meist stündlich wiederholt. Wenn in die Rotation neue Stücke aufgenommen werden, wird dies extra angekündigt.

Ursprünglich wollte der Sender mal Berlins »einziges Clubradio« sein. → DJ Tommekk hatte auf KissFM eine Radiosendung, in welcher neben viel R&B auch HipHop gespielt wurde.

Kneespin
Begriff aus dem → B-Boying, beim Kneespin berührt einzig und allein das Knie des Tänzers den Boden. Das andere Bein ist in die Höhe gestreckt. Durch das Abstoßen mit den Händen wird eine Drehbewegung vollführt. Wird das Bein während des Drehens wieder eingezogen, steigert dies die Drehgeschwindigkeit des Tänzers.

KO
→ Writercrew aus Berlin.

KO Rockers
Berliner Writer- und Breaker-Crew.

Koch, Edward
New Yorker Bürgermeister, der 1977 Nachfolger von J. Lindsay wurde und als überzeugter → Graffiti-Gegner den → Writern in der Stadt das Leben schwer machte, indem er die → Yards durch Stacheldraht und mit Hunden absichern ließ und Anti-Graffiti-Gesetze einführte.

Diese Gesetze beinhalteten das Verbot, Sprühdosen in öffentlichen Einrichtungen mitzuführen, sowie das Verbot, Sprühdosen an Jugendliche unter 18 Jahren zu verkaufen. Unter anderem wurden für ihn Züge mit dem Schriftzug »Dumb Koch« gesprüht. Im Film → Style Wars ist ein Interview mit ihm zu sehen.

Kold Sweat
Britisches → Label, welches in den frühen Neunzigern eine Vielzahl britischer HipHop-Acts veröffentlichte, sich dann aber auf → Club-Music im allgemeinen Sinne umorientierte. Markenzeichen von Kold Sweat sind die olivgrünen, glänzenden Plattencover. Zu den wichtigsten Kold Sweat HipHop-Acts zählten damals die F9s, Katch 22, Prime Rhyme Masters und Pointblank.

Kommunikation
Das → Writing als Jugendkultur stellt an und für sich eine neuartige Form der Kommunikation dar (siehe auch den einleitenden Essay). Im Internet gibt es eine interessante Webseite zum Thema Kommunikationsguerilla: *www.contrast.org/KG/*.

Außerdem existiert ein »Handbuch der Kommunikationsguerilla« (Verlag Schwarze Risse«), in dem subversive Kommunikationstechniken, zu denen auch das Writing zählt, erläutert werden.

Kool DJ Herc / Herk

Kool DJ Herc

(Clive Campbell) HipHop-DJ-Pionier aus der Bronx, New York City. Herc, der mit seinen Eltern 1967 als dreizehn Jahre alter Junge aus Kingston, Jamaika nach New York gekommen war, brachte neue Einflüsse aus der jamaikanischen → DJ-Kultur in die Bronx, wo er Mitte der 70er Jahre mit seinem überdimensionalen Sound System immer wieder seine Gegner in sogenannten Sound Clashes hinwegfegte und die Gäste der Blockpartys oft staunend zurückließ. Der ehemalige → Writer, der sich einst Hercules nannte, gilt als Erfinder des Breakbeat. Nachdem Herc mit eher mäßigem Erfolg Reggae-Platten aufgelegt hatte, fing er an, Funk-Platten zu kaufen, und zwar stets zwei Exemplare desselben Stückes. Von diesen Platten spielte er nur den bei den Kids so beliebten Break, also den Teil des Liedes, in dem ausschließlich Drums und Percussions liefen, und zwar immer abwechselnd von zwei Plattentellern. → Grandmaster Flash und → Afrika Bambaataa sind nur die zwei bekanntesten DJs, die Kool Herc battlete. Später arbeitete er auch mit ihnen zusammen, gemeinsam organisierten sie Partys. Ende der Siebziger jedoch verlor der Name Kool Herc an Bedeutung, da sich DJs durchsetzten, die ein höheres technisches Können besaßen und so eine bessere Qualität ihrer Arbeit erreichten.

Kool G Rap (& DJ POLO)

→ MC und DJ aus Queens, New York. Kool G Rap (Nathaniel T. Williams, geboren 20.7.1968) begann seine Karriere Mitte der 80er Jahre. Als er noch zur Highschool ging, machte er sich schon als MC einen Namen, bis er 1986 Eric B. (von → Eric B. & Rakim) traf, der ihn mit DJ Polo bekannt machte. Beeindruckt von Kool G Raps Können, stellte dieser ihn dem damaligen »Gott« der HipHop-Produzenten → Marley Marl vor, und nur wenig später entstand die zum Klassiker gewordene, von Marley Marl produzierte Debütsingle »It's A Demo« 1988 auf Cold Chillin' Records. Seither war Kool G Rap Mitglied der → Juice Crew und veröffentlichte mit seinen Labelkollegen → Masta Ace, Craig G und → Big Daddy Kane die Maxi »The Symphony«. Noch im selben Jahr nahmen Kool G Rap & Polo ihr Debütalbum »Road To The Riches« auf, das mit seinen Auskopplungen »Poison« und »Riker's Island« ein unerwarteter Erfolg war. Doch schon 1990, als das zweite Album »Wanted Dead Or Alive« erschien, bestätigte sich der Erfolg des inzwischen Vater gewordenen Kool G Rap. Maxis wie »Streets Of New York«, »Talk Like Sex« und »Bad To The Bone« sowie Produktionen von namhaften Leuten wie → Eric B., → Large Professor und → Biz Markie überzeugten die HipHop-Fans auch außerhalb New Yorks. Da Kool G Rap hoffte zu expandieren, ging er 1992 nach

Kool G Rap & DJ POLO

Los Angeles, um dort zusammen mit Sir Jinx eine LP aufzunehmen. Das Ergebnis hieß »Live And Let Die«, ein Album, welches eindeutig anders ist als die Veröffentlichungen vorher. Mit den für die → West Coast typischen Funk-klängen und der Single »Ill Street Blues« sowie den Liedern »On The Run« und »Letters« gelang Kool G Rap & Polo tatsächlich ein Triumph. Mit seinem Album »4, 5, 6« (1995 auf Cold Chillin') aber konnte Kool G Rap (DJ Polo geht inzwischen seiner eigenen Wege) seine Hörer nicht noch einmal von sich und seiner Musik überzeugen. Trotz der Unterstützung von → Nas (auf dem Stück »Fast Life«) sind Musik und Texte auf dem Album veraltet. 2000 erschien dann noch eine Best Of-Platte auf Cold Chillin'.

Kool Keith

(Keith Thornton) → MC aus der Bronx, New York. Thornton, der sich früher in psychiatrischer Behandlung befand, wurde Mitte der 80er Jahre Mitglied der → Ultramagnetic MC's und etablierte sich

Kool Keith und Tim Dog

dort mit seiner unverkennbaren Stimme und großem Können als einer der besten MCs in der Welt des HipHop. Doch nachdem die Ultramagnetic MC's 1994 ihr letztes Album »The Four Horsemen« veröffentlicht hatten, trennte sich die Gruppe. Auch um Kool Keith wurde es still. Mitte der 90er Jahre kombinierte er sein Reimtalent mit den innovativen Ideen der Produzenten → DJ Shadow und Automator, und gemeinsam mit DJ Q-Bert (→ Invisible Skratch Picklz) bildeten sie das Projekt → Dr. Octagon. Die erste Veröffentlichung der gleichnamigen LP auf dem kleinen Label Bulk Records 1996 wurde eine Sensation, die dazu führte, dass die Platte auf → Mo Wax neu verlegt wurde. Die Veröffentlichung auf Mo Wax führte wiederum dazu, dass diese Platte auch in der BigBeat- und Jungle-Szene ein Erfolg wurde.

Noch im selben Jahr veröffentlichte Kool Keith ein Album, das in Zusammenarbeit mit → Tim Dog entstand; das Soloalbum »Sexstyle« (auf Funky Ass Records), das auch unter dem Namen »Erotic Man« erhältlich ist, und die Untergrund-Hitsingle »Keep It Real 'Represent'« (produziert von Kutmaster Kurt) enthält. Nachdem sich einige hinter seinem Rücken die Rechte für »Dr. Octagon« sicherten, verließ er das Projekt. 1999 erschien unter dem Namen Dr. Dooom die LP »First Come First Serve« und genau wie 1996 gab es nur wenige Monate später eine weitere Kool Keith-LP: »Lost In Space / Black Elvis«. Auf dem Cover der Dr. Dooom-LP ist Kool Keith als »Robbie Analog« abgebildet, was wohl als Anspielung auf »Bobbie Digital« von → RZA zu verstehen ist. Im Jahr 2000 veröffenlichte er das Album »Mathew« und zusammen mit → Ice T als »Analog Brothers« eine gleichnamige LP. 2001 gab es schon wieder ein neues Projekt: »Masters Of Illusion«, das zusammen mit Mo-

tion und Kutmaster Kurt entstand. Neben der gleichnamigen LP gab es einige Jahre zuvor schon eine Maxi mit demselben Titel und derselben Besetzung. Nebenbei ist Kool Keith natürlich noch an weiteren Projekten mit anderen MCs beteiligt.

Kool Moe Dee

(Mohandes DeWeese) → MC aus New York City. Als Mitbegründer der → Old School-Gruppe → Treacherous Three MC's einer der Pioniere des Rap. Zusammen mit Spoonee G wurde er Anfang der 80er Jahre auch über die Stadtgrenzen von New York hinaus bekannt. 1987 startete er jedoch eine durchaus erfolgreiche Solokarriere. Er unterschrieb einen Vertrag bei Rooftop/Jive Records und veröffentlichte sein Solodebütalbum, das genau wie der Künstler selbst »Kool Moe Dee« heißt. Mit großem Können, aber auch mit kritischen Texten wusste Kool Moe Dee seine Zuhörer zu überzeugen. Der Soul-Fan galt als einer der ersten Swing-Rapper und machte selbst mit Quincy Jones zusammen Musik. 1988 kam die zweite → LP »How Ya Like Me Now« heraus, mit der er seine Position auf dem neuzeitlichen HipHop-Markt festigte. Auch die folgenden Alben »Knowledge Is King« (1989 auf Jive) sowie »Funke Funke Wisdom« (1991) gaben dem Consciousness Rap einen neuen Schliff. Seine bekanntesten und erfolgreichsten Singles waren unter anderem »I Go To Work«, »Go See The Doctor«, »How Ya Like Me Now« und »Wild Wild West«. 1998 versuchte er – wie andere Old Schooler auch – an seinen alten Erfolg mit neuen Veröffentlichungen anzuknüpfen. Die LP »Interlude« wurde jedoch ein Flop. 1990, 1993 und 1999 erschienen »Greatest Hits«-Alben und 1995 eine »Collection«.

Kool Savas

MC aus Berlin-Kreuzberg. Ursprünglich nannte er sich Juks und begann Anfang der Neunziger zu rappen. Seine erste Gruppe war RGS (Rhyme Guns), später lernte er → Rebel, Solo, Domain, → Hype und → Cheeba Garden kennen. Er hing mit CPS ab und gründete die Crew First League mit. Gemeinsam mit Ono hatte er einige Auftritte als Basic Elements. Seit 1996 rappt er in deutscher Sprache. Zusammen mit den Berliner MCs Justus und Fu Manchu schuf er den Song »Masters Of Rap«, der die Grundlage zur Gruppe M.O.R. bildete, zu der auch Mel, Fuat, Funk Füchse, Taktlo$, Derill, Jack und Donald gehören. 1999 erschien auf dem Label Put Da Needle To Da Record (PTNTDR) seine Single »LMS«, die zusammen mit der B-Seite »Schwule Rapper« Rap-Geschichte in Deutschland schrieb. Während viele von seinen sexistischen und schwulenfeindlichen Texten angewidert sind, fühlen sich andere, die die Battle-Texte falsch verstehen, einfach auf den Schlips getreten. Dabei sprach er gerade in »Schwule Rapper« das aus, was viele bis dahin nur dachten. Kurz darauf erschien das von Plattenpapst produzierte »Kings Of Rap«, dessen Video auf Rotation bei den Musiksendern lief. Neben der LP »Battlekings«, die er zusammen mit Taktlo$ als Westberlin Maskulin veröffentlichte, und zahlreichen Stücken auf Tapes, erschien 2001 die CD-EP »Warum rappst Du«. Seine Debut-LP »Der Beste Tag Meines Lebens« (2002) zählt zu den besten deutschsprachigen Debut-LPs. Auf diesem Album sind auch Gastauftritte von Mcs aus NewYork, wie Royce da 5'9, Tre Little, A-Plus und Kurupt. Die Beats stammen von seiner Freundin Mel Beats, die mit den Produktionen Masstäbe gesetzt hat. Ein Jahr zuvor veröffentlichte er die EP »Haus und Boot«. Savas gehört zu den

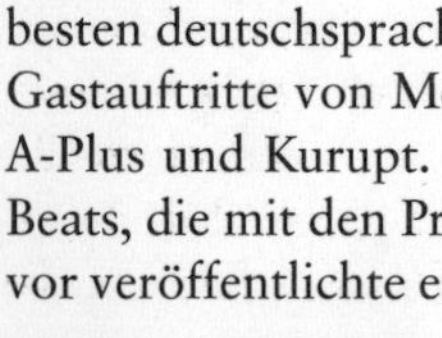

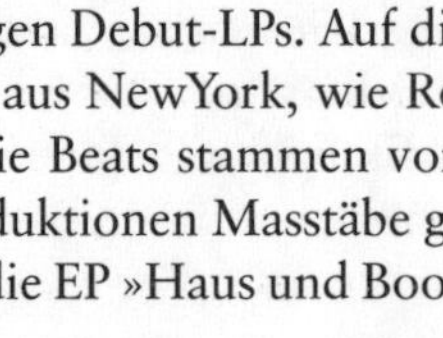

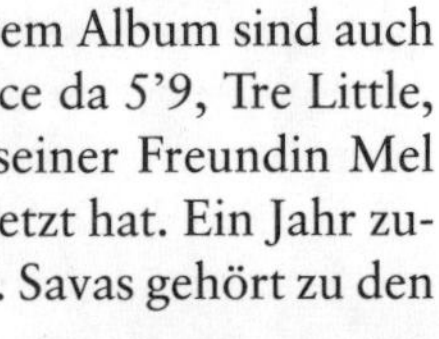

umstrittensten und bestverkauften Acts in Deutschland. Mittlerweile hat er »Keinen Bock mehr auf Sex-Texte« und versucht viel → Message in seinen Texten unterzubringen.

www.ksavas.de

Kopenhagen

Hauptstadt von Dänemark, zählt zu den wichtigen Graffiti-Metropolen in Nordeuropa. Die ersten → Graffiti wurden zu Beginn der 80er Jahre gemacht. Wichtige Namen sind → Bates, → Rens, der auch ein → Graffiti-Magazin herausgibt, und Sek.

Kraftwerk

Elektronik-Formation aus Düsseldorf. Hauptmitglieder: Florian Schneider-Esleben, Electronics, Vocals, Violine, Flöte; Ralf Hütter, Keyboards, Vocals; wechselnde Mitglieder: Klaus Dinger, Drums; Klaus Roeder, Gitarre, Violine; Wolfgang Flür, Percussion; Karl Bartos, Percussion; Andreas Hohmann, Drums; Henning Schmitz, Musiker; Fritz Hilpert, Musiker. Es gibt wohl kaum eine Band, sei es aus dem Bereich der elektronischen Musik oder des Jazz und des Rock'n'Roll, die auf HipHop in den frühen 80er Jahren einen immenseren Einfluss hatte, als die 1968 in Düsseldorf als »Die Organisation« gegründete Gruppe Kraftwerk. Ihr Slogan »Mensch Maschine« war und ist musikalisches Konzept und Programm. Ihre Stücke, so sagen sie selbst, verleihen den Maschinen eine Seele. Bei ihren Konzerten türmen sich auf der Bühne Keyboards, Drumcomputer, Monitorboxen, Mikrophone und selbst umfunktionierte Taschenrechner und Tastentelefone wollen Fans gesehen haben. Während sie von der deutschen Presse zerrissen wurden, feierten die

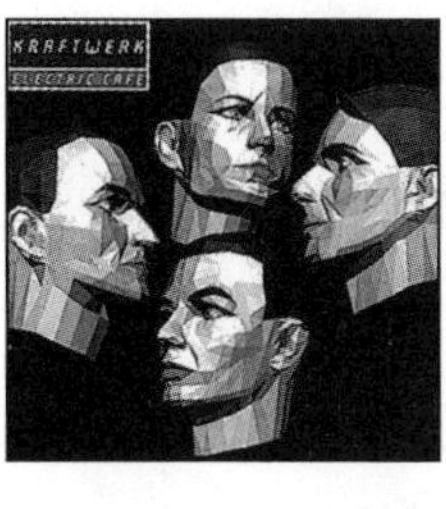

von Videospielen und George Clintons comicartigen »Science-Fiction«-Funk beeinflussten afroamerikanischen Teenager die Gruppe als Götter einer neuen Musik. Sobald in irgendeinem verrauchten New Yorker Club ein Stück wie »Trans Europe Express«, welches schnell zur Club-Hymne wurde, lief, bildeten sich Kreise und die Breaker begannen wie wild zu tanzen. Ihre Konzerte in New York waren stets überfüllt. Über die Tragweite ihrer Musik wurden sich die Düsseldorfer erst bewusst, als sich nicht nur Musiker wie David Bowie, sondern selbst einer der Urväter des HipHop, Afrikaa Bambaataa, aber auch Gruppen wie Newcleus, 1, 2 and 3, The Jonzun Crew, Planet Patrol, SJ/EF und TEE von Kraftwerks stets auf Stimmungs- und Abwechslungsreichtum bedachter Musik inspirieren ließen. Florian Schneider-Esleben und Ralf Hütter sind die tragenden Mitglieder der Gruppe. Schneider wurde in einer Kleinstadt als Sohn eines Architekten geboren, wuchs aber in Düsseldorf auf. Hütter, Sohn eines Arztes, stammt aus Krefeld und studierte Musik. Beide standen schon in jungen Jahren unter dem Eindruck des Schaffens des Filmemachers Fritz Lang, des Wissenschaftlers Wernher von Braun und der Bauhaus-Architekten. 1969 schickten sie ein Demo nach England. Dieses wurde dort 1970 unter dem Titel »Organisation-Tone Float« auf Platte gepresst. Die Kraftwerk-Alben »Kraftwerk« (1970), »Kraftwerk 2« (1971), »Ralf & Florian« (1973), »Autobahn« (1975), »Radioaktivität« (1975), »Trans Europa Express« (1977), »Mensch Maschine« (1978), »Computerwelt« (1981), »Electric Café« (1986) und »Tour de France« hatten mit der Musik der »Organisation« jedoch kaum noch Gemeinsamkeiten. Ein rot und weiß gestreifter Verkehrskegel, der ursprünglich bei Shows zur Absperrung der technikbepackten Bühne diente, wurde zum Logo der Gruppe. 1991 erschien »The Mix«, mit elf digitalen Neubearbeitungen alter Stücke. 1997 führten sie beim Tribal Gathering Music Festival in England und beim Roskilde Open Air neue Stücke auf. Im Juni 1998 begaben sie sich auf Welttournee. Eine neue LP war für 1997 angekündigt – erschienen ist sie nicht. Für das kurze Jingle zur umstrittenen Expo 2000 »verdienten« sie 800 000,- DM. Besonders in den Neunzigern erschienen die meisten Stücke beziehungsweise LPs von Kraftwerk noch einmal in englischer Sprache. Wie viele Best Of- und Live-Alben es gibt, weiß wohl niemand so genau ...

Kreutzer, Peter

→ Graffiti-Experte aus München, der seit den Achtzigern zusammen mit → Graffiti-Sprühern arbeitet und in den Medien als »Graffiti-Professor« bekannt wurde. Unter anderem gründete er mit K. Kitl die → EGU. In der heutigen → Writerszene ist er kaum noch bekannt.

Kriminalisierung

So gut wie jede Jugend-Kultur hat mit Kriminalisierung und Unverständnis zu kämpfen. Dabei macht natürlich auch HipHop keine Ausnahme. Besonders in den USA gibt es vielfältige Bemühungen, HipHop zu kriminalisieren. So wird HipHop zensiert und bestimmten Gruppen der Auftritt in einigen Städten untersagt. Eine Organisation, die für die Zensur von HipHop-Musik verantwortlich ist, heißt → Parental Advisory. Natürlich wird weltweit besonders das → Writing aufgrund seines oft nicht legalen und teilweise subversiven Charakters unverhältnismäßig stark verfolgt. In Berlin und anderen Städten wird zum Beispiel für die Jagd auf Sprüher Kopfgeld ausgesetzt. Auch Sprüher, die an legalen Stellen und Wänden von Abrisshäusern aktiv sind, sind nicht vor Verfolgung sicher. Weiterhin arbeiten die Behörden mit geheimdienstlichen Mitteln und bewegen sich selbst oft haarscharf am Rand der Legalität. → Bundesgrenzschutz, → Nofitti, → SOKO, → Vandal Squad.

Kriss Kross

Rap-Duo aus Atlanta, Georgia. Mitglieder: Mack Daddy (Chris Kelly, geb. am 11.8.1978) und Daddy Mack (Chris Smith, geb. am 10.1 1979). Entdeckt wurden die beiden Freunde 1991 von Jermaine Dupri (damals selbst erst 18 Jahre alt) in Atlanta, als sie vor dem Greenbiar Einkaufszentrum rappten. Es folgte eine beispiellose Vermarktung von zwei heranwachsenden Teenagern, die im Grunde nichts anderes getan haben als das, was Tausende anderer Kids in ihrem Alter seit den 70ern an den Straßenecken der amerikanischen

Großstädte tun. Mit ihrer Debütsingle »Jump«, von der mehr als zwei Millionen Kopien verkauft wurden, landeten sie sofort auf Platz 1 der Pop-Charts, und von ihrem ersten Album »Totally Crossed Out« (1992 auf Columbia/Ruffhouse Records) wurden gar vier Millionen Exemplare verkauft, womit sie sich 50 Wochen lang in den Billboard Charts halten konnten. Die beiden Teenies, die nicht zuletzt wegen ihrer kindlichen Stimmen und dem »süßen« Äußeren zu Erfolg kamen, waren in fast jeder wichtigen amerikanischen Fernsehshow, darunter »Arsenio Hall Show«, »Good Morning America«, »The Today Show«, »Showtime At The Apollo«, »Soul Train« und anderen. Sie schmückten mit ihren falschherum angezogenen Klamotten die Cover so gut wie aller Teeniemagazine Amerikas. Kriss Kross waren für einen MTV Award und zwei → Grammys nominiert und erhielten zwei American Music Awards. Nachdem sie zusammen mit → Michael Jackson auf Europatournee und allein auf Nordamerika-Tour waren, brachte Jermaine Dupri 1994 das zweite Kriss Kross Album »Da Bomb« raus, auf dem sich die mit Goldehren bedachte Maxi »Alright« (zusammen mit Supercat) befindet. Wenn man jedoch einmal ein so erfolgreiches Album gemacht hat, ist es schwer, dergleichen zu wiederholen. Auch Kriss Kross machte da keine Ausnahme.

1996 kam das erste wenigstens teilweise von Chris und Chris selbstproduzierte und getextete Album »Young, Rich And Dangerous« heraus. Doch selbst die postpubertären Stimmen und Gastauftritte von → Da Brat und Aliyah brachten die LP nicht dahin, wo sie die Verantwortlichen von Columbia gern gesehen hätten, wenn auch die von → EPMD produzierte Single »Tonight's The Night« bei einigen durchaus Gehör fand. Kriss Kross beteuern, dass

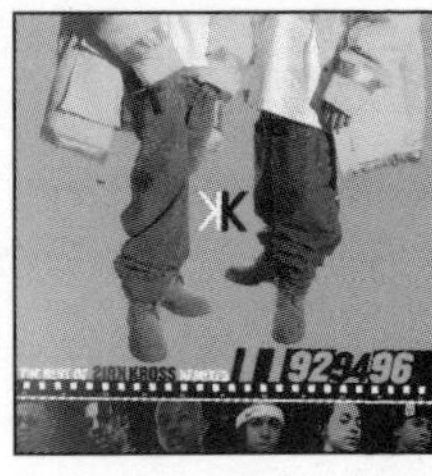

sie HipHopper sind, doch lässt der Beginn ihrer Karriere nicht unbedingt darauf schließen.

KRS ONE

(Lawrence »Kris« Parker) MC, Produzent und HipHopper aus New York City. KRS One selbst nennt sich »Teacher« oder »Metaphysician«. Nicht zu leugnen ist, dass er wie kaum ein anderer (ausgenommen Afrika Bambaataa vielleicht) → HipHop repräsentiert. Angefangen hat alles am 20. August 1965, als Lawrence Parker in Park Slope Brooklyn geboren wurde. Er wuchs allein mit seiner Mutter und einem Bruder (Kenny Parker) auf. Als er 13 war, wurden er und sein Bruder von seiner Mutter auf die Straße gesetzt, und während Kenny wieder zurückging, zog Lawrence es vor, auf der Straße zu leben. Seine Tage verbrachte er in öffentlichen Bibliotheken, um dann hoffentlich etwas Essbares auftreiben zu können. Den Namen Kris bekam er, als er mit Hare Krishna zu tun hatte, für die er Essen an andere Obdachlose austeilte, um dann selbst etwas zu bekommen. 1984 kam er dann ins Franklyn Armory Obdachlosen-

KRS ONE

wohnheim in die Bronx, wo er den Sozialarbeiter Scott Monroe Sterling (DJ Scott La Rock) traf, der sein Leben nachhaltig beeinflusste. Schließlich war es Scott La Rock, der den jungen Graffitikünstler dazu bewog, ein Mikrophon zur Hand zu nehmen und als MC aktiv zu werden. Zusammen formten die beiden → Boogie Down Productions (BDP) und veröffentlichten einige Maxis und die zum HipHop-Klassiker gewordene LP »Criminal Minded« (1986 auf B-Boy Records). Eigentlich ist seine erste LP-Veröffentlichung das Battle gegen MC Shan, »Battle For Rap Supremacy«, die ein Jahr früher erschien. Als Scott am 26. April 1987 in einer Schießerei starb, hatte KRS One seinen Mentor und seine Inspiration verloren. Nichtsdestotrotz machte er weiter Musik und stellte eine neue BDP Crew zusammen. Auf Jive Records, wo bis heute seine Platten erscheinen, publizierte er schon 1988 das nächste Album »By All Means Necessary«, auf dem KRS One mit einer Uzi in der Hand posiert, in dem er das berühmte Foto von Malcom X nachstellt, auf dem sich Malcom am Fenster stehend mit einem Gewehr gegen Rassisten verteidigt. Die Musik von BDP ist hart und trocken und die Texte von KRS One hochgradig politisch. Sie richten sich aber nicht nur gegen Staat und Regierung, sondern an seine Kollegen im Rap Business, die mit ihrem nihilistischen Gequatsche von Gangs, großen Autos und viel Geld ihrer Verantwortung als öffentliche Figuren und Vorbilder nicht im mindesten gerecht werden. Zudem bringt er einfache, für jedermann gut nachvollziehbare Weisheiten an den Hörer (den afroamerikanischen insbesondere), so geschehen in Liedern wie »Black Man's In Effect«, »Love's Gonna Get Ya«, »Ya Strugglin« und vielen anderen. Der inzwischen mit Ms. Melodie verheiratete Kris (wenige Jahre später ließ er sich

wieder scheiden), hatte viel zu erzählen und deshalb veröffentlichte er zusammen mit BDP 1989 »Ghetto Music: The Blueprint Of HipHop« und 1990 »Edutainment«. Ganz nebenbei, so scheint es, rief er die beiden wichtigsten politischen Aktionen im HipHop ins Leben: die → Stop The Violence-Bewegung 1988 (Mitbegründer war Nelson George) und → H.E.A.L. (Human Education Against Lies) 1990. Nach einem Streit wurde 1991 die BDP Crew merklich kleiner, und 1992 erschien das musikalisch wie inhaltlich extra-harte, letzte BDP-Album »Sex And Violence«. KRS One machte in den folgenden Jahren nur noch Soloaufnahmen und das nicht zu knapp. Schon 1993 brachte er sein erstes Soloalbum »Return Of The Boom Bap« heraus, das mit den Hitsingles »Sound Of Tha Police« und »Return Of The Boom Bap« bestach. Zwischen vielen Gastauftritten auf Platten von Künstlern wie Channel Live und Mad Lion entstand 1995 das inzwischen siebente Album »KRS One« mit den Underground Hitsingles »MCs Act Like They Don't Know« (von DJ Premier produziert) und »Rappers R'n'Dainja« sowie 1997 LP Nummer 8 »I Got Next« mit den Auskopplungen »Step Into A World« und »Friend«. Auf der Maxi »Step Into A World« befindet sich ein Puff Daddy-Remix, der sehr nach Kommerz klingt. Zudem machte einer der letzten wahren HipHopper Werbung für Nike und Sprite, was ihm viele seiner alten Fans vorwarfen. Doch KRS One rechtfertigte sich schlüssig mit dem Argument, dass er nur versuche, neue Fans für sich zu gewinnen, die ihm, dem »Lehrer«, dann schließlich zuhören würden und so erfahren könnten, was wahrer HipHop wirklich ist. Über seine politischen und historischen Ansichten hielt KRS One Ende der 80er/Anfang der 90er Jahre Vorträge an renommierten Universitäten, wie Harvard, Yale, Stanford, Columbia etc. Zusammen mit Musikgrößen wie den Neville Brothers, Billy Bragg und R.E.M. nahm er diverse Lieder auf. Schließlich produzierte er für Leute wie → Schooly D, Just-Ice, Steady B sowie → Queen Latifah und machte Musik mit Reggae-Künstlern wie Shabba Ranks und Ziggi Marley. Als einer der Trendsetter im HipHop rappte er als einer der Ersten im → Off-Beat-Stil und blieb damit nicht der einzige. Die Vielseitigkeit eines KRS One ist unbestreitbar, doch ist KRS One immer wieder für Kontroversen gut. Denn da, wo er früher die Jugend unterrichtete, predigt er heute seine religionsartige Philosophie. Dies gipfelte in einem Projekt namens → Temple Of HipHop, wo Schüler alles über die HipHop-Kultur, die jedoch stets durch Autodidakten vorangetrieben wurde, erfahren sollen und darüber hinaus Lektionen in der Philosphie des KRS One erhalten. Viel stärker als die → Zulu Nation hat der Temple Of HipHop einen sektenähnlichen Charakter und ist ganz sicher nicht dazu geeignet, HipHop zu repräsentieren oder zu verbreiten. Im Jahr 1997 erschien der erste Sampler mit dem Titel »Temple Of HipHop Culture«, auf dem unter anderem → Big Daddy Kane, → Xzibit, → Rass Kass, Scaramanga und Mad Lion vertreten sind. Nebenbei ist er noch Vizepräsident der A&R-Abteilung von Warner/Reprise. 1999 erschien die Maxi »5 Bouroughs« und ein Jahr später ein BestOf-Album »A Retrospektive«. Seitdem erschienen einige Maxis auf Frontpage, wobei besonders die innovative »Tell The Devil Ha« zu erwähnen ist.

Krylon

Amerikanische Sprühdosenmarke, die besonders in Europa Kultstatus erreichte. Krylon entspricht in etwa der deutschen Marke → Sparvar.

K-Solo

Auch Kevin Self Organization Left Others (Kevin Madison), → MC aus New York City. Der langjährige Freund von Parrish Smith (→ EPMD) arbeitete anfänglich mit diesem in einer Gruppe zusammen, machte sich dann jedoch selbstständig. Als Mitglied des → Hit Squads tourte er zusammen mit EPMD und machte sich Anfang der 90er Jahre einen Namen als hervorragender Live-MC. 1990 veröffentlichte er sein erstes Album »Tell The World My Name« und 1992 folgte »Times Up«.

Kurtis Blow

(Kurt Walker) Rapper und HipHop-Produzent aus Harlem, New York. Als HipHop in den Straßen New Yorks populär wurde, war der am 9.8.1959 in Harlem geborene Kurtis Blow einer der ersten,

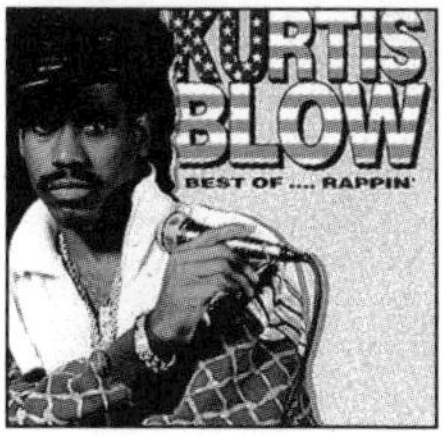

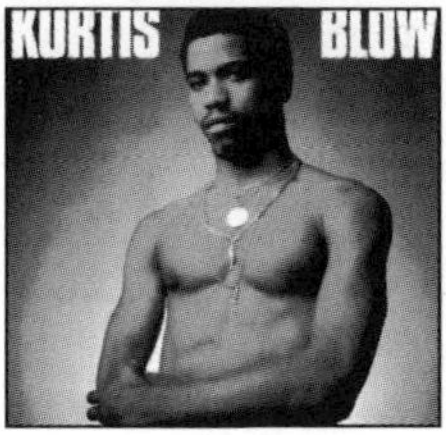

die Rap vermarkteten und aus der Straßenkultur ein 100.000-fach gekauften Artikel machten. Nachdem Kurtis schon zu Highschool-Zeiten als → DJ tätig war, versuchte er es in den späten 70ern mit dem Rappen. Seine ersten vorgetragenen Verse klaute er sich kurzerhand von DJ Hollywood. Er arbeitete mit → Grandmaster Flash und → Run DMC zusammen und wurde von → Russel Simmons betreut. 1979 erhielt er als erster Rapper überhaupt einen Vertrag mit einem großen Label (Mercury) und veröffentlichte noch im selben Jahr die bis dahin erfolgreichste Platte im HipHop: »X-mas Rappin« (400.000 verkaufte Exemplare). Als 1980 seine zweite Single »Breakin'« erschien, verkaufte Blow sie über eine halbe Million Mal. Kurtis Blow hat in seiner langen Karriere 10 → LPs veröffentlicht. Jedoch nicht alle waren qualitativ hochwertig – so auch das Album »Kingdom Blow«, für das er sich Bob Dylan und George Clinton ins Studio holte. So wandelte sich Rap zur Pop-Musik. LPs: »Kurtis Blow« (1980), »Deuce« (1981), »Tough« (1982), »The Best Rapper On The Scene« (1983), »Break To Rap« (1983), »Party Time?« (1983), »Ego Trip« (1984), »America« (1985), »Kingdom Blow« (1986), »Back By Popular Demand« (1988). Alle Alben erschienen auf Mercury Records. Außerdem gab es natürlich viele Best Of-Alben und 1997 einen Sampler mit dem Titel »Kurtis Blow Presents-History O«.

L

L.A.
Los Angeles. → West Coast.

Label
1. Bezeichnung für einen Musikverlag, eine Plattenfirma, aber auch für sonstige Markenfirmen. Zu den wichtigsten HipHop-Labels in Deutschland zählen → MZEE, → Yo Mama, Sellout, → Rap Nation, Ruff'n'Raw, 360 Grad, → Put Da Needle To Da Groove, → Four Music, → Move/ Rapture, Köln Massive, Juiceful, Dominance, Deejays, Bassment, Blitz Vinyl, Sub Up und → Buback Tonträger. Außerdem versuchen gerade in Berlin → Major-Labels Fuß zu fassen. 2. Aufkleber auf einem Tonträger, der Auskunft über den Interpreten, den Titel und die Songs gibt.

Lady Pink
Weiblicher Writer aus New York. Lady Pink begann 1979, im Alter von 16 Jahren, zu sprühen. Sie zählt zu den bekanntesten Writerinnen der Welt. Im Film »Wild Style« spielte sie die weibliche Hauptrolle. Seit den achtziger Jahren sprühte sie vermehrt legal, besonders auf Leinwänden. Doch auch heute ist sie noch auf Zügen aktiv.

Lange, Der
→ Writer und Rapper aus Dortmund. Der seit circa 1986 aktive HipHopper ist Rapper bei der Gruppe → Too Strong und gehört

zu den Begründern der → Silo-Nation. Neben den regulären Releases seiner Gruppe veröffentlichte er schon ein Solo-Album namens »The Real Deal«. Gemeinsam mit seinem Manager führt er in Dortmund einen Laden für HipHop-Bedarf. Außerdem ist er im Projekt → Untergrundkönige aktiv.

Langenfeld, André

Berliner HipHop und → Drum'n'Bass → DJ und Radiomoderator bei DT64, Rockradio B und nun Fritz, dem Jugendprogramm des Ostdeutschen Rundfunks Brandenburg. Er stammt aus dem Ostteil Berlins und sammelt seit den achtziger Jahren Black Music Platten. Seine ehemalige Sendung, die → YO-Show, war eines der wichtigsten Sprachrohre für deutsche HipHop-Aktivisten und Konsumenten gleichermaßen.

Zwischendurch hat Fritz die einzige richtige HipHop-Radioshow Berlins abgesetzt. Jeden Dienstag läuft seit Sommer 1999 der HipHop-Soundgarden mit André Langenfeld.

Lanzer, Matthias

HipHop-Aktivist aus Braunschweig. Gemeinsam mit dem Breakdance-Pionier → Spaiche legte er im November 1990 den Grundstein für das Projekt → Rap Nation.

Large Professor

(William Paul Mitchel) Rapper und Produzent aus New York City. Large Professors Karriere begann, als er Anfang der 90er Jahre die DJs K-Cut und Sir Scratch traf und mit ihnen die Gruppe → Main Source gründete.

Gemeinsam brachten sie ein gleichermaßen erfolgreiches, wie gutes Album heraus (»Breaking Atoms« 1991), bevor P-Large, wie er sich manchmal auch nennt, die Gruppe verließ. Seither ist er eigentlich nur noch als überaus geschätzter und erfolgreicher HipHop-Produzent tätig. Er bewies sein Können in ungezählten → Remixes sowie für HipHop-Größen wie → A Tribe Called Quest, → Nas, die → Beastie Boys und → Common (Sense).

Last Poets
New Yorker Jazzlyriker und Urväter der Rap-Musik der Zeit der Bürgerrechts-Bewegung in den USA. Kurz nach dem Mord an → Martin Luther King wurde die Gruppe 1968 von David Nelson, Gylan Kain, und Abiodun Oyewole am Geburtstag von → Malcom X gegründet. Der Name entstammt einem Poem des südafrikanischen Dichter Willie Kgositsile. Anfangs bestand die Gruppe aus 3 »Poeten« und einem Drummer, später bestand die Gruppe aus 7 Schwarzen und Hispanics: David Nelson, Gylan Kain, Abiodun Oyewole, Felipe Luciano, Umar Bin Hassan, Jalal Nurridin, und Suliamn El Hadi. Die Last Poets waren eine der ersten, die Musik und das gesprochene Wort zusammenbrachten. 1970 veröffentlichten sie erstes Album »Last Poets«, welches wie eine Bombe einschlug. Die revolutionären Texte und die heftigen Angriffe auf Rassismus und das kapitalistische System beeinflussten viele weitere Künstler bis hin zu → Public Enemy und den Gruppen der → Native Tongue. 1971 erschien »This Is Madnesss«. 2 weitere Alben erschienen, das letzte 1993: »Time has come«. In den 90ern verliess Bill Laswell die Gruppe. »Poetic Justice« heisst ein Fil aus den 90ern. Die Geschichte der Last Poets ist eindrucksvoll im Buch »On a Mission: Selected Poems and a History of The Last Poets« von Abiodun Oyewole, Umar Bin Hassan und Kim Green beschrieben.

Latin Alliance
→ Kid Frost.

Lay up

Begriff aus dem → Writing, der eine kleine Zugabstellanlage bezeichnet, die von Mitarbeitern der Bahn und der Sicherheitsdienste auch Kehranlage genannt wird, da dort beispielsweise an Endhaltepunkten oder Knotenpunkten Züge abgestellt und später wieder entgegen der Einfahrtsrichtung herausgefahren werden.

Leaders Of The New School

HipHop-Musikgruppe aus Brooklyn, NYC 1991–1994. Dazu gehören Busta Rhymes (Tahiem Smith), Charlie Brown, Dinco D und Milo. Schon in der Schule begannen die vier Freunde zusammen zu rappen, bis sie 1991 an einem → MC Contest teilnahmen, dem → Public Enemy als Juroren beiwohnten.

Den Namen Leaders Of The New School gaben der Gruppe der einflussreiche Produzent von Public Enemy, → Ice Cube und Son Of Bazerk Hank Shocklee, von dem sie schließlich entdeckt und gefördert wurden. Charlie Brown und → Busta Rhymes bekamen ihre Namen von → Chuck D.

Die noch sehr junge Gruppe erhielt einen Plattenvertrag mit Elektra und veröffentlichte noch im selben Jahr ihr Debütalbum »Future Without A Past«. LONS und ihre LP wurden für ihre Kreativität und die neuen → Rap-Stile, die sie präsentierten, hoch gelobt. Zu dieser Zeit wurden sie Mitglieder der → Native Tongue Family.

Berühmt wurde die Gruppe auch durch ihre aggressive und oft kopierte Bühnenshow, die alles bisher im HipHop Dagewesene in den Schatten stellte.

1993 veröffentlichten LONS ihr letztes Album »T.I.M.E.«, dessen Verkaufszahlen wegen des obskuren Klanges der LP weit hinter den Erwartungen zurückblieben. Bald darauf trennte sich die Gruppe aufgrund einiger Differenzen und jedes Mitglied ging eigene Wege.

Lee

→ Writer von der Lower East Side in New York, der puertorikanischer Herkunft und seit Mitte der siebziger Jahre aktiv ist. Den Namen »borgte« er sich vom Writing-Pionier → Lee 163d! Seinen ersten Wholecar sprühte er 1976, seitdem sind es über 200 geworden. Für seine → Wholecars brauchte er eigenen Angaben zufolge 4 bis 10 Stunden. Lee ist einer der bekanntesten → Writer in der Geschichte des → Writing überhaupt. Im Film »Wild Style« spielte er die Rolle des Writers Ray. Er ist Mitglied in der berühmten Gruppe Fabulous Five. Lee, der ursprünglich aus ärmlichen Verhältnissen stammte, hatte in den achtziger Jahren auch erste kommerzielle Erfolge und zahlreiche Ausstellungen, so auch 1982 auf der Dokumenta 7 in Kassel.

Lee, Spike

(bürgerlicher Name: Shelton Jackson Lee) Der schwarze, politische Filmemacher Spike Lee, der 1956 in Brooklyn, New York geboren wurde, spielt eine zentrale Rolle im neuen Schwarzen Kino Amerikas. Er war es, der mit seinen Filmen einen wahren »urban film boom« in Gang setzte. Die Werke lösten oft heftige Kontroversen aus. Sein erster Film »She's Gotta Have It« (1986), der noch eine Independent-Produktion war, ist eine geistvolle und romantische Komödie, die die Filmkritiker veranlasste, ihn den »Schwarzen Woody Allen« zu nennen. Mit größeren Major-Studios im Rücken drehte er Filme, in denen Probleme und Beziehungen zwischen den ethnischen Gruppen in New York im Mittelpunkt standen. Einige Beispiele hierfür sind der 1988 gedrehte Streifen »School Daze«, der Film »Do The Right Thing« von 1989 und »Jungle Fever« aus dem Jahre 1991. Letzterer ist sein bis dato gewaltigster Film. »Do The Right Thing«, in dem »Fight The Power« von → Public Enemy nicht nur Filmmusik, sondern eine Art »Hauptrolle« spielt, beschreibt einen heißen Sommertag in Bed-Stuy in Brooklyn mit all seinen Problemen. Der Tag endet in gewalttätigen Ausschreitungen. Durch den eher kommerziellen Charakter dieser Filme gelang es ihm, den Weg für andere schwarze Regisseure wie die → Hughes Brothers und John Singleton zu ebnen. Zusätzlich konnte er eine

Boutiquen-Kette, die sich »Spikes Joint« nennt, eröffnen. Sein Markenname lautet » 40 Acres And A Mule«. Der Film, der ihn endgültig bekannt machte, hieß → »Malcom X« und war eine Verfilmung der Biografie des Führers des Black Movement, der auch einige inhaltliche Schwächen hatte. Nachdem der Film in den Kinos angelaufen war, überschwemmte eine wahre Flut von Malcom X-Merchandising-Produkten das Land. Weitere Filme waren zum Beispiel 1994 »Crooklyn«, eine Ghetto-Milieu-Studie und »Girl Six«, 1995 »Clockers«, 1996 der sehr politische »Get On The Bus« und 1998 der Basketballfilm »Das Spiel des Lebens«.

Lee 163d!

→ Old School → Writer aus New York, der seit Anfang der siebziger Jahre aktiv ist. Lee 163d! und → Phase II waren es, die das Writing von Manhattan in die Bronx »brachten«. 1971/72 war Lee 163d! die Nummer 1 in der Bronx. Der bekanntere Writer → Lee »borgte« sich den Namen von Lee 163d!.

Legale Graffiti

Seit den ersten kommerziellen Erfolgen von → Graffiti gibt es eine regelrechte Legal-Szene, in der einige Sprüher ausschließlich legal malen, also mit dem eigentlichen Writing nicht mehr viel zu tun haben. Diese Vermarktung von Graffiti hat aber in Teilen der Bevölkerung zumindest auch scheinbar für etwas mehr Toleranz gegenüber den Sprühern gesorgt. → Graffiti-Agenturen und → Leinwand-Graffiti.

Leinwand

Graffiti im eigentlichen Sinne existieren nur im Öffentlichen Raum. Viele → Writer und → Aerosol-Artists malen und sprühen jedoch auch auf Leinwänden. Besonders in → New York schafften viele Writer in den achtziger Jahren den Sprung in die Galerien, wo sich die dortige Kunstszene, die begierig auf neue Anstöße wartete, auf sie stürzte. Für viele Writer einer bestimmten Generation in New York war es geradezu typisch, irgendwann in den Galerien zu landen.

Letters

Begriff aus dem → Writing, Synonym für Buchstaben.

Lil' Kim

(Kim Jones), Rapperin aus Brooklyn, New York. Aufgefallen ist Lil' Kim besonders durch ihre frechen, frivolen Texte, in denen sie ausführlich beschreibt, welche sexuellen Vorlieben sie hat. Auf den Covern ihrer Platten geizt sie nicht mit ihren Reizen. Sie selbst sagte einmal dazu: »I'm a very sexual person and what I'm revealing on my album is my personality and my experience« (Ich habe viel Sex und was ich auf meinem Album zu Gehör bringe, entspricht meiner Persönlichkeit und meinen Erfahrungen). Angefangen hat die kleine Kim Mitte der 90er als Mitglied der → Junior M.A.F.I.A. Bevor die Liebhaberin von → Notorious B.I.G. eine Solokarriere startete, hatte sie schon an dem mit Goldehrungen bedachten Album »Conspiracy« (1995 auf Big Beat/Atlantic Records) jener Gruppe mitgewirkt. Zudem reimte sie auf den Platten von Total, Mona Lisa, Skin Deep und den Isley Brothers. 1996 erschien dann die Debütmaxi »No Time« (zusammen mit → Puff Daddy auf Big Beat/Atlantic Records) und bald darauf das erste Album »Hard Core«, welches Puff Daddy und → Jermaine Dupri produziert haben. Die → Beats sind melodisch und mit einer Menge Bass, Gitarren- und Klaviersamples versehen. 2000 erschien die LP »The Notorious K. I. M.« und 2003 »La Bella Mafia«.

Line

Begriff aus dem → Writing. Eine Bahnstrecke wird von den → Writern Line genannt. Wenn man *an* der Line malt, malt man also an

der Bahnlinie entlang. Wenn man *auf* der Line malt, ist damit meist das Besprühen der Züge einer bestimmten Strecke gemeint.

Linebombing
Begriff aus dem → Writing, Bezeichnung für → Bombings an einer Bahnstrecke.

Line-King
Begriff aus dem → Writing, → King Of The Line.

Linepiece
Begriff aus dem → Writing, Bezeichnung für ein → Piece, das entlang einer Bahnstrecke gesprüht wurde.

Line-up
1. Besetzung einer Musikgruppe. 2. Organisatorischer Ablauf einer Veranstaltung. Beide Begriffe sind in der Musikszene allgemein gebräuchlich und nicht spezifisch auf HipHop beschränkt.

An der Line, Potsdam 1996

Living Large
Lebenseinstellung, die das Zeigen von Reichtum in den Mittelpunkt stellt. Besonders im → Gangster-Rap und Puff Daddy-Umfeld tritt dies deutlich zu Tage. Markenzeichen sind Autos, Frauen, Geld, Schmuck, Waffen und oft das zugelegte Image von Dealern oder Zuhältern.

LL COOL J
(James Todd Smith, geboren 16. 8. 1968) Rapper mit Pop-Crossover-Einschlag aus Queens, New York. Ladies Love Cool James, der, seit er vier Jahre alt war, bei seinen Großeltern in Queens aufwuchs, fing schon mit neun Jahren an zu rappen. Als er 13 war, bekam er von seinem Opa ein → DJ-Set geschenkt. Ab sofort machte er Musik, um irgendwann einen Plattenvertrag unterschreiben zu können. Er verschickte → Demobänder an verschiedene → Labels. Schließlich gelang es ihm, → Rick Rubin von sich zu überzeugen. So produzierte dieser 1984 die erste Single für das gerade neu gegründete → Def Jam Label. Mit einem Kostenaufwand von 700 $ entstand die Debütmaxi LL Cool Js »I Need A Beat«, wovon nach kurzer Zeit mehr als 100.000 Exemplare verkauft waren. Als James gerade 16 war (die Highschool brach er ab), entstand sein erstes Album »Radio« (1985 auf Def Jam, produziert von Rick Rubin). Durch Hitsingles wie »I Can't Live Without My Radio« und »Rock The Bells« verkaufte sich die → LP mehr als eine Million Mal. LL Cool J war einer der ersten Rapper, die in der Welt des Pop richtig Erfolg hatten. Im Film → »Krush Groove« trat er mit einem Stück auf und tourte 1986 zusammen mit → Run DMC. LL Cool Js zweites Album »Bigger And Deffer« war dank der Single »I Need Love« ein ähnlich großer Erfolg wie das erste, was seine Position auf dem Popmarkt erheblich stärkte. LL war schon immer ein kleiner Angeber und Sexist, denn seine Texte strotzten stets vor ein- und zweideutigen Bemerkungen. »LL Cool J is hard as hell, ...« und »I Need Love« zeigten die zwei Facetten des Rappers. Auf einem Konzert in Columbus, Georgia sorgte er für reichlich Aufmerksamkeit, als er nach seinem Auftritt wegen »Erregung öffentlichen Ärgernisses« verhaftet wurde. Auf seiner 1989 erschienenen LP »Walking With

A Panther« versuchte James auf die sanfte poppige Art, zu noch mehr Plattenverkäufen zu kommen, musste aber lernen, daß er sich nur selbst damit schadete. Denn die HipHop-Freunde unter seinen Fans waren sehr enttäuscht, und so fielen die Verkaufszahlen ver-

LL COOL J

gleichsweise mager aus. Zumindest bei den HipHop-Fans schon abgeschrieben, veröffentlichte LL 1990 das Album »Mama Said Knock You Out«, das ihn dank der tatkräftigen Unterstützung des Produzenten → Marley Marl vollständig rehabilitierte. Die Musik war laut, hart und trotzdem beliebt. Für die Smash Hitsingle »Around The Way Girl« bekam er den ersten seiner zwei → Grammy Awards, mit der LP konnte er sich über ein Jahr in den → Billboard Charts halten. Wieder einmal als erster Rapper überhaupt, trat Uncle L, wie er sich selbst oft nennt, 1991 bei MTV Unplugged auf. Das inzwischen fünfte Album »14 Shots To The Dome« war für wahre HipHop-Fans vermutlich das Beste, denn es enthielt nichts als pure HipHop-Musik, die über den Horizont seiner bisherigen Werke etwas hinausreichte. Dummerweise war die LP bei den Kritikern unbeliebt und einige Musikjournalisten meinten gar, dass es seiner Reputation geschadet hätte. Seit Anfang der 90er Jahre dehnte der inzwischen in Los Angeles und New York lebende, verheiratete Vater von drei Kindern seine Aktivitäten über das Musikmachen hinaus aus. So formte er 1992 die Camp Cool J Foundation, eine Organisation, die es Kindern minderbegüterter Eltern ermöglicht, in den Ferien die Stadt zu verlassen, um dort in friedlicher Umgebung soziale Kontakte knüpfen zu können. Etwas später fing er an zu schauspielern, als Star in der NBC-Sitcom »In The House«, was er in den Filmen »The Hard Way«, »Toys« und einigen anderen fortsetzte. Seine sechste → LP »Mr. Smith« (1995) wurde ein sehr seichtes Album, genau richtig für den Popmarkt. Für die Single »Hey Lover« erhielt LL nun schon seinen zweiten Grammy. Uncle L machte für Coca Cola Werbung und ist offizieller Repräsentant für die Major League Baseball. 1996 kam das Best Of-Album LL Cool Js,

»All The World«, heraus, dem eine Autobiographie »I Make My Own Rules« (1997 St. Martins Press/Ilion Books) folgte. Wohl allein für die Popwelt wurde das Album »Phenomenon« produziert, welches er zusammen mit HipHop-Stars der 90er wie → Puff Daddy, → Busta Rhymes, → Redman, → Method Man, den → Lost Boys und vielen anderen aufnahm. 2000 erschien sein neuntes Album »G.O.A.T«, auf dem es wieder mehr für HipHopper zu hören gab. Auch hier waren wieder zahlreiche Gäste, wie etwa Method Man, → DMX, Redman, Big Kap, → Xzibit und Prodigy vertreten. Natürlich gab es auch etwas für die Popfans, inklusive Gastauftritt von Jah Rule, Carl Thomas und anderen. 2003 erschien sein zehntes Album: »10«. In seiner langen Karriere gelang es dem Rap-Superstar, mehr als 21 Millionen LPs zu verkaufen – von den Singles ganz zu schweigen. Er hat alle Kontinente bereist, einschließlich Asien und den Nahen Osten, wo er für den saudischen Prinzen Khalid ein Konzert gab, sowie Afrika, wo er neben seinen Auftritten an der Elfenbeinküste half, ein Krankenhaus zu errichten.

Locking
Breakdance-Begriff, ausdrucksstarke, trickfilmartige Tanzform, Comic-Tanz; die ersten → Breaker, die diese Tanzrichtung praktiziert haben, sollen sich von Charlie Chaplin inspiriert haben lassen.

LOFD
(Lords Of Doom) → Writer-Gruppe aus dem Ostteil → Berlins. Mitglieder sind Deon, Etik, Psok, Gel, der auch bei → BFM ist, und Shel. LOFD besitzen einen legendären Ruf in der Berliner Writer-Szene.

L.O.N.S.
→ Leaders Of The New School.

Loomit
→ Writer aus → München, der seit 1983 malt. Loomit zählt somit zu den ersten seiner Art in Deutschland und zu den bekanntesten Writern. Seine → Schriftzüge und → Characters sind besonders be-

rühmt. Bekannt ist er auch für seine großformatigen, aufwändigen → Bilder, die er oft mit vielen anderen Writern aus aller Welt sprüht. Loomit malte bereits in vielen Ländern der Erde und hat einen wesentlichen Beitrag zur Verknüpfung der deutschen Szene mit der internationalen Szene geleistet. Loomit zählt zu den erfolgreichsten Auftragssprühern in Deutschland und verdient sein Geld mittlerweile auch mit → Tattoos.

Loop

(engl.: Schleife, Spirale, Schlaufe) 1. Begriff aus dem DJing und Produzieren. Hiermit bezeichnet man das wiederholte Aneinanderfügen eines Klangfetzens, eines → Samples im gleichen Abstand. In den meisten Fällen geschieht dies alle vier Takte. Loops können sowohl am Plattenspieler als auch mittels Sampling am Computer erzeugt werden. Durch das Loopen des → Breaks einer Platte kann der → DJ ein völlig neues Klangbild erzeugen und beispielsweise in → Freestyle Sessions für die instrumentale Hintergrundbegleitung der Rapper sorgen. 2. Begriff aus dem → Writing. Wichtiges Stilelement des → Writings, bei dem das Ende eines → Buchstabens in sich zusammengerollt wurde. → Phase II sprühte als erster in den frühen Siebzigern Loops, und andere → Writer, wie Stave 2, Super Mug oder Checker 170, der alle seine Buchstaben »loopte«, entwickelten sie weiter oder kombinierten sie mit anderen Stilelementen, wie zum Beispiel → Pfeilen.

Lootpack

HipHop-Trio aus der → Bay Area. Mitglieder: Madlib, Wildchild und DJ Romes. Die drei kennen sich bereits seit der Highschool. Bereits 1994 produzierte Madlib (der beat conductor) die → Alkaholics-Single »Mary Jane«. Im selben Jahr tauchten Lootpack auch auf dem Debütalbum der Alkaholics »21 And Over« auf. 1996 erschien mit der EP »Ill Psych Move« die erste eigenständige Produktion. 1999 folgte auf dem Label Stones Throw das Album »Soundpieces: Da Antidote«. Die drei arbeiteten auch an vielen anderen Projekten. So produzierte Madlib unter anderem das eigenwillige und erfolgreiche Album »The Unseen« von Quasimoto, welches als

Meilenstein des HipHop gesehen werden kann. Wildchild produzierte 2001 die Lootpack-Dokumentation »Da Packumentary«.

Lord Finesse

(Robert Hall Jr.) → MC und Produzent aus der South Bronx, New York. Dort aufgewachsen, wo der HipHop geboren wurde, kam Lord Finesse schon früh mit der HipHop-Kultur in Kontakt. Schließlich machte er sich als hervorstechender MC auf Partys und bei → Battles etc. in seiner Nachbarschaft und darüber hinaus einen Namen. 1989 unterzeichnete er seinen ersten Plattenvertrag bei Wild Pitch Records. Kurz darauf veröffentlichte Lord Finesse sein Debütalbum »Funky Technician« (1989). Es dauerte drei Jahre, ehe Lord Finesse ein neues Plattenlabel gefunden und seine zweite → LP aufgenommen hatte. Erst 1992 erschien »Return Of The Funky Man« auf Giant Records, wofür Lord Finesse sehr gelobt wurde. Heute ist die Platte ein begehrtes Sammlerobjekt, wofür mitunter horrende Preise gezahlt werden. Als Chef seiner eigenen Produktionsfirma Funky Man Productions war und ist Lord Finesse nicht nur für seine eigene, auf Soul- und Funk-lastigen Samples und harten → Beats beruhende Musik verantwortlich. Vielmehr produzierte er schon Stücke für HipHop- und → R&B-Größen wie → Notorious B.I.G., → SWV, Big L und → Fat Joe. Für sein drittes Album »The Awakening« (1995 auf Penalty Records) lud er alte Freunde ein, die alle selbst kleine oder größere Legenden im HipHop sind. So beteiligten sich neben seinem früheren Schulkameraden → Diamond (D) auch → KRS One, → MC Lyte, → Showbiz & AG, → Kid Capri, → Grand Puba, → Large Professor und → O.C. an diesem Werk.

Lords Of The Underground
(LOTUG) HipHop-Gruppe aus Newark, New Jersey. Mitglieder: Mr. Funkyman (Al'Terik Wardrick), Doitall (Dupre Kelly) und Lord Jazz (Bruce Colston). Lords Of The Underground trafen sich Anfang der 90er Jahre an der Shaw University in North Carolina. Ein Freund von Doitall stellte die drei der Produzentenlegende → Marley Marl vor, der sie in sein Studio einlud, wo auch die ersten Singles der Gruppe entstanden. Noch bevor ihr Debütalbum »Here Come The Lords« (1993 auf Pendulum Records) erschien, waren die Singles »Psycho«, »Chief Rocka« und »Funky Child« große Hits. Die mitreißende Musik wurde von Marley Marl produziert. Auf einer ausgedehnten Tour mit → Cypress Hill und → Funkdoobiest wurden LOTUG auch über die Grenzen der USA hinaus bekannt. Schon 1994 erschien das zweite, wenn auch bis heute letzte Album der Lords »Keepers Of The Funk« (Pendulum Records). Wieder hatte Marley Marl den Großteil der Produktion übernommen, und dank des Hits »Tic Toc« wurde auch diese LP ein Renner. 1997 meldeten sich die Lords wieder mit einigen guten Singles, die allerdings nur im Untergrund Verbreitung fanden. Dort nannten sie sich jedoch L.O.T.U.G-Lords of the Unreleased.

Los Angeles
→ West Coast.

Lords Of The Underground

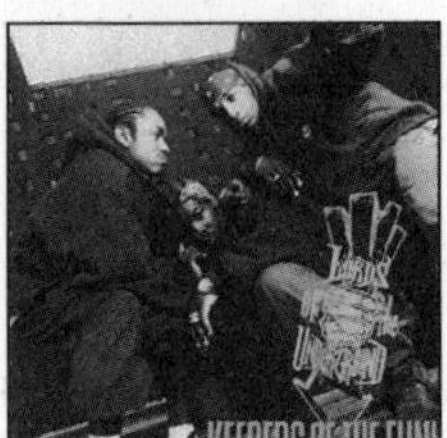

The Lost Boyz

HipHop-Gruppe aus New York City. Dazu gehören: Freekie Tah, Mr. Cheeks, Pretty Lou und Spigg Nice. Nachdem das Quartett seine erste Single »Lifestyles Of The Rich And Shameless« in Eigenregie aufgenommen hatte, wurde das Label → Uptown Records auf sie aufmerksam und nahm sie schließlich unter Vertrag.

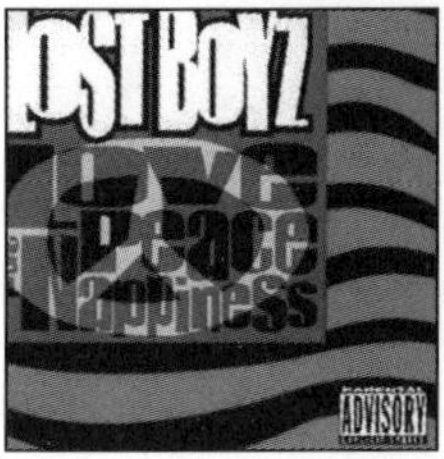

1995 folgte das Debütalbum »Legal Drug Money«, das bald mit → Gold ausgezeichnet wurde und die Lost Boyz zu einer neuen Institution im Rap werden ließ. 1997 erschien ihr zweites, sehr erfolgreiches Album »Love, Peace And Nappiness« und 1999 »Lb IV Kife«.

Loud Records

Bedeutendes HipHop-Label.

Lowriding

Bezeichnung für das Tieferlegen eines Autos. Seit dessen Verbot haben die Leute hydraulische Systeme, mit denen die Höhe der Karosse auch während der Fahrt geändert werden kann.

L.S.D.

(Legally Spread Dope) HipHop-Gruppe aus Köln/Bonn. Mitglieder: Ko Lute, Rapper, Produzent; Rick Skee, Rapper; Defcon, DJ, Produzent. Die Gruppe wurde 1988 in Bonn ins Leben gerufen. Sie gehörten zu den ersten deutschen HipHop-Gruppen, die in englischer und deutscher Sprache rappten und dazu noch eine EP veröffentlichen konnten. Diese hieß »Competent« und erschien 1991 auf Rhythm Attack Records. Durch ihre Repräsentanz auf dem »Krauts With Attitude«-Sampler, der 1991 auf den Markt kam, gewannen sie schnell an Bekanntheit. Ihr erstes Album hieß »Watch Out For The 3rd Rail«, auf dem der legendäre Musiker Maceo Parker einen Gastauftritt hatte. 1993 spalteten sich Ko Lute und Defcon von der Gruppe ab und gründeten LSD PROTON. Future Rock arbeitete neben vielen anderen auch mit Torch von → Advanced Chemistry zusammen und produzierte im Jahre 1995 seine LP »Beat Bombs«. L.S.D. gehören neben dem Äi-Tiem und der Gruppe Controversial Unique Style zu den Begründern des Blitz Mobs.

LSD PROTON

→ L.S.D.

Luana

Rapperin aus Basel, Schweiz. Luana rappt in englischer und deutscher Sprache und ist seit 1986 aktiv. Sie arbeitete schon mit dem Schweizer DJ Keys und verschiedenen Tänzern zusammen und war auch an diversen Plattenproduktionen beteiligt. Mit Lemme aus der Schweiz bildete sie die Gruppe Aquarius Answer.

Lyrical Poetry

HipHop-Gruppe aus Bremen. Mitglieder: Ma, → Rapper; Nomäd; Goldfinger, → DJ. Die Bremer HipHop-Musikanten fanden sich bereits 1988 zusammen. Ihre Musik ist von elektronischer Tanzmusik beeinflusst. Sie gehörten zu den Gruppen, die auf dem → Sampler »Krauts With Attitude« vertreten waren. Auf dem Münchner Label Sub Up veröffentlichten sie ihre »S.M.I.L.E. EP«. Der Titel war eine Anspielung auf eine Theorie, die besagt, dass der Mensch seine Intelligenz steigern und ins All auswandern müsse. Sie tourten mit → IQ und → Gang Starr. In den folgenden Jahren erschienen noch das »S.M.I.L.E. Album« (1993) und die LP »Nonplusultra« (1996) mit der → 12" Single-Auskopplung »Vom Teufel besessen«.

Lyrics

Texte eines Songs, eines Rappers, gelegentlich in den Booklets der Tonträger abgedruckt. Jedoch erschienen auch schon Bücher, die eine Vielzahl Texte herausragender US-Rapper veröffentlichten. Auch das Internet enthält umfangreiche Rap-Text-Archive.

M

Maat

→ Writer aus Amsterdam, der seit 1984 aktiv ist. Den ersten Kontakt mit Graffiti hatte er 1983. Maat hat Züge in ganz Europa besprüht und wohnte teilweise in Berlin, wo er ziemlich produktiv war.

Mack

1. Synonym für → Pimp. 2. Sex haben. 3. Stehlen. 4. Ein Frauen-Typ sein.

Mack Daddie

Umgangssprachliche Bezeichnung in der angloamerikanischen Slangsprache für einen Frauenheld.

Mack Da Maniak

(M. Sheppard) MC aus New York. Mack Da Maniak veröffentlichte 1996 auf Select Records die LP »LocoMotive«, deren Single-Auskopplung »What Goes Up« (featuring → Chubb Rock und King Just) ein kleiner Underground-Hit wurde.

Mad I

New Yorker → Writer der ersten Stunde, der als erster → Buchstaben im Western-Style sprühte.

Madlib
→ Lootpack.

Mag
Abkürzung für Magazin.

Magazine
→ HipHop- und → Graffiti-Magazine.

Main Concept
HipHop-Gruppe aus München, seit 1990. Mitglieder sind David Pe (Rap), HumanD (Produzent) und DJ Explizit (DJ). 1993 erschien die erste Maxi »So hat das Volk den Verstand verloren«. 1994 folgte »Coole Scheiße«, zusammen mit der gleichnamigen Debüt-LP, ein Jahr später die EP »Münch Mob« und 1996 eine weitere Maxi: »Generation X«. Nach einer Pause von zwei Jahren meldeten sie sich 1998 mit dem Album »Genesis – Exodus – Main Concept« zurück. 2000 erschien das Freestyle-Album »Plan 58«. Main Concept sind für ihre politischen Texte und Freestyles bekannt.

Main Source
HipHop-Gruppe aus New York City. Dazu gehörten: → Large Professor (William Paul Mitchell), K-Cut (Kevin McKenzie), Sir Scratch (Shawn McKenzie), Mikey D und Shaheem. Als Main Source 1991 ihr Debütalbum »Breaking Atoms« auf Wild Pitch Records herausbrachten, stand ihnen eine große Karriere bevor. Large Professor, K-Cut und Sir Scratch, so die ursprüngliche Besetzung der Band, produzierten mit diesem Album einen HipHop-Klassiker. In Hits

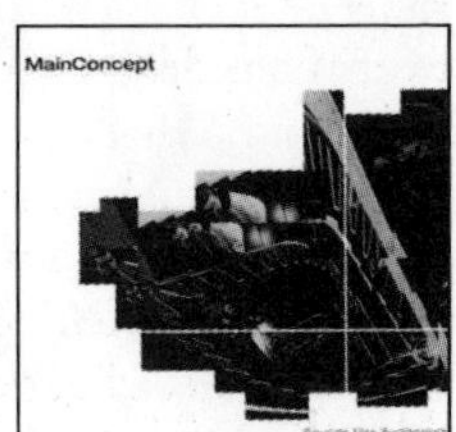

wie »Lookin' At The Front Door« und »Just A Friendly Game Of Baseball« erzählten sie von Polizeibrutalität und zerstörten Freundschaften. Alles was sie bewegte, griffen sie als Thema auf. 1992 produzierten sie neben der LP »Science« den Smash-Hit »Fakin' The Funk« für den Soundtrack »White Men Can't Rap« zum Film »White Men Can't Jump«. Doch nach dieser Single endete die Zusammenarbeit des Trios abrupt. Large Professor verließ die Gruppe. K-Cut und Sir Scratch suchten in den folgenden Jahren nach einem Ersatz für ihren Front MC und fanden Mikey D und die junge Dame Shaheem. In neuer Formation machten sie 1994 ihre dritte, ebenso gesellschaftskritische LP »Fuck What You Think«. Doch da sie kaum in der Öffentlichkeit präsent waren, wurde das Album ein Flop und die Gruppe trennte sich danach endgültig.

Mainstream
Synonym für massentaugliche, populäre Musik.

Make't Better Magazine
HipHop-Magazin aus der Schweiz, welches 1991 gegründet wurde, um die Luzerner HipHop-Szene wieder zu vereinen. Mittlerweile hat das Magazin eine recht hohe Auflage und ist in ganz Europa erhältlich. Die meisten Texte sind in deutscher Sprache verfasst. Einen wichtigen Schwerpunkt der Zeitschrift bildet → Graffiti. Zum Magazin gehört auch ein Mailorder-Service.

Malen
Begriff aus dem → Writing, → Sprühen.

Maler
Begriff aus dem → Writing, → Writer.

Mancha
Rapperin aus Hannover. Mancha gehört neben → Cora E. zu den wenigen deutschen Rapperinnen, die sich hierzulande einen Namen machen konnten. Sie befasst sich seit

Mitte der Achtziger mit HipHop, war schon in diversen anderen Gruppen aktiv und erarbeitete auch eine eigene LP.

Man Streak

Bezeichnung aus dem → Writing. Bezeichnung für einen wasserfesten Marker, der auch Streaker genannt wird.

Mantronix

HipHop-Gruppe aus Brooklyn, New York. Mitglieder: Curtis Mantronik, Produzent; Bryce Luvhr, Rapper und MC; Tee DJ Dee, DJ. Die Gruppe fand 1985 zusammen und konnte noch im selben Jahr ihre erste Single »Fresh Is The World« auf einem sehr kleinen New Yorker Label veröffentlichen. Auch nach der bald darauf folgenden ersten LP »The Album« konnte noch keines der Mitglieder der Gruppe ahnen, welchen Erfolg die ausgehenden Achtziger und frühen Neunziger mit sich bringen würden. Die zweite LP »In Full Effect«, die dann durch die Firma EMI verlegt wurde, kennzeichnete schon deutlich den stilistischen Weg, den die Formation nun endgültig einschlagen sollte. Der typische Mantronix-Sound war eine abwechslungsreiche Mischung aus Elementen von House, → Electro und Swingbeat, die mit für die damalige Zeit schweren → HipHop-Beats unterlegt wurde. »This Should Move«, ihre dritte → LP, und die daraus ausgekoppelte Single »Got To Get Your Love« aus dem Jahre 1990 schafften den Sprung in die Top 5 der britischen Dance-Charts und bewährten sich für fünf Wochen auf Platz 1. Der Kassenrenner »Got To Get Your Love«, der zusammen mit der Gastsängerin Wondrees aufgenommen wurde, unterschied sich, betrachtet man die sonstige Härte der Musik der Band, deutlich von ihrem

Song-Repertoire. Seither wurde es jedoch zunehmend ruhiger um Mantronix. Curtis Mantronik produzierte eine Vielzahl von Werken anderer Künstler aus den verschiedensten musikalischen Bereichen. Hierzu gehörte auch die Gruppe Duran Duran. 1999 erschien bei Virgin ein Best Of-Album.

Marker

Begriff aus dem → Writing, Bezeichnung für besonders unter → Writern wegen ihrem breiten Strich beliebte Filzstifte oder Postermaler, die überwiegend für → Tags benutzt werden. Meistens lässt sich die Farbe der wasserfesten Marker sehr schwer entfernen, so das spezielle Reinigungsmittel entwickelt werden mussten. Die »Stars« unter den Markern sind in Deutschland die → Eddings und die → Poster-Marker, welche von den → Writern mit Edding-Nachfülltinte aufgefüllt werden. In den USA wurde ein solcher Star, der Uni-Wide 2000, aufgrund der Beliebtheit bei Writern vom Markt genommen.

Marley Marl

(Marlon Williams) Produzent und → DJ aus Queens, New York. Nicht zuletzt dank seiner wöchentlichen HipHop-Sendung »Rap Attack« auf der Radiostation WBLS, mit der er als → Mr. Magic jeden Samstag New Yorks HipHop-Fans begeisterte, wurde Marley Marl Mitte der 80er Jahre zu einer Legende. Für sein Label Cold Chillin' produzierte er Stars wie → Biz Markie, → Roxanne Shanté und seinen Cousin → M.C. Shan. Er entwickelte die Sampletechniken im HipHop weiter. Überhaupt war er einer der ersten, der exzessiv mit → Samples arbeitete, und brachte so die Musik damit

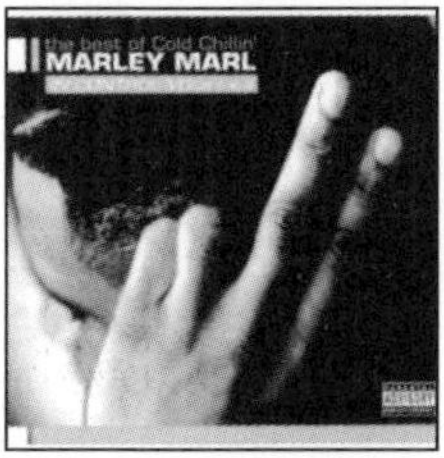

ein großes Stück voran. Ende der 80er Jahre gab es Rap-Wettbewerbe, in denen als erster Preis eine Studio-Zeit mit Marley Marl winkte. So kamen zum Beispiel → Masta Ace und → Def Jef zu einer Karriere im Musikgeschäft. Er selbst veröffentlichte auch einige LPs (z.B. »In Control« und »House of Hits«), die aber mehr den Charakter von → Juice Crew-Samplern hatten und keine große Beachtung fanden. Anfang der 90er Jahre stagnierte die Karriere des bis dahin aktivsten Produzenten im HipHop erst einmal. Die Zeit der Juice Crew war plötzlich vorbei, und fast alle bekannten Rapper aus dieser Zeit, verloren ebenso wie Marley Marl an Bedeutung. Seit Mitte der Neunziger ist er wieder fleißig am Produzieren. 1993 und 1994 produzierte er die beiden LPs der → Lords of The Underground, es folgten → Capone'N'Norega, → Gang Starr, Truck, King Just und andere.

Married Couple
Begriff aus dem → Writing, ursprüngliche Bezeichnung für zwei ständig zusammengekoppelte U-Bahn-Waggons in New York. Heute Bezeichnung für einen Doppel-Wholecar. Der erste Married Couple wurde von A.J. 161 gemacht.

Marshmallow Style
Begriff aus dem → Writing, Bezeichnung für einen → Style, dessen Buchstaben an den unteren Enden angeschwollen sind.

Marxman
HipHop-Band aus Dublin/Bristol. Mitglieder: Hollis, Nellee Hooper, Phrase, Rapper; Smith & Mighty, Oisin Lunny, Produzent; K1, → DJ. Die Gruppe gehört zu den kontroversesten Bands des gesamten britischen und irischen Raumes. Die inhaltliche Spannweite ihrer Texte reicht von persönlichen Problemen bis hin zur kommunistischen Weltanschauung und den politischen Konflikten zwischen England und Nord-Irland. Der in Dublin geborene Hollis war ein gu-

ter Jugendfreund von Oisin Lunny. Beide kamen bald zu der Ansicht, dass die marxistische Philosophie auch in der heutigen Gesellschaft Anwendung finden kann. Auf dem kleinen Label Take The Floor Records erschien im November 1991 ihre erste → Single »Sad Affair«. Das Debütalbum »33 Revolutions Per Minute« erschien jedoch erst 1994 auf Talkin' Loud Records. Neben enormen Schwierigkeiten mit dieser Firma führten auch interne Streitigkeiten zu einer vorübergehenden Ruhepause der Gruppe. Das Label schränkte in extremem Maße die Freiheiten der Gruppe ein und suggerierte ihnen die Änderungen ihres Namens. Daraufhin wechselten sie zu Rockers Records, wo im November 1996 ihre zweite, jedoch fast bedeutungslose LP »Time Capsule« erschien. Diese erweckte jedoch einen wesentlich unpolitischeren und experimentelleren Eindruck als deren Vorgänger. Seither wurde es recht ruhig um Marxman.

Massive Töne

HipHop-Gruppe aus Stuttgart, → FourMusic. Mitglieder: Schowi (Rap), Ju (Rap), Wasi (Rap) und DJ 5ter Ton. Album-Veröffentlichungen: »Dichter in Stuttgart« (1995), »Kopfnicker« (1996), »Überfall« (1999). und »MT3« (2002)

Masta Ace

(Duval Clear) → MC und Produzent aus Brownsville, Brooklyn, New York. Mitte der 80er Jahre gewann der Sohn einer alleinerziehenden Mutter einen Rap Contest. Als ersten Preis gab es ein sechsstündiges Treffen mit → Marley Marl (dem Top-HipHop-Produzenten jener Jahre) in dessen Studio zu gewinnen. Zusammen

mit Marley Marl nahm Masta Ace also eine Single (»Simon Says/Keep Your Eyes On The Prize«) auf, die dem Produzenten so gut gefiel, dass er sie auf sein eigenes Album »Marley Marl's In Control Vol. 1« brachte. Auf diesem Album erschien auch das → Juice Crew-Stück »The Symphony Part 1«, auf dem Masta Ace rappte. Schließlich erschien 1989 seine Debüt-LP »Take A Look Around« (auf → Cold Chillin' Records), die heute ein HipHop-Klassiker ist und 1995 noch einmal neu verlegt wurde. Trotz des großen Erfolges bei Cold Chillin' entschloß sich Masta Ace 1990, das Label zu verlassen, da er mit seinem Status beim Firmenvorstand nicht zufrieden war (Zu dieser Zeit war Cold Chillin' eines der erfolgreichsten HipHop- → Label, auf dem die Platten vieler großer Namen wie → Big Daddy Kane, → Biz Markie, → Kool G Rap & DJ Polo etc. veröffentlicht wurden). Es dauerte ein Jahr, bis er einen neuen

Masta Ace

Vertrag mit Delicious Vinyl unterschrieb. Erst 1993 veröffentlichte Masta Ace die Single »Slaughtahouse«, auf deren B-Seite sich der Superhit »Born To Roll« befand. Ein Jahr später wurde er dazu eingeladen, sich an der Single »Crooklyn« vom Soundtrack des gleichnamigen → Spike Lee-Filmes zu beteiligen. Auch diese Platte wurde ein Meilenstein in der Geschichte des HipHop. Beflügelt vom Erfolg der »Slaughtahouse«- Single entstand 1994 »Sittin' On Chrome«, die überaus erfolgreiche LP von Masta Ace Incorporated (INC). Die erweiterte → Crew von Masta Ace, die INC in Gestalt von Lord Digga und Paula Perry, unterstützten ihn auf dieser Platte ebenso, wie die damals noch völlig unbekannten → Cella Dwellas. Zwischendurch war es um Masta Ace recht still geworden. Seit 1999 erschienen wieder diverse Maxis von Masta Ace, so etwa »So Now U A Mc« (2000). 2001 erschien nach vielen Jahren wieder ein Album: »Disposable Arts«.

Masterpiece
Begriff aus dem → Writing: Anfangs wurde der Begriff »Meisterstück« für ein besonders gutes → Piece eines besonders guten → Writers gebraucht. Heute wird das Wort für besonders große und aufwändige Pieces mit hoher Qualität verwendet. Bevor sich das Writing entwickelte, als die »Evolution« der Buchstaben noch nicht begonnen hatte und fast ausschließlich getaggt wurde, wurden jene Schriftzüge Masterpieces genannt, die gerade größer als ein gewöhnliches → Tag waren.

Maxim
(Attila F. – 13.06.1970 bis 13.06.2003) Westberliner Oldschool-Legende und »König« der Berliner HipHop-Szene. Maxim war in allen Bereichen des HipHop aktiv und geachtet: → Breakdance, → Rap und → Writing. Als einer der ersten aktiven HipHopper Berlins gründete er unter anderem Crews wie 1987 die Writer-Crew → GFA (Glorious Five Artists), 1988 → Islamic Force und Battle Bunch im Jahr 2000. Er leitete einige Jugendprojekte, die Berliner Kids von der Straße holen und ihnen Gewaltverzicht nahe bringen sollten. Am Freitag, 13. Juni 2003 wurde er an seinem 33. Geburts-

Überall in Berlin wurden nach dem Tod von Maxim Dedications gesprüht. Hier Maxim-Tags von Poet in Kreuzberg

tag auf offener Straße erstochen. Voraus ging ein nichtiger Streit mit einem älteren Herren vor einem Laden in der Nähe seiner Wohnung in Berlin-Köpenick. Maxim hinterließ eine Frau und einen 2-jährigen Sohn.

MC

Begriff im → Rap, Master of Ceremony/treffender: Move the Crowd, Akteur auf der Bühne, der die Aufgabe hat, das Publikum zu unterhalten und zu bewegen. Ein MC handelt stets publikumsorientiert und muss über ein großes Maß an Ideenreichtum, Spontanität, Sprachbegabtheit, Bühnenerfahrung und Flexibilität verfügen. Ein Rapper sollte sich auch als MC verstehen. Ursprünglich wurde das Rappen nur MCing genannt. Viele Rapper verwenden das Kürzel MC als Präfix vor ihrem Namen.

MC Hammer

(Stanley Kirk Burrel, geboren 30.3.1962) Popkünstler und Rapper aus Oakland, Kalifornien. MC Hammer hätte ganz sicher auch irgendeine andere Musik machen können, jedoch hat er es vorgezogen ein Rapper zu sein. 1990 trat er das erste Mal richtig in Erscheinung, und alle Kids, die gern → Rap hörten, waren von seinem Smash-Hit »U Can't Touch This« (auf Capitol Records) schwer begeistert. Die Lieder von seiner Debüt-LP »Please Hammer Don't Hurt 'em« (der Titel sollte wohl Härte suggerieren, aber auch das gehörte bei ihm zum Showgeschäft) liefen im Tagesprogramm aller Radiosender, was bei HipHop eher eine Ausnahme ist. Er zeigte sich stets in seltsam anmutenden Pluderhosen, auf dem Cover der → LP präsentierte er sich im Anzug. Die Shows von MC Hammer waren berühmt für die saubere Choreographie seiner Tanzschritte und den guten Sound, die Lichteffekte sowie die professionelle Produktion. Jedoch ließ die Qualität seiner Musik arg zu wünschen übrig. Obwohl er sich schöne Musik zum Covern und → Sampeln aussuchte, (zum Beispiel »Superfreak« von Rick James, woraus »U Can't Touch This« entstand), waren seine → Beats und → Raps verhältnismäßig schwach. Trotz seines Ruhmes rappte MC Hammer einige Zeilen auf dem Titelstück des Samplers → »We Are All In The Same Gang«. Mit der Veröffentlichung seines zweiten Albums »Too Legit To Quit« (1991) verschwand das → MC aus seinem Namen und er hieß nur noch Hammer. Von dem Geld, welches er verdient, und dem Ruhm, den er erworben hatte, kaufte sich Hammer ein Rennpferd und arbeitete als Promoter des Box-

MC Hammer

weltmeisters aller Klassen Evander Holyfield. Erst 1994 brachte Hammer sein drittes, weniger erfolgreiches Album »The Funky Headhunter« heraus. Trotz einer gewaltigen Image-Änderung, wozu neben den Äußerlichkeiten auch der Sound einiger Gangster-Rap-Produzenten gehörte, scheiterte das Comeback insbesondere an den zum Teil herben Kritiken der Musikpresse. Ein Jahr später folgte noch »V Inside Out«, welches fast gar keine Beachtung mehr fand. 1997 erschien noch ein »Greatest Hits«-Album und »Back To Back Hits« zusammen mit → Vanilla Ice.

MCing

Erste Bezeichnung für das Rappen, steht für Master of Ceremony, Move the Crowd.

MC Lyte

(Lana Moorer) Rapperin aus New York City. Schon im zarten Alter von zwölf Jahren fing die kleine Lana an zu rappen. Ende der 80er Jahre wurde EastWest/Elektra Records auf die noch sehr junge MC Lyte aufmerksam. Nach einer Debütmaxi »I Cram To Understand U (Sam)« bekam sie 1988 die Gelegenheit, das Album »Lyte As A Rock« zu veröffentlichen. Damit legte sie das Fundament für eine der am längsten währenden Karrieren im HipHop. Ihre kratzige Stimme und ihre unnachahmliche Art zu rappen machten sie zu einem Unikat. In den Jahren danach beteiligte sie sich an der Single »H.E.A.L. Yourself« auf dem von → KRS One zusammengestellten Sampler »H.E.A.L. (Human Education Against Lies)« und veröffentlichte das Album »Eye On This«, das durch die Hitsingle »Cha Cha Cha« die Aufmerksamkeit der Öffentlichkeit er-

regte. Es folgten »Act Like You Know« und »Ain't No Other« (1993 auf EastWest/Elektra Records), wovon die Single »Ruffneck« stammt, die im selben Jahr für einen → Grammy nominiert wurde und Goldstatus erreichte. Drei Jahre später schlug sie eine neue Richtung in ihrer schon recht lange währenden Karriere ein. Zusammen mit X-Scape entstand die überaus gefühlvolle Single »Keep On Keepin' On«, die sowohl auf dem Soundtrack zum Film »Sunset Park« als auch auf ihrer 96er LP »Bad As I Wanna Be« erschien. Auf diesem, sehr seichten, kommerziell angehauchten Album wurde MC Lyte von verschieden R&B-Künstlern unterstützt. 1997 erschien ein Remix-Album mit dem Titel »Badder Than B Force«. Schließlich legte → Missy Elliot Hand an den nächsten Hit »Colt Rock A Party« (Remix), sowie an das neueste Album »Seven And Seven« (1998 auf Elektra), indem sie den Weg in Richtung Chart-Rap weiter beschritt. Das Album »Da Underground Heat Vol. 1« erschien 2003 auf ZOMBA Records. Die Produktion des Albums dauerte ganze 4 Tage.

MC 900ft Jesus

Mark Griffith. Innovativer Independent-Club-Musiker aus London. Er machte sich in den 80ern und frühen 90ern einen Namen in der Clubszene und beeinflusste einige HipHop-Acts. Neben eher elektronisch angehauchter House-Musik produzierte er Spoken Poetry.

MC Ren

(Lorenzo Patterson) → MC aus Compton, Kalifornien. Als Ren 17 war, interessierte sich → Eazy E. für ihn, und so wurde er 1988,

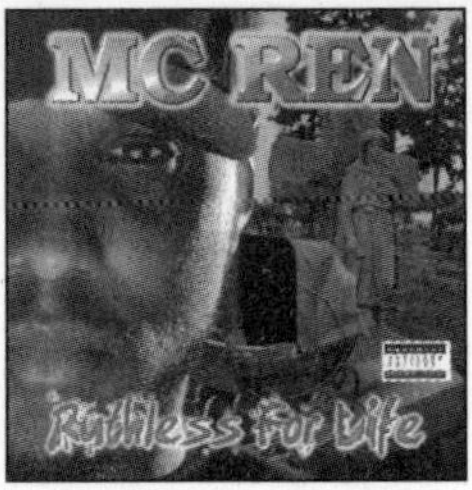

kurz nachdem er die Highschool beendet hatte, ein Mitglied der allseits bekannten Gangster-Rap-Gruppe → N.W.A. Zusammen mit → Dr. Dre, → Icc Cube, Eazy E und DJ Yella machte er drei Alben und eine EP, die allesamt mehrere Millionen mal verkauft wurden. Bekannt wurde MC Ren als der talentierteste MC der Gruppe, und so war es kein Wunder, dass Ren nach der Auflösung N.W.A.s 1991 seine Karriere als Rapper solo fortsetzte. Seine erste Soloveröffentlichung war die EP »Kizz My Black Azz« 1992 auf Ruthless/Relativity Records, die Goldstatus erlangte. Das Debütalbum »Shock Of The Hour« (1994) folgte, und in Zusammenarbeit mit Produzenten wie Cold 187 (von → Above The Law), Madness 4 Real und anderen entstand die zweite LP »The Villain In Black«. Während die Musik des MC Ren noch immer vom → Funk bestimmte West Coast-Klänge enthält, haben sich seine Texte inhaltlich stark verändert. Ren, der inzwischen der Nation Of Islam (NOI) angehört, spricht nun nicht mehr über »the art of sucking dick« oder Bandengeschichten (die sowieso nie authentisch waren). Vielmehr ist er aufgestiegen in die Riege der Consciousness-Rapper, die versuchten, ihre Umwelt vor allem über historische und politische Zusammenhänge aufzuklären. So hält der Sprecher der NOI Khalid Muhammed ein kurzes philosophisches Referat auf der zweiten LP. 1998 erschien »Ruthless For Live«.

MC Rene

Einer der talentiertesten und bekanntesten Rapper aus Deutschland. Der in Braunschweig geborene MC Rene wirkte als gerade erst sechzehnjähriger → MC in den frühen Neunzigern kurzzeitig bei der Gruppe → State Of Departmentz mit und hatte mit jener Band seine erste Veröffentlichung auf dem → Rap Nation-Debüt-Sampler »That's Real Underground«.

Nachdem er Kontakt zu anderen deutschen HipHop-Größen aufgenommen hatte, löste er die ohnehin nicht allzu enge Bindung zu State Of Departmentz und begab sich auf eigene Wege. Der als Freestyle-Wunderkind betrachtete Rene tourte von → Jam zu Jam und wurde bald als die ultimative Nummer eins des deutschsprachigen Rap betrachtet.

Er veröffentlichte Stücke wie »Die Neue Reimgeneration« auf dem »Alte Schule« → Sampler und wirkte bei → Crew-übergreifenden Songs von Gruppen wie → Fettes Brot, F.A.B. und → Main Concept mit. Sein Debüt-Album trug den Titel »Renevolution« und erschien auf → MZEE Records.

Die Stücke wurden von unterschiedlichen Produzentengruppen produziert, u.a. von No Remorze, → Stieber Twins und Headrush. Als erste Hochphase seiner bisherigen Rap-Karriere gilt im Allgemeinen seine Zusammenarbeit mit → DJ Mirko Maschine und dem → Rapper Spax aus Bad Bentheim. Außerdem hatte Rene die Möglichkeit, für kurze Zeit mit dem armenischen Rapper → Blade aus London zu kooperieren. Seine Debut-LP »Renevolution«, erschien 1995. 1999 rappte er nach einer längeren Pause zusammen mit → Flavor Flav, → Grandmaster Flash, → Afrob und → Tommekk auf dem Cart-Erfolb »1, 2, 3 Rhymes Galore« und 2000 erschien sein Album »Ein Album namens Bernd«, welches eher kommerziell ausgerichtet ist und viele »Fans« enttäuschte.

MC Rene, der sich zwischendurch Reen nannte, ist – wie andere Rapper auch – nach Berlin gezogen, hat mit der dortigen Szene allerdings so gut wie keinen Kontakt. Seine LP »Scheiß auf euren Hip Hop« (2002), die viele Battle-Texte enthält, klingt an einigen Stellen etwas frustriert.

MC Search
→ 3rd Bass.

M.C. Shan

(Shawn Moltke) → MC aus Queens, New York. Einem Gerücht nach soll M.C. Shans Karriere damit begonnen haben, dass er das Auto des späteren Cold Chillin' Chefs zu klauen versuchte und von ihm dabei erwischt wurde. Schließlich jedoch ist er der Cousin des Superproduzenten der 80er Jahre → Marley Marl, und so ist es kein Wunder, dass 1987 seine erste eigene LP »Down By Law« (mit den Hits »Jane. Stop This Crazy Thing«, »MC Space« und »The Bridge«) auf Cold Chillin' Records erschien. Davor wurde schon eine Battle-LP (gegen → KRS One) veröffentlicht. Als Mitglied der → Juice Crew verewigte er sich auf den gemeinschaftlichen → Samplern und veröffentlichte 1988 sein zweites Album »Born To be Wild«. Bevor er sich Anfang der 90er Jahre der Produktion widmete und wenig später ganz verschwand, entstand 1990 die dritte LP »Play It Again«. Nachdem von M.C. Shan lange Zeit nichts zu hören war, meldete er sich 1999 mit der Maxi »Shan & The Queens Connect« (featuring Michael Myers) zurück.

MC Solaar

(Claude M'Barali) Rapper aus Paris, geboren 1970. Aufgewachsen in Dakar, Senegal, wanderte Solaar in

MC Solaar

früher Jugend nach Frankreich aus und wurde vorerst in einem Pariser Vorort wohnhaft.Dort studierte er zunächst Englisch, Spanisch und Russisch. Zusammen mit einigen anderen → HipHop-Aktivisten bildete er Ende der 80er Jahre die 501 Special Force. Mit von der Partie war damals auch → Soon E MC. Doch nach dem Untergrunderfolg der ersten Single dieser Gruppe war Solaar glücklich genug, einen Vertrag mit Polydor Frankreich abschließen zu können. Schon bald erschien sein erstes Album »Qui Seme Le Vent Recolte Le Tempo« (1991), welches sich gleich 400 000 Mal verkaufte. Dieses Album zählte zu den ersten landesweit erfolgreichen Rap-Alben in Frankreich. 1992 erhielt er als erster Rapper der Musikpreis »Victoire de la musique«. Nachdem auf der gleichnamigen Single ein Remix von → Gang Starrs DJ Premier mit der lyrischen Unterstützung Gurus zu hören war, wurde Claude MC (wie er sich selbst oft nennt) auch international eine feste Größe im HipHop. Seine zweite LP »Prose Combat« wurde, dank der relaxten Musik von DJ Jimmy Jay und dem überdurchschnittlichen Reimtalent Solaars, gepaart mit einem herausragenden → Flow, ein Hit in ganz Europa. Seit Guru die »Nummer 1 des Französischen Rap« einlud, auf seinem Jazzmatazz-Album mitzuwirken, war Solaar plötzlich in der ganzen Welt bekannt, was darin gipfelte, das MC Solaars Foto 1996 auf dem Cover des amerikanischen Newsweek Magazines erschien. 1997 veröffentlichte der mit dem Starmodell Ophélie Winter liierte Solaar sein drittes Album »Paradisiaque«. Ein Jahr später veröffentlichte er das Album »MC Solaar« und gründete ein eigenes Label. 1999 erschien die Live-LP »La Tour De La Question« und 2001 »Cinquième As«. Nebenbei sitzt der Filmfan auch mal in Cannes in der Jury.

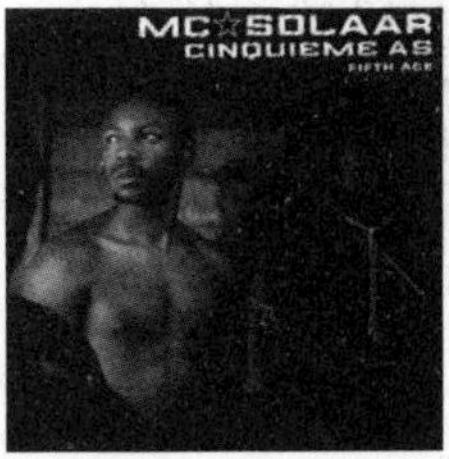

Mellie

→ Writer aus Utrecht, der seit 1986 aktiv ist und der europaweit zu den bedeutendsten Train-Bombern zu zählen ist. 1994 schaffte er es, in Amsterdam Train-King zu werden. Darüber hinaus malte er Züge in ganz Europa. Mellie ist Mitglied in der Writergruppe MSN und hat auch stilistisch großen Einfluss auf Writer in ganz Europa.

Mellowman Ace

(Ulpiano Sergio Reyes), Rapper aus Los Angeles, Kalifornien. Ursprünglich Mitglied der Gruppe DVX (später → Cypress Hill), verließ der aus Cuba stammende Rapper die Gruppe früh, um einer der ersten bekannten Rapper zu werden, der seine Texte in spanischer Sprache verfasst. Anfänglich war sein Erfolg jedoch bescheiden und seine erste LP »Mas Pingon«, die 1987 auf → Delicious Vinyl erschien, floppte gewaltig. In der folgenden Zeit arbeitete er sich hoch zur Leitfigur einer immer größer werdenden Latino Hip-Hop-Gemeinde, was er mit seinem 1989er Album »Escape From Havanna« (auf Capitol Records), das sich sehr gut verkaufte, eindrucksvoll bewies. Nach über zehn Jahren Pause erschien dann 2000 seine LP »From The Darkness Into The Light«, auf der natürlich Cypress Hill mitwirkten und DJ Muggs produzierte.

Mess

Zweitname von → Delta.

Message

(engl.: Botschaft) Das was man zu sagen hat, was man rüberbringen will, die Kernaussage. Der erste Message-Rap in diesem Sinne stammt von Brother D und trug den Titel »How We Gonna Make A Black Nation Rise«.

Method Man

(Clifford Smith) Rapper aus Staten Island, New York. → Wu-Tang Clan-Mitglied Method Man alias Johnny Blaze, Ticallion Stallion, Shakwon, Methical oder MZA war nach dem unglaublichen Erfolg des ersten Wu-Tang Clan-Albums »Enter The 36 Chambers« (1993), auf dem er schon das Solostück »Method Man« (auch als Maxi erschienen) hatte, der erste des Clans, der eine Solo-LP veröffentlichte. Das auf → Def Jam erschienene Album »Tical« (1994) war dank der Hits »Release Yo' Delf« und »I'll Be There For You/You're All I Need« (im Duett mit → Mary J. Blige) und den Produktionskünsten eines → RZA ein Verkaufsschlager (über eine Million Kopien) mit typischem »Wu-Sound«. Zusammen mit → Redman nahm er das Lied »How High« für den Soundtrack zum Film »The Show« auf. Zu hören war Method Man zudem auf fast allen Wu-Tang-Solo-Veröffentlichungen, natürlich dem zweiten Wu-Tang-Album »Wu-Tang Forever« (1997) und den Platten diverser HipHop- und

Method Man

Pop-Größen wie → LL Cool J. Sein zweites Album »Tical 2000« erschien 1998 und war von düsterer Endzeitstimmung geprägt. 1999 veröffentlichte er zusammen mit Redman die LP »Black Out« und 2000 mit Popa Wu »Visions Of The Tenth Chamber«.

Miami Bass

Stilrichtung innerhalb der HipHop-Musik. Mitte der Achtziger entstand unter dem Einfluss des → Electro (und besonders durch »Planet Rock« von → Afrika Bambaataa) in Miami diese neue Stilrichtung. Im Wesentlichen kann Miami Bass als Mischung aus HipHop und europäischer elekronischer Musik (besonders → Kraftwerk) gesehen werden. Typisch sind hier schnelle → Beats, sehr tiefe Bässe und meist sexistische Texte. Die wohl wichtigsten Namen sind Techmaster P.E.B., Magic Mike und der Produzent Pretty Tony. Die U2 Live Crew sorgte am Anfang der neunziger Jahre mit ihrem Erfolg für eine wahre Miami Bass-Welle. Heute gibt es zwischen Miami Bass und »herkömmlicher« HipHop-Musik nur noch wenig Wechselwirkungen. In Deutschland orientieren sich zum Beispiel BC oder → ÄI-TIEM an Miami Bass.

Mic Check

Teil des Sound Checks für einen HipHop-Gig, bei dem der agierende MC das Mikrofon auf Funktionstüchtigkeit und Klang kontrolliert. Oft auch werden die Worte als füllende Phrase beim → Rappen benutzt (ein gutes Beispiel hierfür ist das Stück »Mic Checka« von → DAS Efx).

Mic Control

Begriff aus dem Wortschatz der Rapper: bezeichnet die Fähigkeit des → MCs, mit einem Mikrofon umgehen zu können. Hauptkriterium ist hierbei, für das Publikum verständlich zu sein.

Mic Force

HipHop-Gruppe aus Wiesbaden, Deutschland. Dazu gehören: Muzicman, D-Raid und Sense. 1993 fiel das Trio durch ihre → 12"-Single »Fuck You Skin« (auf Move Records) auf.

Mic Geronimo

MC aus Queens, New York. Noch recht jung, schloss Mic Geronimo einen Vertrag mit der noch neuen Plattenfirma Blunt/TVT Records ab und veröffentlichte mit prominenter Unterstützung (Da Beatminaz produzierten auch ein wenig) sein Debütalbum »The Natural«. Durch Singles wie »Shit 's Real«, »Where Ever You Are« und unter Mithilfe seines Freundes → Jay Z wurde das Album ein durchschlagender Erfolg in der HipHop-Szene.

Auf dem Album stellte Mic auch seinen Label-Gefährten → Royal Flush vor. Die zweite LP »Vendetta« (1998) nahm Mic Geronimo zusammen mit HipHop-Produzenten wie → Puff Daddy, → Pete Rock, Havoc (→ Mobb Deep) und K-Def auf.

Außerdem ließ er R&B-Stars wie Monifah, Tragedy und andere für sich singen. Die Zusammenarbeit mit solchen Leuten kommt sicher nicht von ungefähr. Mit seiner charakteristischen Stimme und seinem großem Können verdiente er sich den Respekt nicht nur seiner Kollegen.

Michael Franti

→ Franti, Michael.

Mills

Begriff aus dem → B-Boying. Die Mills (deutsch: Mühlen) gehören zu den → Powermoves und bezeichnen Drehungen um die Körperlängsachse mit abwechselndem Bodenkontakt der Schultern und Hände. Sind die Beine während dieses Vorgangs angezogen, spricht man von Mini Mills. Sind die Beine hingegen ausgestreckt, so bezeichnet man dies als Windmills oder Helicopter. Besteht jedoch währenddessen abwechselnder Bodenkontakt mit Bauch und Schultern, so bezeichnet man diese Bewegungsarten als Belly Mills.

Mini Disc
→ DAT.

Mintis
Bezeichnung von → Writern für die mintfarbenen Regionalzüge der Deutschen Bahn AG.

Missy Elliot
(Milissa Elliot) Sängerin und → MC aus Portsmouth, Virginia. Elliot, die ihre Karriere als Teil der Gruppe Sista begann, wurde nach dem anfänglichen Misserfolg (das Album, welches die Gruppe für Elektra aufgenommen hatte, wurde nie veröffentlicht) zu einer der bedeutendsten → R&B-Künstlerinnen, ohne je etwas eigenes veröffentlicht zu haben. Als talentierte Produzentin, Sängerin und Rapperin agierte sie unter anderem für Künstler wie → SWV, → MC Lyte, Gina Thompson, Aaliyah etc. Erst 1997 kam ihre von vielen lang erwartete Debüt-LP »Supa Dupa Fly« auf den Markt und wurde dank der Singles »Sock It 2 Me« und »The Rain (Supa Dupa Fly)« sofort ein Hit. Tim »Timbaland« Moeseley ist der Produzent, der für Missy Elliot die meisten Stücke arangierte. 2001 erschien die zweite LP »Miss E ... So Addictive«.

MIK's News /Mik's X-Side News /MK ZWO
Von M. Kostevc seit 1991 erstelltes, wichtigstes und bedeutendstes Berliner → HipHop-Musik Magazin, welches mittlerweile in ganz Deutschland vertrieben wird und über eine große Leserschaft verfügt. Zwischendurch gab es das Magazin in zwei Ausgaben: Die »alte« für HipHop und eine zweite für Dancehall. Beide Hefte sind aber wieder zu einer verschmolzen.

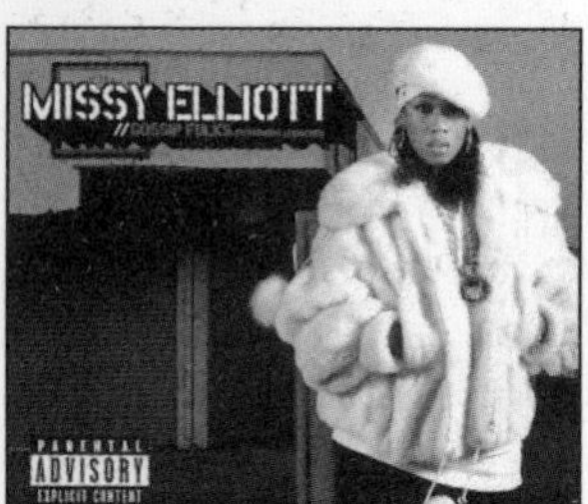

MK ONE

(Martin Klaus) talentierter Berliner → DJ aus dem CNF-, Muckemob-Umfeld. Hat unter anderem → Spezializtz produziert und die Booking-Agentur Mikrokosmos mit aufgebaut.

Mixer

(engl.: Mischpult) Der Mixer ist das kompakte, handliche Mischpult, das besonders von → DJs eingesetzt wird. Es gibt verschiedene Mixerkategorien, wobei hier nach Anzahl der Kanäle und weiteren so genannten Features unterschieden wird. Am meisten verbreitet sind die so genannten → Battlemixer, die sich besonders bei HipHop-DJs großer Beliebtheit erfreuen und sich auf das Nötigste beschränken. Dank einer bahnbrechenden Idee → Grandmaster Flashs hat heute fast jeder auf dem Markt angebotene Mixer einen X-Fader (→ Crossfader), der es dem DJ ermöglicht, schnell und ohne viel Aufwand von einem Kanal zum nächsten zu blenden.

Mixtape

Eine von einem DJ zusammengestellte Musikkassette, die meist die neuesten Rap-Hits enthält. Man kann diese auf → Jams, bei Mailorder-Vertrieben, in Plattenläden und in den USA auch auf Straßenständen erwerben. Neuerdings werden Mixtapes vereinzelt auch auf Platten gepresst.

MOA

(Monsters Of Art) Eine der wichtigsten → Trainbomber-Crews in Europa, deren Mitglieder überwiegend aus Skandinavien kommen. Mitglieder sind unter anderem: Cake, Che, Dudge, Egs, Game, Les, Line, Mach, Midas, Mins, Seks, Serie, Smetch und Spy. 1994 schlossen sich MOA und → VIM, eine andere Trainbomber-Crew, zur VIMOA zusammen.

Mobb Deep

MC/Produzenten-Duo aus Queens, New York. Dazu gehören: Havoc (K. Muchita) und Prodigy (A. Johnson). Die beiden Freunde Havoc und Prodigy trafen sich auf der Highschool so um das Jahr

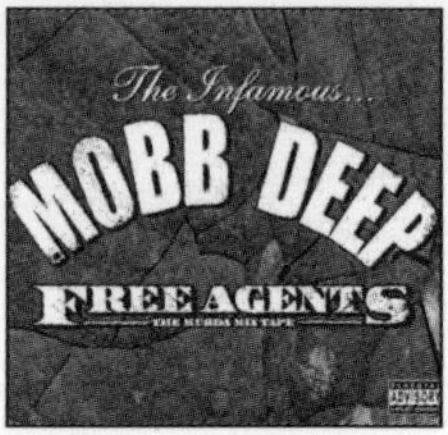

1992. Von Anfang an suchten sie gemeinsam nach einem Plattenlabel, und nachdem 1993 Q-Tip (von → A Tribe Called Quest) auf sie aufmerksam geworden war, hatte Mobb Deep recht schnell einen Vertrag mit 4th & Broadway in der Tasche. Doch nach der Veröffentlichung ihres ersten Albums »Juvenile Hell« 1993, das kein großer Erfolg war, wechselten sie noch im selben Jahr zu → Loud Records und die Single »Temperature's Rising« erschien. Den großen Durchbruch zum Mainstream schafften Mobb Deep 1995 mit ihrem Smash-Hit »Shook Ones Part II«, gefolgt von ihrem guten und überaus erfolgreichen zweiten Album »The Infamous«. Und tatsächlich waren sie plötzlich durch Stücke wie »Give Up The Goods«, »Up North Trip« und »Survival Of The Fittest« überall bekannt. Schon 1996 erschien die nächste Hit-Maxi »Frontlines« und nur wenig später die gleichnamige, dritte LP. Unterstützt wurden sie von Big Noyd, der auch schon auf dem ersten Album mitrappte und Moob Deep einen eigenen Plattenvertrag verdankt, sowie von Rapstars wie → Raekwon, → Method Man, → Nas und Scarface. 1999 erschien das Album »Murda Muzik« und 2001 »Infamy«. Im selben Jahr erschien von Prodigy die Solo-LP: »H.N.I.C.«. 2003 erschien das Mobb Deep-Album »Free Agents – The Murda Mixtape«. Die von Mobb Deep selbst produzierte Musik ist sehr ruhig und bassreich. Ihre Loops und → Samples sind oft düster und schwer. Beide arbeiten außerdem an zahlreichen anderen Projekten mit.

Mode 2

Einer der bedeutendsten → Writer aus Europa, der seit 1984 aktiv ist. Mode 2 wurde in Mauritius geboren und lebte bis 1987 in → London. Danach zog er nach → Paris, wo er → Bando kennenlernte, mit dem er in der → Writercrew TCA (The Chrome Angles) ist. Eine andere Writercrew, in der er ist, heißt TDS (The Def Stars). Mode 2 ist besonders für seine → B-Boy-Character berühmt, die viel von anderen Writern kopiert werden. Sein → Buchstabenstyle ist → New York-orientiert, seine → Style-Elemente sehr charakteristisch. Mode 2 hat schon in aller Welt gesprüht und ist Mitglied in vielen → Writercrews. Als Auftragssprüher ist er besonders erfolgreich.

Moonwalk
Begriff aus dem → B-Boying, zugehörig zu den → Floats.

M.O.P. (Mash Out Posse)
HipHop-Duo aus Brownsville, Brooklyn, New York, bestehend aus Billy Danzenie und Lil' Fame. Bereits 1992, als die beiden noch Teenager waren, unterzeichneten sie ihren ersten Plattenvertrag mit 4th & Broadway Records. Auch wenn aus diesem Arrangement nur das Stück »The Neighborhood Hood« für ein 4th & Broadway Compilation Album resultierte, markiert es trotzdem den Anfang ihrer inzwischen sehr erfolgreichen Karriere. Zwei Jahre später entstand das Debütalbum »To The Death«, das auf Select Records erschien. Dank der Hitsingle »How About Some Hardcore« konnten sie die HipHop-Fans auf sich aufmerksam machen. Die Musik von M.O.P. ist kraftvoll, mitreißend und klingt wie eine Mixtur aus dem ehemals aggressiven Rapstil von → Onyx – oft auch »Brüll-HipHop« genannt – und der von Heavy Metal → Loops bestimmten Musik → Run DMC's. Nicht nur die HipHop-Fans, sondern auch DJ Premier (→ Gang Starr) wurde des Duos gewahr und begann mit ih-

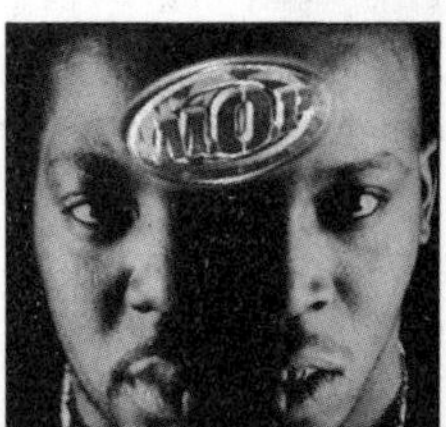

nen zusammenzuarbeiten. Er produzierte ein Bonus-Stück für eine M.O.P.-Single, und da die drei offenbar gut miteinander auskamen, auch gleich das zweite M.O.P.-Album »The Firing Squad« (1996 auf Relativity Records) mit. Respektiert werden sie von allen Seiten, und so kamen gemeinsame Aktivitäten mit → Kool G Rap, Heather B, → Guru, → Chubb Rock, → Notorious B.I.G. und einigen anderen zustande. 1998 entstand wieder mit der Hilfe von DJ Premier die sechs Lieder umfassende → EP »Handle UR Bizness/Rasin' Hell« (auf Relativity Records). 2001 erschien die LP »Warriorz«, dessen bestes Stück »Cold as Ice« als 12" ausgekoppelt wurde.

Mos Def

(Dante Beze) → MC aus New York City, USA. Obwohl er anfangs wenig mit eigenen Veröffentlichungen in Erscheinung getreten ist, galt er schnell als einer der bekanntesten MCs in New York. Dies verdankt er ganz sicher seinem außerordentlichen Können und seiner Originalität. In New York ist er seit geraumer Zeit ständig auf Partys und großen HipHop-Events präsent. Angefangen zu rappen hat er im zarten Alter von neun Jahren und war später Teil der kurzlebigen Gruppe UTD (Urban Thermo Dynamics). Heute ist er nach Gastauftritten auf den letzten Alben von → De La Soul und den → Bush Babees ein Mitglied der großen → Native Tongue Family. 1997 erschien seine Debütmaxi »The Universal Magnetic/If You Can Huh You Can Hear«, und zusammen mit Reflection Eternal, der Mr. Man und → Hi Tech angehören, produzierte er den Untergrundhit »Fortified Live«. Zu hören war er außerdem zusammen mit Q-Tip (von → A Tribe Called Quest) und Tash mit dem Stück »Body Rock« auf dem → Sampler »Lyricist Lounge Vol. 1«. Mit Talib Kweli veröffentlichte er 1998 unter dem Namen »Mos Def And Talib Kwali Are Black Star« eine erste LP. 1999 erschien dann bei Rawkus seine erste Solo-LP »Black On Both Sides«, die ihn auch international zu einem der bekanntesten MCs machte. Die Zahl seiner Gastauftritte ist sehr hoch.

Motion Bombing
Das Besprühen eines Zuges während seines Aufenthaltes in einem Bahnhof, meist von der Rückseite. Dabei wird oft, wenn der Zug wieder losfährt, auf den hinteren Waggons eine wellenförmige Linie gesprüht. Dann muss die Bahn den gesamten Zug auswechseln und säubern. Motion Bombing bezeichnet oft auch das → Bomben während der Fahrt. → S-Bahn-Surfen.

Motion Tagging
Begriff aus dem → Writing: Wenn während der Fahrt → Outside-Tags an einen Zug gemacht werden, wird dies Motion Tagging genannt.

Move
Begriff aus dem → B-Boying für eine Bewegung, einen festen Bewegungsablauf.

Move/Rapture/We Bite Records
Kleines → Label und Mailorder-Vertrieb aus Pfullingen, Baden-Württemberg. Bereits 1987 gründete Thomas Issler We Bite Records. Damals sah man seinen musikalischen Hauptansatzpunkt eher in der Vermarktung von Hardcore-Gitarren-Gruppen aus den Vereinigten Staaten.

Doch durch das schon immer vorhandene, anhaltende Interesse der Mitarbeiterin Margit Wellenreuther fand in den frühen neunziger Jahren eine Expansion des musikalischen Horizonts der Firma statt. 1992 knüpften deren Mitarbeiter erste Kontakte zu → HipHop-Aktivisten wie Andreas Purzer, den Mitgliedern der Münchner Gruppe → Main Concept und der britischen Hardcore-HipHop-Gruppe Gunshot. Main Concept wurde auch bald darauf unter Vertrag genommen.

Neben dem → Signing von → Mic Force und der Erstellung des »Check Out The Flavour« → Samplers, der unbekannte → Acts aus den USA featurte, trat man auch mit Saskia Slegers von Djax Up und den Machern des amerikanischen Ichiban-Labels in Kontakt. Zu den wichtigen Erscheinungen auf Move/Rapture zählen nun auch die → Treacherous Three MCs, DTF von der holländischebn Dope Posse, → 24K, → Gunshot, J-Bad.

Mr. Magic's (Rap Attack)

Erste HipHop-Radiosendung auf WBLS und Samplerreihe. → Marley Marl.

MSN

(Abkürzung: »Maniakken Stoppen Nooit«) Name einer → Writercrew aus Holland, der auch deutsche Writer angehören. Mitglieder sind Reaze, Mellie und Sycho aus Utrecht, Ces 63 aus Rotterdam, Delta und Gasp aus Amsterdam und Fume, Argh und Vodka aus Deutschland.

MTA

1. Abkürzung für Metropolitan Transit Authority/Mass Transit Authority. So heißt die Behörde in New York, die für das öffentliche Nahverkehrswesen zuständig ist. Das → Subway-Netz von New York zählt zu den größten in der Welt: So gibt es 475 Subway-Stationen, mehr als 8000 Waggons und ein Schienennetz mit über 1000 Kilometern Länge. Das Tunnelsystem hat mehrere Ebenen, in denen teilweise keine Gleise sind und in denen mehrere Tausend Obdachlose leben, die so genannten Mole-People (»Maulwurf-Menschen«). Nachdem in den achtziger Jahren das gesamte Subway-System gebombt war, schafften es der damalige Bürgermeister Koch und die MTA, Graffiti auf Zügen nahezu gänzlich zu beseitigen. So sind alle Yards, besonders die überirdischen, gut gesichert, z.B. mit hohen Zäunen, Stacheldraht und Hunden. Zusätzlich wurden neue Züge in den Verkehr gebracht, die leichter zu säubern sind. Weil sich das → Writing auf den New Yorker Subways entwickelte, ist es bei den heutigen Writern mittlerweile Kult geworden, New Yorker Subways oder das MTA-Logo zu sprühen oder auf T-Shirts zu tragen. Die MTA hieß früher RTD, was für Rapid Transit District stand. Die Verkehrsbetriebe der Stadt L.A. tragen ebenfalls den Namen MTA, sind jedoch von der New Yorker Betreibergesellschaft unabhängig. 2. → Writercrew aus New York, deren Initialen für »Mad

Transit Artists« stehen. Auch in Europa gibt es einige Writercrews, deren Kürzel das der New Yorker Behörde ist.

Muckemob
Berliner Zusammenschluss diverser → HipHop-Aktivisten um Bass D. Dazu gehören: → CNF, eine HipHop-Gruppe, die seit 1995 besteht und der neben MCs auch Writer und Breaker angehören, Slug, eine Crossover-Band, die sich 1999 gründete, SX, Dickflüssig und andere.

Muggs
→ DJ Muggs.

Multona
Name einer Sprühdosen-Marke aus Deutschland, die bei den → Writern sehr beliebt ist und bis zum großen Kommerzboom, der unzählige neue Produkte auf den Markt warf, zu den besten Marken zählte. Multona kommt aus dem Hause Peter Kwasny AG.

Munchmills
Begriff aus dem → B-Boying, Bezeichnung für → Windmills mit gekreuzten Beinen.

Munich Production
Eines der ersten richtigen → HipHop-Fanzines aus → Deutschland. Das Münchner → Mag sollte eigentlich 1992 im → MZEE Magazin aufgehen. Eine längerfristige Zusammenarbeit kam jedoch nicht zustande.

Murals
Englischer Begriff für → Bilder auf Wänden, der aber in Deutschland kaum gebräuchlich ist.

MZEE/MZEE FRISCH
Eines der wichtigsten Standbeine des deutschen HipHop. Der Name MZEE leitet sich einerseits von → MC und andererseits vom

Mainzer Autokennzeichen MZ ab. MZEE blickt auf eine für die deutsche HipHop-Bewegung lange Geschichte zurück. Die beiden Hauptinitiatoren Achim Walta und Kotthoff, aber auch der HipHop-Journalist Andreas Purzer sind seit den achtziger Jahren als → DJ, → Writer, Rapper oder → Breaker deutschlandweit aktiv gewesen. Schon früh begannen die Aktivisten → Jams zu organisieren und engagierten sich für diverse HipHop-Projekte in Jugendeinrichtungen. Akim und Gee 1, einst auch Mitglied bei → Advanced Chemistry, waren die Initiatoren des → On The Run Magazins. 1992 sollten alle großen → Fanzines im neuen MZEE-Magazin aufgehen. Dazu sollten → In Full Effekt, → Hype, → Munich Production, → Rap Nation und On The Run gehören. Auf diese Art wollte man deutschen HipHop in großem Maße pushen und eine gewisse Struktur in die Szene, deren Aktivisten vielerorts noch völlig unwissend voneinander agierten, bringen. Doch aus der festen Zusammenarbeit, die man sich anfangs erträumte, wurde nichts. Letztendlich war das MZEE-Magazin doch nur ein Akim/ Kotthoff-Produkt. Trotz der hohen Qualität und der großen Anerkennung in vielen Teilen der Szene hielt das Heft zum Projekt nicht lange durch. Ein erster Erfolg von MZEE Records war der Durchbruch von → Advanced Chemistry. Andere bedeutende → Acts wie → MC Rene, → Cora E. und die → Stieber Twins wurden unter Vertrag genommen. Auch → Andreas Welskop, einst organisatorischer Kopf der Berliner → SWAT Posse, stieß in den Mittneunzigern zum MZEE-Stab. Der From Here To Fame-Mailorder wurde zum finanziellen Zugpferd. Auch das → Battle Of The Year wird von MZEElern gemanaget.

N

Nabi, Adrian

→ HipHop-Aktivist aus → Berlin. Er gehört zur ersten Generation der Berliner HipHop-Szene und gab der Kultur wichtige Impulse. → Backjumps.

Naegeli, Harald

Name eines Schweizer Künstlers, der mit seinen illegal angebrachten Strichmännchen bekannt wurde, mit → Writing jedoch nichts zu tun hat.

Name

Beim → HipHop und besonders beim → Writing geht es darum, für den Namen Werbung zu machen und dabei selbst anonym zu bleiben. Beim Writing geschieht dies nicht nur, um einer Strafverfolgung zu entgehen, sondern auch, weil es vielen ein Genuss ist, selbst im Hintergrund zu bleiben, während der Name → Fame erlangt. Schon in den Anfängen der Kultur wurden viele Namen abgeleitet von Spitznamen, Sklavennamen, ethnischen Namen, entstammten der eigenen Fantasie oder waren Abkürzungen. Dabei wurden oft Zahlen, die die Herkunft charakterisieren sollten, hinten angehängt.

Name Belt

Im HipHop ist es verbreitet, seinen Künstlernamen auf der Kleidung zu tragen. Besonders beliebt sind große Gürtelschnallen, auf denen der Name angebracht ist. Die Buchstaben auf einem solchen »Name Belt« kann man auswechseln.

Name Tag

(»Namensschild«) Weitere Bezeichnung für → Tags.

NARAS

Die National Academy of Recording Arts and Sciences wurde 1957 in Los Angeles gegründet und ist eine Organisation, die sich »hauptsächlich mit dem Erkennen, Fördern und Belohnen großer Leistungen in der Schallplattenbranche« beschäftigt. Ihre Mitglieder (dazu gehören Komponisten, Dirigenten, Sänger, Texter, Produzenten etc.) wählen aus den tausenden Nominierungen alljährlich die Preisträger der sogenannten → Grammy Awards aus. Die Verleihung in den mehr als 70 Kategorien wird wie allgemein üblich im Fernsehen ausgestrahlt. Seit 1988 verleiht die NARAS auch einen Grammy in der Kategorie »Best Rap Performance«.

Nas

(Escobar, Nasir Ben Ola Dara Jones) → MC aus Queens, New York, USA. In frühester Jugend schon hatte Nas, der in den Queensbridge → Projects aufwuchs, mit HipHop zu tun. 1989 lernte er den → Large Professor kennen und war zu dieser Zeit auch schon in Aufnahmestudios. Large Professor verhalf Nas auch zu seinem Karrierestart, indem er ihn in das Stück »Live At The BBQ«, einer Aufnahme der Gruppe → Main Source, integrierte. Eines von Nas' Demos landete bei MC Serch (vorher → 3rd Bass), der, schwer beeindruckt, Nas auf dem Stück »Back To The Grill« rappen ließ und ihn

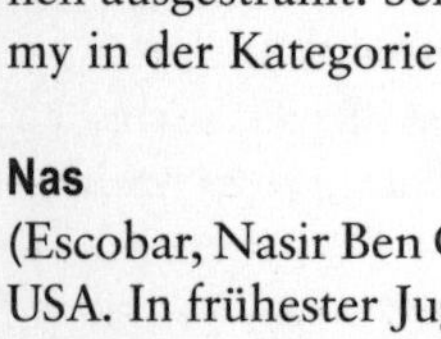

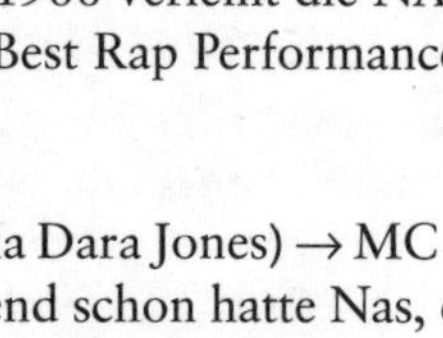

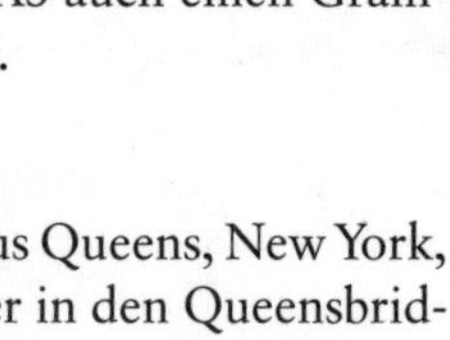

dann motivierte, das Lied »Halftime« (einer der Hits auf der Debüt-LP) für den Soundtrack zum Film »Zebrahead« aufzunehmen. Dieser Song brachte Nas einen lukrativen Vertrag mit Columbia Records ein. Die Produzentenliste auf der Debüt-LP »Illmatic« liest sich wie ein »Wer ist Wer« der New Yorker HipHop-Gemeinde. Neben dem oben schon erwähnten Large Professor arbeiteten Leute wie DJ Premier (von → Gang Starr), → Pete Rock, Q-Tip (von → A Tribe Called Quest) und einige andere mit. Unterstützt wurde das lyrische Genie von → AZ, der danach eine Solokarriere startete. »Illmatic« wurde von → The Source als HipHop-Klassiker bezeichnet, und tatsächlich war die Kombination aus dem Besten, was New York musikalisch zu bieten hatte, und den geradezu genialen Reimen, kombiniert mit den Killerflows von Nas und AZ, ein Meilenstein in der Geschichte des HipHop. Trotz guter Presse verkaufte sich das Album nicht wie anfangs erwartet (es erlangte dennoch Goldstatus), und besonders in Europa blieb Nas den echten HipHop-Fans vorbehalten. Doch mit seinem zweiten Album »It Was Written« (1996 auf Columbia Records) änderte sich das schlagartig. Dank der Hitsingle »If I Ruled The World«, aufgenommen zusammen mit Lauryn Hill von den → Fugees, wurde das zweite Album ein wahrer Triumph für den erst 22-jährigen Nas. Und auch

Nas

hier halfen bei der Produktion große Meister ihres Faches aus. Das schließt die Trackmasters (verantwortlich für den größten Teil der Musik auf dem Album), DJ Premier, → Dr. Dre und einige andere ein. Schließlich wurde Nas noch von → DJ → Kid Capri (→ Scratches), → Foxy Brown, AZ und anderen unterstützt. Zusammen mit seinem Partner AZ, Foxy Brown und Nature formte Nas die → Firm Click (das erste Mal zu hören auf dem Stück »Affirmative Action«), und schon 1997 veröffentlichten die Vier ein Album auf dem neuen, von Dr. Dre geführten → Aftermath Label. Dieses Album klang allerdings stellenweise sehr nach Hitparadenmusik. Mit den LPs »Iam« und »Nastradamos« verabschiedete er sich gewissermaßen von seinen Wurzeln. Bis auf wenige Ausnahmen, enthielten sie reine Popmusik. Unter HipHoppern verlor er an Anerkennung, während er unter den Freunden der seichten Popmusik neue Fans gewann. 2001 erschein die LP »Stillmate« und 2002 »God's Son«. Ein Projekt aus jüngerer Zeit, O.B. Finest, dem auch → Mobb Deep angehören, lässt aber wieder hoffen ...

Nation Of Graffiti Artists

Eine 1972 von Jack Pelsinger gegründete → Graffiti-Organisation, die in »Konkurrenz« zu den → United Graffiti-Artists stand. Die NOGA kümmerte sich auch um sozial benachteiligte → Writer, indem sie Material beschaffte, Aufträge besorgte und Workshops veranstaltete.

Nation Of Islam

Die Nation Of Islam (NOI), ist eine islamische Religionsgemeinschaft; ausschließlich Schwarze können ihr beitreten. Ihre Mitglieder werden auch »Black Muslims« genannt. Da HipHop zum Großteil eine schwarze Kultur ist, spielt die Nation Of Islam für viele MCs eine wichtige Rolle.

Native Tongues

Loser Zusammenschluss von MCs und Gruppen zu einer Art Interessengemeinschaft in den USA. Um es mit den Worten von Africa Baby Bam auszudrücken: »Native Tongues is not saying that we are a posse. It's saying that we speak the same language.« (Native Tongues sagt nicht aus, dass wir eine Posse sind. Es heißt, dass wir dieselbe Sprache sprechen.) Denn zu den Native Tongues gehörten und gehören Namen wie → De La Soul, → A Tribe Called Quest, → Jungle Brothers, → Queen Latifah, Monie Love, → Black Sheep, Chi Ali, → Beatnuts, → Prince Paul und → Common (Sense).

Naughty by Nature

HipHop-Gruppe aus East Orange, New Jersey. Mitglieder: Treach the Philosopher (Anthony Criss), Rapper; Vinnie the Mouth (Vinny Brown), Rapper, Sprecher der Gruppe; KG (Kier Gist), DJ. Die musikalische Laufbahn der Gruppe beginnt schon weit vor 1991, als sie mit ihrem Hit »OPP« die Charts eroberten. Sie lebten und leben nach wie vor im selben Ort und gingen an die gleiche Highschool. Dort fanden sie sich für einen Talentewettbewerb zusammen und nannten sich zuerst »New Style«. Zwischen 1990 und 1991 kamen erste engere Kontakte zu → Queen Latifah, der späteren Exekutivproduzentin von N.B.N., die ebenfalls aus East Orange kommt, und zur → Flavor Unit zustande. Das Label → Tommy Boy Records richtete schnell sein Augenmerk auf die Band und nahm sie unter Vertrag. »OPP« erlangte Doppel-Platin und all ihre Alben → Platin-Status. Für die erste LP holte man sich Apache und Lakim Shabazz als Gast-Rapper. Sie gewannen nicht nur einen → Grammy als Beste Rap-Gruppe des Jahres 1996, sondern auch den American Music Award als beste Newcomer-Rap-Gruppe und den ersten Preis der Source Awards 1991. In ihrem Heimatort »Illtown« East Orange organisieren und finanzieren sie Jugendprojekte und kämpfen in Gerichtsprozessen gegen die Missachtung der Bürger-

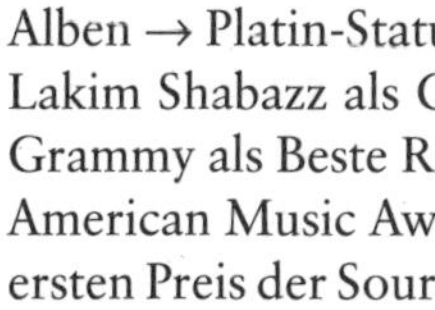

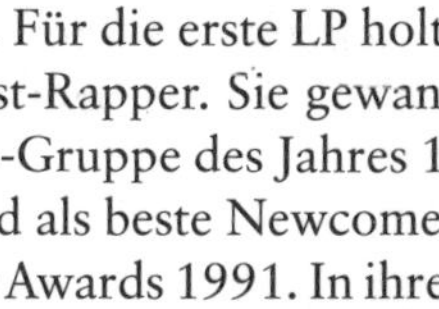

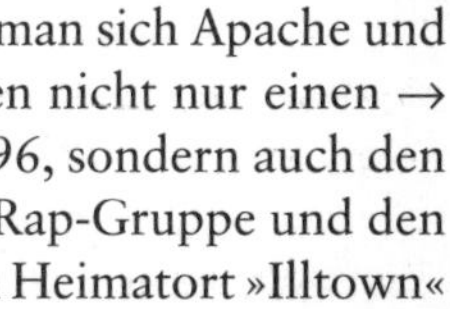

rechte von Schwarzen durch die örtliche Polizeibehörde. In Pressekonferenzen betonen sie stets, dass ihre Texte in keiner Form frauenfeindlich oder gar gewaltverherrlichend seien und auch nicht zu Straftaten aufrufen würden. Neben Shows und Fernsehauftritten spielte die Gruppe auch zur Eröffnung der Olympischen Spiele am 1. Juli 1995 vor 70.000 Menschen und vor Bill Clinton. Ihre erfolgreichsten Songs waren »OPP« (1991), »Ghetto Bastard« (1991), »HipHop Hooray« (1993) und »Craziest« (1995). Trotz ihres triumphalen Aufstiegs sind sie über die Jahre ihrem Stil und dem HipHop treu geblieben.

NBN sind ebenfalls Begründer des Illtown Labels und von Illtown Films. LPs: »Naughty By Nature« (1991), »19 Naughty III« (1993), »Poverty's Paradise« (1995), »Nineteen Naughty III« (1999), »Nature's Finest« (1999), »Icons« (2002) und diverse Best Of-Alben.

Neckmoves

Begriff aus dem → B-Boying, der eine Umdrehung einer → Windmill bezeichnet.

Needlecaps

Spezielle Sprühaufsätze, an dessen Sprühköpfen ein millimeterdünnes Röhrchen angebracht ist. Einige → Writer basteln sich diese Sorte → Caps auch selbst, indem sie eine heißgemachte Injektionsnadel in den Sprühkopf drücken, dabei wird der Sprühstrahl im Gegensatz zu denen mit Röhrchen besonders dünn und zum Teil auch gebrochen. Auf diese Weise lassen sich bestimmte Effekte erzielen. Ursprünglich wurden diese Caps anstelle der heutigen → Skinny Caps benutzt.

Negril

Name eines kleinen Nachtklubs im Norden Manhattans, der gegen 1981 zum ersten HipHop-Klub wurde. Jeden Donnerstag traten hier Gruppen wie die Treacherous Three MC's, → Bambaataas Soulsonic Force oder auch die Cold Crush Brothers auf, → battleten Breaker gegeneinander und trafen sich → Writer, um sich von ihren Aktionen zu erzählen. Die Atmosphäre im Negril war nahezu familiär, doch vergrößerte sich das HipHop-Publikum ständig, so dass dieser winzige Nachtklub bald aus allen Nähten platzte. 1982 verlagerte sich dieser regelmäßige Treff ins Roxy.

NES

→ Writercrew aus Holland, deren Mitglieder Serch, Sezar, Bel, Nesk und Herz sind. NES hat bereits in ganz Europa gemalt.

Network Press

Wichtiges Club-Musikmagazin, das Anfang der Neunziger in Deutschland erschien. Neben → BAD war Network Press die so ziemlich einzige Quelle, durch die man sich über HipHop auf dem Laufenden halten konnte. Produziert wurde das Magazin in Hamburg, gehörte jedoch zur M.N.S.-GmbH in München. Vertrieben wurde das Heft über den Inland Presse Vertrieb (IPV) und war überwiegend in Plattenläden erhältlich. Zusätzlich wurde wöchentlich eine Sendung für das Fernsehen produziert, die aber nur unwesentlich über die Länge eines Werbespots hinausging.

New Jack

Synonym für einen Newcomer bzw. Anfänger, welches aber in Europa nicht gebräuchlich ist.

New School

Die jüngeren Generationen in der HipHop-Kultur werden als New School bezeichnet. In New York wird der Trennstrich zwischen → Oldschool und New School meist in der ersten Hälfte der Achtziger gezogen.

New York

Diese überdimensionale Metropole an der Ostküste der Vereinigten Staaten gilt als der Geburtsort von → Writing, → B-Boying und MCing. Hier sind so viele HipHopper ansässig, wie an kaum einem anderen Ort der Welt. HipHop entstand im Süden der Bronx. Die ersten → Writer fand man in Manhattan. Auch Brooklyn etablierte sich in den Achtzigern zu einer weiteren Hochburg des HipHop. Mittlerweile findet man hunderte aktive Rapper, → DJs, Produzenten und → B-Boys in jedem der fünf Stadtteile. Die meisten MCs, die in diesem Buch erwähnt werden, kommen aus NYC. New York ist für HipHop-Aktivisten aus aller Welt ein wichtiger Pilgerort. Um die HipHop-Geschichte dieser Stadt auch nur kurz anzureißen, wäre ein extra Buch notwendig.

Niederlande

(Szene) Im Jahre 1982 reiste der Amsterdamer Galerieinhaber Yaki Kornbit nach → New York, um Werke von → Futura 2000, Dondi, Ramelzee und → Seen zu sehen. Nach seiner Rückkehr stellte er die Werke in seiner Galerie aus. Bald darauf durchwanderten die Exponate einige Museen in Rotterdam und Amsterdam. Die ersten Writer, darunter auch Shoe, der eigentlich aus der Punk-Bewegung stammte, ließen sich stark von jenen Austellungsstücken beeindrucken und wurden selbst wesentlich aktiver. Zum selben Zeitpunkt fand man in den Niederlanden auch die ersten → B-Boys. Es entstand eine eigene Szene mit eigenen Charakterzügen. Auch hier hatten Filme wie → »Wild Style« und → »Beat Street« starken Einfluss auf die jugendlichen Aktivisten.

Neben Shoe gab es noch eine ganze Reihe anderer, schnell an Bedeutung gewinnender Writer, wie Aloha, → Delta und Cat 22. Sie waren von den ersten Tagen an dabei. Bald gründete sich die Crew USA. Hier stand USA für United Street Artists. Auch im musikalischen Sektor tat sich einiges. Als eine der ersten HipHop-Gruppen ist die Band V.S. zu erwähnen.

Die meisten aktiven HipHopper kamen aus Amsterdam, Rotterdam, Zoetermeer und Eindhoven, einem großen Industriegebiet, das von unzähligen Neubauten überzogen ist. Eindhoven wurde zur Heimat von Gruppen wie 24K und D.A.M.N. (Don't Accept Mass Notion) und der von Saskia Slegers aufgebauten Plattenfirma DJAX UP Records. In jener Stadt fand auch im Sommer 1991 die erste → Trainbombing-Welle ihren Ausgangspunkt. Hier etablierten sich Writer wie Phone, Ven, Ray und die DSK-CRU. 1992 war man bereits an dem Punkt angelangt, dass man aufgrund der hohen Quantität bemalter Züge dazu übergehen musste, → Bilder auf diesen zu crossen. → T2Bs waren nun keine Seltenheit mehr. In den frühen Neunzigern gab es auch einen Boom an → Fanzines und Magazinen, wobei hier in jedem Falle das → Bomber-Magazin, das Power-Magazin, das → Idiots-Magazin und Virus erwähnt werden müssen. Lang dauerte es, bis sich die regionalen Verkehrsbetriebe ihrer Situation vollständig bewusst wurden. Erst im Herbst 1992 setzte eine großangelegte Säuberungswelle auf den beiden Amsterdamer Linien, die mittlerweile von → Writern aus aller Welt gut besucht waren, ein. So standen auch für die nächste Saison wieder genügend fahrende Freiflächen zur Verfügung, und das Spiel begann von vorn. Die Folge waren größere Sicherheitsmaßnahmen der Verkehrsbetriebe und auch die Vergabe von legalen → Aufträgen vieler regionaler Verkehrsanbieter an Writer zur Gestaltung von Bussen und Bahnen.

Wichtige Rap Acts der Niederlande sind der Zombie Squad, die Osdorp-Posse, die Dope Posse mit Oh Jay und DTF, Kay LC und Def Real. Letztere versucht auch Bands anderer Musikrichtungen zu fördern.

Niggaz With Attitude
→ N.W.A.

Nine
1. MC aus New York, der besonders für seine markante, kratzige Stimme bekannt ist. Seine erste LP »Nine Livez« (1995 auf Priority) schlug wie eine Bombe ein. Fast alle Stücke waren Underground-Hits. Die erste Auskopplung als Maxi war »Whutcha Want«. Selbst Dudel-Sender wie KissFM spielten Stücke von ihm. Ein Jahr später erschien seine zweite LP »Cloud 9«, die noch mal ein riesiger Schritt nach vorne war. Diese Platte war ihrer Zeit voraus und dürfte viele MCs beeinflusst haben. 2. Synonym für eine Neun-Millimeter-Pistole.

No Diggety
Kein Zweifel, keine Frage.

Nofitti

Berliner »Bürgervereinigung« aus dem Dunstkreis der CDU, deren Ziel die Verbannung von → Graffiti aus dem Stadtbild ist. Sie setzt sich für eine härtere Verfolgung der → Writer, für eine schnellere Reinigung von Graffiti und zum Teil auch für ein Verbot von Sprühdosen und legalen Wänden ein. Mehr oder weniger erfolgreich agierende Organisationen dieser Art gibt es in fast allen Großstädten der USA. Besonders aktiv war Nofitti während des Wahlkampfes 1994. Der Vorsitzende, Dieter Hapel, war zu diesem Zeitpunkt Parlamentarischer Geschäftsführer der CDU in Berlin. Ihm wurde daher von vielen Seiten Profilierungssucht vorgeworfen. Zusätzlich wird Nofitti gern in Wahlkampfzeiten hervorgeholt – auch um von eigenen Straftaten, wie etwa Schmiergeldaffären – abzulenken.

NOGA

→ Nation Of Graffiti Artists.

Nonchalant

(Tanya Pointer) Rapperin aus Washington D.C. Nonchalant (franz.: unbeschwert) ist die jüngste von von acht Geschwistern. Die sehr religiöse Tanya Pointer wurde musikalisch beeinflusst von Marvin Gaye, Phillis Hyman, → Rakim, → MC Lyte und → Yo-Yo. Deutlich zu hören sind ihre musikalischen Vorlieben auf ihrem Debütalbum »Until The Day« (1996 auf MCA Records). Die LP ist eine Mixtur aus HipHop-Beats, R&B, Soul, Gospel und der sanften Stimme, kombiniert mit dem großen Vermögen Nonchalants als MC. »Until The Day«, produziert von B.L.A.K. Productions, Chucky Thompson (Produzent von → Mary J. Blige) und anderen, war ob der Hitsingle »5 O'Clock« nicht nur ein schönes Album, sondern auch ein kommerzieller Erfolg.

No Solo

HipHop-Gruppe aus Berlin; Mitglieder: Funky F (Frank Felke), TC, Basti, ehemals Pearl Nad. Die Gruppe hatte ihr Bühnendebüt am 5. Oktober 1991 im ABC in Berlin-Köpenick und tourte danach durch einige Städte im Osten Deutschlands. Im Berliner Sportforum nahmen sie an einem Benefizkonzert zur Rettung des Radiosenders DT64 teil. Auch waren sie mit großer Regelmäßigkeit auf → SWAT-Veranstaltungen live zu sehen. Weiterhin waren No Solo auf dem »Vibrazone«-Sampler vertreten. Nachdem die einzige Frau in der Gruppe diese verließ, wurde TC, ein Pionier des HipHop in der DDR, zum festen Bestandteil der Gruppe. Ihr Lied »Handbetrieb« wurde von diversen deutschen Radiostationen gespielt und schaffte sogar zeitweilig den Sprung in die Singlecharts.

Notorious B.I.G.

Alias Biggie Smalls (Christopher Wallace), Rapper aus Brooklyn, New York, geboren 1963, gestorben am 9. März 1997. Die Geschichte des Christopher Wallace fängt fast genauso traurig an, wie sie 1997 in Los Angeles endete. Der Sohn eines Vorschullehrers hörte trotz guter Leistungen vorzeitig mit der Schule auf, um seinen »Vorbildern«, den Crackdealern, nachzueifern. Er lebte erst nicht schlecht damit, doch es kam, wie es kommen musste, Wallace wurde bei einer Drogenüberführungsaktion geschnappt und landete Anfang der 90er Jahre für neun Monate im Gefängnis. Dort dachte er über sich und sein zukünftiges Leben nach und kam zu dem Schluss, dass er in Zukunft lieber Musik machen würde, als weiterhin Drogendealer zu sein. Als Biggie aus dem Knast kam, lieh er sich ein Vierspur-Aufnahmegerät und fertigte seine ersten Demotapes an. Schließlich landete eines auf dem Schreibtisch von Andre Harrel, dem Chef der Firma Uptown Records. Dort arbeitete zu dieser Zeit ein junger Aufsteiger namens Sean Combs (→ Puff Daddy), der wenig später sein eigenes Label → Bad Boy Entertainment gründete und mit Notorious B.I.G. einen seiner ersten Künstler un-

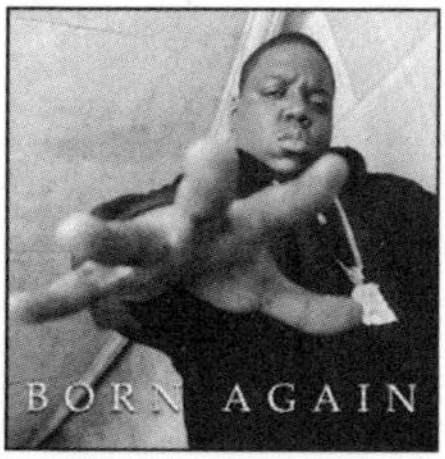

ter Vertrag nahm. Nachdem B.I.G. auf einem der Stücke des Albums »What's The 411? Remix« von → Mary J. Blige (produziert von Sean Combs) zu hören war und einen Song für den Soundtrack zum Film »Who's The Man?« gemacht hatte, erschien 1994 das Debütalbum »Ready To Die«, das Notorious B.I.G. schlagartig in der Welt des HipHop bekannt werden ließ. Die Musik des jungen und talentierten Produzenten Combs, in Verbindung mit der einzigartigen Stimme, dem überwältigenden → Flow und den eindringlich formulierten Geschichten des Schwergewichts aus Brooklyn (B.I.G. wog ca. 280 Pfund) machten die LP zu einer Sensation in der HipHop-Welt, denn sie kam buchstäblich aus dem Nichts. Für die Platte gab es bald eine Platinehrung und 1995 den »Rapper of the Year« bei den Billboard Awards für den Big Poppa (wie Biggie Smalls nach einem seiner Songs auch genannt wurde). Auch wenn B.I.G. ein Gangster-Rapper war, schienen die Geschichten, die er erzählte, irgendwie wirklicher als die der anderen. Das kann damit zusammenhängen, dass seine Vergangenheit sehr bewegt gewesen ist und es daher viel zu erzählen gab. Ein weiterer Meilenstein in der Laufbahn des Christopher Wallace wurde die Single »One More Chance«, die 1995 vom Billboard Magazin zur Rap-Single des Jahres gekürt wurde und im Sommer '95 in allen HipHop-Clubs und auf allen → Mixtapes zu hören war. Bevor er sein zweites Album aufnahm, verhalf der inzwischen mit Faith Evans (eine R&B Künstlerin, auch bei Bad Boy unter Vertrag) verheiratete Biggie Smalls seiner alten → Crew, der → Junior Mafia, zu einem glanzvollen Start ins Rap Business und einem Vertrag mit Big Beat/Atlantic Records. Er hatte eine öffentliche Affäre mit → Lil' Kim, die ihm auch eine Solokarriere verdankt, und Gastauftritte auf den Platten so bekannter Popgrößen wie R. Kelly und → Michael Jackson. Zudem leistete er sich zusammen mit seinem Freund Sean Combs einen Kleinkrieg mit → Tupak Shakur und dessen Produzenten Suge Knight (→ Death Row Records). Als der Vater zweier Kinder im März 1997 auf Promotiontour für sein neues Album »Life After Death« entlang der Westküste ging, wurde er nach der Soul Train Award-Party von einem bis heute unbekannt gebliebenen Täter erschossen. Es gibt viele Gerüchte und Theorien über den Tod von Christopher

Wallace, doch niemand weiß, was genau passierte. Fakt ist jedoch, dass der Tod einen enormen Medienrummel um Notorious B.I.G. auslöste und seinem zweiten und letzten Album zu Rekordverkäufen verhalf. Nach seinem Tod gab es jede Menge Aktionen und Platten, die den Krieg → East Coast gegen → West Coast- beenden sollten, und einige Platten zum Gedenken an den Verstorbenen wie die Single »I'll Be Missing You« von Puff Daddy und Faith Evans (der Witwe), die sich mehrere Millionen Mal verkaufte. Außerdem wurde einiges postum veröffentlicht.

NTM

französische HipHop-Posse, → Suprême NTM.

Nutcrackers

Begriff aus dem → B-Boying für eine → Windmill, bei der der → Breaker die Hände zwischen den Beinen hat.

N.W.A.

(Niggaz With Attitude) Gangster-Rap-Gruppe aus South Central Los Angeles, Kalifornien, USA. Dazu gehörten: → Eazy E. (Eric Wright), → Dr. Dre (Andre Young), → MC Ren (Lorenzo Patterson), → Arabian Prince (Mik Lezan), DJ Yella (Antione Carraby) und → Ice Cube (O'Shea Jackson). Die Geschichte von N.W.A. beginnt Mitte der 80er Jahre, als DJ Yella und Dr. Dre als Produzenten in der World Class Wreckin' Cru arbeiteten, während Eazy E. sein Dasein als Crack Dealer fristete und Ice Cube zusammen mit seinem Partner Sir Jinx den Gruppennamen C.I.A. (wozu MC Ren später dann auch gehörte) führte. Eazy E. und Ice Cube lernten sich

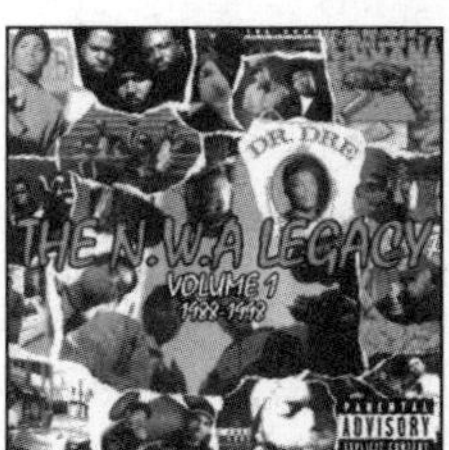

kennen und Ice Cube wurde beauftragt, für Eazy E. einen Text zu verfassen. Das Resultat war »Boyz-N-The Hood« (produziert von Dr. Dre), die erste überaus erfolgreiche Soloveröffentlichung von Eazy E. Seine erste Single ließ der spätere Chef von → Ruthless Records auf eigene Faust pressen und verteilte sie gewissermaßen selbst. Trotzdem wurden davon 500.000 Kopien verkauft, die den Grundstein für das 1987 gegründete Label legten. Ice Cube, Eazy E. und Dr. Dre gründeten bald N.W.A. und wurden nach und nach durch die restlichen Mitglieder ergänzt. Das Debütalbum N.W.A.s »NWA And The Posse« (1988 auf Priority Records) war schließlich ein Sammelsurium aus alten Stücken, die aus den früheren Aktivitäten der Gruppenmitglieder resultierten. Ihr tatsächliches Debütalbum hieß »Straight Outta Compton« (1989 auf Ruthless Records), war von einer nie dagewesenen Härte und verkaufte sich trotz oder vielleicht gerade wegen der extrem schlechten Publicity über drei Millionen Mal. Das Stück »Fuck The Police« löste öffentliche Proteste konservativer Bürgerbewegungen aus, die in einigen Bundesstaaten Auftrittsverbote und andere gesetzliche Repressalien gegen die Gruppe erwirkten. Nichtsdestotrotz erschien noch im selben Jahr Eazy E.s erstes Debütalbum »Eazy Duz It«, das ähnlich erfolgreich wurde wie »Straight Outta Compton«. Noch im Jahr 1988 verließ Ice Cube die Gruppe aufgrund eines Streits, bei dem es mehr oder weniger um Geld ging. Er veröffentlichte 1990 sein gefeiertes Solodebüt. Der Rest der Gruppe machte weiter wie bisher. Dr. Dre produzierte zusammen mit DJ Yella die Musik, und gemeinsam schrieben und rappten sie ihre kontroversen Texte. Dort war die Rede von Sex (in mehr oder weniger pornographischer Natur), Bandenkriminalität, Waffen, Tod, Hass und anderen negativen Dingen. Sie fanden direkten Anschluss an den Geist der in den 70er Jahren populären Blaxploitation-Filme, nannten alle Frauen → Hos und → Bitches und romantisierten das Gettoleben bis zur Unkenntlichkeit. N.W.A.s Ansichten waren in frappierender Weise konträr zu den → afrozentristischen Strömungen dieser Zeit an der → East Coast, die darauf aus waren, den schwarzen Mann zu einem selbstbewussten, politisch denkenden und handelnden Menschen zu erziehen. 1990 erschien die nur wenig erfolgreiche EP »100 Miles

And Running«, gefolgt von der letzten LP N.W.A.s »EFIL4ZAGGIN« (1991 auf Ruthless Records). Nachdem die Platte auf Platz eins der Billboard Popcharts debütierte und in zwei Wochen sich nicht weniger als eine Million Mal verkauft hatte, trennte sich die Gruppe. Besonders Dr. Dre, der für Ruthless Records fast alle Alben (auch die anderer Gruppen) produziert hatte, fühlte sich von Eazy E. finanziell benachteiligt und gründete zusammen mit → Suge Knight das Label Death Row Records, auf dem er sein überaus gelungenes Debütalbum »The Chronic« (1993) veröffentlichte. 2000 geschah es dann: N.W.A. gründete sich neu. Diesmal kam → Snoop Doggy Dog hinzu, der quasi den Part für Easy E. einnimmt. Somit besteht N.W.A. jetzt aus Dr. Dre, Ice Cube, MC Ren und Snoop Doggy Dogg.

O

O.C.

(Omar Credle) → MC aus Queens, New York, USA. Omar, der in der gleichen Straße wie Pharoahe Monch (→ Organized Konfusion) aufwuchs, beteiligte sich an den ersten beiden LPs des Duos, blieb aber solo und unterschrieb 1994 einen Vertrag mit Wild Pitch Records. Sein Debütalbum »Word ... Life« fand allerdings nur wenig Beachtung, da Wild Pitch Records nicht die notwendigen Mittel für eine ordentliche Werbekampagne aufbringen konnte. O.C. verließ das Label und beteiligte sich an der Single »Retun Of The Crooklyn Dogers« (1995), wo er zusammen mit → Jeru The Damaja und → Chubb Rock rappte. Trotz seiner Reputation als einer der besten MCs in New York dauerte es zwei Jahre, bis er wieder ein Label fand. Doch 1997 veröffentlichte Payday Records seine zweite LP »Jewelz«. 2001 folgte die LP »Bon Appetit«, auf der → Jay-Z und A.G. einen Gastauftritt haben.

Odem
→ Writer aus → Berlin, der seit 1988 aktiv ist und Mitglied war in der → Writercrew → SOS, die er mit Some gründete. Bereits mit seinem Namen Sor VI schaffte er es weit nach »oben«. Er zählt nach → Amok zu den bedeutendsten Writern in Berlin und galt lange Zeit als Styleleader. Er sprühte seine → Bilder in aller Welt. Im Schwarzkopf & Schwarzkopf Verlag erschien 1997 ein Buch über seine Writerkarriere mit dem Titel → »Odem: On The Run«, von Jürgen Deppe geschrieben.

Off Beat Rap
Stilform des → Rap, bei der die Reime nicht wie eigentlich üblich auf dem vierten Schlag (der Vier) des 4/4-Taktes enden, sondern danach oder davor. Die Kunst dabei ist es, trotzdem im Takt zu bleiben und → Flow zu haben, also nicht über den → Beat zu »holpern«.

Dieser Rapstil ermöglicht es dem Rapper, seine Reime anders bzw. besser zu betonen. Einer der ersten, die diesen Stil beherrschten und verbreiteten, war → KRS One, während MCs wie → Kool Keith ihn perfektionierten.

»Öffentlicher Raum«
→ Graffiti lebt davon, überall in der Stadt präsent zu sein, nicht auf enge Räume in Galerien beschränkt zu sein. Für einen → Graffiti-Sprüher wird so die Stadt zu seiner Galerie. Dieser Ort, der jedem zugänglich ist, wird besonders von sogenannten »Graffiti-Forschern« mit der Bezeichnung »Öffentlicher Raum« versehen.

OG
Original Gangster. So werden die »richtigen« Gangbanger genannt, die in der Vergangenheit die Dinge getan haben, die eben so dazugehören, wie zum Beispiel Morde, Drive By Shootings und Gefängnisstrafen. Teilweise steht das Wort aber auch für → real sein.

Old Dirty Bastard
→ Wu-Tang Clan.

Oldschool

Die ersten Generationen einer Szene, die im wesentlichen an der Entwicklung dieser beteiligt sind, werden im HipHop als Oldschool bezeichnet.

Mittlerweile ist dieser Begriff auch außerhalb des HipHop im Sprachgebrauch angekommen.

Oldschool-Writer

→ Writer, die zu den ersten Generationen einer Szene gehören, genießen bei den anderen besonderen → Respekt.

OMT

(One More Time) Zu Beginn der Neunziger machten sich einige → Writer aus Holland auf, überall Züge zu → bomben. Dabei gaben sie sich verschiedene Gruppennamen. In Deutschland war es OMT. In → Berlin machten sie zum Beispiel unzählige → Wholecars und sogar → Wholetrains.

Einige Berliner waren lange Zeit nicht besonders gut auf OMT zu sprechen, da bevor OMT in die Stadt kam, von Berlinern in der eigenen Stadt solche Aktionen noch nicht gemacht wurden und es wohl auch zu einigen Missverständnissen kam. Als plötzlich überall in Berlin Wholecars mit sehr guter Qualität auftauchten, war die Szene erst einmal perplex. Der Style von OMT war simpel, aber sehr ausdrucksstark.

On The Run

Das erste überregionale → Graffiti-Magazin mit Qualität. On The Run wurde 1991 von den → MZEE-Leuten ins Leben gerufen und nach einigen Jahren wieder eingestellt. Inzwischen wurde es mit neuem Konzept wiederbelebt.

One-Man-Wholecar

Bezeichnung aus dem → Writing für einen → Wholecar, der von einem → Writer allein gemalt wurde. Gerade heutzutage, wo es für die Writer ziemlich schwierig geworden ist, längere Zeit im Yard zu stehen, bringt ein One-Man-Wholecar besonders viel → Fame ein.

Onyx

HipHop-Gruppe aus Queens, New York. Mitglieder: Fredro Starr (Never), Sticky Fingaz (Kirk Jones), Sonee Seeza (Suave) und D.S. (nach dem ersten Album ausgetreten). Es bedurfte einiger Jahre Übung, bevor Onyx es schafften, die Aufmerksamkeit von Jam Master Jay (→ Run DMC) zu erregen. Offenbar noch nicht ganz überzeugt, bot er Onyx einen Vertrag für eine Single an. Doch nach jahrelanger gemeinsamer Arbeit hatten sie mehr als ein Stück auf Lager, und so wurde aus einer Single eine EP und aus der EP das Album »Bacdafucup« (1993 auf Mercury Records). Schon ihre Debütsingle »Throw Ya Gunz« (1992) machte Onyx in der Welt des HipHop bekannt. Doch als ihr Partylied »Slam« 1993 im Radio und → MTV auf und ab lief, brach eine wahre Onyx-Manie aus, die die Gruppe bei den Teenies auf der ganzen Welt bekannt werden ließ. Kurze Haare oder Glatze wurden »in«. Ihr Album verkaufte mehr als zwei Millionen Einheiten. Der aggressive und mitreißende Rapstil kombiniert mit fetten Grooves war etwas Neues und Unwiderstehliches. Doch ihr massiver Erfolg rief nicht nur positive Reaktionen hervor. Konservative Politiker wie der Senator Bob Dole, die es sich auf die Fahnen geschrieben hatten, gegen den Rap zu agitieren, machten Stimmung gegen Onyx, was darin gipfelte, dass sie in der New York Times als »peinlich für die schwarze Mittelklasse« bezeichnet wurden. Außerdem durften Onyx, aus welchen Gründen auch immer, nicht in Appleton, Wisconsin auftreten. Für ihr Debütalbum erhielten sie 1993 den Soultrain Award und stachen damit sogar → Dr. Dre aus. Auf der Welle der Onyx-Manie ging die Gruppe ganze zwei Jahre auf Tour und trat auch mit HipHop-Größen wie → Run DMC und → KRS One auf. Schließlich wieder

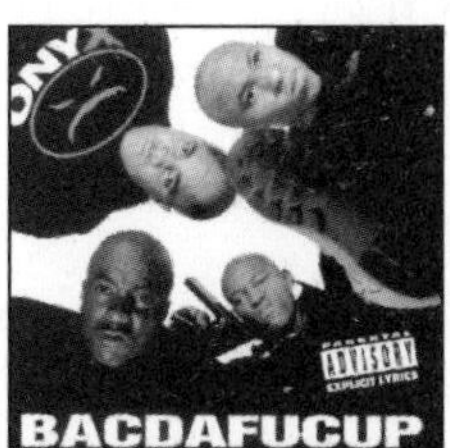

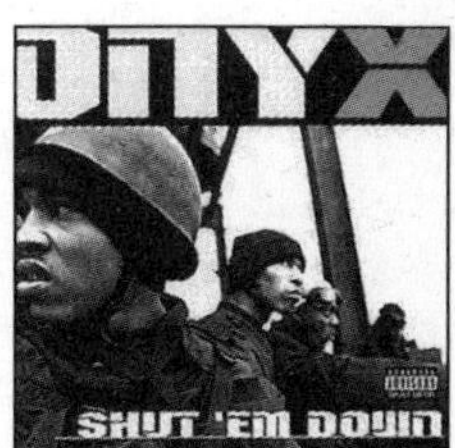

zu Hause, veröffentlichten sie 1995 das zweite Album »All We Got Iz US«, eine dunkle → LP, auf der sie mit ihren Kritikern, besonders aber mit den konservativen Politikern, aufräumten. Das Stück »Live Niggaz« von ihrer Platte nahmen sie extra für den Soundtrack zum → Russel Simmons-Film »The Show« auf. Wie so oft verkaufte sich das von Onyx selbst produzierte zweite Album bei weitem nicht so gut wie das Debüt.

Jedoch erlangte es immer noch → Goldstatus. Onyx weiteten ihre Aktivitäten über das Musikmachen hinaus aus. Es gibt sogar ein von ihnen angeregtes Comicbuch, in dem ein Onyx-Abenteuer mit dem Titel »Fight« erzählt wird. Sticky Fingaz sowie Fredro Starr gaben sich in dem Spike Lee-Film »Clockers« die Ehre: Fredro war im Danny De Vito-Film »Sunset Park« allein und in der Sitcom »Moesha« zusammen mit Brandy zu sehen. Sticky spielte eine Rolle in dem Film »Dead Presidents« der → Hughes Brothers. Nach drei Jahren der Abwesenheit kam dann 1998 die dritte Onyx LP »Shut 'em Down« auf Mercury Records raus. Dank der Produzenten DJ Scratch, Budda, K-Love und Self änderte sich der Stil der Onyx-Musik merklich.

Onyx sind ruhiger geworden, und doch sind sie und ihr Album mehr HipHop als je zuvor. Nach einigen Jahren im Showgeschäft gründeten Onyx ihr eigenes Plattenlabel Afficial Nast. 2002 veröffentlichten sie das Album »Bacdafucup 2« und 2003 »Triggernometry«.

Opak

→ Writer aus Paris, der seit den späten Siebzigern aktiv ist und neben Honet, Fint, Pum und Sezam, die ebenfalls aus Paris stammen, zu den bekanntesten → Trainbombern in Europa zählt. Sein → Style ist eher simpel. Obwohl er längst eine Familie hat, ist er immer noch aktiv. Auch seine Frau ist als Writerin unterwegs.

Oreo

Bezeichnung für Schwarze, die nicht zu ihrer Hautfarbe stehen. Der Name entstand in Anlehnung an eine amerikanische Kekssorte, die besonders dunkel und mit einer weißen Creme gefüllt ist.

Organized Konfusion

HipHop-Duo aus Queens, New York. Mitglieder: Pharoahe Monch (T. McNair) und Prince Poetry (L. Baskerville). Als sich die beiden auf Manhattans Art und Design Highschool trafen, hatten sie schon längere Zeit Erfahrung beim Rappen gesammelt. Sie taten sich zusammen, doch erst 1991 konnten sie das Label Hollywood Records für ihre Musik begeistern. So entstand ihr Debütalbum »Organized Konfusion«, mit dem sie eine wichtige Basis für den Erfolg ihrer zweiten LP »Stress: The Extinction Agenda« (1994) schufen. Die Musik des Duos ist simpel, aber gut. Einfache, raue → Loops und harte → Beats passen zu den starken Reimen und intelligenten Texten. Auf beiden Alben wirkte auch → O.C. mit, der in derselben Straße wie Pharoahe Monch wohnt. 1997 kehrten Organized Konfusion zurück mit ihrem dritten Album »The Equinox« (auf Priority Records). Im selben Boom-Jahr des HipHop wurde Buddha Monk mit dem Hit »Got's Like Come On Thru« als Solo-MC in den Underground-Clubs in aller Welt bekannt. Ein Jahr später folgte dann seine LP »The Prophecy«.

Organized Noize

Produktionsteam aus South West Atlanta, Georgia; Mitglieder: Rico Wade, Ray Murrey und Patrick Brown. Angefangen hatte alles im Keller des Hauses, in dem Rico Wade aufgewachsen ist. Er kaufte sich wie viele der heute erfolgreichen Produzenten Stück für Stück sein Equipment zusammen, bis er schließlich sein eigenes Studio hatte, das er »The Dungeon« (Das Verließ) nannte. Dort entwickelte er einen neuen HipHop-Sound, der heute sehr typisch für Atlanta und seine Umgebung ist. Mit ihren Produktionen verhalfen sie Gruppen wie TLC, → OutKast und → Goodie Mob zu erheblichem Ruhm und enormen Plattenverkaufszahlen.

Originoo Fun Rappers
→ Fettes Brot.

Originoo Gunn Clappaz
(O.G.C.) HipHop-Gruppe aus Brooklyn, New York. Mitglieder: Gunn Clappa #1 Starang Wondah da Beast from da East (J. McNair), Gunn Clappa #2 Louieville Sluggah the Quiet Riot Starter (B. Powell) und Gunn Clappa #3 Top Dog the Big Kahuna (D. Yates Jr.). Schon auf dem → Smith-N-Wessun Album »Dah Shinin'« (1995) waren zwei der drei Gunn Clappaz zu hören. Noch im selben Jahr formten sie zusammen mit → Heltah Skeltah die → Fab 5 und debütierten so auf der Hitsingle »Let The Madness Begin ...« (1995 auf Duck Down/Priority Records). 1996 veröffentlichten sie dann endlich ihr vielgelobtes Debütalbum »Da Storm« (auf Duck Down/Priority Records). Produziert von den → Beatminerz, Lord Jamar (→ Brand Nubian), Steele (Smith-N-Wessun) und anderen, bestach die → LP durch ihre simple Nüchternheit und die überaus trockenen → Instrumentals. Des Weiteren wurden sie von einem Teil der → Boot Camp Clik und Sadat X (→ Brand Nubian) unterstützt. Ein Jahr später beteiligten sie sich als Mitbegründer der Boot Camp Clik an dem gemeinschaftlichen Album »For The People« (1997) und 1999 erschien die LP »The M-Pire Shriekz Back«. Auch auf den meisten Samplern ihres Labels – dessen Musik für einen typischen »Kopfnicker-Sound« steht – sind sie vertreten.

Österreich
Die HipHop-Szene in Österreich ist nicht besonders stark ausgeprägt. Eine nennenswerte Zugkraft ist der Duck Squad, der Veröffentlichungen und Veranstaltungen im HipHop-Bereich auf die Beine stellt. Zu den wichtigsten Gruppen zählen die Aphrodelics, die auch schon mit → Rakim auf Tour waren, → Total Chaos, Royal Flow und Mad Mission mit DJ Meister Pez. Die Linzer Gruppe Pflug fällt zwar durch ihren → Rap in österreicher Mundart auf, doch ist diese nicht in die HipHop-Szene des Landes einzuordnen.

OutKast

→ MC-Duo aus Atlanta, Georgia, USA, repräsentiert durch Dre (Andre Benjamin) und Big Boi (Antoine Patton). Getroffen haben sich Dre und Big Boi auf der Tri-City Highschool, und noch bevor sie die Schule abgeschlossen hatten, war ihnen ein Vertrag mit La Face Records sicher – Glück gehabt, denn Dre wollte nie eine reguläre Arbeit aufnehmen. Der passionierte Zeichner sah sich schon immer als Kreativer, und Big Boi war, bevor er zusammen mit seinem Partner ins Musikgeschäft ging, ein talentierter Hundezüchter. Schon von ihrem 1994 veröffentlichten Debütalbum »Southernplayalisticadilliakmuzik«, auf dem → Goodie Mob sein Vinyldebüt gab, verkauften sie über eine Million Exemplare. Ihre erste Single »Players Ball« verkaufte sich binnen weniger Wochen eine viertel Million Mal und war damit sechs Wochen lang Nr. 1 der Billboard Rap Charts. Doch hinter dem Erfolg standen nicht nur Talent und Können von OutKast, sondern vielmehr die hiterprobten Fähigkeiten des Produktionsteams → Organized Noize. 1996 waren Dre und Big Boi schon etwas erwachsener, und es entstand die zweite OutKast-LP »ATLiens«. Mit ihrem Stil und ihrem superschnellen → Flow sowie der melodiösen, doch oft recht minimalistischen Musik, bestehend hauptsächlich aus älteren Funk-Samples, stehen OutKast allein in der Welt des HipHop. Diese Einzigartigkeit ist nicht zufällig, sondern gewollt. Schließlich ist ein Outkast nach Dres Definition »jemand, der nicht in den → Mainstream passt«. Doch offensichtlich werden OutKast vom Mainstream-Publikum trotzdem geliebt. Gleich drei Singles, »ATLiens«, »Jazzy Bell« und »Elevators (You And Me)«, konnten Big Boi und Dre von ihrem Album extrahieren und alle drei waren ein Hit. 1998 erschien die dritte LP

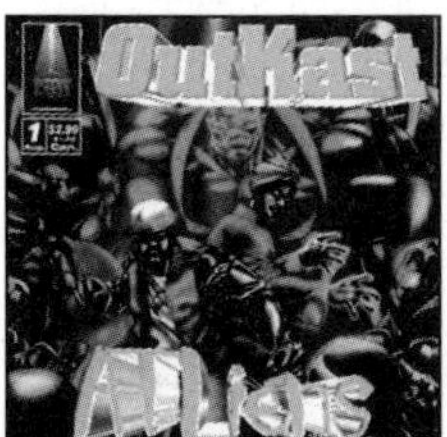

»Aquemini« und 2000 »Stankonia«, die beide ziemlich kommerziell angepasst klingen. »Speakerboxx – The Love Below« (2003) ist ein Doppelalbum, bestehend aus zwei Solo-Alben des Duos.

Outline

1. Bezeichnung beim → Writing für die Umrisslinie eines → Graffiti. Outlines ohne → Fill-in heißen → Throw-ups. 2. Name eines → Graffiti-Magazines aus → Berlin, von dem nur wenige Ausgaben erschienen sind, bis es eingestellt wurde. Der Gründer von Outline war zuvor beim Magazin → Overkill.

Outside bombings

(Oder Outside-Tags) → Bombings oder → Tags, die an der Außenseite des Zuges angebracht werden. Diese Bezeichnung gilt besonders für jene Tags und Bombings, die während eines Bahnhofsaufenthaltes oder während der Fahrt, oft im Türbereich, angebracht werden.

Overkill

1. Bezeichnung beim → Writing für ein Überlaufen oder »unkontrolliertes Herausschießen« der Farbe aus der Sprühdose, was meist passiert, wenn das → Cap oder die → Dose selbst nicht in Ordnung sind. Für den → Writer ist dies besonders ärgerlich, da bei einem Overkill nicht nur er selbst, sondern auch sein Piece mit Farbe bespritzt wird.

2. Eines der wichtigsten Graffiti-Magazine aus Berlin, welches seit 1992 in unregelmäßigen Abständen erscheint. Overkill zählt auch in anderen Ländern zu den bekannteren Graffiti-Magazinen aus Deutschland. *www.trainz.de.*

Outside-Tag von Phers, Berlin 1995

P

P.A.

Begriff aus der Musik für eine Lautsprecheranlage und deren Zubehör. Die Abkürzung P.A. steht für Public Address System. Die Anlage wird, insofern sie in einem Veranstaltungsort nicht fest installiert ist, vor der Veranstaltung aufgebaut und danach wieder abgebaut. Gelegentlich führen Bands, wenn sie sich auf einer Tournee befinden, ihre eigene P.A. mit.

Pace, Dr. Harry

Begründer von → Black Swan Recordings, der ersten von Schwarzen geleiteten Plattenfirma.

Painter

Ein anderes, selten benutztes Wort für → Marker.

Panel/Panelpiece

Begriff aus dem → Writing für ein alleinstehendes Graffiti an einem → Zug, das zwischen beiden Türen und unter den Fenstern angebracht ist. Die ersten → Writer, die in den

Panel von Zinker, 1994

frühen Siebzigern Panels gesprüht haben, sind die New Yorker → Superkool, → Phase II und → Lee.

Paper
(engl.: Papier) Eines der vielen Synonyme für Geld.

Parental Advisory
Explicit Lyrics: So lautet die Warnung auf allen Tonträgern, die explizite Texte (d.h. Schimpfwörter etc.) enthalten und somit von der Recording Industry Association of America zensiert wurden. Seit 1990 klebt diese Vereinigung einen schwarz-weißen Aufkleber mit dieser Aufschrift auf alle Platten, die nicht an Minderjährige verkauft werden dürfen. 1990 wurde tatsächlich ein Einzelhändler festgenommen, da er ein → 2 Live Crew-Album an einen Minderjährigen verkauft hatte. Der Aufkleber ist auf fast allen HipHop-Veröffentlichungen zu finden. Erstmals wurde er von Luke Skyywalker verwandt. Eine verkaufssteigernde Wirkung des Aufklebers ist nicht von der Hand zu weisen. Mittlerweile wird er auch in anderen musikalischen Genres benutzt.

Paris
(Oscar Jackson Jr.) → Rapper und Produzent aus Oakland, Kalifornien. Als Paris in den späten achtziger Jahren sein eigenes Plattenlabel namens Scarface Records gründete, war der Black Panther des Rap, wie er sich früher selbst gern nannte, in der Welt des Hip-

Zenzuraufkleber der Parental Advisory

Hop weitestgehend unbekannt. Er hatte zuvor einen Abschluss in Wirtschaft an der University of California in Davis gemacht und sich mit den Ideen der → Nation Of Islam und auch der Black Panther beschäftigt. Doch da es ihm an Geld mangelte, war Paris nicht imstande, sein Label erfolgreich aufzubauen. Also unterschrieb er einen Vertrag bei → Tommy Boy Records, um dort sein Debütalbum »The Devil Made Me Do It« (1990) zu veröffentlichen. Auf dieser LP befanden sich gleich zwei Top-Ten-Hitsingles namens »The Hate That Hate Made« und »The Devil Made Me Do It«. Vergleichbar mit denen von Public Enemy waren seine Texte radikal und kompromisslos. Er klagte die amerikanische Gesellschaft und die Regierung, die auch für all die Mißstände in diesem großen Land steht, an. Durch seine Studien des Islam und der Black Panther Bewegung war dieses Album stark mit sozialistischen Ideen und Idealen durchsetzt, was dazu führte, dass es in der Öffentlichkeit kontrovers diskutiert wurde. Inzwischen bekannt und geachtet, produzierte er 1992 seine zweite → LP »Sleeping With The Enemy«. Doch als er sie bei Tommy Boy Records abgab, war das → Label, das mit dem Time-Warner-Konzern kooperiert, nicht bereit, sie zu veröffentlichen. Time Warner hatte zu große Angst vor erneuten negativen Schlagzeilen, die das Album mit dem Stück »Bush Killa« garantiert mit sich gebracht hätte. Kurze Zeit zuvor stand Warner Bros. in der Kritik, dass sie den → Ice-T-Track »Cop Killa« auf ihrem Label veröffentlicht hatten. Also nahm Paris sein fertiges Material und ging zu 4th & Broadway Records, die ihm zugesagt hatten, das Album zu veröffentlichen. Doch auch deren Hersteller und Verteiler Polygram Records bekam kalte Füße und ließ Paris erneut fallen. Nachdem er nun endlich einen Vertrag mit → Rick Rubin und seinem → Def American Label hatte, ließen Paris und Rubin

Paris-Logo

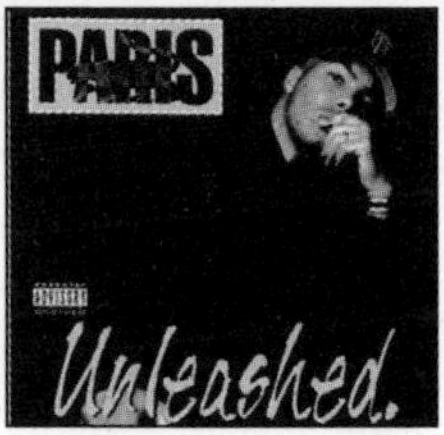

100.000 Exemplare des Albums pressen und die erste Single »Days Of Old« für den Verkauf fertig machen. Doch als Warner Bros., die damals noch Partner von Rick Rubin und Teilhaber an Def American waren, davon erfuhren, ließen sie alle Pressungen sowie die Masters vernichten. Paris, der nun vor einem Scherbenhaufen stand, erhielt von Time Warner einen sechsstelligen Betrag als Abfindung. Dieses Geld nutzte er dazu, sein altes Plattenlabel wieder aufzubauen, um schließlich die → LP in Eigenverantwortung zu veröffentlichen. Er suchte sich einen weniger bekannten Hersteller und Verteiler, und so erschien »Sleeping With The Enemy« doch noch 1992, jetzt aber auf Scarface Records. Ohne die Unterstützung der Radiosender verkaufte Paris eine halbe Million Exemplare seiner LP, was für ihn → Gold bedeutete. In seiner neuen Rolle als Plattenlabelbesitzer und -Chef musste sich Paris erst einarbeiten, bevor er 1994 seine LP »Guerilla Funk« veröffentlichte. Trotz starker Werbung war diese LP (der Sound hatte sich drastisch geändert) kein sehr großer Erfolg. 1998 folgte eine Langspielplatte mit dem Titel »Unleashed« mit bis dato noch nicht veröffentlichten Stücken.

Parliament
→ Clinton, George und → Collins, Bootsy.

Pelham, Moses
siehe → Rödelheim Hartreim Projekt

Pete Rock & C.L. Smooth
(Peter Phillips und Corey Penn) HipHop-Duo aus Mont Vernon, New York. Der zur Produzentenlegende gewordene Pete Rock, des-

sen Vater → DJ in Jamaika war, bewunderte in seiner Jugend den Produzenten und DJ → Marley Marl, der Mitte der 80er Jahre mit der → Juice Crew eine dominierende Position in der Welt des HipHop einnahm. Sein Cousin → Heavy D ermöglichte Pete eine Begegnung mit seinem Idol, was dazu führte, dass er mehr oder minder zufällig eine wöchentliche Radiosendung auf dem New Yorker Radiosender → WBLS gestalten konnte. Pete Rock lernte das Produktionshandwerk von Leuten wie Eddie F. (→ Heavy D & The Boys), Teddy Riley (Urvater des Swingbeat/ New Jack Swing) und → Howie Tee. C.L. Smooth hatte mit HipHop nicht viel zu tun, bevor er Ende der 80er Jahre auf einer Party Pete Rock traf, und das, obwohl sein Cousin, der kein Geringerer als → Grand Puba ist, mit seiner Crew Masters Of Ceremony in der Welt des HipHop sehr aktiv war. Doch mit seiner sanften, tiefen Stimme und den überaus bedächtigen Texten, stilvoll vereint mit viel → Flow, war er bald einer der bekanntesten → Rapper in New York und darüber hinaus. Mit der Hilfe von Eddie F. konnten Pete Rock & C.L. Smooth einen Vertrag mit Elektra abschließen. Pete Rock machte 1991 für Brand Nubians Single »Slow Down« einen seiner ersten, fast legendären Pete Rock-Remixe. Die Gruppe stand beim gleichen Label unter Vertag. 1992 entstand das Debütalbum des Duos. Mit »Mecca And The Soul Brother« setzten die beiden einen Meilenstein in der Geschichte der HipHop-Musik. Ihre Single »They Reminisce Over You (T.R.O.Y)«, die in Gedenken an T. Roy, einen der Tänzer → Heavy Ds, der bei einem Unfall ums Leben gekommen war, entstand, wurde

Pete Rock & C.L Smooth

ein großer Hit. Zwei Jahre später veröffentlichten die beiden Musiker ihre lang ersehnte zweite → LP »The Main Ingredient« (1994 auf Elektra Entertainment), die mit Stücken wie »I Got A Love«, »Take You There« und »Searchin'« wahrlich zu überzeugen wusste. Ihre Soul-betonte, sanfte und doch karge Musik war für viele Hörer nahezu unwiderstehlich. Nach ihrem zweiten Album jedoch gingen Pete Rock und C.L. Smooth getrennte Wege. Pete Rock machte viele Remixe für Jeru → The Damaja und → Organized Konfusion und andere Akteure. Bald tat er sich für nicht allzu lange Zeit mit I&I zusammen, um für ihn eine LP zu produzieren. C.L. Smooth war nur noch sehr sporadisch zu hören, so z.B. auf der → DJ Krush-LP »Meiso«. 1998 kam Pete Rock zurück mit seinem neuen Album »Soulsurviver«. 2001 erschien von Pete Rock die LP »Petestrumentals«, auf der überwiegend Instrumentalversionen zu hören waren. Im selben Jahr erschien »Back on Da Block«.

Pfeile

Wichtiges Stilelement an den → Buchstaben der → Writer, das erstmals in den Siebzigern von → Phase II gesprüht wurde.

Pharcyde

HipHop-Gruppe aus Los Angeles. Mitglieder: Slimkid (Tre Hardson), Booty Brown (Romye Robinson), Fatlip (Derrick Stewart, 1998 ausgeschieden) und Imani Wilcox. Ende der 80er Jahre arbeiteten Slimkid, Booty Brown und Fatlip als Tänzer und Choreographen zusammen. Das brachte der Gruppe eine Menge über das Musikgeschäft bei. Produzent J-Swift half der Gruppe, ein → Demotape aufzunehmen. Letztendlich gab es mehrere große → Label, die sich um Pharcyde bemühten, doch Delicious Vinyl machte 1991 das Rennen um die Gunst der vier talentierten jungen Männer. In der folgenden Zeit entstand das Debütalbum »Bizarre Ride II The Pharcyde«, welches 1992 veröffentlicht wurde. Doch noch vorher waren Pharcyde auf der Platte »Heavy Rhyme Experience« der Brand New Heavies zu hören. Mit Hits wie »Passin' Me By« und »Ya Mama« hatten die vier Spaßmacher die Lacher und das alternative Publikum auf ihrer Seite. Das Album erreichte → Goldstatus. Durch Gruppen wie The Pharcyde wurde HipHop für Außenstehende leichter zugänglich. Sie redeten eben nicht über Themen wie Bandenkriminalität und das Leben in den → Gettos, die für den größten Teil der Bevölkerung fernab ihrer Realität liegen. Trotz eines Reggie Andrews ließen sich die Mitglieder von Pharcyde von ihrer Plattenfirma über den Tisch ziehen. Die Mitarbeiter von Delicious Vinyl, so behaupten die Vier, gaben falsche Verkaufszahlen an. Doch um einige Erfahrungen reicher, nach fast zwei Jahren auf den Bühnen der Welt und den Songs »Pandemonium« für den → Soundtrack zum Film »Streetfighter« sowie »My Soul« für den → Sampler »Red, Hot And Cool« machten The Pharcyde 1995 ihr zweites, reiferes Album »LabCabinCalifornia«. Musik und Texte hatten sich enorm weiterentwickelt – so weit, dass sich die Mitglieder von The Pharcyde fast unisono von ihrem ersten Album distanzierten. Tatsächlich wurde die Musik ausgeglichener und relaxter mit ein paar Jazzanteilen mehr, während die Texte der industriegeschädigten Gruppe wesentlich ernster wurden. Dank der Singles »Drop« und »Runnin'« (von diesem Lied gibt es fast ein halbes Dutzend Remixe) war das Album auch diesmal sehr erfolgreich. Trotzdem wird dies vorerst das letzte Album von The Pharcyde in der

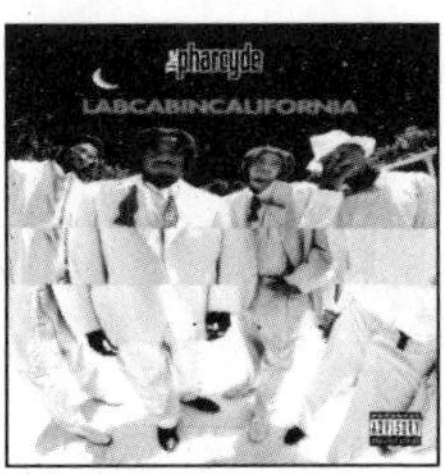

bisherigen Besetzung gewesen sein, denn 1998 verließ Fatlip die Gruppe. Im Jahr 2000 erschienen »Plain Rap« und mehrere EPs (»Testing The Waters« und »Chapter One«) und 2001 eine Best-Of-LP.

Phase II

Name eines der bedeutendsten → Writer aus New York, der seit den frühen Siebzigern aktiv ist. Als einer der Pioniere des → Writing hat er die Entwicklung von → Graffiti nachhaltig beeinflusst. So war er der »Erfinder« des → Bubble-Style, der → Background-Clouds, des → Wildstyle, der → Loops und → Pfeile sowie spezieller → Designs. Er war auch einer der ersten, die → Outlines um die → Buchstaben sprühten. Er war neben → Supercool einer der ersten Writer, die → Pieces auf Züge gemalt hatten. Er ist zusammen mit → Vulcan und Schmidlapp der Herausgeber des Graffiti-Magazins → TIGHT und eines der ersten UGA-Mitglieder.

Piece

(engl.: Stück) Bezeichnung aus dem → Writing. Dieser Begriff ist ein Synonym für → Bild oder allgemeiner für ausgearbeitetes → Graffiti. → Bombings oder → Quicks werden nicht als Piece oder Bild bezeichnet. Hauptelement eines Pieces ist in der Regel der → Style. → Background, → Designs oder → Characters dienen nur zur Unterstützung. An den Pieces kann man erkennen, wozu ein → Writer qualitätsmäßig in der Lage ist.

Piece von Dare aus Basel und Swet aus Kopenhagen, 1996

Pimp
Synonym für Zuhälter. Besonders die kommerziellen Rapper versuchen sich sehr häufig mit dem Image eines Pimp zu schmücken.

Pirates & Co Magazine
Kleines → Fanzine aus Paris, von dem nur zwei Ausgaben in den Jahren 1985 und 1986 erschienen sind. Das Heft befasste sich mit Straßenkultur im Allgemeinen, wozu auch → Graffiti zählt.

Pistol I
→ Writer aus New York, der zur ersten Generation zählt. Er war derjenige, der als erster zu Beginn der Siebziger → Buchstaben mit → 3Ds sprühte.

Pitch
(engl:. Tonhöhe) Für jeden → DJ ist der Pitch-Controler (auch Pitch-Adjustment) eine der wichtigsten Funktionen des Plattenspielers. Damit kann er die Geschwindigkeit des Plattentellers regulieren, um beim → Mixen auch Stücke mit verschiedenen Geschwindigkeiten ineinanderfließen zu lassen bzw. sie grob anzugleichen, um dann bei einem → Cut keine zu argen Geschwindigkeitsschwankungen zu riskieren.

P-Jay
1. → Slang-Wort für Project. Die Projects in → New York City sind Wohnsiedlungen, in denen viele soziale Probleme existieren. 2. Name eines Writers aus New York, der seit 1978 aktiv ist. Er ist Mitglied der → United Artists und hat weit über 1000 Züge besprüht.

P-Jays
Kleines HipHop-Independent- → Label aus San Francisco, das zum Jazz-Label Ubiquity Records gehört und auf dem einige sehr innovative Platten erschienen sind.

P/Large
Zweitname des → Large Professors.

Platin/Platin-Schallplatte/Platinstatus
→ Gold.

Plattentasche
Auch DJ-Bags. Meist aus Stoff und Kunststoff gefertigter Textil-Artikel, der die ideale Größe zum Transport von Schallplatten hat und seit Mitte der Neunziger einen regelrechten Boom erlebte. Plattentaschen werden von verschiedenen Firmen gern als Werbeträger benutzt und teuer verkauft.

Player
1. Bezeichnung für jemanden, der → True to the game ist. 2. Synonym für Playboy. Ähnlich wie es beim → Pimp der Fall ist, versuchen überwiegend kommerzielle Rapper, sich das Image eines Players zuzulegen.

PMD
(Parish Making Dollars) Soloprojekt von Parish, → EPMD.

Poem
→ Writer aus New York, der seit 1979 aktiv ist. Er ist Mitglied der → United Artists und hat schon in aller Welt, so auch in Deutschland, viele Züge besprüht. Poem ist Herausgeber des → Graffiti-Magazines → Flashbacks, mit dem er New York und die dort noch aktiven Writer repräsentieren will.

Poem ist bereits Familienvater und besprühte in den späten 90ern noch immer Züge.

Poet
→ Writer aus Berlin, der seit 1988 aktiv ist. → Poet wurde zuerst unter dem Namen Sare bekannt. Er war Mitglied bei → SOS und ist zur Zeit bei → GFA.

Poll
Bezeichnung für eine Umfrage. Hiermit lässt sich beispielsweise die Popularität einer Gruppe oder eines Künstlers feststellen.

Polycypher

Ein im Mai 1998 ins Leben gerufener Zusammenschluss diverser Berliner Gruppen und Einzelakteure aus dem HipHop-Bereich, die sich aber bald wieder auflöste.

Polygram Records

Mächtige Plattenfirma aus den Niederlanden. Die gesamte Firmenstruktur der Polygram basiert zu großen Teilen auf Joint Ventures und Lizenzverträgen mit Firmen und Gruppen in der ganzen Welt. Sie ist ein Kind der Deutschen Grammophon Gesellschaft und Philips Phonographischer Industrie und wurde 1972 ins Leben gerufen. Zusammen mit → SONY forcierte Polygram in den achtziger Jahren den Siegeszug der → CD. Eine Vielzahl bedeutender Unterlabels gehören zu Polygram, so z.B. Island, Polydor, Decca, Mercury und RSO.

Poor Righteous Teachers

HipHop-Gruppe aus Trenton, New Jersey. Mitglieder: Culture Freedom, Rapper, → B-Boy; Wise Intelligent, Rapper; Father Shaheed, Rapper, DJ. Die Poor Righteous Teachers gehören zum Genre des → Consciousness Rap und sind Mitglieder der Nation Of the Five Percent. Sie leben frei von Drogen und sind seit den Achtzigern im HipHop aktiv. Culture Freedom war einst auch Human Beatbox für diverse andere Formationen aus dem Raum New Jersey und begann schon früh mit dem → Popping und → B-Boying. Auch → IQ (Eric Grey) gehörte einst zur → Crew. Ihre Hochphase hatte die Band 1990 mit dem Song »Rock This Funky Joint« vom Debütalbum »Holly Intellect«. Dieses blieb von dessen Nachfolgern »Pure Poverty« aus dem Jahre 1991 und der 93er → LP »Black Business« jedoch hinsichtlich der musikalischen und inhaltlichen Qualität unerreicht. Der Name

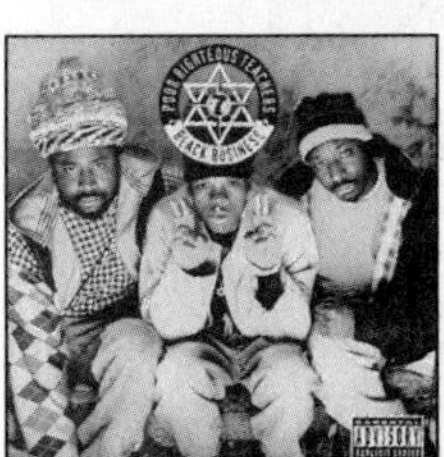

des zuletzt genannten Albums spielt auf die HipHop-Kultur an sich an, da diese, wie sie in diversen Interviews zum Ausdruck gaben, die einzige Möglichkeit für Schwarze sei, auch einmal bevorteilt zu werden.

Sie betrachten sich selbst als eine internationale Gruppe und wollen Schwarze durch ihre Musik dazu motivieren, sich verstärkt in mentale und wirtschaftliche Eigenständigkeit zu begeben. Das bislang letzte Album »New World Order« erschien 1996.

Pop-Music

Oberbegriff für jegliche populäre Musik. Zwar kann ein HipHopper derartig erfolgreich sein, dass er in die Pop-Charts einsteigt, doch gab es in der kurzen Geschichte des aufgenommenen HipHop auch schon genügend Trittbrettfahrer, die sich aufgrund eigener wirtschaftlicher Interessen Rap- und HipHop-Beats ohne jeglichen Bezug zur HipHop-Szene zunutze machten, um kommerzielle Erfolge zu erzielen. Beispiele hierfür sind die → Sugar Hill Gang, → Falco und diverse Boy- und Girlgroup-Produzenten. An dieser Stelle muss betont werden, dass nicht jeder rappende Künstler auch gleichzeitig ein HipHopper ist.

Die Erste Allgemeine Verunsicherung, DJ Bobo oder eine rappende Möllemann-Puppe wird man höchstwahrscheinlich nie auf einer HipHop-Jam zu Gesicht bekommen. Auch die Schwemme von Deutschrap in den Jahren ab 1998 wurde überwiegend durch die Pop-Industrie angestoßen.

Popping

Begriff aus dem → Breakdance, Synonym für Electric Boogie, umfasst die Electro- und Roboter-Tanzformen, hierzu zählen auch die lebenden Schaufensterpuppen und Straßenanimateure. Das Popping entstand unabhängig vom → B-Boying an der Westküste der USA.

Pop-Locking

Mischform aus → Popping und → Locking, die sich in den Achtzigern an der → West Coast herausbildete.

Poser
Abfällige Bezeichnung für jene, die versuchen, sich mit oft sehr teurer Kleidung ein bestimmtes Image aufzusetzen oder so zu tun, als ob sie besonders tief in eine Szene involviert sind. Um als HipHopper aktiv zu werden, bedarf es jedoch keiner Spezialbekleidung. Die eigenen Aktivitäten haben einen wesentlich höheren Stellenwert, als das äußere Erscheinungsbild.

Posse
(engl.: Haufen, Schar) Synonym für eine große Gruppe, eine → Crew. Beispiele: Insane Clown Posse, → SWAT Posse.

Poster-Marker
Bestimmte → Marker-Marke aus Deutschland, die wegen der bis zu 3 Zentimeter breiten Filzmine häufig von → Writern benutzt wird. Da die Postermarker-Farbe aber leicht zu buffen ist, wird sie von den Writern oft mit Edding-Nachfüllfarbe ausgetauscht oder speziell gemischt.

Pot
Eine häufig gebrauchte Bezeichnung für Marihuana.

Power 106 FM
Radiostation, die im Raum Los Angeles sendet und nur HipHop im Programm führt.

Powermove
Begriff aus dem → B-Boying, der jede Form von akrobatischer Bewegung beim Tanzen einschließt.

Pray
(engl.: beten – hier als Aufforderung) In New York zog Ende der Siebziger eine offenbar verwirrte Frau durch die Stadt und kratzte in die Scheiben von Telefonzellen das Wort »Pray«. Viele → Writer gaben ihr → Respekt, denn sie schaffte es, dass nahezu alle Telefonzellen der Stadt von ihr gezeichnet waren.

Premier DJ
→ Gang Starr.

Prime Minister Pete Nice and Daddy Rich
→ 3rd Bass.

Prince Paul
Einer der wichtigsten DJs und Produzenten der USA, der nicht nur für Gruppen wie → Stetsasonic und → De La Soul, sondern auch für die → Gravediggaz als solcher fungierte. 1996 erschien »Psychoanalysis –What Is It?« und 1999 dann »Prince Among Thieves«, ein Konzeptalbum. Erzählt wird eine Geschichte, in der zwei Freunde wegen eines Plattenvertrages zu Feinden werden. Sehr viele MCs, wie etwa Breeze, → Chubb Rock, → Big Daddy Kane, Heroine, → De La Soul, → Xzibit, → Sadat X oder Kid Creole waren am Album beteiligt.

Priority Records
→ BMG Records.

Prisonaires; The
Erste Gangster-Doo-Wop-Gruppe, → Doo Wop.

Professor Griff
→ Public Enemy.

Professor X
→ X-Clan.

Projects
Bezeichnung für den sozialen Wohnungsbau in den USA, → Slum, → P-Jay.

Promo/Promotional Copy/Promo-Tape
Wie der Name schon sagt, dient die Promotional Copy ausschließlich Werbezwecken. Fast immer werden noch vor der eigentlichen Veröffentlichung einer Single oder → LP besonders gekennzeichnete, unverkäufliche Musterexemplare gepresst und an wichtige Multiplikatoren wie Radiostationen, → DJs, Musikmagazine etc. verteilt.

Diesen Vorgang nennt man auch Bemusterung. Besonders in Amerika ist es zudem Sitte, auf Konzerten und Partys Vorab-Tapes an das Puplikum zu verteilen. Allerdings sind darauf nur Ausschnitte der neuen Stücke einer Band zu hören.

Promoter
Begriff aus der Musikbranche für einen Organisator oder Manager einer Veranstaltung.

Promotion
Bezeichnung für jedes Mittel der Werbung für eine Gruppe, einen Künstler, ein Produkt oder eine Veranstaltung. Hierzu zählen zum Beispiel → Flyer, das Schalten von Anzeigen in Zeitungen und Zeitschriften, die Produktion und der Vertrieb von Merchandiseprodukten, → Gigs, ständige Medienpräsenz, eigene Homepages im Internet, die Publikation von Info-Briefen und Rundschreiben und auch die Produktion von Musikvideos. Dies sind nur einige Möglichkeiten einer erfolgreichen Promotion.

Props/jemandem Props geben
Jemanden → Respekt und Anerkennung für die Dinge, die er gemacht und geschaffen hat, aussprechen. Ein → Writer kann beispielsweise Props für ein gutes Bild oder neue Style-Ideen bekommen. Das Publikum kann durch seinen Beifall etc. dem → MC oder → DJ auf der Bühne für die Show Props geben.

PSC

(Psychiatrik Case Posse) → Writercrew aus Paris, die sich 1989 gegründet hat. Mitglieder sind Phase, Ran, Honey, Kao, Decay, Number 6 und andere. Einige von ihnen sind bereits seit den frühen Achtzigern aktiv. PSC wird zu den besten Pariser Writercrews gerechnet. Sie bemalen vorwiegend → Wände.

PSK

Park Side Killers, eine Gang aus Philadelphia, in der → Schooly D Mitglied war.

Psycho Realm

HipHop-Trio aus Los Angeles, Kalifornien. Mitglieder: Mr. Duke (Gustavo Gonzalez), Jacken (Jack Gonzalez), B-Real (Louis Freese). Psycho Realm waren ursprünglich die beiden Brüder Mr. Duke und Jacken, doch als B-Real (→ Cypress Hill) die beiden bei einem Cypress-Hill Auftritt sah und hörte, war er so begeistert, daßsser in das Projekt einstieg. Nachdem die Debütsingle »Stone Garden« ein Underground-Hit wurde, erwarteten alle Großes vom darauffolgenden Debütalbum »Psycho Realm« (1997 auf Ruffhouse/Columbia). Die Erwartungen wurden erfüllt. Das Produzententeam The Psycho Ward, bestehend aus den drei Crew-Mitgliedern und dem langjährigen Cypress-Hill-Drummer Bo-Bo, hat mit »Psycho Realm« einen HipHop-Klassiker geschaffen. 2001 erschien »A War Story«.

Public Enemy

HipHop-Gruppe aus Long Island, New York. Zu Public Enemy gehören bzw. gehörten: Chuck D (Carlton Ridenhour), Flavor Flav (William Drayton), Terminator X (Norman Rogers), Professor Griff (Richard Griffin) → Sista Souljah (Lisa Williamson), Harry Allen und S1W, eine Art Sicherheitstruppe mit symbolischem Charakter. Lange bevor Public Enemy eine der wichtigsten und kontroversesten Gruppen im HipHop wurden, waren Chuck D und Professor Griff engagierte Studenten, die sich um die Belange ihrer afroamerikanischen Mitbürger kümmerten. Ihre Eltern lehrten ihnen Selbstbewusstsein und klärten sie über ihre Identität als Afroamerikaner auf. Schon von Kindesbeinen an wurden sie über die Geschichte der Schwarzen und des afrikanischen Kontinents unterrichtet. Professor Griff war schon in seiner Jugend Mitglied der → Nation Of Islam. Die Gründung von Public Enemy war letztendlich eine Anhäufung von Zufällen. Chuck D und der ausgeflippte Flavor Flav besuchten die Adelphi University in Garden City, New Jersey. Flavor lernte dort Bill Stephney, den Leiter der dortigen Campus-Radiostation, kennen. Dieser wurde später Manager bei Rush Management und → Def Jam. Nachdem sich Chuck D und Flavor Flav auf dem Campus kennengelernt hatten, erhielten sie die Gelegenheit, eine wöchentliche Radiosendung auf diesem Sender zu gestalten. Da beide Rap-Fans waren und es nicht genug Rap-Platten gab, um eine wöchentliche Sendezeit von drei Stunden zu füllen, mussten sich beide etwas einfallen lassen. Also fingen sie an zu improvisieren. Zuerst programmierten sie ein Keyboard und scratchten

Public Enemy

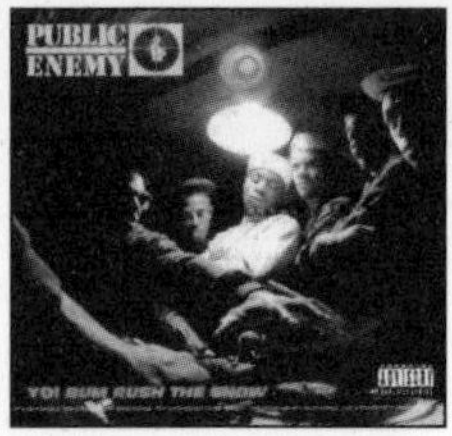

zu ihren → Freestyle Raps, später fingen sie an, eigene Instrumentals mit einer Bandmaschine zusammenzuschneiden. Die jugendlichen Hörer des Senders waren begeistert. So entstand auch das Stück »Public Enemy #1«, und fortan nannten sich die beiden Public Enemy. Es war das Jahr 1986, und wieder war es Bill Stephney, der Public Enemy mit → Russel Simmons zusammenbrachte. Wenig später kam der → DJ Terminator X dazu. Professor Griff wurde aufgrund seiner früheren politischen Aktivitäten zum Minister of Information ernannt. Dazu kamen noch die Musiker und Produzenten Eric »Vietnam« Sadler und die beiden Brüder Hank und Keith Shoklee, die gemeinsam den Kern des Produzententeams → Bomb Squad bildeten. Nachdem sie ihre erste Single »Public Enemy #1/Son Of P.E.« (1987 auf Def Jam) veröffentlicht hatten, gingen sie gemeinsam mit → Whodini, → LL Cool J, → den Beastie Boys und allen anderen Def Jam Stars auf die Def Jam Tour '87. Nicht lange danach entstand ihr Debüt-Album »Yo! Bum Rush The Show« (1987), das einen nie dagewesenen Sound ins Spiel brachte. Public Enemy sind laut und aggressiv. Die Musik ist eine Anhäufung von obskuren → Samples wie Sirenen, Autogeräuschen, Trillerpfeifen, Stimmen und nervigen Dauertönen. Sie arbeiten mit vielen → Scratches. Seit Flavor Flav und Chuck D erstmalig auf Platten zu hören waren, sind ihre überaus markanten Stimmen die wahrscheinlich meistgesampelten im HipHop überhaupt. Die erste → LP war für Def-Jam-Verhältnisse nur mäßig erfolgreich. Doch bedenkt man den gewöhnungsbedürftigen Sound und die aggressiven politischen Texte, so sind über 300.000 verkaufte Exemplare als durchaus positives Ergebnis zu betrachten. Inhaltlich befasste sich die Gruppe mit schwarzen Problemen von schlechter Bildung, wenig Selbstvertrauen, andauernder Armut und der daraus resultierenden Kriminalität, dem Drogenkonsum und der Gewalt. Sie klagten an und versuchen aufzuklären. Doch sie taten auch praktisch etwas, um ihre Worte mit Leben zu füllen. So gaben sie Konzerte in Gefängnissen und sammelten Spendengelder für wohltätige Zwecke. PE gaben auch Konzerte für Obdachlose. 1998 übernahm das → Bomb Squad die Kontrolle über die Produktion des von vielen als Meisterwerk bezeichneten zweiten P.E.-Albums »It Takes A Nation Of Millions To Hold Us Back«. Die LP verkaufte sich knapp eine Million Mal, doch mit dem Erfolg kamen auch die Kritiker, die die neuen Helden der schwarzen Musik als Rassisten und Antisemiten zu entlarven versuchten. Leider waren diese Bemühungen von Erfolg gekrönt, und besonders Professor Griff tat sich als Schwulen- und Judenhasser hervor. Nach öffentlichen Protesten gegen Public Enemy wurde Professor Griff kurzerhand rausgeschmissen und später wieder integriert. An diesem Skandal wäre Public Enemy fast zerbrochen. Nach einem weiteren Vorfall, der von Griff inszeniert wurde, schickte ihn Russel Simmons persönlich in die Wüste. Griff beschimpfte MC Serch von → 3rd Bass als »Judensau«. Trotz offizieller Entschuldigungen und einiger Erklärungsversuche musste Professor Griff die Gruppe verlassen. Er begann wenig später eine Solokarriere mit einer → Crew, die er Last Asiatic Disciples nannte. 1989 lieferte Public Enemy das Titelstück für den Soundtrack des → Spike Lee-Films »Do The Right Thing«. Ein Jahr später brachten sie ihre dritte LP »Fear Of A Black Planet« (über eine Million verkaufte Exemplare) heraus. Darauf befand sich das Stück »Don't Believe The Hype«, das mit den Journalisten und anderen Kritikern abrechnen sollte. Public Enemy wollten stets die

Bedeutung von Selbstbewusstsein und Stärke durch Wissen und die Notwendigkeit des Rückstoßes einflußreicher Weißer aus der → Black Community (»Fight The Power«) deutlich machen. Die Idee zum Song »Burn Hollywood Burn« findet man in ähnlicher Version schon viel früher in der Musikgeschichte. Schon 1939 heißt es im Refrain des Songs »Boo Boo La La« von Calypso Carneval »Burn Down the London Theatre, Burn Down the Big Empire«. Terminator X hatte 1991 sein erstes Soloalbum veröffentlicht. »The Valley Of The Jeep Beats« (auf Rush Associated Labels) wurde ein neuerlich vom Bomb Squad produzierter Hit, auf dem sich neue talentierte Rapper vorstellten. Der Einfluss Public Enemys auf den HipHop dieser Zeit war gewaltig, und schon 1991 folgte ihr Werk »Apocalypse 91 ... The Enemy Strikes Black« (auf Def Jam), eine glorreiche Fortsetzung der ersten drei Alben. Die Singles »Nighttrain«, »More News At Eleven« und besonders »By The Time I Get To Arizona« erhitzten die Gemüter, was sich auf den Erfolg nicht unbedingt schlecht auswirkte. Nach der Veröffentlichung der »Greatest Misses«-LP 1992 wurde es still um Public Enemy. Nur Flavor Flav machte noch von sich reden, da er mehrfach von der Polizei verhaftet wurde. Das letzte Mal, als der Vater von fünf Kindern am 1. November 1993, unter dem Einfluss von Drogen stehend, seinen Nachbarn nach einem Streit mit einer nicht registrierten Waffe bedrohte. Er landete im Betty Ford Rehabilitationszentrum, um sich dort einer Behandlung zu unterziehen. Zuerst war es Terminator X, der 1994 mit seiner neuen Solo-LP »Super Bad« die Aufmerksamkeit auf sich zog. Noch im selben Jahr kehrten Flavor Flav, Chuck D und Terminator X zurück. Obgleich die Single »Give It Up« ein Hit wurde, zerriss die Presse das fünfte Album »Muse Sick In Our Mess Age« (1994). Public Enemy trennten sich wieder und Chuck D gab 1996 sein von allen Seiten gelobtes und gefeiertes Solodebüt mit der LP »Autobiography Of Mista Chuck« (erschienen auf Mercury Records). 1997 geschah, woran kaum jemand zu glauben gewagt hatte. Nach einer Anfrage von Filmregisseur → Spike Lee kamen Public Enemy wieder zusammen und produzierten zusammen mit dem Bomb Squad den Soundtrack zum Film »He Got Game«, eine P.E.-LP, die wieder einmal ein Erfolg wurde. Nach so vielen Jahren im Rap-Business wollten sie einen erneuten Anlauf nehmen und versuchten unter den veränderten Bedingungen auf dem immer größer werdenden HipHop-Markt zu bestehen. 1999 erschien dann das Album »There's A Poison Going On«, 2002 folgte »Revolverlution«.

www.publicenemy.com

Puerto Rico

Kleinste zu den großen Antillen gehörende Insel, die von den USA verwaltet wird. Puertoricaner sind Staatsbürger der USA und haben so die Möglichkeit, jederzeit in die Vereinigten Staaten einzuwandern. Besonders in den 60er Jahren machten viele Puertoricaner davon Gebrauch und bevölkerten die Großstädte wie New York. Da sie meist ohne Kapital kamen, wohnten sie vornehmlich in Ghettos (ein gutes Beispiel heute noch ist Spanish Harlem), wo sie (meist mit anderen Einwanderern aus Lateinamerika) unter sich blieben. Ähnlich wie in den Schwarzenghettos gab es auch hier Bandenkriege, und so ist es nicht verwunderlich, dass auch die Puertoricaner, die ja unter ähnlichen Umständen leben mussten, zur Entstehung der HipHop-Kultur beitrugen.

Puff Daddy

Alias Puffy (Sean Combs). Produzent, → Labelbesitzer und Pop-Rapper aus New York City, USA. Sean Combs, geboren 1970 in Harlem, verbrachte den größten Teil seiner Kindheit nahe Mt. Vernon, NY. Schon als Teenager träumte er davon, eine eigene Platte zu machen. Er ging in Washington D.C. auf die Howard University, um dort Betriebswirtschaftslehre zu studieren. Frisch von der

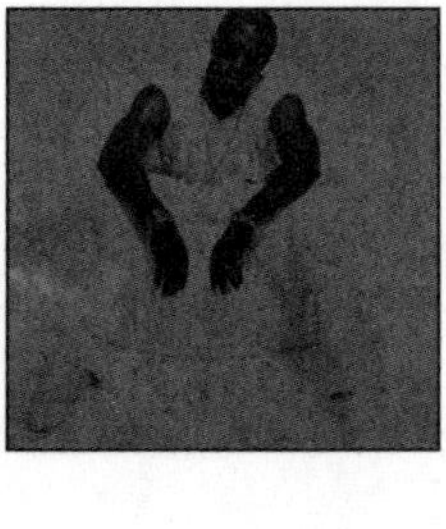

Uni gekommen, bat der ambitionierte Yuppie 1989 seinen Freund aus Kindertagen → Heavy D, ihm einen Job bei seiner Plattenfirma → Uptown Records zu besorgen. Mit großem Ehrgeiz arbeitete er sich hoch zum leitenden Angestellten und wichtigen Produzenten. So zeichnete er für Alben von Father MC, → Mary J. Blige und Heavy D and the Boyz, mit denen er sehr erfolgreich war, verantwortlich. Schließlich wurde er 1993 vermutlich wegen zu großer Ambitionen entlassen. Noch im gleichen Jahr baute sich Sean Combs sein eigenes → Label Bad Boy Entertainment auf, das er anfangs von seiner Wohnung aus leitete. 1994 gelang es ihm, die ersten zwei Verträge, zum einen mit → Craig Mack und zum anderen mit → Notorious B.I.G., abzuschließen. Noch im gleichen Jahr konnte der Produzent und Unternehmer Combs seine ersten großen Erfolge mit der Veröffentlichung der Debüt-LPs von Craig Mack und B.I.G. feiern.

1995 war er der Produzent der Single des Jahres »One More Chance« von Biggie Smalls. Er erweiterte das Repertoire des Labels um → R&B-Künstler wie Faith Evans, Total und 112 sowie Mase und The Lox. Seinen Erfolgskurs als Produzent bestätigt, dass er neben seinen eigenen Schützlingen noch bekannte Popgrößen wie Aretha Franklin, Boyz II Men, Mariah Carey, → TLC und → SWV mit seiner Musik noch reicher machte. Doch leistete er sich zusammen mit Notorious B.I.G. einen schmutzigen kleinen Krieg, der mit → Suge Knight und → Tupac Shakur über die besonders in den USA gut vertretene Yellow Press und natürlich die Musik ausgetragen wurde. Nachdem B.I.G. im März 1997 erschossen wurde, war die zweite LP »Live AfterDeath« zusammen mit der Single »Hypnotize« (beide produziert von Puffy) auf Platz eins der Popcharts. Schließlich entschloss er sich – schon vor dem besagten Mord – selbst ein gefeierter Star zu werden, was ihm mit der Single »I'll Be Missing You« mit Faith Evans und seinem 1997 erschienenen Album »No Way Out« auch gelang. Doch viele → HipHopper kritisierten, dass er in fast allen seinen Liedern ganze → Loops samplete und so von manchen Liedern nur schlechtere Coverversionen produzierte – so geschehen bei dem Stück »I'll Be Missing You«, eine originalgetreue Instrumentalkopie des Police-Klassikers »I 'll Be

Watching You«. Zudem lassen seine Fähigkeiten als Rapper doch arg zu wünschen übrig, was er 1998 mit seinem Lied für den Soundtrack zum Film »Godzilla« wieder eindrucksvoll unter Beweis stellte. Doch besteht er selbst darauf, nicht als Rapper oder → MC bezeichnet zu werden. Schließlich will er sich als »Entertainer« verstanden wissen.

Der auch sozial engagierte Vater eines Sohnes (Justin) gründete eine Organisation für benachteiligte Stadtkinder, arbeitete an einem Gospelalbum mit und eröffnete ein Familienrestaurant namens »Justin's«. In naher Zukunft will der Multimillionär seine Memoiren schreiben und veröffentlichen, seine eigene Klamottenmarke Sean John vertreiben und Bad Boy Films in Hollywood gründen. Ab 2001 veröffentlichte er unter dem Namen P Diddy weitere Platten. → Bad Boy Entertainment, → Craig Mack und → Notorious B.I.G.

Punch phasing

Begriff aus dem → DJing. Diese Technik, bei der Effekte über einen laufenden Beat eingespielt werden, wurde von → Grandmaster Flash eingeführt.

Punks

Aus der Jugendbewegung der Punks und Hausbesetzer sind einige wenige zur HipHop-Szene und einige mehr speziell zum → Writing gekommen. Gerade in → Amsterdam ist es nichts Ungewöhnliches, dass → Writer nicht aus dem HipHop, sondern aus der Punkszene kommen. Oftmals wird diese Tatsache von Leuten mit weniger Einblick genutzt, um zu erklären, dass HipHop und → Graffiti nichts miteinander zu tun hätten, dabei sind Writer, die mit HipHop weniger zu tun haben, eher eine Ausnahme, die so gut wie nur in Europa vorkommt. Die Punk- oder Hausbesetzerkultur ist aber nicht die einzige Jugendkultur, mit der es Überschneidungen gibt. Hinzu kommt, dass Punk eigentlich auch für eine bestimmte Denkart steht: anecken, sich nicht integrieren und funktionieren. Insofern könnte man MCs wie → Kool Savas oder Crews wie → BC als punkig bezeichnen.

Q

Queen Latifah

(Dana Owens) MC, Sängerin, Schauspielerin, Managerin und Labelbesitzerin aus East Orange, New Jersey, USA. Lange bevor Queen Latifah ihr erstes Album »All Hail The Queen« (1989 auf Tommy Boy Records) veröffentlichte, war sie eine aktive HipHopperin. Sie lag auf der gleichen Wellenlänge mit alternativen HipHop-Gruppen wie den → Jungle Brothers und → De La Soul, wodurch sie in die → Native Tongue Family aufgenommen wurde.

Latifah, der Name ist arabisch und heißt soviel wie zart und sensibel, arbeitete mit verschiedenen weiblichen HipHop-Gruppen zusammen, bis sie auf der Highschool in Irvington → DJ Mark The 45 King kennenlernte, der sie zur → Flavor Unit brachte. Außerdem wurde ihr Starthilfe von Fab Five Freddy zuteil, der ihr erstes Demotape produzierte und erste Kontakte zum Business knüpfte. Schließlich landete die Queen 1988 bei Tommy Boy Records und veröffentlichte ihre aufsehenerregende erste Single »Wrath Of My Madness«.

Queen Latifah

Ihre erste → LP wurde von HipHop-Größen wie DJ Mark The 45 King, → KRS One, → Prince Paul und Daddy-O produziert. Ihre Texte enthalten die Ansichten einer selbstbewussten schwarzen Frau in einer von Männern beherrschten Welt. Besonders im HipHop, wo sexistische Verse durchaus üblich sind, hatte sie damit keinen leichten Stand. Nicht zuletzt auch wegen ihrer lieblichen Stimme und der überaus gelungenen Hitsingle »Ladies First« verkaufte sich das Debüt von Queen Latifah weltweit mehr als eine Million Mal. Ihre Musik wird auch heute noch von Soul, Reggae, Dance, Funk und HipHop-Einflüssen bestimmt, auch wenn sie in den letzten Jahren immer mehr am Singen und der → R&B-Musik Gefallen fand. 1991 kam das zweite, ebenfalls sehr erfolgreiche Album »Nature Of A Sista« heraus, gefolgt von »Black Reign« (1993), das sie ihrem Bruder widmete, der 1992 bei einem Verkehrsunfall ums Leben kam. Nachdem ihre ersten beiden LPs für einen → Grammy nominiert waren, bekam sie ihn endlich 1993 für die Superhitsingle »U.N.I.T.Y.« als »Best Rap Solo Performance«. In den folgenden Jahren konzentrierte sich Queen Latifah mehr auf die Schauspielerei und geschäftliche Dinge.

Als Chef der Firma Flavor Unit Management nahm sie HipHop- und R&B-Größen wie → Naughty By Nature, → OutKast, Monica, Faith Evans, → SWV, Total, Groove Theory und andere unter ihre Fittiche. Mitte der 90er Jahre gründete sie ihr eigenes Plattenlabel Flavor Unit Records und ging einen Joint Venture Vertrag mit Motown Records ein. Nebenher wurde die Queen zu einer richtigen Schauspielerin. Was mit Nebenrollen in Filmen wie »Jungle Fever«, »Juice« und »House Party 2« begann, führte zu einer der Hauptrollen in der überaus beliebten Fernsehserie »Living Single«

und in Hollywood-Produktionen wie »Set It Off« und »Sphere«. Nach fünf Jahren Abstinenz von der Musik veröffentlichte Queen Latifah 1998 auf Flavor Unit/Motown Records ihr viertes Album »Order In The Court«. Sie versuchte mit dieser LP ein möglichst breites Publikum anzusprechen, das von den → HipHop-Heads über die Reggae-Liebhaber bis hin zu den R&B-Fans reicht. Unterstützt wurde sie dabei von Stars dieser Genres wie Pras von den → Fugees, Apache und Faith Evans und Produzenten wie Kay Gee, → Diamond und DJ Clark Kent. So ist es Queen Latifah gelungen, ein erfolgreiches Pop-Album herauszubringen. Die vielbeschäftigte junge Frau schrieb auch ein Buch mit dem Titel »From The Heart Of A Queen«.

Nebenher spielt sie an der Seite von Danny De Vito im Film »Living Out Loud« und beschäftigte sich mit der Planung einer eigenen Talkshow, mit der sie ab Herbst 1999 die amerikanischen Bildschirme lief. 2002 erschein noch das BestOf-Album »She's A Queen: A Collection Of Hits«.

Quick

1. Begriff aus dem → Writing für ein besonders schnell angefertigtes → Graffiti. Eine andere Bezeichnung für Quick ist → Bombing. 2. Writer aus New York, der seit 1972 aktiv ist und Mitglied in → Writercrews wie RTW (Rolling Thunder Writers), TTYB (The Three Yard Boys), Soul Artists, → United Artists und anderen ist. Quick begann mit 10 Jahren zu sprühen, studierte später Grafik-Design, besprühte wie die meisten New Yorker seiner Generation → Leinwände und malte immer weiter illegal, bis er irgendwann auf die Zahl von mehr als 30.000 → Graffiti kam.

Quick zog später nach Groningen in den Niederlanden. 3. DJ Qick: Gangster-Rapper aus Los Angeles, dessen erste LP »Quick Is The Name« 1990 für einige Bekanntheit sorgte. Weitere folgten.

R

Race Music
Ursprüngliche Bezeichnung für sämtliche von Schwarzen produzierte Musik, wurde später durch den Begriff → Rhythm&Blues ersetzt.

Racken
Bezeichnung für Klauen – meist in Geschäften.

Radiotron
Wichtigster Trainingsort und Treffpunkt für → B-Boys aus aller Welt an der Westküste der Vereinigten Staaten. Das Radiotron wurde 1985 geschlossen, was für die dort ansässige Breaker-Szene einen schwerwiegenden Verlust darstellte. Erst auf Initiative des → Breakers Ceser von der → Airforce Crew wurde der Veranstaltungsort wieder zu neuem Leben erweckt.

Raekwon
→ Wu-Tang Clan.

Ragamuffin'
Jamaikanische Bezeichnung für jemanden von der Straße. Besonders in Deutschland als Synonym mit → Raggamuffin'HipHop verwendet.

Ragamuffin'HipHop

Musikstil – eine Mischform aus HipHop und Dancehall. Er wurde durch → MCs wie Asher D. and Daddy Freddy aus London aufgebracht. Dancehall ist ein Musikstil, der sich nach dem Tod von Bob Marley aus dem Reggae entwickelt hat.

Rakim

→ Eric B & Rakim.

Rammelzee

→ Writer aus New York, der seit den Siebzigern aktiv ist und eine besonders wichtige Rolle in der Entwicklung des → Graffiti spielt. In den Achtzigern hatte er einige Ausstellungen in New York und in Europa, schrieb Bücher und rappte auch (»Beat Bob«, 1983). Er setzte sich mit den komplexen Zusammenhängen zwischen Graffiti und Gesellschaft auseinander und entwickelte eigene Theorien über seine Kunstrichtung.

Rap

(engl.: Schlagen, Quatschen) Eine der Hauptadern und Triebfedern des HipHop. Rap ist eine besondere Form des Sprechgesangs, dessen Wurzeln über viele hundert Jahre zurückverfolgbar sind. Sprechgesang findet man bei den → Griots und Djelees, den Dorfweisen westafrikanischer Dörfer, beim Scat, bei den → Comedy Duos, bei Militär-, Gefangenen- und Sklavenliedern, beim Toasting, bei den Messen baptistischer Pfarrer in Nordamerika, beim → Funk, → Doo Wop und Be-Bop. Doch zu den wichtigsten Einflüssen auf Rap, wie man ihn heutzutage kennt, zählen die amerikanischen Radio-DJs, die begannen, mit ihren Platten zu arbeiten, sie hin und her zu bewegen und darüber teils rhythmisch, teils abgehackt, aber stets emotionsgeladen zu sprechen. Doch muss erwähnt werden, dass all die oben genannten Faktoren zwar Vorformen des Rap waren und als dessen geschichtliche und kulturelle Wurzeln gelten, jedoch in keinster Weise als Rap im heutigen Sinne betrachtet werden sollten. Es besteht keine direkte, kulturelle Verbindung zwischen der berichterstattenden, gereimten Vortragsform der Djelees vor dem Gericht und den Texten von Rappern wie → Eazy E. oder → Method Man. Als die ersten B-Boys in New York, dem eigentlichen Geburtsort des Rap, anfingen öffentlich zu tanzen, kam es schon gelegentlich vor, dass ein → MC, Gruppen gab es damals noch nicht, über eine → PA die Breaker vokal unterstützte. Die Utensilien waren einfach. Meist handelte es sich um einen → Ghettoblaster oder im besten Falle um zwei Plattenspieler, mit denen die Breaks der Songs auf den Platten aneinander gecuttet wurden. Darüber rappte der MC nun seine Ankündigungen, Wortspiele und Metaphern und versuchte damit das Publikum zu animieren. Bald entwickelten sich auch erste stilistische Merkmale. Als erster Rapper im Bronx-Stil gilt der aus Jamaika stammende → Kool Herc. Als erster Rap in dem Sinne, der jemals auf einer Platte veröffentlicht wurde, gelten die Verse des DJs King Tim III auf der 79er Platte der Funkband Fatback. »King Tim III – Personality Jock« geriet jedoch schnell in Vergessenheit und wurde vom Erfolg der Pop-Band → Sugar Hill Gang und ihrem Stück »Rappers Delight« übertönt. Die Sugar Hill Gang veröffentlichte zwar die zweite Rap-Platte, doch war ihr direkter Bezug zur jungen HipHop-Szene eher dürftig und bekam aus HipHop-Kreisen durchaus gemischtes Feedback. Rap hatte es immer schwer. Seit Anbeginn des auf Tonträgern aufgenommenen Raps musste man sich nicht nur mit Problemen wie Ausverkauf der in den Kinderschuhen steckenden Kultur auseinandersetzen, sondern wurde auch von konservativer Seite her attackiert. Eltern verbaten ihren Kindern das Hören von Rap, beschlagnahmten deren Stereoanlagen und erlaubten ihnen nicht den Besuch von HipHop-Veranstaltungen. Es bildete sich sogar eine Anti-Rap-Bewegung, die selbst heutzutage noch aktiv ist und Vertreter in hohen politischen Positionen in den Vereinigten Staaten hat. Zensur und Missbrauch durch Medien und Trittbrettfahrer waren es, die von Anfang an ein falsches Bild auf Rap warfen. Als Rap in den frühen Achtzigern Europa erreichte, gab es auch dort sofort wirtschaftlich denkende Köpfe, die sich den vermeintlich neuen Trend zu Nutze machten. So trat damals wie über Nacht ein Musiker namens → Falco ins Licht der Öffentlichkeit. Der inzwischen verstorbene Österreicher beeindruckte mit seinem deutschsprachigen Rap und trat mit Hits wie »Amadeus« oder »Der Kommissar« seinen weltweiten, finanziellen Siegeszug an. Mit HipHop als Kultur hatte der über Nacht zum Star gewordene Falco jedoch nichts zu tun. Rap entwickelte sich auch nach dessen Verschwinden unabhängig weiter, musste aber andere Industrieprodukte ähnlicher Natur ertragen. Hierbei muss unterschieden werden zwischen einerseits → HipHoppern, die ihre Ideale für das durch einen Plattenvertrag herausspringende Kapital aufgeben und ihre Musik nicht an ihrem, sondern dem Geschmack der großen Käuferschaft orientieren. Auf der anderen Seite begann die Unterhaltungsindustrie auch eigene Erzeugnisse zu schaffen. So wurden und werden nach wie vor medientaugliche Twens und Teenager gecastet, ihnen ein bestimmtes Image aufgesetzt und massenorientierte Musik produziert, um schnellstmöglich mit großer Aufmerksamkeit von Presse, Funk und Fernsehen einen Tonträger auf den Markt zu werfen. Doch Rap hat auch Formationen wie Snap und Tic Tac Toe überstanden und wird sich wie eh und je seinen Weg in die Zukunft bahnen.

Rap Jam Volume One

Ein 1995 von der Firma → Motown auf den Markt gebrachtes Videospiel, in dem der geneigte Spieler bekannte Persönlichkeiten aus der Welt des HipHop, wie → Public Enemy, → Queen Latifah, → Warren G, → Onyx und → Naughty By Nature in einer Partie Straßen-Basketball (Streetball) antreten lassen kann. Untermalt wird das ganze Werk natürlich von gediegener Rapmusik.

Rap Nation

Magazin und → Label aus Braunschweig, Deutschland. Im Jahre 1990 war die HipHop-Bewegung in Deutschland noch in keinster Form strukturiert. Es war äußerst selten, dass HipHop-Aktivisten aus einem Ort von den Aktivitäten Gleichgesinnter in anderen Städten wussten. Informationen über bevorstehende → Jams drangen meist gar nicht oder erst viel zu spät bis zu den Interessierten vor. Dazu kam, dass Deutschland plötzlich um fünf Bundesländer größer war. In den großen bunten, internationalen Zeitschriften wurden Bereiche wie → Writing und → B-Boying so gut wie gar nicht abgedeckt. Aus diesen Beweggründen riefen → Matthias Lanzer und → Spaiche (Jens Ihlenfeld) im November 1990 das Projekt Rap Nation ins Leben. Man begann mit der Produktion eines gleichnamigen Magazins, welches erstmals kurz vor Jahresende 1990 im A5-Format und einer anfänglichen Auflage von 50 Heften erschien. Innerhalb eines Jahres mauserte sich das → Mag zu einer nützlichen Informationsquelle mit ständig steigender Auflage und Qualität. Sechs Ausgaben erschienen in diesen zwölf Monaten. Da Rap Nation ein in völliger Eigenproduktion erstelltes Magazin war, litten die Macher unter argen Zeitproblemen. Ein inhaltlich mangelhaftes Heft wollte man jedoch nicht unter die Leute bringen. Also stellte man das Rap Nation Magazin auf vorerst unbestimmte Zeit ein. Doch Matthias Lanzer war in seinem Arbeitseifer nach wie vor nicht zu bremsen. Er schrieb nebenher für andere Magazine wie → Mik's X-Side News und die → Black Music Zeitschrift → BAD. Zudem setze er sich zum Ziel, ein eigenes, auf HipHop aus Deutschland spezialisiertes → Label zu gründen. Die Idee für Rap Nation Records war geboren. Gemeinsam mit André Luth, heute bei → YO Mama, und dem jetzigen Betreiber von Marina Records, Steffen Kassel, liefen 1992 die Vorbereitungen für die → Compilation »That's Real Underground – 100 % German HipHop«. Für diese Zwecke erhielt man einen Bankkredit in Höhe von 5000 Deutsche Mark, der jedoch vorerst nur für die Finanzierung einer ersten CD-Auflage reichte. Für die darauf vertretenen Bands → State of Departmentz, damals zwischenzeitlich mit → MC Rene, 2LO, → No Remorze, → Such A Surge und Die Coolen Säue bot der → Sampler einen idealen Einstieg ins Musikgeschäft. Ein gutes Vierteljahr nach Veröffentlichung dieser Debüt-CD auf Rap Nation Records folgte die auf 500 Stück limitierte und durchnummerierte → Vinyl-Version. Matthias Lanzer schloss mit Such A Surge einen Vertrag über eine → Maxi ab und musste nach deren höchst erfolgreichen Verkauf zusehen, wie die Band zu einem großen → Majorlabel wechselte. Im Sommer des Jahres 1993 war schon ein neues Projekt in Arbeit. Es nannte sich D.D.R. (Die Deutsche Reimachse) und featurte neben den Coolen Säuen die → Fantastischen Vier, die Reimbanditen, → Fresh Familee und die Maximale Lautstärke. Ein derartiges Zusammenkommen hatte es bis zu jenem Zeitpunkt noch nicht gegeben. Die Kritik in den Reihen der → HipHopper war aufgrund der Kooperation mit den Fantastischen Vier, damals auf steilem Erfolgskurs, groß. Zur gleichen Zeit war auch die State of Departmentz Maxi »Mit der Waffe in der Hand« in Arbeit. Auch konnte das Rap Nation Magazin in Form der Rap Nation News, jetzt im A5-Format, eine Renaissance erfahren. All diese neuen Produkte wurden an einem Rap Nation-eigenen Stand auf der jährlichen Kölner Musik- und Medienmesse Popkomm präsentiert. Im März 1994 gab es einen weiteren Neuzugang bei Rap Nation namens Phase V. Die erste Phase V → LP »Mentale Verwandlung« wurde hier verlegt. Später riefen die Herren ihr eigenes Label Phasenmusik ins Leben. Eine Tour quer durch Deutschland, gemeinsam mit den Battle Rockers und State Of Departmentz, die gerade ihr Album »Reimexplosion« fertiggestellt hatten, folgte. Matthias Lanzer, der nun ein Vertragsverhältnis mit der → RCA eingegangen war, arbeitete beständig an neuen Vorhaben. Die Berliner Gruppen → Islamic Force und → Cheeba Garden bekamen die Gelegenheit, auf dem Sampler »Die Macht der Kreativität – 100 % Vinyl« vertreten zu sein. Eine weitere kostenlose Ausgabe der Rap Nation News erschien in einer dreißigtausender Auflage. Doch der bis dato größte Coup stand erst bevor. Das neue, erfolgversprechende Kind der jungen Firma hieß »Jazzkantine« und verband erstmals HipHop-Akteure mit → Jazzmusikern. 24 Akteure aus verwandten und dennoch weit voneinander entfernten musikalischen Lagern bereisten im Sommer 1994 das Land und begeisterten, ohne je eine gemeinsame Veröffentlichung gehabt zu haben, ihr nun nicht mehr hundertprozentiges HipHop-Publikum. Die Jazzkantine wurde zum Rap Nation Zugpferd und der Song »Respekt« der erste kleine → Hit. Das Debütalbum und weitere Tourneen folgten in der zweiten Jahreshälfte. Aleksey, einer der neuen Jazzkantine-Rapper, schloss mit Matthias Lanzer einen Solovertrag ab. Folge dessen war 1995 neben der Single »Der, der gern anders wär« eine nach ihm benannte Langspielplatte, die unter Mitwirkung von Thomas D von den Fantastischen Vier und MC Rene entstand. Auch ging Aleksey mit → Coolio auf Deutschland-Tour. Nachdem im Oktober 1995 das zweite Album der Jazzkantine auf den Markt kam, gelangte es innerhalb einer vergleichsweise kurzen Zeitspanne auf Platz 38 der LP-Charts. Die Medien überschlugen sich mit Rezensionen und Berichten. Diverse Preise wurden in Empfang genommen. Dem aus dem 96er Live-Album »Frisch gepresst und Live« ausgekoppelten Stück »Hey Mr. DJ« gelang ebenfalls der Einstieg in die Charts.

Nach einigen → Maxis konnte 1997 auch der Jazzkantine-Rapper Cappuccino eine Solo-LP mit dem Titel »Lautsprecher« auf Rap Nation / Mercury veröffentlichen. Sein mit einem 90.000 Mark-Produktionsbudget ausgestattetes Video »Männer« lief auf den Rotationsschienen von Viva und MTV. → DJs wie Future Rock von → L.S.D. und Air Knee remixten seinen Song »Wahnsinnig«. Auch das Lied »Du fehlst mir« erfuhr eine derartig positive Resonanz. Die Jazzkantine blieb auch 1998 präsent und begleitete Roman Herzog auf einen Staatsbesuch nach Südafrika. Zudem erschienen ein weiteres Jazzkantine-Album namens »Geheimrezept« und verschiedene Maxi-Auskopplungen. Auch kam es zur Zusammenarbeit mit Mitgliedern des → Wu-Tang Clans. In Zukunft planen Matthias Lanzer und seine Produktionsfirma Monofon unter anderem auch die Veröffentlichung einer Solo-Scheibe des → Fresh Family Rappers Tachi, der schon seit geraumer Zeit tragender Bestandteil der Jazzkantine ist.

Rap Pages
Name eines monatlich erscheinenden → HipHop-Magazins, das zum Imperium des Larry Flint gehört.

Rappen
→ MCing, → Rap.

Rapperkette
In den Achtzigern wurde es unter einigen Rappern zur Mode, dicke Ketten, die meist aus Gold waren, zu tragen um → Livin' Large zu repräsentieren. Besonders bekannt dafür waren → Run DMC und → Eric B. & Rakim. Schnell kauften sich viele Poser weltweit

unechte dicke Ketten, da sie dieser Mode nacheifern wollten. Eine andere Bezeichnung für diese Ketten ist Dunkey Rope.

Rap Sheet

Monatlich erscheinende, unabhängige HipHop-Zeitung aus Los Angeles, Kalifornien. »The World's first HipHop-Newspaper«, wie die afroamerikanischen Besitzer sie nennen, wurde 1992 gegründet und berichtet seither über → Mainstream und Untergrund-HipHop gleichermaßen.

Rapture

→ Move / Rapture.

Ras Kass

(John Austin) MC aus Carson, Kalifornien. Ras Kass war stets ein Mensch, der viel liest. Das half ihm nicht nur bei der Findung seines Namens (benannte sich nach Ras Rass, einem legendären König des afrikanischen Reiches Shoa), sondern viel mehr beim Schreiben seiner überaus ausgefeilten Texte. Viele beschreiben seine Musik als Edutainment. Noch bevor Ras Kass einen Vertrag mit einem der großen Labels hatte, veröffentlichte er Mitte der 90er Jahre zwei Singles auf einem Independent Label. Die Reaktionen waren geradezu überschwänglich.

Sein Bild war auf dem Cover der → Rap Pages und bekam von jenem Magazin zwei Mal den Titel »Rhyme of the Month« zugesprochen. Erst 1996 unterschrieb er bei Patchwerk/Priority Records und sein Debütalbum »Soul On Ice« entstand. Besonders die Singles »Nature Of A Threat« und »Soul On Ice Remix« brachten die

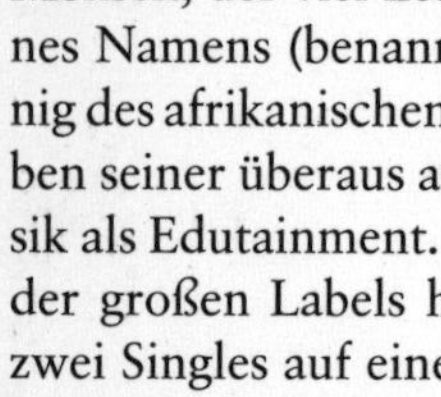

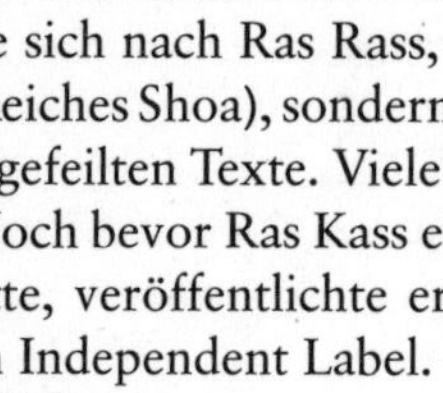

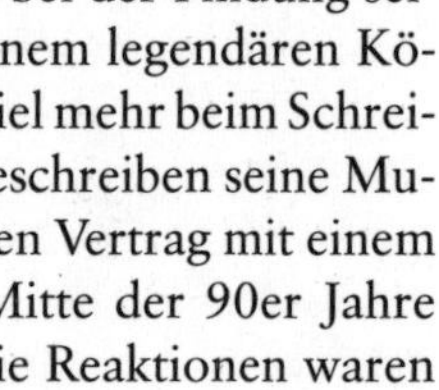

→ LP nach vorn. Mit der Hilfe von Produzenten wie RZA (→ Wu-Tang Clan), → Dr. Dre, → Easy Mo Bee, → Xzibit, Big Jaz und einigen anderen arbeitete Ras Kass sein zweites Album »Rasassination« (1998 auf Patchwerk/Priority Records) aus. Es erschienen danach einige Maxis, wovon »Jack Frost« 2000 ein richtiger Club-Hit wurde. Das Album »Van Goght« erschien etwas später. Ras Kass selbst möchte Musik schaffen, die nicht belanglos und trotzdem kommerziell verwertbar ist.

Ray

Der wohl erste → Graffiti-Sprüher aus → München. Er begann 1983 zu sprühen. Obwohl er seinen Namen wahrscheinlich aus dem Film → »Wild Style« übernommen hat, ist er nicht unbedingt als reiner → Writer zu sehen. Seine Graffiti waren oft ein Thema in den Medien, doch bis heute hat er es geschafft, weitgehend anonym zu bleiben. Der Name selbst ist übrigens schon sehr oft von Writern benutzt worden.

R&B

→ Rhythm'n'Blues.

RCB

(»Rock City Berlin« und andere Bedeutungen) → Writergruppe aus → Berlin, die sich etwa 1991 gegründet hatte. Mitglieder sind → Esher, Rasta, Lite und Look. Kaum eine Gruppe in Deutschland ist so produktiv wie RCB. Inzwischen hat es RCB nicht nur geschafft, → All City oder All Germany, sondern All Europe zu sein. Durch die zahlreichen → Chromsilber-Bombings von RCB wurden besonders die Newcomer dazu animiert, es ihnen gleichzutun, so dass Mitte der Neunziger fast die gesamten → Lines in Berlin »versilbert« waren.

Obwohl die Gruppe besonders durch → Trains und → Bombings (besonders → Roof Tops) bekannt wurde, steht sie auch für hohe Qualität. So ist zum Beispiel Esher als → Auftragssprüher sehr erfolgreich und hat mit seinem innovativen → Style besonders auf die jüngeren Generationen enormen Einfluss.

real

Im HipHop gibt es immer mehr → Sellout, besonders von Leuten, denen die Kultur nicht am Herzen liegt. Auch werden immer mehr Industrieprodukte mit dem Etikett »HipHop« versehen, obwohl diese nichts mit der HipHop-Kultur zu tun haben. Diejenigen in der HipHop-Kultur, die sich nicht verkaufen und denen ihre Kultur wichtig ist, werden als real bezeichnet. → keep it real und → true to the game.

Real Dope Thing, A

HipHop-Gruppe aus → Berlin, Mitglieder sind Phite, Rapper; Poise, Rapper; Pume, ehemals Rebel X, DJ; Axel, von Ex10ded Spirit, Produzent; Stefan von Ex10ded Spirit, Produzent.

Die Anfang 1991 aus den → Down Town Lyrics hervorgegangene Gruppe gehört zu den wichtigsten Größen der Berliner HipHop-Geschichte.

In den frühen neunziger Jahren bewegten sie regelmäßig das junge Publikum der → SWAT-Partys und erschienen 1993 auch auf dem SWAT-Sampler »Vibrazone«, der »HipHop Hurra« → Compilation und diversen SWAT-Videoproduktionen. → Ex10ded Spirit war nicht von Anfang an fester Bestandteil der Band. In ihrer Hochphase, die in der ersten Hälfte der neunziger Jahre lag, hatten sie neben zahlreichen Bühnenshows auch Radio- und Fernsehauftritte, so zum Beispiel im von Marusha (Marion Gleiß) moderierten Jugendjournal Feuerreiter (ORB) und der → Yo-Show von → André Langenfeld. Sie arbeiteten mit Rappern wie Roskoe und → Cora E., aber auch mit Plus & Minus von der Potsdamer PDM-Posse und Funky Drummer Production zusammen.

Nach ihrer 95er EP »Take The Rough With The Smooth« auf → MZEE Records trat der HipHop-Wegbereiter der DDR, Poise, des öfteren gemeinsam mit Razzia, einem ehemaligen Mitglied von Three Man Nation, als DA MASH in Erscheinung. Gemeinsam mit der PDM Posse kam es hier zur Publikation einer selbstproduzierten → EP. A Real Dope Thing ist Bestandteil der Funky Family. Zu ihren besten und bekanntesten Songs gehören »Swing Your Bum« und »Rumours«.

Real Roxanne, The
(Joanne Martinez) Rapperin aus Brooklyn, New York. Als eine der wenigen Frauen im → HipHop fing sie Anfang der 80er Jahre an zu → rappen und benannte sich schließlich selbst nach dem Hit »Roxanne, Roxanne« von UTFO. Produziert von → Howie Tee und Jam Master Jay (→ Run DMC) erschien 1988 das Album »Real Roxanne«.

Rebel oder Rebel 1
Berliner HipHopper der ersten Stunde, war früher nicht nur als Rapper, sondern auch als einer der ersten → Writer und zwischenzeitlich auch in der West-Berliner Punk-Szene aktiv. In den frühen Neunzigern war er als Honorarkraft für die → SWAT-Posse aktiv. Er wirkte auf den → Samplern »Vibrazone« und »B-Town Flava« mit. Seit Ende der Neunziger ist er Mitglied in der Gruppe NBT (Nachbarschaft), welche zahlreiche Singles und Videos produzierte. Danaben arbeitete er auch an einigen Soloprojekten. Zusammen mit dem NBT-Mitglied Flo veröffentlichte er 2003 als R&FDope

Rebel aus Berlin, 1994

das teilweise sehr politische CD-Album »Westberlin Kreuzberg 36«. Durch Stücke wie »Alle Meine Schüler« wurde für einigen Wirbel gesorgt, da Rebel MCs wie Savas disst, denen er vorwirft ihren Style ge→ bited zu haben und nicht zu wissen, was HipHop-Kultur ist. Musikalisch zählt das Album zum Besten, was Berlins HipHop-Szene zu bieten hat.

www.freaknetz.de

Rebel MC

Englischer Produzent, → DJ, → MC, der seit den Achtzigern aktiv ist und neben seinen Verdiensten für den englischen HipHop der ausklingenden Achtziger und frühen Neunziger auch die britische Jungle-Szene in großen Zügen vorantreibt und zusammenbringt. Sein Jungle-Label heißt Congo-Natty.

Record-Bag

→ DJ-Bags, → Plattentasche.

Redman

(Reggie Noble) → MC aus Newark, New Jersey. Als Reggie Noble Ende der 80er Jahre erst von seiner Mutter, dann von seinem Vater wegen fortwährenden Drogenmissbrauchs, denn Marihuana war und ist seine größte Leidenschaft, rausgeschmissen wurde, konnte er nach Long Island in ein Apartment ziehen, das Erick Sermon sein eigen nannte. Die beiden hatten sich kurz zuvor in einem Club getroffen. Dort lernte er viel über die HipHop-Industrie und während etlicher → Freestyle-Sessions entwickelte er sein Können als MC. Schließlich wurde er von → EPMD in den Kreis des → Hit

Squad aufgenommen und bekam 1991 die Gelegenheit, sein Talent unter Beweis zu stellen. Auf dem 91er EPMD-Album »Business As Usual« konnte Redman die Öffentlichkeit mit seinen Gastraps stark beeindrucken. Was folgte, war der obligatorische Vertrag mit einem großen Label. 1992 entstand das Debütalbum »Whut? Thee Album« (auf → Def Jam Records), das nicht zuletzt dank der von → Erick Sermon produzierten Musik über eine halbe Million Exemplare absetzen konnte. 1993 wurde Redman vom → Source Magazine zum »Rap Artist of the Year« gewählt. Ein Jahr nach dieser Auszeichnung veröffentlichte Redman seine zweite → LP »Dare Is A Dark Side«. Wieder entstand das mit Goldehren versehene Album unter Mithilfe des produzierenden Erick Sermon. Zusammen mit → Keith Murray wurden die beiden als → Def Squad bekannt – eine → Crew, die sich gegenseitig unterstützt und eine eingeschworene Gemeinschaft ist. So ist es kein Wunder, dass Redman auf allen LPs von Erick Sermon und Keith Murray zu hören ist. Als 1995 Def Jam seinen zehnten Geburtstag feierte und → Russel Simmons den Film »The Show« mit dem dazugehörigen Soundtrack veröffentlichte,

Redman

war darauf auch das Stück »How High«, ein Duett von Redman und → Method Man.

Die von Sermon produzierte Single wurde ein absoluter Hit. Ein Jahr später schaffte es Redman wieder, einen Radiohit mit dem Stück »Whatever Man« zu landen. Die Single ließ die Verkaufszahlen des Albums »Muddy Waters« (1996) erneut in die Höhe schnellen. 1998 schuf Redman zusammen mit seinen Partnern Keith Murray und Erick Sermon die längst überfällige Def Squad-LP »El Nino«. Ein Klassiker ist mittlerweile die LP »Black Out«, die er zusammen mit Method Man herausbrachte. 2000 veröffentlichte er die LP »Doc's Da Name 2000« und 2001 »Malpractice«.

Release

Bezeichnung aus der Musikindustrie für eine Veröffentlichung.

Release Date

Bezeichnung aus der Musikindustrie für das Veröffentlichungsdatum eines Produktes.

Remix

Eine neue Version eines schon bekannten Liedes. Meist bleiben die Texte im Orginalzustand erhalten und der Macher des Remixes baut ein völlig neues Musikstück drumherum. Oft geschieht es aber auch, dass ein völlig neues Lied mit neuer Musik und neuen Texten entsteht, das lediglich durch aus dem Original entnommene Text- bzw. Samplefragmente an das Original erinnert. Remixe sind besonders im HipHop beliebt, da sie mit verhältnismäßig geringem Aufwand produziert werden können. Bekannt für gute und kreative → HipHop-Remixe sind zum Beispiel die Produzenten → Pete Rock, Salaam Remi und → Easy Mo Bee.

Rens

→ Writer aus Kopenhagen, der seit 1984 aktiv ist. Bis 1985/86 malte er überwiegend auf Wänden, später hauptsächlich auf Zügen, auch in anderen Ländern. Obwohl der → Style von Rens ziemlich simpel ist, legt er großen Wert auf Qualität statt auf Quantität. Seine Meinung zu diesem Thema: »... choose between 100 ugly fat girls or one nice«.

Rens malt viel mit Sek zusammen und ist Mitglied in den → Writercrews TAV (The A-Line Vandals), die er 1988 zusammen mit Shade gründete, der der erste aktive Writer aus Dänemark ist, FTP, IBS, DCA-Mob und → GHS aus → Berlin.

Represent, etwas Representen, etwas repräsentieren

Dieses Wort taucht in der Slangsprache der → HipHopper äußerst häufig auf und wird in der Bedeutung von Verkörpern und Vertreten verwandt. Ein → MC auf der Bühne kann zum Beispiel seine → Crew, also seine Gruppe oder seinen Herkunftsort, repräsentieren.

Respect

Englisches Wort für das Zollen von Respekt, also Anerkennung und Bewunderung, was im HipHop eine grundlegende Rolle spielt. Das Bekommen von Respekt ist neben → Fame, also einem hohen Bekanntheitsgrad, einer der Hauptbeweggründe für einen → HipHop-Aktivisten, überhaupt mit dem → Rappen, Tanzen, Malen oder → DJing zu beginnen.

Revolt

→ Writer aus New York, der seit den frühen Achtzigern aktiv ist. Er ist Mitglied in der Gruppe RTW, die in den Achtzigern sehr aktiv war. Für die Sendung → Yo! MTV-Raps entwarf Revolt das Layout.

Rewind

Bezeichnung beim → DJing für das hörbare, meist schnelle Zurückdrehen einer Schallplatte. Dabei wird ein typischer Sound produziert, der auch gern für Übergänge beim → Auflegen oder beim → Cutten genommen wird.

RHP

→ Rödelheim Hartreim Projekt.

Rhyme Syndicate (Gruppe: Label von WEA)
→ ICE-T.

Rhythm'n'Blues/R&B
Kann nach wie vor nicht als konkretes musikalisches Genre kategorisiert werden, ist jedoch nicht nur als eine der Wurzeln der HipHop-Musik, sondern auch der Rock-Musik zu betrachten. R&B basiert auf einem jazz- und swingbeeinflussten, straffen, akzentuierten, zwölftaktigen Rhythmus, welcher gut tanzbar ist. Früher bezeichnete man R&B in den Vereinigten Staaten als Race Music, da die Musik meist von schwarzen Amerikanern produziert wurde und auch meist Schwarze als Zielgruppe hatte. Johnny Winter, Aretha Franklin und Robert Cray gehören zu den populärsten R&B-Musikern. Im Laufe der letzten Jahre erfuhr der Begriff jedoch einen extremen Wandel. Heutzutage verbirgt sich hinter dem Begriff R&B eine nahezu ausschließlich verkaufsorientierte Musikrichtung, bei der mehr oder minder qualitativ wertvolle Soul-Gesänge meist gecasteter Akteure über vorproduzierte, größtenteils HipHop-lastige → Beats gemischt werden. Viele amerikanische Produzenten aus dem HipHop-Bereich nutzen R&B-Produktionen als zusätzliche Einkommensquelle. In der HipHop-Szene ist diese Form von R&B meist in höchstem Maße diskreditiert. Ausnahme bildet hier das Umfeld der HipHop-Szene in Deutschland. Zu den bekanntesten Akteuren dieser Art von R&B in unserer Zeit gehören R. Kelly, die Band Jodeci und → Mary J. Blidge.

Ridgies
Bezeichnung aus dem → Writing für einen bestimmter Wagentyp der New Yorker Subway, der in den Achtzigern eingeführt wurde. Diese aus rostfreiem Stahl bestehende neue Baureihe lässt sich äußerst gut reinigen.

Riff 170
New Yorker → Writer der ersten Generation, der viele neue Elemente in das → Writing einbrachte. Er war der erste, der kompliziertere → Designs, zum Beispiel in Form von Puzzlestücken, sprüh-

te. Auch sprühte er als einer der ersten Buchstaben im → Comic-Style.

RIO

→ Writer aus Dortmund, der zu den aktivsten → Trainbombern in Deutschland zählt. Er sprühte 1989 seinen ersten Zug. Seine → Styles bestehen überwiegend aus einfachen, plakativen → Buchstaben. Gesprüht hat Rio in ganz Europa und → New York.

Risk

→ Writer aus → Los Angeles, der seit 1983 sprüht. 1989 gründete er mit Slick die Aerosouls. Mittlerweile ist er ein sehr erfolgreicher → Auftragssprüher, der für Filme wie »Rocky 5« und »Running Man« sprühte. Er gibt auch eine Kleiderkollektion heraus, die sich »Third Rail« nennt.

Roast

(engl.: Braten) Synonym für → Burner.

End-To-End von Rio

rocken

Synonym für ein immenses Bemalen von Wänden, Zügen etc., wobei dieser Begriff überwiegend von → Trainbombern benutzt wird, bei den Rappern, → DJs und → Breakern bedeutet er ein erfolgreiches Bewegen des Publikums.

Rocket Train

Begriff aus dem → Writing. Weitere Bezeichnung für eine New Yorker U-Bahn, die von den → Writern auch → Ding Dong genannt wurde.

Rock Star

Von Crack Abhängige/r.

Rock Steady Crew

Weltweit wichtigste und bekannteste Breaker-Crew aus → New York City, Bestandteil der → Zulu Nation, Mitglieder: Kwik Step (Gabriel Dioniso), Mr. Wiggles (Steve Clements), Crazy Legs (Richard Colon), Orko (Roger Romero), Ken Swift (Ken Gabbert), Buck 4 (verstorben), Kuriaki (verstorben), Doze (→ Writer). Die Gruppe wurde in den Siebzigern von Jo-Jo in der Bronx gegründet und hat → Style und Technik im → B-Boying international vorangebracht und Breaker der ganzen Welt vereint. Außerdem sind die Mitglieder der Gruppe Mitbegründer der Ghettooriginalproduction Dance Company, einer firmenartig strukturierten Organisation, die versucht, Breakdance auf ein höheres, professionelleres Niveau zu bringen.

Zur Rock Steady Family gehören B-Boys auf der ganzen Welt. Um Mitglied der Rock Steady Family zu werden, muss man gegen ein New Yorker Mitglied der Rock Steady Crew ins → Battle treten. Crazy Legs und Ken Swift schrieben selbst HipHop-Geschichte. Crazy Legs wirkte schon in Filmen wie → Flashdance, → Style Wars, → Wild Style und Breakin' mit, tourte in jungen Jahren durch die Welt, um andere Tänzer kennenzulernen, und hatte unzählige Auftritte, angefangen in kleinen → Clubs bis hin zu den großen Bühnen der bekannten Theater der Welt. 1994 erhielt er den Hip-

Hop-Pionier-Preis des → Source Magazins. Ken Swift war stets der Inbegriff eines B-Boys und wirkte ebenfalls in den obengenannten HipHop-Filmen mit. Er gilt auch als angesehener Entwickler neuer Tanzstile und → Moves. Zu seinen Kreationen gehören zum Beispiel die Airbabies und Flowing Downstreams. Für seine Choreografien erhielt er 1991 den Bessie-Preis. Mr. Wiggles ist nebenher auch Mitglied der Magnificent Force und spielte schon in diversen Broadway-Stücken mit.

Wie Prince Ken Swift rappt er auch und produziert Musik. Orko, der als Writer aktiv ist, stammt ursprünglich aus Los Angeles. Er tanzt seit seinem zwölften Lebensjahr. Kuriaki und Buck 4 wurden 1991 erschossen.

Rödelheim Hartreim Projekt

Einflussreiches, wenn auch unter → HipHoppern sehr stark umstrittenes Pop-Rap-Projekt um den Rapper Moses P und das Produktionsteam 3p aus Frankfurt am Main. Moses P rappte damals in einer Gruppe namens The Crowns und trat auch auf HipHop-→ Jams in West-Berlin auf. Mit dem geschäftlichen Erfolg veränderte sich das gesamte Bild der Musik des Rödelheim Hartreim Projektes, zu dem Sabrina Setlur gehört, die sich auch → Schwester S. nennt. Nebenbei baute 3p auch den Schnulzensänger Xavier Naidoo aus, der sich nach einem Prozess von RHP loseisen konnte und nun alleine seine Millionen macht.

Roof Top

Begriff aus dem → Writing für an Dachkanten, Schornsteinen und auf Dächern gemalte → Graffiti.

Rookie
(engl.: Grünschnabel) Bezeichnung für einen → Toy, einen Anfänger, Nichtskönner.

Roots
Bezeichnung für die Ursprünge, die Wurzeln.

Roots, The
HipHop-Gruppe aus Philadelphia, Pennsylvania. Mitglieder: Black Thought (Tariq Trotter), Rapper; B.R.O. the R. Guestlove (Ahmir Thompson), Drummer; Malik B (Malik Abdul Basit-Smart), Rapper; Hub (Leonard Nelson Hubbard), Bassist; Kamal (Gray), Keyboarder; Rahzel the Godfather of Noyze (Brown), → Human Beatbox. Die Roots fanden sich 1987 zusammen und bemerkten schnell ihr Talent, das Publikum mit dem spontanen Nachspielen von bereits aus dem Radio bekannten Songs begeistern zu können. Anfang der Neunziger spielten und sangen sie oft auf den Straßen Philadelphias und verschafften sich so Auftritte in den Clubs der Stadt.

The Roots

Neben vielen → Freestyle-Aktivitäten und eigenen Songs coverten sie auch andere HipHop-Akteure, wie → Black Sheep und → A Tribe Called Quest.

»Organix«, ihr 93er Debüt, erschien auf Remedy Records und erhielt unglaublich starkes, positives Feedback sämtlicher Medien. Dieses Album machte die Gruppe, um auf einer Reise durch Europa etwas verkaufen und Werbung in eigener Sache machen zu können. In Europa traten The Roots auch mit fünf verschiedenen → Labels in geschäftlichen Kontakt. Darunter war auch → Def Jam. Letztendlich unterschrieben sie einen Vertrag mit Geffen Records, wo im Januar 1995 die LP »Do You Want More??!!!?!« veröffentlicht wurde. Es ist eines der ersten Alben im HipHop, das völlig ohne → Samples auskommt, da es nur mit herkömmlichen Instrumenten aufgenommen wurde. Der organische Klang auf der LP war allerdings bei den meisten HipHop-Fans nicht sonderlich beliebt. Dafür gewannen die Roots ein alternatives Publikum, das sich besonders an den fabulösen Live Shows der Roots erfreute.

Im September 1996 rückte die LP »Illadelph Halflife« auf DGC/Geffen Records nach. Auf ihrem dritten Album bewiesen die Roots, dass sie auch die Kunst des Samplens und Produzierens beherrschen. Auch wenn die Gruppe aufgrund des Spielens von Live-Instrumenten und ihrer tiefgründigen Texte sehr oft in den Alternativ-Bereich eingeordnet wird, verstehen sich The Roots als → »real HipHoppers« und stehen auch seit langer Zeit in engem Kontakt mit anderen HipHop-Größen ihres Landes. Die Band hat es sich zum Ziel gesetzt, durchdachte, aber für HipHop-Puristen, wie sie sich auch selbst bezeichnen, ebenfalls zugängliche → Rap-Musik zu repräsentieren. Um dem auch in jeder Hinsicht nachzukommen, arbeiteten sie nicht nur mit Q-Tip, ehemaliges Mitglied von → A Tribe Called Quest, sondern auch mit → Common Sense aus Chicago, M.A.R.S., → Bahamadia und einigen anderen Formationen zusammen. 1999 veröffentlichten sie das Album »The Roots Come Alive« und »Things Fall Apart«, sowie 2002 »Phrenology« .

Routines

Begriff aus dem → B-Boying, bezeichnet von mehreren Tänzern gleichzeitig ausgeführte Bewegungsabläufe.

Roxanne Shanté

(Lolita Shante Gooden) Rapperin aus Queens, New York, USA. Schon als Teenager → rappte sie mit → UTFO auf dem Lied »Roxanne's Revenge« (1984) und so ist es kein Wunder, dass sie sich fortan Roxanne nannte. Mitte der 80er Jahre arbeitete sie mit → Biz Markie, → Big Daddy Kane, → MC Shan, → Marley Marl und anderen in der → Juice Crew zusammen. Doch erst 1989 entstand ihr erstes, von Marley Marl produziertes Album »Bad Sista« (auf → Cold Chillin' Records).

Royal Flush

(Ramel Govantes) MC aus Flushing, Queens, New York. Der aus Kuba stammende Royal Flush bezieht seinen Namen aus der Gegend, in der er aufwuchs. Er begann seine Karriere mit einem Gastauftritt auf dem Debütalbum von → Mic Geronimo und landete 1996 einen eigenen Vertrag mit dem Label Blunt/TVT Records. Mit seiner Single »Worldwide« und dem Debütalbum »Ghetto Millionaire« veröffentlichte Royal Flush eine der stärksten New York-Underground-LPs des Jahres 1997.

rpm

Kurzbezeichnung für »rotations/rounds per minute«, die beschreibt, wie oft sich der Plattenteller eines Plattenspielers um die eigene Achse dreht. Weltweit haben sich zwei genormte Geschwindigkeiten durchgesetzt. Langspielplatten laufen fast ausschließlich auf 33 1/3 rpm, Maxi-Singles zumeist auf 45 rpm.

RTA

(Real Transit Artists) → Writergruppe aus Westdeutschland, die 1988 gegründet wurde. Um das Jahr 1990 zählte RTA zu den bekanntesten → Sprühergruppen auch über die Grenzen Deutschlands hinaus. RTA war sehr reisefreudig und hatte viele Mitglieder in verschiedenen Städten. In ganz Westdeutschland sind heute noch → Bombings von RTA zu sehen. Dabei fällt besonders der von ihnen bevorzugte, sehr einfache → Simple-Style ins Auge. Auch in anderen europäischen Ländern waren sie auf → Zügen und als → Bomber sehr aktiv und bekamen von anderen → Writern viel Respekt. Mitglieder sind unter anderem: Sie, Sho, Enro, Com, Roze, Show 1 und Sera. Die RTA-Writer waren die ersten, die in Nürnberg und Stuttgart → S-Bahnen besprühten. In Frankfurt/Main machten sie den ersten → Top-To Bottom.

RTD

Rapid Transit District, ehemalige Bezeichnung der → MTA.

Rubin, Rick

(Frederick Jay Rubin) Produzent und Geschäftsmann aus Long Beach, New York. Als Student der Philosophie begann Rubin zwanzigjährig, Anfang der 80er Jahre, HipHop zu produzieren. Schon immer hatte Rubin eine Vorliebe für jegliche harte Musik. Er war recht talentiert und arbeitete bis 1984 unter dem Pseudonym → DJ Double R für die → Beastie Boys. Als er im gleichen Jahr → Russel Simmons traf, schloss er mit dem Manager Freundschaft. Wenig später trug er sich mit dem Gedanken, ein eigenes → Label zu gründen, was er dann zusammen mit seinem neuen Freund auch tat. Noch bevor deren neue Firma → Def Jam entstanden war, hatte Rick Rubin einen Jungen namens → LL Cool J entdeckt und für ihn die Single »I Nead A Beat« produziert. LL Cool J war der erste Künstler auf dem neuen Label und seine Single der erste große Erfolg. In den folgenden Jahren baute Rubin, der dem jüdischen Glauben angehört, zusammen mit seinem Partner ein regelrechtes, finanzschweres Rap-Imperium auf, welches die HipHop-Musik der 80er Jahre nachhaltig beeinflusste. Doch 1986 trennten sich Rick

Rubin und Russel Simmons aufgrund geschäftlicher Differenzen. Rick Rubin zog nach Los Angeles, um dort sein ganz eigenes Label → Def American Records zu gründen. Hauptsächlich orientierte sich das Label an Hard Rock- und Metal-Bands wie zum Beispiel Slayer oder später den Red Hot Chili Peppers. Aber auch Rapper wie → Sir Mix-a-Lot und die → Geto Boys passten durchaus ins Konzept von Rick Rubin, der einen nicht ganz einsamen Kampf gegen die Zensur von Musik führte. Als sich der damalige Vertrieb (Distributer) von Def American, Geffen Records, weigerte, das 1990er Album der Geto Boys auf Grund seiner verruchten Texte auszuliefern, trennte sich Rubin von Geffen und wählte die Time Warner Company als neuen Vertriebspartner. 1993 vereinfachte er den Namen seines Labels, und seitdem heißt es nur noch American Records. → Def Jam und → Def American Records.

Rude Poets

HipHop-Gruppe aus Köln, Mitglieder: Tuareg, Rapper; → Scope, Rapper; Chicken G, Rapper; – B.T.L., → DJ. Die Gruppe existiert seit 1989, veröffentlichte schon 1991 eine → 7" namens »Poets R Ready« und zwei Jahre darauf ein Stück auf dem Sampler »Joining Forces« und eine → 12" mit dem Titel »Der letzte Walzer«. Zwar gibt es die Band in dieser Form nicht mehr, doch arbeiten deren ehemalige Mitglieder in anderen Formationen wie Das Duale System und STF weiter. Scope hatte zwischenzeitlich die Möglichkeit, die Sendung → Freestyle auf dem Musikfernsehsender VIVA zu moderieren.

Ruffhouse Records

Eines der erfolgreichsten Plattenlabel der 90er Jahre, das vor allem HipHop-Musik veröffentlicht. Wie so viele Plattenlabelbesitzer fing auch einer der Gründer von Ruffhouse zunächst als Manager verschiedener Künstler an. So managte Chris Schwartz zum Beispiel Mitte der 80er Jahre → Schooly D, während sein späterer Partner Joe »The Butcher« Nicolo in Philadelphia sein eigenes Tonstudio hatte. Die beiden taten sich zusammen und arbeiteten zunächst mit Enigma Records, einem Independent Label aus Los Angeles, zusammen, bevor sie 1989 Don Ienner, dem neuen Präsidenten von → Columbia Records vorgestellt wurden und mit ihm einen Herstellungs- und Vertriebsvertrag abschlossen. Den ersten großen Erfolg landete das Label, als es 1991 die damals noch unbekannte Gruppe → Cypress Hill unter Vertrag nahm. Deren erstes Album verkaufte sich weltweit mehr als zwei Millionen Mal, so wie es auch das zweite Album »Black Sunday« tat. Insgesamt verkaufte Ruffhouse allein von Cypress Hill mehr als fünfeinhalb Millionen Alben. 1992 zog → Jermaine Dupri die beiden zwölf- und dreizehnjährigen Mack Daddy und Daddy Mack aus Atlanta für Ruffhouse an Land. Bekannt als → Kriss Kross, verkaufte Ruffhouse von ihrem Debütalbum »Totally Krossed Out« (1992) weltweit mehr als sieben Millionen Exemplare. Unter den vielen → Demotapes, die Ruffhouse in der Folgezeit erhielt, war auch das Tape der Tranzlator Crew. Diese ist heute besser unter dem Titel → Fugees bekannt. Die Soloveröffentlichungen der Fugees-Mitglieder → Wyclef Jean, Pras, Lauryn Hill und → John Forté (Refugee Camp Allstars) erschienen und erscheinen natürlich auch auf diesem Label. Inzwischen schloss Ruffhouse einige Joint-Venture-Verträge mit neuen Labels wie OVUM und Roc-A-Block Records und der großen Firma EMI Music Publishing ab. Eine der Neuerwerbungen auf dem HipHop-Sektor ist Altmeister → Kool Keith.

Run DMC

HipHop-Gruppe aus Hollis, Queens, New York, die sich zusammensetzt aus Run (Joseph Simmons), DMC (Devastating Mic Control, Darryl McDaniels) und Jam Master Jay (Jason Mizell). Im Alter von zwölf Jahren (Ende der 70er Jahre) war der kleine Run schon DJ und machte sich einen Namen als The Son of → Kurtis Blow. Als kleiner Bruder des Managers → Russel Simmons hatte er es wahrlich nicht schwer, im Rap-Business Fuß zu fassen. Nicht viel später begann er zusammen mit seinem Schulfreund Darryl (DMC) selbst Musik zu machen und Reime zu schreiben. Anfang der 80er Jahre lernten die Beiden den DJ Jam Master Jay kennen. Sie gingen alle gemeinsam auf das gleiche College. Fortan waren sie zu dritt. Management und Produktion wurden von Russel Simmons übernommen. Die Gruppe schloss 1983 einen Vertrag mit Profile Records. Es entstand ihre erste Single »It's Like That / Sucker MCs«, die ein großer Erfolg wurde. Den hämmernden Rhythmen von Run DMC konnten sich viele Musikliebhaber nicht entziehen, und so entstanden nach jenem Muster weitere Singles wie zum Beispiel »Hard Times«. Zusammen mit einigen neuen Stücken erschienen diese auch auf dem ersten vergoldeten Rap-Album »Run DMC« (1984). Das Lied »Rock Box«, aufgenommen mit dem Gitarristen Eddie Martinez, legte den Grundstein für eine Ära des Hard-Rock-Rap, die Run DMC nicht als einzige fortführten. Auch auf dem qualitativ hochwertigeren zweiten Album »King Of Rock« (1985) waren wieder jede Menge Gitarrenriffs zu hören. Zudem gab es auf der Platte den Song »Roots, Rap, Reggae«, welcher wahrscheinlich das erste Lied im Stile des → Raggamuffin-Rap ist. Yellowman war der Künstler, der auf dem Stück → toastete. Die ersten beiden Alben wurden fast ausschließlich vom Dreamteam des 80er Jahre HipHop, → Rick Rubin und Russel Simmons, produziert. Bei der dritten → LP allerdings halfen sie nur noch wenig aus. Run DMC läuteten auch das Zeitalter der schweren Goldketten und teuren Turnschuhe ein. Ihre Vorliebe für die Marke Adidas gipfelte in dem Lied »My Adidas«. Mit den Hits »It's Tricky« und »Walk This Way« , ein Remake eines gleichnamigen Aerosmith-Klassikers aus den 70ern, aufgenommen mit dem Gitarristen und dem Sänger dieser Gruppe, gelang Run DMC ein im HipHop nie vorher dagewesener finanzieller Durchbruch. Ihre LP »Raising Hell« (1986) verkaufte sich weltweit mehr als zwei Millionen Mal. Run DMC war damit auch die erste HipHop-Gruppe, die eine mit Platinehren bedachte Platte auf den Markt brachte. Mit dem Lied »Walk This Way« wur-

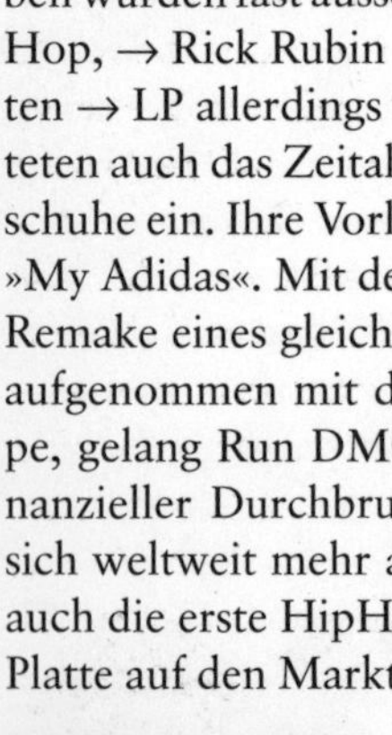

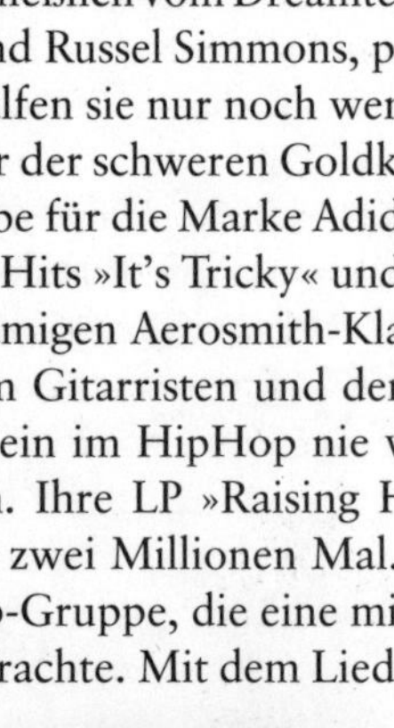

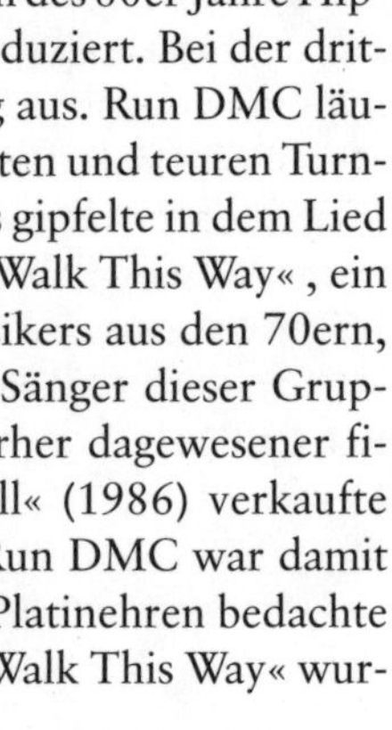

de der bis dato fast ausschließlich von Schwarzen konsumierte → Rap auch dem breiten weißen Publikum schmackhaft gemacht. Zu diesem Zeitpunkt wurde HipHop erstmalig dem Mainstreampublikum vorgestellt. Run DMC waren dann auch die erste HipHop-Gruppe, deren Musikvideo auf MTV lief. Auch wenn sich die drei gläubigen Christen mit ihrer Musik sozial engagierten (Live Aid-Konzerte, Artists United Against Apartheid u.a.), wurden einige ihrer Konzerte und große Aufführungen des Films »Krush Groove« von gewalttätigen Auseinandersetzungen zwischen Gangs, zuweilen auch mit Todesopfern, überschattet. Fortan sollten sich nicht nur die weißen Vorstadtkids, sondern auch ihre besorgten Eltern mit dem Thema Rap befassen. Zusammen mit den → Beastie Boys tourten Run DMC 1986 durch Europa und den Nordteil Amerikas. In der Zwischenzeit hatte sich der eifrige Public-Relations-Manager von Def Jam, William Adler, aufgemacht, eine Biographie über Run DMC zu schreiben, die schon 1987 in die Buchläden kam. Es dauerte schließlich zwei Jahre, bis das Trio wieder ein neues Album vorlegte. Parallel dazu entstand ein autobiographischer Film, der den Titel der vierten LP »Tougher Than Leather« (1988) trug. Viele Kritiker waren mit dem Album unzufrieden. Es erreichte lange nicht die Verkaufszahlen von »Raising Hell«. Auch der Film wurde ein Reinfall, der dazu führte, dass Run DMC einige Zeit nicht mehr zusammenarbeiteten. Run, inzwischen Vater von drei Kindern, kümmerte sich in der Zwischenzeit mehr um seine Familie,

Run DMC

während DMC ein Plattenlabel gründete und Jam Master Jay sein Glück als A&R Manager bei JMJ Records versuchte. Er produzierte zu dieser Zeit die Afros, eine sehr → afrozentristische Gruppe aus Queens, sowie → The Real Roxanne. 1990 jedoch entschlossen sie sich, erneut eine LP aufzunehmen. Mit der Unterstützung von Russel Simmons entstand das durchaus gute, wenn auch nicht sehr erfolgreiche Album »Back From Hell« (auf Profile Records). Nach einer nochmaligen Pause von weiteren drei Jahren kam 1993 das scheinbar letzte Run DMC-Album »Down With The King« zusammen mit der gleichnamigen Hitsingle in die Plattenläden. Dank des enormen Respekts, den sich Run DMC in der HipHop-Szene über die Jahre erarbeitet hatten, gelang es ihnen gleich eine ganze Reihe von HipHop-Stars wie → Naughty By Nature, → KRS One, → Diamond D, Q Tip von → A Tribe Called Quest, → Pete Rock & C.L. Smooth, → Salt 'n' Peppa und einige andere für Gastauftritte zu gewinnen. 2001 erschien dann nach langen Jahren doch noch ein Album, »Crown Royal«, das teilweise doch ganz überraschend war. Aber an alte Erfolge werden sie wohl nicht mehr anknüpfen können. Ein schwerer Verlust war der Mord an Jam Master Jay. Am 30.10.2002 wurde er in seinem New Yorker Studio erschossen. Im selben Jahr erschien das BestOf-Album »High Profile: The Original Rhymes«.

Rush Entertainment

→ Def Jam.

Rustoleum

→ Sprühdosen-Marke aus den USA, die oft von den dortigen → Writern benutzt wird.

Ruthless Records

Independent Label aus Compton, Kalifornien. 1987 ließ → Eazy E. (Eric Wright) von seiner neuen Single »Boyz-N-The Hood« auf eigene Kosten erst einmal 5000 Exemplare pressen, um sie auf eigene Faust an alle möglichen Läden zu verkaufen. Auf jene Art konnte Eazy E. später allein 500.000 Exemplare unter die Leute bringen. Ruthless Records war geboren. Zuvor war Eazy E. Crack-Dealer und verschenkte, Gerüchten zufolge, mit jedem Drogenverkauf ein → Demotape von N.W.A., welches von seinen Kunden so oft wie möglich abgespielt werden sollte. Schon im darauffolgenden Jahr schloß Eazy E. einen Vertrag mit Atco Records, die die erste → LP des Pop-Rap Duos J. J. Fad herstellen und verteilen sollte. Die LP »Supersonic« war dann auch der erste große Platin-Erfolg des noch sehr jungen Labels. Noch im selben Jahr erschien die inzwischen zweite LP von → N.W.A. »Straight Outta Compton«. Das Album verkaufte sich mehr als drei Millionen Mal und dies, ohne je im Radio gespielt worden zu sein. Als Eazy E. im Monat darauf seine erste Solo-LP »Eazy Duz It« veröffentlichte, wurde auch dieses Album mit 2, 5 Millionen verkauften Exemplaren schnell zum Hit. All dies geschah, ohne dass es jemals zuvor öffentlich gespielt wurde. Ruthless wechselte seine Distributors fast regelmäßig. Darunter waren Atlantic Records, Priority Records, Epic Records und Warner Bros Records.

In den folgenden Jahren erschienen neue Alben von Michel'le, → D.O.C., → MC Ren und → N.W.A., die alle von → Dr. Dre produziert wurden. Im Streit mit Eazy E. und dem Anwalt des Labels verließen erst → Ice Cube (1989), dann Dr. Dre (1992) das → Label, da sie sich von Eazy E. hintergangen und »völlig unterbezahlt« fühlten. Nach einer kurzen Flaute Anfang der 90er Jahre stieß Eazy E. auf das Quartett → Bone Thugs-N-Harmony, die wenig später mit ihrer EP »Creepin On Ah Come Up« und der 95er LP »E. 1999 Eternal« mit über fünf Millionen verkauften Einheiten Popgeschichte schrieben. Dank des Erfolgs der Gruppe wurde Ruthless Records vom → Billboard Magazine zum Independent Label des Jahres 1996 gekürt. 1995 verstarb der Chef des Labels Eazy E. völlig unerwartet an Aids. Seither führt seine Witwe Tomica Woods-Wright die Geschäfte des Labels weiter. 1997 erschien anlässlich des zehnten Jahrestages der Gründung der Firma ein »10thAnniversary« → Sampler.

RZA

→ Wu-Tang Clan und → Gravediggaz.

S

Sabotage

Titel eines → Graffiti-Buches aus Frankreich, das sich mit Graffiti auf → Zügen beschäftigt.

Sadat X

→ Brand Nubian.

SAK

1. (Stona Age Kids) → Writercrew aus München. 2. Name eines Dortmunder → Trainbombers, der eine Zeitlang sehr aktiv gewesen ist. Er bevorzugt den typischen Dortmunder → Simple Style.

Salt 'n' Pepa

Pop-Rap-Trio aus New York City. Mitglieder: Salt (Cheryl James), Pepa (Sandy Denton) und DJ Spinderella (Latoya Silk). Mitte der 80er Jahre trafen sich Salt und die aus Jamaika stammende Pepa in New York. Ein Arbeitskollege, Hurby »Luv Bug« Azor, der gerade das Musikproduzieren erlernte, fragte die beiden Mädchen, ob sie für ihn ein Lied machen würden. So entstand 1985 die Single »The Showstopper«. In jenem Jahr unterzeichneten sie einen Vertrag mit Next Plateau Records und nahmen die Schülerin Spinderella in ihre Gruppe auf. 1986 machten Salt 'n' Pepa zusammen mit Luv Bug, der die Texte schrieb und produzierte, das Debütalbum »Hot, Cool And Vicious«. Fast ein Jahr blieb es mehr oder weniger unbeachtet, bis die Radio → DJs 1987 plötzlich anfingen, die Single »Push It« zu spielen. Das Lied wurde ein Hit und sorgte dafür, dass sich die LP über eine Million Mal verkaufte. Ihr zweites, wieder unter der Regie von Luv Bug entstandenes Album »Salt With A Deadly Pepa« konnte den Erfolg des ersten nicht wiederholen, auch wenn sich der Produzent alle, vielleicht auch etwas zu viel Mühe gegeben hatte, das Produkt so Radio-freundlich wie möglich zu gestalten. Dennoch wurde die → LP mit → Gold prämiert. Salt 'n' Pepa fingen nun an, die kreative Arbeit zu übernehmen und die Texte selbst zu schreiben. Schließlich veröffentlichten sie 1990 ihre dritte LP »Black's Magic«, die wiederum Platin-Status erlangte. Die Single »Let's Talk About Sex« war ein weiterer internationaler Hit der Gruppe, dem man sich kaum entziehen konnte. Salt 'n' Pepa wollten sich, Gerüchten zu Folge, schon trennen und es erschien 1991 auch schon ein »Greatest Hits«-Album. Jedoch wurde aus einer Trennung nur eine längere Pause, in der Salt 'n' Pepa Mütter wurden und ihr Image veränderten. Mit neuem Look und dem Hit »Whatta Man«, der ein Remake eines → R&B-Klassikers aus den 60ern war und zusammen mit En Vogue entstand, kehrten sie 1993 wieder zurück ins Musikgeschäft und gaben die LP »Very Necessary« heraus. Die Platte sollte ihre erfolgreichste werden, denn sie verkauften drei Millionen Stück. Im folgenden Jahr traten sie auf dem Woodstock '94 Festival auf. Nachdem das Trio sich Mitte der 90er Jahre verschiedenen Projekten wie Film- und Fernsehproduktionen widmete und einige Lieder zu diversen Soundtracks beisteu-

erte, schlossen sie einen neuen hochdotierten Vertrag mit RCA ab. Doch ihr fünftes und bisher letztes Album (von einigen obligatorischen Greatest Hits-Alben abgesehen) »Brand New«, welches 1997 von Salt 'n' Pepa persönlich produziert wurde, war trotz der massiven Unterstützung von RCA eine Pleite.

Sample
(engl.: Probe) Bezeichnung aus dem → DJing und der Musikindustrie. Gemeint ist ein Fragment bzw. ein → Loop einer Melodie oder eines Liedes, das von einem → Sampler in digitale Daten umgewandelt und meist etwas verändert, dem → Beat angepaßt wurde. Samples sind jedoch nicht nur Melodien, sondern oft auch bekannte Aussprüche, Schreie und Ähnliches.

Sampler
1. Bezeichnung für einen Computer, der analoge Musiksignale in digitale Daten umwandelt, die man dann selbst bearbeiten (Geschwindigkeit, Länge, Klang usw.) und als Lied- oder Melodiefragmente in ein neues Lied einsetzen kann. Bei der Produktion dieser Geräte traten besonders Firmen wie Ensoniq, Roland und AKAI in den Vordergrund 2. Bezeichnung für ein Comic-Heft mit Werken verschiedener Zeichner 3. Bezeichnung aus der Musikindustrie für eine Zusammenstellung der Songs diverser Musiker auf einem Tonträger. Ein Sampler wird auch als Compilation bezeichnet. Der erste deutsche HipHop-Sampler erschien 1991 und hieß »Krauts With Attitude«. Ihm folgten Werke wie »Die Alte Schule«, »Pioniermanöver I und II«, »That's Real Underground – 100 % German HipHop«, »Vibrazone«, »Da Experience«, »The Cook Monster«, »Schützt die Rille«, »HipHop Hurra!«, »Düsseldorf lebt!«, »Joining Forces«, »Nordseite« und »Breitseite«, »Deutschland ein Wintermärchen«, »Kill The Nation With A Groove«, »Eastside Unia«, »BeastSide«, »Blitz Mob«, »Soundtrax zum Untergang 9III«, »Brainkilla« und »Hand in Hand«. In der Schweiz erscheint seit 1990 die HipHop-Samplerreihe »Fresh Stuff«. Die wichtigsten Untergrundsampler aus den Vereinigten Staaten sind etwa »America Is Dying Slowly« und »The Lyricist Lounge« von Rawkus Records.

S-Bahn Graffiti

In Deutschland sind S- und → U-Bahnen für → Writer am attraktivsten, da diese durch die ganze Stadt fahren und so, wenn sie nicht gleich → gebufft werden, leicht von anderen Writern gesehen werden können. Die erste S-Bahn in Deutschland wurde wahrscheinlich 1984 in → München von Cheech besprüht. Davor wurden aber bereits Regionalzüge in Frankfurt/M. gemacht, die kaum Resonanz fanden.

S-Bahn Surfen

In einigen Städten kam für einige Zeit S-Bahn-Surfen als Modewelle auf. Beim S-Bahn-Surfen wird während der Fahrt an der Außenseite der Bahn herumgeklettert. Dabei kam es oft zu tödlichen Unfällen. Auch bei → Writern war diese »Sportart« in den Anfangs-Jahren verbreitet. Beim S-Bahn-Surfen wurden von den Writern oft → Outside-Bombings angebracht.

Schacht

Bezeichnung aus dem → Writing. Viele → Writer, die → U-Bahnen besprühen, praktizieren dies auch in unterirdischen → Tunnel-Lay ups. Dabei übt das Tunnelsystem, oder auch der Schacht, eine besondere Faszination auf die Writer aus. In einigen Städten existieren richtige Labyrinthe mit mehreren Ebenen. In New York leben sogar mehrere tausend Menschen, zumeist Obdachlose, in jenem Tunnelsystem, das teilweise aus 10 Ebenen besteht. In Schächten werden auch oft → Bilder an die Tunnelwände gemalt.

School

Die verschiedenen Zeitabschnitte in der Geschichte der → Hip-Hop-Kultur werden mit dem Begriff »School« versehen. Im wesentlichen wird zwischen → Oldschool und → New School unterschieden. Die Unterschiede zwischen diesen beiden »Epochen« und die Diskussion darüber, was denn überhaupt wo einzuordnen sei, ist immer wieder Grund für Kontroversen, besonders in Europa, wo die Entwicklung des HipHop vollkommen anders verlief als in den Vereinigten Staaten.

Schooly D

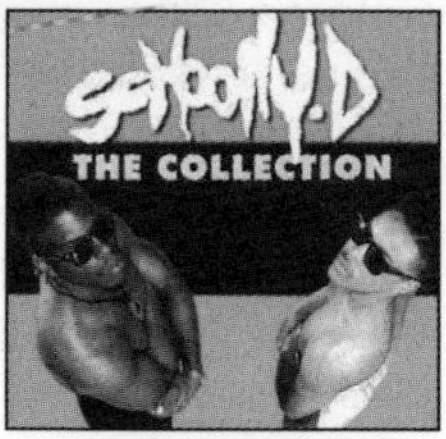

(Jesse B. Weaver Jr.) Gangster-Rapper aus Philadelphia, Pennsylvania. Lange bevor → N.W.A., → Snoop Doggy Dogg und andere die Medien und die Bürgerrechtsbewegungen gegen sich aufbrachten, rappte Schooly D schon über Sex, Drogen und Gewalt und seine Alben wurden vielerorts einfach aus den Regalen der Plattenläden entfernt.

Seiner Debüt-LP »Schooly D« (1986) folgten die Alben »Saturday Night« (1987) und »Smoke Some Kill« (1988). Als Jugendlicher war er Mitglied einer Straßengang und wurde später einer der ersten, wenn nicht der erste Gangster-Rapper überhaupt. Trotz seiner eher schmalen Fähigkeiten am Mikrophon gelang es ihm doch, insgesamt fünf Langspielplatten zu veröffentlichen. 1991 veröffentlichte Schooly D die LP »Am I Black Enough For You«, gefolgt von seinem letzten Album »Gangster's Story«. 1999 erschien eine Best-Of-Platte, »The Collection«, eine weitere folgte 2003.

Schreiben

Synonym für → Writing.

Schrift

Der Kern des → Writings, dem wohl umstrittensten Teil des Hip-Hop, sind Schrift und → Buchstaben.

Schriftzüge

Das zentrale Element, die Botschaft beim → Writing. Der → Writer macht Werbung für seinen Namen, indem er ihn an möglichst vielen Stellen anbringt.

Dabei ist natürlich auch die Qualität und der eigene Stil von großer Wichtigkeit. Eine andere Bezeichnung für Schriftzug lautet → Style.

Schwester S.
(Sabrina Setlur) Pop-Musikerin aus dem Umfeld des Rödelheim Hartreim Projekts. Die deutsch-amerikanische Frankfurterin soll angeblich 1993 von ihrem Schulfreund Thomas Hoffman während einer Autofahrt entdeckt worden sein, als sie den Song »Ain't Nuthin' But A G Thang« von → Dr Dre mitrappte. Sie beteiligte sich an einem Stück auf der ersten LP des → Rödelheim Hartreim Projekts und ging bald als Sabrina Setlur eigene Wege, wurde aber von RHP produziert. So entstanden ihr Album »Die neue S-Klasse« und einige Singles, welche insgesamt mehr als 1 Mio. Mal verkauft wurden. Ihr bisher größter Erfolg war der Song »Du liebst mich nicht«. Dieser erlangte den ersten Platz der deutschen Single Charts. Sabrina Setlur wurde mit zwei Goldenen Schallplatten ausgezeichnet. In der deutschen HipHop-Szene findet Schwester S. jedoch nur sehr wenig Anerkennung.

SCM
(Systematic Crime Media) → Writercrew aus Heidelberg, die 1983 gegründet wurde. Mitglieder sind: Hero, → Kane, Ses, Pore, Temp und Time. Hero, Kane und Omen besprühten 1987 den ersten → Zug in Heidelberg. Neben SCM gibt es noch SCM 193, der auch Writer aus anderen Städten angehören. Die Writer von SCM bevorzugen den für Heidelberg typischen, an New Yorker Vorbildern orientierten → Style. Besonders in → Berlin bekommen sie viele → Props.

Scope
Rapper aus Deutschland. Das ehemalige Mitglied der → Rude Poets gehörte einst zum Moderatorenteam der → HipHop-Sendung → Freestyle auf dem Kölner Musiksender VIVA, welche jedoch abgesetzt und durch → Wordcup ersetzt wurde. Außerdem wirkt er bei Gruppen wie STF und Fast Forward mit.

Scott-Heron, Gil
Radikaler Jazzlyriker, Poet und Schriftsteller aus New York City. Der Sohn eines professionellen Fußballspielers und einer Bibliothe-

karin schrieb schon in seiner Schulzeit Kurzgeschichten und erhielt Klavierunterricht. Als Student an der Lincoln University Pennsylvania schrieb er, gerade 19-jährig, seinen ersten Roman »The Vulture« und wenig später den zweiten »The Nigger Factory« (1969). Es folgte ein erster Gedichtband »Small Talk At 125th And Lennox«. Auf dem Campus lernte er Brian Jackson kennen, der die Lyrik von Scott-Heron später intonierte. Es entstanden die Alben »Small Talk At 125th And Lennox« (1972), »Free Will« (1972) und »Piece Of A Man« (1973), die alle auf Flying Dutchman Records erschienen. Bis zum Jahre 1982 entstanden insgesamt 15 LPs, die auf verschiedenen Labels wie Flying Dutchman, AristaAudio, Fidelity und Strata East Records erschienen. Auf den Langspielplatten legte der Großvater des Rap, wie er von HipHop-Größen wie → Chuck D oft genannt wird, seine Ansichten zu gesellschaftlichen Problemen bissig und in gereimter Form dar. Mit Stücken wie »The Revolution Will Not Be Televised«, »The Bottle«, »Angel Dust«, »H_2O Gate Blues« versuchte er die Aufmerksamkeit der Afroamerikaner weg vom Fernseher auf gesellschaftliche Missstände und andere Probleme zu lenken. Seine zumeist in Metaphern verpackten Worte sprach er auf eine Mischung aus → Funk, Jazz und → R&B. In den 90ern erschienen zahlreiche weitere Platten.

Scott LaRock
→ Boogie Down Productions.

Scrap-Train
(engl.: Schrottzug) Begriff aus dem → Writing, Synonym für → Trash-Train.

Scratch(en)
Begriff aus dem → DJing. Technik, bei der eine Schallplatte an einer markanten Stelle mit der Hand hin und her bewegt wird, so dass ein kratzendes Geräusch entsteht. Durch geschickten Einsatz des → Crossfaders werden Teile des Geräusches unhörbar gemacht und dem Rhythmus eines anderen → Beats angepasst.

Scribble
→ DJ-Technik, die von den Briten DJ Supreme & Undercover (Hi Jack) entwickelt wurde. Dabei setzt man die Finger auf die Platte und spannt die Unterarmmuskeln an, so dass eine sehr schnelle Scratch-Bewegung zustande kommt, die dem Scratch eine sehr aggressive Haltung verleiht.

Scum
→ Chemnoz.

Second (Out)Line
Begriff aus dem → Writing. Nachdem der → Writer bei seinem → Piece die → Outlines gezogen hat, wird oft noch eine zweite Outline, die sog. Second Outline gezogen. Dadurch wird ein bestimmter Effekt erzielt. Der → Schriftzug kann dadurch auch sauberer wirken.

Second vocals
Synonym für → Add Lips, Back up, Stimmbegleitung im Hintergrund eines Tracks, die meist auf einer separaten Spur aufgenommen wird.

Seen
→ Writer aus New York, der 1973 seinen ersten Zug besprühte und damit zur ersten Generation der → Writer zu zählen ist. Im Laufe seiner Karriere schaffte er es, über mehrere Jahre hinweg → Line-King zu sein. Dabei wurden von ihm bis Mitte der achtziger Jahre mehr als 200 → Wholecars gemacht. Er ist Mitglied bei den → United Artists. Sein → Style ist eher simpel, aber gut ausgearbeitet. Seen

hatte großen Einfluss auf Writer in aller Welt. Ein anderer Name von ihm ist Psycho. In den Achtzigern wurde er mit legalen Arbeiten immer erfolgreicher und wandte sich nun vermehrt dem → Leinwand-Graffiti zu. Heute gehört Seen ein Tattoo-Studio.

Sellout

(engl.: Ausverkauf) Ein Wort, das besonders HipHoppern oft als Bezeichnung für kommerziell arbeitende Künstler und deren Musik dient. Damit ist nicht unbedingt jeder gemeint, der erfolgreich Platten oder CDs verkauft, sondern nur diejenigen, die ihre musikalischen Ideen und ihre Herkunft verraten oder verleugnen, um einer Vielzahl von Konsumenten gerecht zu werden. In Deutschland ist dies allein deshalb kein Problem, da eine Vielzahl der Rapper gar nicht aus der HipHop-Szene stammt. → Keep it real und → true to the game.

Semi Wildstyle

Begriff aus dem → Writing. Bezeichnung für → Graffiti-Styles, die schon etwas komplizierter und komplexer, aber noch gut lesbar sind. Übersetzt ins Deutsche könnte man dazu auch Halb-→ Wild Style sagen.

Shake

Besonders im HipHop verbreitete Art der Begrüßung. Ein Shake ist ein Handschlag oder auch Händeabklatschen, das bei Teenagern allgemein und nicht nur im HipHop üblich ist. Ein Shake kann außer Begrüßung auch Zustimmung signalisieren oder ein Ausdruck von Freude und Begeisterung sein.

Shaquille O'Neal

Rappender Basketball-Star aus den USA. Schon als kleiner Junge soll Shaq zu Hause vor dem Spiegel gerappt haben. Doch der aus ärmlichen Verhältnissen stammende Shaquille Rashaun O'Neal kam aufgrund seiner enormen Körpergröße zum Basketball und wurde erst bei den Orlando Magic, dann bei den Los Angeles Lakers ein Basketball-Superstar. Inzwischen verdient er sein Geld hauptsäch-

lich durch Werbeverträge. Doch trotz allem erfüllte sich Shaq einen Jugendtraum und machte inzwischen mehrere Rap-Alben. Angefangen hat es mit den Fu Schnickens, als er, noch 20-jährig, mit ihnen auf einem Konzert in Sidney auftrat und auf der Fu Schnickens Single »What's Up Doc? (Can We Rock?)« mitrappte. Ein Jahr später machte er die erste eigene LP »Shaq Diesel« (1993 auf → Jive Records). Doch Shaq hat als Rapper nicht viel zu erzählen und seine Musik sowie seine Raps erreichen auch keine besondere Qualität, so dass die guten Verkaufszahlen vermutlich auf seine allgemeine Popularität zurückzuführen sind. Jedoch arbeiteten internationale Stars aus dem HipHop-Geschäft mit ihm zusammen, die die Verkäufe zusätzlich ankurbelten. Dazu zählten der → Wu-Tang Clan, → Nas, → Biggie Smalls, → A Tribe Called Quest, → Mobb Deep, Lord Tariq und auch → Snoop Doggy Dogg. Nach seinem zweiten Album »Shaq Fu-Da Return« (1994 auf Jive Records) bekam er sogar die Gelegenheit, auf einem Stück des Michael-Jackson-Albums »History« den Rap-Part zu übernehmen. Bevor er 1996 seine dritte LP »You Can't Stop The Reign« veröffentlichte, gründete er seine eigene Plattenfirma T.W.I.M. (The World Is Mine) Records, die eng mit Trauma/Interscope Records zusammenarbeitet. Später erschien die LP »Respect«. So wurde aus der Erfüllung eines Jugendtraumes, von dem viele Menschen dachten, es wäre eine vorübergehende Angelegenheit, eine feste Größe in Shaqs Leben.

Shek

→ Oldschool- → Writer und → Styleleader aus → Berlin, der seit Mitte der Achtziger aktiv ist. Lange galt er in Berlin als Nummer 2 hinter → Amok. Shek ist Mitglied bei → SOS und → 156. Nachdem Amok mit dem Malen aufgehört hatte, sprühte Shek einige → Bilder unter diesem Namen. Shek malt auch → Comics.

Shocklee-Brüder (Hank & Keith)

→ Bomb-Squad.

Shotty

Synonym für Shotgun, Handfeuerwaffe.

Show

→ Writer aus Basel, der 1989 mit dem Sprühen begann. Bekannt wurde er durch seine → Characters und seine zahlreichen → Pieces entlang der → Line in Basel, die er zum großen Teil mit → Dare zusammen gemacht hat. Gesprüht hat Show in ganz Europa und in New York. Er ist Mitglied der → Crews TWS und ABC.

Showbiz & AG

(Rodney Lemay & Andre Barnes) HipHop-Duo aus New York City. Als Bestandteil der D.I.T.C. (Diggin' In The Crates)-Crew begannen sie Ende der 80er Jahre aktiv zu werden. Durch ihre freundschaftlichen Beziehungen zu Top-Produzenten wie → Diamond und DJ Premier (→ Gang Starr) hatten sie es nicht schwer im Musik-Business Fuß zu fassen. Ihr erster großer Hit war der von Showbiz (der heute eigentlich nur noch Show heißt) produzierte »Party Groove«, dem 1992 das sehr gute Debütalbum »Runaway Slave« (PayDay Records) folgte. Mit Hits wie »Hold Ya Head«, »Bounce To This« und »Silence Of The Lambs« wussten die beiden das Publikum zu begeistern. 1995 erschien die Hit-Single »Next Level« (mit einem → Remix von DJ Premier) und wenig später das Album »Goodfellas« (PayDay Records), auf dem der → DJ der Gruppe Roc Raida (→

X-ecutioners) auch etwas Produktionsarbeit beisteuerte. Danach wurde es still um die beiden. Sie wechselten das Label und veröffentlichten erst 1998 wieder eine EP, die den Namen »Full Scale« trägt und auf dem hauseigenen Label D.I.T.C. Records erschien. AG ist auch solo aktiv. So veröffentlichte er etwa 2001 die LP »The Dirty Version«.

Signen
→ Signing.

Signing
Begriff aus der Musikbranche, der das Unterschreiben eines Plattenvertrages bezeichnet.

Silberbilder
Begriff aus dem → Writing. → Chrombilder.

Silberpfeil
Begriff aus dem → Writing. Synonym für → Steeltrain.

Silo-Nation
1993 in Dortmund gegründete Vereinigung von Leuten aus dem → HipHop-Umfeld, die sich als ironische Gegenbewegung der deutschen → Zulu-Nation versteht. Das liegt zum Teil daran, dass im deutschen Ableger der Zulu-Nation bestimmte Vorschriften und bei einigen Mitgliedern teilweise sektenähnliche Ansichten existieren.

Simmons, Russel
Manager und Labelbesitzer sowie HipHop-Musik Produzent aus Hollis/Queens, New York. Angefangen hat der große Bruder von Run (→ Run DMC) schon Ende der 70er Jahre als Manager von Gruppen und Künstlern wie → Whodini und → Kurtis Blow. Er ermöglichte seinem kleinen Bruder in frühester Jugend, als The Son of Kurtis Blow aufzutreten.

Nachdem der Sohn eines College-Professors und einer Staatsbediensteten während seines Soziologiestudiums als Manager Fuß gefasst hatte, lernte Simmons schließlich 1984 seinen zukünftigen Partner → Rick Rubin kennen. Gemeinsam gründeten sie noch in jenem Jahr das Label → Def Jam Records und bauten ein gigantisches HipHop-Imperium auf. Zusammen mit seinem Partner beeinflusste er maßgeblich die Entwicklung der HipHop-Musik und -Kultur der 80er Jahre. Mit seiner Firma Rush Artist Management (Rush ist sein Spitzname) betreut er noch heute HipHop-Größen wie Run DMC, → EPMD, → Slick Rick, → LL Cool J, die → Beastie Boys und → Eric B & Rakim. Einige dieser Gruppen produzierte er zusammen mit Rick Rubin.

Bei so gut wie allen arbeitete er kräftig an deren Image. Run DMC verpasste er zum Beispiel die Filzhüte und Adidas Turnschuhe. Schließlich ist er kein Mann, der irgendetwas dem Zufall überlässt. Nach einigen geschäftlichen Differenzen trennte sich Russel Simmons von seinem Kompagnon Rubin und führte fortan die Geschäfte von Def Jam allein weiter. Es folgte ein langer Rechtsstreit, der aber durchaus positiv für Simmons ausging.

Nachdem er im Musikgeschäft fast alles Erreichbare erreicht hatte, weitete der ohnehin sehr beschäftigte Label-Besitzer seine Aktivitäten auf Film und Fernsehen aus.

Im März 1992 debütierte die von Simmons ins Leben gerufene Fernsehsendung »Def Comedy Jam« auf dem amerikanischen Pay-TV-Sender HBO. In dieser Sendung kommen ausschließlich schwarze Stand Up Comedians zu Wort. Sie ist so erfolgreich, dass sie sich nach sechs Jahren immer noch großer Beliebtheit erfreut. Obwohl der Einfluss von Def Jam in den 90er Jahren abnahm, da neue, mächtige Konkurrenten wie → Bad Boy Entertainment oder Loud den Markt eroberten, schaffte es der gewiefte Manager weiterhin, millionenschwere Superstars wie → Method Man, → Foxy Brown, → Warren G und den überaus erfolgreichen R&B-Künstler Montel Jorden unter Vertrag zu nehmen, um sie wie zum Beispiel auch den Def Jam Veteran LL Cool J erfolgreich in Szene zu setzen.

Alsbald begann Simmons mit seiner Firma Def Pictures Filme zu produzieren, so z.B. die Neuauflage von »Nutty Professor« mit Eddie Murphy in der Hauptrolle. 1993 fing der mit dem mächtigen Motown-Boss Andre → Harrel befreundete Simmons mit dem Entwerfen und Vertreiben einer Konfektionsmarke namens Phat Farm an, die ihren Hauptsitz in Soho/Manhattan, New York hat. Allein damit setzt der Multimillionär jährlich fünf Millionen Dollar um. 1995 feierte Russel Simmons das zehnjährige Bestehen seines Labels Def Jam mit dem HipHop-Film »The Show« und dem dazugehörigen Soundtrack, auf dem unter anderem der Hit »How High« von Method Man und → Redman zu finden ist.

Russel Simmons ist heute ein gefragter Berater in Fragen urbaner Kultur, seine Unternehmen setzen im Jahr ca. 40 Millionen Dollar um.

Simple-Style

Begriff aus dem → Writing. Bezeichnung für einen einfachen, gut lesbaren → Style, der besonders typisch für → Bomber ist. → Bombing-Style, → Chromsilber, → Quicks, → Throw-ups.

Sister Souljah

(Lisa Williamson) → Rapperin aus New York City, Sister Of Instruction und Director Of Attitude bei → Public Enemy. Bevor Sister Souljah das erste Mal ein Mikrofon in die Hand nahm, engagierte sie sich schon in verschiedenen Armenvierteln, in Community Zentren und ähnlichen Einrichtungen für die Rechte und Belange hilfsbedürftiger Menschen. → Chuck D von → Public Enemy wurde in den frühen neunziger Jahren auf sie und ihre vielfältigen politischen und sozialen Aktivitäten aufmerksam und nahm sie in seine → Crew auf. Ihr Solo-Album trug den Titel »360 Degrees Of Power«.

Skeme

→ Writer aus New York, der in den siebziger Jahren begann, Züge zu besprühen. Skeme zählt zu den → Style-Leadern und hatte auch auf die Writer in Europa großen Einfluss.

Skena

→ Oldschool-Writer aus Hamburg, der 1984/85 mit dem → Sprühen anfing. Unter anderem ist er Mitglied bei TDS (The Def Stars), der auch → Can 2 angehört.

Sketch
(engl.: Skizze) Begriff aus dem → Writing für eine Zeichnung auf dem Papier. Damit können sowohl Skizzen, als auch ausgearbeitete Zeichnungen gemeint sein. Sketche kommen oft in das → Blackbook oder das → Guestbook der Writer. Ausgearbeitete Zeichnungen werden gelegentlich auch an die zahlreichen → Graffiti-Magazine geschickt.

Sketchbook
(engl.: Skizzenbuch) Spezielle Bücher oder Hefte der → Writer, in denen entweder die eigenen Entwürfe (→ Blackbook) oder die der anderen (→ Guestbook) enthalten sind.

Skills
(engl.: Geschick, Fertigkeit, Können). Besonders beim → MCing häufig benutzte Bezeichnung für die Fertigkeiten der → Rapper.

Skinny Cap
Bestimmte → Cap-Sorte, die wegen ihres besonders dünnen Sprühstrahls für feinere Arbeiten oder für → Outlines genommen wird. Früher, als → Writer-Läden noch nicht derartig verbreitet waren, wurden die »Skinnies« von Deodorants → gerackt.

Skizze
→ Sketch.

SKS
(Stylekeepers) → Writergruppe aus → Berlin, die sich zu Beginn der Neunziger gegründet hat. Mitglieder sind unter anderem Inka, Rew und → Snek, der aus Frankfurt am Main stammt.

Slick Rick/MC Ricky D
(Ricky Walters) MC aus der South Bronx, New York. 1976 emigrierte der 14-jährige Ricky von London nach New York, wo er erstmalig mit HipHop in Berührung kam. Anfang der 80er Jahre wurde er unter dem Titel MC Ricky D aktiv und arbeitete zusam-

men mit → Doug E. Fresh und der Get Fresh Crew. 1983 entstand der HipHop-Klassiker »La-Di-Da-Di«, der erst zwei Jahre später zusammen mit »The Show« (1985 auf Reality Records) als Single erschien. Danach wurde die Stimme von Slick Rick zu einer der meistgesampelten im HipHop. Nach einem Streit mit Doug E. Fresh trennten sich die beiden. Einige Zeit später war aus MC Ricky D Slick Rick geworden. Er unterschrieb einen Vertrag bei → Def Jam Records. Er steckte viel Kraft und Zeit in seine Debüt-LP »The Great Adventures of Slick Rick« (1988), die auch dank der Produzentenarbeit vom → Bomb Squad ein Meisterwerk der HipHop-Musik wurde. Die Art, wie Slick Rick Geschichten erzählte, die unverwechselbare Stimme und der harte britische Akzent machten ihn zu einem Unikat.

Doch am 3. Juli 1990 endete die Erfolgsgeschichte Slick Ricks vorerst. An diesem Tag schoss er auf zwei Männer, von denen einer sein Cousin war. Dieser versuchte nach den Aussagen Slick Ricks, ihm sein Geld und den Schmuck abzunehmen. Nachdem er mit dem Auto vor der Polizei zu fliehen versucht hatte, setzte er seinen Pkw gegen einen Baum und wurde verhaftet. In der Zeit, in der er auf Kaution freigelassen wurde, entstand sein zweites Album »The Ruler's Back« (1990 auf Def Jam), auf dem jedoch deutlich zu hören ist, dass es unter einem gewissen Zeitdruck entstanden ist. Kurz darauf wurde er zu einer zehnjährigen Freiheitsstrafe verurteilt. 1998 kam es zur vorübergehenden Zusammenarbeit mit → Snoop Doggy Dogg aus Los Angeles und 1999 veröffentlichte er »The Art Of Story Telling«. 2002 saß Slick Rick im Abschiebegefängnis, da er gegen Einreisebestimmungen verstoßen haben soll. Kurz zuvor erschien sein Album »Behind Bars«.

Slipmat

Begriff aus dem → DJing. Die Slipmat ist eine Filzmatte, die auf den Plattenteller aufgelegt wird, damit die Platten, mit denen der → DJ arbeitet (z.B. → scratcht), nicht beschädigt werden und besser auf dem Plattenteller gleiten.

Slum

Bezeichnung für ein Ghetto, eine arme, schlechte Wohngegend, in der zumeist ethnische Minderheiten wohnen.

SMC

Einer der bekanntesten und talentiertesten Rapper aus dem Nordosten Deutschlands, der schon seit den späten Achtzigern aktiv ist.

Smif-N-Wessun

(Cocoa Brovaz) → HipHop-Gruppe aus Brooklyn, New York. Dazu gehören Tek (T. Williams) und Steele (D. Yates). Schon 1993 waren Tek und Steele auf der überaus erfolgreichen Debüt-LP »Enta Da Stage« von → Black Moon zu hören. Trotzdem sollte es noch zwei Jahre dauern, bis sie ihr gefeiertes Debütalbum »Dah Shinin'« (1995 auf Nervous Records) veröffentlichen konnten. Dank der Hitsingle »Bucktown« und der Mithilfe eines Großteils der übrigen → Boot Camp Clik wurde die Platte ein absoluter Hit und landete auf Platz 5 der → Billboard R&B Charts. Das → Source Magazine nominierte das Duo als »Best New Group of The Year«. Als die beiden zusammen mit → Mary J. Blige einen Remix des Stückes »I Love You« aufnahmen, wuchs ihr Ruhm noch einmal. Wenig später beschwerte sich der Waffenhersteller Smith & Wesson über den Namen der Gruppe, da er befürchtete, dass es zu Verwechslungen kommen könnte. Um einen teuren und langwierigen Prozess zu vermeiden, änderten sie ihren Namen kurzerhand in Cocoa Brovaz um. Da sie zum neu gegründeten Duck Down Label wechseln wollten, strengte Nervous Records einen Prozess an, der die beiden Rapper teu-

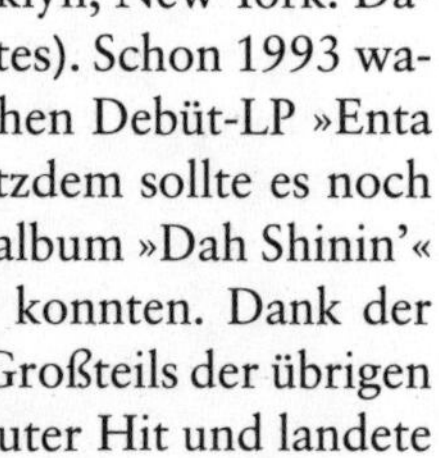

er zu stehen kam. Doch vorher entstand die Hitsingle »Headz Ain't Redee« (1995 auf Nervous Records). Jene nahmen sie zusammen mit Black Moon für den New Jersey Drive Soundtrack auf. Schließlich gehörten Smith-N-Wessun zu den D&D Allstars und rappten auf dem von DJ Premier, Mitglied bei → Gang Starr, produzierten Titelstück des D&D → Samplers zusammen mit → KRS One, → Doug E. Fresh, → Jeru The Damaja etc. Nach dem Prozess wurde es ein wenig ruhig um die Cocoa Brovaz. Erst 1997 tauchten sie auf dem Boot Camp Clik-Album »For The People« wieder auf. 1998 veröffentlichten sie ihre zweite LP »The Rude Awakening« (auf Duck Down/Priority Records/Virgin), auf der Interpreten wie → Tony Touch, Chef-Reakwon (→ Wu-Tang Clan) und deren Kollegen von den → Originoo Gunn Clappaz mitwirkten. Nebenbei erschienen noch Maxis und EPs.

Smith, Will

Pop-Rapper und Schauspieler aus Philadelphia, Pennsylvania, USA. Die Karriere des Will Smith begann Mitte der 80er Jahre, als er mit seinem Freund Jeff Townes das Pop-Rap-Duo → DJ Jazzy Jeff & The Fresh Prince bildete. Bekannt wurden die beiden durch Hits wie »Girls In The World Are Nothing But Trouble« (1986), »Parents Just Don't Understand« (1988), »I Think I Can Beat Mike Tyson« (1989) oder »Summertime« (1991), die allesamt nichts mit dem harten, von Schimpfwörtern durchsetzten → Rap der übrigen HipHopper zu tun hatten. 1990 bekam Will Smith die Hauptrolle in der Sitcom »The Fresh Prince of Bel Air«, die sechs Jahre überdauern sollte. Danach folgten weitere Rollen in Filmen wie »Six Degrees Of Seperation«, »Bad Boys«, »Independence Day« und

»Man In Black«. Unter seinem tatsächlichen Namen und solo, jedoch immer noch mit seinem früheren Partner Jeff Townes als Produzenten, veröffentlichte Will Smith 1997 das Album »Big Willy Style« (auf Columbia Records), nachdem er zwei Stücke zum »Man In Black-Soundtrack (1997) beigesteuert hatte. 2002 erschien »Born to reign« . → DJ Jazzy Jeff & The Fresh Prince.

Smurf
In Frankreich geprägter Begriff aus dem → B-Boying für → Floats.

Snare
Die Snare ist der hohe, den Rhythmus bzw. den Takt angebende Schlag eines → Beats und das Pendant zur → Bassdrum.

Sneaktip Magazin
→ Graffiti-Magazin aus Dänemark, das in englischer Sprache erscheint und europaweit erhältlich ist. Sneaktip enthält viele Interviews und Informationen.

Snek
→ Writer aus Frankfurt/Main, der seit den späten Achtzigern überwiegend auf → Zügen malt. Besonders bei → Berliner Writern genießt er großes Ansehen. Aus diesem Grund ist er auch Mitglied in einigen Berliner → Crews, wie → CMD und → SKS.

Snoop Doggy Dogg
(Calvin Broadus) Rapper aus Long Beach, Kalifornien, USA. In einem Armenviertel von Long Beach aufgewachsen, begann Snoop, wie so viele andere, als Teenager zu rappen. Seinen Namen erhielt er in Anlehnung an die Comic-Figur Snoopy (Peanuts). Obwohl er nicht schlecht in der Schule war, wurde er als Jugendlicher Mitglied der Cribs (berüchtigte Straßengang in und um L.A., Feinde der Bloods).

Das erste Mal verhaftet wurde er, kurz nachdem er die Highschool beendet hatte, da er mit Kokain handelte. In den folgenden Jahren wurde er mehrfach verurteilt und verbrachte einige Zeit hinter Gittern. Anfang der 90er Jahre entschloss er sich, sein Leben zu ändern, um im Musikgeschäft etwas zu erreichen. Er nahm ein Demotape auf, welches er seinem langjährigen Freund → Warren G (Warren Griffin) gab, der seines Zeichens Cousin der Produzentenlegende → Dr. Dre ist und es an ihn weiterreichte. Dr. Dre, der von der Stimme und dem Rap-Stil Snoops begeistert war, engagierte ihn für einen Gastauftritt auf dem 1992 entstandenen Titelstück zum Film »Deep Cover« und einigen Rap-Parts auf seinem eigenen Album »The Chronic« (1993).

Kritiker und HipHop-Fans waren vom → Flow Snoop Doggy Doggs, der eine der markantesten Stimmen in der Welt des HipHop besitzt, fasziniert. Noch 1993 produzierte Dr. Dre ein Soloalbum für ihn. Die »Doggystyle«-LP (erschienen auf → Death Row) sollte die erste Langspielplatte eines Neulings überhaupt sein, die auf Anhieb den Sprung auf Platz eins der → Billboard-Pop-Charts schaffte. Letztendlich verkauften sich mehr als fünf Millionen Exemplare dieses Werkes.

Noch während das Album am 25. August 1993 aufgenommen wurde, kam es zur neuerlichen Verhaftung Snoops, diesmal in Zusammenhang mit der Ermordung von Phillip Woldemariam, dem Mitglied einer verfeindeten → Gang. Sein Bodyguard Lee McKinley hatte den zwanzigjährigen Äthiopier nach einem Streit, wie er selbst behauptete und offenbar plausibel belegen konnte, in Notwehr erschossen. Es kam zur Anklage. Jedoch wurden Snoop und sein Leibwächter 1996 von allen Vorwürfen freigesprochen. 1995 entstand die Single »Murder Was The Case« und ein kurzfilmartiges Musikvideo, in dem er seine missliche Siuation nahezu mystisch »verarbeitete« und sie sogar noch kommerziell ausnutzen konnte.

Nachdem Dr. Dre Death Row verlassen hatte, sagten viele Menschen Snoop ein schnelles Ende voraus. Jedoch veröffentlichte er 1996 sein zweites Album »Tha Doggfather« (auf Death Row), welches eigentlich genauso klang wie sein Erstwerk. So konnten dann auch »nur« etwa zweieinhalb Millionen Kopien abgesetzt werden. Ein Jahr darauf heiratete Snoop seine Lebensgefährtin Shantay Taylor, die auch Mutter seiner zwei Kinder ist.

1998 trennte sich Snoop Doggy Dogg von Death Row und seinem ehemals mächtigen Chef → Suge Knight, bevor er seine dritte LP »«Da Game Is to Be Sold Not to Be Told« auf No Limit Records veröffentlichte. Kritiker ließen zu dieser LP des öfteren verlauten, dass sie eine stilistische Verbesserung des Interpreten darstelle.

Softcap
Begriff aus dem → Writing für eine bestimmte Sorte von → Caps, die wegen eines sehr sanften Sprühstrahles gut für → Fadings geeignet sind.

Softie-Style
Eine andere Bezeichnung für → Bubble Style, der charakteristisch für die Bronx war.

SOKO
Im Kampf gegen das → Writing werden durch Polizei und Bundesgrenzschutz Sonderkommissionen gebildet. Die SOKO GIB (Sonderkommission Graffiti In Berlin) ist mit rund dreißig Mitarbeitern die größte Einheit dieser Art in Deutschland. Vorbild ist der → Vandal Squad in New York.

Die erste SOKO in Deutschland wurde 1986 in München gegründet. Wie oft von betroffenen → Writern zu hören ist, sollen die Mitarbeiter der SOKOs gelegentlich am Rande der Legalität agieren, wobei Straftaten von Polizei ja bekanntermaßen nichts Außergewöhnliches sind. Obwohl durch die SOKO regelmäßig Writer überführt werden konnten, war es ihnen bislang nicht möglich, das Writing auch nur in irgendeiner Form wirklich einzudämmen.

Some

→ Writer aus → Berlin, der in den Achtzigern mit dem → Writing begann. Mit → Odem gründete er die → Writercrew → SOS. Er wurde besonders für seinen → Wild Style bekannt und gilt als → Styleleader. Some ist derzeit auch als → DJ aktiv.

Soon E MC

Bedeutender Rapper aus Frankreich, der schon seit den späten Achtzigern aktiv ist und sich seither europaweit etablieren konnte. Bei Live-Auftritten tritt Soon E MC meist mit einer Band und mit → DJ in Erscheinung. Seine LPs: »Atout ... Point de Vue« (1994) und »Intime Conviction« (1996).

SOS

(Spirits of Style) SOS war eine der bedeutendsten → Writergruppen aus → Berlin, die auch international Respekt bekam. Gegründet wurde SOS 1990/91 von → Odem und → Some, der bald wieder austrat. Weitere Mitglieder waren → Amok, → Shek, → Phos, → Bisaz, → Poet. Das Besondere an SOS war, dass so gut wie alle Mitglieder zu den → Kings der damaligen Zeit gehörten.

Soul Assassins

→ DJ Muggs.

Souls Of Mischief

HipHop-Gruppe aus Oakland, Kalifornien. Dazu gehören die MCs Tajai (Tajai Massey), Opio (Opio Lindsey), Phesto (Damani Thompson) und der Produzent A-Plus (Adam Charter). Die vier lernten

sich Ende der 80er/Anfang der 90er Jahre nach und nach kennen und formierten sich 1991, um zusammen mit → DEL Tha Funky Homosapien die → Hieroglyphics zu gründen. So ist es nicht verwunderlich, dass die vier, noch bevor sie eine eigene Platte auf dem Markt hatten, in den Videos zu DELs erstem Album (1991) zu sehen waren.

Doch 1993 schlugen die bis dahin völlig unbekannten Souls Of Mischief ein wie eine Bombe. Ihre Superhitsingle »93 Til Infinity« ließ ihr gleichnamiges Debütalbum zu einem absoluten Verkaufsschlager werden. Leider war ihre zweite LP »No Man's Land« ein Flop und sie erhielten vorerst keine neue Chance, ein eigenes Album aufzunehmen.

1998 taten sie sich zusammen mit dem Rest der Hieroglyphics Crew und nahmen gemeinsam mit DEL, Casual, Domino und Prose das Album »Third Eye Vision« auf. Alleine veröffentlichten sie außerdem »Trilogy: Conflict Climax Resol« (2000) und »Focus« (2001).

Sounding

Afroamerikanische Schimpfkultur.

Soundtrack

Musikalische Begleitung eines Spielfilms, die oft auch auf extra Tonträgern veröffentlicht wird.

Source, The

Monatlich erscheinendes HipHop-Magazin, welches inzwischen das meistverkaufte Musik-Magazin der USA ist. Gegründet 1988 auf dem Campus einer etablierten amerikanischen Universität, entwickelte sich das erst unregelmäßig erscheinende Blatt schnell zum monatlichen Sprachrohr der HipHop-Nation. Seit Anfang der 90er Jahre verleiht das Magazin, welches inzwischen große Werbepartner anlocken konnte, jährlich die sogenannten Source Awards. Der Einfluß des Heftes heute ist bedeutend und die Plattenkritiken der Source entscheiden nicht selten über Erfolg und Misserfolg eines Albums.

Sparvar

Deutsche Farbsprühdosenmarke, die besonders anfangs von → Writern häufig verwandt wurde. Mittlerweile werden andere Marken bevorzugt, obwohl Sparvar ein sehr großes Farbsortiment hat. Besonders unter Legal-Malern ist diese Marke nach wie vor beliebt, da durch den geringen Sprühdruck auch feinere Arbeiten möglich sind.

SPAX

→ Rapper aus Bad Bentheim. SPAX gehört heute zur Rap-Elite Deutschlands und ist für seine Fähigkeiten als → Freestyler und als überzeugender, die Massen bewegender → MC bei Live-Shows bekannt. Ende der achtziger Jahre hörte er erstmals → HipHop-Musik. Seine erste Gruppe hieß U-Man. Mitte der Neunziger arbeitete er mit → FAB, dann auch einige Zeit mit → MC Rene zusammen. Er tat sich nach unzähligen Auftritten mit → DJ Mirko, einem der etabliertesten und begabtesten → DJs Deutschlands zusammen, um von nun an gemeinsam sowohl live als auch auf Tonträgern zu → rocken.

SPAX gastierte unter anderem auf der LP der Hamburger Gruppe → Fettes Brot »Außen Top Hits, innen Geschmack«. Seinen Plattenvertrag unterschrieb SPAX beim Hamburger Label → Motor Music und veröffentlichte dort die Maxis »Bianca Loves Cars And Spax«, »Popschutz«, »Mit Leib und Seele«. Seine erste LP »Privat (Style Fetisch)« wurde nahezu vollständig von Markus Klammer von → Main Concept aus München produziert. 2000 erschien seine zweite LP »Alles relativ«. Das dritte Album »Engel und Ratten« erschien 2003.

Spearhead

HipHop-Gruppe aus San Francisco, Kalifornien. → Franti, Michael.

Speech

→ Arrested Development.

Speiche/Spaiche/Zpoke

Ostdeutscher → B-Boy der ersten Stunde. Der gelernte Schiffbauer rockte in den späten Achtzigern und frühen Neunzigern mit den Zulu-Boys. Nach der Wende studierte er in Braunschweig Sport und war tragender Bestandteil des → Rap Nation Magazins. Er rief die Gruppe Funky Großangriff ins Leben und kümmerte sich in Berlin lange Zeit um die Belange des → HipHop-Mobils. Neben unzähligen Auftritten in Funk und Fernsehen führte er auch viele Workshops durch.

Spearhead

SPEX Magazin
Deutsches Magazin für Pop-Kultur, welches vielen HipHoppern in den frühen Neunzigern als wichtige Informationsquelle in Sachen → Rap-Musik diente.

Spider
Begriff aus dem → B-Boying. Der Spider ist ein → Move, der ein hohes Maß an Beweglichkeit erfordert. Der Tänzer hat die Knie auf seinen Schultern, direkt an seinen Ohren, und muss auf seinen Händen und Füßen das Gleichgewicht halten.

Spins
Begriff aus dem → B-Boying. Die Spins gehören zu den → Powermoves. Unter Spins versteht man jegliche Art von Drehungen auf Körperteilen um die Körperlängsachse. Drehungen auf den Knien heißen Kneespins, Drehungen auf dem Rücken Backspins, Drehungen auf dem Kopf Headspins. Dreht sich der Tänzer auf den Händen, so spricht man von Handspins oder auch Handglides.

Spoonie G.
→ Treacherous Three MCs.

SpraycanArt
Einer der bekanntesten Buchtitel zum Thema → Writing. → Graffiti-Bücher.

Spray City
→ Graffiti Bücher.

Sprechgesang
Rhythmisches, akzentuiertes Sprechen über einen Beat, eine Melodie oder a capella, wird oft auch als Synonym für → Rap gebraucht, Formen des Sprechgesangs findet man zum Beispiel bei den → Griots und Djelees, den westafrikanischen, geschichtenerzählenden Dorfgelehrten, bei Soldaten-, Gefangenen- und Sklavengesängen, bei den amerikanischen Radio → DJs etc.

Spreepatienten
Loser Zusammenschluss von 32 Berliner → MCs.

Sprühdose
Wichtigstes Arbeitsmittel der → Writer. Sie ist das Markenzeichen einer ganzen Jugendkultur. Ohne die Entwicklung der Farbsprühdosen hätte sich so etwas wie das → Writing kaum in seiner heutigen Form herausbilden können. Mit Farbsprühdosen ist einfaches und schnelles Arbeiten möglich, die Farben haben eine hohe Beständigkeit.

Sprüher
Bezeichnung für einen Graffiti-Writer – jemand der Wände, Verkehrsmittel etc. besprüht, um seinen Namen zu verbreiten.

Sprühergruppe
→ Writercrew.

Stab
Begriff aus dem → DJing. Bei dieser schwierigen Technik, die aus dem → Forward scratch entstand, geht es darum, die Platte beim Scratchen festzuhalten und und ruckartig nach »vorn« zu stoßen.

Standardcap
Bezeichnung aus dem → Writing für den Sprühaufsatz, der sich beim Kauf auf den Dosen befindet. Da diese einen sehr unsauberen Sprühstrahl produzieren, werden in der Regel andere → Caps besorgt. Allerdings lassen sich mit Standardcaps bestimmte Effekte erzeugen. Neuerdings gibt es auch Firmen, die gleich beim Verkauf → Skinnycaps mitliefern.

State Of Departmentz
(auch STOD, früher State of Departments) HipHop-Gruppe aus Braunschweig; Mitglieder: P. und B. Sauer (Rapper), DJ Royal T. (ehemalige Mitglieder: Julie D, Crash, P.ABU K., → MC Rene) Die Gruppe existiert seit 1989 und zählt zu den festen Größen im deut-

schen HipHop. Bereits auf dem »Krauts with Attitude«- Sampler waren sie mit einem Stück vertreten. Außerdem beteiligten sie sich an der → Rap-Nation-Records-Compilation »That's Real Underground«. Weitere Veröffentlichungen folgten, wie die Maxi-Single »Mit der Waffe in der Hand« und die Langspielplatte »Reimexplosion«. Ihre Website *www.stod.com* gehörte anfangs zu den besten und meistbesuchten deutschen HipHop-Seiten im Internet.

Stay High 149

Einer der Pioniere des → Writing. Stay High 149 begann 1968 in New York zu sprühen. 1971/72 besprühte er als einer der ersten → Writer überhaupt Züge. Er malte gemeinsam mit seinem Cousin, der sich »The Saint« nannte. Das Writing sah er stets ausdrücklich als Kunstform an. In den Neunzigern war er immer noch aktiv und gründete zum Beispiel die Vereinigung G.A.I.N. (Graffiti Artist Improving Neighbourhoods), die überwiegend sozial engagiert ist. Außerdem ist er Besitzer eines Nachtclubs und von Drogeriegeschäften.

Steel Is Real

→ Graffiti-Magazin aus Franfurt/Main, in dem ausschließlich Züge veröffentlicht werden. Mit → True To The Game aus → Berlin besteht enge Zusammenarbeit.

Steelies

Bezeichnung aus dem → Writing; auch Steeler. Abkürzung von → Steeltrain.

Steeltrain

(engl.: Stahlzüge) In Deutschland besonders für eine bestimmte Baureihe benutzt, die im westlichen Teil des Landes als Regionalzug eingesetzt wird. Das Besondere an diesen Zügen ist ihre silberne Oberfläche, die leicht angeschliffen ist. Diese Züge werden überregional ausgetauscht. So kommen → Graffitis auf ihnen oft in viele Teile des Landes. Die Steelies werden momentan nach und nach durch neuere Züge, die → Mintis ersetzt. Teilweise besitzen diese

Züge bei den Writern Kultcharakter. Oftmals wird die Bezeichnung auch für Eisenbahnwaggons im Allgemeinen benutzt.

Steps

Begriff aus dem → B-Boying für bestimmte Tanzschritte.

Stetsasonic

Bedeutende HipHop-Gruppe aus NewYork. Die Gruppe gründete sich 1981. Mitglieder: Bobby Simmons, Daddy-O, D.B.C., DJ Prince Paul (Paul Huston), Fruitkwan, MC Delite und Wise . 1985 erschien die Single »A.F.R.I.K.A.«, die für die HipHop-Geschichte von großer Bedeutung ist. »A.F.R.I.K.A.« bedeutete außerdem einen wichtigen Beitrag zum Aufschwung des Black Consciousness und ist die so ziemlich erste Single, die afrozentristische Aspekte thematisiert. Ein Jahr nach dieser wichtigen Single erschien die erste LP, »On Fire« auf → Tommy Boy Records. 1988 erschien »In Full Gear«, ebenfalls auf Tommy Boy Records. Die beiden LPs gelten als Meilensteine im HipHop. Besonders die Stücke »Talkin' All That Jazz« und »Go Brooklyn« sind Klassiker. Im Jahr 1991 löste sich Stetsasonic auf. Die letzte LP hieß »Blood Sweat And No Tears«. Daddy-O und Prince Paul gingen eigene Wege und wurden gefragte Produzenten. Daddy-O arbeitete mit → Queen Latifah, → Mary J. Blige, the B-52s, Living Colour, und Junior M.A.F.I.A. zusammen. Er veröffentlichte 1993 die LP »You Can Be a Daddy, But Not Daddy-O«, die ein Misserfolg wurde. Außerdem arbeitete er als Jingle- und Werbetexter. Prince Paul produzierte unter anderem bei → De La Soul und schloss sich 1993 mit Fruitkwan (aka The Undertaker), RZA und anderen zu den Gravediggaz zusammen, die zum Umfeld des → WU Tang Clan zählen. Eine Wiedervereinigung scheiterte 1993 nach Ärger mit dem Label. 2001 erschienen »On Fire« und »In Full Gear« als Remix-Alben neu.

Steward, Michael

→ Writer aus New York, der 1983 beim Malen erwischt wurde und als erster Writer von Polizisten zu Tode geprügelt wurde.

Stieber-Twins

HipHop-Gruppe aus Heidelberg. Die Stieber-Twins gehören mittlerweile zu den festen Größen des deutschen Rap-Undergrounds. Das Interesse der beiden Brüder an HipHop wurde schon in den Mittachtzigern geweckt. Gemeinsam mit den späteren Mitgliedern von → Advanced Chemistry gingen sie zur Schule. Man begann gemeinschaftlich zu tanzen, zu malen und machte Musik. Da die Leute von Advanced Chemistry begannen, sich nach und nach mit eigener Technik auszustatten und sich mehr und mehr von ihnen isolierten, blieb den Stieber-Brüdern nur ein Weg offen. Sie mussten selbst aktiv werden und sich in erster Linie technische Möglichkeiten schaffen, daheim musikalisch tätig zu werden. Ihr Debüt hatten sie dann erst im Jahre 1995 mit einem Stück auf dem »Die Klasse von 95« → Sampler.

Im darauffolgenden Jahr erschienen auf → MZEE die Maxi »Fenster zum Hof« und ihre gleichnamige LP, die unter deutschen HipHoppern einschlug wie ein Hammer. Auf ihr wirkten auch HipHop-Aktivisten wie BO von → Der Tobi und das Bo, jetzt → Fünf Sterne Deluxe, → Cora E. und STF mit. Gemeinsam mit → Zeb Roc Ski kam es zur Produktion der → EP »B-Boys Revenge«. Das dazugehörige Video »The Revenge« wurde sogar auf den großen Musiksendern MTV und VIVA 2 gespielt. Die Stieber-Twins legen großen Wert auf eine qualitativ hochwertige Live-Show und verstehen es, ihr Publikum zu bewegen. Nicht nur gemeinsam mit Cora E., an deren LP sie beteiligt waren, tourten sie 1996 durch Deutschland.

»Stop The Violence«-Movement

→ Temple of HipHop und → KRS-ONE.

Storm

(Niels Robitzky) 1. Breaker aus Westdeutschland, Mitglied des → Battle Squads. Storm gehört zu den wichtigsten und bedeutendsten → B-Boys Europas. Er entdeckte sein Interesse am → Breaken im Jahre 1983. Gegen 1987 begann er auch mit anderen B-Boys aus aller Welt in Kontakt zu treten. Aufgrund seiner guten → Swipes nannten ihn seine Freunde damals Swipemaster. Er selbst verkürzte den Titel auf Swipe. Den Namen Storm gaben ihm Mr. Wiggles und Kwikstep von der → Rocksteady Crew. Durch seine internationalen Kontakte sammelte Storm auch viele Erfahrungen, die ihm beim Tanzen voranbrachten. Englische B-Boys brachten ihm die richtige → Headspin-Technik bei und verhalfen ihm dadurch indirekt zu einem Eintrag ins Guinness-Buch der Rekorde als Rekordhalter im Headspinning. Der Vegetarier und frei von Drogen lebende B-Boy ist Mitbegründer des Battle Squad und gewann gemeinsam mit seinem Partner → Swift das erste und zweite → Battle of the Year.

Aufgrund interner Probleme und Zwiespälte verweigerten beide in den darauffolgenden Jahren die weitere Teilnahme. Seit 1991 lebt Storm vom Tanzen. Gemeinsam mit Leuten wie Kwikstep gründete er die Agentur Full Circle. Durch eine schwere Verletzung in der Halsgegend im Jahre 1995 musste er seine Trainingsgewohnheiten damals grundlegend umstellen. Seither praktiziert er auch mehr → Locking. Storm arbeitete nicht nur mit dem Battle Squad, sondern auch mit Crews wie der Actuel Force aus Frankreich, den deutschen Flying Steps, Out Of Control aus Dänemark und Ghettoriginal Productions zusammen. Er führt Breakdance-Workshops durch und produziert Musik für Tanzshows. Des weiteren arbeitet er derzeit an einem Buch über das B-Boying. 2. HipHop-Magazin aus → Berlin, mit dem Schwerpunkt → Graffiti, welches von 1992 bis 1996 erschien und zu den ersten bundesweit bekannten zählte.

Strafverfolgung
Die Strafverfolgung von Writern begann in den Vereinigten Staaten mit der Gründung des → Vandal Squad in den Mittachtzigern. In Berlin wurde 1990 eine Sonderkommission Graffiti (→ SOKO Graffiti) innerhalb des → Bundesgrenzschutzes eingerichtet, die für die Überführung von → Writern verantwortlich war. Ähnliche Gruppierungen entstanden in allen anderen deutschen Bundesländern. In Berlin bildeten in den Mittneunzigern die Verkehrsbetriebe (S-Bahn, BVG) gemeinsam mit Polizei und Bundesgrenzschutz eine Ermittlungsgruppe namens GIB Graffiti in Berlin, um stärker gegen Graffiti als Bestandteil einer Subkultur anzukämpfen.

Straight Letters
Begriff aus dem → Writing für einfache, direkte → Buchstaben. Oft → Simples-Style.

Straßenbombing
Begriff aus dem → Writing. → Streetbombing.

Streaker
Begriff aus dem → Writing für einen wasserfesten Filzstift, wird auch Mean Streak genannt.

Strecke
Begriff aus dem → Writing. → Line.

Streckenbild
Begriff aus dem → Writing; deutscher Ausdruck für → Linepiece.

Streetbombing
Begriff aus dem → Writing, Bezeichnung für → Graffiti, die an Straßen angebracht werden. Hier kommt es besonders auf Quantität an. Da Streetbombing ziemlich gefährlich ist, kommt es überwiegend in Form von → Throw-ups und → Tags vor.

Streetdancer
Eine heutzutage kaum noch benutzte Bezeichnung für einen → Breakdancer, einen → B-Boy, einen → Popper oder Freestyle Tänzer.

Streetjam
Aus der Tradition der Blockpartys in New York entstandene → HipHop-Straßenfeste.

Street Machine
Bedeutende britische → Breaker-Crew aus Manchester.

Stretch Armstrong
Renommierter → DJ aus New York mit einer regelmäßigen Sendung auf Kiss FM New York.

Streetworker
→ Jugendarbeit.

Style
1. Im HipHop ist ein eigener Stil von besonderer Bedeutung. In der Regel werden danach die → Writer, → MCs, → Breaker und → DJs beurteilt. Dabei ist nicht nur wichtig, dass der Style gut und innovativ ist, sondern auch, dass er eigen und für den, der ihn präsentiert, charakteristisch ist. Beim → Writing meint man damit die Art, wie man die Buchstaben gestaltet, beim Rap die Art, wie man mit der Sprache umgeht, beim Breaken den Tanzstil, beim DJing die Art des kreativen Umgangs mit den Platten etc. 2. Begriff aus dem → Writing, Synonym für → Schriftzug.

Style And The Family Tunes
Seit Mitte der Neunziger erscheinendes Berliner A4-Magazin, welches neben Clubmusic, Mode und Fotografie auch gelegentlich HipHop-Themen verarbeitet. Der Berliner → Writer Dejoe hat maßgebend zur grafischen Profilgebung und Entwicklung des preisgekrönten Magazins beigetragen.

Style-King

Begriff aus dem → Writing für einen → Writer, der durch seinen besonders guten, innovativen und ausgereiften → Style eine besondere Stellung in der Szene hat.

Style-Leader

Begriff aus dem → Writing für einen→ Writer, der durch seinen besonderen → Style und seine Stellung in der Szene großen Einfluss auf die anderen Writer hat. Nach manchem → Style-Leader haben sich die Szenen ganzer Städte gerichtet. In manchen Städten haben Style-Leader ganze Writergenerationen beeinflusst.

Style-Skulptur

Begriff aus dem → Writing. Einige → Writer gehen dazu über, ihre → Styles auch gelegentlich als Skulptur anzufertigen. Gewöhnlich geschieht dies mit Holz oder Gips, aber auch mit Beton. Writer wie → Daim oder → Delta, deren Styles sehr plastisch wirken, wollen so die Buchstaben »befreien« oder einfach nur in Künstlerkreisen beliebt werden.

Style-Skulptur von Daim aus Hamburg, 1996. Größe ca. 90 x 50 x 50 cm

Style Wars

1. Anfang der Siebziger, als sich in New York das → Writing zu entwickeln begann, gab es einen regelrechten → Style-Krieg zwischen den → Writern, der allein mit der Sprühdose ausgetragen wurde. Besonders dadurch gab es viele neue Impulse für die weitere Entwicklung des Writing. 2. → Graffiti-Film von → Henry Chalfant und Tony Silver aus dem Jahre 1982, der viele Kids in Europa dazu bewegte, selbst mit dem Writing zu beginnen.

Stylist

Besonders beim → Writing jemand, der sich in erster Linie durch seinen → Style ausdrückt. Bei einem Stylisten zählen Name und Quantität erst in zweiter Linie. Für ihn geht es um die Neukonstruktion der → Buchstaben als visuelle Ausdrucksform. Zeit und Aufwand sind eher Nebensache, wichtig ist allein das Umsetzen einer Idee und was davon rüberkommt. Viele Stylisten entwickeln sich durch ihre intensive Auseinandersetzung mit den möglichen Formen, die ein Buchstabe annehmen kann, zu → Style-Leadern.

Sublabel

Bezeichnung für eine von großen Plattenfirmen gegründete kleinere Plattenfirma, sozusagen ein Unterlabel. Darauf erscheinen meist alle Künstler eines bestimmten Genres, wie zum Beispiel HipHop. Ein gutes Exempel hierfür ist Big Beat/Atlantic Records.

Subway

→ U-Bahn in New York. Hier wurde das → Writing, wie man es heute auf der ganzen Welt kennt, geboren. Schon in den vierziger Jahren tauchte überall in Amerika und Europa ein gewisser »Killroy« auf, oft mit Sprüchen, wie »Killroy was here«. Auch die New Yorker Subway blieb nicht verschont. Somit ist er als eine Art Vorläufer der → Writer zu sehen, schließlich schien es auch ihm darum zu gehen, Bekanntheit zu erringen.

Der eigentliche Beginn des Subway-Graffiti war das Jahr 1970. Die ersten → Panels wurden von → Supercool und → Stay High 149 gesprüht. Im Laufe der Siebziger entwickelte sich das Writing überwiegend auf der Subway zu dem, was es heute ist. So gut wie jeder Writer aus New York ist an Zügen »groß geworden«. Weil das Writing zum großen Teil auf Zügen entstand, reizen heute → Züge die Writer in aller Welt besonders. Besonders die Subway in New York stellt für europäische Writer immer wieder eine große Herausforderung dar.

Durch die starke Verfolgung und das schnelle Reinigen hat sich heute das Writing aber mehr auf Wände verlagert. Je nach Größe und Form gibt es für die verschiedenen Graffiti auf Zügen verschiedene Bezeichnungen, die in den Siebzigern in New York entstanden. Deren Bedeutungen haben sich aber zum Teil stark gewandelt. Die am häufigsten genutzten sind → End-To-End, → Married Couple, Panel, → Top-To-Bottom, → Wholecar, → Wholetrain und → Window-Down. Zusätzlich wird zwischen → Inside und → Outside unterschieden.

SubwayArt

Wichtiges Buch über Subway- → Writing. → Graffiti-Bücher.

Such A Surge

HipHop-Crossover-Band aus Braunschweig, die ihre ersten Veröffentlichungen auf dem renommierten deutschen → HipHop-Label → Rap Nation herausbrachte. Ihre Maxi »Gegen den Strom« gehört zu den Bestsellern des Rap-Nation-Repertoirs. Jedoch schlossen der HipHop-Pionier Mathias Lanzer, der das Magazin und Label → Rap Nation ins Leben rief, und die Band nur einen Vertrag über eine Maxi ab, danach wechselten Such A Surge zu einer großen Plattenfirma. Der Rapper Olli (Crash) war zuvor Mitglied der

Gruppe → State of Departmentz. Ihre Musik verbindet → Rap und Gitarrenmusik.

Sucker MC
Begriff aus dem → MCing; oft verwandte, abwertende Bezeichnung für einen schlechten Rapper ohne → Skills.

Such A Surge, 1993

Sudden Impact
Erster Name der englischen Hardcore-HipHop-Gruppe → Gunshot.

Sugar Hill Gang
→ Pop-Gruppe aus New Jersey, die mit »Rapper's Delight« auf Sylvia Robinsons Sugar Hill Label zwar die zweite Rap-Platte mit riesigem weltweitem Erfolg veröffentlichte, aber keinen direkten Bezug zur damaligen HipHop-Szene hatte. Sie waren diejenigen, die

Sugar Hill Gang

den Begriff → Rap prägten. Damals nannte man das Rappen meist nur → MCing.

Sugarhill Records

Label der Sängerin Sylvia Robinson, welches den Durchbruch mit dem Erfolg der → Sugar Hill Gang schaffte und später auch eine Vielzahl von Gruppen aus dem Genre HipHop aufnahm. Es gehört mittlerweile zu den legendärsten Labels im HipHop.

Suge Knight

(Marion Knight Jr.) Manager und Labelbesitzer aus Compton, Kalifornien. Der Name Suge Knight wird heute oft in einem Atemzug mit dem Label → Death Row Records genannt. Aufgewachsen als Arbeitersohn in Compton, spielte er auf der Highschool und auf dem College erfolgreich Football. Auf der University of Nevada Las Vegas (UNLV) war er Rookie des Jahres. Jedoch blieb ihm die Profikarriere nicht vergönnt. Er hatte Probleme mit dem Gesetz. Doch letztendlich gründete er ein kleines Label. Er schloss einen Vertrag mit → Vanilla Ice, kurz bevor dieser seinen gewaltigen, wenn auch kurzen Erfolg mit »Ice Ice Baby« hatte. Knight machte erste Erfahrungen im Musikgeschäft, bevor er → D.O.C. und → Dr. Dre kennenlernte und sie mit dem Fakt konfrontierte, dass → Ruthless Records sie betrog. Schließlich gründete er 1992 zusammen mit Dr. Dre das Label Death Row Recordsund eine von ihm geführte dazugehörige Managementfirma. Suge Knight machte das Label zu einer der erfolgreichsten Plattenfirmen seiner Zeit. Doch sein Erfolg beruht wahrscheinlich auch auf dubiosen Geschäftspraktiken. Gerüchten zufolge soll er schon so manches Geschäft mit Waffengewalt erzwungen haben, auch wenn er dies immer wieder bestritt. Sein Ruf in der HipHop-Industrie ist geradezu fatal. Er lag bisher nicht nur mit → Puff Daddy, dem Besitzer und Produzenten von → Bad Boy Entertainment, im Streit. Trotz des Erfolges und des Status, den Knight erlangte, leugnete er nie seine Herkunft. Heute noch besitzt er ein Haus in Compton und veranstaltet jedes Jahr kostspielige Wohltätigkeitsveranstaltungen. Doch sein Stern fiel, als → Tupac 1996 erschossen wurde und die anderen seiner über die Maßen erfolgreichen → Acts, wie Dr. Dre und → Snoop Doggy Dogg, das Label 1996 bzw. 1997 verließen.

Suicide

Begriff aus dem → B-Boying für einen Todessprung, einen Sprung aus dem Stand auf den Rücken.

Sumos

Begriff aus dem → B-Boying, die Sumos sind → Windmills, bei denen die Arme die Knie umschließen.

Superkool

→ Writer aus New York, der in die Geschichte des → Writing einging, als er 1972 als erster ein → Panel und später den ersten → Top-To-Bottom malte. Er war der erste Writer, der auf die Idee kam, verschiedene Sprühaufsätze zu benutzen, um verschiedene Sprühstärken zu erreichen.

Supermans

Begriff aus dem → B-Boying: Die Supermans zählen zu den → Windmills und werden auf dem Brustkorb des Tänzers ausgeführt. Die Arme werden dabei weit herausgestreckt.

Suprême NTM

(das NTM steht für: Nord Transmet le Message / Nique Ta Mère) Suprême NTM zählen zu den erfolgreichsten Vertretern des französichen Hardcore-Rap. Der NTM-Posse gehören auch viele erfolgreiche Writer und Breaker an. 1991 erschien das erste Album:

»Authentik«. 1993 folgte »1993 ... J'Appuie Sur La Gachette«. 1995 bekamen sie für die 100.000 Mal verkaufte CD »Paris sous les bombes« die Goldene Schallplatte. Zwei Mitglieder der Gruppe bekamen 1996 eine Gefängnisstrafe und Berufsverbot.

SWAT-Posse

Wegbereitende HipHop-→ Posse aus Berlin. Die Geschichte der Swat-Posse beginnt am 15. März des Jahres 1991. Damals gab es in Berlin den unabhängigen, alternativen Radiosender Radio 100, dessen Existenz aufgrund von wirtschaftlichen Problemen in jenen Tagen stark bedroht war. Zwar gab es von Seiten der TAZ und Elefantenpress ernsthafte Bemühungen, den Sender am Leben zu erhalten, doch erwies sich der französische Rundfunkanbieter NRJ als der Mächtigere.

Letztendlich meldete die Geschäftsführung unberechtigterweise Konkurs an und ließ den regulären Sendebetrieb erst durch eine Musikbandschleife und dann gänzlich einstellen. Die UKW-Frequenz 103, 4 MHz wurde trotz des vielseitigen Protests doch an Radio Energy vergeben. → Andreas Welskop, → André Langenfeld und einige andere versuchten jedoch durch ein Benefiz-Konzert mit diversen → HipHop-Acts, wie Empire aus West-Berlin und A Real Dope Thing aus dem Ostteil der Stadt, auf der Insel der Jugend ihren Beitrag zur Rettung des Senders zu leisten. Zwar waren aufgrund der Abschaltung in jener Hinsicht alle Bemühungen vergebens, doch entwickelte sich hieraus eine Sache, die deutschen HipHop um einiges voranbringen sollte. Die an der Veranstaltung Beteiligten engagierten sich auch weiterhin im HipHop-Bereich.

Ein Name musste her. Andreas Welskop und André Langenfeld entsannen sich des Captain-Sensible-Songs »Wot«, hielten dies als Titel für den Anfang für gar nicht schlecht, doch addierte Langenfeld noch ein S, um dem Klanggebilde etwas mehr Härte zu verleihen. SWAT war geboren. Über das eigene Sprachrohr, die → Yo-Show auf DT64, konnte man nun auch Veranstaltungstermine bekanntgeben.

Als die Sendung gegen Ende des Jahres 1991 vorläufig vor dem Aus zu stehen schien, überlegten die Anhänger der jungen Gruppe, welche Möglichkeiten von nun an beständen, um HipHop in Deutschland weiter voranzubringen. Da man seit November 1991 sowieso schon für sich selbst einen Newsletter erstellte, entschied man sich dafür, eine Art Fanzine herauszubringen. So begann man im Januar 1992 mit der Erstellung des SWAT-Inzines.

Was einst als A5-Faltblatt begann, steigerte sich bis zu seinem Ende zu einem informationsschweren, sechzigseitigen Magazin. Schon mit der zweiten Ausgabe erreichte man mehr als 200 → HipHop-

Flyer für die letzte SWAT-Party am 1.6.1996

per in ganz Deutschland. Die → Posse fand mehr Anhänger und Unterstützer und wurde fast zum Inbegriff für HipHop-Aktivitäten im Osten Deutschlands. Von nun an fanden auch regelmäßig SWAT-Partys mit Gruppen wie → A Real Dope Thing, → No Solo, D.A.M.N., → State Of Departmentz und → Advanced Chemistry statt. Die Jahreshöhepunkte waren stets die SWAT-Geburtstage auf der Insel der Jugend oder dem Come In im Südosten Berlins. Alles, was SWAT in irgendeiner Form tat, wurde auf Video festgehalten. So entstand eine dreiteilige Videodokumentation. Auch bei der Organisation und Konzeption der drei → Streetjams auf dem Berliner Helmholtzplatz war SWAT eine wichtige Triebkraft. Doch die Mitglieder wurden älter, begannen eigene Wege zu gehen und steckten zunehmend weniger Engagement in die Sache, die sie selbst aufgebaut hatten. Man sah sein Ziel, die Schaffung einer Infrastruktur innerhalb der deutschen HipHop-Bewegung und das Verbinden verschiedener Aktivisten in allen möglichen Orten, erfüllt. Zwischenzeitlich musste die Posse sogar die Insel der Jugend, ihr angestammtes Heim, verlassen.

Sowohl ein ehemaliges Gebäude der Gesellschaft für Sport und Technik als auch die Räume des Netzwerks Spielkultur boten SWAT ein zeitweiliges Asyl. 1996 raffte man noch ein weiteres und vorerst letztes Mal all seine Kräfte für das große Finale im Berliner Come In zusammen. → DJs, Rapper und B-Boys aus aller Welt kamen auf dieser Jam zusammen.

Das vorerst von → Spaiche geleitete → HipHop-Mobil, ein von nun an fester Part des Vereins Medienpädagogik e.V., und die → Graffiti Connection, eine Gesellschaft des bürgerlichen Rechts, die → Aufträge an → Writer vermitteln soll, sind mehr oder weniger als Ableger von SWAT zu betrachten. → Andreas Welskop engagiert sich seither bei → MZEE. André Langenfeld bereichert immer noch die Berliner DJ-Landschaft. Einige andere Mitglieder der Posse sind heute als Rapper und Writer aktiv. Der Berliner → MC Gauner, stets fester Bestandteil der Posse, hatte auf dem Sampler »Vibrazone« mit den SWAT-Rockern sein Plattendebüt. 2001 gab es noch einmal eine Geburtstagsfeier, an der viele von den »Alten« teilnahmen.

Swift (Breaker)

Renommierter deutscher → B-Boy, der früher bei den Devil Rockers und dem → Battle Squad mitwirkte und gemeinsam mit → Storm die ersten beiden → Battles Of The Year gewann.

Swing

Begriff aus dem → Writing für den Schwung, den die Buchstaben haben können. Für viele ist es beim Style sehr wichtig, ob sich die Buchstaben »bewegen« oder »lebendig« sind.

Swipes

Begriff aus dem → B-Boying. Die Swipes gehören zu den → Powermoves. Als Swipes bezeichnet man das waagerechte Drehen um die Köperlängsachse, während Hände und Füße abwechselnd den Boden berühren.

Swirls

Begriff aus dem → B-Boying. Die Swirls sind den → Handglides zuzuordnen, doch dreht sich der → B-Boy in diesem Falle nicht auf den Händen, sondern auf den Unterarmen.

SWV

(Sisters With Voices) R&B-HipHop-Crossover-Gruppe aus New York. Mitglieder: Taj (Tamara Johnson), lead vocals und Texte; Lelee (Lenne Lyons), vocals; Coko (Cheryl Gambe), Texte. Die Gruppe, die ihre Wurzeln in Brooklyn und der Bronx hat, kann in keiner Form mit den legendären Sisters With Voices, die in den Sechzigern populär waren, in Verbindung gebracht werden. Coko ist die

Tochter einer renommierten Gospel-Sängerin. Taj und Lelee belegten schon in der Highschool gemeinsam einen Performing Art-Kurs. Aufgebaut durch die Produzenten Donald »Dee« Bowden und Maureen Singleton, gelang es ihnen, einen Vertrag mit der Firma RCA abzuschließen. Ihre Musik verbindet HipHop-Beats mit Soul-Gesängen und Rap. Maxis wie »Right Here«, »Weak«, »I Am So Into You« und »Anything« mauserten sich allesamt in kürzester Zeit zu Top 10-Erfolgen. Ihr Debütalbum »It's About Time« erlangte zweifachen Platin-Status. An der Produktion der Gruppe ist auch Eric Sermon beteiligt, der wie auch Butterfly von den Digable Planets Gastauftritte in einigen Songs der Sisters With Voices hat. Der Abschluss jenes Vertrages wurde zum Karrieresprungbrett. Neben den hochdotierten Charterfolgen erhielten sie die Möglichkeit, mit Acts wie → Naughty By Nature oder → LL Cool J auf Tour zu gehen.

System

1. Begriff aus dem → Writing für das Personennahverkehrssystem.
2. Begriff aus dem → DJing, Kurzform für Abtastsystem beim Schallplattenspieler. → DJs benutzen spezielle Systeme und Abtastnadeln mit einem speziellen Schliff.

T

Tag

(engl.: Namensschild, Nummernschild) Die einfachsten → Graffiti, die reinen Unterschriften der → Writer werden Tags genannt. Die einzige Aussage der Tags ist: Ich war hier. So werden Tags für die Eingeweihten zu einer neuen Kommunikationsform. Schon immer hinterließen Menschen ihren Namen auf irgendwelchen Wän-

Tags zu Zeiten der Writercorner am Berliner S-Bahnhof Friedrichstraße, 1995

den, egal ob Trucker (»Killroy was here«), Hippies oder Leute in vergangenen Jahrhunderten. Die ersten Tags, die mit dem heutigen → Writing zu tun haben, gab es in den Sechzigern in → New York. Die Entwicklung begann erst in den Siebzigern. Zu den ersten Taggern zählen → Julio 204, → Taki 183 und andere. Spätestens durch den legendären Taki-Artikel in der New York Times wurde aus Graffiti ein Massenphänomen. Tags und die späteren Throw-ups stellen die Urform des Writing dar. New York und andere Städte in den USA waren bald übersät davon, selbst die Nahverkehrsmittel blieben nicht verschont. Nach gar nicht langer Zeit mussten sich die Writer einiges ausdenken, um mit ihren Graffiti noch aufzufallen. So wurden Tags zunächst gestylt oder größer gemalt. Bald wurden → Buchstaben mit → Fill Ins entwickelt, die auch immer aufwändiger wurden. »Richtige« Styles waren geboren. Heute werden in aller Welt Tags noch genau wie früher in der ganzen Stadt verbreitet, aber auch als Unterschrift unter → Pieces gesetzt. Tags weisen in der Regel einen ausgearbeiteten Style auf, ähnlich wie bei den Pieces. In New York ist es üblich, dass sich ein → HipHop-Aktivist, der eigentlich kein Writer ist, einen Tag zulegt.

Tagger

Bezeichnung für → Writer oder → Gang-Mitglieder, die keine → Bilder sprühen, sondern ihren → Namen nur in Form von → Tags hinterlassen. Die erste Writergeneration, der → Taki 183, → Julio 204 und andere angehörten, sind ebenfalls als reine Tagger zu sehen.

Take

Begriff aus der Musikindustrie, der die einzelnen Aufnahmeversionen beim Aufnehmen eines → Songs bezeichnet.

Taki 183

Er war einer der ersten → Tagger in New York. Nachdem er in den späten Sechzigern Tags von → Julio 204 gesehen hatte, begann er ebenfalls überall seinen Namen zu hinterlassen und war bald stadtbekannt. Taki kam aus Manhattan und war griechischer Herkunft.

Oft wird er von Außenstehenden als der erste Sprüher bezeichnet, was natürlich nicht ganz den Tatsachen entspricht. Grund dafür ist wohl das legendäre Taki-Interview in der New York Times von 1971, durch das eine wahre Lawine losgetreten wurde, als hunderte Kids mit Stift und Dose loszogen, um die Stadt zu → bomben. Mit diesem Artikel wurde zum ersten Mal die Öffentlichkeit auf → Writing aufmerksam. Von da an wurde es zur Massenbewegung.

Tape

Allgemeine Bezeichnung für eine Audio-Kassette, ein → Demotape, ein → Mixtape, also eine von → DJs gemischte Zusammenstellung verschiedener Songs diverser Interpreten. Häufig verkaufen Rapper und → DJs ihre Tapes nicht nur in einschlägigen Läden, sondern auch auf Jams und Partys. In den USA werden bei solchen Veranstaltungen Tapes auch zu Werbezwecken für anstehende Veröffentlichungen verschenkt. In manchen Fällen wurden Tapes auch schon als Eintrittskarten für Partys benutzt.

Tape Kingz

→ Mixtape-Unternehmen und Plattenlabel aus Brooklyn, New York. Zu den Tape Kingz DJs gehören unter anderem → Funkmaster Flex, DJ Premier (→ Gang Starr), → Tony Touch (der mit inzwischen fast 60 Mixtapes der wohl aktivste von allen ist), DJ Mister Cee (früher bei der → Juice Crew), Evil D (Da → Beatminerz), PF Cuttin' (→ Blahzay Blahzay) ... Das 1992 von Ian McNee gegründete Mixtape-Label expandierte nach einer Anzeige im → Source Magazine recht schnell und wurde 1994 zu einem Untergrund-Plattenlabel, das Singles von → Acts wie Paula Perry, Finsta Bundy, → Group Home und anderen verlegte. Auch in Deutschland – wo ein Ableger existiert – sind seit 1997 fast alle der auf der ganzen Welt begehrten Mixtapes erhältlich.

TBB

B-Boy Crew der ersten Tage aus New York. Mitglieder: Spy, Bobby Lee, Mongo, Track. Die Gruppe hatte ihre Hochphase in den Mittsiebzigern. Einen Namen machten sie sich insbesondere durch ihr stetes erfolgreiches Auftreten bei den regelmäßigen → Battles im New Yorker → Belmont Park.

TCA

(The Chrome Angles) → Writercrew aus Paris, der → Mode 2 und → Bando angehören.

TCS

(The Cool Five) Wichtige New Yorker → Writercrew, der unter anderem DOC und → Dero angehören.

TDS

1. (The Death Stars) Wichtige New Yorker → Writercrew, die besonders zum Ende der siebziger Jahre durch ihre vielen qualitativ guten → Trains und → Pieces auf sich aufmerksam machte. TDS waren wichtige → Styleleader und hatten auf die Entwicklung der Writerszene der Stadt einen recht großen Einfluss. Mitglieder sind unter anderem Part 1, Kool 131, Bear 167 (verstorben), Noc 167, Smith und Panic.TDS ist auch heute noch aktiv. 2. (The Def Stars) Deutsche Writergruppe, der → Can 2, Jase, Hesh, → Skena und Zebster angehören.

Tear scratch

→ DJ-Technik, die 1985 entwickelt wurde und heute zu den Standards gehört. Bei einer Vorwärtsbewegung wird der Fader geschlossen, geöffnet, dabei zwei Rückwärtsbewegungen.

Technics SL 1210 MK II

Die lebende Plattenspielerlegende. Alle professionellen → DJs, die mit Schallplatten arbeiten, benutzen auch diesen Plattenspieler. Besonderes Merkmal dieses oft kopierten und doch nie erreichten Gerätes ist seine extrem lange Lebensdauer selbst bei extremsten Belastungen (sogar ein einarmiger Handstand wurde schon auf einem sich drehenden Plattenteller ausgeführt). Die verstellbare Geschwindigkeit und die konstant präzisen Parameter machen diesen Plattenspieler für jeden HipHop-DJ unverzichtbar, denn kein anderes auf dem Markt erhältliche Produkt würde Tricks wie Scratching, Backspinning, Beatjuggling oder ähnliches erlauben.

Technik
Bezeichnung für die Methode bei der Ausführung des → MCings, Tanzens, Malens, DJings etc. Gute Techniken können jedoch nicht über fehlenden → Style hinwegtäuschen.

Temple of HipHop
Eine von Rapper → KRS-ONE ins Leben gerufene Organisation, die sich als unabhängige Schule des HipHop und der Philosophie versteht. Zu ihren Aufgabengebieten zählen ihre Anhänger die Verbreitung ihres Glaubens an Gesundheit, Wohlergehen und Selbsterkenntnis. Die Anhänger sehen ihre Wurzeln im → »Stop The Violence« Movement der frühen neunziger Jahre, ein Projekt, an dem viele Größen des Rap-Business beteiligt waren.

Terminator X
→ Public Enemy.

Terrorist
→ Graffiti-Magazin aus Prag.

T-Flare
Begriff aus dem → B-Boying für einen Move, der ähnlich wie ein → Flare ist, wobei jedoch die Beine geschlossen bleiben.

TFP
(The Fantastic Partners) → Writergruppe aus New York, die für die Entwicklung des → Writing sehr wichtig war. Mitglieder sind neben anderen Butch und Kase 2, der für fünf Jahre im Gefängnis war.

The Fearless Four
Oldschool-HipHop/Elektro-Gruppe aus New York. Die eigentlich sechsköpfige Gruppe war die erste HipHop-Gruppe, welche bei ei-

nem Major Label (Electra) unter Vertrag genommen wurde. Gegründet wurden The Fearless Four wurde von Devastating Tito (MC, Tito Jones) und Master OC (DJ, Oscar Rodriguez Jr.) gegründet. Ursprünglich als Duo nannten sie sich zunächst Houserockers Crew. Doch bald kamen neue Mitglieder hinzu: vorübergehend waren Mike Ski, Troy B (ehemals Disco Four) und Teil der Gruppe. Peso bleib dagegen bei dabei, während Troy B von DLB (Daryl Barksdale) ersetzt wurde. Schliesslich kamen noch Mighty Mike C (Michael Kevin Clee) und ein zweiter DJ, Krazy Eddie (Eddie Thompson) hinzu. 1981 veröffentlichten sie ihre erste Single »Rockin' It«, welche ein Meilenstein in der HipHop/Elektro-Geschichte wurde. »Rockin' It« ist durch Afrika Bambaataas Kraftwerk-Samples inspiriert. »Problems of the World Today« (1983) wurde von Kurtis Blow produziert und wurde die zweiterfolgreichste Single der Gruppe. Zusätzlich produzierten sie ein Stück für den Film »Poltergeist«. 1994 erschien eine LP »Fearless: Creepin' Up On Ya« (WRAP Records) – auf ihr sind die erfolgreichen Singles aus den 80ern enthalten.

The Force M.D.s

Oldschool-Act aus Staten Island, New York City. The Force M.D.s spielten eine wichtige Rolle in der Entwicklung des HipHop der 80er Jahre. Bis in die 90er hinein beeinflusstien sie zahlreiche andere HipHopper. Ursprünglich als Lds übten sie sich als Strassenmusiker in der Tradition der Jackson Five. Mitglieder damals waren Antoine »TCD« Lundy, Stevie D, Trisco Pearson und Charles »Mercury' Nelson. Später nannten sie sich Dr. Rock And The MCs. 1984 wurden sie von Sony als Force M.D.«s unter Vertrag genommen, wobei das M.D. for Musical Diversity steht. Zahlreiche R'n'B-Hits, wie der Chart-Hit »Love Is A House« erschienen. Ihr kommerzielle Karriere erreichte mit dem Top10-Hit »Tender Love« im Jahr 1986 einen Höhepunkt. 1990 wurden Nelson und Pearson durch Rodney »Khalil« Lundy und Shaun Waters ersetzt. Der Tod von Antoine Lundy war ein schwerer Schlag. Bis ins Jahr 2003 sind von den Force M.D.s unzählige BestOf-Alben erschienen. 2001 erschien ausserdem »Reunion« und »Let Me Love You-Great«.

The International Get Hip Times Magazine
→ TIGHT Magazine.

»There is no Limit« Magazine
→ Graffiti-Magazin aus Zürich, welches in Co-Produktion mit dem → 14 K Magazine produziert wird. Die Texte sind in englischer Sprache geschrieben.

Thin Cap
Bezeichnung der → Writer aus den USA für → Skinnycaps.

Third Rail
(engl.:dritte Schiene) Synonym für Stromschiene.

Throw-up
(engl.: sich übergeben, etwas hinwerfen) Bezeichnung aus dem → Writing für spezielle → Graffiti, die in nur sehr kurzer Zeit gesprüht werden können. Meist handelt es sich dabei um Outlines ohne → Fill ins, die in einem Stück gezogen werden. Typisch für Throw-ups ist der → Bubble-Style. Throw-ups zählen nach den Tags zu den Ursprüngen des Writing.

Tic Tac Toe
1. Breaker Crew aus New York: die Zwillingsbrüder Tic und Tac, die auch zur Gruppe Dragon Master's Original Desire aus New Orleans gehören, haben sich in den Achtzigern auf das → Locking spezialisiert und treten in erster Linie in großen Clubs und bei Sportveranstaltungen auf. 2. Die rappende Girlgroup aus dem Ruhrge-

biet (Gelsenkirchen/Dortmund) in Deutschland. Bestand aus Ricky (Ricarda Nonyem Pricilla), Jazzy T. (Marlene Victoria Tackenberg) und Lee (Liane Wiegelman). Den Informationen ihres Managements zufolge sollen die drei Mädchen 1995 auf einer Dortmunder Freestyle-HipHop-Jam beim spontanen Improvisieren auf der Bühne entdeckt worden sein. Da sie diesen Stellungnahmen nach so gut gewesen sein sollen, wurden sie von ihrer späteren Managerin gleich unter Vertrag genommen. Fortan wurden Texte, Musik und Produktion von einem Herren namens T. Börger gemacht. Noch im selben Jahr kam ihre Debütsingle »Ich find' dich Scheiße« heraus und verkaufte sich auf Anhieb über 400.000 Mal. Den Hit »Verpiß' dich« konnten sie sogar über eine Million Mal absetzen. Ihr erstes Album »Tic Tac Toe« (1996 auf RCA Records) erreichte mit Leichtigkeit → Goldstatus. Tic Tac Toe, die ihre Musik nicht als HipHop verstanden wissen wollen, haben sich 1997 medienwirksam im Streit getrennt. Während Ricky erst im Alleingang weitermachte, formten die beiden anderen Mädchen die Gruppe Tic Tac Two. Alle drei haben in ihrer kurzen Karriere jedoch erstaunlich viele Preise bekommen. Dazu zählt auch der vom Musikfernsehsender VIVA verliehene Comet Preis als beste Newcomer des Jahres 1996 und 1997 der Deutsche Schallplattenpreis Echo. Weitere Platten folgten, rechneten sich aber kommerziell nicht mehr wirklich.

TIGHT-Magazin
Eines der ersten und bedeutendsten → Graffiti-Magazine. TIGHT wurde 1983 in New York von → Vulcan, → Phase 2 und Schmidlapp gegründet. Das Heft hat das Format einer Tageszeitung. Der Schwerpunkt wird auf → Writing in New York gelegt, besonders über die Anfänge der Kultur kann man in TIGHT sehr viele Informationen finden. Doch auch über die anderen Bereiche des HipHop und über sozialkritische Themen wird berichtet.

Tim Dog
(Timothy Blair) → MC aus der Bronx, New York. Tim Dog, der Ende der 80er Jahre als Gast-MC bei den → Ultramagnetic MCs

angefangen hatte, wurde schnell bekannt für seine tiefe Stimme und seinen aggressiven Rapstil. 1991 wirkte er auf dem Ultramagnetic MCs Album »Funk Your Head Up« mit. Wenig später hatte er einen eigenen Vertrag mit → Ruffhouse/Columbia Records in der Tasche. 1991 entstand sein Debütalbum »Penicillin On Wax«, worauf er in extrem harter Manier alle Gangster-Rapper von der Westküste lächerlich machte, da sie für ihn keine Originale waren. Der thematische Höhepunkt war das Stück »Fuck Compton«, welches erfolgreich als 12"-Maxi ausgekoppelt wurde. 1993 setzte Tim Dog seinen Kampf für den »Hardcore« auf dem Album »Do Or Die« fort. Danach wurde es still um ihn, bis er 1996 zusammen mit seinem ehemaligen Kollegen → Kool Keith das Duo Ultra formte und die LP »Big Time« (auf Our Turn Records) veröffentlichte.

Time Warner Records

Bestandteil von → Warner Inc.

T-Kid

→ Writer aus New York, der zu den → Style-Leadern zählt.

TNT

1. Writer Crew aus New York. 2. Name eines → Labels.

Toasting

Eine Art Sprechgesang, den die Reggae-DJs aus Jamaika eingeführt haben. Die meisten Toasts sind deshalb auch mit einem hörbaren jamaikanischen Akzent versehen. Selbst von → Rappern, die nicht aus der Karibik stammen, wird diese Technik gelegentlich verwandt. Dazu kommt noch eine besondere Art, die Worte zu verformen und zu strecken, so dass man sie oft kaum noch erkennen kann.

Tombstones

Begriff aus dem → B-Boying, der Tänzer hat die Beine ausgestreckt und geschlossen, die geraden Beine werden nun in einem Winkel von neunzig Grad zum Rumpf positioniert, so dass der Körper einem großen L gleicht.

Tommy Boy Records
1981 von Tom Silverman ins Leben gerufenes HipHop-Label.

Tone Loc
(Anthony Smith) Amerikanischer Pop-Rap-Star, der in den Achtzigern und Neunzigern seine Hochphase hatte und mit Candyman zusammenarbeitete. Die Texte seiner Hits wie »Wild Thing« und »Funky Cold Medina« stammen aus der Feder von → Young MC.

Tony Touch
Renommierter → Mixtape → DJ, Produzent und MC aus New York. Neben zahlreichen Singles und EPs, auf denen er teilweise auch mitrappte, erschien 2000 seine Mixtape-LP »The Piece Maker«, auf der unter anderem → De La Soul, → Mobb Deep, → WU- Tang Clan, → Mos Def versammelt sind.

Too $hort
(Todd Shwan) Rapper aus Oakland, Kalifornien. Geboren in Los Angeles, zog der noch jugendliche Todd Ende der 70er Jahre nach Oakland. Just zu dieser Zeit fing er auch an zu rappen und war damit einer der Pioniere an der Westküste. Anfang der 80er Jahre fing er an, eigene Tapes zu produzieren und verkaufte sie aus dem Kofferraum seines Wagens. 1983 schließlich unterschrieb er einen Plattenvertrag mit dem kleinen Label

Tommy Boy-Logo

Tone Loc

75 Girls. Sein erstes Album trug den Namen »Don't Stop Rappin'« und weitere zwei LPs folgten in den nächsten paar Jahren. 1986 gründete Too $hort sein eigenes Label und veröffentlichte sein inzwischen viertes Album »Born To Mack«, wovon er schon im Eigenvertrieb mehr als 50.000 Exemplare absetzen konnte. Jive Records wurde auf ihn aufmerksam und verlegte sein Album ein zweites Mal mit dem Ergebnis, daß Too $hort nun nicht mehr nur ein lokaler Held war, sondern ein angesehener Rap-Star, der eine erste → Goldene Schallplatte für sich verbuchen konnte. Seine nächste LP »Life Is ... Too $hort« (1989) erreichte Verkaufszahlen jenseits der Platingrenze. Die folgenden Platten »The Ghetto« und »Short Dog's In The House« verkauften sich ähnlich gut, obwohl Too $hort nie viel Geistreiches zu erzählen wusste. Es folgten die LPs »Shorty The Pimp« (1992), »Get In Where You Fit In« (1993), »Cocktails« (1995) und »Gettin' It (Album Number Ten)« (1996), die sich insgesamt mehr als 3,5 Millionen Mal verkauften. Nach seinem zehnten Album beendete er selbst seine schon sehr lange währende Karriere vorrübergehend, um 2002 die LP »What's My Favorite Word?« auf den Markt zu werfen.

Too Strong
HipHop-Gruppe aus Dortmund. Mitglieder: → Der Lange, → Rapper; Doze, Rapper; Zonic, DJ; Brocke, DJ. Die Band gehört zu den bedeutendsten Gruppen im deutschen Raum und wurde in erster Linie durch die guten Live-Fähigkeiten bekannt. Einige Mitglieder sind auch als → Writer aktiv, was ihnen ein großes Maß an Glaubwürdigkeit und Anerkennungen unter HipHoppern verschafft. Zu ihren wichtigsten Veröffentlichungen zählen die 94er LP »Innercity Funk«, eine »Greatest Hits«-Platte, die EP »Rabenschwarze Nacht«, »Die drei vonne Funkstelle« (2000) und »Royal TS« (2001). Nach einer Greatest Hits-Platte lösten sie sich auf.

Tools
→ DJ-Tools.

Top Rocks
Begriff aus dem → B-Boying für Tanzschritte im Stehen.

Top to Bottom
Oder auch T-To-B ist die Bezeichnung für ein → Graffiti auf einem Zug, der die Fläche vom Boden bis zur Dachkante einnimmt, jedoch nicht unbedingt wie ein → Wholecar über die ganze Wagenlänge gehen muss. Die ersten Top to Bottoms wurden in New York in der ersten Hälfte der siebziger Jahre von → Supercool gemacht.

Torch
(Frederick Hahn) → Writer, Rapper, → B-Boy aus Heidelberg, der seit den Achtzigern aktiv ist. Er gehört zu den Mitbegründern des

→ 360 Grad → Labels und zur Gruppe → Advanced Chemistry. Bekannt wurde er hauptsächlich durch sein selbstsicheres, überwältigendes Auftreten bei Live-Shows und sein Talent als → Rapper und → MC. Er zählt zu den wichtigsten deutschen HipHop-Aktivisten der ersten Stunde und ist einer der Begründer der deutschen → Zulu-Nation. Seine LP »Blauer Samt« (2000) bot einige überraschende Stücke, wie etwa das Titelstück oder »Heute Nacht ...«. Nach dieser LP wirkte er auch an einigen kommerziellen Projekten mit.

Tornado

Begriff aus dem → B-Boying. Der Tänzer macht die übliche Bewegung um in die Windmill zu springen. Sobald er mit dem Rücken den Boden berührt, zieht er die Beine ein und drückt sie dann ausgestreckt und zusammen raus. So vollführt er mehrere Drehungen ohne Bodenkontakt.

Total Chaos

HipHop-Gruppe aus Österreich. Mitglieder: Manuva, Rapper; DBH, → DJ. Nach achtjähriger Zusammenarbeit konnten die beiden eine LP namens »Werwaswannwiewo« auf → Move Records veröffentlichen. Zwischenzeitlich gehörte auch Don zur Gruppe Total Chaos. Sie arbeiten gelegentlich auch mit → Blumentopf und I.L.L. Will aus Hamburg zusammen.

Toy

(engl.: Spielzeug) Oft abfällige Bezeichnung für → Writer, die noch nicht sehr lange dabei sind und deshalb noch wenig Erfahrung ha-

ben und nicht besonders gut sind. Meist wird der Begriff auch auf Writer angewandt, die schon länger dabei sind, aber immer noch einen schlechten → Style haben, → biten oder bestimmte Dinge nicht »kapiert« haben. Bilder dieser Writer werden oft mit »Toy« → ausgecrosst.

Toy-Style

Bezeichnung für einen → Graffiti-Style, der besonders schlecht oder gebited ist.

Train

(engl.: Zug)Begriff aus dem → Writing, welcher auch von deutschen → Writern gebraucht wird. Trains spielen im Writing eine zentrale Rolle: Schließlich ist hier die Kultur groß geworden. Die ersten → Panels auf Zügen wurden 1972 von → Supercool, → Stay High und → Phase II in New York gemalt, als fahrende Leinwand, die durch die halbe Stadt fährt. So ziemlich jeder New Yorker Writer ist auf Zügen »groß geworden«. Daher haben Züge weltweit für die Writer Kult-Status. Während ein Teil der New Yorker durch das viele → Buffen vom → Trainbombing abgekommen ist, genügt es für die Europäer, die Aktion an und für sich gemacht zu haben, und wenn man Glück hat, noch ein Foto bekommen zu haben. Buffen, um den Writern den Ansporn zu nehmen, ist in Europa ein nicht sehr wirkungsvolles Mittel.

Trainbomber

Begriff aus dem → Writing: → Writer, die sich auf das Besprühen von Zügen spezialisiert haben.

Trainbombing

Begriff aus dem → Writing für das intensive Sprühen auf Zügen.

Train-King

Begriff aus dem → Writing. Jemand, der durch seine → Graffiti auf → Zügen Maßstäbe für andere setzt und dadurch ein hohes Ansehen in der Szene besitzt, wird als Train-King bezeichnet. Diese

Maßstäbe können sowohl aufgrund der Quantität als auch der Qualität gesetzt werden.

Transform

Begriff aus dem → DJing. Diese Technik wurde in den frühen Achtzigern von Cash Money, → Jazzy Jeff und Spinbad eingeführt und verbessert. Bei diesem → Scratch führt man die Platte hin und her und unterbricht mit verschiedenen Rhythmusmustern des Faders das Signal. Der Sound dieses Scratches ist dem Sound der damals beliebten Zeichentrickserie »Transformers« nachempfunden.

Trash-Train

Begriff aus dem → Writing; → Writer bezeichnen die → Züge, die man aussondert, um sie in die Werkstatt zu schicken oder um sie zu verschrotten, als Trash-Trains, da es sich dabei oft tatsächlich nur um Müll handelt. Besonders in → Berlin wurden viele alte → S-Bahn-Wagen verschrottet oder verkauft. Einige der verkauften Waggons wurden von den neuen Besitzern in Cafés umgewandelt. Wenn diese besprüht werden, entspricht dies dem → Streetbombing. Allgemein bringt das Besprühen von Trash-Trains jedoch keine Anerkennung bei den anderen Writern. Obwohl Trash-Trains für die Verschrottung vorgesehen sind, wird deren Besprühen vom Staat strafrechtlich verfolgt.

Trax

Mischung aus → Headspin und → Windmill. Der Kopf verlässt nie den Boden, die Arme werden nach jeder Umdrehung in den Bauch gestützt, damit sich der Tänzer hochdrücken kann. Der Rücken oder Bauch berührt nie den Boden. Von diesem Move gibt es viele Abwandlungen wie z.B. One-Hand-Trax, Elbow-Trax etc.

Treacherous

(engl.: toll, cool, geil, klasse, hervorragend).

Treacherous Three MCs

Bedeutende Oldschool-Rap-Gruppe aus New York. Nachdem ihre Zeit in den Achtzigern abgelaufen schien, meldeten sie sich 1994 nochmals kurz zurück, verschwanden jedoch wieder so schnell, wie sie auftauchten. → Kool Moe Dee.

Tribe

→ HipHop-Magazin aus Milano in Italien, dessen Schwerpunkt das → Writing bildet.

Tribes Of Da Undaground

Kostenloses → Magazin aus Frankfurt am Main im außergewöhnlichen Format. Das gedruckte Heft erscheint bundesweit und beinhaltet Themen aus verschiedenen Bereichen der → Club-Music. Zu den Schwerpunkten gehören auch → Rap-Musik und → Graffiti.

Tribe Vibes

HipHop-Radiosendung auf dem österreichischen Radiosender Ö3 von und mit Werner Geier vom → DJ-Team Demon Flowers, dem ehemaligen → DMC Teilnehmer DJ D.S.L. (Stefan Biedermann) und Katharina Weingartner. Die Macher der Sendung, die sich durch die namhaften Studiogäste hervortat, waren auch Initiatoren des Tribe Vibes & Dope Beats Talentewettbewerbs.

Trip Hop

Auch wenn die Medien das musikalische Genre Trip Hop oft als Teilkategorie oder Klassifizierung des HipHop bezeichnen, stammen deren Macher meist nicht aus der HipHop-Szene und haben auch recht wenig mit dieser am Hut. Wie auch die HipHop-Musik bewegen sich Trip Hop-Stücke im unteren Beatbereich und werden ebenfalls elektronisch produziert.

Der Begriff Trip Hop wurde in den Mittneunzigern von Journalisten geprägt. Trip Hop ist im Gegensatz zu HipHop keine eigene Kulturform, sondern nur eine weitere experimentelle Strömung der Club-Musik und findet seinen Ursprung in England. Zu den wichtigsten Labels aus diesem Bereich zählen Mo' Wax und Ninja Tunes.

Als wichtigste Interpreten seien DJ Coldcut, → DJ Krush, DJ Vadim und DJ Depth Charge genannt.

True Colorz

Englischsprachiges → Graffiti-Magazin aus Rotterdam. True Colorz zählt neben dem → Bomber-Magazin zu den wichtigsten Graffiti-Magazinen aus Holland.

True School

Synonym für → Oldschool.

»True To The Game«

1. Begriff aus dem → Writing. Bezeichnung dafür, dass jemand real ist und mit dem ganzen Herzen bei einer Sache ist. 2. Graffiti-Magazin aus Berlin, in dem ausschließlich Züge gezeigt werden. Mittlerweile besteht eine enge Zusammenarbeit mit »Steel Is Real« aus Frankfurt am Main.

Tuff Stuff

→ Graffiti-Magazin aus Aschaffenburg, welches seit 1992 erscheint. Die wenigen Texte sind in Englisch verfasst.

Tuff Times

HipHop-Magazin mit Schwerpunkt → Rap und → Graffiti aus Lausanne in der Schweiz. Die erste Ausgabe erschien 1989. Das Heft erschien seit 1992 regelmäßig, wobei es anfangs noch ein Schwarz-Weiß-Heft war, das sich nach und nach zu einem professionellen Magazin entwickelte. Die Texte sind in Französisch geschrieben.

Tupac

(Tupac Amaru Shakur) Rapper aus Oakland, Kalifornien. Geboren wurde 2Pac 1971 als Sohn der Black Panther Aktivisten Afeni Shakur und Billy Garland. Er wuchs dann aber in Baltimore auf, wo er eine Schauspielschule besuchte.

Noch als Jugendlicher zog er mit seinen Eltern nach Oakland und traf dort auf den → Digital Underground. Er war Tänzer und rappte hin und wieder mit Humpty Hump, Shock G, MC Blowfish und anderen. 1991 veröffentlichte er seine Debüt-LP »2Pacalypse Now« (auf Interscope/EastWest Records). Sie entstand mit Hilfe von Shock G und anderen Produzenten aus dem Digital-Underground-Umfeld. Der von Shock G und Co. bevorzugte P Funk à la → George Clinton war auch hier deutlich zu hören. Dank der Hitsingles »Trappt« und »Brenda's Got A Baby« verkaufte sich das Album mehr als eine halbe Million Mal. Zwei Jahre später kam die zweite Langspielplatte Tupacs »Strictly 4 My N.I.G.G.A.Z.« (1993) heraus, und auch diesmal schaffte er es, die Singles »Keep Your Head Up« und »I Get Around« in den Charts zu plazieren. Als gelernter Schauspieler übernahm er in der Zwischenzeit auch beträchtliche Rollen in den Filmen »Juice« (1992), »Poetic Justice« (ein John Singelton-Film von 1993) und »Above The Rim« (1994). 1992 prügelte er sich mit dem Filmregiseur Allen → Hughes, wofür er ein Jahr darauf 15 Tage in Haft verbrachte.

Noch im selben Jahr wurde er verhaftet und wegen sexuellem Missbrauch eines weiblichen Fans sowie illegalem Waffenbesitz angeklagt. Kurz bevor er sich vor einem Gericht für die gegen ihn erhobenen Vorwürfe verantworten sollte, wurde Tupac Opfer eines Überfalls, dabei angeschossen und um seinen Schmuck im Wert von 30.000 $ erleichtert. Trotz allem wurde er zu viereinhalb Jahren Gefängnis verurteilt und konnte von dort aus beobachten, wie sein drittes Album »Me Against The World« (1995 auf Interscope/EastWest Records) auf Platz eins der Popcharts debütierte. Besonders das Stück »Dear Mama« war ein Verkaufsschlager, der dem Album mehrfache Platinehren einbrachte. Nachdem er seine langjährige Freundin Keisha Morris noch während des Strafvollzuges geheira-

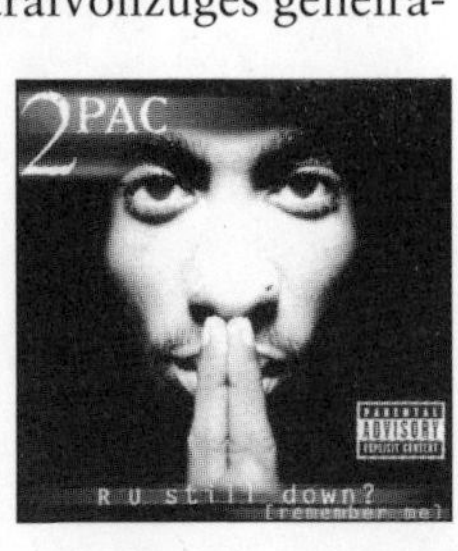

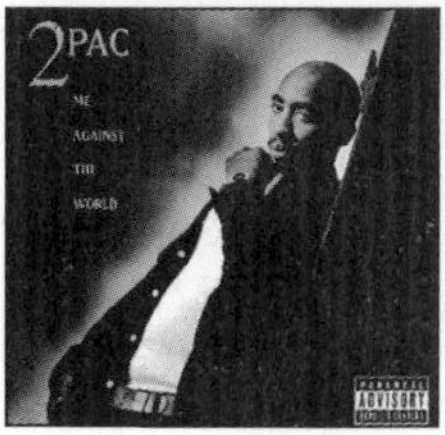

tet hatte, wurde Tupac nach sieben Monaten Haft auf Bewährung entlassen. Er machte einen Neuanfang und wechselte zum berüchtigsten Raplabel der → West Coast, → Death Row Records. Dort veröffentlichte er schon 1996 seine vierte LP »All Eyez On Me«, die sein erfolgreichstes (sechs Millionen verkaufte Exemplare), aber auch sein letztes Album werden sollte. Am 7. September 1996 wurde Tupac Shakur in Las Vegas Opfer eines so genannten → Drive By Shootings, bei dem er so schwer verletzt wurde, dass er am 13. 9. 1996 in einem Krankenhaus starb. Der Mord konnte nicht aufgeklärt werden und ließ großen Raum für Spekulationen über die Mörder und deren Motiv.

Nach seinem Tod erschien der Film »Gridlock'd«, in welchem er seine letzte Hauptrolle übernommen hatte. Nach seinem Tod erschien eine ganze Reihe weiterer Alben, was Gerüchte nährte, wonach Tupac seinen Tod nur vortäuschte, zumal er sich eine zeitlang nach Makaveli benannte, der genau dies tat. LPs seit seinem Tod: »The Don Killuminati: The 7 Day Theory / Makaveli« (1996), »R U Still Down« (1997), »Still I Rise« (1999), »The Rose That Grew From Concrete, Vol.1« (2000), »The Lost Tapes« (2000), »Until The End Of Time« (2001), »Better Dayz« (2002), weitere werden sicherlich folgen.

Afeni Shakur gründete 1997 das Label Amaru Records, welches sie im Sinne ihres Sohnes und zu seinem Gedenken weiterführen möchte.

T-To-B oder T2B

Bezeichnung aus dem → Writing, Abkürzung für → Top-To-Bottom.

Turf
(engl.: Boden, Rennbahn, Revier) In New York bezeichneten die Gangs das von ihr beanspruchte Gebiet als Turf. Besonders in den sechziger und siebziger Jahren galt es als Kriegserklärung, wenn jemand aus einer befeindeten Gang das Revier der anderen betrat.

Turntables
Synonym für Plattenspieler, wörtlich übersetzt: Drehtische.

Turtles
Begriff aus dem → B-Boying. Turtles gehören zu den → Floats. Der Tänzer dreht sich waagerecht über dem Boden. Die Gliedmaßen sind dabei angezogen.

Twists
Begriff aus dem → B-Boying. Die Twists gehören zu den → Powermoves. Hiermit bezeichnet man alle Drehungen um die Körperlängsachse (Luftsprünge).

Two-Car
Bezeichnung für ein → Graffiti auf einem → Zug, das sich über zwei Waggons erstreckt. Wenn es sich dabei um einen → Doppel-Wholecar handelt, spricht man auch von einem → Married Couple.

T-2-B
Begriff aus dem Writing, Abkürzung für → Top to Bottom.

U

UA
→ United Artist.

U-Bahn-Graffiti
Da die Züge, auf denen die New Yorker → Writer gemalt haben, Subways sind, haben U-Bahnen für Writer in aller Welt einen besonderen Status. Besonders die Atmospäre in den Schächten wird von den Writern geliebt. Gefährlich sind die Stromschienen oder → Third Rails, da diese meist nicht isoliert sind.

U-Bahn-Bilder und verrückte Beine
Ursprünglicher Titel des Deutschen Verleihs für den Film → »Wild Style«, der in Deutschland das erste Mal 1984 im Fernsehen lief.

UFO
Begriff aus dem → B-Boying, der eine Drehbewegung, also einen → Spin bezeichnet, bei dem die Arme gestreckt und die Kniegelenke außerhalb der Arme sind, hierbei haben die Füße keinerlei Bodenkontakt.

UGA
→ United Graffiti Artists.

Ultramagnetic MCs
HipHop-Gruppe aus der Bronx, New York. Die Mitglieder waren: Kool Keith (Keith Thornten), Ced Gee (Cedric Miller), Moe Love (Maurice Smith), TR Love (Trevor Randolph), Tim Dog (Timothy Blair). Die Ultramagnetics wurden Mitte der 80er Jahre mit den Untergrund-Hitsingles »Somthing Else« und »Space Groove« bekannt. Der Auffälligste der Gruppe war Kool Keith, der sich früher in psychatrischer Behandlung befand und heute immer noch abgedreht und seltsam wirkt. Nichtsdestotrotz war und ist er einer der besten → MCs überhaupt. Next Plateau Records bot den Ultramagnatic MCs einen Vertrag an. So erschien 1988 die LP »Critical Beatdown«, die von HipHop-Fans oft als eines der besten HipHop-Alben überhaupt gewertet wurde und wird. Selbst das → Source Magzin zählt die LP zu den zwanzig besten HipHop-Alben aller Zeiten. Dennoch konnten die Ultramagnetic MCs nur ein verhältnismäßig kleines Publikum für sich begeistern, was dazu führte, dass sie sich bald wieder auf der Suche nach einem neuen Label befanden. Drei Jahre später konnten sie Mercury Records zur Veröffentlichung ihres zweiten Albums »Funk Your Head Up« (1992) bewegen. Danach ging die Gruppe auseinander und es erschien Mitte der 90er Jahre lediglich noch eine LP, die so genannten »Basement Tapes«. Die in Eigenregie erstellte Platte enthielt Stücke, die oft mit wenigen technischen Möglichkeiten produziert wurden und größtenteils in den Achtzigern entstanden.

Underground Productions
Auch UP. Name eines Graffiti-Magazins.

United Artists
→ Writercrew aus New York, der weltweit so wichtige → Writer wie → Seen, → Zoom (bereits verstorben), P Jay, Sin, Non, Jay, Mad, Dust, → Gor, → Loomit und weitere angehören.

United Graffiti Artists
(UGA) → Graffiti-Organisation, die 1972 in New York gegründet wurde und die sich 1975 wieder auflöste. Neben der Öffentlich-

keitsarbeit schuf die UGA den → Writern die Möglichkeit, legal zu sprühen, an Workshops teilzunehmen und Aufträge zu erhalten. Mitglieder waren zum Beispiel: Flint 707, der als erster → Designs sprühte, → Lee, → Phase II und Snake 1.

Universal Zulu Nation

→ Zulu Nation, → Africa Bambaataa.

Untergrund Könige

Projekt diverser deutscher HipHop-→ Acts; zu den Untergrund Königen gehören → Main Concept, Fast Forward, Echo Vee, → Too Strong, → SPAX und DJ Mirko Maschine.

Uprocks

Begriff aus dem → B-Boying. Uprocks bezeichnen eine bestimmte Form von Tanzschritten und eine Unterkategorie der → Top Rocks.

Uptown Records

1986 von → Andre Harrel geründet, stand das Label für neue Trends in der Black-Musik-Branche. Mit Acts wie → Mary J. Blige und Jodeci läutete Harrel Anfang der 90er Jahre die Ära des → New Jack Swing ein und sorgte schon vorher mit → Heavy D und Father MC in der Welt des HipHop für reichlich Furore. Kurz nach Gründung verkaufte Harrel 50 % der Firma an MCA Records. Dieses Majorlabel war fortan Hersteller und Verteiler für die Produkte von Uptown. Als Harrel 1995 die Firma verließ, um Chef des renommierten Motown Labels zu werden, verkaufte er auch die restlichen Anteile an MCA Records, und Heavy D wurde Chef des Labels.

Urbanixx

Ist der Name einer auf HipHop spezialisierten Radiosendung auf Ruhrwelle Bochum, jeden ersten und dritten Montag im Monat.

US3

Jazz-HipHop-Gruppe mit Wurzeln in London. Mitglieder: Mel Simpson, Geoff Wilkinson, Tooka Yoot, Kobie Powell, Rahsaan Kelly. Die Gruppe gründete sich 1991 in London. Damals bestand sie nur aus Mel Simpson und Geoff Wilkinson. Noch in jenem Jahr nahmen sie eine Maxi mit dem Titel »Where Will We Be In The 21st Century« auf. Deren Verkaufszahlen bewegten sich jedoch nur zwischen 200 und 250 Exemplaren. Trotzdem gelang es ihnen, engeren Kontakt mit dem renommierten → Label Blue Note aufzunehmen. Die → A&R-Abteilung der Firma zeigte sich von ihrem Stück »The Band That Played The Boogie« durchaus begeistert. Großzügig offerierte man der Gruppe, das gesamte Blue-Note-Repertoire als → Sample-Quelle zu nutzen. Nach und nach gewann US3 neue Mitglieder. Die Rapper Rahsaan Kelly und Kobie Powell sowie Tooka Yoot rückten nach. Ihr erstes, 1993 erschienenes Album »Hand On The Torch« zog schnell die Aufmerksamkeit der Medien auf sich. Der Track »Flip Fantasia« beeindruckte auch Menschen, die sonst nur wenig mit HipHop oder → Jazz gemein hatten, und eroberte die internationalen Charts. Dieser Song wird nach wie vor als Begleitmusik bei Modeschauen und ähnlichen Veranstaltungen verwendet. Ihre Vidcos liefen in den Rotationsschleifen der internationalen Musiksender. Nach dreijähriger Pause meldeten sich US3 1997 wieder zurück. Ihr zweites Album »Thinking About Her Body« erhielt zwar viele positive Kritiken, doch blieb ein vergleichbarer Erfolg aus. 2001 erschien »An Ordinary Day In An Unusual Place«.

UTFO

(Untouchable Force Crew) HipHop-Gruppe aus Brooklyn, New York. Die Mitglieder sind Doctor Ice, Kangol Kid, Educated Rapper und Mix Master Jalil. Anfang der 80er Jahre waren Doctor Ice und Kangol Kid als Breakdancer unterwegs, bis sie 1983 einen Wettbewerb gewannen. Dort trafen sie Educated Rapper sowie Mixmaster Jalil, und alle zusammen gingen unter dem Namen UTFO gemeinsam mit → Whodini auf eine Europa-Tournee. 1984 landeten sie schließlich in der Phil Donahue Show und wurden hiernach zur

Geburtstagsfeier von Dustin Hoffmans zwölfjähriger Tochter eingeladen. Im selben Jahr veröffentlichte das Quartett seine Debütsingle »Rhymes And Beats«, gefolgt von der überaus erfolgreichen Maxi »Roxanne Roxanne« (1985 auf Select Records), die eine wahre Roxanne-Manie auslöste → Real Roxanne und → Roxanne Shanté). Produziert und großzügig unterstützt wurden sie von Full Force, die auch für den sehr funklastigen Sound verantwortlich zeichneten. 1985 entstand das ebenfalls von Full Force produzierte Debütalbum »UTFO«. Es folgten weitere LPs der Gruppe sowie auch von Dr. Ice solo. Jedoch gelang es ihnen nicht, die Popularität der vergangenen Jahre wiederzuerlangen. Dennoch waren sie bis zu ihrer letzten LP »Bag It And Bone It« im Jahre 1990 durchaus präsent.

V

Vandal-Ex
Anti-Graffiti-Reinigungsmittel.

Vandal Squad
1975 wurde in New York eine Polizeieinheit gegründet, deren Ziel es war, die → Writerszene zu zerschlagen. Wesentliche Erfolge konnten jedoch nicht verbucht werden.

Van Helden, Armand
→ DJ und Produzent, ursprünglich aus Boston, jedoch in New York City sesshaft. Der mit HipHop aufgewachsene Van Helden wandte sich Anfang der 90er Jahre der House-Musik zu und war bald ein angesehener DJ, Produzent und Remixer. 1997 besann er sich auf seine Wurzeln und produzierte nach der Veröffentlichung mehrerer Singles auf → AV8 Records ein umfangreiches Album namens »Sample Slaya«. Hier verband er krachende HipHop- → Beats mit

verschiedenen im HipHop populären Samples, darunter auch Stimmen, um sie neu zu kombinieren und so einen neuen, besonders bei DJs beliebten Sound zu schaffen.

Vanilla Ice

Pop-Rapper ohne Bezug zur HipHop-Szene, der Anfang der Neunziger mit dem Hit »Ice Ice Baby« große Charterfolge erzielte, aber schnell von der Bildfläche verschwand. Sein Comeback-Versuch im Jahre 1994 scheiterte kläglich.

Besonders englischen HipHop-Gruppen diente Vanilla Ice als Zielscheibe unfeiner und eleganter → Disses.

Vermarktung

→ Sellout.

Vibe

Black Culture Magazin, wurde 1993 von Quincy Jones und dem Time Warner Konzern gegründet. Vibe berichtet in monatlichen Abständen über → HipHop, Soul, → R&B, aber auch über Design. Neuerdings gibt es aus dem Hause auch ein auf HipHop spezialisiertes Magazin namens »Blaze«.

Video Jukebox Network/The Box

Videorequest-Kabelsender in den Vereinigten Staaten, der auch viele HipHop-Videos spielt.

Video Musik Box

→ Video Jukebox Network: auch The Box.

VIM

(Vandals In Motion) → Trainbomber-Gruppe aus Stockholm, die 1988 von Akay und News gegründet wurde. VIM zählt zu den be-

deutendsten → Writercrews in Europa. Mitglieder sind Aman, Ceios, → Dudge, Due, Dwane, Kuba, Pike und Terror. Einige der Mitglieder sind schon seit den achtziger Jahren aktiv. VIM waren die ersten, die in Stockhholm einen → Wholecar gemacht haben. Die Anzahl der von VIM besprühten Züge geht mittlerweile weit in die Tausende.

Vinyl

Bezeichnung für die eigentlich aus Polyvinylchlorid hergstellten Schallplatten. Vinyl ist für die Arbeit eines HipHop-DJs geradezu essentiell, da man trotz aufwändiger technischer Entwicklungen eine CD nie derartig gut genug handhaben können wird, um damit vergleichbare Effekte (zum Beispiel → Scratching, → Transforming etc.) wie mit der mechanischen, überaus gut manipulierbaren Schallplatte erzielen zu können. Anfang der 90er Jahre haben die großen Plattenkonzerne (Majorlabels wie → Sony, → Time Warner, → BMG etc.) versucht, das in der Herstellung wesentlich teurere Vinyl gänzlich vom Markt zu verdrängen. Doch dank des erfolgreichen Engagements der Radio- und Club → DJs sowie der Independent-Labels werden seit Mitte der 90er Jahre wieder mehr Schallplatten gepresst, obwohl die Preise stark gestiegen sind.

Virgin Records

von Richard Branson im Jahre 1971 in London ins Leben gerufene Plattenfirma, die sehr bald weltweit expandierte und neben der eigentlichen Plattenfirma auch noch viele gleichnamige Plattenläden und sogar eine Fluglinie betreibt und diverse Discotheken eröffnete.

Visit Venus
Elektro-Gruppe aus Hamburg, Mitglieder Mario Hacht, Mario Kuhlmann. Die auf → YO-Mama erschienen Musiker sind bereits in diverse andere HipHop-Projekte, wie → Fettes Brot und → Fünf Sterne Deluxe, involviert. So erschienen zum Beispiel die → LP »The Endless Bummer«, die → 12" »The Big Tilt« und das Remix-Album »And We Danced And We Danced And We Danced And Then We Sat On The Toilet«.

Vorsprühen
→ First Lines.

Vorstreichfarbe
→ Grundierung.

Vulcan
→ Writer aus New York, der seit den siebziger Jahren aktiv ist. Für Vulcan ist der → Style beim Sprühen besonders wichtig. So sieht er sich auch als Hardcore-Stylist. Zusammen mit → Phase II und Schmidlapp gibt er das → TIGHT-Magazin heraus.

W

Wak

(von »out of whack«) Bezeichnung für etwas, was besonders schlecht ist.

Wake Up Magazine

Belgisches HipHop-Magazin, welches mit der Unterstützung eines Jugendzentrums entstand.

Wall

(engl.: Wand) → Berliner Mauer.

Wane

→ Writer aus New York, der seit 1984 sprüht. Er ist Mitglied in den Writercrews COD, FBA, IBM, TC5, TFP. Ende der Achtziger zählte er zu den aktivsten New Yorker Writern. Mittlerweile entwirft er Logos für viele New Yorker → HipHop-Gruppen.

Wanted

→ Graffiti-Magazin aus Spanien, welches sich überwiegend dem → Trainbombing widmet.

Warren G

(Warren Griffin III) Pop-Gangster-Rapper aus Long Beach, Kalifornien. Noch bevor Warren G, Nate Dogg und → Snoop Doggy Dogg Millionen von Platten verkauften, bildeten sie zu dritt die Gruppe 213. Warren war sogar schon als DJ für Untergrundgruppen wie Tha Twinz und Perfection tätig. Als Halbbruder der Westküsten-Produzentenikone → Dr. Dre hatte es Warren G wahrlich nicht schwer, ins Musikgeschäft einzusteigen. Ähnlich kam auch Snoop zu seinem Gastauftritt auf Dr. Dre's Album »The Chronic«.

Nachdem er seine kriminelle Vergangenheit hinter sich gelassen hatte, denn auch er war wie Snoop ein Gangmitglied, konzentrierte er sich ganz auf seine musikalische Karriere. Für den »Poetic Justice«- Soundtrack produzierte er erstmalig zwei Lieder, mit denen er das sonstige Staraufgebot auf dem Soundtrack in den Schatten stellte. Dieser erste Erfolg brachte ihm einen lukrativen Vertrag bei → Def Jam ein.

Für den Soundtrack zum Film »Above The Rim« (mit → Tupac in einer der Hauptrollen) veröffentlichte er die Single »Regulate« (1994 auf → Death Row), die mehrfachen Platinstatus erlangte. Kein Wunder, denn die melodiösen → Loops und → Samples seiner Stücke, alten populären Songs entnommen, wurden so zu neuen Pop-Rap-Liedern. Warren G selbst nennt diese Musik G-Funk. Der halb gesungene Rap Warren Gs tut sein Übriges für das Gesamtbild. Die Debüt-LP »Regulate: G-Funk Era« wurde dank des Titelstücks mehr als zwei Millionen Mal verkauft. Für den Song »Regulate« verwertete er Michael Mc Donalds Hit aus den Achtzigern »I Keep Forgetting«. 1997 folgte seine zweite LP »Take A Look Over My Shoulder« auf Relativity Records. 1999 erschien »I want it all« und später »Return of the Regulator«. Warren G versuchte sich auch als Schauspieler und bekam schon eine erste Rolle in der Sitcom »Clueless«.

Warner

Einer der größten Entertainment-Konzerne der Welt, der aus der Firma Kinney Services hervorging. Das → Label Warner Records entstand 1958 in einem Ort namens Burbank im Westen der Vereinigten Staaten von Amerika. Zahlreiche Größen im Showgeschäft wurden durch Warner zu dem, was sie sind oder waren. Zum Warner-Verbund gehören neben → Geffen Records auch Asylum, Atlantic, Columbia, Reprise und Elektra.

Wax

Synonym für → Vinyl.

WBLS

Auf Black Music spezialisierte Radiostation in New York.

WCA

(West Coast Artists) Writergruppe aus → L.A., die 1989 von → Risk und Slick gegründet wurde. Mitglieder sind außerdem Wisk, Mear und Miner. WCA schaffte es, → All-City zu sein. Aufgrund des Fehlens einer → Subway-Linie in L.A. wurde von ihnen viel auf Bussen → gebombt.

WEA Records

Warners Dachorganisation für einige große Musikverlage. Als fester Bestandteil von → Warner vereint das Plattenfirmenkombinat WEA seit den Siebzigern die → Labels → Elektra, → Atlantic, → Asylum und Reprise Records.

We Bite Records

siehe → Move/Rapture/We Bite Records

Weep Not Child

HipHop-Gruppe aus Deutschland; Mitglieder: Duke T, Rapper; Fonk Free, Drummer; An-Dré, → DJ; Ihre erste Veröffentlichung aus dem Jahre 1993 »From Rostock To Hoyerswerda« war eine direkte Anspielung auf die rechtsextreme Gewalt in Deutschland, speziell in den fünf neuen Bundesländern. 1994 folgte eine → 12" mit dem Titel »Je Ka Bere« und ein Jahr darauf die → LP »Liberation Thru Music & Lyrics«.

Welskop, Andreas

Gründer der → SWAT-Posse. Der ehemalige Manager von Gruppen wie Campanella und Macher von Cannibal Cartel arbeitete bis Anfang der Neunziger in diversen Jugendeinrichtungen und Medienbereichen. Im März 1991 rief er mit → André Langenfeld → SWAT ins Leben und wurde tragender Bestandteil. In unstoppbarem Arbeitseifer organisierte er uneigennützig HipHop-Veranstaltungen und die Produktion von Videodokumentationen, des »Vibrazone«-Samplers und des SWAT-Inzines. Er war eine der treibenden Kräfte beim Aufbau einer Art Infrastruktur der HipHop-Szene in Deutschland. Mitte der Neunziger zog es ihn nach Köln. Dort kümmert er sich nun um die Belange von → MZEE und managt → MC Rene.

West Coast

Bezeichnung für die Westküste der Vereinigten Staaten. Hier entwickelte sich im Laufe der Jahre eine Szene mit eigenen stilistischen Merkmalen. Hier entstanden Popping und Locking. Ein typisches Merkmal für an der Westküste angesiedelte HipHop-Musiker ist die Vorliebe für Funk. Die West Coast ist nicht nur Ursprungsort des → Gangsta Rap, von dort stammen nicht nur → NWA und → Snoop Doggy Dogg, sondern auch Gruppen wie → Digital Underground und → The Pharcyde. Besonders viele experimentelle Musik stammt von dort. Deutlich ist auch die Polarisierung zwischen der → Bay Area und L.A.

West Coast Artists
→ WCA.

WHBI-FM
Dies war der erste Radiosender in New York, bei dem eine Hip-Hop-Radioshow lief. Später wurde der Name des Senders in WNWK-FM geändert.

Wheels Of Steel
Synonym für → Turntables.

Whodini
HipHop-Gruppe aus Brooklyn, New York. Mitglieder: Jalil Hutchins, Ecstacy (John Fletcher) und Grandmaster Dee (Drew Carter). Als Jalil Hutchins und Ecstacy Anfang der 80er Jahre das Duo Whodini gründeten, nahm sich der noch junge Manager → Russel Simmons ihrer an. Durch zahlreiche Live-Auftritte wurden die beiden schon bald Stars der noch jungen HipHop-Szene New Yorks. So kam es, dass Jive Records dem Duo einen Vertrag anbot. 1983 entstand ihre erste LP »Whodini«, die HipHop-Klassiker wie »The Haunted Hause Of Rock«, »Magic's Wand« und »Rap Machine« enthielt. Deutlich waren die Ausläufer der von → Afrika Bambaataa losgetretenen Electro-Funk-Welle zu spüren. Ein Jahr später wechselten sie die Produzenten und kamen auf ihrem 84er Album »Ecstacy« mit einem ruhigeren, von vielen Bässen geprägten Sound daher. Mit Hits wie »Friends« und »Freaks Come Out At Night« bewiesen sie erneut ihren Status in der HipHop-Welt. Kurz darauf erweiterte sich die Gruppe um Grandmaster Dee, der den anderen

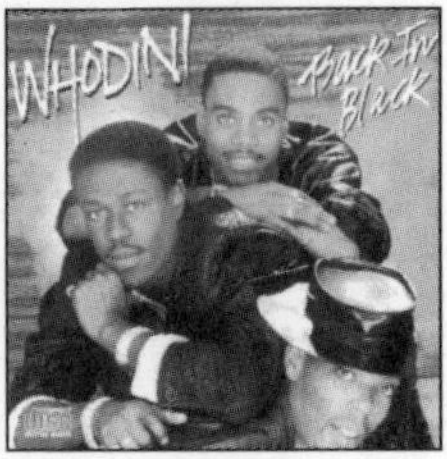

beiden schon auf der zweiten LP hilfreich zur Seite stand. Auf ihrem dritten Album »Back In Black« (1986) veränderte sich die Musik der Gruppe nochmals. Ihre Texte waren nur eine Mischung aus alten und wenigen neuen Reimen. Mitte der 80er Jahre tourten Whodini zusammen mit → LL Cool J, den → Beastie Boys und anderen Stars des → Def Jam-Labels, dessen Chef inzwischen ihr Manager Simmons geworden war. James Smith, der für die erfolgreiche Produktion der beiden letzten LPs verantwortlich war, setzte sich auch 1987 hinter die Regler, um dem vierten Album »Open Sesame« den zeitgemäßen Schliff zu geben. Nach dieser LP wurde es ruhig um Whodini. Jive veröffentlichte 1990 ein Best-Of-Album, welches alle Klassiker der Gruppe noch einmal zusammenfasste. Inspiriert durch diese Platte, versuchten sie 1991 ein Comeback mit »Bag A Trix« (auf MCA Records), welches allerdings kaum wahrgenommen wurde. Ähnlich erging es ihrem sechsten und letzten Album.

Wholecar

Bezeichnung aus dem → Writing. Ein Zugwaggon, der über die gesamte Fläche, also von unten nach oben und von einem Ende zum anderen, besprüht ist, wird als Wholecar bezeichnet. Für einen

Wholecars mit gereinigten Scheiben. Dortmund Hauptbahnhof, 1992

Wholecar erhält ein Writer mehr Respekt, als zum Beispiel für ein → Panel, da Wholecars wesentlich mehr Zeit und Aufwand erfordern und so ein größeres Risiko für den Writer darstellen. Wholecars werden besonders schnell aus dem Verkehr gezogen, da die Scheiben zugesprüht sind und Wholecars, die im Verkehr sind, besonders animierend auf andere Writer wirken. Der erste Wholecar wurde in der ersten Hälfte der Siebziger von Honda in New York gemacht. Die Idee war aber schon seit dem ersten → Top to Bottom von → Supercool vorhanden.

Wholetrain
Ein Zug, der über die ganze Länge besprüht ist, wird Wholetrain genannt. In der Regel besteht ein Wholetrain aus einzelnen → Wholecars. Wenn bei einem Zug alle Waggons mit → Panels besprüht sind, spricht man von einem → Window-Down-Wholetrain. Der erste Wholetrain wurde von Japan 1 in New York → gesprüht. 1976 wurde der → Freedom-Train gemacht, der in die Geschichte einging. Wholetrains werden nur sehr selten gemacht, da diese viel Zeit und Material erfordern.

WIDEE
Oft verwendete Abkürzung für → Window Down End To End.

Wiggy wiggy
→ Jigg jiggy.

Wild Style
1. Begriff aus dem → Writing. Bezeichnung für einen besonders aufwändigen und für Außenstehende schwer zu entziffernden Writing-Style, der durch seine komplizierten und verschlungenen Buchstaben auffällt. Einen guten Wildstyle zu sprühen, schaffen nur wenige → Writer, denn es genügt nicht, die Buchstaben einfach nur kompliziert zu gestalten, wie es besonders viele Anfänger machen, um so ihren noch nicht vorhandenen → Style zu kaschieren. Die ersten Wildstyles entstanden in New York in den siebziger Jahren. Als einer der Urväter muss → Phase II genannt werden. 2. Titel eines

→ HipHop-Filmes aus dem Jahre 1982, der in Europa als ein »Geburtshelfer« der HipHop-Bewegung gilt. Er stellt die erste authentische Dokumentation von HipHop im Spielfilmformat dar. Nahezu alle Mitwirkenden standen auch in engem Bezug zu HipHop. Der Soundtrack des Filmes wird noch immer regelmäßig auf HipHop-Jams von DJs aufgelegt und erlangte schnell Kultstatus. 3. HipHop-Store in Berlin-Spandau, der seit 1992 besteht.

Will Smith
→ Smith, Will und → DJ Jezzy Jeff & The Fresh Prince.

Willie
1. Bezeichnung für eine Person mit viel Geld und einem hohen Status in der → Neighbourhood. Ein (Big-) Willie-Style wird besonders gern von den eher auf Vermögen orientierten Rappern aufgesetzt. 2. Synonym für das männliche Geschlechtsorgan.

Windmills
→ Mills.

Window Down
Bezeichnung aus dem → Writing. Synoym für → Panel. Ein → End-To-End, der aus Panels besteht, wird oft auch Window-Down- → Wholecar genannt.

Window-Down-Wholetrain
Bezeichnung aus dem → Writing für einen Zug, der über die gesamte Länge unterhalb der Fenster besprüht ist.

Won
Writer aus München, der seit 1984 aktiv ist. 1988 gründete er zusammen mit → Cowboy 69 die Gruppe → ABC (Art Bombing Clan), der auch → Show und → Dare angehören. Er ist genau wie Cowboy besonders für seine aufwändigen → Masterpieces und → Characters bekannt. 1996 wurde er wegen seiner Züge zu einer Bewährungsstrafe von 6 Monaten verurteilt.

Wordcup
HipHop-Sendung auf dem Musiksender VIVA, die von Tyron Rickets, Mitglied der Gruppe Mellow Bag, moderiert wird. Die Sendung legt großen Wert auf Interviews mit HipHop-Aktivisten und Musikvideos.

»Word Is Bond«
Diese Redewendung drückt die absolute Korrektheit eines zuvor geäußerten Statements aus und stammt ursprünglich aus der Sprache der Börsenmakler, wo es etwa die Bedeutung hatte von »Mein Wort ist gut genug«.

Word Up
Heißt soviel wie »genau, richtig« (ähnlich wie »true that«).

World Class Wreckin' Crew
→ N.W.A. oder → Eazy E.

Worm
1. Synonym für → Two-Car. 2. Begriff aus dem → B-Boying, hierbei liegt der Bauch des Tänzers auf dem Boden, gleich einem Wurm beginnt der Tänzer Wellen durch seinen Körper laufen zu lassen, die am Kopfende anfangen und bis zu den Füßen gehen.

Writer
Bezeichnung aus dem → Writing. So nennen sich die »Graffiti-Sprüher« selbst.

Writercorner
Bezeichnung aus dem → Writing. Die → Writer nennen so ihren Treffpunkte. Sie befinden sich meist an öffentlichen Orten, wie zum Beispiel auf Bahnhöfen. Durch die Kriminalisierung der Szene werden diese Treffpunkte meist von Sicherheitsdiensten polizeilich überwacht, um die Writer so leichter strafverfolgen zu können. Dadurch wechseln die Orte der »Corners« recht häufig.

Writercrew

In der Regel schließen sich die → Writer zu Gruppen zusammen. Die ersten Writercrews bildeten sich zu Beginn der siebziger Jahre in New York. Eine Crew verschafft den Writern nicht nur mehr Sicherheit beim Malen, sondern auch eine eigene Identität.

Writergruppe

Bezeichnung aus dem → Writing für eine → Writercrew.

Writing

(engl.: Schreiben) Eine Teilkultur des HipHop, die sich zunächst unabhängig von den übrigen entwickelte. Siehe dazu im einleitenden Essay den Abschnitt Writing.

Wulf

Begriff aus dem → B-Boying. Der Wulf gehört zu den → Floats. Der Tänzer schwebt mit seinem Körper waagerecht über dem Boden, wobei nur die Hände Bodenkontakt haben.

Wu-Tang Clan

Lose Gruppe von → MCs aus Staten Island, New York. Der Kern des Wu-Tang Clans besteht aus RZA, auch bekannt als Prince Rakeem, Rzarecta, Chief Abbot und Bobby Steels (Robert Diggs); Genius/ GZA alias Justice und Maxi Million (Greg Grice), Ol' Dirty Bastard auch Unique Ason, Joe Bannanas und Dirt McGirt (Russel Jones); Method Man alias Johnny Blaze, Ticallion Stallion, Shakwon, Methical und MZA (Clifford Smith); Raekwon The Chef, auch bekannt als Shallah Raekwon, und Lou Diamonds (Corey Woods); Ghostface Killa alias Tony Starks und Sun God (Dennis Coles); U-God auch Golden Arms, Lucky Hands, Baby U und 4-Bar Killer (Lamont Hawkins); Inspecta Deck alias Rebel INS und Rollie Fingers (Jason

Wu-Tang-Logo

Hunter); Master Killa, auch Noodles (E. Turner). Jedoch seit dem Erscheinen der Debüt-LP des Wu-Tang Clans ist die Wu-Tang-Familie stetig gewachsen. Heute zählen Gruppen und Solisten wie Ruthless Bastards, Cappadonna, Killah Priest, Sunz Of Men, Shabazz The Desciple, Killarmy, Remedy und viele andere dazu. Die Geschichte des Wu-Tang Clans beginnt mit einer alten Legende, die besagt, dass im sechsten Jahrhundert der Mönch Tamo nach China reiste, um im Schaolin-Kloster zu studieren. Wu-Tang Clan-Mitglieder nennen ihren Stadtteil auch Shao Lin, sozusagen als Synonym für Staten Island. Jedoch musste der Mönch erst einen Glaubensbeweis erbringen. Als er endlich eingelassen wurde, traf er auf einen hohen Bildungsstandard. Doch viele der Mönche waren in desolater körperlicher Verfassung. So übernahm es Tamo, die Mönche erst in einfachen körperlichen Übungen, später in Selbstverteidigung und Kampf mit Waffen zu unterrichten. Tamo schuf Kampfstile, die er nach den bekanntesten Tieren der Region benannte. Jeder Mönch konnte sich den zu ihm passenden Stil aussuchen. Manche kämpften im Tiger-Stil, die Ruhigeren bevorzugten schon eher den Kranich-Stil. Schließlich lernten die Mönche auch mit dem Schwert zu kämpfen. Wer die Kunst des Schwertkampfes erlernen wollte, musste auf dem Weg zur Perfektion 36 Kammern (Chambers) absolvieren. Jede Kammer hatte einen höheren Schwierigkeitsgrad als die Vorangegangene. Hatte ein Mönch eine Kammer, vergleichbar mit einem Level oder einem Gürtel ähnlich wie bei vielen asiatischen Kampfsportarten, absolviert, ersetzte er einen seiner echten Zähne durch einen Goldzahn. Die sechsunddreißigste Kammer schließlich war die des Wu-Tang-Schwertes. Der Mönch war nun quasi unbesiegbar. Doch setzten die Mönche ihre Fähig-

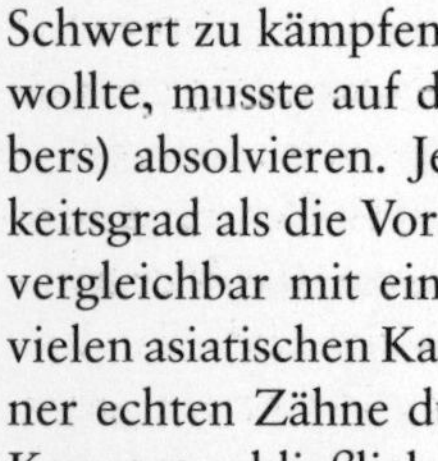

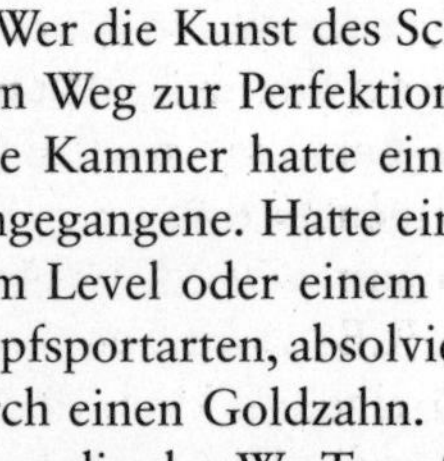

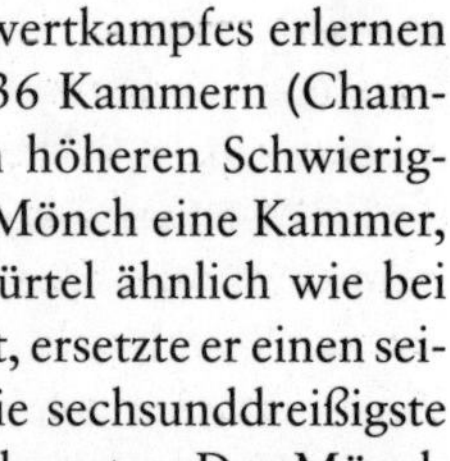

keiten nur zur Selbstverteidiegung ein. Der Wu-Tang-Stil war ein von den Mönchen gut gehütetes Geheimnis. Es kam, wie es kommen musste: Rebellen verbündeten sich mit den Feinden der Shaolin, um mit der Hilfe des Wu-Tang-Stils das Kloster zu vernichten und die Weltherrschaft zu übernehmen. Der Plan scheiterte letzten Endes, doch die Legende sagt, dass die Wu-Tang-Rebellen eines Tages wiederkehren würden, um doch noch die Erde beherrschen zu können ... Noch vor der Gründung des Wu-Tang Clans veröffentlichte Genius 1991 die LP »Words From The Genius« auf → Cold Chillin' Records, die sich als Flop erwies. RZA, damals noch unter dem Namen Prince Rakeem, schuf einige, sehr wenig erfolgreiche Singles für → Tommy Boy Records, die auf Wunsch des → A&R-Managers soft und albern waren. Im darauffolgenden Jahr gründeten die beiden Cousins zusammen mit einem alten Bekannten, dem späteren Ol' Dirty Bastard, den Wu-Tang Clan. Auf einem eigens dafür gegründeten Label veröffentlichte der Wu-Tang Clan die Single »Protect Ya Neck«, die im Untergrund ein Smash-Hit war und dazu führte, dass sie von den großen Plattenfirmen geradezu umworben wurden. Doch sie nahmen nicht das erstbeste Angebot an, sondern waren vielmehr darauf bedacht, einen Vertrag abzuschließen, der es jedem einzelnen Clanmitglied erlaubte, eine Solokarriere auf einem anderen Label zu starten. Die Manager von → Loud/RCA Records nahmen die Bedingungen schließlich an. So entstand 1993 das Debütalbum »Enter The Wu-Tang: 36 Chambers«, das dank der Singles »C.R.E.A.M.«, »Method Man« und »Can It Be All So Simple« mit über eine Million verkaufter Platten ein großer kommerzieller Erfolg wurde. Aber auch die Kritiker waren begeistert vom neuen Wu-Tang-Sound, der überaus harte → Beats, minimalistische → Samples und eindringliche Klavier-Akkorde enthielt und noch heute unter der Federführung von RZA (einem → Five Percenter) entsteht. Ergebnis des Erfolges waren Soloverträge für nach und nach fast jeden der Wu-Tang-Mitglieder. Doch zunächst gründete RZA zusammen mit → Prince Paul, Frukwan, beide frühere → Stetsasonic-Mitglieder, und Poetic die → Gravediggaz und veröffentlichte mit ihnen das Album »Six Feet Deep« (1994). In den folgenden Jahren produzierte RZA unermüdlich unzählige Stücke für die Soloalben von insgesamt fünf der neun Kernmitglieder des Clans. Method Man war der erste Rapper im Bunde, der 1994 seine LP veröffentlichte. »Tical« (auf → Def Jam Records) wurde mit über einer Million verkaufter Kopien ein Verkaufsschlager, und für viele war allein das Stück »You're All I Need (To Get By)«, das im Duett mit → Mary J. Blige entstand, ein guter Grund zum Erwerb der Platte. Nächster war Ol' Dirty Bastard, der besonders mit den Singles »Shimmy, Shimmy Ya« und »Brooklyn Zoo« auf sich aufmerksam machte, die seinem Album »Return To The 36 Chambers: Dirty Version« (1995 auf → Elektra Entertainment) zum → Goldstatus verhalfen. Noch im selben Jahr entstand »Only Built 4 Cuban Linx« (auf Loud/RCA Records), die Solo-LP Chef Raekwons. Obwohl wieder von RZA produziert, unterschied es sich doch deutlicher als sonst vom üblichen Wu-Tang-Sound, und auch dieses Album verkaufte mehr als eine halbe Million Einheiten. Vierter in dieser Reihe der Wu-Tang-Solisten wurde Genius/ GZA, der damit eigentlich schon sein zweites Soloalbum veröffentlichte. »Liquid Swords« (1995 auf → Geffen Records) wurde auch mit Goldehren bedacht. In der Zwischenzeit schufen die Clan-Mitglieder eine Konfektionsmarke, die den überaus passenden Namen Wu Wear trägt und weltweit gewaltige Umsätze erzielt. RZA stellte die Wu Wear mit einer gleichnamigen Single 1996 vor und machte so effektivste Werbung für das neue Produkt. Schließlich produzierten Ghostface Killa, Cappadonna und natürlich RZA mit »Ironman« (1996 auf Epic/Sony Records) eine weitere Fortsetzung der Wu-Tang-Saga, bevor der gesamte Clan 1997 ein zweites Mal zu einem regelrechten Paukenschlag ausholte und der nicht wenig staunenden HipHop-Welt »Wu-Tang Forever« (auf Loud/RCA Records) präsentierte. Diese Vierfach-LP erhielt eine gute Werbekampagne. Dadurch konnten schon in der ersten Woche nach der Veröffentlichung 600.000 Einheiten verkauft werden. Der Trubel um »Wu-Tang Forever« war noch gar nicht ganz abgeklungen, da rief RZA zum zweiten Male die Gravediggaz zusammen, um mit ihnen ein zweites Album mit dem Titel »The Pick, The Sickle And The Shovel« (1997 auf → Gee Street/ V2 Records) aufzunehmen. 1998 wurde unter dem Namen Wu-Tang Killabees eine Wu-Tang-Allstars-LP veröffentlicht: »The Swarm«. Die Stücke auf dieser LP sind auch inhaltlich anspruchsvoll. Im selben Jahr veröffentlichte Ol' Dirty Bastard – der des öfteren Ärger mit der Polizei hatte – seine zweite LP: »Nigga Please«, 2003 veröffentlichte er als Dirt Dog mehrere Chart Hits. 1999 setzte der RZA – der auch den Soundtrack zum Film »Ghost Dog« produzierte – mit seiner minimalistischen »Bobby Digital«-LP erneut Maßstäbe. 2001 erschien dann die zweite RZA-Bobby Digital-LP: »Digital Bullet«. Weitere Veröffentlichungen von Wu-Tang Clan und Umfeld: Die Gruppe Killarmy, die ebenfalls aus dem Wu-Tang-Umfeld stammt und von RZA produziert wird, brachte ebenfalls einige bemerkenswerte LPs heraus: 1997 erschien »Silent Weapons for Quiet Wars«, 1999 »Dirty Weaponry« und 2001 »Fear Love & War«. Die Solo-LPs von Cappadonna sind »Pillage« (1998) und »Yin & The Yang« (2001), von Ghostface Killah: »Ironman« (1996), »Supreme Clientele« (1999) und »Bulletproof Wallets« (2001), von Raekwon nach der »Only Build 4 Cuban Linx« die zweite LP »Immobilarity« (1999), von Killah Priest erschienen die LPs: »Heavy Mental« (1998) und »View From Masadena« (2000) und von Genius/GZA nach »Liquid Swords« die LP »Beneatth The Sunface« (2000). Auch die Gravediggaz meldeten sich 2001 mit einer neuen LP zurück. Sunz Of Man, die ebenfalls aus dem Wu-Tang-Umfeld stammen, haben eine Unzahl von Singles und 1999 die LP »The Last Shall Be The First« veröffentlicht. Die dritte LP des Wu-Tang Clan erschien 2000: »The W«. Auch wenn sie zu den besseren LPs des Jahres zählt, hatte sie nicht mehr den Einfluss wie Früheres. Diverse Best-Of-Alben erschienen, zum Beispiel: »The RZA Hits« (1999), »RZA Presents The Wu-Chronicles« (1999) und »Wu-Tang Mix« (2000) von RZA und Big Cap. 2001 erschien das Wu-Tang-Album »Iron Flag«. Trotz ihrer schwachen Konzerte und Live-Shows ist der Wu-Tang Clan die wohl einflussreichste und wichtigste HipHop-Musik-Dynastie überhaupt. Niemand sonst in der Hip-Hop-Welt war je in der Lage, dem Clan in Quantität, aber auch oft genug in Sachen Qualität, eine ernsthafte Konkurrenz zu werden.

Wyclef Jean

→ Fugees.

X

X-Clan

→ HipHop-Gruppe aus New York City, gegründet 1994 in Brooklyn. Dazu zählten: Professor X (Lumumba Robert Carson), Brother J (Jason Hunter), Isis (Lin Que Ayoung), Queen Mother Rage und DJ Pardise Sugar Shaft. Professor X, der seit Mitte der 80er Jahre Manager von King Sun und Just Ice war, hatte 1986 die so genannte Black Watch Movement ins Leben gerufen. Mit dieser Bewegung versuchten er und Brother J, die Schwarzen zu vereinen und sie auf ihre Ursprünge aufmerksam zu machen. Nach der Gründung von Black Watch wollten sie sich als Sprachrohr und Speerspitze dieser Organisation verstanden wissen. Professor X dazu: »Blackwatch ist eine Organisation junger Menschen, die sich entschlossen haben, ihr Schicksal selbst in die Hand zu nehmen und selbst dafür verantwortlich zu sein. Blackwatch repräsentiert junge Menschen, die sich als vereinte Kraft zusammenschließen, um den Druck wahrzunehmen und etwas dagegen zu unternehmen, der auf die schwarze Existenz ausgeübt wird ... Die Lücke in der Entwicklung schwarzen Selbstbewusstseins seit den Sechzigern kommt vom Liberalismus und Konservativismus, von all diesen seltsamen kleinen Konzepten. Von den Schwarzen, die glaubten, sie hätten es geschafft,die glaubten, Jobs mit Anzug und Krawatte seien die Lösung. Alles, das uns dazu führte zu glauben, wir könnten am amerikanischen Traum teilhaben. Jetzt, wo es wirtschaftlich bergab geht, finden sie heraus, dass die Art,

wie man sie ins ökonomische System eingebaut hat, beweist, dass dem nie so war. Alles blieb beim Alten ... Es ist so schlimm wie je und wird immer schlimmer: Mehr Obdachlose jeden Tag, auch immer mehr Kinder. Mehr Arbeitslose. Mehr Drogen, die schon immer eine Lösung und eine Art Pazifizierung waren, ein Mittel, Leute unten zu halten. Mehr Polizeigewalt und Brutalität aus dem Gefühl heraus, jemand sei weniger wert. Das Gefühl der herrschenden Klasse, der Überlegenheit der Polizei.« 1990 erschien die erste LP »To the East Backward« und 1992 »X-Odos«. Die Botschaften waren klar → afrozentristisch und das Cover der Platte voll von schwarzen Führern und mystischen Zeichen, während die Musik durchaus den Zeitgeist traf. Professor X veröffentlichte auch solo-LPs und -EPs: »What's Up G« und »Years of the 9« im Jahre 1991 und »They Don't Know Jack«, sowie »Puss 'N Boots (The Struggle Continues ...)« im Jahr 1993. 1995 starb DJ Paradise Sugar Shaft an AIDS. 1997 meldete sich Brother J mit den Dark Sun Riders zurück. 2000 wurde dann die HipHop-Welt überrascht. Der X-Clan kehrte zurück und veröffentlichte die LP »X-Clan 2000«.

X-ecutioners

→ DJ-Crew aus New York City. Dazu gehören: Rob Swift (Bob Aguilar), Roc Raida (Anthony Williams), Mista Sinista (Joe Wright) und Total Eclipse. Gegründet 1989 unter dem Namen X-Men (sie mussten ihn aus namensrechtlichen Gründen ändern), hatten es sich die Mitglieder zum Ziel gesetzt, den damals vorherrschenden DJ Clark Kent und seine Superman DJs zu toppen. Doch bevor es je zu einem Vergleich kam, hatte Kent seine → Battlelaufbahn beendet. So nahmen sie sich für die Zukunft vor, neue Trends und Stan-

dards im → DJing zu setzen. Sie zählen zu den Pionieren des → Beat Juggling und gewannen nationale wie internationale Battles. Die X-ecutioners arbeiteten schon für namhafte → MCs und Gruppen wie → Showbiz & AG (Roc Raida hat sogar schon einige Stücke für das Duo produziert), → Jay-Z, → Artifacts, → Jungle Brothers, → Beatnuts, → Large Professor, → Lord Finesse etc. Natürlich haben sie auch wichtige → Mix-Tapes veröffentlicht und sich an DJ → Samplern wie »Return Of The DJ« beteiligt. Zusammen mit den → Invisible Skratch Piklz und den → Beat Junkies gehören sie zu den führenden DJ-Crews im HipHop. 1998 erschien das Album »X-Pressions«. 2002 meldeten sie sich mit »Built From Scratch« zurück.

X-Men
→ X-ecutioners.

Xzibit
(A. Joiner) → MC aus Los Angeles, Kalifornien. In Detroit geboren, zog Xzibit im zarten Alter von neun (nachdem seine Mutter gestorben war) nach New Mexico, wo er anfing zu rappen, aber auch Probleme mit sich und seiner Umwelt bekam. Als er schließlich 14 Jahre alt war, verließ er seine Familie und kam in ein Heim. Doch schon mit 17 wurde er entlassen, packte seine Sachen und fuhr nach L.A. Dort traf er Anfang der 90er Jahre auf den Produzenten Broadway, der ihn einige Zeit später den → Alkoholiks vorstellte. Überzeugt von der kräftigen Stimme und dem unleugbaren Talent des Jungen gaben sie ihm eine Chance. Nachdem Xzibit überzeugende Gastauftritte abgeliefert hatte, wurde das Label Loud/RCA

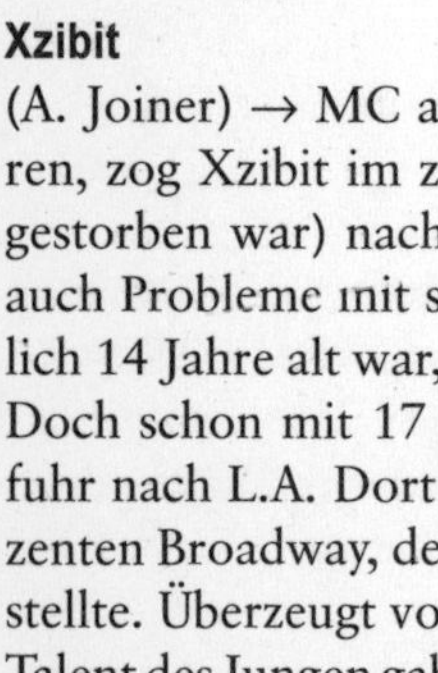

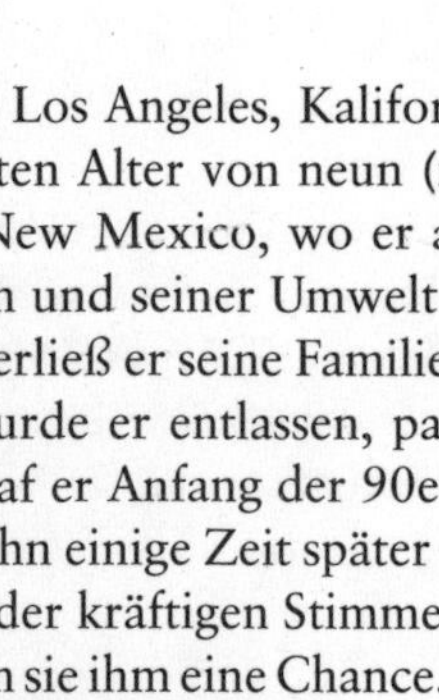

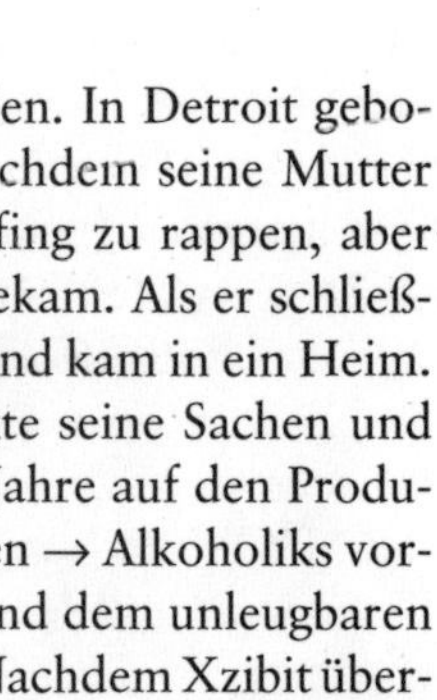

Recordings auf ihn aufmerksam und nahm ihn unter Vertrag. Am Debütalbum »At The Speed Of Life« (1996) arbeitete ein ganzes Starensemble von HipHop-Produzenten mit, allen voran sein großer Förderer E-Swift (Alkoholiks), gefolgt von → DJ Muggs, → Diamond (D) und einigen anderen. Die Super-Hitsingle »Paparazzi« brachte das qualitativ hochwertige Album, auf dem unter anderem → Ras Kas einen Gastauftritt hatte, weit nach vorn. Schlagartig wurde der junge Vater weltbekannt. Nach einer zweijährigen Pause veröffentlichte Xzibit 1998 sein zweites Album »40 Dayz & 40 Nightz« (Loud/RCA) und 2001 das dritte, »Restless«.

X-Large
Von Mike D (→ Beastie Boys) mitbegründete Markenbekleidungsfirma.

Y

Yard
(engl.: Hof) Bezeichnung aus dem → Writing für ein Zugdepot.

Yo
Ausruf, kommt von »You«.

Yo-Mama Records
Hamburger Label, welches von André Luth ins Leben gerufen wurde und in erster Linie HipHop- → Acts aus Deutschland unter Vertrag hat.

Yo! MTV Rap's
Wöchentliche HipHop-Sendung auf MTV, die bislang im ersten Teil der Sendung von Ed Lover und → Dr. Dre, im zweiten Part von Fab Five Freddy moderiert wurde. Im Jahre 1997 kam es jedoch zu einer Umgestaltung des Sendekonzeptes. Yo! MTV Rap's war für eine Vielzahl von HipHoppern in ganz Europa die einzige Möglichkeit, Informationen über HipHop zu erhalten und Musikvideos dieses Genres zu sehen.

Yo-Show
(Radio DT64) Erste regelmäßige deutsche HipHop-Radiosendung. Nach einer Programmreform stellte der öffentlich-rechtliche Jugendsender DT 64, ein umkämpftes Relikt aus alten DDR-Tagen,

im Jahre 1990 einen wöchentlichen, knapp einstündigen Sendeplatz für HipHop-Musik zur Verfügung. Bis zu diesem Zeitpunkt wurde Rap-Musik in der Sendung »Vibrationen« zusätzlich abgehandelt. Mit der Moderation der neuen Yo-Show wurde André Langenfeld beauftragt. Dieser überzeugte durch Kompetenz hinsichtlich des musikalischen Genres und wurde mit seiner allsonntäglichen Sendung bald zum Sprachrohr der → SWAT-Posse. André Langenfeld beschränkte sich in seiner Sendung jedoch nicht nur auf das Abspielen neuester Veröffentlichungen im HipHop-Bereich und das Verlesen von Veranstaltungshinweisen, sondern versuchte mit verschiedenen Specials, zu Themen wie Oldschool, HipHop in England, → Public Enemy oder → NWA, sein treues Publikum mit HipHop-Fachwissen zu versorgen. Die Yo-Show war im November 1991 die erste Radiosendung überhaupt, in der eine Stunde lang Demotapes und bereits veröffentlichte Platten verschiedener deutscher HipHop-Gruppen gespielt wurden. Ende des Jahres 1991 sah sich das Jugendradio DT64 und damit auch die Yo-Show extrem in seiner Existenz bedroht. Dem Sender drohte die Abschaltung zum 1. Januar 1992. Bei der letzten Yo-Show auf DT64 am 29. Dezember 1991 kam es erstmals im deutschen Radio dazu, dass Rapper aus dem Ost- und Westteil der Stadt Berlin gemeinsam live über den Äther rappten. Dazu gehörten die Ex-Downtown Lyrics, G.I., A Real Dope Thing, No Solo und MC Miss One, heute besser als Radio- und Club-DJ Tommekk bekannt. Ab dem ersten Januar 1992 war der Sender nicht mehr deutschlandweit zu empfangen. Das Land Mecklenburg-Vorpommern war ganz aus der Versorgung ausgeschlossen worden, während von nun an der Ostdeutsche Rundfunk Brandenburg im Raum Berlin-Brandenburg ein anfangs dreistündiges Fenster namens Rockradio B auf dieser Frequenz produzierte, dessen Sendezeit nach und nach aufgestockt wurde. Die Yo-Show, die sich nun deutschlandweit zur Hauptinformationsquelle der damals wenigen HipHop-Konsumenten und Aktivisten entwickelt hatte, schien für immer verschwunden zu sein. Doch etwa einen Monat nach dem vermeintlichen Ende der Sendung wechselte André Langenfeld die Lager und war von nun an Mitarbeiter von Rockradio B, dem neuen Jugendprogramm des ORB. Die erste Sendung der Rockradio B-Yo-Show wurde zwar musikalisch von André Langenfeld gestaltet, aber von der Journalistin Silke Hasselmann moderiert. Eine Woche darauf übernahm er wieder das Mikrofon. Name und Profil der Sendung blieben vorerst erhalten, doch kam es hinsichtlich des Sendeplatzes und der Sendezeit zu einigen Veränderungen. Von nun an wurde die Yo-Show vorerst jeden Montag in zweistündiger Länge ausgestrahlt. Im Zuge der schleichenden Abschaltung und Verdrängung des Senders DT64 von dieser Frequenz und der engeren Zusammenarbeit der neuen Welle mit dem Jugendprogramm des Senders Freies Berlin SFB 4 Radio 4U, kam es im Laufe des Jahres zu einer ständigen Verschiebung des Sendeplatzes und einer regelmäßigen Aufstockung der Sendezeit. Die Yo-Show steigerte sich auf eine wöchentliche Sendezeit von vier Stunden am Stück, rückte vom Montag wieder auf den Sonntag und wurde Bestandteil des Clubradio B im Rockradio B. Jetzt boten sich vollkommen neue Strukturmöglichkeiten an. Man hatte nun Zeit für Studio-Gäste, ausgiebige Interviews, Spezialsendungen, DJ-Sets und die Vorstellung von Neuheiten. Auf DT64, dem Ursprungssender der Yo-Show, der noch in den südöstlichen Teilen Deutschlands und letztendlich nur auf Mittelwelle zu hören war, begann man mit den bereits erfahrenen Radio-DJs Norbert Rudnitzky und Oliver Kehnen eine neue Black-Music-Sendereihe namens Dope Beats auszustrahlen, die auch die gänzliche Abschaltung von DT64 überlebte und bis zum heutigen Tage auf dem Nachfolgesender MDR-Sputnik besteht. Hierbei machte man sich den Sendeplatz der alten Yo-Show zu Nutze. Beide Moderatoren übernahmen auch auf Rockradio B eine Sendung ähnlichen Profils namens Blackboard Jungle, die seither jeden Mittwoch gesendet wird. Nach allen Verbesserungen, die das Sendekonzept der Yo-Show, in der nun regelmäßig Studiogäste wie → Futura 2000, → Advanced Chemistry, → A Real Dope Thing, → Stretch Armstrong, Adrian Nabi und → 3rd Bass ein- und ausgingen, 1992 erlebt hatte, rückte ihr mit der drohenden Zusammenschließung von Rockradio B und Radio 4U zum SFB/ORB, also zum Gemeinschaftsjugendprogramm Fritz ab dem 1. März 1993 das offizielle Ende immer näher. Man befand, dass der Bedarf an HipHop im Abendprogramm bei den Hörern mit der

Sendung »Blackboard Jungle« gedeckt sei und verschob den Sendeplatz André Langenfelds auf das Abstellgleis in die frühen Morgenstunden der Nacht vom Samstag zum Sonntag. Die Yo-Show, die nun plötzlich Phoenix hieß, führte André Langenfeld noch weitestgehend im herkömmlichen Profil »undercover« fort. Mit der Einführung des Club-Music-Programms »Nightflight« fand auch die Yo-Show ihr endgültiges Ende. André Langenfeld ist nach wie vor für Fritz tätig und legt dort im Wochenendnachtprogramm und in Berliner Clubs → Drum'n'Bass und HipHop auf.

Young MC

(Marvin David Young) Der Rapper wurde in Londres geboren, wuchs aber in Queens auf. Während seines Informatik- und Betriebswirtschaftsstudiums begann er aktiv zu rappen. Ende 1987 bot ihm → Delicious Vinyl einen Vertrag an, den er sofort unterschrieb. Der Gewinner diverser Auszeichnungen arbeitete auch als Texter für → Tone Loc.

YoYo

(Yolander Whitaker) Rapperin aus Los Angeles. YoYo, die → Ice Cube als eine Art Mentor ansieht, bekam ihre große Chance, als sie auf seinem Debütalbum »AmeriKKKa's Most Wanted« mitwirken durfte. Als selbstbewusste junge Frau hatte sie durchgesetzt, dass in dem Stück »This Is A Men's World« die Worte »Bitch« und »Motherfucker«, sonst einige hunderte Mal auf dem Album vertreten, nicht zu hören waren. Wenig später hatte sie einen Vertrag mit Elektra Records. Ihr erstes Album »Make Way For The Motherlode« (1991) entstand. In Stücken wie »Girl Don't Be A Fool« und »The Intelligent Black Women's Coalition National Anthem« bewies sie politisches Selbstbewusst-

sein und zeigte ihr Selbstverständnis als junge, schwarze Frau. Sie gründete bald darauf die Intelligent Black Women Coalition, um junge afroamerikanische Frauen selbstbewusster zu machen und ihnen auch anderweitig zu helfen. 1992 war es Zeit für ihr zweites Album »Black Pearl«, welches dem ersten sehr ähnelte. Auf ihrer dritten LP »You'd Better Ask Somebody« (1993) mutierte YoYo plötzlich zur Gangster-Bitch, was viele ihrer Fans nicht so richtig verstanden. Nach diesem Album nahm YoYo eine kurze Auszeit in ihrer Karriere. Sie bekam ein Kind und kam erst 1996 mit einem neuen Album wieder zurück. Auf »Total Control« (Elektra) kehrte sie zu den sozialen und politischen Themen ihrer ersten beiden Alben zurück. Doch inzwischen hatte sich YoYo ein zweites Karrierestandbein erarbeitet. In den Filmen »Menace II Society«, »Boyz-N-The Hood« und »Panther« sowie in der Fernsehserie »New York Undercover« trat sie als Nebendarstellerin in Erscheinung.

Z

Zeb Roc Ski

Gehört als Mitglied der Supreme Force zu den wichtigsten → B-Boys aus Deutschland und ist schon seit den Mittachtzigern als solcher aktiv. Seine Tätigkeitsgebiete sind vielfältig. Seit vielen Jahren schon ist er Mitorganisator des alljährlichen → Battle Of The Year. Auch erarbeitete er mit den Heidelberger → Stieber-Twins das Stück »B-Boys Revenge«, welches 1998, ganze fünf Jahre nach der Aufnahme des Songs und zwei Jahre nach der Produktion des Videos, auch auf Musikfernsehsendern wie MTV und VIVA 2 ausgestrahlt wurde.

Zentrifugal

HipHop-Gruppe aus Bremen. Dazu gehören: Bastian B, → Rapper, und Loris Negro, → DJ. Abgesehen von einigen Songs auf diversen → Samplern brachten die Bremer 1996 ihr »Poesiealbum«, eine Langspielplatte auf Operation 23, heraus. Außerdem hatten sie

die Möglichkeit, mit → DAS Efx durch verschiedene deutsche Städte zu touren. 1999 erschien die zweite LP »Tat oder Wahrheit«.

Zephyr

→ Writer aus New York, der seit den siebziger Jahren aktiv ist. Er ist Mitglied der → Writercrew RTW (Rolling Thunder Writers), in der auch → Revolt ist. Im Film → »Wild Style«, für den er die Trickfilm-Animationen im Vorspann zeichnete, spielte er auch mit. Seit 1980 stellte er, wie viele Writer seiner Generation, Leinwände aus. Mittlerweile verdient er mit → Graffiti sein Geld und verkauft über seine Firma »Zephyr Designs« T-Shirts.

Zinker

→ Writer aus dem Rhein/ Main-Gebiet, der überwiegend auf → Züge malt. Neben seinen → B-Boy-Characters ist besonders sein an New Yorker Vorbildern orientierter gut ausgearbeiteter Style typisch. Er ist Mitglied in TRD (The Real Deal) und GBF (Gummibärchenfront), der auch → Bomber angehört.

Z-Trip

Sehr aktiver → DJ aus Arizona.

Zugbomben

Begriff aus dem → Writing; → Trainbomben.

Zulu Boys

Breakergruppe aus Wolgast, → Spaiche.

Zulu-Nation

Von → Afrika Bambaataa gegründete »Musik, Sozialdienst und Kunst Organisation«, die ihren Ursprung im südlichen Teil der Bronx hat und als positiver Gegenpol zur, besonders Anfang der 70er Jahre grassierenden, Ganggewalt initiiert wurde. Alle Mitglieder der Universal Zulu Nation glauben an »Freiheit, Gerechtigkeit, Gleichheit, Wissen, Weisheit und Verständnis«. Inzwischen hat die

Zulu-Nation Mitglieder auf der ganzen Welt. Die Zulu-Nation prägte die Enstehungsgeschichte des HipHop entscheidend mit.

Zyon

→ Da Germ.

1's and 2's

Begriff aus dem → DJing, Bezeichnung für die zwei Plattenspieler des → DJs. → Turntables.

2 Live Crew

HipHop-Gruppe aus Miami, Florida; Mitglieder: Luke Skyywalker (Luther Campbell), Treach DJ Mr Mixx (David Hobbs), Fresh Kid Ice (Chris Wongwon), Brother Marquis (Mark Ross). Die Gruppe machte seit Mitte der achtziger Jahre hauptsächlich aufgrund ihrer lustigen, meist auch etwas sexistischen Party-Texte auf sich aufmerksam. Luke Skyywalker, der ursprünglich gar nicht direkter Bestandteil der Band war, bildet nun schon seit langer Zeit deren produktives und finanzielles Standbein. Er ist Besitzer des → Labels Luke Records und betreibt auch eine Reihe von eigenen Projekten.

Er veröffentlichte eigene Platten unter dem Namen Luke, arbeitete als DJ für die Band Ghetto Style. Zudem war er stets ein großer Verfechter der Meinungs- und Redefreiheit. Er war auch derjenige, der 1990 als erster Rapper begann, eigene Produkte mit dem → »Parental Advisory – Explicit Lyrics«-Aufkleber zu versehen. Zwar wirkten ihr Kampf gegen die Zensur und die Bemühungen konservativer Politiker, alle Produkte der 2 Live Crew vom Markt zu verbannen, durchaus verkaufsfördernd, doch brachte all dies

auch viele Probleme für die Band mit sich. So kam es während Konzerten gelegentlich zu Verhaftungen von Gruppenmitgliedern, da sie Songs ihrer LPs spielten. In bestimmten Landesteilen der USA wurde es Händlern untersagt, 2 Live Crew-Artikel zu verkaufen. Einige von ihnen wurden für dieses »Vergehen« verhaftet und mit Bußgeldern bestraft.

Bisher veröffentlichte die Two Live Crew: »The 2 Live Crew Is What We Are« (1986), »Move Somethin'« (1987), »As Nasty As They Wanna Be« (1989), »As Clean As They Wanna Be« (1989), »Live In Concert« (1990), »Sports Weekend« (1991), »Banned In The USA« (1990) und »I Got S... On My Mind« (1992). Bis 2002 wurden mehrere BestOf-Alben veröffentlicht. Bis auf den Live-Mitschnitt, der auf Effect Records erschien, wurden alle Langspielplatten von Luke Skywalker Records verlegt.

2Pac

→ Tupac.

3rd Bass

HipHop-Musik-Trio aus Brooklyn, New York, repräsentiert durch MC Search (Michael Berrin), Prime Minister Pete Nice (Peter J. Nash) und DJ Richie Rich (Richard Serrell). Das ungewöhnlichste an 3rd Bass ist eigentlich, dass die beiden Hauptakteure Pete Nice und Search Weiße sind und sich trotzdem in der eigentlich ausschließlich von Schwarzen und Puertorikanern dominierten New Yorker HipHop-Szene Respekt, Anerkennung und Erfolg verschaffen konnten. Ende der 80er Jahre waren Search und Pete Nice getrennt voneinander aktiv. Als Student an der Columbia University arbeitete er als DJ für den dortigen Uni-Radiosender.

Er veröffentlichte Mitte der 80er Jahre eine Solo-Maxi und arbeitete wenig später mit New Yorker HipHop-Größen wie → Big Daddy Kane, → Salt 'n' Pepa und → Doug E. Fresh zusammen. Auch MC Search hatte schon eine erste Single veröffentlicht, bevor er sich an der Gründung von Idlers Records, einem Unterlabel von Warlock Records (erstes Label der → Jungle Brothers), beteiligte. Ende der 80er Jahre trafen die beiden zusammen und gründeten gemeinsam mit DJ Richie Rich 3rd Bass. 1989 erschien das Debütalbum »The Cactus Album« (auf → Def Jam Records), das ein Hit wurde und auf Platz 6 der Billboard Charts landete. Doch Verkaufszahlen von fast einer Million Exemplare kamen nicht allein von den intelligenten Texten, die sie, zweifellos mehr als die meisten → MCs, zum unersetzbaren Teil ihrer Musik machten. Ihre LP wurde von namhaften Leuten wie → Prince Paul von → Stetsasonic und dem → Bomb Squad produziert.

Nach ihrer erfolgreichen Single »Pop Goes The Weasel« wurde 1991 das zweite und letzte Album von 3rd Bass »Derelicts Of Dialect« veröffentlicht. Wenig später trennten sich Pete Nice und MC Search im Streit, so dass 3rd Bass so plötzlich verschwanden, wie sie 1989 erschienen waren. Schon 1992 nach dem Erscheinen der Hitsingle »Here It Comes« veröffentlichte MC Search seine sehr erfolgreiche Solo-LP »Return Of The Product«.

3D-Letterstyle

Begriff aus dem → Writing. Sehr häufiger → Style bei dem die → Buchstaben eine räumliche Optik erhalten. Seitdem die → Sprühtechniken immer besser geworden sind und viele Writer damit anfingen, fotorealistisch zu malen, gelang es ihnen, die Buchstaben immer plastischer wirken zu lassen. Der erste → Writer, der 3Ds benutzte, war → Pistol I aus New York.

Die 3Ds wurden später von anderen weiterentwickelt, so sprühte → Phase II die ersten 3Ds mit → Designs. Bis heute wurde dieser → 3D-Letterstyle besonders von europäischen Writern bis zur Perfektion weiterentwickelt.Bei Writern wie → Delta, → Chemnoz, → Daim und → Loomit, die als Meister dieser Art des Graffiti gelten, haben die dreidimensionalen Buchstaben verschiedene Fluchtpunkte.

4th Desciple

→ Wu-Tang Clan.

7" oder 7inch

Bezeichnung aus der Musikbranche für eine Schallplatte im typischen 17, 78 cm, also 7"-Singleformat. Diese Form findet im HipHop jedoch kaum noch Verwendung. Schon aus technischen Gründen befinden sich auf einer 7" nur wenige Stücke. Im Reggae, Dancehall und Rocksteady-Bereich ist dieses Format jedoch vorherrschend.

7A3

HipHop-Gruppe aus New York mit den Mitgliedern Bretty B., Rapper; Seanny B., Rapper; und Grandmixer Muggs, The Mighty Italiano. Die beiden Brüder Seanny B. und Bretty B. stammen aus New York. Dort begannen sie Mitte der achtziger Jahre zu rappen, zogen aber bald nach Los Angeles. Ihre Songs waren auch stets eher vom typischen Westküsten-Stil beeinflusst als von den → HipHoppern in ihrem Heimatort. Der Name 7A3 ist von der Nummer ihres alten New Yorker Appartements abgeleitet. Grandmixer Muggs ist italienischer Abstammung und kommt aus Queens.

Er wirkt heute als Produzent und → DJ bei → Cypress Hill mit, war auch für → House Of Pain und viele andere als Produzent und Remixer tätig. DJ → Muggs zählt heute zu den wichtigsten und bekanntesten Namen im HipHop. Die Gruppe arbeitete viel mit Joe The Butcher, dem Mitbegründer von → Ruffhouse/Columbia Records zusammen, nahm eine Doppel-A-Seiten-Maxi namens »Why« auf, steuerte dem Soundtrack des Dennis-Hopper-Films → »Colors« das Stück »Mad Mad World« bei und verschwand wieder.

8-Ball

1. Name eines Rappers aus dem Westen der USA. 2. Umgangssprachliche, engl. Bezeichnung für das in weißen Literflaschen abgefüllte Old English 800 Bier, eine bei den schwarzen Bürgern Amerikas sehr populäre und dazu noch preiswerte Biersorte 3. Letzte und entscheidende Kugel beim Billard.

12" oder 12 inch

Bezeichnung aus der Musikbranche für eine Schallplatte in der 12 inch entsprechenden 30, 48 cm Standardgröße von Langspielplatten und → Maxis. Bei Clubmusik im Allgemeinen wird die 12" aufgrund ihrer besseren Qualität im Gegensatz zur LP und guten Handhabbarkeit für → DJs von diesen bevorzugt verwendet.

14K Magazine

Name eines HipHop-Magazins aus Zürich, dessen Schwerpunkt beim → Writing liegt. Die erste Ausgabe erschien 1993. Nach einer einjährigen Pause erschien 14K dann ab 1995 regelmäßig.

24 K

HipHop-Gruppe aus Eindhoven in den Niederlanden. Mitglieder: E.N.B., Rapper; ZAR ONE, Produzent; ARC-S, Rapper; Wan-2, DJ; C.N.C., Rapper und Produzent. Die Gruppe gehört zu den wichtigsten Meilensteinen in der Entwicklung des HipHop in den Niederlanden. Sie hatten ihre Hochzeit in den ausgehenden achtziger und frühen neunziger Jahren.

Sie waren die ersten niederländischen HipHopper, die einen Plattenvertrag abschließen konnten. Dies geschah 1989 auf Saskia Slegers DJAX-Records. Ihr erstes Album hieß »No Enemies« und erhielt aufgrund seiner politischen Aussagekraft und der eindringlichen musikalischen Umsetzung viel Zuspruch aus den Reihen der Musik- und Tagespresse.

Auf ihrer 1990 erschienen Maxi »Twentyfour Ways« wirkte der amerikanische Rapper Shakespeare mit. 1992 verließ Zar-One die Gruppe. Die im selben Jahr erschienene zweite LP »Words Yet Unspoken« wurde mit dem neuen Bandmitglied C.N.C., einem Rapper und Produzenten, aufgenommen. Diese Veröffentlichung war zwar nicht mehr so hart wie die erste 24K-LP, doch verlor sie nicht an politischen Inhalten und Aussagekraft. Seither ist es recht ruhig um die Band geworden.

33-C-Fresh

→ Graffiti-Magazin, das aus der Nähe von Bordeaux kommt.

40below

Kurzlebiges HipHop-Magazin im A5-Format aus Halle an der Saale, deren Mitwirkende zum Teil aus dem Staff des MKZWO-Magazines stammten. Zu den Machern zählten zum Beispiel André Langenfeld, der Berliner HipHop-Aktivist Adrian Nabi und Stefan Groschupf. Nach einer Null-Nummer und vier regulären Heften musste das Magazin aufgrund finanzieller Engpässe eingestellt werden.

50 (five-O)

An der Westküste der USA gängige Bezeichnung für einen Polizisten. Die Bezeichnung kam durch die Fernsehserie »Hawaii Five-O« auf.

50 Cent

(Curtis Jackson) wurde 1976 in Queens, New York geboren. Seinen Vater lernte er nie kennen. Seine Mutter kam unter misteriösen Umständen ums Leben, als er 8 Jahre alt war. Ihm blieben nur seine Großeltern, die ihn bei sich aufnahmen. Mit zwölf Jahren startete 50 Cent seine ersten kleineren kriminellen Geschäfte in den Fort Green Projects. Mit Rap-Musik geriet er erst recht spät in direkten Kontakt. 1998 lernte er den heute verstorbenen → Jam Master Jay von → Run DMC kennen. Jam Master Jay brachte ihm die musikalischen Grundlagen bei und nahm etliche Songs mit 50 Cent auf. Mit seinem Freund Sha Money XL nahm er mindestens dreißig weitere Tracks auf. Nachdem Jam Master Jay erschossen wurde, stand auch 50 Cent kurzezitig unter Mordverdacht. 1999 stellte er bereits sein Debut-Album »Power of a Dollar« fertig. Später folgte die rot-weiss-blaue Bootleg-Reihe »50 Cent is the Future«. 50 Cent erhielt durch eine Empfehlung der Trackmasters einen Deal mit dem Medienkonzern Columbia. Dieser beinhaltete einen Vorschuss über 250.000 US-Dollar. Die erste Hälfte des Vorschusses betrug 65.000 Dollar. Davon erhielt Jam Master Jay 50.000. Weitere 10.000 Dollar gingen an die Bevollmächtigten, die den Deal ausgehandelt hatten. 50 Cent blieben nur 5000 Dollar, die er, wie er in verschiedenen Interviews behauptete, für Crack ausgab. Er selbst hätte jedoch nie Crack konsumiert, sondern nur verkauft. In Tracks wie »How to rob an Industry Nigga« griff er sämtliche Leute im Rap-Business an. Weder → Ice Cube noch E40, → Snoop Doggy Dog, → Onyx, → MC Ren, → Foxy Brown, → NORE, → DMX, → Cannibus, → Maze, → Will Smith, → Big Daddy Kane oder → Camron blieben unverschont. Sämtliche Labels gingen in die Defensive und trauten sich nicht mehr mit 50 Cent in Kontakt zu treten. Auch Columbia machte einen Rückzieher und überlies 50 Cent den bereits ausgezahlten Vorschuss für »Power of a Dollar«. Etwa acht Alben kursierten bereits als Bootlegs auf New Yorks Strassen. Sein Song »Wanksta« war bald in jedem Autoradio und jedem Laden in New York zu hören.

1997 kam sein Sohn Marquis zur Welt, der auch im Intro und am Ende des »Wanksta«-Videos zu sehen ist. Anfang 2000 wurde 50 Cent in einem Studio in New York von Ja Rule angefallen. Dies begründete eine Feindschaft zwischen beiden Rappern, die bis heute anhält. 50 Cent stand den Angriffen von Ja Rule stets recht locker gegenüber und wertete sie als Promotion. Nach dem Vorfall kursierten Gerüchte, dass Ja Rule professionelle Killer angeheuert hätte, die 50 Cent ausschalten sollten. Ein Freund von 50 Cent soll Ja Rule auch mit einem Mini-Baseballschäger durch die Strassen gejagt haben. Einige Gerüchte besagen, dass es 50 Cent selbst gewesen sein soll.

Am 24. Mai 2000 wurde er in den Fort Green Projects, unweit vom Haus seiner Großeltern im Auto von einem Mann in einem

anderen Auto angeschossen. Neun Schüsse trafen seinen Körper, einer davon sein Gesicht. Dies ereignete sich nur wenige hundert Meter von der Stelle, an der Jam Master Jay getötet wurde. Am 27. Mai war ein Videodreh mit Destiny's Child zum Track »True Love« geplant. Dieser kam jedoch nicht zu stande. Der Mann, der auf 50 Cent schoss, wurde kurze Zeit später selbst erschossen. 50 Cent wies später Verdächtigungen, dass er mit dem Mord an dieser Person in Zusammenhang stehen könnte, von sich. Dreizehn Tage nach den Schüssen wurde 50 Cent wieder aus dem Krankenhaus entlassen. Nun nahm er die Arbeit an seinem Album »Guess who's back« auf, welches auf Full Cup veröffentlicht und zum bestverkauften Independent Album aus New York wurde.

50 Cents Erfolg lag nicht nur an der Arbeit seines Managers Chris Lightly, sondern auch darin, dass er sich von niemanden den Mund verbieten lies und authentisch war. Was er in seinen Texten erzählte war wirklich Teil seines Lebens. Seine Musik war lebendig. Davon war auch → Eminem fasziniert. Er erhielt eine 50 Cent CD von Paul Rosenberg, der sie von 50 Cents Manager bekommen hatte. Nachdem Eminem die Arbeit an »The Eminem Show« abgeschlossen hatte, kam er mit 50 Cent zusammen. »Wanksta« wurde Teil des Soundtracks zum Film 8 Mile.

Eminem produzierte nun 50 Cent und plötzlich rissen sich J-Records, Capital, Jive und Universal darum, dass neue Album »Get rich or die Trying« veröffentlichen zu können. 50 Cent entschied die jedoch für einen Vertrag bei Dr. Dres und Eminems Aftermath/ Shady Records. Innerhalb der ersten Woche verkaufte das Album in den USA vierhundertausend Einheiten. Der Track »In da Club« eroberte so in kürzester Zeit den ersten Platz der Billboard Charts. Auf Interscope erschien kurz darauf die 50 Cent DVD »The New Breed«.

99ers

Begriff aus dem → B-Boying. Die 99ers (sprich: Ninety-Niners) gehören zu den → Powermoves und bezeichnen Drehungen im Handstand.

156-Crew

→ Writercrew, die in den Achtzigern in New York gegründet wurde und heute international ist. Frühe Mitglieder waren Jon, Rac und Kyle, denen später weitere folgten. Der Name dieser Gruppe bezeichnet eine Straße, in der die Gründungsmitglieder zusammen → chillten. Sie schaffte es überall in der Stadt präsent zu sein. Später wurde auch viel in Europa gemacht, wo auch weiter Writer in die Gruppe aufgenommen wurden. In Berlin wurden unter anderen → Amok und → Shek in die 156-Crew aufgenommen.

186

(one-eight-six) Codebezeichnung der amerikanischen Polizei für die Kommunikation über Funk und bedeutet Mord. Die Bezeichnung floss in die normale englische Umgangssprache ein und wird auch im Sinne von »auf der Hut vor jemanden sein, der einen töten will« verwandt.

187

(one-eight-seven) Ein gängiger Code der amerikanischen Polizei für Mord, der bei der Kommunikation über Funk benutzt wird. → 186.

360 Grad

Von den Mitgliedern von → Advanced Chemistry und deren Umfeld ins Leben gerufenes und geführtes Heidelberger → Label. Hier erschien auch der Sampler »Deutschland ein Wintermärchen«, auf dem eine Vielzahl deutscher HipHopper vertreten waren.

808

Bezeichnung aus dem → DJing und Produzieren für die kräftige Bassdrum der Roland-Drummaschine. Gruppen wie → Run DMC mit ihrem → DJ und Produzenten Jammaster Jay verhalfen der 808 zu dem Ruf, den sie heute genießt.

911

Einheitlicher, amerikanischer Notruf für Polizei, Feuerwehr und Krankenwagen.

1990er
Begriff aus dem → B-Boying, wobei sich der → Breaker in den Handstand begibt, dann beginnt, sich um die eigene Achse zu drehen, wobei er von einer Hand auf die andere wechselt.

2000er
Begriff aus dem → B-Boying, hierbei geht der → Breaker in den Handstand, beginnt sich um die eigene Achse zu drehen und stößt schließlich sein gesamtes Körpergewicht vom Boden weg, um dann wieder auf seinen Füßen zu landen.

2001er
Begriff aus dem → B-Boying. Hierunter versteht man das Drehen auf dem Handrücken während eines Handstandes.

DIE AUTOREN

SEBASTIAN KREKOW, Jahrgang 1973 ist seit 1989 dabei, zunächst als Writer. Ab 1992 produzierte er zusammen mit Jens Steiner das Storm-Magazin und war an der Entstehung zahlreicher Bücher zum Thema Writing beteiligt. 1996 veröffentlichte er zusammen mit Olaf Röske den Bildband »Graffiti Art #6 – Berlin und Neue Länder« im Schwarzkopf & Schwarzkopf Verlag. Seit 1997 arbeitet er als DJ. 2000 veröffentlichte er zusammen mit Jens Steiner im Schwarzkopf & Schwarzkopf Verlag das Buch »Bei uns geht einiges«, in dem HipHop-Aktivisten selbst zu Wort kommen. Seit 2001 ist er auch journalistisch tätig.

JENS STEINER, geboren 1977 ist seit 1990 in der HipHop-Szene aktiv. Von 1991 bis 1992 war er freier Mitarbeiter bei dem HipHop-Projekt SWAT und ab 1992 produzierte er zusammen mit Sebastian Krekow das Storm-Magazin. Als MC machte er sich bereits auch über die Grenzen Berlins hinaus einen Namen: er gehörte der Gruppe Polycypher an. Seit 2001 erschienen 2 Alben von ihm im Selbstvertrieb. Seit 2001 arbeitet er als Journalist mit Schwerpunkt Osteuropa/Russland.

MATHIAS TAUPITZ, geboren 1976 ist ebenfalls seit 1990 im HipHop zuhause. Anfangs arbeitete er am Storm-Magazin mit. Seit 1990 sammelt er Schallplatten. Er war als DJ Mitglied bei Polycypher.

IMPRESSUM

Sebastian Krekow, Jens Steiner & Mathias Taupitz
DAS NEUE HIPHOP LEXIKON
AKTUALISIERTE UND ERWEITERTE NEUAUSGABE

ISBN 3-89602-467-1
Schwarzkopf & Schwarzkopf Verlag GmbH, Berlin 2003.

KATALOG

Wir senden gern den kostenlosen Katalog.
Schwarzkopf & Schwarzkopf Verlag,
Kastanienallee 32, 10435 Berlin.
Telefon: 030 – 44 33 63 00
Fax: 030 – 44 33 63 044

INTERNET: www.schwarzkopf-schwarzkopf.de
E-MAIL: info@schwarzkopf-schwarzkopf.de